中国医药企业
知识产权管理
（第2版）

中国企业知识产权研究院　组织编写

刘 建　黄 璐◎主编

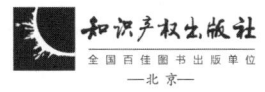

全国百佳图书出版单位

—北京—

图书在版编目（CIP）数据

中国医药企业知识产权管理 / 刘建, 黄璐主编; 中国企业知识产权研究院组织编写. -- 2版. -- 北京: 知识产权出版社, 2025.9. -- ISBN 978-7-5245-0112-1

Ⅰ. D923.4

中国国家版本馆CIP数据核字第2025YT3937号

内容提要

当前，中国医药领域法规政策持续迭代，中国创新药"出海"浪潮高涨，国际专利竞争格局重构，医药知识产权生态已发生深刻变革，提高中国医药行业技术创新及知识产权保护能力，将有助于医药企业的高质量发展和国际竞争力提升。本书根据我国医药行业特色，结合最新医药知识产权的法律和政策，以总论、医药企业知识产权特点、专利管理、专利挖掘与专利布局、其他知识产权管理、医药领域专利申请与审查、医药企业合规管理、诉讼管理、IPO上市过程中的知识产权、综合管理十章，全面系统地总结和介绍了我国医药企业知识产权管理中的理论和实践经验，以为国内外医药领域企业、高校等的知识产权管理人员、研发人员、知识产权学者、知识产权服务机构从业人员提供实务指导和参考。

策划编辑：卢海鹰	责任校对：王　岩
责任编辑：卢海鹰　王玉茂	责任印制：刘译文
封面设计：杨杨工作室·张　冀	

中国医药企业知识产权管理（第2版）

中国企业知识产权研究院　组织编写

刘建　黄璐　主编

出版发行：知识产权出版社有限责任公司	网　　址：http://www.ipph.cn
社　　址：北京市海淀区气象路50号院	邮　　编：100081
责编电话：010-82000860转8541	责编邮箱：wangyumao@cnipr.com
发行电话：010-82000860转8101/8102	发行传真：010-82000893/82005070/82000270
印　　刷：天津嘉恒印务有限公司	经　　销：新华书店、各大网上书店及相关专业书店
开　　本：787mm×1092mm　1/16	印　　张：30
版　　次：2025年9月第2版	印　　次：2025年9月第1次印刷
字　　数：639千字	定　　价：178.00元
ISBN 978-7-5245-0112-1	

出版权专有　侵权必究

如有印装质量问题，本社负责调换。

本书编委会

（排名不分先后）

刘　建　黄　璐　林淘曦　范立君
窦夏睿　胡雪娇　周大成　冯清伟
钱丽娜　张晓瑜　廖晓军　贺伊博
毛洪芬

编者简介

刘　建

1998 年毕业于哈尔滨工业大学自动控制理论与应用专业，研究生学历。1999 年参与组建中兴通讯知识产权部门，历任知识产权工程师、知识产权经理、知识产权总监；2012 年开始致力于中国企业知识产权管理实践的体系与标准研究，发掘并培育高层次企业知识产权管理人才；2013 年发起成立公益机构中国企业知识产权研究院，现任研究院院长；2021 年发起成立公益组织中国企业知识产权发展沙龙，并任沙龙执行主席。

黄　璐

博士，高级工程师，国家知识产权专家库专家、全国百千万知识产权人才工程百名高层次人才、全国专利信息师资人才、国家知识产权局专利分析和预警专家库专家、武汉市"黄鹤英才（科技）计划"人才、武汉大学药学专业学位研究生教育指导委员会委员、武汉大学药学专业硕士生指导教师、武汉理工大学法律硕士（法学）专业硕士生指导教师、中南民族大学药学院硕士生指导教师、武汉工程大学化工与制药学院硕士生指导教师、武汉工程大学法商学院（知识产权学院）法律硕士专业校外硕士生指导教师、广东省科技厅科技咨询专家库专家、广东高校科技成果转化专家库专家、湖北省知识产权行政保护技术调查官、《中国医药工业杂志》第 18 届编委会编委、2024 中国知网高被引学者（药学学科 Top5%）等。作为共同主编已出版图书 2 部，获国内外发明专利授权 130 余项，发表医药学术论文 50 余篇，其中 1 篇入选 2017 年度 F5000，2 篇入选 2014—2024 年中国知网高影响力论文。

林淘曦

本科毕业于南京大学，硕士毕业于中山大学，就职于广东东阳光药业股份有限公司，担任副总经理、董事会秘书和知识产权总监等职位，国家知识产权局专利分析和预警专家库专家、中国药学会医药知识产权研究专业委员会委员、抗感染新药国家重点实验室知识产权中心主任、东莞市专利保护协会监事；负责专利申请超过 2400 件，其中，PCT 和国外申请 1300 多件，近 100 件美国专利诉讼，8 个美国首仿药专利诉讼，曾获中国医药创新领军人物、医药企业知识产权卓越个人、全国杰出知识产权团队、国家知识产权局优秀知识产权工作者等荣誉。

范立君

现任天士力医药集团股份有限公司知识产权中心总监；先后从事药品销售、质量管理、生产管理和药物研发等工作，2003年至今从事知识产权管理工作。深谙医药企业运营以及知识产权创造、运用和保护等知识产权管理工作。2006年参与"养血清脑颗粒"专利侵权诉讼并胜诉，该案入选"2006年十大知识产权案例"；2018年参与复方丹参滴丸专利许可项目（license-out），获得研发财务支持的同时实现了专利的价值转化，被评为国家知识产权局企业知识产权工作先进个人。

窦夏睿

睿阳联合知识产权代理有限公司高级合伙人，药理学博士、法学硕士，高级知识产权师，具有专利代理师、律师资格。深耕知识产权领域17年，曾任职于天士力医药集团、扬子江药业等多家国内医药企业，从事知识产权管理工作十余年。尤为擅长制药行业的知识产权全链条服务，对药品专利保护与行政保护的衔接、药品专利链接制度以及技术交易中的知识产权风险防控等方面有丰富的行业实践经验。同时，在企业知识产权战略规划与管理实践上也成果丰硕。先后荣获中国杰出知识产权经理人、国家知识产权局企业知识产权工作先进个人等。现为中华中医药学会中药大品种联盟专家库成员、中国专利保护协会医药专业委员会委员、世界中医药学会联合会知识产权委员会常务理事、北京市知识产权专家库成员。

胡雪娇

北京师范大学化学学士、中国农业大学化学硕士。自2022年9月起就职于拜耳（中国）有限公司并担任高级专利律师一职，曾先后服务于东方灵盾、贝达药业、神威药业和百济神州等企业。从事医药行业知识产权工作近17年，在创新药、仿制药领域具有丰富实战经验，擅长解决从研发到商业端的各类知识产权问题，尤其在知识产权策略、交易、诉讼、尽职调查、风险及资产管理等方面积累了丰富的经验。

周大成

朗致集团有限公司知识产权总监，药物化学硕士，专利代理师，企业高级法律顾问；曾就职于A股上市公司、香港上市公司、中国医药工业百强企业，专注企业知识产权管理18年，涉及中药、化药、医疗器械、细胞治疗、医药商业等领域，对企业知识产权价值管理有深刻理解和丰富实践经验。兼任中国专利保护协会知识产权纠纷人民调解员、粤港澳大湾区知识产权调解中心调解员；入选中华商标协会企业商标管理人才库"特级"人才、深圳市质量协会标准化及知识产权保护专家库专家、名企知识产权经理人沙龙首批专家等，获评 2015 年度中国杰出知识产权经理人。发表学术论文 6 篇，主持编写《电子商务类企业知识产权保护手册》的商标编章。

冯清伟

海思科医药集团股份有限公司知识产权总监，2007 年毕业于北京理工大学，曾从事创新药研发。国家知识产权局首批高级检索人才、专利信息分析专业技术人才；获评 2018 年中国杰出知识产权经理人。四川大学全国药学专业研究生精品课程"医药知识产权"团队成员和授课教师。从事知识产权工作以来，先后任职于国家知识产权局专利局专利审查协作北京中心、北京国知专利预警中心和四环医药控股集团。熟悉各国专利法和专利审查实践，具有丰富的专利检索、专利审查、企业知识产权服务和企业知识产权管理经验。先后参与专利局专利审查协作北京中心"医药企业知识产权布局策略"等多项重点研究课题和《医药高价值专利培育实务》图书的编撰工作，发表专业论文多篇。

钱丽娜

人福医药集团股份公司研究院专利所所长、专利总监，高级工程师，具有执业药师、专利代理师和法律职业资格，入选国家知识产权局专利分析和预警专家库、武汉英才计划培育支持专项人才、湖北省科学技术厅科技专家库、湖北省知识产权保护专家库、武汉知识产权中青年讲师团；曾获武汉市优秀共产党员、中国杰出知识产权经理人等荣誉。从业逾 15 年，一直从事新药研发及医药知识产权管理工作，兼具法律与技术视野，擅长构建立体多元的知识产权保护体系，并且借助 AI 构建数智化专利管理，所主导完成的多项高价值专利布局有效培育了产品竞争优势，显著提升了企业核心竞争力。参编图书 3 部，发表学术论文 15 篇，其中，医药知识产权论文 8 篇。

张晓瑜

翰森制药集团有限公司专利部门负责人，中国海洋大学医学学士、华东政法大学法律硕士，高级知识产权师，江苏省知识产权领军人才，专利代理师、执业律师。负责对接国内外研发中心与 BD 等部门，完成产品全研发周期专利布局、专利挑战与诉讼、风险预警及 IP 尽调等工作。曾负责多个重磅药物的专利诉讼与无效案件，以及多个药品在美国、欧洲的专利诉讼，曾出庭代理的案件被评为国家知识产权局经典案例、北京知识产权法院疑难案件指导案例等。荣获国家知识产权局企业知识产权工作先进个人、中国杰出知识产权经理人等，并获江苏省科技进步一等奖 1 项，为公司申请获得中国专利金奖 1 项、中国专利银奖 1 项。

廖晓军

南京传奇生物科技有限公司知识产权高级总监，具有律师和专利代理师资格。长期在国内医药企业从事知识产权管理工作，负责的案件多次入选年度专利复审无效十大案件。荣获国家知识产权局企业知识产权工作先进个人、中国杰出知识产权经理人。在《中国医药工业杂志》发表学术论文 1 篇。

贺伊博

北京允天律师事务所合伙人，律师、专利代理师、高级知识产权师、高级企业合规师；北京协和医学院理学硕士，中国人民大学在职法律硕士，中国海洋大学医药学院外聘兼职教师；曾在国家知识产权局工作 9 年，专利实质审查员、专利复审审查员、PCT 审查员、实用新型初审审查员，具备合议组组长资格。主审案件曾被评为 2017 年度专利复审无效十大案件；2019 年开始从事知识产权法律服务工作，擅长生物医药、化工材料等技术领域的专利、商业秘密、技术合同、尽职调查等知识产权法律事务。代理案件多次被评为中国法院十大知识产权案件和入选全国法院知识产权案件法律适用问题案件。

毛洪芬

任职于广东东阳光药业股份有限公司，化学硕士，专利代理师，中国专利保护协会专利转化运用专项行动技术专家，曾被评选为中国杰出知识产权经理人、U40 企业知识产权精英。从事医药知识产权工作 14 年，擅长专利挖掘与布局，主导多个项目获得生物医药产业高价值专利培育大赛奖项，在此基础上推动多个创新药项目在国内外成功授权许可；具有中美欧主要国家/地区专利申请及答复实践经验；在多起专利无效与诉讼中制定策略并胜诉；主导企业 IPO 知识产权尽职调查和 FTO 分析；在企业知识产权全流程管理方面经验丰富。

再版说明

产品研发,专利先行。在所有技术领域内,医药行业对知识产权的依存度是最高的,国内外医药企业对医药知识产权的管理是贯穿于整个产品研发及上市的全生命周期的。医药知识产权不仅是法律盾牌,更是中国医药企业的创新引擎。保护知识产权就是保护创新,独具特色的中国医药知识产权制度,有助于中国医药企业的高质量发展和产业腾飞,特别是利好创新型医药企业,以便更好地进行药品知识产权保护,行使知识产权权利。

四年前,《中国医药企业知识产权管理》第 1 版面世时,中国医药产业正经历从"仿制为主"向"仿创结合"的关键转型。我们系统梳理了中国医药企业知识产权管理的理论框架与实践经验,涵盖了知识产权管理、专利挖掘与布局、专利申请与审查、合规管理、诉讼管理以及 IPO 中的知识产权问题等。该书出版后,得到了国内外生物医药领域企业、高校知识产权管理人员、研发人员、知识产权学者、知识产权服务机构代表等众多读者的一致好评。

四年来,中国创新药"出海"浪潮高涨,医药领域法规政策持续迭代,国际专利竞争格局重构,医药知识产权生态已发生深刻变革,这些变化也带来新的挑战。因此,2024 年 5 月,我们启动《中国医药企业知识产权管理》的再版工作,结合我国最新医药知识产权的法律和政策,全面、系统地介绍了医药企业在知识产权管理中的最新理论和实践,特别是最新适用的专利法、专利审查指南以及专利法实施细则,针对药品专利纠纷早期解决机制、药品专利权期限延长制度等的相继运行,我们在本书中分别增加了具体案例,此外,还增加了医药领域更多的前沿技术,例如抗体偶联药物、CRISPR 技术、CAR-T 技术、siRNA 技术等,以及涉及在这些细分领域已上市药物的知识产权布局,本书再版以医药知识产权前沿案例为锚点,以法律法规政策更新为脉络,构建了更适应全球化竞争的中国医药企业知识产权管理体系,本书可作为中国医药企业知识产权管理培训的参考书。本书编写组汇聚了国内医药知识产权领域,特别是化学药、中药和生物制品企业中从事知识产权管理与实务的一线工作者。在此过程中,本人作为本书第 1 版和第 2 版的编者之一、全书统稿人以及编写组的协调人,深知团队成员为本书的内容编写和反复修改、内容确认等,倾注了大量的心血,牺牲了业余时间以及节假日休息的时间。大家都抱有一样的情怀、共同的目标,就是继续分享中国医药企业知识产权管理的最新实务、经验和教训,本书是编委会所有成员集体智慧的结晶。

本书第 2 版能够最终成稿并顺利出版,要特别感谢北京允天律师事务所给予的支持,同时要感谢知识产权出版社卢海鹰、王玉茂、章鹿野三位编辑对本书内容的认真把关。

在此,本书编写组谨向各位领导、专家学者和知识产权同仁表示衷心的感谢,感谢大家对本书的持续关注和关心。期待本书能助力中国医药企业在"仿创结合"向"全球原创"的跃迁中,构建独具中国特色、自主可控的医药知识产权管理体系。我们知悉本书内容仍有不足,恳请读者批评指正。

黄 璐

2025 年 8 月

第1版序一

进入21世纪以来,在科学成果的指引下,以技术创新为基本特征的经济发展和社会变革,不仅在深度和广度上呈现出加速发展的态势,人类技术进步还呈现出两个突出的特点。第一,世界观的转变。人类克服了地球引力形成的束缚,不仅把自己的技术和产品投向外太空,而且开始显示出可以把外太空的资源带回地球的技术发展潜力。这对传统观念无疑是一个质的变革,使人类摆脱对地球资源的依赖,把生存发展前途置于无限广阔的宇宙空间,这对于人类生存条件的"零和"游戏理论是一个革命性的突破。这预示着,人类仰仗科学技术,可以为未来开辟无限的物质发展空间。第二,技术观的转变。技术进步发生了从"人工体能"向"人工智能"的根本转变。富兰克林指出,人是制造工具的动物。制作工具是人类诞生的标志。但从古到今,一切工具都是对人体体能的延长与替代,其本质是物质上的。人工智能技术的出现,是技术进步在质上的飞跃。技术已经突破对人的体能,也就是物质与能量的替代,开始进入人类的精神世界,开始替代人的思考,即智能。这一革命性变革,具有和外太空技术同样的意义,也使人类进步获得了无限的创造空间。上述两大特点,向我们展示了人类发展的无限可能。借助于互联网、大数据技术,科学发现和科学理论让人类更便于实施"顶层设计",使技术进步和经济发展变得更具有可预见性。人类更倾向于规划未来,借助于大数据,可以规划在未来五年、十年,乃至更远的任务。我们开始预测十年后的人口和环境以及各方面的状况,乃至于开始乐观地设计未来。这些,无疑都具有划时代的意义。同时,我们还应当理性地看到,相对于对外部探索日新月异的进步,人类对自身的了解和发展仍然进步甚微,对于人类和自然界的物质变换,对于人类和微观物质世界的关系还知之甚少。最突出的是,2020年一场突如其来的瘟疫,席卷全球,一年就感染了上亿人,夺走了200多万人鲜活的生命,一时间弄得本来豪情万丈的人类束手无策,瞬间肃然。剩下的是对未知世界的惊惶慨叹。理性说明,在大自然面前,人类永远是卑微的。

医药企业肩负着神圣的职责。它们以人的健康和生命质量为宗旨,通过技术研发不断提高人类的生命质量和生活品质,与每一个人的生老病死息息相关,是国计民生的支柱。中国医药产业近年来快速发展,从过往数十年来的仿制药、低效药起步,沉心积累,逐步缩小与国际医药巨头的差距,而今已经在越来越多的领域中,崭露头角,为人民的健康和生命质量谋求更多的福祉。

技术创新需要巨大的投入，尤其是医药产业，更是如此。而保护和激励医药企业不断投入创新的基础，就是以知识产权为核心的财产制度。实践证明，没有知识产权制度，难以持久、有效地维护技术创新，难以保障生产力的不断进步。这一崭新财产制度无论是在发达国家，还是发展中国家，都行之有效。随着中国技术实力的不断增强，充分利用知识产权制度体系，推动中国医药产业发展、实现其可持续的研发投入能力，也成为其必要选择。在这样的时代背景下，加强知识产权保护，构筑完备的、行之有效的知识产权体系，对于促进具有国际竞争力的医药企业建设，也是必然的选项。今天，我高兴地看到中国医药企业知识产权工作者为此做出的不懈努力，他们突出的贡献之一，就是这本《中国医药企业知识产权管理》。

翻阅本书，会发现，以本书为样本，我们看到一个趋势，中国关于企业知识产权管理理论的论著，必然由泛知识产权管理向深度知识产权管理转型。此前所见的企业知识产权管理论著，多见于高校专家学者编著，其间也有少量企业知识产权经理人的著作，但基本上偏重通用性、宏观和一般性的叙述。而本书则深耕医药产业，结合产业基本特征，深入细节，抓住产业基本需求，注重理论与实践的结合，注重解释力，从而更具生命力和指导意义；本书通过十个章节的组织结构，既全面又深入，从医药产业特点出发，由表及里，分别从产业特点、法律体系、知识产权权利、知识产权管理和知识产权纠纷系统阐述，紧紧围绕企业经营的主线条，充分体现和发挥知识产权的商业价值，这是非常突出的特点，也堪称是中国医药产业知识产权管理的基础教科书。

本书的付梓，还让我看到了中国企业界的知识产权情怀。本书由中国企业知识产权研究院自筹费用，汇聚十多位中国最优秀的医药企业知识产权经理人，将各自职业生涯中的知识、经验以及教训，系统性总结提炼，无私地贡献出来，以完全公益的方式通力合作完成，我为他们的这种奉献精神感到欣喜。

本书的面世，必将会助力中国医药企业的知识产权管理水平提升，也将帮助中国医药产业向更高水平的跨越。同时，也展示了不断进取的中国知识产权水平。我相信，在未来世界的创新舞台上，中国创造和中国 IP 必会熠熠生辉。

中国人民大学教授
中国知识产权法学研究会会长
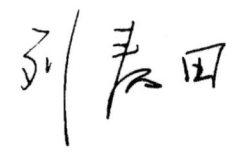
2021 年 1 月

第1版序二

众所周知,药品是一种特殊的商品。首先,新药的研究开发具有投资大、难度高、风险大和周期长等特点,因此,医药行业对于专利保护的依赖程度明显高于其他行业。有专家经过研究分析后曾经得出结论,如果没有专利保护,60%的药品发明不能研究出来,65%不会被利用。因此,没有较强的知识产权保护,医药行业就难以得到长足的发展。

其次,医药行业还是高投入、大市场、高产出和高风险的行业。在知识产权强保护的环境下,一旦出现侵权行为,往往会出现非常高的侵权赔偿金额。例如美国历史上判罚10亿美元以上的几个案例都发生在医药领域。如果没有药品专利纠纷的早期解决机制,无论对创新药、仿制药厂家还是用药的患者,都会带来巨大的隐患。

再次,为了保证药品的疗效和最大程度地减少药品上市后可能对患者造成的负面效应,各国政府都会要求制药企业在上市前提供足够数量的临床试验数据,以证明其安全有效和质量可控,而这种临床试验和行政审批不仅需要巨大的投资,还需要较长的时间成本。况且,这些工作基本上是在创新药品申请专利后进行的,需要占用大量的专利有效期。如果没有专利期补偿制度,不少创新药品在市场独占期间就收不回开发成本,从而严重挫伤企业药物创新的积极性。

最后,药品是社会公共健康的必需品。没有知识产权保护就没有新药被研究开发出来用于疑难病症的治疗,而没有仿制就难以把药品价格降下来,从而实现普通患者对药品的可及性。因此,制定医药领域的知识产权政策,还需要密切结合本国的实际国情,在鼓励创新和仿制之间取得合理的平衡。

当然,就目前而言,我国的医药行业虽然取得了突飞猛进的发展,但药物基础创新及高水平仿制还与世界先进水平具有较大的差距,低水平重复现象还相当严重。因此,不少人担心此时引入高水平的医药专利保护特殊政策,有可能不利于国内医药企业的发展。然而,医药行业的发展与知识产权保护之间似乎有一个"鸡生蛋"还是"蛋生鸡"的哲学辩证关系。是先有知识产权保护才促进了医药技术的进步,还是医药技术进步了才因此给予知识产权保护呢?我觉得,这两者之间是一种互为因果、相互促进的关系。如果仅依靠国家有限的资金去支持"新药创制"重大科技专项,不充分调动市场的能力和积极性,我国的医药行业就会长期落后于世界发达国家,缺乏新药的创制能力和人才及资金的支持,从而很难形成良性循环,赶上世界先进水平并实现"弯道超车"。从这种意义上讲,如果想要在未来的医药技术领域也有所作为和搭上世界经济发展的快车,这些特殊政策无疑也是一种能够有效促进创新驱动发展的动力。"罗马不是一天建成的"。只有消除只顾眼前利益的心理障碍,坚持不懈地鼓励和促进真正的创新,以此推动整个医药行业的发展,我国的医药和健康产业才有可能在不远的将来赶上和超过世界先进水平。

2015年以来,我国医药行业进行了一系列重大的政策改革,中共中央和国务院多次颁布重要文件,督促大力加强医药领域的知识产权保护,促进医药行业的结构调整及改革。在"新药创制"等国家重大专项的引领下,我国医药行业的创新能力和创新成果也有了突飞猛进的发展。

进入2020年以来,人类遭遇了突如其来的新冠疫情的袭击,世界形势也处于"百年未遇之大变局"。在这种全新的背景下,我国的医药行业和公共健康事业也面临着全新的挑战和机遇。

习近平总书记曾经指出,没有全民健康,就没有全面小康。受到疫情和全球经济影响,我国的经济发展需要"双循环"模式,医药行业和公共健康事业也不例外,必须遵循"创新、协调、绿色、开放、共享"的新发展理念,以前所未有的姿态和力度加速推动医药及健康领域的技术创新和推广。创新是仿制和推广的基础,没有创新就没有仿制和推广;而仿制又是创新的继续,没有仿制创新药就难以大幅度推广。创新仿制两手抓,由此驱动"内循环"的良性快速发展。

在党中央"创新驱动发展"方针路线的引领和指导下,我国《专利法》于2020年10月17日进行了第四次修改,增加了"药品专利期补偿制度"和"药品专利纠纷的早期解决机制",自2021年6月1日起施行。以此为标志,我国对医药行业的知识产权保护水平即将进入一个强保护的历史阶段。

2020年11月30日,中央政治局就加强我国知识产权保护工作举行集体学习。习近平总书记主持并发表重要讲话,强调"知识产权保护工作关系国家治理体系和治理能力现代化,关系高质量发展,关系人民生活幸福,关系国家对外开放大局,关系国家安全",明确指出"创新是引领发展的第一动力,保护知识产权就是保护创新",为新时代全面加强我国知识产权保护工作提供了根本遵循和行动指南。

中国企业知识产权研究院恰逢其时地组织国内医药企业一众经验丰富的知识产权高级管理人员编写了这本《中国医药企业知识产权管理》,从不同企业知识产权特点、医药企业权利管理、专利申请与审查、合规管理、诉讼管理、首次公开募股(IPO)上市中的知识产权以及综合管理等方面,系统介绍了我国医药企业知识产权管理方面的知识和经验,对于我国医药企业相关从业人员学习和借鉴,迎接新形势下的机遇和挑战,进一步提升我国医药企业市场主体的知识产权战略意识和技巧,大力促进医药行业的创新驱动发展战略，具有极大的参考价值。相信我国医药行业的技术人员和知识产权工作者，一定能够乘此东风和良好机遇，埋头苦干，奋发有为，努力把我国的医药产业和公共健康事业推向一个崭新的阶段，为我国的全面小康作出更大的贡献！

张清奎

2021 年 1 月

第1版前言

这本书起源于一篇论文。2018年初,广东东阳光药业股份有限公司知识产权总监林淘曦想写一篇《医药企业的知识产权管理》的论文,让我给些意见。我最早在通信企业从事知识产权工作,这些年来陆续也了解了机械、互联网等领域不同类型企业的知识产权管理的内容,但是囿于专业的跨度,我没能真正了解过医药类企业的知识产权管理的内容。随着讨论的深入,我发现医药类企业知识产权管理的实际内容,与通信、机械和互联网领域的企业有着很大的不同,这也是他写这篇论文的初衷。讨论完这篇论文的内容,我忽然有了一个想法,能不能把医药企业的知识产权管理作一个全面、系统的整理?业界对于这方面了解得太少了。于是,由中国企业知识产权研究院牵头,邀请了黄璐、范立君、窦夏睿、李彩辉、胡雪娇成立了一个项目组,我们用了4个月左右的时间完成了2.8万字的《中国医药企业知识产权管理架构建设》的报告,并在2018年底的中国企业知识产权研究院年会上进行了展示。这个报告对医药企业知识产权管理进行了全面、系统的梳理,但是仅限于架构性内容,具体细节并未展开叙述。

在这之后,我们陆续收到了不少医药企业知识产权同行的咨询信息,他们表示对这个报告的内容很感兴趣,这促使我们对这件事情有了进一步的信心和热情,因此,决定把这个架构报告扩展成为业界第一本系统、全面论述医药企业知识产权管理的著作!于是,我们再邀请了周大成、钱丽娜、张晓瑜和冯清伟加入项目组,这样从人员类型上,可以全面涵盖化学药、中药、生物制品3种类型的医药企业。项目组用了整整两年的时间,对上述架构中的所有内容进行了更加全面、深入、细致的论述,团队成员历经5次书稿版本的修改,以及后续由出版社编辑进行三审三校,终于在2021年1月促成这本60多万字的《中国医药企业知识产权管理》定稿。

这本书从一开始就没有被定位成一本理论著作。它是面向医药企业进行知识产权管理的全面实务操作指南!我们希望为中国医药行业的知识产权管理人员和相关从业者、研发技术人员以及第三方知识产权服务机构等,提供一本全面、系统的类似工具书的操作指引,用实际行动推动中国医药企业知识产权管理工作的发展。

完成这本书是需要一点情怀的。这个项目始终是中国企业知识产权研究院牵头的一个公益项目,所有的作者从头至尾没有获得过任何报酬。但项目的执行却是按照教科书的严谨和细致来要求的,每位作者不仅是利用业余时间完成书稿的撰写,而且对各自负责部分的内容,没有任何的藏私或保留,我们把自己当成"前浪"。一次次在夜晚电话会议中研讨、争论,计划时限临近时频频催稿,对每一稿细致推敲、反复修订,还有全体成员集中两整天的时间在会议室里面对面、一页一页地把关书稿的酸爽,都历历在目。

希望作者们为本书付诸的热情、经验、教训、情怀,能够为中国医药行业的知识产权管理,留下一串扎实的脚印。

刘　建

2021 年 2 月

法律、法规、司法解释

全称	简称	适用版本
中华人民共和国刑法	刑法	2024
中华人民共和国民事诉讼法	民事诉讼法	2023
中华人民共和国专利法	专利法	2020
中华人民共和国专利法实施细则	专利法实施细则	2023
中华人民共和国药品管理法	药品管理法	2019
中华人民共和国药品管理法实施条例	药品管理法实施条例	2019
中华人民共和国疫苗管理法	疫苗管理法	2019
中华人民共和国中医药法	中医药法	2025
中华人民共和国植物新品种保护条例	植物新品种保护条例	2025
中华人民共和国人类遗传资源管理条例	人类遗传资源管理条例	2024
中华人民共和国反不正当竞争法	反不正当竞争法	2025
中华人民共和国劳动合同法	劳动合同法	2013
中华人民共和国商标法	商标法	2019
中华人民共和国保守国家秘密法	保守国家秘密法	2024
中华人民共和国科学技术进步法	科学技术进步法	2022
专利审查指南		2023
药品专利纠纷早期解决机制实施办法（试行）		2021
药品专利纠纷早期解决机制行政裁决办法		2021
集体商标、证明商标注册和管理规定		2024
科学技术保密规定		2021
麻醉药品和精神药品管理条例		2025
药品注册管理办法		2020
药品生产监督管理办法		2020
药品召回管理办法		2022
药品标准管理办法		2023

全称	简称	适用版本
药品经营和使用质量监督管理办法		2024
中药标准管理专门规定		2025
中药品种保护条例		2018
最高人民法院关于审理侵犯商业秘密民事案件适用法律若干问题的规定		2020
最高人民法院关于审理侵犯专利权纠纷案件应用法律若干问题的解释		2018
最高人民法院关于审理侵犯专利权纠纷案件应用法律若干问题的解释（二）		2021
最高人民法院关于审查知识产权纠纷行为保全案件适用法律若干问题的规定		2018
最高人民法院关于审理申请注册的药品相关的专利权纠纷民事案件适用法律若干问题的规定		2021
最高人民法院关于审查知识产权纠纷行为保全案件适用法律若干问题的规定		2019
最高人民法院关于审理涉及计算机网络域名民事纠纷案件适用法律若干问题的解释		2021

目 录

第1章 总 论 ... 1
1.1 目的与愿景 ... 1
1.1.1 目的 ... 1
1.1.2 愿景 ... 1
1.2 管理总则 ... 1
1.2.1 知识产权理念 ... 1
1.2.2 创造 ... 2
1.2.3 保护 ... 2
1.2.4 运用 ... 3
1.2.5 管理 ... 3
1.3 组织结构 ... 3
1.3.1 行政结构 ... 3
1.3.2 职能构架 ... 6
1.4 制度建设 ... 9
1.4.1 原则与方法 ... 9
1.4.2 制度类型 ... 9

第2章 医药企业知识产权特点 ... 10
2.1 我国药品监管与审评审批制度的发展 ... 10
2.2 知识产权相关政策或法规 ... 16
2.3 独具特色的医药知识产权制度 ... 17
2.3.1 药品专利纠纷早期解决机制 ... 17
2.3.2 药品专利权期限补偿制度 ... 20
2.3.3 药品试验数据保护 ... 23
2.4 化学药企业知识产权特点 ... 28
2.4.1 对知识产权的需求相对较大 ... 28
2.4.2 核心专利保护面临的挑战 ... 28
2.5 中药企业知识产权特点 ... 37

- 2.5.1 多样化的中药知识产权保护形式 ………………………… 38
- 2.5.2 知识产权支撑多元化业务经营 ………………………… 38
- 2.5.3 中药品种保护 ………………………… 39
- 2.5.4 专利侵权纠纷较少，侵权举证和反向工程均较难 ………………………… 41
- 2.6 生物制品企业知识产权特点 ………………………… 42
  - 2.6.1 涉及遗传资源的知识产权 ………………………… 42
  - 2.6.2 涉及新的生物材料的保藏 ………………………… 43

第3章 医药企业专利管理 ………………………… 44
- 3.1 专利获取 ………………………… 44
  - 3.1.1 内源性获取 ………………………… 44
  - 3.1.2 外源性获取 ………………………… 45
- 3.2 专利事务管理 ………………………… 46
  - 3.2.1 专利分类管理 ………………………… 46
  - 3.2.2 专利档案及费用管理 ………………………… 52
  - 3.2.3 其他事务处理 ………………………… 53
- 3.3 生物医药领域的专利信息分析与利用 ………………………… 55
  - 3.3.1 专利信息分析与利用 ………………………… 55
  - 3.3.2 专利信息的检索及常用数据库资源 ………………………… 60
  - 3.3.3 专利分析方法 ………………………… 65
  - 3.3.4 专利信息分析实例 ………………………… 76
- 3.4 FTO 检索分析 ………………………… 86
  - 3.4.1 建立 FTO 预警评估机制 ………………………… 86
  - 3.4.2 化合物的 FTO 检索分析 ………………………… 86
  - 3.4.3 中间体及制备工艺/方法 FTO 检索分析 ………………………… 88
  - 3.4.4 生物药 FTO 检索分析 ………………………… 88
- 3.5 创新药研发立项中的知识产权 ………………………… 89
- 3.6 仿制药研发立项中的知识产权 ………………………… 90
  - 3.6.1 对目标产品的知识产权信息调研 ………………………… 90
  - 3.6.2 专利风险分析和规避 ………………………… 93
  - 3.6.3 生物类似物研发立项的特殊之处 ………………………… 97
- 3.7 专利挑战 ………………………… 98
  - 3.7.1 专利无效与专利挑战的目的 ………………………… 98
  - 3.7.2 医药专利无效宣告 ………………………… 98
  - 3.7.3 医药专利规避设计 ………………………… 99

第4章 医药企业专利挖掘与专利布局 ………………………… 108
- 4.1 药品生命周期 ………………………… 108

- 4.2 专利挖掘与专利布局策略 ··· 109
  - 4.2.1 专利挖掘 ··· 109
  - 4.2.2 专利布局 ··· 109
- 4.3 不同技术主题下的专利挖掘与布局策略 ··· 110
  - 4.3.1 生物靶点或药物靶标 ·· 110
  - 4.3.2 化合物 ·· 112
  - 4.3.3 中药 ··· 131
  - 4.3.4 生物制品 ··· 146
  - 4.3.5 制剂 ··· 173
  - 4.3.6 药物组合物/复方制剂 ·· 182
  - 4.3.7 制备工艺/方法 ··· 186
  - 4.3.8 分析检测方法 ··· 187
  - 4.3.9 医药用途 ··· 190
  - 4.3.10 制药设备/生产装置 ··· 194
  - 4.3.11 给药装置 ··· 198
  - 4.3.12 药品包装盒/袋、药瓶、药片等 ··· 200

第5章 其他知识产权管理 ·· 208
- 5.1 商业秘密 ·· 208
  - 5.1.1 商业秘密的确认、选定及清单 ·· 209
  - 5.1.2 商业秘密的丧失与救济 ·· 212
  - 5.1.3 商业秘密的制度管理 ··· 215
  - 5.1.4 商业秘密的人员管理 ··· 216
  - 5.1.5 商业秘密的设备管理 ··· 220
  - 5.1.6 商业秘密的载体管理 ··· 220
  - 5.1.7 商业秘密管理的其他辅助措施 ·· 220
  - 5.1.8 商业秘密的诉讼管理 ··· 221
- 5.2 商标 ·· 222
  - 5.2.1 商标管理的一般规则 ··· 222
  - 5.2.2 药品企业商标管理实务 ·· 222
  - 5.2.3 商标注册 ··· 223
  - 5.2.4 商标维护 ··· 230
  - 5.2.5 商标使用 ··· 231
  - 5.2.6 医药企业商标管理的特殊之处 ·· 243
- 5.3 著作权 ··· 247
  - 5.3.1 著作权管理的一般性问题 ··· 247
  - 5.3.2 药品说明书的著作权问题 ··· 249

5.4 域名 ·· 251
　5.4.1 与企业商誉相关的域名管理 ·· 251
　5.4.2 医药企业的域名管理 ··· 252

第6章 医药领域专利申请与审查 ·· 254
6.1 化合物专利的"三性"探讨 ··· 255
　6.1.1 新颖性 ·· 255
　6.1.2 创造性 ·· 259
　6.1.3 实用性 ·· 263
6.2 晶型专利的"三性"探讨 ··· 263
　6.2.1 新颖性 ·· 263
　6.2.2 创造性 ·· 265
　6.2.3 实用性 ·· 266
6.3 中药专利的"三性"探讨 ··· 267
　6.3.1 新颖性 ·· 267
　6.3.2 创造性 ·· 267
　6.3.3 实用性 ·· 271
6.4 基因专利的"三性"探讨 ··· 271
　6.4.1 新颖性 ·· 271
　6.4.2 创造性 ·· 271
　6.4.3 实用性 ·· 272
6.5 多肽或蛋白质专利的"三性"探讨 ···································· 273
　6.5.1 新颖性 ·· 273
　6.5.2 创造性 ·· 273
　6.5.3 实用性 ·· 273
6.6 抗体药物专利的"三性"探讨 ··· 274
　6.6.1 新颖性 ·· 274
　6.6.2 创造性 ·· 275
　6.6.3 实用性 ·· 276
6.7 制剂专利的"三性"探讨 ··· 277
　6.7.1 新颖性 ·· 277
　6.7.2 创造性 ·· 279
　6.7.3 实用性 ·· 281
6.8 组合物/复方专利的"三性"探讨 ······································· 281
　6.8.1 新颖性 ·· 281
　6.8.2 创造性 ·· 282
　6.8.3 实用性 ·· 284

6.8.4　组合物/复方专利撰写应注意事项 ································· 285
6.9　制备工艺/方法专利的创造性探讨 ··································· 286
　6.9.1　创造性 ·· 286
　6.9.2　专利申请文件撰写的注意事项 ································· 288
　6.9.3　专利和商业秘密的选择 ··· 289
6.10　分析检测方法专利的新颖性和创造性探讨 ························ 289
　6.10.1　新颖性 ··· 289
　6.10.2　创造性 ··· 290
6.11　医药用途专利的新颖性和创造性探讨 ······························ 291
　6.11.1　新颖性 ··· 292
　6.11.2　创造性 ··· 294
　6.11.3　适应证专利保护困境 ·· 295
6.12　药品专利审查意见常见的答复规则 ································· 296
　6.12.1　创造性 ··· 297
　6.12.2　公开不充分 ·· 298
　6.12.3　权利要求书得不到说明书的支持 ···························· 298
　6.12.4　补充实验数据 ·· 299
6.13　药品专利复审需要考虑的因素 ······································ 302
　6.13.1　产品成熟度 ·· 302
　6.13.2　产品重要性和竞争性 ·· 302
　6.13.3　复审成功率 ·· 302

第7章　医药企业合规管理 ·· 304
7.1　信息管理 ··· 304
　7.1.1　信息获取 ·· 304
　7.1.2　信息管理 ·· 305
　7.1.3　信息管控 ·· 307
7.2　合同管理 ··· 307
　7.2.1　技术转让合同 ··· 308
　7.2.2　兼并/收购合同 ·· 308
　7.2.3　合作开发合同 ··· 308
　7.2.4　药品委托生产合同 ·· 310
　7.2.5　医药许可交易合同 ·· 312
7.3　横纵管理 ··· 315
　7.3.1　上级部门管理 ··· 315
　7.3.2　部门间协作管理 ·· 315
　7.3.3　药政法规的知识产权协同 ······································ 316

  7.3.4 对子公司的管理 ·················· 321
 7.4 风险管理与防范 ·························· 321
  7.4.1 知识产权风险的特点 ·············· 322
  7.4.2 全流程风险管理 ····················· 323
  7.4.3 各节点风险管理与防范 ·········· 326
  7.4.4 其他风险 ································ 338
  7.4.5 风险预警 ································ 340

第8章 医药企业诉讼管理 ························ 342
 8.1 医药领域知识产权诉讼的特点 ······· 342
 8.2 常见诉讼种类 ······························ 343
  8.2.1 侵犯知识产权之诉 ················· 343
  8.2.2 不服具体行政行为之诉 ·········· 344
  8.2.3 侵犯商业秘密之诉 ················· 344
  8.2.4 不正当竞争之诉 ····················· 345
  8.2.5 与发明人相关的专利权属之诉 ··· 345
  8.2.6 确认不侵权之诉 ····················· 346
 8.3 诉讼的准备与策略 ························ 347
  8.3.1 诉讼目标的设立 ····················· 347
  8.3.2 诉讼的准备与应对 ················· 349
  8.3.3 诉讼管辖地的选择策略 ·········· 352
  8.3.4 知识产权案件的诉讼时效 ······ 355
  8.3.5 常见的诉讼请求 ····················· 355
  8.3.6 常见的诉讼策略 ····················· 356
 8.4 专利侵权判定与抗辩 ···················· 359
  8.4.1 专利侵权判定的基本原则 ······ 359
  8.4.2 侵权抗辩的常用理由 ············· 366
  8.4.3 关于内部证据与外部证据 ······ 372
 8.5 律师选聘与管理 ··························· 373
  8.5.1 内部管理 ································ 373
  8.5.2 律所管理与律师选聘 ············· 374
  8.5.3 律师合作与沟通的技巧 ·········· 374
  8.5.4 诉讼费用管理 ························ 375
 8.6 诉讼流程与管理 ··························· 376
  8.6.1 原告的诉讼准备与主要流程 ··· 377
  8.6.2 被告的诉讼应对与主要流程 ··· 378
  8.6.3 关于诉讼的和解 ····················· 380

  8.6.4 行为保全 ……………………………………………………………… 381
  8.6.5 赔偿损失的计算 ………………………………………………… 382
  8.6.6 海外诉讼流程管理 ……………………………………………… 384
 8.7 诉讼风险管控 ………………………………………………………………… 385
  8.7.1 审慎决策合理的专利策略 …………………………………… 386
  8.7.2 建立风险跟踪预警机制 ……………………………………… 388
 8.8 医药领域特色诉讼与应对 ………………………………………………… 388
  8.8.1 专利无效宣告请求程序中对权利要求的修改 …………… 388
  8.8.2 专利无效宣告请求程序中涉及优先权的情形 …………… 391
  8.8.3 分案申请 ………………………………………………………… 394
  8.8.4 Bolar 例外 ……………………………………………………… 401
  8.8.5 方法专利 ………………………………………………………… 402
  8.8.6 等同侵权 ………………………………………………………… 403
  8.8.7 前药或中间体 …………………………………………………… 405
  8.8.8 封闭式权利要求 ………………………………………………… 407
  8.8.9 许诺销售 ………………………………………………………… 407
  8.8.10 药品专利纠纷早期解决机制下的专利诉讼 …………… 409
 8.9 诉讼信息检索与案例分析工具 ………………………………………… 411

第9章 医药企业 IPO 上市过程中的知识产权 413

 9.1 医药企业 IPO 可选板块 ………………………………………………… 413
 9.2 公司上市的重要条件 ……………………………………………………… 415
  9.2.1 公司独立性 ……………………………………………………… 415
  9.2.2 持续盈利能力 …………………………………………………… 416
  9.2.3 科创板的知识产权要求 ……………………………………… 416
  9.2.4 未盈利生物医药企业 IPO …………………………………… 418
  9.2.5 企业 IPO 被否原因统计 ……………………………………… 419
 9.3 上市筹备与尽职调查 ……………………………………………………… 421
  9.3.1 上市筹备工作组的构成 ……………………………………… 421
  9.3.2 尽职调查中的知识产权工作 ………………………………… 421
  9.3.3 重要产品的 FTO 检索评估 ………………………………… 426
 9.4 建议关注的知识产权重要事项 ………………………………………… 428
  9.4.1 权属明晰是公司独立性的必要条件 ……………………… 428
  9.4.2 规范管理是核心竞争力的必要表现 ……………………… 429
  9.4.3 诉讼披露及处理 ………………………………………………… 430
  9.4.4 融资及改制中的知识产权价值 …………………………… 435
  9.4.5 与中介及投资方的沟通建议 ………………………………… 436

9.5 研发费用资本化及实践探讨 ·················· 438
  9.5.1 会计准则对研发支出资本化的要求 ·················· 438
  9.5.2 近期知识产权信息披露政策要求及影响 ·················· 439
  9.5.3 实践建议 ·················· 440

第 10 章 医药企业综合管理 ·················· 443
10.1 人力资源管理 ·················· 443
  10.1.1 主管部门及基本职能 ·················· 443
  10.1.2 员工管理 ·················· 444
10.2 财务综合管理 ·················· 446
  10.2.1 知识产权评估 ·················· 446
  10.2.2 公司出资 ·················· 447
  10.2.3 质押 ·················· 447
  10.2.4 优化财报 ·················· 448
  10.2.5 知识产权证券化 ·················· 448

第 1 章

总　　论

1.1　目的与愿景

1.1.1　目的

根据中国生物医药行业的特点，结合医药企业知识产权特点，总结医药企业知识产权管理的实践经验，为医药企业从事技术开发、知识产权等从业人员提供具有参考价值的实务指导。

1.1.2　愿景

开拓中国医药企业知识产权从业人员思路，提高企业知识产权管理能力，实现企业知识产权价值最大化。

1.2　管理总则

1.2.1　知识产权理念

知识产权制度作为科技、经济和法律相结合的产物，是一种激励和调节的利益机制。[1] 随着现代科技日新月异的发展，创新已成为知识经济时代的主要特征，企业要想在以高新技术为依托的竞争中立于不败之地，就必须善于运用各国的知识产权制度和规则，激励和保护企业的发明创造和技术创新。作为国家创新驱动发展战略的重要保

---

[1] 吴汉东. 知识产权法价值的中国语境解读 [J]. 中国法学，2013，4：15-26.

障，知识产权制度旨在利用科技、经济和法律手段，来激励创新、鼓励创造，保护和管理发明创造成果或创新活动。❶

知识产权作为无形资产，是现代企业资产的重要组成部分，也是企业的核心竞争力的体现。企业知识产权战略是与企业总体战略发展紧密衔接、不能脱离的。对企业知识产权的创造、保护、运用和管理，最终都落实到为企业创造经济效益和社会效益，提升企业核心竞争力，增加企业发展资本和/或核心价值，规避企业知识产权风险。没有知识产权战略的企业战略不是完整的战略。

医药企业的知识产权理念，与其他类型企业并无不同，都应遵循企业总体战略规划，以知识产权为手段，维护企业利益、增强企业防御能力、控制企业风险，使企业战略在知识产权方面得以实施和落地。

1.2.2 创造

医药企业的知识产权创造，涉及专利、商标、著作权、商业秘密、域名等多种权利形式。对生物医药技术的开发与持续创新，是生物医药类知识产权的创造源头。对于创新型医药产品来说，医药企业对其产品、工艺/方法、医药用途等的专利申请、保护及布局尤为重要。

医药行业属于受到政府严格监管的行业，其研发、生产及销售环节均需要遵守相应的法律法规。医药企业通过知识产权创造与保护，将专利与相关产品进行匹配，进而为药品寻求市场独占期，同时将药品核心技术及其诀窍作为商业秘密保护进而为医药企业寻求竞争优势。

1.2.3 保护

医药企业的知识产权，可从专利、商标、著作权、反不正当竞争、展会知识产权、知识产权海关保护、植物新品种保护、中药品种保护等方面进行全方位、立体式的保护。例如企业通过发明创造与技术创新，以化合物专利和适应证专利为核心，对后续如晶型、制剂、工艺、组合物、新适应证、装置等外围专利进行层层保护，同时从技术、地域、时间上，实现对该产品的专利保护和布局。

目前，中国既鼓励创新药，又促进仿制药发展，建立专利纠纷早期解决制度、专利期限补偿制度、完善和落实药品试验数据保护制度。这既有利于保护原研药企业的合法权益，提高其专利的质量，也有利于降低仿制药企业挑战专利的市场风险。例如，对于创新药品种，医药企业可以通过商业秘密保护其技术诀窍及专利申请前的技术信息，可以通过专利保护其活性成分、制剂处方、医药用途、工艺/方法、生产装置等，通过试验数据保护获得上市后一定的市场独占期，通过商标保护其品牌以区别同类仿

---

❶ 黄璐，余浩，张长春，等. 药品研发过程中的知识产权制度及运用［J］. 中国新药杂志，2019，28（1）：10-16.

制品种，进而在市场上从技术、时间及品牌维度增强产品的竞争力。

1.2.4 运用

知识产权运用的形式主要包括知识产权自主实施、知识产权许可、知识产权转让、知识产权运营、知识产权出资、知识产权信托、知识产权拍卖、知识产权质押、知识产权保险、知识产权证券化等。医药企业一直都是知识产权运用的主要推动者，也是医药专利诉讼的主力军。医药企业通过上述形式获得知识产权，直接或间接实施知识产权、禁止他人使用、保持企业知识产权的合法垄断地位，以获得一定的经济效益和社会效益，从而打造企业产品的自主核心竞争力。

1.2.5 管理

医药企业通过建立知识产权部门架构、完善企业知识产权管理制度，从而制定并实施其医药知识产权战略。在研发、生产、销售各个环节，知识产权管理包括：加强知识产权职能的事前管理、事中参与、事后追踪，并提前识别风险和管控风险；积极参与研发项目的立项、项目组会和项目节点的决策；积极强化与重视企业在研发、生产、销售全过程的专利申请与专利挖掘，并进行积极的专利布局，从而保护自身知识产权；积极应对专利侵权与纠纷；构建有效的知识产权激励机制及人员管理制度。知识产权管理部门还应联合研发、生产、销售、项目管理、信息管理等业务部门，积极响应国家政策，提升企业专利质量，增加企业专利价值。除了专利，企业知识产权管理还应该充分考虑商标、著作权、域名的管理，强化商业秘密管理。

1.3 组织结构

1.3.1 行政结构

1.3.1.1 隶属企业高层管理者

知识产权部隶属企业高层管理者的行政组织结构，有利于最高管理者及时了解企业知识产权全局并根据企业发展总战略对知识产权战略提出建设性意见。这种设置将知识产权管理部门放到企业较高的位置，知识产权部可以直接参与企业高层决策，从而使知识产权部在重大项目并购、推进等阶段有一票否决权，对高层发挥较大作用，适用于规模较大、知识产权管理复杂的集团公司。此类组织结构简单，层级少，有利于知识产权部门管理人员同企业高层管理者沟通，以便根据企业战略来制定和实施知识产权战略。

该类组织结构如图 1-3-1 所示。

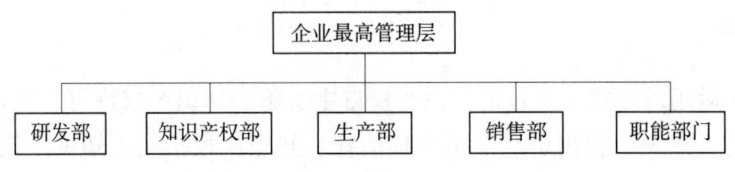

图 1-3-1 隶属企业高层管理者的组织结构

但是在这种组织结构设置下，知识产权管理部门不可能及时掌握研发部门的信息，与其他部门尤其是研发部门保持良好沟通的成本较高。建议这种模式下的知识产权部应建立一套完整的知识产权管理体系并参与研发的立项会、汇报会等会议，及时了解研发进展并对知识产权进行布局。

1.3.1.2 隶属企业研发部门

在知识产权部隶属于企业研发部门的行政组织结构中，知识产权部不直接受企业高层管理者的领导，但知识产权部门与研发部门联系紧密，容易与研发部门及时沟通并获取研发部门的相关信息。有利于将知识产权工作与研发工作紧密结合，为企业的研发活动提供全方位的指导，从而使技术研发成果能够快速、有效地获得知识产权保护；同时将知识产权工作嵌入研发中，也能及时预警研发过程中的风险。该组织模式能够准确制定与技术和产品开发相适应的知识产权战略。

该类组织结构如图 1-3-2 所示。

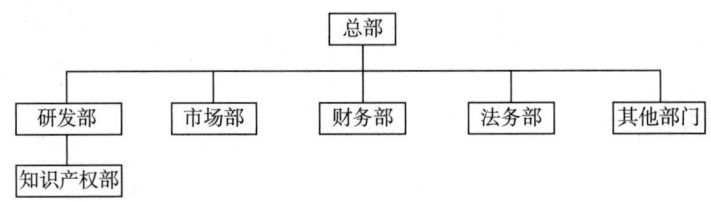

图 1-3-2 隶属企业研发部的组织架构

该类组织的缺点是：知识产权部门在研发部门之下，位阶较低，无法直接与高层沟通，无法参与企业决策，无法了解企业整体战略目标，难以与其他部门沟通协调管理企业的整体知识产权，处理问题效率差。

在特殊情形下，知识产权部虽然隶属研发部门，但由主管研发部门的企业高管如研发副总裁领导，此种情形属于第 1.3.1.1 节所述的隶属企业高层管理者。

1.3.1.3 隶属企业法律部门

在知识产权部隶属于企业法律部门的行政组织结构中，知识产权部具体隶属于集团或总公司直接管理的一级职能部门的法务中心或法律事业部，作为法务中心统一管理下的子部门和/或岗位。各分公司或子公司不设专职知识产权管理人员或者部门，但可设立一到两名业务对接人。分公司或子公司的所有知识产权业务均收归集团知识产权管理部门统一管理。

知识产权部门隶属于法务中心的优势在于：①部门层级较高，更容易直接与企业高层沟通，领会和分解企业整体的发展战略，并将其落实到整个知识产权体系的构建中去。②知识产权部归属于法务中心，有利于专利、商标、著作权等知识产权的申请或登记、知识产权贸易中合同的订立以及贸易纠纷的处理等活动。在许多合同业务和知识产权维权业务中，便于知识产权管理者和法务管理人员进行有效的沟通。例如与技术开发、转移、投融资相关的合同，常常会涉及知识产权条款，法务人员需要知识产权专业人员的建议；而知识产权的许可、转让常常涉及很多的法律条款，也需要法务人员的配合与支持。再如，发生与专利、商标、著作权相关的诉讼时，在这种组织构架之下，整个法务中心的知识结构完全可以有效地把控诉讼走向，反应更加迅速，处理过程也会更加专业。

该类组织结构如图1-3-3所示。

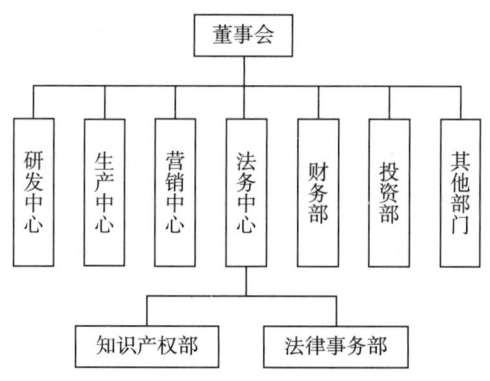

图1-3-3　隶属企业法律部门的组织架构

当然，这种组织构架也有其不足之处。最主要的问题是有可能"脱离基层"，不容易及时发现问题。比如知识产权部门，从专利挖掘的角度来说，应该和研发部门联合办公比较容易发掘研发中的技术空白点。但这种组织构架之下，专利专员或顾问往往与研究者的"距离"比较远，需要特别注意建立有效的沟通机制。而一些知识产权侵权的案件或各种交易中潜在的知识产权风险，往往是基层的一线员工发现的。这种构架之下，如果员工没有风险识别的能力和意识，往往不容易及时发现隐患。因此知识产权管理者应当注意定期地、深入一线开展形式多样的培训和交流活动，拉近与"基层"之间的距离，提高一线员工的风险识别能力。

1.3.2 职能构架

1.3.2.1 流程

企业知识产权流程岗位具体负责处理所有知识产权相关业务的国内外流程，主要包括期限监控与管理、文档管理、费用管理及业务支持。更具体的职责包括：知识产权合同登记、权属登记、国内外商标流程及登记、著作权申报及登记管理、知识产权文档接收/发送/整理/分析/归档的流程管理、专利流程的处理、缴费和续费管理、知识产权档案管理、知识产权审批管理、知识产权政府项目申请及补助申请以及相关电子流程的设计、优化、实施以及归口输出等，并为其他部门提供工作支持。

期限监控与管理需要企业的流程管理人员自行组织案件立案后的全周期维护，建立与维护国内外知识产权案件的监控、记录案件数与期限。这项工作在实际操作中，很多企业是交由专业的第三方代理服务机构完成的，由服务机构进行具体案件的期限监控，实时地提醒并通知企业的流程管理人员。

文档管理需要企业的流程管理人员不定时收集国内外专利、商标、著作权等各类电子和/或纸质官文的法律文件，并将相关文件逐一进行登记和存档。其中涉及纸质官文的文件，需扫描官文并修改扫描件名称和存档，并与专业的第三方代理服务机构保持紧密的沟通。文档管理涉及集团与子公司时，可统一管理；当文档管理只涉及某一独立法人单位时，则可直接按具体产品或项目来分类归档。

费用管理需要企业流程管理人员完成对各类业务相关费用（如年度知识产权费用预算、专利年费、官费、代理费等）及开票信息的确认、核对及监管；协助财务部门完成相关费用支付。

1.3.2.2 保护

医药企业应由知识产权部门管理人员牵头建立一套适合企业自身发展的知识产权保护体系。企业知识产权保护岗位负责处理企业知识产权保护以及相关的所有业务，包括专利申请、专利挖掘与专利布局、专利信息分析与利用、专利咨询与培训等工作。该岗位知识产权人员需要直接对接研发与技术、生产与质量等部门，负责挖掘企业创新技术成果，协助技术研发人员进行新化合物、新工艺、新用途、药物组合物等相关的专利申请、专利挖掘、专利布局、专利检索、专利分析、专利技术转让等；指导研发技术人员完成技术交底书的撰写、答复研发人员提出的专利问题等；进行专利申请文件的撰写与审核、审查意见的答复、公众意见和无效宣告的提出和审核；负责企业研发、生产、销售产品或项目的专利风险识别与专利预警工作，以及企业专利数据库构建等。此外，与流程岗位的人员合作，与外部知识产权服务机构保持良好沟通，对内对接公司销售部/市场部等部门的商标申请、著作权登记等。

另外，在制度建设上，该岗位的知识产权管理人员需建立健全并积极落实企业的各项知识产权管理和保护制度，提高企业知识产权保护意识，依法维护企业的知识产权合法权益；建立商业秘密保护制度，强化企业商业秘密保护措施，签订保密协议，依法保护企业的商业秘密。在开展医药相关产品或技术进出口业务和对外投资、参加生物医药博览会或展会时，应当及时知悉、检索或查询该产品在有关国家或地区的知识产权状况，深入了解其知识产权保护情况，做到自身知识产权不被侵犯，也不侵犯他人知识产权。

1.3.2.3 风险管控

由于医药领域对知识产权具有非常强的依赖性，高风险、高投入的行业特色更加强化了医药知识产权风险管控对医药企业发展的重要性，因此，知识产权风险管控往往是医药企业知识产权管理部门的重要职能之一。对于医药企业来说，知识产权风险可能出现在企业经营的各个环节，如立项、研发、生产、销售和售后、技术交易、投融资、企业重组等。

在立项环节，企业知识产权部门一般需要参与项目的可行性评估，检索并识别项目研发的现有知识产权风险，以及未来产品研发和上市可能面临的知识产权风险，从而为项目是否启动提供决策依据。立项环节往往是医药企业知识产权风险防控的最早环节，也是最重要的环节。该环节风险防控的好坏往往决定了企业的研发方向与未来产品上市的命运。

在研发环节，企业确定产品立项进入研发阶段之后，研发部门会进一步结合立项目标和技术现状，对相应产品进行技术攻坚，其中涉及原料与制剂工艺的研究，在立项调研的基础上，研发人员往往需要进行更深入、更广泛的文献与专利检索，从而确定具体实施的技术路径，此时需要知识产权部门在其中起到协助与风险把控的作用，避免研发方向发生偏移，同时避免在研发过程中出现侵权风险。此外，当研发中涉及产品原辅料的购买与使用时，同样需要对供应商的侵权风险进行防控，避免己方的研发或未来产品上市陷入被动局面。

生产环节主要涉及医药产品和中间体的生产工艺、生产设备等方面风险的管控。一般生产部门是对研发工艺的放大生产，关于产品及中间体生产工艺方面的风险在研发阶段基本得到了防控。但是很可能在立项或研发阶段都没有考虑产品生产线中的生产设备，在车间建设或者购买设备时，知识产权部门需要对相应设备的知识产权风险进行防控，避免因为相应设备的知识产权问题被诉侵权。

在销售和售后环节上，一般在完成产品研发与申报后，进入销售准备阶段，知识产权部门需要重新检索和梳理产品上市的法律风险，从而为市场部门的推广行为提供决策依据。由于药品专利纠纷早期解决机制不能完全代替仿制药上市后的实体侵权纠纷的解决，医药企业在产品获批后，仍然需要再次进行自由实施（FTO）风险评估，从而合理管控产品上市的知识产权风险。

在商务发展（BD）环节，随着全球医药研发技术的发展，无论是大型跨国医药公司，还是处于成长中的中小型公司，都在积极拓展相互之间的商务发展合作。而商务发展合作涉及产品的引进、相互之间的投融资等活动，作为投资方、技术或产品的引入方，对相应合作标的进行知识产权的尽职调查将显得尤为重要。通过尽职调查防控合作风险，为交易金额的确定、产品未来自由实施的风险、权属纠纷风险等提供参考依据。

知识产权风险防控和管理主要涉及目的地相关知识产权法律、政策和实际执行情况的调查，相关产品或项目知识产权检索和尽职调查，定期风险监控报告，风险监控数据库的建立，各类合同中知识产权条款的审核，意外知识产权风险的应急方案以及知识产权风险准备金等。另外，还需定期监控产品可能侵犯他人知识产权的状况，分析可能发生的纠纷及其对企业的损害程度，提出防范预案；采取措施，避免或降低生产、办公设备及软件侵犯他人知识产权的风险；有条件的企业可以将知识产权纳入企业风险管理体系，对知识产权风险进行识别和评测，并采取相应风险控制措施。

知识产权风险管控工作需要与企业内部多个部门协作沟通，包括法务部、研发部、财务部、商务发展部等。最终风险应对策略的制订及执行需要平行部门的支持与配合，依据风险的类别主导部门会相应调整。技术交易及收并购通常由商务发展部及财务部门主导，知识产权部门辅助支持。但在与产品或项目相关风险的解决中，多数工作由知识产权部门主导，相关技术部门支持，如专利无效宣告及技术自由实施。

1.3.2.4 法务

企业知识产权法务岗位负责处理企业所有知识产权法务方面的业务。企业法务的职能分为非诉与诉讼业务两个方面。企业法务大部分时间在处理非诉业务，主要包括合同审核、合同管理、合同履行监督、履行纠纷调解与谈判、为业务部门提供法律建议和支持、公司法业务、法务培训、制订和审核企业制度等。当纠纷无法通过协商解决、发现侵权行为需要维权或者不幸成为被告时，企业法务还需要参与诉讼活动，负责收集整理证据，制订、推动诉讼策略和把控诉讼进程，必要时聘请外部律师并配合与监督外部律师的工作等。

医药企业的知识产权诉讼业务包括跟踪项目相关的诉讼案件（包括侵权案件和无效案件）、梳理项目的专利障碍、发起和（或）应对知识产权诉讼以及相关咨询等。

根据知识产权类型的不同，知识产权诉讼可以分为专利诉讼、商标诉讼、著作权诉讼以及不正当竞争诉讼。对于医药企业而言，专利诉讼最为重要，商标诉讼次之。医药企业应针对可能出现的知识产权诉讼准备应对的手段，在得到管理层的授意和支持下，以知识产权部为主体，邀请法务部、研发部、生产部、销售部等部门的主要负责人，形成企业知识产权诉讼委员会，并利用该委员会主导知识产权诉讼工作。例如药品出口美国遇到的简化新药申请（ANDA）专利诉讼，以及其他在风险管理阶段预警的高风险专利诉讼，均需要知识产权部在委员会的框架下提早做好准备，以应对随时可能出现的专利诉讼。

在知识产权诉讼中，知识产权部需要在诉讼策略、律师选择、内部协调等方面，处理好与法务部的关系。如果知识产权部本身没有足够的能力处理，应充分利用法务部的能力，共同制订最优的方案。

1.4 制度建设

1.4.1 原则与方法

为维护中国医药企业无形资产的合法权益，坚决制止、杜绝企业知识产权流失，同时充分利用法律规定并结合医药企业自身特点，发挥知识产权在企业药品竞争格局中的作用，对于专利、商标、著作权、商业秘密以及其他知识产权等，遵循统一管理、分工协作、规范有序的制度建设原则，实行分类、动态、日常跟踪管理。

1.4.2 制度类型

医药企业的知识产权管理制度（或办法）有很多方面，具体包括专利管理办法、商标管理办法、著作权管理办法、域名管理办法、商业秘密管理办法、知识产权激励制度、展会知识产权管理办法等。

与医药企业知识产权制度关联的管理制度（或办法）有很多方面，具体包括论文发表管理办法、发明人管理办法、发明人奖励制度、研发项目中的知识产权管理办法、市场项目中的知识产权管理办法、上市公司信息披露管理办法、合同管理制度、人力资源管理制度、风险管控管理办法、采购管理办法、合规管理办法等。

第 2 章

医药企业知识产权特点

当前,我国医药行业正处于由仿制药生产为主向"仿创结合"转变的新时期。提高医药行业技术创新能力,将有助于调整医药行业结构,增强我国医药行业的国际竞争力和可持续发展能力。医药知识产权因其种类丰富、覆盖面广,在医药企业鼓励技术创新、鼓励大品种仿制药上市等活动中发挥着重要的作用。作为一种创造性的智力成果,随着医药企业研发经费的不断投入,医药企业将会有新的技术创新成果不断涌现,而这些成果的主要表现形式就是知识产权。根据我国的法律实践,医药企业涉及的知识产权包括产品、工艺、方法、用途、设备装置等不同方面。

实践中,化学药结构明确,容易获得明确的产品专利保护,因此化学药的专利侵权判断相对容易;中医药突出在传统中医理论的指导下进行临床应用,中药组合物的专利保护对于中医药企业具有一定的价值;生物药的成分复杂,产品往往受到生产过程的影响,实践中其与化学药和中药的专利保护和运用是完全不同的。

除了知识产权保护,行业的市场准入和行政监管对于医药企业同样非常重要。企业的研发成果如果不能获得行政准入,那么将意味着该项技术无法转化为产品或者服务,最终不能实现其市场价值。由于化学药、生物药和中药的技术特点不同,因此市场准入标准不同,这将意味着医药企业对于知识产权的保护方式和运用特点也不完全是一样的。本章将从我国医药审评审批制度的发展出发,探讨化学药企业、生物药企业和中药企业各自的知识产权特点。

2.1 我国药品监管与审评审批制度的发展

在新中国成立后的较长一段时间里,卫生行政部门行使药品的管理职责。卫生部于

1950年设立药政处，后于1953年改为卫生部药政司，1957年改为卫生部药政局，并在各省、自治区、直辖市卫生厅相应设立了药政管理处，形成了中央与地方的多级药品行政管理体系。

据考证，新中国成立后的20年间，化学药的行业管理职能先后由轻工业部医药工业管理局、化学工业部医药司、化学工业部中国医药工业公司、燃料化学工业部8人医药小组、燃料化学工业部医药局和石油工业部医药局承担。中药行业的管理职能先后由土产供销总社、中药管理委员会（卫生部）中国药材公司、全国供销合作总社中药材管理局、商业部中国药材公司、卫生部药政管理局、商业部中国药材公司、商业部医药组和商业部医药局承担。在这样的体制变革过程中，医药行业的决策权管理分散的弊病日渐凸显。❶

1963年，由卫生部、化学工业部和商业部联合下达的《关于加强药政管理的若干规定》，对新药（时称"新产品"）的定义、新药报批程序、新药临床试验、新药的生产审批、设定药品审定委员会以及哪些药品属于卫生部审定均予明确的规定。

1979年，卫生部颁布了《新药管理办法（试行）》，该办法规定了在我国除创新的重大品种以及国内未生产的放射性药品、麻醉药品、中药人工合成品、避孕药品由卫生部审批外，其他新药均由省级卫生行政部门审批。

1984年，第五届全国人民代表大会常务委员会第七次会议通过了《中华人民共和国药品管理法》（以下简称《药品管理法》），其规定新药由国务院卫生行政部门审批，生产地方标准药品、仿制药由省级卫生行政管理部门审批。

2007年，国家食品药品监督管理局正式出台《药品注册管理办法》（局令第28号）。

2015年8月，国务院印发《国务院关于改革药品医疗器械审评审批制度的意见》（国发〔2015〕44号），明确了提高药品审批标准，推进仿制药质量一致性评价，加快创新药的审评审批，开展药品上市许可持有人制度试点，改进药品临床试验审批等12项改革任务。

2016年3月4日，国家食品药品监督管理总局发布《关于发布化学药品注册分类改革工作方案的公告》（2016年第51号），其相较于当时的《药品注册管理办法》，第51号公告中对按新注册分类申报的化学药品注册申请实行新的审评技术标准。

2016年3月5日，国务院办公厅发布《关于开展仿制药质量和疗效一致性评价的意见》（国办发〔2016〕8号），该意见鼓励企业开展一致性评价工作。通过一致性评价的药品品种，由国家食品药品监督管理总局向社会公布。药品生产企业可在药品说明书、标签中予以标注。同品种药品通过一致性评价的生产企业达到3家以上的，在药品集中采购等方面不再选用未通过一致性评价的品种。

---

❶ 宋华琳. 药品行政法专论［M］. 北京：清华大学出版社，2015.

2016年6月,《药品上市许可持有人制度试点方案》(Marketing Authorization Holder, MAH) 正式出台,标志着该方案的正式落地。

2017年10月,中共中央办公厅、国务院办公厅印发了《关于深化审评审批制度改革 鼓励药品医疗器械创新的意见》,提出了改革临床试验管理、加快上市审评审批、促进药品创新和仿制药发展等意见。❶ 其中在医药知识产权方面,提出了建立专利强制许可药品优先审评审批制度、建立上市药品目录集、探索建立药品专利链接制度、开展药品专利期限补偿制度试点、完善和落实药品试验数据保护制度等政策。

2018年11月14日,中央全面深化改革委员会第五次会议审议通过了《国家组织药品集中采购试点方案》,这次组织的集中采购主要是以完善带量采购方法换取更优惠的价格,对于消除医院"二次议价"空间、规范评标专家行为、促进评标过程规范化等具有重大作用。该方案公布后,引起国内医药行业、医药股资本市场巨大反响,此次共有31个药品在11个城市开始试行带量采购,仿制药市场迎来一次大洗牌。

2019年1月1日,国务院办公厅发布《国务院办公厅关于印发国家组织药品集中采购和使用试点方案的通知》(以下简称《集采方案》)。《集采方案》的主要内容是以"北京、天津、上海、重庆、沈阳、大连、厦门、广州、深圳、成都、西安11个城市(4+7)"为试点,从通过"质量和疗效一致性评价"的仿制药中遴选合适品种,并由国家组织药品集中采购和使用,实现药价明显降低、减轻患者药费负担、降低企业交易成本、净化流通环境、改善行业生态的目的。此外,该方案也有助于引导医疗机构规范用药,支持公立医院改革,探索完善药品集中采购机制和以市场为主导的药品价格形成机制。试点药品从通过一致性评价的仿制药对应的通用药中选取。药品入围标准包括质量标准和供应标准。质量标准主要涉及药品临床疗效、不良反应、批次稳定性等,原则上以通过一致性评价为依据。仿制药通过带量采购,量价挂钩、以量换价,形成药品集中采购价格。

2019年6月20日,国家卫生健康委员会药物政策与基本药物制度司发布《第一批鼓励仿制药品目录建议清单》,总计34个药品,包含多个抗癌药和罕见病药物品种。

2019年6月29日,第十三届全国人民代表大会常务委员会第十一次会议通过了《中华人民共和国疫苗管理法》(以下简称《疫苗管理法》),该法在2019年12月1日正式施行。《疫苗管理法》作为我国首部有关疫苗管理的专门法,从疫苗的研制和注册、生产和批签发、流通、预防接种、异常反应监测和处理、上市后管理、保障措施、监督管理、法律责任等方面,全过程为疫苗立法,以有效地加强疫苗管理,保证疫苗质量和供应,规范预防接种,促进疫苗行业发展和改善国内的疫苗现状。

2019年8月26日,第十三届全国人民代表大会常务委员会第十二次会议表决通过

---

❶ 中共中央办公厅 国务院办公厅印发《关于深化审评审批制度改革鼓励药品医疗器械创新的意见》[EB/OL]. (2017-10-08)[2020-04-21]. http://www.xinhuanet.com/2017-10/08/c_1121770637.htm.

新修订的《药品管理法》，于2019年12月1日起正式施行。❶ 新修订后的《药品管理法》共计12章155条，不但明确了药品安全工作应当遵循"风险管理、全程管控、社会共治"的基本原则，而且以实施药品上市许可持有人制度为主线，进一步明确药品全生命周期质量安全责任，坚决守住公共安全底线。该法也充分反映了人民对药品需求的变化，以及对药品质量要求的提升。在药品研发和生产方面，国家鼓励对创新药的研制和开发，加大对药品违法的处罚力度，重新定义了"假药、劣药"的范畴；发展现代药和传统药，充分发挥其在预防、医疗和保健中的作用，保护野生药材资源和中药品种，鼓励培育道地中药材；药品上市许可持有人依法对药品研制、生产、经营、使用全过程中药品的安全性、有效性和质量可控性等内容负责。

2020年3月30日，国家市场监督管理总局令第27号公布的《药品注册管理办法》，自2020年7月1日起正式施行。❷ 新版《药品注册管理办法》重新定义了药品注册分类。药品注册按照中药、化学药和生物制品等进行分类注册管理。中药注册按照中药创新药、中药改良型新药、古代经典名方中药复方制剂、同名同方药等进行分类。化学药注册按照化学药创新药、化学药改良型新药、仿制药等进行分类。生物制品注册按照生物制品创新药、生物制品改良型新药、已上市生物制品（含生物类似药）等进行分类。另外，将药品上市许可人制度、临床默认制度、药品辅料和包装材料关联审评审批等改革措施明确纳入新版《药品注册管理办法》中。同日，国家市场监督管理总局第28号令公布的《药品生产监督管理办法》，自2020年7月1日起正式施行。❸

2021年1月12日，国家药品监督管理局（NMPA）发布《药品上市后变更管理办法（试行）》。该办法落实了《药品管理法》对药品生产过程中的变更按照风险实行分类管理的要求，进一步明确了药品上市后变更的原则和常见情形，规定了持有人义务和监管部门职责，为药品上市后变更管理提供了依据。❹ 该办法自发布之日起施行。

2021年2月10日，国家药品监督管理局、国家中医药管理局、国家卫生健康委员会、国家医疗保障局等四部门共同发布了《关于结束中药配方颗粒试点工作的公告》，以规范中药配方颗粒的生产，更好地满足中医临床需求。同时，国家药品监督管理局在国家药典委员会设立中药配方颗粒专项办公室，组织国家药典委员会制定《中药配方颗粒质量控制及标准制定技术要求》，着手开展标准统一、专家审核工作。此外，国

---

❶ 中华人民共和国药品管理法［EB/OL］.（2019-08-26）［2019-11-20］. http：//www. sohu. com/a/336852969_762408.

❷ 国家市场监督管理总局. 国家市场监督管理总局令第27号《药品注册管理办法》［EB/OL］.（2020-03-20）［2020-04-21］. http：//gkml. samr. gov. cn/nsjg/fgs/202003/t20200330_313670. html.

❸ 药品生产监督管理办法［EB/OL］.（2020-03-20）［2020-04-21］. http：//gkml. samr. gov. cn/nsjg/fgs/202003/t20200330_313672. html.

❹ 国家药监局关于发布《药品上市后变更管理办法（试行）》的公告（2021年第8号）［EB/OL］.（2021-01-13）［2021-01-13］. https：//www. nmpa. gov. cn/xxgk/ggtg/qtggtg/20210113142301136. html.

家药典委员会制定了《中药配方颗粒标准审评原则要点》《中药配方颗粒申报资料审查表（形式审查）》《中药配方颗粒申报资料审查表（专家用)》及《申报资料目录及要求》等。

2022年11月1日，国家药品监督管理局发布新版《药品召回管理办法》，该办法自2022年11月1日起施行。该办法坚持风险管理、全程管控原则，压实药品上市许可持有人责任，更好地保障公众用药安全。该办法共5章33条，明确持有人是控制风险和消除隐患的责任主体，完善持有人对可能存在质量问题或者其他安全隐患药品的调查评估要求，细化持有人主动召回实施程序，督促和指导持有人对存在质量问题或者其他安全隐患药品及时主动召回，切实履行药品全生命周期管理义务。

2023年2月10日，国家药品监督管理局发布《中药注册管理专门规定》，该专门规定自2023年7月1日起施行。该专门规定按照调整后的中药注册分类（中药创新药、中药改良型新药、古代经典名方中药复方制剂及同名同方药等）的不同特点系统阐释，共11章82条。

2023年7月4日，国家药品监督管理局发布《药品标准管理办法》，该办法自2024年1月1日起施行。该办法旨在规范和加强药品标准管理，建立最严谨的药品标准，保障药品安全、有效和质量可控，促进药品高质量发展。

2023年9月27日，国家市场监督管理总局公布《药品经营和使用质量监督管理办法》，并于2024年1月1日起施行，该办法明确建立并实施药品追溯制度，药品经营企业不得经营疫苗、医疗机构制剂、中药配方颗粒等药品。

2024年国务院政府工作报告首次提及"创新药"，将创新药列为积极培育的新兴产业之一。2024年6月6日，国务院办公厅发布的《深化医药卫生体制改革2024年重点工作任务》也多次提及"创新药"。

2024年7月5日，国务院常务会议审议通过《全链条支持创新药发展实施方案》。该会议指出，要全链条强化政策保障，统筹用好价格管理、医保支付、商业保险、药品配备使用、投融资等政策。国家药品监督管理局持续深化审评审批制度改革，支持创新研发，促进医药新质生产力发展。

2024年7月31日，国家药品监督管理局印发《优化创新药临床试验审评审批试点工作方案》。该方案针对创新药临床试验限速的关键环节，探索建立提升药物临床试验质量和效率的工作制度和机制，实现30个工作日内完成创新药临床试验申请的审评审批，推动试点区域缩短药物临床试验启动用时的目标。

2024年7月9日，为全面贯彻落实《中共中央 国务院关于促进中医药传承创新发展的意见》，进一步加强中药标准管理，建立符合中医药特点的中药标准管理体系，推动中药产业高质量发展，国家药品监督管理局发布《中药标准管理专门规定》（2024年第93号），该专门规定自2025年1月1日起施行。中药材、中药饮片、中药配方颗粒、中药提取物、中成药等的国家药品标准、药品注册标准和省级中药标准的管理适用该规定。

2024年12月30日，国务院办公厅发布《国务院办公厅关于全面深化药品医疗器械监管改革　促进医药产业高质量发展的意见》，该意见共有6个部分24项政策措施，提出加大对药品医疗器械研发创新的支持力度、提高药品医疗器械审评审批质效、以高效严格监管提升医药产业合规水平、支持医药产业扩大对外开放合作、构建适应产业发展和安全需要的监管体系。该意见总体要求提出，到2027年，药品医疗器械监管法律法规制度更加完善，监管体系、监管机制、监管方式更好适应医药创新和产业高质量发展需求，创新药和医疗器械审评审批质量效率明显提升，全生命周期监管显著加强，质量安全水平全面提高，建成与医药创新和产业发展相适应的监管体系。

2025年1月1日，国家医疗保障局正式开始药品追溯码的全国监管应用，通过药品追溯码，相关部门可以追踪药品在哪里生产、销售到哪里去、是否经过经销商，真正实现药品来源可查验、可追溯，让民众买到保真药物、安全药物、放心药物。

2025年1月1日，国家药品监督管理局发布的《境内生产药品再注册申报程序》《境内生产药品再注册申报资料要求》正式施行。

2025年1月20日，国务院修订的《麻醉药品和精神药品管理条例》正式施行。其中修改内容包括：第3条修改为"本条例所称麻醉药品和精神药品，是指列入本条第二款规定的目录（以下称目录）的药品和其他物质。"第4条新增"对药用类麻醉药品和精神药品，可以依照本条例的规定进行实验研究、生产、经营、使用、储存、运输；对非药用类麻醉药品和精神药品，可以依照本条例的规定进行实验研究，不得生产、经营、使用、储存、运输""国家建立麻醉药品和精神药品追溯管理体系"等。

2025年7月1日，国家医疗保障局、国家卫生健康委印发《支持创新药高质量发展的若干措施》。其中，一是加大创新药研发支持力度，进一步包括：①支持医保数据用于创新药研发；②鼓励商业健康保险扩大创新药投资规模；③加强药品目录准入政策指导；④统筹推动创新药研发。二是涉及支持创新药进入基本医保药品目录和商业健康保险创新药品目录，进一步包括：①健全基本医保药品目录动态调整机制；②合理确定创新药医保支付标准；③增设商业健康保险创新药品目录；④强化创新药真实世界研究。三是支持创新药临床应用，进一步包括：①优化药品挂网程序；②推动创新药加快进入定点医药机构；③提高临床使用创新药的能力；④完善创新药医保支付管理；⑤做好供需双方医保服务。四是提高创新药多元支付能力，进一步包括：①发挥多层次医疗保障制度体系功能；②促进创新药全球市场发展。五是强化保障措施。❶

通过上述法律法规、规章或政策梳理，从药品监管的历史沿革可以看出，我国药品审评审批工作进一步改善，药品监管更加科学，这将有利于促进技术创新和药品产品质量进一步提升。

---

❶ 国家医疗保障局. 国家医保局 国家卫生健康委关于印发《支持创新药高质量发展的若干措施》的通知[EB/OL]. (2025-07-01)[2025-07-01]. http://www.nhsa.gov.cn/art/2025/7/1/art_104_17058.html.

2.2 知识产权相关政策或法规

2020年10月17日,中华人民共和国第十三届全国人民代表大会常务委员会第二十二次会议表决通过了《关于修改〈中华人民共和国专利法〉的决定》,修改后的内容自2021年6月1日起施行。这是我国对专利法的第四次修正,此次修正在加强对专利权人合法权益的保护、促进专利实施和运用、完善专利授权制度等方面进行了一系列完善。《中华人民共和国专利法》(2020年修正,以下简称《专利法》)新增了专利权期限补偿、药品专利纠纷早期解决机制、惩罚性赔偿、开放许可等内容。

《重大专利侵权纠纷行政裁决办法》由国家知识产权局于2021年5月26日正式公布,并自2021年6月1日开始施行。该办法为国家知识产权局依法依规办理在全国有重大影响的专利纠纷行政裁决案件而制定。该办法是贯彻落实《专利法》的重要部门规章,对认真贯彻落实中共中央、国务院关于全面加强知识产权保护的决策部署,切实维护公平竞争的市场秩序,保障专利权人和社会公众的合法权益,依法依规办理在全国范围内有重大影响的专利侵权纠纷案件具有重要的现实意义。

2021年7月4日,国家药品监督管理局、国家知识产权局发布《药品专利纠纷早期解决机制实施办法(试行)》,自发布之日起施行。该办法的主要内容包括:平台建设和信息公开制度、专利权登记制度、仿制药专利声明制度、司法链接和行政链接制度、批准等待期制度、药品审评审批分类处理制度、首仿药市场独占期制度等。[1]该办法旨在为当事人在相关药品上市审评审批环节提供相关专利纠纷解决的机制,保护药品专利权人合法权益,降低仿制药上市后专利侵权风险。

2023年12月11日,国务院公布《国务院关于修改〈中华人民共和国专利法实施细则〉的决定》,该决定自2024年1月20日施行。同年12月21日,国家知识产权局全文发布《中华人民共和国专利法实施细则》(2023年修订,以下简称《专利法实施细则》)。新版《专利法实施细则》共计13章149条,涉及专利创造、审查、运用、保护等事项。例如新增药品专利权期限补偿制度;新增优先权恢复、增加和改正制度;规定电子申请的文件递交日和送达日;放宽不丧失新颖性的具体情形;引入局部外观设计制度、增加了外观设计本国优先权、延长了外观设计专利权的保护期限等;引入"诚实信用原则"条款;新增对实用新型、外观设计申请明显缺乏创造性的审查;调整"保密审查"机制;增设"延迟审查"制度;改变复审程序审查方式;增加无效程序对修改后权利要求的公告机制,等等。同日,国家知识产权局公布新修改的《专利审查指南(2023)》。

---

[1] 国家知识产权局. 国家药监局 国家知识产权局关于发布《药品专利纠纷早期解决机制实施办法(试行)》的公告(2021年第89号)[EB/OL]. (2021-07-04)[2024-07-01]. https://www.cnipa.gov.cn/art/2021/7/4/art_74_160513.html.

2024年12月30日,《国务院办公厅关于全面深化药品医疗器械监管改革 促进医药产业高质量发展的意见》发布。该意见在加大对药品医疗器械研发创新的支持力度方面,提出完善药品医疗器械知识产权保护相关制度。部分药品获批上市时,对注册申请人提交的自行取得且未披露的试验数据和其他数据,分类别给予一定的数据保护期。对符合条件的罕见病用药品、儿童用药品、首个化学仿制药及独家中药品种给予一定的市场独占期。加快药品医疗器械原创性成果专利布局,提升专利质量和转化运用效益。

2025年3月19日,国家药品监督管理局发布《国家药监局综合司公开征求〈药品试验数据保护实施办法(试行,征求意见稿)〉〈药品试验数据保护工作程序(征求意见稿)〉意见》。该意见第5条对创新药相关数据保护的规定为:自创新药首次境内上市许可之日起,给予6年数据保护期。第6条对改良型新药相关数据保护的规定为:自改良型新药首次境内上市许可之日起,给予3年数据保护期。第7条对首家获得批准的境外已上市境内未上市原研药品的仿制药(含境外生产药品)和生物制品给予3年数据保护期,数据保护期自该仿制药或者生物制品获得上市许可之日起计算。

2.3 独具特色的医药知识产权制度

2.3.1 药品专利纠纷早期解决机制

药品专利链接制度通过将批准仿制药上市的环节与新药专利期进行链接,强调在仿制药注册申报阶段即关注已上市的原研药品专利状况,并建立专利侵权评估与早期解决纠纷的机制。药品专利链接制度有两层含义:一是仿制药的上市申请审批与相应的药品专利有效性审查的程序链接;二是药品监督管理部门与专利行政管理部门的职能链接。

药品专利链接制度起源于1984年美国颁布的《药品价格竞争与专利期恢复法案》(又称"Hatch-Waxman法案")。美国食品药品监督管理局(FDA)以橙皮书(Orange book,OB)的形式负责公开与其所审批的药品相关联的专利信息,该信息也是简化新药申请时进行声明的基础,可作为诉讼争议的起点。同时,为鼓励仿制药企业申报仿制药,挑战原研药专利,通过规避或无效这些专利,从而顺利上市仿制药,FDA为仿制药企业提供一定的行政优惠条件,如首仿独占期等。药品监督管理部门赋予首仿企业及专利挑战者的市场独占期,可帮助首仿企业快速收回所消耗的诉讼成本,同时快速在市场建立品牌。❶❷

---

❶ 黄璐,余浩,张长春,等. 药品研发过程中的知识产权制度及运用 [J]. 中国新药杂志,2019,28(1):10-16.
❷ 林淘曦,余娜,黄璐. 美国首仿药制度及专利挑战策略研究 [J]. 中国新药杂志,2016,25(19):2168-2173.

《专利法》第76条已正式确立在中国推行药品专利纠纷早期解决机制（即中国的"药品专利链接制度"）。❶ 该条具体规定了"药品上市审评审批过程中，药品上市许可申请人与有关专利权人或者利害关系人，因申请注册的药品相关的专利权产生纠纷的，相关当事人可以向人民法院起诉，请求就申请注册的药品相关技术方案是否落入他人药品专利权保护范围作出判决。国务院药品监督管理部门在规定的期限内，可以根据人民法院生效裁判作出是否暂停批准相关药品上市的决定"。

据此，国家药品监督管理局、国家知识产权局共同制定发布《药品专利纠纷早期解决机制实施办法（试行）》，明确药品上市审评审批阶段专利权纠纷解决的具体衔接机制。该实施办法明确药品专利纠纷早期解决机制涵盖化学仿制药、中药同名同方药和生物类似药，适用于药品上市许可持有人登记在中国上市药品专利信息登记平台的药品相关专利信息。药品上市许可持有人获得药品注册证书后30日内，自行登记药品名称、剂型、规格、上市许可持有人、相关专利号、专利名称、专利权人、专利被许可人、专利授权日期及保护期限届满日、专利状态、专利类型、药品与相关专利权利要求的对应关系、通讯地址、联系人、联系方式等内容。对已上市药品相关专利，相关信息发生变化的，药品上市许可持有人应当在信息变更生效后30日内完成更新。另外，药品上市许可持有人需清楚登记专利类型，可以在中国上市药品专利信息登记平台中登记的具体药品专利包括：化学药品（不含原料药）的药物活性成分化合物专利、含活性成分的药物组合物专利、医药用途专利；中药的中药组合物专利、中药提取物专利、医药用途专利；生物制品的活性成分的序列结构专利、医药用途专利。相关专利不包括中间体、代谢产物、晶型、制备方法、检测方法等的专利。

需要注意的是，医药用途专利权与获批上市药品说明书的适应证或者功能主治应当一致，相关专利保护范围应覆盖获批上市药品的相应技术方案。区别于中药同名同方药和生物类似药，该实施办法针对化学仿制药设置了9个月的等待期，但等待期内国家药品审评机构不停止技术审评。同时，对首个挑战专利成功并首个获批上市的化学仿制药，给予了12个月的市场独占期，即国务院药品监督管理部门在该药品获批之日起12个月内不再批准同品种仿制药上市。❷

基于《专利法》和《药品专利纠纷早期解决机制实施办法（试行）》，2021年7月5日，最高人民法院发布《最高人民法院关于审理申请注册的药品相关的专利权纠纷民事案件适用法律若干问题的规定》，同日，国家知识产权局发布《药品专利纠纷早期解

---

❶ 国家知识产权局. 中华人民共和国专利法（2020年修正）[EB/OL]. (2020-11-23) [2024-07-01]. https://www.cnipa.gov.cn/art/2020/11/23/art_97_155167.html.
❷ 国家知识产权局. 国家药监局 国家知识产权局关于发布《药品专利纠纷早期解决机制实施办法（试行）》的公告（2021年第89号）[EB/OL]. (2021-07-04) [2024-07-01]. https://www.cnipa.gov.cn/art/2021/7/4/art_74_160513.html.

决机制行政裁决办法》，详细规定了我国药品专利纠纷早期解决机制中司法途径和行政途径的程序细节。❶

2022年4月22日，国家知识产权局审结首起涉及药品专利纠纷早期解决机制的"盐酸羟考酮缓释片"行政裁决案件，裁定宜昌人福药业有限公司（以下简称"人福药业"）"盐酸羟考酮缓释片"仿制药的技术方案未落入普渡制药公司专利 ZL201010151552.4、ZL201210135209.X 和 ZL201510599477.0 的保护范围。❷

2022年8月5日，最高人民法院知识产权法庭审结了我国首例涉及药品专利纠纷早期解决机制的"艾地骨化醇软胶囊"诉讼案，判决温州海鹤药业有限公司"艾地骨化醇软胶囊"仿制药的技术方案未落入中外制药公司专利 ZL200580009877.6 的保护范围。❸

2024年1月2日，正大天晴药业集团股份有限公司（以下简称"正大天晴"）研发的依维莫司片（商品名为晴维时）正式获批上市。其不仅为国内首仿，还是我国药品专利纠纷早期解决机制实施以来，以"首仿获批+首个挑战专利成功"获得12个月市场独占期的产品。

随着上述案件的落地，我国药品专利纠纷早期解决机制的行政裁决和诉讼程序也随之拉开帷幕。根据国家知识产权局每年4·26期间发布的中国知识产权保护状况白皮书，2022年国家知识产权局审结首批2件重大专利侵权纠纷行政裁决案件和70件药品专利纠纷早期解决机制行政裁决案件。2023年知识产权管理部门受理药品专利纠纷早期解决机制行政裁决案件62件，审结65件。2024年受理药品专利纠纷早期解决机制行政裁决案件68件，审结43件。❹ 由于相关法院判决公开的完整性，尚缺乏关于法院审结诉讼案件的权威数量统计。

除了我国，加拿大、日本、韩国、澳大利亚等国家，通过与美国的自由贸易协定先后引入药品专利链接制度。加拿大最早引入美国的专利链接制度，实行专利药品登记、增补保护证书制度，登记的药品可以在20年专利保护期以外给予最长不超过两年的额外保护。与美国不同的是，上市后不允许追加登记专利，仿制药没有首仿独占期，将拟制侵权改为禁止令，规定原研药企业在收到仿制药申请上市通知后向联邦法院启动禁止令程序。日本的专利纠纷解决制度与美国有所不同，日本规定在新药活性成分

---

❶ 最高人民法院. 最高人民法院关于审理申请注册的药品相关的专利权纠纷民事案件适用法律若干问题的规定［EB/OL］.（2021-07-05）［2024-07-01］. https：//www.court.gov.cn/zixun/xiangqing/311791.html；国家知识产权局. 国家知识产权局发布《药品专利纠纷早期解决机制行政裁决办法》的公告（第435号）［EB/OL］.（2021-07-05）［2024-07-01］. https：//www.cnipa.gov.cn/art/2021/7/5/art_74_160566.html.

❷ 国家知识产权局. 国家知识产权局审结首批药品专利纠纷早期解决机制行政裁决案件［EB/OL］.（2022-04-25）［2024-07-01］. https：//www.cnipa.gov.cn/art/2022/4/25/art_2431_175883.html.

❸ 最高人民法院（2022）最高法知民终905号民事判决书.

❹ 国家知识产权局. 2024年中国知识产权保护状况［EB/OL］.（2025-04-26）［2025-07-01］. https：//www.cnipa.gov.cn/art/2025/4/26/art_91_199385.html.

产品专利期尚未届满时不批准仿制药上市；对其他专利药品的仿制药在上市许可后，实行厚生劳动省主导的纠纷事前协商制度，专利权人还可以向法院提起侵权诉讼。日本对新药给予最长10年的试验数据保护期、最长5年的延长保护期。韩国规定专利链接制度的遏制期为9个月，仿制药申请者的首仿独占期为9个月，原研药企业收到仿制药企业上市许可申请后，可采取向法院起诉、向知识产权审判与上诉委员会提出权利范围确认请求等。❶

2.3.2 药品专利权期限补偿制度

为了补偿因药品注册行政审批、临床试验等所损失的时间，不少国家和地区制定了较为完善的药品专利权期限补偿制度（也称为"药品专利期延长制度"）。专利期延长制度就是对药品和医疗器械因临床试验和行政审批所丧失的专利期予以补充的一种制度。在美国，FDA首次批准上市的人用药品活性成分，包括该活性成分的任何盐或者该活性成分的任何酯可申请专利期延长，获批延长期限 = RRP − PGRRP − DD − ½（TP − PGTP），其中"RRP"是指监管审查期间的总天数，"PGRRP"是指专利被授权之日和之前的RRP天数，"DD"是指申请人没有履行尽责义务的RRP天数，"TP"是指药品临床试验阶段期间，"PGTP"是指专利被授权之日和之前的TP天数，其中减去½（TP − PGTP）以扣除一半天数，且计算获得的延长期限不得超过5年，专利最长保护期限不得超过14年。涉及产品、制备方法、使用方法的专利均可获得专利期延长。从专利的利益体系而言，药品专利保护期延长可有效保障原研企业专利药品的市场独占性，从而最大化其经济利益。

2020年1月15日，《中美经济贸易协议》第一章第四节第1.12条第2款（2）项规定，对于在中国获批上市的新药产品及其制造和使用方法的专利，应专利权人的请求，中国应对新药产品专利、其获批使用方法或制造方法的专利有效期或专利权有效期提供调整，以补偿由该产品首次在中国商用的上市审批程序给专利权人造成的专利有效期的不合理缩减。任何此种调整都应在同等的限制和例外条件下，授予原专利中适用于获批产品及使用方法的对产品、其使用方法或制造方法的专利主张的全部专有权。中国可限制这种调整至最多不超过5年，且自在中国上市批准日起专利总有效期不超过14年。

2021年6月1日，我国新修正的《专利法》第42条第2款规定："自发明专利申请日起满四年，且自实质审查请求之日起满三年后授予发明专利权的，国务院专利行政部门应专利权人的请求，就发明专利在授权过程中的不合理延迟给予专利权期限补偿，但由申请人引起的不合理延迟除外。"其第42条第3款中规定："为补偿新药上市

---

❶ 张海，施乔. 立足国情，建立药品专利链接制度［N］. 中国医药报，2020 − 11 − 13（03）.

审评审批占用的时间，对在中国获得上市许可的新药相关发明专利，国务院专利行政部门应专利权人的请求给予专利权期限补偿。补偿期限不超过五年，新药批准上市后总有效专利权期限不超过十四年"。[1]

2024年1月20日，新修订的《专利法实施细则》和《专利审查指南（2023）》对我国药品专利权期限补偿的适用范围、补偿时间、补偿条件、请求补偿提出的时间、证明材料、指定权利要求是否包括新药相关技术方案的审查、补偿期限审批、登记、公告及救济等方面进行了进一步的细化规定。

其中比较引人关注的可进行补偿的药品范围限于国务院药品监督管理部门批准上市的创新药和以下类别的改良型新药：

（1）化学药品第2.1类中对已知活性成分成酯，或者对已知活性成分成盐的药品；

（2）化学药品第2.4类，即含有已知活性成分的新适应证的药品；

（3）预防用生物制品第2.2类中对疫苗菌毒种改进的疫苗；

（4）治疗用生物制品第2.2类中增加新适应证的生物制品；

（5）中药第2.3类，即增加功能主治的中药。

补偿期限=药品首次获得上市许可之日－专利申请日－5年。不同于药品专利纠纷早期解决机制中关于在上市药品专利信息登记平台中的可登记专利类型，我国药品专利权期限补偿中，可进行补偿的专利范围包括了药物活性物质的产品专利、制备方法专利或医药用途专利。

请求药品专利权期限补偿应当满足的条件包括：

（1）请求补偿的专利授权公告日应当早于药品上市许可申请获得批准之日；

（2）提出补偿请求时，该专利权处于有效状态；

（3）该专利尚未获得过药品专利权期限补偿；

（4）请求补偿专利的权利要求包括了获得上市许可的新药相关技术方案；

（5）一个药品同时存在多项专利的，专利权人只能请求对其中一项专利给予药品专利权期限补偿；

（6）一项专利同时涉及多个药品的，只能对一个药品就该专利提出药品专利权期限补偿请求。[2]

需要特别注意的是，申请专利权期限补偿的专利中所记载的用途需与药品注册证书的适应证相关。

---

[1] 国家知识产权局. 中华人民共和国专利法（2020年修正）[EB/OL].（2020-11-23）[2024-07-01]. https：//www.cnipa.gov.cn/art/2020/11/23/art_97_155167.html.

[2] 国家知识产权局. 专利审查指南（2023）[EB/OL].（2023-12-21）[2024-04-09]. https：//www.cnipa.gov.cn/module/download/downfile.jsp?classid=0&showname=%E4%B8%93%E5%88%A9%E5%AE%A1%E6%9F%A5%E6%8C%87%E5%8D%97.pdf&filename=5753f257e6a04b6f8e305eb6d34ba452.pdf.

2024年8月16日,国家知识产权局给予武田药品工业株式会社(以下简称"武田制药")维得利珠单抗的专利 ZL201711310404.0 专利权期限补偿,补偿为44天。该发明专利原专利权期满终止日为2032年5月2日,补偿后专利权期满终止日为2032年6月15日。维得利珠单抗的专利成为国内首批获得专利权期限补偿的发明专利和首批收到下发药品专利期限补偿审查意见通知书的发明专利。❶

2024年11月22日,上市许可持有人正大天晴康方(上海)生物医药科技有限公司的派安普利单抗注射液,其核心专利 ZL201610705763.5 获得药品专利权期限补偿,其指定的包括新药相关技术方案的权利要求 1~13、32~34 获得 140 天的专利权期限补偿。审批决定中还指明,药品专利权期限补偿期间,其保护范围限于国务院药品监督管理部门批准上市的新药,且限于该新药经批准的适应证相关技术方案。同日,上市许可持有人罗氏公司的利司扑兰口服溶液用散,其核心专利 ZL201580027306.9 也获批专利权期限补偿,其补偿为 36 天。❷

2024年12月17日,新疆华春生物药业股份有限公司的中药1.1类创新药参葛补肾胶囊(国药准字 Z20220008)涉及的核心专利 ZL03156365.1,名称为"一种治疗抑郁症的中药复方制剂及其制备方法"。该专利涉及产品配方和剂型,获得国家知识产权局批准 1827 天的专利权期限补偿,保护期从 2023 年 9 月 5 日延长至 2028 年 9 月 5 日。该药物是中国首个治疗气阴两虚、肾气不足证型轻/中度抑郁症的中药创新药。❸

2025 年 4 月 25 日,罗氏公司的抗 PD-L1 单抗阿替利珠单抗(国药准字 SJ20200004)涉及的专利 ZL201410743500.4,名称为"抗-PD-L1 抗体及它们用于增强 T 细胞功能的用途",获得国家知识产权局批准 1826 天的专利权期限补偿,保护期从 2029 年 12 月 8 日延长至 2034 年 12 月 8 日。

2025 年 6 月,荣昌生物的生物 1 类创新药注射用泰它西普(国药准字 S20210008)涉及的核心专利 ZL200710111162.2,名称为"优化的 TACI-Fc 融合蛋白",获得国家知识产权局 1827 天的专利权期限补偿,保护期从 2027 年 6 月 15 日延长至 2032 年 6 月 15 日,覆盖系统性红斑狼疮、重症肌无力等关键适应证的市场独占期。

---

❶ 医药魔方. 专利研究 | 里程碑事件!首批专利权期限补偿成功获批 [EB/OL]. (2024-08-22) [2024-11-01]. https://bydrug.pharmcube.com/news/detail/0314f6f71778b98e007e4c4cb958ae0e.

❷ 医药魔方 Info. 派安普利单抗、利司扑兰获批药品专利权期限补偿 [EB/OL]. (2024-11-25) [2024-12-01]. https://mp.weixin.qq.com/s/eZGhIbZqTE8zlq3YY5RHAA.

❸ 窦夏睿. 中药专利"极限"延长 5 年!独家解析万亿市场的护城河博弈 [EB/OL]. (2025-02-27) [2025-06-24]. http://www.ipsunny.com/newsx.php?lm=17&id=38&fromlm=17.

2.3.3 药品试验数据保护

2.3.3.1 实施药品试验数据保护的意义

药品试验数据具有财产性、无形性等重要特征，符合知识产权属性。由于其作为一种较新的知识产权形式，可延缓仿制药进入市场的速度，因此可同时影响原研药企业、仿制药企业和社会公众三方主体利益，需要对其进行合法合理的保护。但药品作为特殊商品，不应该忽略其社会属性，如何保护药品试验数据是我国现在亟待解决的问题。❶ 如果对原研药企业付出巨大代价取得的药品试验数据不加以保护，尤其是对那些无法获得专利保护或者药品批准上市后专利保护期已届满或者即将届满的原研药而言，这不仅会削弱原研药企业的研发积极性，而且会影响原研药企业的持续研发投入，最终影响药品的可及性。另外，如果要求仿制药企业重新按照新药上市要求完成临床试验等研究，则会严重阻碍仿制药的上市，影响药品的可及性，也会导致社会资源的极大浪费。

2.3.3.2 美国的药品试验数据保护

美国是最早对药品试验数据进行独占保护的国家。在 Hatch – Waxman 法案出台前，无论是新药上市申请（NDA）还是仿制药上市申请，均必须向 FDA 提交临床试验数据。而根据 1984 年 9 月 24 日颁布的 Hatch – Waxman 法案，仿制药企业在申请仿制药上市时无须提交证明药品安全性和有效性的试验数据，只需要提交证明仿制药与原研药具有生物等效性的数据，但在原研药批准上市后的一定期限内，FDA 不会受理（或者批准）仿制药上市申请。❷

美国采用的保护方式可以归纳为不披露、不依赖、不受理、不批准。"不披露"和"不依赖"是指药品试验数据获得保护之后，FDA 不得违规披露试验数据，也不能依赖该试验数据进行仿制药审批。"不受理"是指在某些情况下，FDA 不接受仿制药上市申请。"不批准"是指在某些情况下，FDA 接受仿制药上市申请，但只有等保护期届满后才会批准上市。

美国自 1984 年开始实施数据保护制度以来，一直在不断完善药品数据保护制度，并对不同类型的新药规定了不同的试验数据保护期，具体的保护方式也有所不同。比如，含有新化学成分的新药的保护期限为 5 年，在此期间内 FDA 不受理仿制药上市申请；对于非新化学成分的新药试验数据的保护期限为 3 年，在此期间内 FDA 受理但不

---

❶ 曾文骏，马秋芬，黄璐. 药品试验数据的保护与限制：兼评《药品试验数据保护实施办法（暂行）（征求意见稿）》[J]. 中国医药工业杂志，2024，55（2）：292 – 296.
❷ 林淘曦，余娜，黄璐. 美国首仿药制度及专利挑战策略研究 [J]. 中国新药杂志，2016，25（19）：2168 – 2173.

批准仿制药上市申请，参见表2-3-1。

表2-3-1 美国药品试验数据保护期限

数据保护期限	试验数据保护对象和范围
12年	生物新药
5年	含新的化学实体、新化学制剂的新药
4年	Paragraph Ⅳ Certification 相应的新药
3年	增加新配方、新适应证及其他变化的注册药品
7年	罕见病可以长达7年
7年+6个月	儿科用药则在5年、3年或者7年期的基础上额外再增加6个月

2.3.3.3 欧盟的药品试验数据保护

欧盟试验数据保护的发展与整个欧洲药品管理体系是并行的，同样经历了最初欧共体内各自为政，发展到现今相对统一的隶属于新药审批制度下的试验数据保护制度。欧盟目前采用的同样是独占保护模式。第87/21/EEC号指令首次规定了药品试验数据的独占保护制度。第2001/83/EC号指令列明了提出药品上市申请需要提交的数据资料，包括能够证明药品安全有效的试验数据，例如药理学试验、毒性试验等临床前和临床试验数据等。若进行仿制药上市申请，则无须提交完整的临床前和临床试验数据。第2004/27/EC号指令则是欧盟试验数据保护的里程碑，主要确立了上市许可管理的一系列条款，确立了欧盟现行的试验数据保护制度。❶

根据第2004/27/EC号指令，欧盟对新药采取"8+2+1"的保护模式。具体而言，新药自获准上市之日起10年内受数据独占保护。其中"8"指的是新药获准上市后能够取得8年的数据独占期（data exclusivity），针对该药品的仿制药将不被批准上市，除非自行获得全部完整数据；"2"指的是新药可享有2年的市场专属期（market exclusivity），在此期间，仿制药不得在市场销售；"1"指的是在享有数据独占权的8年内，若该药品能获批至少一个新适应证，则其可额外获得1年的市场专属期。❷长达10年的试验数据保护期极大地激励了原研药企业进行新药开发的积极性。

2.3.3.4 中国的药品试验数据保护

药品试验数据保护不仅事关原研药企业的利益，而且事关仿制药企业的利益以及整个社会的公共利益。关于药品试验数据保护及其模式选择，应充分考虑各国医药产

---

❶ European Union. Article 10，2004/27/EC ［EB/OL］.（2004-03-31）［2024-11-01］. https：//eur-lex. europa. eu/legal-content/EN/TXT/?uri=CELEX：32004L0027.

❷ 黄璐，余浩，张长春，等. 药品研发过程中的知识产权制度及运用［J］. 中国新药杂志，2019，28（1）：10-16.

业的发展水平和药品研发现状，充分平衡原研药企业、仿制药企业以及社会公共三者之间的利益，最终实现药品的可及性并保障公共卫生安全。

我国药品试验数据保护起步较晚，2001年前无相关规定，药品申请上市时可随意使用他人试验数据。2002年，为履行加入世界贸易组织的承诺，国务院颁布《药品管理法实施条例》，并首次提出了药品试验数据保护制度。2019年修正的《中华人民共和国药品管理法实施条例》第34条对药品试验数据保护作出规定：对含新型化学成分的药品提供6年数据保护期。2013年7月6日，中国与瑞士在北京签署的自由贸易协定于2014年7月1日生效。该协定第11.11条涉及未披露信息，其第2款规定，"对于申请人为获得药品和农用化学品上市审批向主管部门提交的未披露试验数据或其他数据，自批准该上市许可之日起至少6年内，缔约双方应禁止其他申请人在药品（包括化学实体和生物制品）和农业化学品上市许可申请中依赖或参考上述未披露试验数据或其他数据。"诺和诺德公司作为瑞士的制药公司，也是重磅药物司美格鲁肽（商品名为诺和泰）的上市持有人，充分利用了该自由贸易协定的相关规定。2018年4月，国家药品监督管理局发布《药品试验数据保护实施办法（暂行）（征求意见稿）》，其中将创新药品、创新治疗用生物制品、罕见病治疗药品和儿童专用药等列入保护对象，设立保护期限。鉴于新修正的《中华人民共和国药品管理法》于2019年12月1日实施，2022年5月9日，国家药品监督管理局发布《中华人民共和国药品管理法实施条例（修订草案征求意见稿）》，公开征求意见，其中第五节"药品知识产权保护"中对药品试验数据保护制度相关内容作出了规定。2024年，曾文骏等[1]依据TRIPS第39条第3款，提出对我国药品试验数据保护的建议：①建立分层次、分类别、有针对性的药品试验数据保护机制，例如，建议我国针对2类改良型新药给予3~5年期限的保护、细化创新型生物制品的保护期限、细化药品试验保护数据的保护期限；②细化药品试验数据限制的例外情况，例如，明确权利人和药监部门披露的内容和方式的不同，避免适用法律的模糊性，以及规定药品试验数据的强制许可；③增设与专利制度的衔接条款，例如，建议明确仿制药须在原研药的数据保护期及专利保护期均到期后才可获批上市，以及借鉴加拿大与美国的橙皮书制度，进一步完善中国上市药品专利信息登记制度。

2025年3月19日，国家药品监督管理局发布《国家药监局综合司公开征求〈药品试验数据保护实施办法（试行，征求意见稿）〉〈药品试验数据保护工作程序（征求意见稿）〉意见》，旨在为促进药品创新和仿制药发展，完善药品试验数据保护制度。[2]

---

[1] 曾文骏，马秋芬，黄璐. 药品试验数据的保护与限制：兼评《药品试验数据保护实施办法（暂行）（征求意见稿）》[J]. 中国医药工业杂志，2024，55（2）：292-296.

[2] 国家药监局综合司公开征求《药品试验数据保护实施办法（试行，征求意见稿）》《药品试验数据保护工作程序（征求意见稿）》意见[EB/OL].（2025-03-19）[2025-06-25]. https://www.nmpa.gov.cn/xxgk/zhqyj/zhqyjyp/20250319181537196.html?type=pc&m=&3jfdxVGGVXFo=1751219794811.

根据《药品试验数据保护实施办法（试行，征求意见稿）》，对1类创新药的数据保护期是6年、对2类改良药（包括改良型新药化学药品、改良型疫苗、改良型生物制品）的数据保护期是3年，对3类仿制药的数据保护期是3年。

其中，在《药品试验数据保护实施办法（试行，征求意见稿）》的诸多关键条款中，第3条第1款对数据保护的概念进行了界定。数据保护是指，含有新型化学成分的药品以及符合条件的其他药品获批上市时，国家药品监督管理局对申请人提交的自行取得且未披露的试验数据和其他数据实施保护，给予最长不超过6年的数据保护期。第4条提出了受保护的数据条件：未披露的试验数据和其他数据是指在境内首次用于药品上市许可申请中未公开的完整申报资料中的试验数据。药品获得批准后根据药品监管部门要求完成后续研究工作时获得的试验数据，不再给予新的数据保护。第5条是针对创新药的相关数据保护：自创新药首次境内上市许可之日起，给予6年数据保护期。境外已上市境内未上市的原研药品申请在境内上市的，数据保护期限为6年减去该药品在境内提交上市许可申请被受理之日与该药品境外首次获得上市许可之日的时间差。该条款中药品的数据保护范围包括药品上市许可申报资料中用于证明药品安全性、有效性和质量可控性的全部试验数据。数据保护期自该药品在境内获得上市许可之日起计算。先后获得批准多个适应证，但为同一个批准文号的创新药，每个适应证按照注册类别分别给予数据保护，新增适应证数据保护范围为支持其上市的临床试验数据。第6条是针对改良型新药相关数据保护：自改良型新药首次境内上市许可之日起，给予3年数据保护期。境外已上市境内未上市的改良型药品申请在境内上市的，数据保护期限为3年减去该药品在境内提交上市许可申请被受理之日与该药品境外首次获得上市许可之日的时间差。数据保护期自该药品在境内获得上市许可之日起计算。该条款中药品的数据保护范围包括证明其与已知活性成分药品（已上市生物制品）相比具有明显临床优势的新的临床试验数据，但不包括生物利用度、生物等效性以及疫苗的免疫原性数据。第7条是针对仿制药品相关数据保护：对首家获得批准的境外已上市境内未上市原研药品的仿制药（含境外生产药品）和生物制品给予3年数据保护期，数据保护期自该仿制药或者生物制品获得上市许可之日起计算。该条款中药品的数据保护范围包括支持批准的、必要的临床试验数据，但不包括生物利用度、生物等效性以及疫苗的免疫原性数据。第10条提出了对符合数据保护条件的药品，国家药品监督管理局在药品批准证明文件中标注该药品的数据保护信息。国家药品监督管理局药品审评中心在其网站建立数据保护专栏，公布药品数据保护的相关信息。第11条关于受理与审评审批规定：药品获得数据保护后，其他申请人在数据保护期届满前1年内可以提交依赖该受保护数据的药品上市申请和补充申请，药品审评中心完成技术审评后中止审评计时，数据保护期届满后批准相关药品上市。❶

---

❶ 国家药监局综合司公开征求《药品试验数据保护实施办法（试行，征求意见稿）》《药品试验数据保护工作程序（征求意见稿）》意见［EB/OL］．(2025-03-19)［2025-06-25］．https://www.nmpa.gov.cn/xxgk/zhqyj/zhqyjyp/20250319181537196.html?type=pc&m=&3jfdxVGGVXFo=1751219794811.

关于化学药品注册分类与数据保护期的设置如表2-3-2所示，预防用生物制品注册分类和数据保护期的设置如表2-3-3所示，治疗用生物制品注册分类和数据保护期的设置如表2-3-4所示。

表2-3-2　化学药品注册分类与数据保护期

分类	内容	数据保护期
1类	境内外均未上市的创新药	6年
2类	境内外均未上市的改良型新药	3年
3类	境内申请人仿制境外上市但境内未上市原研药品的药品	3年
4类	境内申请人仿制已在境内上市原研药品的药品	无
5类	境外上市的药品申请在境内上市	
5类	5.1 境外上市的原研药品申请在境内上市	6年（境内受理时间－境外上市时间）
5类	5.1 境外上市的改良型药品申请在境内上市	3年（境内受理时间－境外上市时间）
5类	5.2 境外上市的仿制药申请在境内上市	3年

表2-3-3　预防用生物制品注册分类和数据保护期

分类	内容	数据保护期
1类	创新型疫苗	6年
2类	改良型疫苗	3年
3类	3.1 境外生产的境外已上市、境内未上市的疫苗申报上市	6年（境内受理时间－境外上市时间）
3类	3.2 境外已上市、境内未上市的疫苗申报在境内生产上市	3年
3类	3.3 境内已上市疫苗	无

表2-3-4　治疗用生物制品注册分类和数据保护期

分类	内容	数据保护期
1类	创新型生物制品	6年
2类	改良型生物制品	3年
3类	3.1 境外生产的境外已上市、境内未上市的生物制品申报上市	6年（境内受理时间－境外上市时间）
3类	3.2 境外已上市、境内未上市的生物制品申报在境内生产上市	3年
3类	3.3 生物类似药	无
3类	3.4 其他生物制品	无

2.4 化学药企业知识产权特点

与近些年快速发展的生物药相比，化学药的研发历史较为长久，而且作用机制研究、创新研发技术、审评和质量控制标准都已较为明确。与生物药相比，化学药分子结构相对简单，生产工艺相对稳定，质量控制难度较低，因此化学药研发的技术门槛相对较低。化学药在确定满足成药性的化合物结构后，往往还会进行盐型、晶体、用途、剂型等方面的研究。由于化学药较长的研发历史以及成熟的研发手段，大量突破性药物在不同治疗领域得以发现并应用到临床治疗。目前，世界各大制药公司和药物研究机构都在积极开发和利用人工智能（AI）新技术，希望能够更高效地寻找新的化学药物分子和新的化学疗法。

与化学药漫长的发展历史相匹配，化学药知识产权布局模式、审查标准和司法保护审判标准也相对成熟，各项法律法规及意见逐步健全，例如《专利法》明确了药品专利纠纷早期解决机制、药品专利权期限补偿制度等。另外，原研药核心专利面临的专利悬崖以及专利无效宣告挑战，这些都是化学药企业的知识产权特点。

2.4.1 对知识产权的需求相对较大

化学药企业包括化学药品原料药和制剂制造两类企业。我国化学制药业起步较晚，除少数原研药外，国内化学药企业生产的绝大多数药品为仿制药。2020年1月，国家市场监督管理总局颁布新修订的《药品注册管理办法》对于化学药的注册分类作了颠覆性的调整。由此可见，化学药企业对知识产权的需求相对较大，而且其专利权更加清晰。

2.4.2 核心专利保护面临的挑战

2.4.2.1 专利悬崖

专利悬崖是指一项专利保护到期后，企业依靠专利保护获得的销售额和利润会一落千丈。在医药领域中，专利悬崖被用来描述药品专利保护到期后销售收入一落千丈的现象。

原研药的化合物核心专利在保护期内，可以给企业带来丰厚的利润和回报。但是专利保护期满后，仿制药的出现，使原研药的核心专利垄断所带来的利润也会随之一落千丈。对于市场价值较高的药物，仿制药会在原研药专利到期后第一时间投放市场，例如美国辉瑞公司的重磅降脂药立普妥（通用名为阿托伐他汀钙）的专利悬崖出现在2012年。立普妥美国专利于2011年11月到期，其仿制药迅速以低价抢占美国市场。辉瑞公司的立普妥全球年度销售收入从2011年的95.77亿美元暴跌至2012年的39.48亿美元，甚至2013年降至23.15亿美元，如图2-4-1所示。

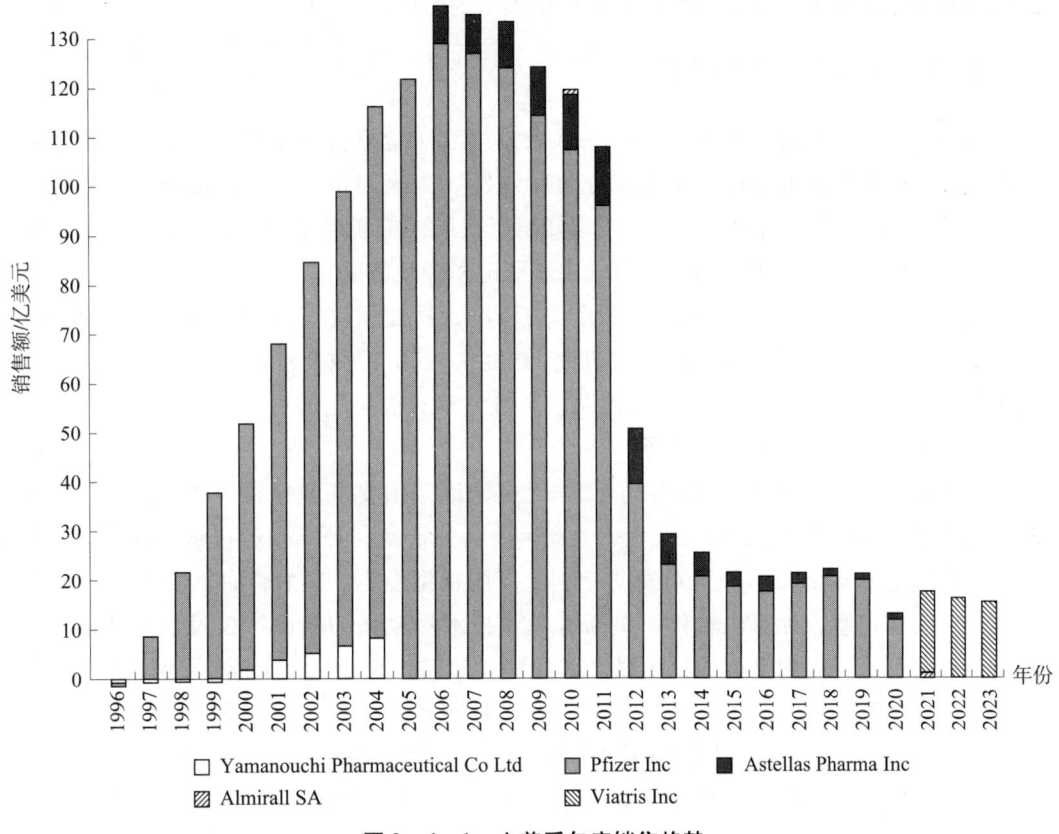

图 2-4-1 立普妥年度销售趋势

注：来源于 Cortellis。

随着越来越多重磅产品即将面临专利悬崖，全球制药巨头们无疑将迎来严峻的挑战。2019 年有多款重磅原研药遭遇专利悬崖，其中有来自辉瑞公司的普瑞巴林（商品名为乐瑞卡，Lyrica）、葛兰素史克的氟替卡松沙美特罗（商品名为舒利迭，Advair）、罗氏公司的利妥昔单抗（商品名为美罗华，Rituxan）、吉利德公司的雷迪帕韦/索磷布韦复方（商品名为夏帆宁，Harvoni）等，随着仿制药的涌入，这些原研药企业的专利药将失去市场独占权，并且其市场价格将大幅下降。

2015 年 8 月，《国务院关于改革药品医疗器械审评审批制度的意见》提出，一是提高药品审批标准。仿制药审评审批要以原研药品作为参比制剂，确保新批准的仿制药质量和疗效与原研药品一致。二是推进仿制药质量一致性评价。对已经批准上市的仿制药，按与原研药品质量和疗效一致的原则，分期分批进行质量一致性评价。一致性评价的实施和稳步开展，从根本上扭转了我国仿制药水平长期低下的现状，只有在质量和疗效上媲美原研药的仿制药才有可能在同一起跑线上跟原研药进行竞争。药品集中采购帷幕的拉开，迫使价格居高不下的原研药企业妥协降价。专利悬崖对我国制药企业既是挑战也是机遇。由于中国制药企业目前的研发策略是仿创结合，以仿为主，

因此专利悬崖的到来,对国内制药企业更是难得的发展机遇。❶

2.4.2.2 专利无效宣告挑战

2018 年 3 月,第十三届全国人大一次会议第五次全体会议正式通过了国务院机构改革方案,中共中央办公厅、国务院办公厅印发《国家知识产权局职能配置、内设机构和人员编制规定》,明确重新组建国家知识产权局,重新组建的国家知识产权局承担了专利、商标、地理标志、集成电路的注册登记和行政裁决。

越有价值的专利,其背后必然是巨大的市场,其被无效宣告的风险和挑战也就越大。随着中国药品专利纠纷早期解决机制的推出,首个挑战专利成功并获得上市的化学仿制药还能获得 12 个月的市场独占期。高价值专利被挑战的可能性就更高,中国可能成为知识产权诉讼的下一个战场。

2019 年年初,最高人民法院设立知识产权法庭,主要审理专利等专业技术性较强的知识产权上诉案件。《全国人民代表大会常委会关于专利等知识产权案件诉讼程序若干问题的决定》提出,当事人对发明专利、实用新型专利、植物新品种、集成电路布图设计、技术秘密、计算机软件、垄断等专业技术性较强的知识产权民事案件第一审判决、裁定不服,提起上诉的,由最高人民法院审理。由此建立国家层面知识产权案件上诉审理机制,也因此促进有关知识产权案件审理专门化、管辖集中化、程序集约化和人员专业化。这也是中国知识产权诉讼法律制度的历史性突破。同时,《最高人民法院关于审查知识产权纠纷行为保全案件适用法律若干问题的规定》于 2019 年 1 月 1 日起施行。❷

截至 2023 年 12 月 31 日,最高人民法院知识产权法庭共受理各类案件 1.89 万余件,审结 1.57 万余件;民事实体案件改判率 19.6%、调撤率 37.0%,高于改革前;民事、行政实体案件发回重审率分别为 1.2%、0.15%,远低于改革前。

近年来,药品专利纠纷早期解决机制、专利期限补偿、药品试验数据保护制度开始为中国医药企业从业人员所熟知。无论是仿制药还是创新药企业,都开始在专利上积极布局,这在一定程度上也导致医药专利无效宣告请求案件有所增加。通过知产宝检索公开的 2006 年 9 月 20 日至 2024 年 4 月 3 日的无效宣告请求审查决定进行数据统计分析发现,按国际专利分类号分布如下:A 类 6246 件、B 类 7323 件、C 类 1866 件、D 类 790 件、E 类 2597 件、F 类 4420 件、G 类 3594 件、H 类 4798 件,小计 31634 件。以"药或医药"作为检索要素,获得 333 件无效宣告请求审查决定,仅占比 1%。相较于电子等行业要低很多,由此也从另一侧面反映生物医药作为科学型技术不同于积累型技术的特点,每种药物的专利数量,与高昂的研发经费相比,显得要少很多,因此

---

❶ 申团结,黄泰康. 我国医药企业对专利悬崖期的药品仿制策略初探 [J]. 中国新药杂志,2014,23 (2):134-136.

❷ 最高人民法院网. 最高人民法院关于审查知识产权纠纷行为保全案件适用法律若干问题的规定 [EB/OL]. (2018-12-12) [2020-01-25]. http://www.court.gov.cn/fabu-xiangqing-135341.html.

涉及无效宣告的案件并不是很多。这些涉案专利按国际专利分类分布为 A 类 170 件、B 类 3 件、C 类 108 件、G 类 6 件。按小类分组，发现其无效宣告请求审查决定的专利 IPC 情况如图 2-4-2 所示。其中涉及 A61K 的专利共 151 件，占比 37%；涉及 A61P 的专利共 112 件，占比 28%；涉及 C07D 的专利共 86 件，占比 21%；其他类别的占比共计 14%。

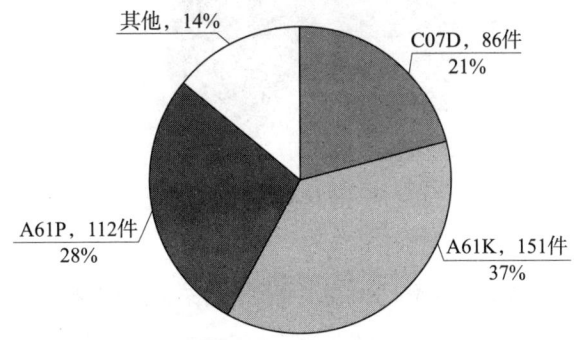

图 2-4-2　生物医药领域无效宣告请求审查决定涉及的 IPC 分布

对这 333 件涉案专利分析，发现其专利申请日分布于 1992~2020 年，其中 2005 年和 2006 年申请的专利数量最多，分别为 40 件和 34 件。这些专利的授权公告日分布于 1999~2022 年，其中 2011~2013 年的数量最多，均在 31 件或 32 件。无效宣告请求自 2006 年开始，持续至 2023 年，并且可以看到 2010~2016 年保持较稳定，年无效宣告请求量约为 15 件，随后自 2017 年开始无效宣告请求数量持续上升，2022 年的数量最多，达到 41 件；无效宣告请求审查决定的分布趋势类似于无效宣告请求的分布趋势，由图 2-4-3 可见，2021~2023 年的无效决定数量最多，分别为 46 件、37 件、52 件。

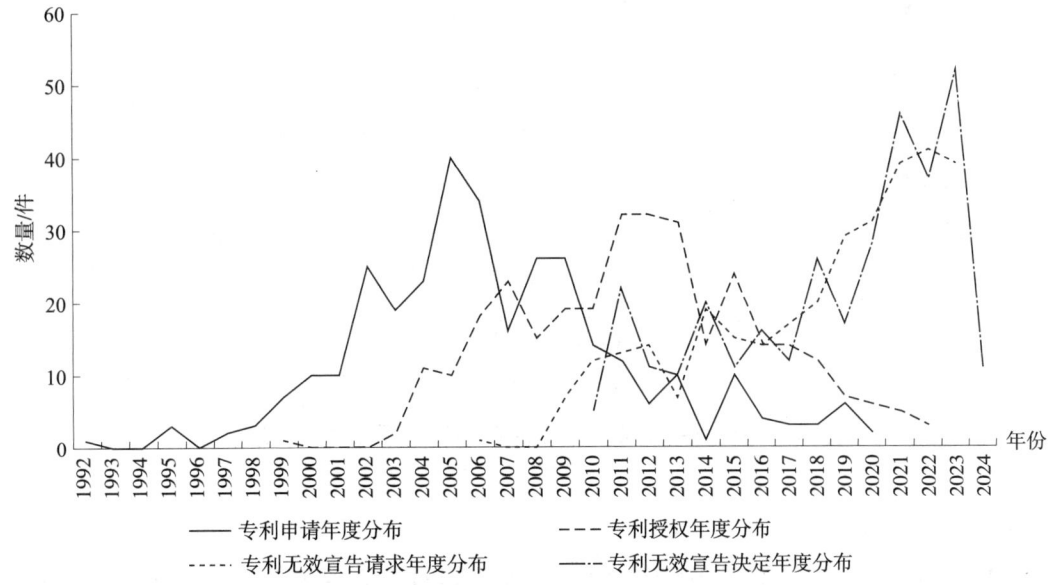

图 2-4-3　生物医药领域涉及无效宣告请求案件的专利年度分布

从无效宣告请求专利类型来看,全部宣告无效的专利达 135 件,部分宣告无效的专利有 58 件;而维持有效的专利有 140 件,占比约 42%,如图 2-4-4 所示。

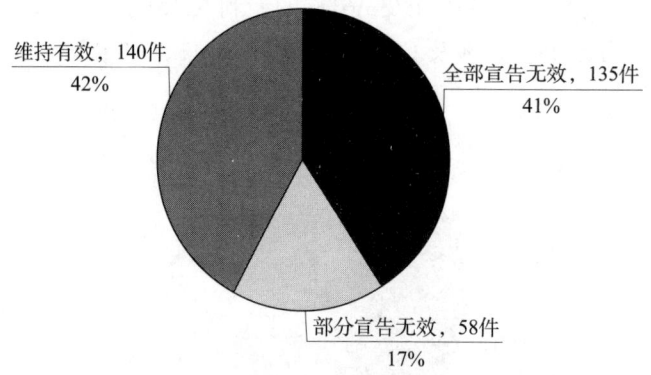

图 2-4-4　生物医药领域专利无效类型分布

对 333 件生物医药领域涉及无效宣告请求专利的法律依据进行分析,发现使用频率最高的依然是 A22.3、A26.3、A26.4 和 A22.2,如图 2-4-5 所示。R20.1 和 A33 亦有一定涉及。❶

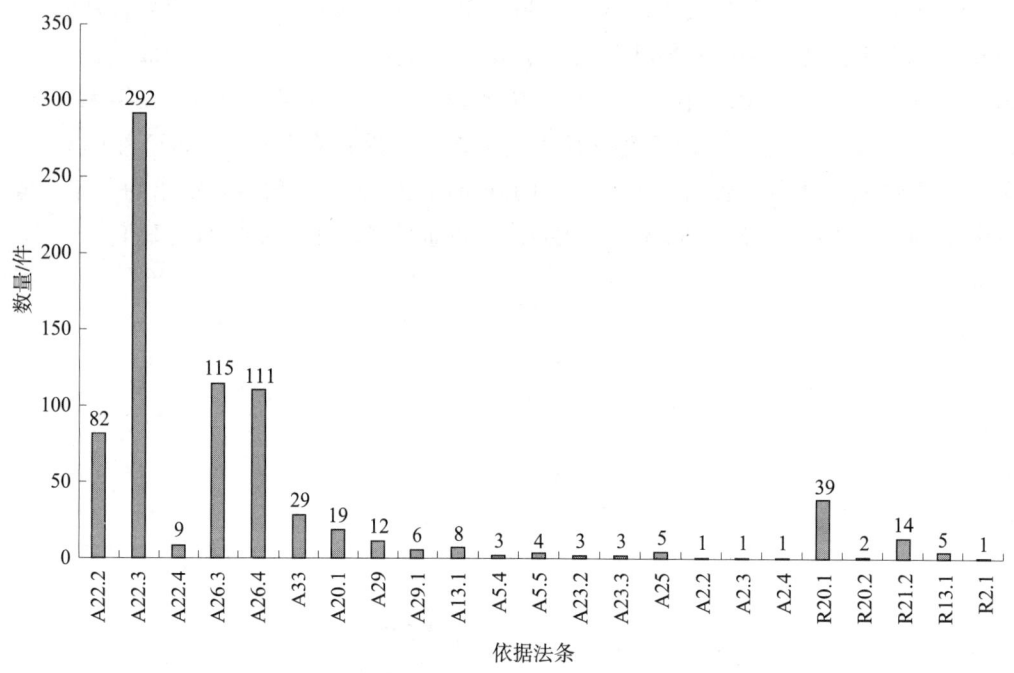

图 2-4-5　生物医药领域专利无效案件数量依据法条分布

---

❶　为方便表述,此处 A 表示《专利法》,例如 A22.3 表示《专利法》第 22 条第 3 款;R 表示《专利法实施细则》,例如 R20.1 表示《专利法实施细则》第 20 条第 1 款。——编辑注

此前有数据提出，几乎超过75%的原研药专利被宣告无效，其中，化合物专利被宣告无效的可能性大于50%。近两年专利维持有效的案件数量出现上升，这一比例也有些变化。在面对无效宣告请求案件中，化合物专利、用途专利等有不少因缺乏足够的实验数据被宣告无效。这背后的原因可能是：①原研药企业早期必要的验证实验并未完成，但为了抢占专利申请日，无法在申请提交的同时提供相关的实验数据，仅仅提供了一般的实验方法。②原研药企业有意不提供实验数据，从而使竞争对手，特别是那些希望研发"me-too"或"me-better"产品的企业，无法及时准确地跟踪原研药相关专利信息，这样原研药企业达到既保护了在研产品，又"合法"隐藏了目标药物的目的。[1]

较之欧美国家，中国国家知识产权局对上述类型专利的审查更为严苛，这已是国内生物医药企业的共识。国外申请人，特别是欧美等国家和地区的申请人进入中国之后会出现"水土不服"的问题（由于活性数据问题）。按照2013年以前的审查方式，专利审查员可以直接认定为公开不充分将其专利驳回，或者被中国本土企业提出无效宣告请求；目前的审查不再认定公开不充分，而是利用创造性，找一个接近的化合物作为现有技术，要求申请人或专利权人证明该发明化合物具有预料不到的技术效果，但是这种效果必须是在说明书中已经记载的或者可以直接得到的，申请日后补交活性数据不被认可。因此，越来越多的中国企业主动加入挑战原研药的专利中。然而，随着《专利审查指南》的修改，以及越来越多化合物专利经无效宣告请求挑战后被维持有效，行业似乎看到对于补充实验数据的逐步"开放"态度。特别是笔者在下文提到的替格瑞洛无效案、恩杂鲁胺无效案。在2024年4月8日二审裁判的（2022）最高法知行终287号行政裁决书中，裁判要旨提出："专利权人提交与本专利实验方法相同的补充实验数据，用以证明本专利说明书已经公开的技术效果，且该技术效果相对于作为最接近的现有技术更为优越，以此补充证明本专利技术方案具备创造性，该证明目的具有合理性。同时，基于补充实验数据证明目的及本专利说明书公开的技术效果，专利权人通过补充实验数据并非用于弥补原专利申请文件的固有内在缺陷，故应当予以允许。"

通过对技术主题及关联医药产品品种进行梳理，结果如表2-4-1所示。在化合物类专利中，发现不少重磅药物的核心专利均被提起了无效宣告请求挑战，例如替尼类、列汀类或列净类等药物。继重磅药物巴瑞替尼化合物专利CN200980116857.7在2024年1月被国家知识产权局宣告全部无效后，其晶型专利CN201610136379.8在2024年12月被国家知识产权局宣告全部无效，使仿制药上市已无障碍。明星药物恩杂鲁胺化合物专利，从最初全部被宣告无效，至上诉后最终维持有效，一波三折。而氢溴酸伏硫西汀化合物专利被提起了4次无效宣告请求，并且该品种的晶型、用途、制

---

[1] 吴鹤松，黄璐. 原研药创新悖论的影响因素分析[J]. 中国新药杂志，2019，28(10)：1160-1163.

备方法等专利均有无效案件。在晶型/盐类专利中，涉及不少列汀类或列净类药物、替尼类药物，而心脑血管药物诺欣妥及沙库比曲相关的3件专利涉及7件无效案件。列汀类或列净类药物的制剂或组合物专利被提起无效的频次也较高，很多重要品种的多件专利被提起2次以上的无效宣告请求。在生物药品种中，有多件生物抗体或联用的制剂专利被提起无效宣告请求，这也同时说明制剂作为产品仿制的关键，需要对其专利壁垒进行有效突破。用途领域涉及重点品种的专利无效宣告请求，仍有利于原研药，例如尼达尼布的制剂专利被宣告无效，但用途专利维持了有效。普萘洛尔先后2次被提起无效宣告请求，最后也仅被宣告部分无效。比较值得关注的是甲氨蝶呤/托珠单抗专利无效纠纷案，为医药用途专利保护提供了新的策略。而制备方法专利无效的案件涉及不少特色品种，例如体外培育牛黄、鼠神经生长因子、三九蛋白肽口服液、复方红衣补血口服液、金鸡制剂，也涉及一些特色中药材及提取物，例如野芙蓉、罗汉果、灵芝菌粉、博落回提取物等。此外，还有一些基因领域的专利无效案件，例如HBV‐iRNA、PCSK9‐iRNA案件等。

表2‐4‐1 生物医药领域专利无效案件关联的产品品种

技术主题	主要品种
化合物	索磷布韦（2次）、富马酸丙酚替诺福韦（3次）、替诺福韦、托法替布、左乙拉西坦、维帕他韦、恩杂鲁胺（3次）、恩格列净（3件各2次）、维格列汀（3次）、阿格列汀/曲格列汀、利格列汀（2件各3次）、替格瑞洛（2件）、氢溴酸沃替西汀、鲁比前列酮、赛曲西坦、氢溴酸伏硫西汀（4次）、布洛芬、利巴韦林、马来酸桂哌齐特（杂质）、帕博昔布、伊布替尼（2件）、利伐沙班（3次）、艾曲波帕、巴洛沙韦、马昔腾坦、卡非佐米（2次）、布雷克哌唑、维奈托克（2次）、特地唑胺（2件）、来那度胺/泊马度胺（2件共3次）、米卡芬净钠、脱氧胆酸钠、乌帕替尼、巴瑞替尼、美阿沙坦钾
晶型/盐	阿帕替尼、索拉非尼、伊马替尼、替格瑞洛、头孢他啶、伊伐布雷定、替格列汀、氢溴酸伏硫西汀（5次）、西格列汀（2件共3次）、恩格列净、托匹司他、缬更昔洛韦、右旋雷贝拉唑钠、盐酸沙格雷酯、非布司他、尼达尼布、富马酸比索洛尔、托法替布、酒石酸伐尼克兰、沃利替尼、盐酸阿芬太尼、依托考昔、盐酸缬更昔洛韦、乙酰谷酰胺、依非韦伦、三水羟氨苄青霉素、左旋吡喹酮、普那布林、丙戊酸钠、卡利拉嗪、比拉斯定、舒尼替尼、甲磺酸乐伐替尼、诺欣妥及沙库比曲相关（3件共7次）、卡博替尼、盐酸替扎尼定、芦卡帕利、阿西替尼（3次）、奥拉帕尼、利格列汀、尼洛替尼、吗啉硝唑、头孢硫脒、米拉贝隆、罗沙司他、司来帕格、罗库溴铵、盐酸曲恩汀、罗替高汀、尼洛替尼（2件）、阿齐沙坦钾、非达霉素、地洛他定

续表

技术主题	主要品种
制剂/剂量	利格列汀（2件）、阿格列汀（2件共4次）、曲格列汀（2件共4次）、维达列汀及复方（4件）、达格列净（2件）、他达拉非（2件）、索非那新（2次）、氯维地平、多西他赛、塞来昔布（2次）、奥洛他定、阿莫西林、艾普拉唑/艾普拉唑钠（4件）、硝苯地平缓释片、替吉奥口崩片、心脑联通胶囊、蒲苓盆炎康颗粒、妇炎灵胶囊、丁苯酞（2件共3次）、丁丙诺啡、布洛芬、左甲状腺素、鲁拉西酮（2件共3次）、曲美他嗪、阿立哌唑、富马酸卢帕他定、多西他赛注射剂、醋酸苯卓昔芬、盐酸奥洛他定、三水羟氨苄青霉素、克拉霉素软胶囊、阿折地平/奥美沙坦酯、三磷酸腺苷二钠氯化镁（4次）、恩他卡朋、洛匹那韦/利托那韦（3件）、索拉非尼（2次）、孟鲁司特钠、地夸磷索四钠、盐酸阿考替胺、德拉沙星（2件）、尼达尼布（2件）、西洛多辛、特立氟胺（2件）、乐伐替尼、阿扎胞苷、碳酸司维拉姆（2次）、艾地骨化醇、依度沙班（2次）、盐酸羟考酮（3件）、依泽替米贝复方、罗沙司他、盐酸西替利嗪、格列齐特缓释片、甲氨蝶呤/托珠单抗（2次）、坎地沙坦西酯/苯磺酸氨氯地平、西他氯铵/环孢素、立他司特（2次）、苯磺酸氨氯地平/富马酸比索洛尔、磷酸奥司他韦
用途	阿格列汀、左旋奥硝唑（2件共5次）、尼达尼布、雷米马唑仑、替诺福韦地索普西富马酸盐+恩曲他滨、阿那曲唑、达托霉素、戊乙奎醚、紫杉醇、唑来膦酸、米托蒽醌、艾替开韦（2次）、普萘洛尔（2次）、瑞德西韦、贝达喹啉（2件）、伏硫西汀、氨磺必利、阿托品、阿司匹林前药（2次）、利妥昔单抗、吉法匹生、二盐酸沙丙蝶呤、依维莫司及复方（3件）、尼洛替尼（2次）、米拉贝隆、甲磺酸伊马替尼、罗沙司他、帕妥珠单抗（3次）、甲氨蝶呤/托珠单抗（2件）、芍药内酯苷
制备方法	富马酸丙酚替诺福韦片、马来酸桂哌齐特、艾普拉唑粉针、尼美舒利（3次）、硼替佐米、奥美普拉唑、阿洛西林钠、瑞舒伐他汀钙、鼠神经生长因子、体外培育牛黄（2次）、三九蛋白肽口服液、依非韦伦、注射用三磷酸腺苷二钠氯化镁、利伐沙班、阿洛西林钠、复方红衣补血口服液、金鸡制剂、全蛋蛋白肽、头孢替安盐酸盐、野芙蓉、罗汉果、灵芝菌粉、伊伐布雷定、二丁酰环磷腺苷钙（2次）、地佐辛、恩格列净、卡博特韦/多替拉韦钠、伏硫西汀、博落回提取物、奥美沙坦/奥美沙坦酯、脱氧胆酸钠、艾乐替尼盐酸盐、利拉鲁肽、艾地骨化醇
其他	阿达木单抗、利拉鲁肽（2次）、司美格鲁肽（2次）、德谷胰岛素（3件共5次）、胰岛素（2次）、利那洛肽、菌株、内切葡聚糖酶（5次）、HBV-iRNA、PCSK9-iRNA、黄蜀葵花总黄酮提取物（2件）、银杏内酯注射剂、黑骨藤追风活络颗粒（2次）、复方血栓通制剂（6次）、银杏内酯（2件）、百草妇炎清栓（2件）、百草妇炎清栓、蒲地蓝糖浆、分装与计量装置、腹膜透析液，等

注：表中括号内次数表示无效宣告请求的次数，件数表示涉及无效的专利数量。

具体来看，重磅新药索磷布韦，其年度销售额在百亿美元，其涉案专利主要针对它的代谢产物。维帕他韦是第三代抗丙肝药丙通沙的复方制剂索磷布韦/维帕他韦（SOF/VEL）的组分之一。富马酸丙酚替诺福韦是有史以来抗病毒效果最强的抗乙肝药物，被正大天晴提起无效宣告。正大天晴还挑战了JAK抑制剂托法替布，使其化合物专利ZL00816941.1被宣告无效。2019年9月，正大天晴成功首仿枸橼酸托法替布片并提前上市。2022年4月，齐鲁制药有限公司（以下简称"齐鲁制药"）成功首仿枸橼酸托法替布缓释片。

诺华公司原研的药物沙库巴曲缬沙坦钠片（代号为LCZ696）是一种治疗心衰药物，其结合了代文（Diovan，通用名为缬沙坦）和实验性药物sacubitril（代号为AHU-377），两者以摩尔比1∶1组成的钠盐水合物共晶。2014年，基于令人信服的中期疗效数据并且已达到主要终点，数据监测委员会（DMC）一致建议提前终止LCZ696的临床Ⅲ期PARADIGM-HF研究。2015年2月，LCZ696获得优先审查资格，同年7月，相关原研产品诺欣妥（Entresto）获得FDA批准上市，相比现有心衰药物依那普利具有明显治疗优势。2016年5月，美国和欧洲心力衰竭管理指南均将血管紧张素受体脑啡肽酶抑制剂类药物作为射血分数降低心力衰竭的1类推荐。2018年初，一篇关于LCZ696组合物专利ZL201110029600.7被宣告全部无效的报道引起轰动，该案件也被国家知识产权局评为2017年度专利复审无效十大案件之一。❶ 值得一提的是，原研产品Entresto实际上是两种活性成分的络合物，而该专利第一组的组合物专利可以被理解为仅覆盖包括两种活性成分的混合物。Entresto依然有2026年11月到期的专利ZL200680001733.0及分案专利ZL201210191052.2保护，除非这一专利被突破。然而专利ZL200680001733.0被至少8名竞争对手提起无效宣告请求，其中石药控股集团有限公司（以下简称"石药集团"）、正大天晴和深圳信立泰药业股份有限公司（以下简称"信立泰公司"）提起无效宣告请求决定，均维持了在专利权人修改后的权利要求基础上的专利权有效。专利ZL201210191052.2被6名竞争对手提起无效宣告请求。多家国内企业对诺欣妥提出专利无效宣告请求，这与这些企业正在开发该产品的仿制药有关。2023年8月22日，方生和医药控股子公司南京一心和医药科技有限公司和石药集团欧意药业有限公司（以下简称"石药欧意"）仿制的沙库巴曲缬沙坦钠片的首仿产品同时上市。截至2024年6月28日，已经有12家企业的同类仿制药获批上市，其中不乏正大天晴、齐鲁制药、科伦药业、倍特药业等大型企业。此外，有不少于40家仿制药企业的沙库巴曲缬沙坦钠片在审评审批，可见该品种的市场竞争激烈。诺华公司的诺欣妥自上市以来，销售额一直高速增长，2018年销售额便突破了10亿美元，2023年全球销售额达60.35亿美元，是驱动诺华公司制药业绩增长的核心药物之一。值得关注的是，方生和医药在其首仿产品获批后第一时间通过官网表示，其沙库巴曲缬沙坦钠片拥有自主创新晶型且通过了生物等效性（BE）临床试验，是我国首家申报的沙库巴

---

❶ 张琤. 诺华重磅心衰药物Entresto中国核心专利被宣告全部无效［EB/OL］.（2018-01-05）［2024-12-10］. http：//www.tip.lab.com/article/?unid=cd485964875145f88496335690do90ad.

曲缬沙坦钠片仿制药,也是全球首个通过自主创新突破原研药专利壁垒成功获批上市的同类品种药物。根据相关信息,方生和医药的首仿药是含有3个结晶水的新晶型,规避了原研药含有2.5个结晶水的晶型专利障碍,从而可以合法地提前3年获批仿制上市。由此表明专利规避不失为除专利无效挑战外另辟蹊径的一种方式。

2.5 中药企业知识产权特点

中药系指以中医药理论体系指导采收、加工、炮制、制剂,说明作用机理,并能够按中医理论指导临床应用的药物。传统中药来源包括植物药、动物药和矿物药,其中以植物药最多。临床用药形式包括饮片和成药。剂型包括口服的汤剂、丸剂、散剂等,外用的膏剂、洗剂、熏剂等,还有体腔使用的栓剂、药条、钉剂等。

随着中药研究的不断深入,从20世纪90年代开始,国内的中药企业开始提出了现代中药的概念,并着手将现代科技和传统中药相结合,实现现代中药的工业化和商品化。党的十八大以来,国家最高领导人多次作出重要指示批示,要求改革完善中药审评审批机制,为新时代中药传承创新发展指明了方向。2020年12月21日,国家药品监督管理局发布《国家药监局关于促进中药传承创新发展的实施意见》,针对中药的创新和保护提出了具体的实施意见。例如在促进中药守正创新上,坚持以临床价值为导向、推动古代经典名方中药复方制剂研制、促进中药创新发展、鼓励二次开发、加强中药安全性研究。在健全符合中药特点的审评审批体系上,改革中药注册分类、构建"三结合"审评证据体系、改革完善中药审评审批制度。在强化中药质量安全监管上,加强中药质量源头管理、加强生产全过程的质量控制、加强上市后监管、加大保护中药品种力度。

所谓现代中药,是指来源于传统中药的经验和临床,依靠现代先进科学技术,严格按照各种规范所生产的疗效确切、使用安全、质量可控的新一代中药制剂。这种中药制剂可以说是中药现代化和国际化的产物,达到国际医药主流市场的标准,可以在国际市场上广泛流通。由此可见,现代中药是适应工业化大生产的产物。

传统中药方剂则是医生采用辨证论治的方法,运用"理法方药"等中医理论,针对不同患者得到的治疗方案。传统中药原材料来源于自然界,成分、疗效存在因地而异的现象;采用的是古老的炮制方法,在质量控制方面非常依赖个人经验。这些因素导致饮片或成药的质量不稳定,缺乏量化标准,非常不利于工业化大生产。尽管现代中药具有复杂的物质基础,但是由于采用了现代化的技术和质量控制体系,更多的是采用现代医药学的手段,为现代中药参与国际竞争奠定了良好的基础。❶❷

---

❶ 窦夏睿. 现代中药领域专利创造性问题研究 [D]. 北京:北京大学,2015.
❷ 周颖. "入世"对中药行业的影响及对策:访中国工程院院士肖培根 [N]. 中国中医药报,2001-11-09.

2.5.1 多样化的中药知识产权保护形式

我国中药既包括传统中药，又包括现代中药，因而形成了全球独有的、有中国特色的药品类别，其具有非常深厚的民族渊源和长久的发展历史。正因如此，中药知识产权的范畴应当既包括现行知识产权制度中所规定可以直接保护的中药知识产权的权利，例如专利、植物新品种、地理标志、商业秘密、著作权、商标权等；又包括了无法直接利用现行知识产权制度实现保护的中药知识产权，例如国家保密技术、中药品种保护等保护形式。

（1）国家保密技术，是指科技部和国家保密局根据《中华人民共和国保守国家秘密法》《科学技术保密规定》等规定，对"关系国家安全和利益"的科学技术给予的国家保密技术保护。例如，云南白药属于国家保密方，点舌丸属于国家秘密技术。

（2）中药品种保护，是指国家药品监督管理局根据《中药品种保护条例》对列入国家药品标准或地方药品标准的中药品种给予保护。例如，片仔癀属于一级中药保护品种，柴胡滴丸属于二级中药保护品种。

（3）地理标志保护，是指国家知识产权局商标局（以下简称"商标局"）根据《集体商标、证明商标注册和管理办法》对地理标志给予集体商标或证明商标保护。例如宁夏中宁枸杞及其制品、磐安浙贝母。

（4）植物新品种保护，是指国家农业或林业部门根据《中华人民共和国植物新品种保护条例》对国家植物品种保护名录中列举的草本药材的属或种给予新品种保护。例如中国医学科学院药用植物研究所从野生柴胡种质中选育的"中柴1号"及配套技术。

（5）商业秘密保护，是指企业自行采取保密措施对具有商业价值的信息进行保密（详见本书第5章）。例如家传秘方。

上述五种保护形式，除地理标志与商标法律相关，其他保护形式与企业常规法务工作关联性不大，这可能是中药药品对知识产权保护的依赖性较小、部分中药企业知识产权管理部门非隶属法务部门的原因之一。

2022年12月22日，最高人民法院发布《关于加强中医药知识产权司法保护的意见》（法发〔2022〕34号），目的在于通过全面加强中医药知识产权司法保护，促进中医药传承精华、守正创新。该意见实质上高度概括了知识产权司法实践中，中医药领域可以寻求的保护类型，包括中医药专利、中医药商业标志、中药材资源、中医药商业秘密及国家秘密、中医药著作权及相关权利、中药品种保护等。

中医药商业秘密、商标、著作权等均与药品领域的通用规则相似，将在相应章节论述；国家保密中药品种带有比较强的时代背景，且不具有普遍适用性，因此不再赘述。

2.5.2 知识产权支撑多元化业务经营

中药、化学药和生物制品领域虽然具有类似的产业结构，都可以统称为"前端原料技术"、"中端制造技术"和"后端制剂技术"。中药因为包括动物药、植物药和矿物药，技术跨度较大，并且通常在临床应用之前需要经过加工处理（称为"炮制"），而植物药是应用于临床医疗目的的植物，属于相对独立且全面的技术领域。因此，中药领域的药材种养殖技术、炮制技术，属于特色突出的技术领域。另外，中药领域除了具有与化学药和生物制品对应的中成药产品，还包括可以直接作为产品应用于临床的中药饮片。这使中药与化学药和生物制品在产品种类上构成明显区别，其前端和中端技术领域更加全面和深入。所以，中药领域的知识产权保护客体更广泛，植物从种植到成品的各个环节都存在专利保护的客体。例如，种子纯化与优质培育、播种机械设备、田间管理、植株筛选、质量控制以及中药饮片的加工、炮制、筛选、用途、质量控制等。而对于不同技术领域，除专利保护外，还可以联合其他方式予以保护。例如，中药材可采用地理标志保护和专利保护；植物药可采用植物新品种保护和专利保护；制备方法可采用国家秘密保护和专利保护；药品包装、装潢，以及企业视觉识别系统，可联合利用著作权、商标或外观设计专利进行保护。

中药领域的前端和中端技术领域比化学药和生物制品更广泛、更丰富，各种知识产权保护形式可以更广泛地保护中药领域前端、中端及后端的技术方案。因此，中药领域知识产权参与企业经营的可能性更大、支撑多元化商业模式的空间更大。例如通过植物新品种保护和地理标志保护支撑中药饮片溢价销售；通过将高于行业的质量标准专利技术纳入标准来保持产品竞争优势；通过中药材田间管理方法以及严苛的种苗选种方法支撑更多可能的商业模式；在对中药材种植企业进行投资时将种植类专利作价入股等。

2.5.3 中药品种保护

早期，中药品种市场准入门槛较低，质量参差不齐。为了管理中药市场，我国于1992年颁布《中药品种保护条例》，确立了富有中国特色的中药品种保护制度，并在1993年10月成立了由84位专家组成的首届中药品种保护审评委员会。制度建立之初，旨在提高中药产品质量、保护中药生产企业利益、促进中药事业发展。该条例实施以来，对中药市场产生了积极影响，促进了中药生产企业的发展和中药品种的繁荣，促进了中药品种质量稳步提升。超过2/3的企业在申报品种的国家标准基础上修订提高了企业质量标准，从而有效整合中药产业链，为实现中药产业化提供制度保障，保持了中药在国家医药卫生体系中的地位。[1]

中药品种权保护制度作为我国特有的行政管理制度，通过行政手段设置中药生产企业及中药品种的市场准入门槛，以类似赋予私权的方式，使企业获得一定期限的市场垄断性的生产经营期。在该制度整个发展过程中，历经了2006年《中药品种保护条

---

[1] 罗霞，岳利浩，潘才敏，等. 中药品种权保护相关法律问题研究 [J]. 中国应用法学，2021（4）：6-32.

例（征求意见稿第一稿）》、2009 年《中药品种保护指导原则》、《中药品种保护条例（2018 年修正）》及 12 份部门规范性文件的持续调整与完善，其职能重心随着中药事业的发展而不断调整。从早期统一药品标准、提高药品质量日渐转为鼓励创新，促进中药创新，甚至借鉴了数据保护的逻辑思路，逐渐与专利制度在保护范围、保护阶段、保护模式、保护内容方面形成互补与对接。[1]

2022 年 12 月，国家药品监督管理局综合司发布《中药品种保护条例（修订草案征求意见稿）》，从中可以更明确地体会到监管部门试图通过独有的行政保护模式激励中药创新，保护真正的持续创新的中药企业。以下将最近发布的征求意见稿与原条例进行比较，具体如表 2-5-1 所示。

表 2-5-1　中药品种保护条例修订前后对比

项目	原条例	2022 年征求意见稿
立法目的	提高中药品种的质量，保护生产企业合法权益，促进中药事业的发展	为了加强中药品种全生命周期管理，推进中药品种质量持续提升，保护中药生产企业的合法权益，推动中药工业高质量发展
保护客体	……质量稳定、疗效确切的……中成药、天然药物的提取物及其制剂、中药人工制成品	中华人民共和国境内上市的中药，包括中成药、中药饮片、中药材等。 以临床价值为导向，对显著提高质量或者提升临床价值优势，彰显中药特色的品种实施保护
保护等级和期限	一级和二级保护，一级保护 30 年/20 年/10 年，二级保护 7 年。解除一级保护的还可以申请二级	分为三级：一级 10 年，二级 5 年，三级 5 年。 各级的定义和范围发生了很大变化，细化纳入保护和不纳入保护的具体情形。 例如说明书安全性事项内容存在"尚不明确"情形的已上市 5 年以上（含 5 年）的中成药，不纳入中药品种保护范围（上市后研究不充分的不予保护）
保护形式	证书。在保护期内限于由获得证书的企业生产（可有例外）	一级和二级，证书、市场独占期和中药保护品种专用标识；三级仅证书和专用标识而无市场独占期。 市场独占期内，药监部门不受理其同名同方药的注册申请

---

[1] 李慧，宋晓亭. 中国中药品种保护制度的出路：基于与欧盟药品补充保护证书制度的比较与启示 [J]. 中国软科学，2020（9）：18-25.

续表

项目	原条例	2022年征求意见稿
延长保护	一级延长不超过原期限，二级延长7年且对延期的条件和次数没有明确规定	届满后，不得再以相同的事实和理由获得保护；作出新的显著改进或者提高、符合规定情形的，可以再次获得中药品种保护
持有者义务	改进生产条件，提高品种质量	持续开展药品上市后研究，开展药物警戒……动态开展资源评估，持续提高中药保护品种质量控制水平。获得市场独占期的品种，还应当持续积累临床使用的循证证据，动态评估药品临床价值，或者开展药物相互作用研究，完善用药风险防控措施，或者提升智能制造水平，加强中药整体质量控制

从上述对比可以看出，国家鼓励中药企业，对中药品种特别是纳入中药品种保护的品种进行持续的上市后研究，包括且不限于临床使用效果的持续动态评估、安全性追踪、中药资源的优化和开发。一方面国家通过法规政策扶持企业不断提升中药保护品种的市场价值，例如国家基本药品目录优先考虑中药保护品种，支持将中药保护品种纳入诊疗指南，医疗机构也会优先采购中药保护品种，医生在临床中优先使用这些品种，鼓励商业保险机构优先将中药保护品种纳入保障范围。另一方面，加强对中药保护品种的持有人和生产企业的日常监督和管理，对企业开展监督检查，要求企业定期汇报品种的生产、销售、上市后评价研究以及改进提高工作等情况，发生重大质量安全责任事故或存在严重不良反应的品种会被注销证书中止保护。

随着药品监管思路的发展和变化，我国中药品种保护制度将逐步完善和发展。

2.5.4 专利侵权纠纷较少，侵权举证和反向工程均较难

相比于化学药和生物制品，中药在临床应用时通常以复方形式入药，而且其化学成分复杂，对单一成分保护的必要性小。由于中医理论赋予中药的临床应用特点以及中药、天然药物的注册分类限定中药的申报和审批要求，因此中药领域关于单一化合物的专利数量整体占比较低，而中药复方配方专利、制剂方法专利和新用途专利数量占比较高，这些专利均具有侵权难以举证的特点，导致中药领域的专利侵权纠纷较少。

反向工程是指通过技术手段对从公开渠道取得的产品进行拆卸、检测和分析进而获得该产品的技术信息。例如，机械领域，技术人员通过拆解和拼装机械部件，基本可以了解该机械装置的技术机构和原理，甚至能够对照样品重复制造出相同的机械装置。类比化学药和生物制品，由于它们具有明确的化学结构且含量较高，在化学成分未知的情况下，通常也可以通过药物分析手段获知其主要化学成分。但是在中药领域，

药品标准中检测的代表性化学成分，通常不只存在于同一味药材，甚至不只存在于同一科植物中，因此在配方未知的情况下，几乎不可能通过药物分析方法确定中药药品中含有哪些药材。侵权举证与反向工程类似，通常难以举证证明非法销售的中药或合法销售的处方保密的中药的处方构成。

2.6　生物制品企业知识产权特点

随着新的生物医药和诊疗技术不断涌现，生物药越来越显示出临床应用优势。然而原创的生物药研发难度大、周期长、成本高，使得其价格居高不下。并且生物药难以像小分子化学仿制药一样易于仿制并得到结构完全相同和均一的活性物质。因此，加快生物药上市，满足临床用药的可及性是行业十分关注的问题。原研生物药需要体外研究（表征分析）、非临床研究、临床药理学研究和临床研究（安全性、有效性和免疫原性），以充分的证据证明产品的安全性和有效性。对于生物类似药而言，其主要通过与原研药从临床前、非临床和临床研究递进式的相似性比较，在对照药获批的一个或多个适应证中证明其安全性和有效性。

由于生物药具有复杂结构、大分子和非均一性等特点，生物类似药与原研药在物质结构和功能等方面不可能达到完全的精确复制，并且制备方法十分影响产品疗效。例如生物药生产工艺复杂，易于污染外源生物因子且难以检测和清除，通常不能采用终端灭菌处理；产品质量对生产过程的细微变化敏感，不能通过理化分析表征其全部质量属性；产品质量依赖于生产工艺的耐受性、稳定性及全过程控制，难以通过放行检验进行控制。选择不同的对照药以及上市后原研药与生物类似药各自的工艺优化，都可能导致优化前后的原研药之间或生物类似药之间、生物类似药与原研药之间，不同生物类似药之间相似性的逐渐漂移，因而针对研发技术本身需要予以关注。生物制品企业可以利用靶点筛选、工艺技术平台和生物标志物等进一步提高成功率、加快生物药研发进程，并降低成本。在此过程中，涉及遗传资源的知识产权、涉及新的生物材料的保藏以及生物类似药专利申请中的"专利舞蹈"，成为生物制品企业区别于化学药企业以及中药企业的知识产权特点。

2.6.1　涉及遗传资源的知识产权

我国专利法对于涉及依赖遗传资源的专利申请作出了专门性的规定，一是要求其获取和利用应当合法。例如《专利法》第5条第2款规定："对违反法律、行政法规的规定获取或者利用遗传资源，并依赖该遗传资源完成的发明创造，不授予专利权"。二是要求此类专利申请必须披露相应来源。例如《专利法》第26条第5款规定："依赖遗传资源完成的发明创造，申请人应当在专利申请文件中说明该遗传资源的直接来源和原始来源；申请人无法说明原始来源的，应当陈述理由。"上述条款既是专利授权的实质条件，也是宣告专利无效的理由，因此涉及遗传资源的专利申请时应当十分小心。

对于依赖遗传资源的专利申请，可参照《专利审查指南（2023）》第二部分第一章第3.2节的详细规定甄别。而对于其遗传资源使用的披露，应当参照《专利审查指南（2023）》第二部分第十章第9.5节填写和提交专利局制定的遗传资源来源披露登记表。

2019年7月1日，《中华人民共和国人类遗传资源管理条例》正式施行。该条例第24条第2款规定，利用我国人类遗传资源开展国际合作科学研究，应当保证中方单位及其研究人员在合作期间全过程、实质性地参与研究，研究过程中的所有记录以及数据信息等完全向中方单位开放并向中方单位提供备份。利用我国人类遗传资源开展国际合作科学研究，产生的成果申请专利的，应当由合作双方共同提出申请，专利权归合作双方共有。❶ 该条例中对于人类遗传资源并未给出明确的定义，导致实务中各方对于"利用我国人类遗传资源"所产生的成果给予了过宽的解释。

2023年5月26日，科学技术部发布《人类遗传资源管理条例实施细则》，其中对于该条例第2条所称人类遗传资源信息作出明确的解释，规定其仅包括利用人类遗传资源材料产生的人类基因、基因组数据等信息资料，但不包括临床数据、影像数据、蛋白质数据和代谢数据。由此，实务中，外资企业与我国医疗机构合作开展临床研究所产生的大量临床数据等，将不会被认定为属于"利用我国人类资源"的情形。

2.6.2 涉及新的生物材料的保藏

如果专利申请涉及的完成发明必须使用的生物材料是公众不能得到的，申请人需要按《专利法实施细则》第27条的规定在申请日前或者最迟在申请日（有优先权的，指优先权日），将该生物材料的样品提交国务院专利行政部门认可的保藏单位保藏，并在申请时或者最迟自申请日起4个月内提交保藏单位出具的保藏证明和存活证明；期满未提交证明的，该样品视为未提交保藏。具体为：对于涉及公众不能得到的生物材料的专利申请，应当在请求书和说明书中均写明生物材料的分类命名、拉丁文学名、保藏该生物材料样品的单位名称、地址、保藏日期和保藏编号。在说明书中第一次提及该生物材料时，除描述该生物材料的分类命名、拉丁文学名以外，还应当写明保藏日期、保藏该生物材料样品的保藏单位全称和简称及保藏编号；此外，还应当作为说明书的一个部分集中写在相当于附图说明的位置。

保藏不仅是一种形式上的要求。具体来说，发明本身是一种新的公众无法通过说明书公开的内容获得，或者发明是依赖于这样的材料获得的，在不提交保藏的情况下，公众将无法完成这样的发明，从而引发公开不充分的问题，专利将得不到授权或者即便被授权，也可能被宣告无效。因此在提交申请时，申请人应当严肃对待这一问题。

---

❶ 中华人民共和国人类遗传资源管理条例［EB/OL］.（2019-06-10）［2020-02-09］. http://www.gov.cn/zhengce/content/2019 06/10/content 5398829.htm.

第 3 章

医药企业专利管理

3.1 专利获取

3.1.1 内源性获取

医药企业通过自主研发或者与合同研究组织（CRO）进行合作研发，以获得相关专利。

为了推动企业技术进步，获得持续的市场优势地位，医药企业会持续增加研发资源投入，包括增加研发费用和研发人员进而获取新的药物。这种由企业自主立项研发取得的专利，我们称为专利的"内源性获取"。

关于专利权属，根据《专利法》第 6 条的规定，执行本单位的任务或者主要利用本单位的物质技术条件完成的发明创造为职务发明创造。职务发明的权利属于单位。根据医药行业的特点，企业内源性获取的发明创造通常属于职务发明。对于合作完成或者委托完成的发明创造，根据《专利法》第 8 条的规定，除另有协议的以外，申请专利的权利属于完成或者共同完成的单位或者个人，例如属于委托完成单位。为此，委托方应该特别注意，医药企业可以通过合同约定专利（申请）权的归属，避免由于未约定而产生的纠纷。

关于申请时机，医药企业对于自行研发取得的阶段性成果应及时申请专利保护。鉴于我国《专利法》采取的是先申请制，尽早申请专利保护可以更好地获得专利授权。由于药品市场准入周期长，专利申请得越早，其后续上市后的实际保护期就越短。因此，作为申请人的医药企业，对于自行研发获得的成果，要综合考量相关信息公开、对外合作、申请资料的完整性、行政审批时限以及信息披露和管控等多方面因素，确定专利申请的最佳时机。

3.1.2 外源性获取

与专利的"内源性获取"相对应的是专利的"外源性获取"。具体地，医药企业为了获得持续的优势地位，会通过投资、并购、专利许可、专利转化和专利转让等手段获取技术研发的最新成果。与之相应，被收购、许可或转让的企业或团队的技术成果、相应的专利等也将被纳入医药企业自身的知识产权管理体系，用以巩固自有的体系。针对"外源性获取"的知识产权，医药企业要做好后续的管理工作，包括及时处理专利申请中间文件、缴纳年费，以及专利侵权和专利无效诉讼等。医药企业通过与目标专利的专利权人订立专利权转让合同，并且向对方支付专利转让费，以此来直接购买目标专利的，双方在订立专利权转让合同后，医药企业需及时向国家知识产权局办理著录项目变更手续。

自 2021 年以来，中国在科技成果转化方面出台了一系列新的政策，旨在加快科技成果的转化和应用，推动经济高质量发展。医药企业可以通过与高校或者研究机构合作，实现科技成果转化，使科研机构、委托人和科研人员多方受益。

科技成果转化是医药科技开发的重要环节，一直备受各国政府、产业界和学界的重视。近年来，我国在科技成果转化方面出台了一系列新的政策，旨在加快科技成果的转化和应用，推动经济高质量发展。以下重点介绍 2021 年修订的《科学技术进步法》和《专利转化运用专项行动方案（2023—2025 年）》中关于专利实施转化的政策。其中，《科学技术进步法》第 33 条规定，国家实行以增加知识价值为导向的分配政策，推进知识产权归属和权益分配机制改革，探索赋予科学技术人员职务科技成果所有权或者长期使用权制度。这旨在激发科研人员的创新积极性，促进科技成果的转化和应用。其第 32 条规定，利用财政性资金设立的科学技术计划项目所形成的科技成果，授权项目承担者依法取得相关知识产权，并可以依法自行投资实施转化、向他人转让、联合他人共同实施转化、许可他人使用或者作价投资等。其第 40 条还规定，国家鼓励科学技术研究开发机构、高等学校、企业等采取股权、期权、分红等方式激励科学技术人员，以促进科技成果的转化。除了税收优惠，《科学技术进步法》第 91 条明确规定，政府采购应当购买境内自然人、法人和非法人组织的科技创新产品、服务，首次投放市场的，政府采购应当率先购买，以支持新技术的应用。《专利转化运用专项行动方案（2023—2025 年）》规定，专精特新中小企业通过投融资路演活动等方式，帮助企业对接投资机构，支持企业上市知识产权专项服务，降低上市过程中的知识产权风险。加强地方知识产权综合立法，一体化推进专利保护和运用。同时，发挥自由贸易试验区、自由贸易港的示范引领作用，推进高水平制度型开放，不断扩大知识产权贸易，畅通知识产权要素国际循环。

在专利申请权和专利权分配方面，2021 年出台的《关于推动科研组织知识产权高质量发展的指导意见》提到，鼓励科研组织积极参与国家和地方赋予科研人员职务科技成果所有权或长期使用权试点工作，改进知识产权归属制度，建立有效的知识产权收益激励机制。其中包括鼓励科研组织采取股权、期权、分红等激励方式，使发明人或设计人能够合理分享创新收益。考核方面，强化专利质量和转化绩效导向，在部门考核、职称晋升、岗位聘任、人才评价等环节中，突出专利质量和转化运用绩效等指标，避免仅以专利申请量、授权量作为考核指标。在相关国家政策的鼓励下，通过以专利权为纽带的科技成果转化，教师、高校、企业之间将达成合理的分配机制，从而有利于科研机构的转化。

3.2 专利事务管理

本书所称专利管理是指推进专利授权、高效管理专利、维持或处置专利权的动态持续过程。专利管理贯穿于专利申请后的各个阶段。

在医药产品的研发过程中，企业应当根据其产品规划或定位的重要性程度，有侧重、有先后地布局专利。对于重点产品，在基础研究阶段或临床前研究阶段就可以申请专利；从市场竞争出发，还可以在专利分析之后结合自身专利情况和竞争对手专利情况申请其他目的的专利。

在申请专利之前，医药企业通常应当进行专利检索，了解现有技术尤其是拟申请专利的技术方案相关专利的申请情况，进而明确专利将要保护的发明点。专利申请提交后可以不请求提前公开，以便在后续补充或修改技术方案重新申请专利（补充技术方案可要求部分优先权）时能够撤回在先申请而不被公开，进而避免在先申请影响在后申请的专利性。

在专利申请提交后，医药企业应当根据专利申请的审查程序，按时缴费和办理有关手续及事务。在答复审查意见通知书时，医药企业注意在争取较大保护范围的同时有针对性地答复审查员所指出的问题，利用第6章介绍的步骤和方法妥善地答复审查意见通知书，推进专利申请早日授权。

当授权专利达到一定数量后，为了提高专利管理效率，医药企业适时决策处置专利权等相关管理事务，建议按照本节介绍的几种分类方法对专利权进行分类管理，并根据产品及市场形势的变化及时更新专利分类，同时作出专利权处置建议。

3.2.1 专利分类管理

3.2.1.1 专利分类管理的目的

依据专利保护主题的不同，《专利法》将专利分为发明、实用新型和外观设计三种类型，《专利审查指南（2023）》第一部分第四章介绍了有利于专利局检索、审查和公告的专利分类。本书探讨的专利分类与《专利法》和《专利审查指南（2023）》中的分类不同，但目的都是高效管理和利用。本节从商业利用的角度出发，列举了根据"专利申请的目的、药品的研发阶段、专利所属产品的价值"探讨有利于企业专利管理的分类方法，供企业专利工作者参考。

对专利进行分类管理有利于企业内部提高专利管理的效率和能力。实际上，在企业专利管理过程中已经将专利分类潜移默化地融入专利管理过程中。例如，企业一般会存有专利申请列表、已授权专利列表、转让或受让专利列表等。这就是根据专利所处不同的法律状态和专利来源进行了分类，因此在专利信息统计时，企业专利管理人员能够高效地将所需信息提供给需求方。

3.2.1.2 按专利申请的商业目的分类

本书其他章节提供了围绕医药产品进行专利布局和挖掘的角度和方法。在企业专利申请实践中，可以参照这些技巧在合适的时机布局适当的专利，赋予每件专利以不同的目的，以便其产生预期的作用。本节列举了专利申请的四个目的，包括已有成果的有效保护、技术趋势的合理预测、有针对性的防御公开、对抗竞争的权利平衡，分别简称为保护类、预测类、防御类、对抗类。❶ 企业专利管理人员可以根据这四个目的对专利进行分类。

（1）已有成果的有效保护。

保护类专利主要有两个方面的含义：一是已有初步技术成果且满足申请专利的条件而申请的专利；二是与产品直接相关，专利保护的技术方案是产品本身或产品的一个组成部分，即专利保护的是已有初步成果且该初步成果与产品直接相关。

在实践中，虽然企业在布局专利时为了及时保护研发过程中拟产生的技术成果，通常在技术成果尚未明确或者实验数据尚未完全获得但满足专利申请条件时就申请专利，但是，在知识产权实际工作中，根据专利布局需求，仍然有部分专利需要在获得技术成果或实验数据结果之后再进行申请，甚至在获得技术成果一段时间后再进行申请。此时申请的与产品直接相关的专利也可以被识别为保护类专利。

（2）技术趋势的合理预测。

申请预测类专利的基础是企业具有明确的市场战略，并且当前已经拥有或未来即将拥有可依赖的技术或产品。如果这类技术或产品在企业营收中占据相对优势或者具有一定的市场竞争优势（可以概括为"优势成果"），那么申请预测类专利的必要性较大。

预测类专利在申请时有两个出发点：一是基于优势成果本身的深入研究，以期获得更多更广的新成果；二是基于优势成果相关技术或产品的结合研究，围绕优势成果的匹配技术、组合产品或新应用领域，以维持企业竞争优势。例如，企业通过

---

❶ 周大成. 企业专利布局实践探讨［J］. 中国发明与专利，2017，1：17.

投入大量的时间和经费研发获得新化合物、新组合物、新用途或者新给药途径，通常希望在这些创新成果的基础上继续深入研究，以期获得更多的研发成果；为了抢占先发优势，企业通常会结合行业发展趋势和企业发展战略在已有优势成果的基础上申请预测类专利。这类专利以及专利技术形成的产品可能成为企业的下一个竞争优势。因此，预测类专利的识别条件是：从已有优势成果出发，对提升企业未来竞争优势有帮助作用。

（3）有针对性的防御公开。

企业专利管理人员在进行专利布局时，在与技术人员就拟申请专利的技术方案进行沟通的过程中，通常会产生替代或改进技术方案。这类技术方案可能具有技术上的可行性和一定的商业价值，但其相对容易想到，甚至无法满足专利授权要求。以这类专利性较低的技术方案申请的专利被称为防御类专利。防御类专利在申请时主要有两个目的：一是将技术方案公开，成为竞争对手在后申请类似专利的现有技术，降低竞争对手专利的创造性，从而降低其授权可能性；二是避免被竞争对手抢先申请并且万一获得授权后可能给企业产品规划或销售带来影响。因此，防御类专利的特点是：距离产品及其市场规划较远，专利授权可能性较小或者专利授权后保护范围小，或者专利保护范围大但实际应用可能性不大。

（4）对抗竞争的权利平衡。

前述三类专利都是从企业自身出发，围绕已有产品、未来产品和专利性较低的技术方案申请的专利，而对抗类专利是从竞争对手的产品出发，申请竞争对手未来可能侵权的专利，目的是储备攻击竞争对手的武器，尤其是当竞争对手起诉后用于反诉。当然，这类专利跟企业自身的产品规划越近越好。如果对抗类专利同时也是预测性专利，则说明企业跟竞争对手未来可能发生激烈的竞争。

申请对抗类专利的前提是对竞品系列以及竞争对手的产品规划有充分的了解，而且需要对竞争对手的专利情况进行全面的分析。对抗类专利的特点是距离企业自己的产品及市场规划更远，但比较符合竞争对手的产品发展规划。如果在完成自由实施调查之后，根据预测的诉讼风险发生概率及应对成本而有针对性地申请对抗类专利将更有意义。

3.2.1.3 按医药产品的研发阶段分类

医药产品的研发过程基本类似，通常需要经过基础研究、临床前研究、临床试验研究和形成产品之后等阶段。各个阶段均有可能产生专利，主要产生专利的阶段在基础研究和临床前研究中。在不同研究阶段的药物专利种类及涉及的技术主题如表3-2-1所示。

表 3-2-1　在不同研究阶段的药物专利种类及涉及的技术主题

研究阶段	专利种类	主题方向示例
基础研究	化合物/组合物	化合物、组合物、衍生物、晶型
	活性成分的制备方法	化合物的制备方法或纯化方法、中药炮制方法
	新用途（药理）	基于新药理作用原理的用途、药理材料的制备
临床前研究	新用途（适应证）	新化合物用途、老药物的新用途
	制剂及方法	对应于给药途径的剂型及其制备方法
	相关设备/仪器改进	制剂过程使用或改善中间体特性的设备或方法
	质量控制方法	主要成分/有关物质的检测方法
	联合用药	发挥协同作用或降低副作用的联合用药方法
临床试验研究	新用途（新适应证）	新用途专利的完善或改进
	联合用药	联合用药方法的完善或改进
形成产品之后	产品本身	药物的特殊结构、医疗器械及部件
	产品相关	药品/医疗器械专用生产设备/部件
	二次开发	产品二次开发进行的改进

注：如能从专利名称识别确认专利种类，则可删掉专利种类分类。

这种专利分类的好处是容易发现企业的研发优势，也能够通过数量对比发现专利布局的疏漏。例如，基础研究阶段产生的专利数量较多可以反映出企业研发投入较大，产生创新药的可能性较大。如果产品上市前考虑专利布局时发现没有申请剂型类专利，应尽快补充申请剂型专利。

3.2.1.4　按专利可能产生的作用分类

在上述根据专利申请的商业目的进行的分类中，除了防御类专利不必然要求授权，其他类别的专利均需授权后才有发挥相应作用的资格。而在专利审查过程中，通常需要对权利要求保护范围进行修改。如果在专利申请时没有充分检索现有技术并且有预见性地布局权利要求，则在答复审查意见时往往需要对权利要求作出较大幅度的修改，容易导致专利授权后产生的作用与申请时预期的目的有一定的差距。因此，企业专利管理人员应当考虑在专利授权之后根据专利可能产生的作用对专利进行再次分类。当然，在申请专利时如果没有考虑专利目的，则可以在授权之后对专利进行分类。

（1）可起诉类专利。

专利应当服务于企业经营，在商业竞争中体现市场限制作用。正因如此，专利权才具有商业价值。市场限制作用最直接的体现就是可以对涉嫌侵权方提起诉讼，请求法院责令侵权方停止侵权。

如果将起诉行为进行分类，则可以分为两类：一是发现有人侵权之后起诉（主动维权）；二是遭到别人起诉之后，利用已有的专利权有针对性地反诉别人（被动对抗）。无论哪种起诉行为，发生诉讼的前提都是该专利产品市场竞争的比较激烈，并且用于起诉的专利权具有容易判定侵权和权利稳定性好的特点；而判断"容易判定侵权"通常需要两个要件：一是保护范围大，二是调查取证容易。所以，企业专利管理人员可以用上述条件作为分类标准，识别可起诉类专利。

（2）可标准类专利。

从专利授权后可能产生的作用进行分类，除了可起诉类专利，还可以分为可标准类专利。化学成分的检验测定方法可以作为技术方案申请专利，也可以作为质量控制方法列入质量标准中。因此，符合药品质量标准内容要求的专利技术方案具有纳入标准的可能性。

可标准类专利比较容易识别。首先，方法类技术方案只能通过发明专利进行保护，所以可标准类专利只能从发明专利中挑选识别。其次，专利名称中通常带有"×××的质量控制方法""检测方法"或"测定方法"及类似字样。再次，进一步查阅权利要求中的用途权利要求，除具体方法外，还应注意识别"用作标准品或对照品的应用"类似保护主题或范围的权利要求。最后，在申请提升质量标准的专利时，应当与专利所属产品的现有质量标准进行对比；如果专利保护的方法能够弥补现有标准中必要质量控制项的缺失，或者高于现有质量标准，那么该专利具备列入标准的资格。在实践中，可标准类专利的分类还应考虑专利所属的产品，通常应排除预测类、防御类和对抗类专利，只应在保护类专利中选取。因为企业通常不会考虑将脱离产品的专利纳入标准，所以如果可标准类专利涉及的是独家药品，则可以提高质量可控性为由按照规定的途径向有关部门申请提高标准，同时将专利技术纳入标准中，进而在质量标准上提高仿制门槛。对于专利被纳入标准的过程及要求、专利被纳入标准之后的侵权问题本节暂不讨论。

（3）其他说明。

关于可用于实施许可、质押融资等的专利，一是此类经营活动能否发生主要依靠专利所属产品的市场价值，以及被许可方或出资方的实际需求；二是此类专利的分类识别方法与可诉讼类专利类似，而且专利实施许可通常也与侵权诉讼密切相关；因此笔者也未对此类专利进行单独划分。

关于其他分类，虽然在实践中专利授权后能起到很多作用，例如获得政府资金奖励、申报高新技术企业、升学加分、减刑以及职称评定等，但是这类用途只要求专利获得授权，对专利授权文本中权利要求内容、保护范围和稳定性等实质内容要求较低，笔者不再对此类专利进行单独划分。

3.2.1.5　按产品或产品系列分类

通常在转让产品/技术，以及应对或准备发起专利诉讼时，需要快速识别相应产品的全部专利。此时,把专利按照所属产品进行分类就显得比较必要。对于产品数量较少的企业,可以按照产品进行分类;对于产品数量较多的企业,可以先按照产品应用领域(产品系列)分类,再按照单一产品进行分类。这种分类的好处有两点:第一,将同一个产品在不同阶段、不同国家布局的不同类型的专利归集在一起,便于统计和利用;第二,可以直观地看出某一产品拥有的专利数量,便于多个产品之间横向对比,也便于发现专利布局疏漏。

3.2.1.6 多种分类方式结合

对于产品/专利数量较多的企业,首先按产品或产品系列进行一级分类;其次在各产品的多件专利中,按研发阶段所产生的专利类型进行二级分类;再次在各研发阶段的专利中,按申请的商业目的进行三级分类;最后专利授权后,按可能产生的作用进行四级分类。同时,采用这四种分类方式进行多级分类是比较实用的办法,如表3-2-2所示。

表3-2-2 采用四种分类方式进行专利的多级分类

适用领域	所属产品	专利类型（二级）	商业目的（三级）	预期作用（四级）	专利信息			
					专利名称	申请号	申请日	……

3.2.1.7 更新专利分类并作出处置建议

专利具有技术、经济、法律三方面的属性,业内众多专业人员从这三个方面制定了深入、广泛的专利价值评估指标体系,通过三个方面指标的评分及权重对专利价值进行评估和分级分类。[1] 在实践中,专利的价值通常取决于三个因素:第一,专利所属产品/技术的价值;第二,商业活动对产品的需求程度;第三,专利本身的质量(保护范围和权利稳定性);前两个因素均与产品及其市场竞争态势有关。随着市场形势的变化,专利可能起到的作用也随之变化。因此,企业专利管理人员有必要根据产品的市场销售变化对专利分类进行更新。为了满足随时可能发生的涉及知识产权的商业活动的需求,还可以根据变化后的分类作出专利权在当前情况下的处置建议。

需要提出的是,在建议作出专利出售、转让、许可等处置时,企业专利管理部门应当与技术委员会、专利评审委员会或企业决策层领导评估商定,避免仅依据专利分类的动态变化单方面作出处置决定。下面给出四种专利分类动态变化的情形。

(1) A药品的新适应证专利,在申请时属于预测类专利。但随着企业对该化合物基础研究的突破以及产品规划的调整,该专利所属产品已启动临床试验,有希望获得

---

[1] 李小娟,王双龙,梁丽,等. 基于专利价值分析体系的专利分级分类管理方法 [J]. 高科技与产业化, 2014, 222: 93.

药品批准文号。此时，该专利已经成为保护类专利。

（2）企业在进行专利分析时发现，B 药品侵犯竞争对手 X 专利的可能性较大，在对竞争对手进行产品及专利分析后决定对其产品 Y 进行改进研究，进而申请了专利 C。这样布局的目的是，如果竞争对手以 X 专利发起 B 药品的侵权诉讼，企业就用专利 C 起诉竞争对手 Y 产品侵权。此时专利 C 属于对抗类专利。随着企业产品规划的不断变化，企业决定对竞争对手的 Y 产品立项进行改进研究，并在若干年后获得了批准文号。这时，专利 C 不仅属于对抗类专利，而且属于保护类专利。

（3）D 药品的化合物专利是保护 D 药品主要成分的专利，在申请时属于保护类专利，授权后属于可起诉类专利。但随着产品副作用在临床应用中越来越突出，企业和竞争对手都在考虑逐渐停止生产该药品。此时，该专利分类虽然仍属于保护类、可起诉类专利，但企业专利管理人员应该备注，该专利已不具有可起诉的市场条件，因为市场上已经逐渐没有产品或竞品销售，可以建议放弃该专利。

（4）E 药品的新剂型专利，是 E 药品化合物专利保护以外的补充保护专利，但专利撰写质量稍差，在申请时属于保护类专利。但随着越来越多的竞品依次上市或其他因素导致该产品利润率持续降低，企业准备研发该药品的其他新剂型以维持产品利润，同时逐渐停止生产原剂型品种。此时，该专利第二、第三级分类虽然仍属于保护类、新剂型类专利，但企业专利管理人员应该备注，由于原品种的重要性降低，且已逐步停止生产，建议出售或转让该专利。

3.2.2 专利档案及费用管理

3.2.2.1 专利档案的重要作用

专利权从产生到形成，以及在后续可能涉及的维权、诉讼、交易等过程中，必将形成属于该专利的各种文件，通常包括具有保密性的技术文件、具有证明力的财务文件、具有时效性的过程文件、具有独占性的法律文件和其他外围信息。从这些文件的记载中，我们可以获知企业专利管理部门在挖掘专利时对该专利赋予的使命、该专利在布局保护中所处的重要性等级、该专利申请之后与审查员博弈而产生保护范围差异的原因、该专利所保护的技术方案与产品的一致性程度、该专利在市场竞争中是否发挥作用及其作用等级、该专利可否用于维权以及维权诉讼。这些文件对企业经营、技术交易以及商业合作非常重要，因此，企业有必要将这些文件作为企业经营管理的重要档案进行管理。

3.2.2.2 专利档案分类管理

根据文件形式，可将专利档案分为原件类档案和非原件类档案，或者电子类档案和纸质类档案。根据所记载的内容，可将专利档案分为技术类档案、获权过程档案、证明类档案、政策类档案、运用类档案和费用类档案。从专利的目的和可能产生的作用考虑，比较常用且实用的分类办法是按内容进行分类。需要说明的是，实践中由于每件专利的产生、获权及运用均为独立的过程，因此建议"一案一档"以单件专利为基本单元，对每件专利的档案进行独立管理。关于专利档案的分类及典型文件如表3-2-3所示。

表3-2-3 专利档案分类及典型文件

序号	专利档案分类	典型文件
1	技术类档案	专利技术交底书、专利布局方案、专利申请文件递交前的修改稿、专利申请文件递交时的定稿
2	获权过程档案	专利受理通知书、审查意见通知书及答复文件、驳回通知书及复审文件
3	证明类档案	专利授权通知书、授权决定书、专利证书、专利登记簿副本、专利权评价报告、无效宣告请求审查决定书
4	政策类档案	用于高新技术企业认定及申报国家级或省级奖项的过程文件及结果文件
5	运用类档案	被无效宣告及提起诉讼的过程文件及结果文件
6	费用类档案	费用减免相关文件，发明人奖励和报酬发放文件，专利资助申请及批示文件，代理费、律师费、官费及年费缴费凭证，计入资本化的专利费用，质押融资相关文件

3.2.2.3 专利费用管理

专利在产生、获取以及运用、维权过程的各个环节均涉及费用的支出和收入，其中，支出类费用包括官费、代理费、律师费、年费等，收入类费用包括专利资助获得费用、申报国家级或省级专利奖项后的奖励金额、质押融资获得费用等。如前所述，笔者建议将专利费用管理作为档案管理的组成部分，以便需要时能够及时查找和调取专利费用档案。需要说明的是，不是所有专利都涉及诉讼类档案和质押融资费用，专利在不同阶段所涉及的费用类型也不同，建议"一案一档"，即以单件专利为基本单元，对每件专利的费用进行独立管理。

3.2.3 其他事务处理

3.2.3.1 著录事项变更及其注意事项

专利权作为一种财产权，可以买卖、转让、赠与、继承、抵押、质押等，专利作为一种商业工具，也可以发生无效宣告、权属纠纷、行政纠纷、侵权赔偿等。根据《专利法》及《专利法实施细则》的规定，这些事项发生后，通常需要向国家知识产权局请求办理著录事项变更或者登记/备案手续，以保障权利人的合法权益。

根据《专利法实施细则》第15条的规定，除依照《专利法》第10条规定转让专利权外，专利权因其他事由发生转移的，当事人应当凭有关证明文件或者法律文书向国务院专利行政部门办理专利权转移手续。需要注意的是，虽然权利转让合同自签订之日起生效，但是权利转让行为自国家知识产权局登记之日起生效。

专利权人与他人订立的专利实施许可合同,应当自合同生效之日起3个月内向国务院专利行政部门备案。与权利转移登记不同的是,专利实施许可行为自合同签订之日起生效,合同是否备案不影响合同的效力。需要说明的是,合同备案是对被许可方的保护,尤其对于独占许可和排他许可,如果不备案,则不能对抗善意第三人。

以专利权出质的,由出质人和质权人共同向国务院专利行政部门办理出质登记。需要提醒的是,专利权质押期间,涉及专利权的转让登记、实施许可备案、放弃等处置权利的,未经质权人同意,国家知识产权局将不予办理出质人单独提出的请求。[1]

另外,国家知识产权局在授予专利权的同时建立专利登记簿,记载专利权的授予,专利申请权、专利权的转移,专利权的无效宣告,专利权的终止,专利权的恢复,专利权的质押、保全及解除,专利实施许可合同备案,专利实施强制许可及专利权人姓名或者名称、国籍、地址的变更。需要提醒的是,授予专利权时,专利登记簿与专利证书上记载的内容是一致的,在法律上具有同等效力;专利权授予之后,专利法律状态的变更仅在专利登记簿上记载,因此专利登记簿与专利证书上记载的内容不一致的,以专利登记簿上记载的法律状态为准。与商标档案查询只能是权利人或其委托人(国家机关查询除外)申请办理不同的是,专利授权公告之后,任何人都可以向国家知识产权局请求出具专利登记簿副本。

3.2.3.2 与专利服务公司合作

专利服务类公司作为服务于企业专利需求的专业机构,能够在专利申请、专利获权、专利日常事务、权利管理、许可/合作、专利诉讼及其他事务处理方面提供专业的服务。当专利总数及增量较少时,企业通常能够比较轻松地独立处理这些事务;当专利年增量达到一定数量时,由于企业内部人数限制及专业要求,常规的专利申请、无效宣告及诉讼事务建议委托专利代理公司提供服务,企业专利管理人员转为审核者的角色,以减少在处理这些日常事务上花费的时间和精力。而其他专项事务例如专利挖掘和布局、系列专利的全球维权与合作、特定技术的专利交叉许可策划、专利族/专利组合的全球年费管理等,尤其当企业专利总数、专利技术较多时,需要大量的时间和精力学习和处理,建议由专业的专利服务公司提供服务,以提高企业在这些专项事务上的处理效率。例如,某企业拥有众多产品,在百余个国家拥有千余件专利,每年仅在各国缴纳年费一项事务,可能需要专利管理人员耗费大量的时间去了解各国的缴费周期、缴费途径、缴费金额并组织缴费,此时可聘请专业的专利年金管理机构提供服务。

3.2.3.3 知识产权管理软件及特点

企业初创期知识产权数量不多,可以使用电子表格类工具记录和更新知识产权信息。

---

[1] 专利权质押登记办法 [EB/OL]. (2010-10-13) [2019-08-15]. http://www.cnipr.com/zy/flfg/zl_6522/gnflfg/201708/t20170823_220238.html.

对于知识产权数量较多但信息变化不频繁的企业，电子表格通常也能满足管理需求。而对于知识产权数量较多、信息变化频繁、交易较多的企业，建议企业知识产权负责人对设置专门人员管理和更新信息所需的成本与购买知识产权管理软件所需的成本进行对比衡量，选择成本更低的管理方式，以免耗费较多人力资源进行信息管理，导致成本增加。

常见的知识产权管理软件通常具有以下特点。

（1）企业知识产权部门与代理机构在软件系统上进行线上协同工作，软件系统监控 CPC 客户端，代理机构把收到的官方文书上传到系统中进行更新，企业知识产权部门可同步查看。

（2）自动更新法律状态变化、著录项目信息，信息录入准确、及时，避免各种期限和缴费发生延误。

（3）软件系统根据记载和更新的信息，计算任务期限，自动触发相应任务，并通过设定以邮件、系统提示等方式提醒设定的工作人员。

（4）软件系统可以配置或定制不同的统计模板，并可随时导出统计数据。

（5）部分管理软件可以按需定制管理系统，实现企业内部技术交底书提出、发明人奖励报酬、年费提醒、档案管理等。

（6）商标管理系统可实现商标使用证据跟进及档案管理等功能。

3.3 生物医药领域的专利信息分析与利用

3.3.1 专利信息分析与利用

3.3.1.1 专利信息

专利文献是各国专利局及国际专利组织在审批专利过程中产生的官方文件及其出版物的总称，包括专利说明书、专利公报、专利索引等。[1] 专利信息是指根据专利文献或者通过对专利文献的主要内容进行分解、信息加工、人工标引，以及数据统计、分析、整合和转化等信息化手段处理，并以各种信息化方式传播形成与专利有关的各种信息。专利信息可提供法律信息、技术信息、经济信息、战略信息，可以给从事信息情报、科学研究、项目管理、市场营销、战略决策等方面的人员提供信息参考。下面对专利涵盖的各类信息逐一说明。

（1）专利的法律信息可反映专利的法律状态，如专利公开、实质审查、专利授权、避免重复授权放弃专利权、未缴年费专利权终止、无效宣告请求驳回、无效宣告请求视撤、无效宣告请求届满等，以及专利申请人或专利权人权利转移（变更）、发明人变

---

[1] 李建蓉. 专利文献与信息［M］. 北京：知识产权出版社，2002.

更等著录信息。

（2）专利的技术信息可反映出专利申请人或专利权人申请专利的类型（发明、实用新型、外观设计），以及在某一领域的专利申请趋势、专利技术构成、产业动向以及未来的研究热点或方向。

（3）专利的经济信息可反映出专利申请人或专利权人的经济利益发展趋势以及专利在不同国家的市场占有情况❶，如专利的申请国别范围和PCT专利申请的指定国范围的信息，与专利实施许可、专利权转让等技术贸易信息，与专利权质押、知识产权价值评估、知识产权金融服务、知识产权托管、知识产权运营联盟等经营活动有关的信息。

（4）专利的战略信息是指经过对上述三种专利信息进行检索、统计、分析、研究而产生的具有战略性特征或能起到战略决策作用的专利信息，如专利技术评估、竞争对手动向、专利布局、专利地图等。

3.3.1.2 专利信息分析

专利信息分析是指在对相关领域的专利文献信息进行检索、分类、筛选、统计、分析的基础上，对专利的特征如专利申请或授权数量分布、法律状态、竞争对手分布、专利技术价值判断、技术发展趋势等进行研究，通过挖掘、整理和分析，将专利信息转化为具有较高技术与商业价值信息的过程。❷❸ 我们通过专利信息分析，将相关专利信息进行信息归类、人工标引、数据统计与分析，使每一项单独的专利信息由普通独立的信息转化为互相关联的信息，甚至转化为有价值的专利信息，对行业领域内的产品、方法、结构、用途等专利发展趋势和竞争对手有更深入的了解，为企业高层战略决策的制定提供合理科学的参考依据。

随着AI技术的发展，AI技术可能通过应用自然语言处理、机器学习和数据挖掘等，助力提升专利分析的效率。

3.3.1.3 专利信息利用

专利信息利用是对专利信息分析工作的具体延伸，因为专利信息分析的最终目的是将经过检索、归类、人工标引、数据统计、分析的专利信息情报贯穿和应用于实际工作中。科学合理地应用专利信息，可以很好地指导企业的经营活动，为国家和企业在激烈的市场竞争中赢得先机，占据有利的市场地位。❹

对专利信息的有效利用具体体现在如下十个方面。

---

❶ 李建蓉. 专利文献与信息 [M]. 北京：知识产权出版社，2002.
❷ 杨铁军. 专利分析实务手册 [M]. 北京：知识产权出版社，2012.
❸ 黄璐，李威，耿海明. 干眼症药物专利信息分析 [J]. 食品与药品，2011，13（5）：198-200.
❹ 马天旗. 专利布局 [M]. 北京：知识产权出版社，2016.

（1）专利性评价分析：主要体现在专利授权前景分析、专利稳定性分析、公众意见、无效宣告请求等方面。

（2）专题（跟踪）检索分析：主要体现在特定领域或技术（技术领域）、特定企业（竞争对手）、特定申请人（专利监控）、特定发明人、特定区域、特定国家或专利地图等。

（3）专利侵权分析：主要体现在专利侵权检索分析、专利侵权分析、现有技术抗辩、专利规避设计分析。

（4）知识产权尽职调查：主要针对指定的尽职调查的企业进行检索，列出企业的专利清单，明确各专利的法律状态并分析其技术含量，作出详细的分析，以帮助客户客观评估企业的专利价值。

（5）专利法律状态（跟踪）检索分析：对指定的一项专利申请或专利当前所处的法律状态（定期）进行检索，并（定期）作出详细的分析，以充分了解其法律状态。检索信息包括专利申请是否授权、专利申请是否撤回、专利申请是否被驳回、专利权是否有效、专利权有效期是否届满、专利权是否终止、专利权是否转移、专利权是否被宣告无效等。

（6）同族专利检索分析：对指定的属于同一专利族的专利或专利申请进行检索，检索同一主题的技术在哪些国家或地区申请专利，以确定这一技术的区域保护范围，并作出详细的分析，以了解专利权人的技术或市场动向，例如避开语言障碍选择合适语言阅读专利，或者得到这一技术的区域分布空白点，为企业的产品出口等决策提供参考信息。

（7）域外专利检索分析：对在外国申请并授权但未在中国提出专利申请的专利技术进行检索，分析其技术含量和可实施性，并作出详细的分析，以从中挖掘有价值且可以无偿使用的专利技术。

（8）失效专利检索分析：对于因为专利权到期、专利权终止、放弃专利权或专利权被宣告无效而导致失效的专利进行检索，分析其技术含量以及可实施性，并作出详细的分析，以从中挖掘有价值且可以无偿使用的专利技术。

（9）专利价值评估分析：针对指定的专利技术进行检索，分析其法律状态和技术含量，并作出详细的分析，以准确评估其专利价值。

（10）技术自由实施分析：针对指定的技术进行相关领域和指定国家的专利检索，对其是否侵犯专利作出详细的分析，以准确评估技术实施的风险。

3.3.1.4 专利信息分析与利用的流程

专利信息分析与利用的流程一般包括前期准备、数据采集、数据分析、完成报告和成果利用这5个阶段。❶ 每个阶段又可能有多个环节，具体分析如下。

（1）前期准备阶段主要针对专利信息分析课题组人员组成、确立专利分析的目标、

---

❶ 杨铁军，曾志华. 专利信息利用技能［M］. 北京：知识产权出版社，2011.

进行项目分解以及选择专利数据库等内容展开。

（2）数据采集阶段主要包括制定专利信息检索策略、进行专利检索和数据加工等。

（3）数据分析阶段的工作主要是，依据分析目标的要求，对所采集专利数据进行深入的专利分析。

（4）完成报告阶段主要是对前述的实体工作进行归纳和整理，形成规范的书面研究报告。

（5）成果利用阶段主要是科学合理地应用专利信息的研究成果，指导国家、行业或企业的经营战略和经营活动，占据市场的有利地位。

同样地，也可通过图3-3-1所示的流程描述专利信息分析的各个环节。

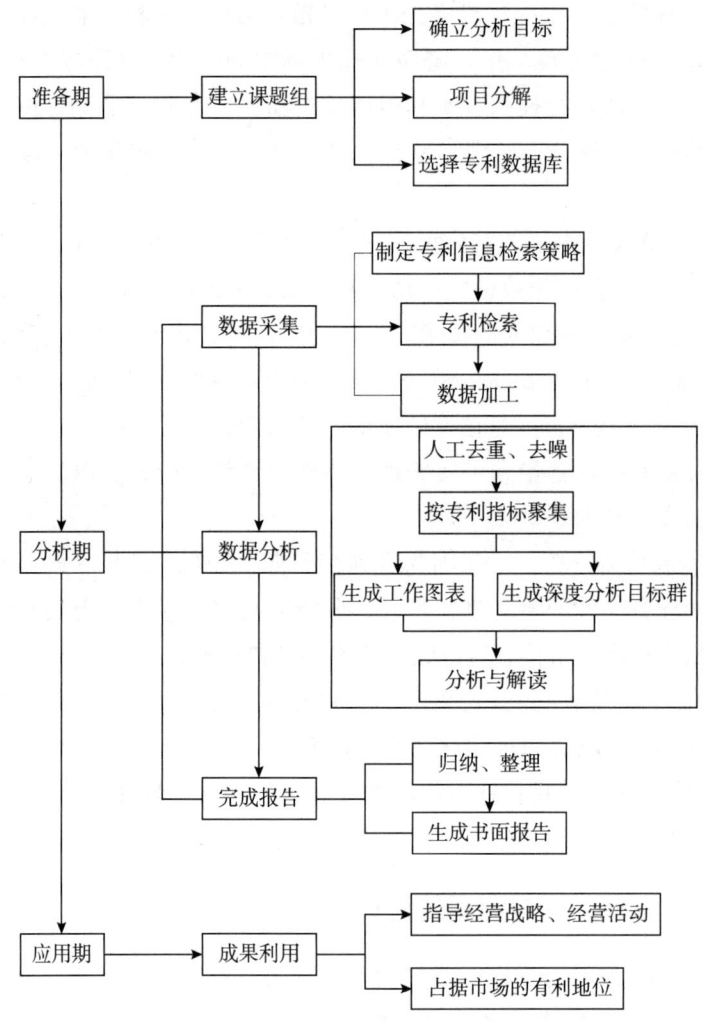

图3-3-1　专利信息分析流程

3.3.1.5 专利信息分析与利用的重要性

一种新药的成功研制往往会给企业带来相当可观的收益，但新药的研发也会耗费大量的人力、物力。新药研发前，进行医药专利信息的检索、获取与分析应用，可以帮助医药企业选择正确的创新方法和途径，避免低水平重复研究。医药领域专利信息分析和利用的重要性主要表现在以下四个方面。

(1) 在研发立项时，充分的专利信息检索和分析，可以避免或降低研发风险，有效提升企业研发效率和市场竞争能力。例如，可以追踪当前药物研发的重点领域、热点靶点、技术发展态势，并分析药物研发过程中有关产品、工艺、剂型、复方等方面的重点技术和新兴热点以及未来可能的技术发展趋势。具体表现如下。

第一，准确地了解整体研究现状，做到知己知彼。专利的本质是以公开换取保护。发明人对于重要的研究成果，一般会首先考虑申请专利，通过在专利申请中公开自己的研究成果获得专利保护独占期，并依赖该市场独占期获得经济收益用于弥补前期研发投入。据统计，95%的发明创造可以在专利信息中查到，80%的发明创造仅在专利文献中记载，可见专利文献信息承载了绝大部分的最新研究成果。根据创新药研究的特点，在创新药立项中进行充分的专利信息检索分析和利用，可以更好地做到知己知彼，规避风险。例如，针对某适应证新靶点进行药物开发立项中，通过充分的专利信息分析，可以了解针对该新靶点是否已有或有哪些化合物结构模块在开发，企业拟立项的化合物结构模块是否还有知识产权布局空间；通过统计专利申请日/优先权日，可以预估不同模块化合物研究开发的起始时间和进展；通过统计分析专利申请人分布，可以了解产品上市后可能面临的竞争对手；通过统计发明人信息，可以了解该领域的主要研究者信息等。

第二，及早发现知识产权风险，并寻求合适的解决方案。对于热门的研究领域，多个竞争对手同时开发相同化合物结构模块的情况经常发生。企业可充分利用专利信息，及早发现并评估风险，协助立项决策。如果有在先专利申请，则可对其进行授权前景分析，评估可能的授权范围是否会涵盖企业拟开发的化合物，适时提交针对性的公众意见，降低在先申请的授权概率或使其缩小保护范围，降低或规避自研化合物侵权风险。如果难以规避，适时开展专利许可谈判，根据谈判结果决定项目进一步开发计划。一旦分析结果显示所关注的领域出现专利壁垒很多、技术进展困难等情况，则需要更换项目方向。

(2) 可以为医药企业的药物开发及医药专利保护策略提供技术支持。具体地，通过专利信息分析，可研究原研药企业专利保护的策略和范畴，分析其在各国的独占权期限和类型，预估仿制药的上市时间。依据药品专利进行技术提取，挖掘并发现、立项、研发对医药企业有战略意义的药物新品种，为企业战略开发、立项和研发全过程提供技术保障。同时，巧妙寻找药物专利中的空白技术信息，实现新专利挖掘、新专利申请与合理的专利布局。

（3）可以合理有效地运用知识产权规则，充分使用在国内失效或国外失效的不再受法律保护的专利技术和专利信息，可大大节省开发时间和经费、降低开发风险。

（4）可以为企业引进国内外技术和进行技术许可、产品贸易、市场分析等保驾护航，推动企业间合作，进一步推动医药行业发展。❶❷

3.3.2 专利信息的检索及常用数据库资源

3.3.2.1 专利信息的检索策略

专利信息检索的根本目标是获得全面准确的数据集合，为进一步深入分析专利技术提供可靠的数据基础，使其能够真实、完整地反映分析对象的发展历程。专利信息的检索策略是建立在充分分析课题信息需求基础上的一系列科学措施，从明确检索目的、确定检索的技术主题入手，进而确定检索要素及其相互间的逻辑关系，选择信息检索系统，科学运用检索技术，构建合理的检索式，最终给出检索的最佳实施方案。

专利信息检索具体可分为以下四步。

第一步，明确检索目的，确定检索的技术主题。明确检索目的后，需要确定检索的技术主题，包括课题的技术主题内容、应用的范围并进行包括专利的地域性和时间性在内的边界定义（国家范围和时间范围）。

第二步，从专利技术角度确定检索要素，选择专利信息检索系统。根据技术主题，确定检索要素，制作检索要素表，其内容项包含检索项目名称、检索种类（主题检索）、信息检索系统、检索要素（如检索要素1、检索要素2、检索要素3）、各检索要素的名称、供检索的中文主题词或关键词、供检索的英文主题词或关键词、供检索的缩略语、IPC分类号、对供检索的中文主题词和关键词的扩展等。

第三步，构建检索式。根据所确定的检索要素以及逻辑运算符，正确构建相应的检索策略。

第四步，统计检索结果，进行数据加工，形成专利分析用的数据集合。将各检索式检索得到的公开或授权的专利申请数进行统计，从专利信息检索的数据库下载得到文件后，通过人工标引，去重去噪（即合并重复计算的专利数据、剔除跟主题不相干的专利数据），形成分析用的数据集，以备进行专利信息分析。

---

❶ 黄璐，赵蓉. 医药专利文献信息的获取与分析应用 [J]. 中国药师，2011，14（6）：874 - 875.
❷ 曹欣，胡健飞，孟鲁洋. 企业专利信息的利用及其检索 [J]. 农业图书情报学刊，2005，17（7）：120 - 122.

3.3.2.2 主要国家或地区的专利数据库资源

(1) 中国国家知识产权局（CNIPA）。

中国专利检索与查询系统的数据由中国国家知识产权局提供，CNIPA 官方数据完整、可靠。该系统收录包含自 1985 年以来公布的全部中国专利文献信息。该数据库向公众提供免费的检索服务，还可对命中目标的文献数据，选择加入分析文献库，实现基本的专利分析功能（如从 IPC 分类号分析技术领域的构成，分析申请人、发明人等信息）。从 2017 年 6 月 6 日开始，中国发明公开、中国发明授权、中国外观设计和中国实用新型 4 种公报的更新时间，从之前的每周三公开一次，更改为每周二、周五更新 2 次。CNIPA 的专利业务办理系统（http://cponline.cnipa.gov.cn）包括：首页、专利申请及手续办理、专利事务服务、专利缴费服务、专利审查信息查询。点击进入专利审查信息查询，可通过申请号、发明名称或申请人，随时跟踪 2010 年及以后提交的专利或竞争对手的专利审查意见及审查进展情况。

(2) 美国专利商标局（USPTO）。

美国专利商标局专利数据库（http://www.uspto.gov）每周更新一次，提供美国自 1790 年 7 月 31 日公布的第一件专利以来所有美国专利的全文信息。目前，该数据库可实现专利全文和图形数据库（PatFT）、专利申请全文和图形数据库（AppFT）、全球专利搜索网络（GPSN）、专利申请信息检索（PAIR）、专利公报、基因序列、专利转让数据库等相关的专利检索。USPTO 专利数据库是检索美国专利信息最重要和全面的网站，提供了美国专利的审查信息，便于公众及时了解专利的法律状态。2022 年 USPTO 对专利信息检索工具进行了全面升级改造，在官网上线了全新的专利检索系统（Patent Public Search）和专利电子申请管理和查询系统（Patent Center），向公众免费开放。

(3) 欧洲专利局（EPO）。

欧洲专利局（http://www.epo.org/）提供的 Espacenet 专利检索系统数据库（http://worldwide.espacenet.com/）可通过快速检索、高级检索等途径查询欧洲专利、PCT 专利及世界各国公开专利文献，每周更新一次。该数据库可通过优先权号检索同族专利，可使用英、德、法、日 4 种语言检索，也可提供全文下载。

(4) 日本特许厅（JPO）。

日本特许厅官方网站（网址 http://www.jpo.go.jp/）有日文版和英文版。进入 JPO 官网的英文版主页后，页面右上方显示专利的类型：patents（专利）、utility models（实用新型）和 designs（外观设计）以及 trademarks（商标）；选择相应的专利类型并进入其数据库检索。进入日文版主页后，可进行"特许·实用新案检索"（检索对象主要是发明、实用新型专利）、"意匠检索"（检索对象为日本外观设计专利）、"经过情报检索"（检索对象主要为日本专利的法律状态）和"审判检索"。

3.3.2.3 医药领域特色的专利数据库资源

（1）美国 FDA 橙皮书（Orange Book）。

橙皮书[1]即《经治疗等同性评价标准的药品》（Approved Drug Products with Therapeutic Equivalence Evaluation），由美国 FDA 出版，于 1980 年 10 月发布第一版，因其封面颜色为橙色，故称其为橙皮书。其详细完整地列出了在美国食品、药品和化妆品法案指导下，基于安全性和有效性数据获得批准的药品，以及该药品涉及的专利和独占期信息。橙皮书发布的初衷是节省医疗开支，但伴随医药行业的不断发展和演变，包含的内容日渐丰富，不断被赋予新的功能和作用。到目前为止，橙皮书已在美国药品监管中发挥重要作用，主要包括两个方面：一是橙皮书是 FDA 已批准药品信息的权威来源，二是橙皮书在平衡仿制和创新之间的作用。根据 Hatch‐Waxman 法案规定，原研药企业在向 FDA 递交新药注册申请（NDA）时，必须同时提供专利信息。当新药获批后，对应的专利就会登记在橙皮书中，为日后仿制药企业开发仿制药、进行 ANDA 或专利诉讼提供参考资料。可以被橙皮书收录的专利包括直接指向药品的专利，如化合物、产品、晶型等专利，也可以包括治疗方法专利。一般情况下，代谢物和包装专利是不予收录的。[2] 在橙皮书上进行信息检索是完全免费的。

（2）美国 FDA 紫皮书（Purple Book）。

FDA 的紫皮书于 2014 年首次发布，之前为 PDF 列表形式。2019 年美国通过了紫皮书连续性法案，明确规定紫皮书应在 FDA 网站上以电子方式发布并定期更新。为此，2020 年 2 月 24 日，FDA 宣布其推出了第一版可搜索的生物产品信息在线数据库，即在线"紫皮书"，其网址为 https：//purplebooksearch.fda.gov/。紫皮书公布的信息包含有关批准产品名称（通用名和专利名），所提交的生物制品许可类型，生物制品的规格、剂型、产品介绍、许可状态、BLA 号以及批准日期等。从这一方面来说，紫皮书中提供的信息与化学药的橙皮书有相同的功能。

但是在专利信息方面，紫皮书则与橙皮书相去甚远。FDA 橙皮书中登记的专利信息是专利权人启动专利链接挑战的前提条件，因此专利权人会主动登记其需要使用的所有专利。但是生物制品价格竞争与创新法案（BPCIA）中所规定的生物药专利舞蹈程序中并没有强制性要求原研企业必须先登记公布其在诉讼中所使用的专利的内容，事实上也没有提供这样的登记平台。紫皮书连续性法案中仅是要求原研药企业在其根据专利舞蹈制度向生物仿制药申请人披露专利清单后的 30 天内，向 FDA 提交该专利清单及其相应的到期日期，FDA 应公开此类信息。如果原研药企业后续又向生物仿制药申请人提供了补充或更新的专利清单，则其需要在提供补充清单后的 30 天内，再次向

---

[1] 橙皮书网址：https：//www.accessdata.fda.gov/scripts/cder/ob/.
[2] 林淘曦，余娜，黄璐．美国首仿药制度及专利挑战策略研究［J］．中国新药杂志，2016，25（19）：2168‐2173．

FDA 提交这些专利信息的更新。也就是说，在紫皮书中所检索的专利信息，都是来源于已经发生了专利舞蹈相关诉讼的产品的专利信息。如果想要开发尚未发生过此类诉讼的产品的生物类似物，则只能依赖自身的检索来获得足够的专利信息。截至 2024 年 7 月 20 日，笔者检索紫皮书中仅列入了 11 个产品的总计 288 条专利信息。另外，由于专利舞蹈程序未限制对原研药企业可用于相关诉讼的专利类型，因此这些专利中有大量的方法类专利，这与橙皮书中列入的专利类型也有很大的不同。

(3) 科睿唯安专利数据库。

科睿唯安 (Clarivate Analytics) 的 Cortellis 商业数据库，将生物医药领域的具体药物专利信息按照申请人、技术构成等进行了人工标引和深度分类，将技术构成进一步细分为产品、衍生物、工艺、中间体、晶型、制剂、药物组合物、新用途、制药装置等。可以根据不同的检索主题和检索目的，快速实现检索定位，并得到自己想要的专利信息。

(4) SciFinder Scholar 数据库。

SciFinder Scholar 数据库由美国化学会 (American Chemical Society, ACS) 旗下的美国化学文摘 (Chemical Abstracts Service, CAS) 出品。SciFinder Scholar 数据库收录的文献类型包括期刊、专利、会议论文、学位论文、图书、技术报告、评论和网络资源等。我们可以通过 SciFinder Scholar 数据库访问全球最大并每日更新的化学物质、化学反应、专利和期刊数据库。通过 SciFinder Scholar 数据库可以获得、检索以下数据库信息：CAplus（文献数据库）、CAS REGISTRY（物质信息数据库）、CASREACT（化学反应数据库）、MARPAT（马库什结构专利信息数据库）、CHEMLIST（管控化学品信息数据库）、CHEMCATS（化学品商业信息数据库）、MEDLINE（美国国家医学图书馆数据库）。

以阿托伐他汀钙为例，通过阿托伐他汀钙的 CAS 号（134523 - 03 - 8）在 SciFinder Scholar 数据库❶进行检索，得到涉及阿托伐他汀钙的文献共 2714 篇（截至 2025 年 6 月 23 日）；继续利用网页左上角的"Analyze"，在"Analyze"中选择"Document Type"，得到涉及阿托伐他汀钙的专利文献共 1049 篇。

(5) STN 数据库。

STN (The Scientific & Technical Information Network) 数据库系统创建于 1983 年，该系统收录超过 200 个科学和技术数据库。CAS 是 STN 检索系统的三个服务中心之一，它生产的所有数据库都放在了 STN 系统中，其收录了全球 98% 以上的化工类文献，是检索化学化工方面信息的最有力的工具。

在 STN 数据库中，CAS 提供了两个重要的化学文献数据库，即 REGISTRY（化学物质登记号，简称 REG）和 CAplus（《美国化学文摘》数据库），这两个数据库是查询化学信息的主要工具。其中 CAS 登记号的权威来源是 REG 数据库，该数据库存储了自 1957 年以来的 3200 余万种物质记录，其中包含 1800 多万种有机物质和无机物质，以

---

❶ SciFinder Scholar 数据库网址：https://scifinder.cas.org/scifinder/view/scifinder/scifinderExplore.jsf.

及 1400 多万种生物序列，其记录内容包括化学物质登记号、名称、分子式、化学结构图等信息。CAplus 数据库的文献来源包括 8000 多种国际性刊物、专利、同族专利、技术报告、书籍、会议录、学位论文等，覆盖了 1907 年以来世界上发表的 1800 多万篇化学化工及相关学科文献，其记录内容包括题目、作者、出处、索引项、文摘等信息。因此，对于具有结构通式的化合物，由于关键词难以表示出化合物的所有信息，而使用 STN 数据库提供的结构式绘图软件画出化合物结构式并上传后能够进行快速、有限的检索，这与其他检索系统相比显示出了突出的优势。❶

（6）Derwent Innovation 数据库。

Derwent Innovation 数据库❷基于德温特世界专利索引（Derwent World Patents Index，DWPI）打造而成，数据涵盖来自 50 多个专利授权机构提供覆盖全球范围的英文专利信息。Derwent Innovation 数据库的检索界面有智能检索（直接输入关键字或技术描述开始检索）、表格检索、专家检索等功能。Derwent Innovation 数据库还提供全球领先的 ThemeScape 专利地图、专利分析表单、专利引证对文本聚类等分析工具。其中，ThemeScape 以地形图方式显示数据并可识别常见主题，分析海量专利数据，智能获取技术主题、技术趋势、公司研发重点和市场布局等。专利分析表单将成千上万件专利数据快速转换成清晰可读的图表，轻松洞察主要竞争对手、技术热点和市场趋势等；专利引证权可以可视化的方式揭示专利之间的引用关系，通过专利权人、专利号、技术分类、引用发生的时间等展现方式，直观洞悉技术发展路线、专利许可机会、核心技术发展动向、技术攻关合作对象等。通过分析工具，我们可从纷繁的信息中挖掘出最有价值的科技情报，如技术总体分布、竞争态势、技术发展趋势等，帮助医药企业或科研机构快速通过数据分析得出结论。

德温特通过应用 AI 在专利分析层面获得便利❸：通过独特机器算法和德温特世界专利索引 DWPI 的增强信息结合，计算出专利及其同族专利的有效/失效/不确定的状态、专利的到期日和剩余有效期以及当前专利权人的信息，由此获得预测数据后帮助使用者快捷了解专利组合资产的基础情况及未来的可能动态。由机器学习模型基于丰富的历史数据和多个输入变量计算得出的量度，对检索结果中的专利进行区分，以便快速聚焦需要重点关注的感兴趣专利。

3.3.2.4 其他专利检索数据库

其他专利检索数据库还有如国外的 Reaxys 数据库，国内的智慧芽数据库、IncoPat

---

❶ 朱佳，卢士燕，刘悦，等. STN 数据库系统在化合物结构式检索中的应用［J］. 广东化工，2019，46（3）：138-140.

❷ 科睿唯安官网：https：//clarivate.com.cn/products/derwent-innovation/.

❸ 科睿唯安. AI 赋能专利深度挖掘［EB/OL］.（2024-05-29）［2024-07-05］. https：//mp.weixin.qq.com/s/CIdZVzyQdl7aSR-fkrQaag.

科技创新情报平台数据库、黑马（HimmPat）专利数据库、SooPat 专利搜索引擎等。在此不再赘述。

3.3.3 专利分析方法

通过系统深入地掌握专利分析方法，可以对各种专利信息实现多维度、多层次加工，借助信息挖掘与解读，获取在数据背后的情报。在大数据环境下，专利情报分析将面临前所未有的机遇与挑战。

专利信息分析主要包括定量分析、定性分析和拟定量分析。❶ 定量分析是利用数学、统计学、文献计量学和计算机技术等对专利文献及其相关信息，例如著录项目信息（申请量、申请人、专利引文）等，进行加工整理和统计分析，从技术、经济和管理的角度对相关统计数据进行解释，从而取得某项技术发展现状及动态发展趋势等方面的情报。定性分析在某种程度上属于经验分析方法，侧重关注专利内部特征，主要针对权利要求书、说明书等内容运用数据挖掘的手段进行归纳整理，并依托专业技术进行解读、分析，由此获取企业竞争格局和技术发展动向等情报。专利定性分析和定量分析既相互联系又存在一定的区别，前者所具有的专业性和技术性均较强。实务中，专利分析人员可以结合不同的分析目的，采取拟定量分析，由数量统计入手，进行全面、系统的技术分类和比较研究，再有针对性地量化分析。在实际进行专利信息分析时，需要考虑专利的地域性、实践性特点，对检索的每件专利文献中的有效信息逐一进行解读和分析，并结合定量分析、定性分析、图表分析的结果，对技术领域分布、竞争对手状况等进行预测，并分析未来该技术领域的技术动向和发展趋势。❷

3.3.3.1 定量分析

定量分析是对专利的外部特征如专利种类、申请数量、同族专利数等进行统计，对有关数据进行整理分析和解释。❸ 定量分析的维度包括时间序列分析、地域分析、专利权人和发明人分析、技术构成分析、技术生命周期分析、分类号或关键词等聚类分析、技术实施情况统计分析等。具体地，可按照专利申请人或发明人、申请国、申请日或授权日、国际专利分类号、同族专利等分类项目分别进行统计分析；分析目标专利的诸如实质审查生效、授权、驳回等在不同国家或地区的法律状态，以指导产品或技术的引进、开发和出口等；动态跟踪目标专利在不同时间段内法律状态的变化，判断其是否失效，或者根据各国专利法预估授权专利有效期届满日，并据此拟定引进、

---

❶ 马天旗. 专利分析：方法、图表解读与情报挖掘［M］. 北京：知识产权出版社，2015.
❷ 刘小平，刘向阳. 基于 Innography 平台的青蒿素类药物专利情报分析［J］. 现代情报，2016，36（2）：157－166.
❸ 钱丽娜，张长春，黄璐. 吉利德公司抗病毒药物及其专利分析［J］. 中国新药杂志，2015，24（18）：2041－2051.

开发和出口计划。❶ 在专利的定量分析实践中，可以根据项目需要，对结果进行归类、整理、比较，运用地序和时序分析方法等，勾勒所关注领域的技术发展路线，展示技术的发展更替，预测未来发展趋势，并挖掘得出该领域技术领先者以及研究热点等信息。例如吴志军等通过对β-内酰胺类抗生素专利技术的生命周期进行定量分析，发现该抗生素的专利技术在1974~1977年迅速发展，目前其研究高峰期已过。❷

（1）专利总申请趋势图。

专利申请趋势图按优先权年份、申请日或公开日进行统计，可以反映目标领域专利的总体发展动态。需要注意的是，由于专利公开时间及国际专利进入国家阶段的时间滞后，截至检索日期之前最近2年的数据并不完整，可不作为分析对象。在趋势中观察到的位于高位区间的专利申请，可以在一定程度上反映研发和关注热度。徐迪帆等❸采用定量分析发现克唑替尼的专利申请自2011年开始显著增加，2014年出现高峰，2015年数据有所下降，主要由于专利从申请至公开通常有18个月，具体如图3-3-2所示。

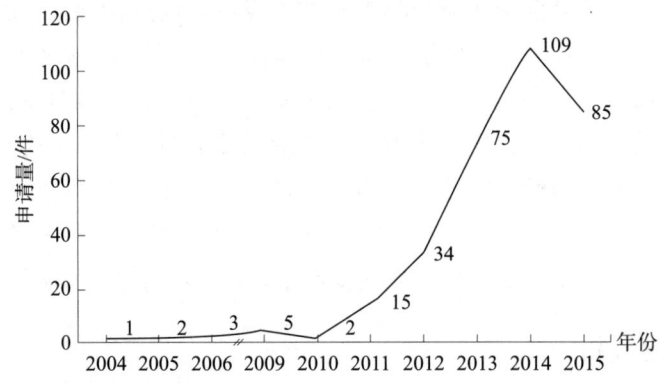

图3-3-2 克唑替尼全球专利申请趋势

（2）专利布局区域图。

利用专利布局区域图可以了解不同国家或地区的专利拥有状况，主要依据优先权地域（优先权号中的地域代码）、公开地域（公开号中的地域代码）、申请人地址等进行统计。基于此，其一，可以分析主要国家或地区的技术优势和侧重情况，明晰目标市场的专利布局情况；其二，可以分析主要国家或地区的专利布局及专利输入输出情况，查找技术起源国、辨别目标市场等；其三，可以对主要国家或地区的技术实力进

---

❶ 葛小培. 专利地图的研究及其在生物医药领域中的应用 [D]. 苏州：苏州大学，2010.
❷ 吴志军，袁淑杰，于文佩，等. β-内酰胺类抗生素药物专利分析 [J]. 中国医药导报，2009，9：140-141.
❸ 徐迪帆，黄璐，盛锡军，等. ALK抵制剂克唑替尼的专利分析 [J]. 中国新药杂志，2017，26（5）：484-488.

行对比。此外，对于技术来源区域，也可以同步结合发明人的国别进行分析。刘小平等[1]根据申请人所在国家或地区对青蒿素相关专利进行统计分析并得到该类药物的区域分布图，结果发现相关专利主要集中于中国、日本、韩国、澳大利亚等，其中，中国以1774件专利（占总量65.8%）占据主要青蒿素类药物市场。并且，根据专利发明人的国别反映出青蒿素类药物专利技术的来源地，中国发明人在研发领域占绝对主导地位，共拥有相关专利1668件（占总量62.9%），其次为美国（311件）、德国（123件）、英国（94件）等。

（3）申请人专利申请趋势分析图。

申请人专利申请趋势分析图可以采用的形式之一为：以横坐标为年份，纵坐标为申请量、授权量、公开量、发明人数或相应的增长率。需要关注对不同译本的申请人，进行人工标引后的数据处理。可以根据申请人的性质将其分为：高等院校、企业、研究机构、个人等。通过对不同对象的申请进行排序，可筛选出主要申请人，并可在此基础上进一步进行数据趋势和数据构成分析。通过对专利权人进

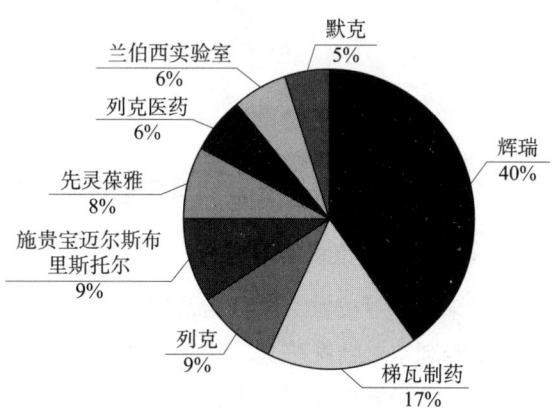

图3-3-3 立普妥全球排名前八位申请人的专利申请量对比

行对比分析，将有助于了解目标领域的竞争态势。也可以采用其他类型图对申请人进行分析，例如，对1994年9月14日至2015年2月26日的立普妥排名前八位申请人的专利申请量进行统计，发现辉瑞公司在市场中占据一定主导优势，具体如图3-3-3所示。[2]

（4）发明人排序分析图。

发明人排序分析图可以对发明人，结合授权量、公开量、引证次数等进行分析。一方面，可以找到发明创新最多的技术人才，作为企业人才加以引进；另一方面，可以通过关注重点发明人的技术研发动态，及时了解前沿技术的演进趋势，洞察产业机遇。中国药科大学科学技术处孙传良等对2006年1月1日至2017年12月31日中国药科大学申请的专利进行分析。以第一发明人计算，前十位发明人专利申请总量达509件，占据全部专利的23.86%，具体如图3-3-4所示。[3]

---

[1] 刘小平，刘向阳. 基于Innography平台的青蒿素类药物专利情报分析[J]. 现代情报，2016，36（2）：157-166.

[2] 娄永美. 基于专利分析的技术发展趋势研究[D]. 北京：北京工业大学，2011.

[3] 孙传良，孙立冰. 基于incopat的中国药科大学专利分析[J]. 中国药科大学学报，2019，50（3）：374-378.

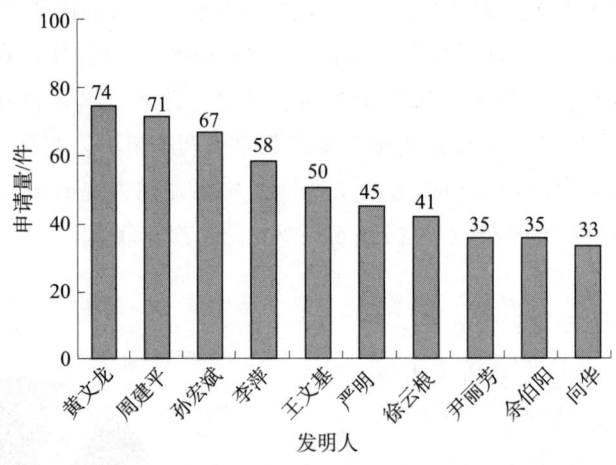

图 3-3-4 中国药科大学专利申请前十位发明人申请量对比

(5) 法律状态构成分析图。

法律状态可按照专利存活情况分为"有效"和"失效"两类,但实务中使用更多的是按专利审查情况分为"公开""实质审查""有效"和"失效"4类。法律状态构成分析图中的数据除了可以是专利数量和占比,还可以是加工之后的数据,例如专利授权率(授权量或申请量)、专利存活率(存活量或申请量)等。由此可以衡量竞争对手的技术研发实力、专利技术含量高低和技术领域的专利活跃程度,评估专利威胁度和专利风险总体水平。例如,在对吉利德公司抗病毒药物进行专利信息分析时,经统计分析156件专利样本后发现,已授权且维持有效的专利仅占31.4%,而处于实质审查状态中的专利占比达41.7%。❶对156件专利进行技术主题划分,结合法律状态进行专利申请量、授权量、有效专利量的对比,可直观地看出在该分析项目检索截止日(2015年2月26日),吉利德公司主要聚焦布局处于上游的化合物及衍生物专利技术,并且以制剂专利的授权率较高,具体如图3-3-5所示。

3.3.3.2 定性分析

定性分析维度有技术功效矩阵分析、技术发展路线分析、核心专利分析、权利要求分析等,具体描述如下。

(1) 气泡图分析。

借助软件平台可出具反映全球竞争态势的气泡图,直观地体现专利权人的技术水平,分析专利权人之间的差距。横坐标采用技术综合指标,纵坐标为综合实力指标,气泡大小表示专利数量的多少,并可用不同颜色气泡标识不同的专利权人。横坐标与

---

❶ 钱丽娜,张长春,黄璐. 吉利德公司抗病毒药物及其专利分析 [J]. 中国新药杂志,2015,24 (18):2041-2051.

专利类别、专利占比及专利被引情况等相关,纵坐标与专利的国家分布、专利权人的收入、专利涉案情况等相关。横坐标越大,表明专利权人技术实力越强;纵坐标越大,表明专利权人的综合实力越强。刘小平等[1]进一步将气泡图分为A、B、C、D 4个象限,由图3-3-6可看出,A象限中,赛诺菲位置最靠右且气泡最大,表明其掌握大量青蒿素类药物专利,技术实力和综合实力均较强;联合利华综合实力较强,但技术创新实力略弱于赛诺菲。B象限中,诺华公司与拜耳公司的气泡在整个气泡图中位置较高,说明拥有较大技术创新实力,但其气泡相对较小,说明这两家公司对青蒿素类药物的关注较少。C象限中印度科学与工业研究理事会及Paratek制药公司的技术创新实力相仿,但前者由于气泡远大于后者,说明其综合实力及专利拥有量均大于后者。D象限中聚集了较多专利权人,但综合实力及技术创新能力均较弱。这也从另一个维度表示当前青蒿素的研发技术尚不完全成熟。

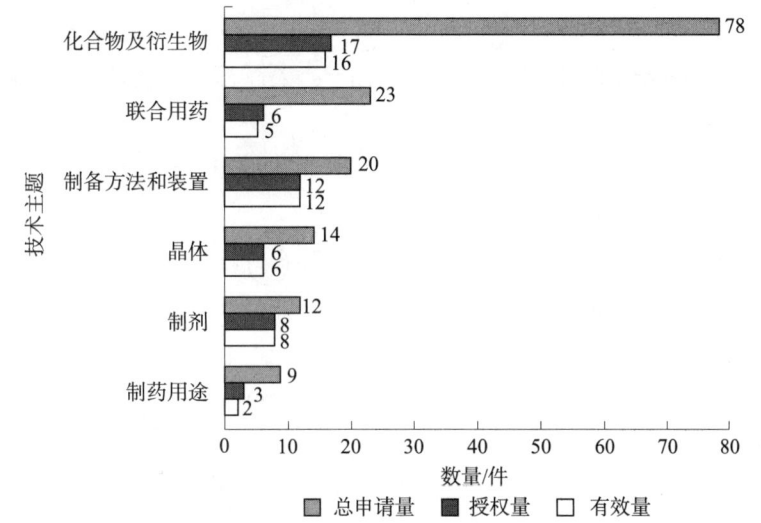

图3-3-5 吉利德公司抗病毒药物各技术主题专利申请量、授权量、有效量对比

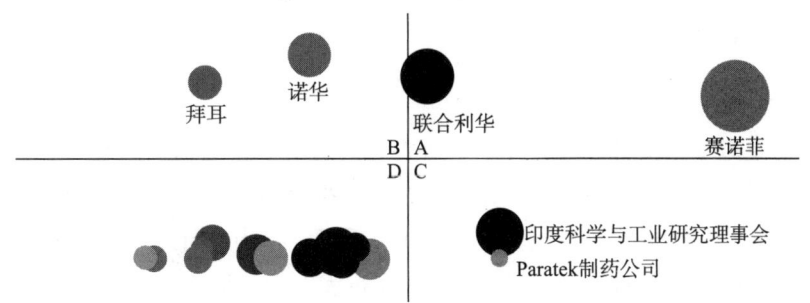

图3-3-6 全球青蒿素类药物专利主要申请人竞争态势对比

---

[1] 刘小平,刘向阳. 基于Innography平台的青蒿素类药物专利情报分析 [J]. 现代情报,2016,36(2):157-166.

对于乙酰辅酶 A 羧化酶（ACC）抑制剂靶点药物，横坐标采用年份，纵坐标为 ACC 抑制剂药物适用的治疗领域，以气泡大小表示专利数量，采用 Excel 软件制作气泡图，如图 3-3-7 所示。❶ 经研究发现 ACC 抑制剂在 2 型糖尿病及糖尿病相关病症领域布局的专利数量最大（共 293 件），特别是 2011 年达到峰值 67 件；其次为肥胖症及代谢综合征领域，在肥胖症领域布局专利共 213 件（其中 2011 年达到峰值 62 件），代谢综合征领域布局专利共 196 件（其中 2007 年达到峰值 35 件）；再次为非酒精性脂肪性肝病或肝脏胰岛素抗性（共 164 件）及血脂异常或高脂血症（共 130 件）。

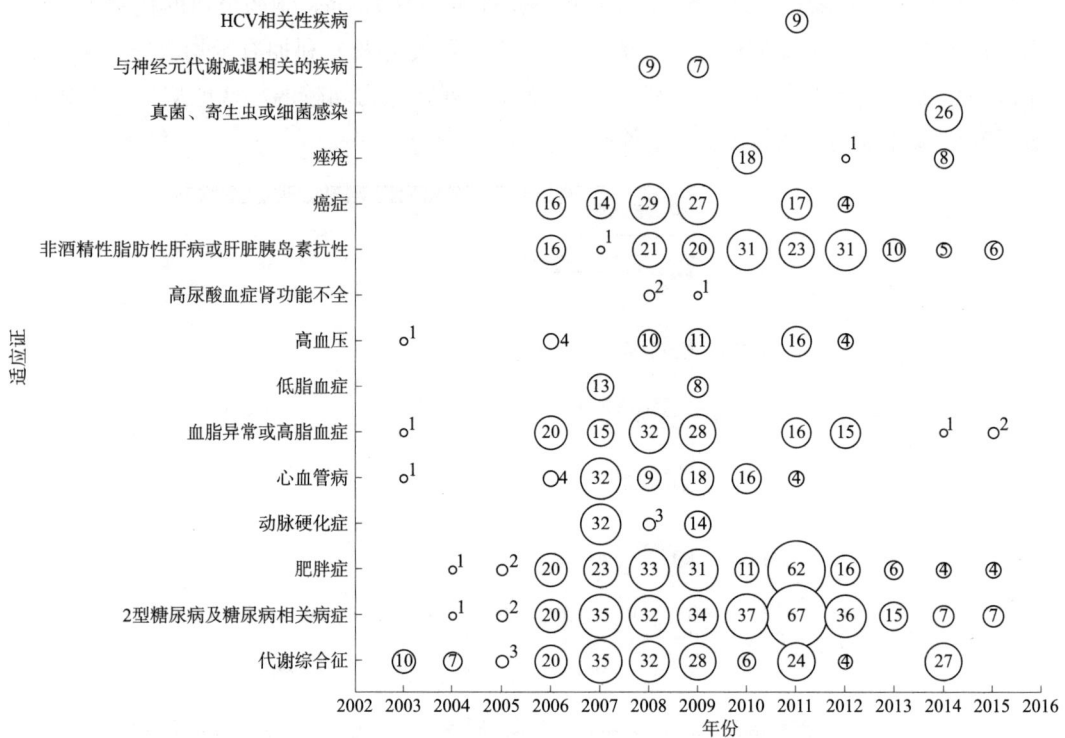

图 3-3-7　ACC 抑制剂全球专利技术领域年代分布情况

注：图中数字表示申请量，单件为件。

（2）技术/功效矩阵分析。

技术/功效矩阵分析将各专利文献中所要达到的功效作为横向栏目，将专利文献中采用的技术手段作为纵向栏目，在一张表中列出各专利编号。将某一技术领域的专利分别按照"技术""功效"分类，并一一填入适当空格内，计算每个空格内的专利数量，即制成专利空白、疏松、密集区的矩阵分布表。由矩阵分布表中各区域的密度分布，可看出技术密集区、地雷禁区和技术空白区。在实务工作中，可以根据药物专利

---

❶ 钱丽娜. 乙酰辅酶 A 羧化酶抑制剂药物及其全球专利信息分析 [J]. 中国药学杂志，2017，52（1）：79-84.

分析需要，进行数据处理及技术/功效分类，形成技术、功效分解表，对所归集的待分析专利数据集逐一进行文献解读和标引，利用图表工具或专利数据库功能构建技术功效矩阵图，利用技术功效矩阵发现技术热点、技术空白点。彭翠莲等对抗精神病药利培酮的专利布局情况进行分析，以剂型的技术方案为横坐标，以功效为纵坐标制作技术功效图，图中气泡大小代表实现该功效的专利数。❶ 由图 3-3-8 可知，利培酮剂型专利技术主要集中于口腔崩解片、口腔速溶膜剂、缓释微球、植入物制剂、可注射储库，并且着力解决快速崩解、掩味、减少突释、初期释放停滞、长效释放、缓释等功效问题。分析后得到利用口腔崩解片解决掩味和快速崩解问题、利用口腔速溶膜剂解决快速崩解问题、利用缓释微球解决减小突释和初期释放停滞问题、利用植入物制剂解决长效释放、利用可注射储库解决缓释问题等技术热点，并且提示出技术空白点，由此可供相关企业研发人员进行参考。

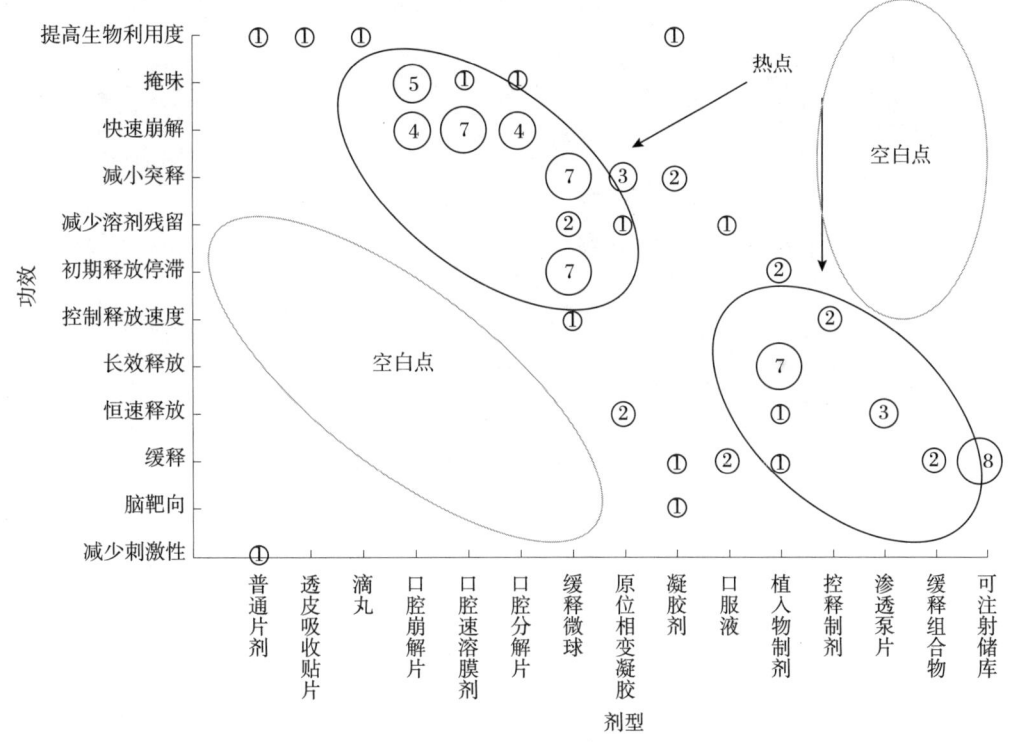

图 3-3-8 利培酮剂型改造的专利技术功效

注：图中数字表示专利数，单位为件。

（3）专利聚类分析。

文本聚类是根据著名的聚类假设——同类的文档相似度较大，不同类的文档相似度较小，从而在给定的某种相似性度量下，基于文档间的相关性或某种联系对文档集

---

❶ 彭翠莲，卢少楠. 抗精神病药利培酮的专利布局分析 [J]. 科学技术创新，2018 (20)：9-10.

进行有效组织、摘要和导航,使彼此相近的对象尽可能分到同一组别的方法。一些商业专利数据库具有聚类分析工具。运用聚类算法对关键词共现网络进行聚类,通过不同颜色相互独立的几何图形表示不同的类团,能够直观地展现各研究热点之间的关系。[1] 聚类分析后的效果相当于将整个研究领域划分为若干个子领域,通过解读每个类团中研究热点之间关系,可以大体推测出该子领域的主要研究内容。沈正泽等采用 Cytocape 插件结合 MCODE 算法实现聚类分析,识别出配伍关系网络中存在的"社团结构"或"功能模块",例如聚类(2)由白及、桂枝、枳壳组成,具有消肿生肌、行滞消积的作用;聚类(3)由黄连、干姜、黄芩、大枣、人参、半夏、甘草组成,具有调和肝脾、消痞散结的作用[2],具体如图 3-3-9~图 3-3-11 所示。

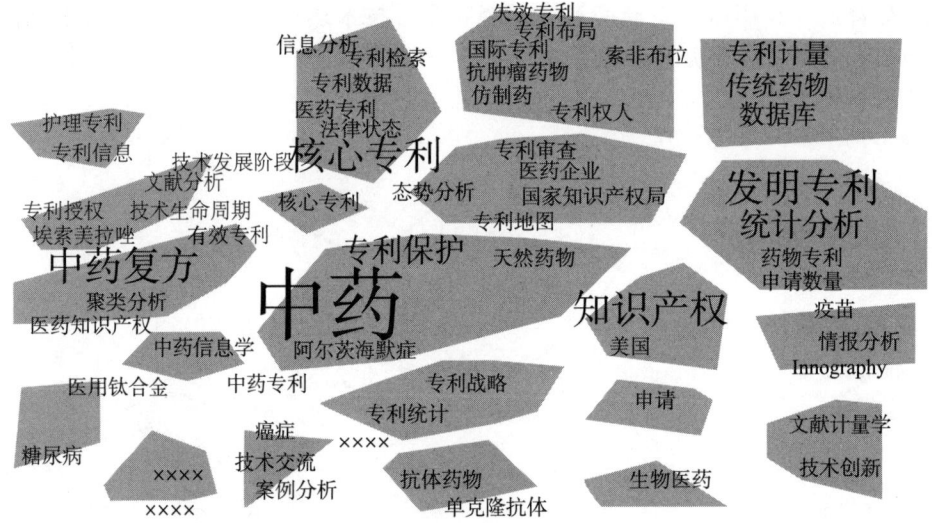

图 3-3-9 研究热点聚类分析(1)

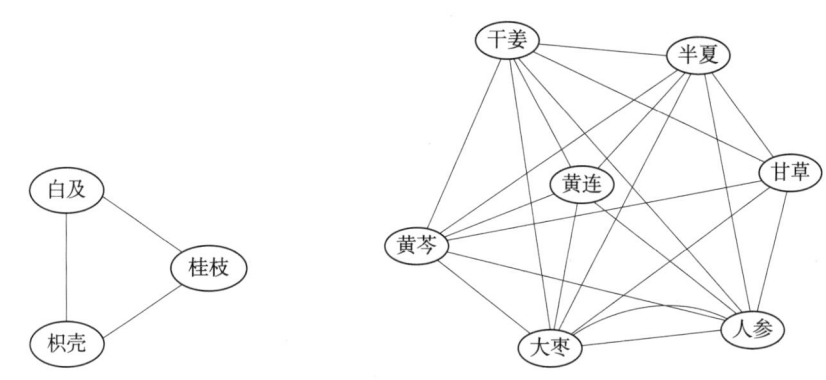

图 3-3-10 研究热点聚类分析(2)　　图 3-3-11 研究热点聚类分析(3)

---

[1] 彭翠莲,卢少楠. 抗精神病药利培酮的专利布局分析 [J]. 科学技术创新,2018(20):9-10.

[2] 沈正泽,古锐,曾宪泉,等. 基于数据挖掘的中药专利复方治疗幽门螺杆菌相关性胃病的用药规律分析 [J]. 中国中西医结合消化杂志,2016,24(8):608-611.

(4) 专利权利要求分析。

专利权利要求分析主要体现在专利侵权判断上,可以通过分析专利信息,判断企业新产品有没有侵犯其他企业专利权利。当其他企业新产品上市后,组织专家团队,借助专利权利要求分析,以专利权保护范围为专利侵权判定的依据,对竞争对手专利和自有专利权利要求等进行比对,分辨是否侵权。❶❷

(5) 技术生命周期分析。

一项技术从进入市场到退出市场的生命周期一般分为 4 个阶段,即萌芽期、成长期、成熟期和衰退期(饱和期),如图 3-3-12 所示。萌芽期的专利数量和企业数均较少,且大多是原理性的基础专利;成长期表现为专利量激增,原因在于技术不断发展、市场扩大、介入企业增多、技术分布变广;成熟期由于市场有限,进入的企业开始趋缓,专利增长的速度变慢;衰退期表现为当技术老化后,企业因收益递减而纷纷退出市场,此时有关领域的专利技术几乎不再增加,每年申请的专利数和新增企业数呈负增长。❸

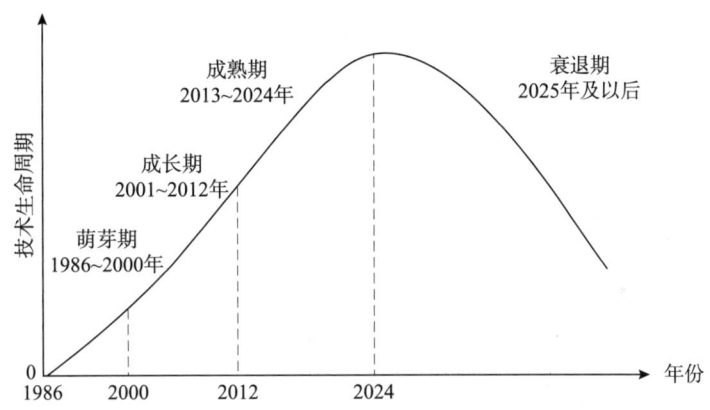

图 3-3-12 国内某降血脂药物专利技术生命周期阶段

专利技术生命周期具体分析方法有专利指标法、相对增长率法、技术生命周期图法、TCT 计算法和 S 形曲线数学模型法等❹,涉及专利技术生命周期中的生长率 $v = a/A$ (a 为该技术领域当年发明专利申请或授权量,A 为追溯到过去 5 年内该领域发明专利申请累积量或授权累积量;若 v 值连续几年持续增大,说明技术处于生长阶段);技术成熟系数 $\alpha = a/(a+b)$ (a 为该技术领域当年发明专利申请或授权量,b 为该领域当年实用新型申请或授权量;若 α 值逐年变小,说明技术处于成熟期);技术衰老系数 $\beta = (a+b)/(a+b+c)$ (c 为该领域当年外观设计专利申请或授权量;若 β 值逐年变小,说

---

❶ 娄永美. 基于专利分析的技术发展趋势研究 [D]. 北京:北京工业大学,2011.
❷ 徐兴祥. 专利侵权判定研究 [D]. 北京:中国政法大学,2011.
❸ 宋博文. 降血脂药物专利竞争态势分析 [D]. 太原:山西医科大学,2017.
❹ 余致力. 基于专利信息分析的紫杉醇技术生命周期 [J]. 医学信息学杂志,2010,31 (11):46-49.

明技术处于衰老期）；新技术特征系数 $N = sqrt(v^2 + \alpha^2)$（N 值越大，新技术特征越强，预示越具有发展潜力）。

结合立普妥的研发阶段专利倾向（见图 3-3-13）研究发现❶，在临床前活性筛选中获得活性化合物后，在药效学研究中申请人倾向于申请化合物专利；在Ⅲ期临床试验中申请人倾向于申请晶型、组合物、新工艺及新制剂专利。

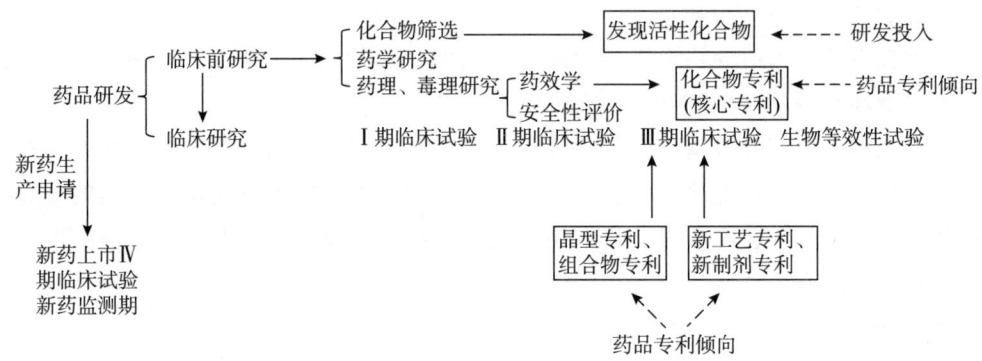

图 3-3-13　立普妥研发阶段专利分布

（6）专利地图分析。

专利地图分析是指将一次、二次等专利文献的统计结果整理成各种图表，将专利信息进行图表化归纳，使其具有类似地图指向功能。通常从专利管理层面、专利技术层面和专利权利层面分析，分别形成专利管理图、专利技术图、专利权利图。①专利管理图主要包括历年专利动向图、各国专利占有比例图、专利排行榜、主要竞争公司分析图、公司专利平均年龄图、公司发明阵容比较图、公司定位综合分析表、公司专利件数分布图、公司专利件数增长图、发明人专利件数分布图等，其主要显示了技术的发展趋势，进行竞争企业的实力剖析和动向预测。②专利技术图主要包括 IPC 分析图、专利技术/功效矩阵图、专利技术分布图、专利技术领域累计图、专利多种观点解析图、挖洞技术显微图等。专利技术图锁定某项技术或某家公司进行地毯式搜索，主要显示技术演变、扩散状况、研发策略、回避设计、挖洞技术的可行性。③专利权利图主要包括专利范围构成要件图、专利范围要点图、专利家族图、重要专利引用族谱图，主要剖析研发空间和市场空间。❷

黄璐等通过对原研公司 Celgene 的来那度胺进行专利分析❸，发现其在中国除了布局化合物专利，还着力布局了多件衍生物、给药系统、晶型、用途、制备方法、组合

---

❶ 宋博文. 降血脂药物专利竞争态势分析 [D]. 太原：山西医科大学，2017.
❷ CHEN R. Design patent map visualization display [J]. Expert Systems with Applications, 2009, 36 (10)：12362 - 12374.
❸ 黄璐, 刘哲, 许勇. 新型免疫调节药来那度胺的专利技术分析 [J]. 中国新药杂志, 2016, 25 (21)：2430 - 2435.

物、下游产品等不同类型的专利,构建了较为完善的专利网。这样既有效地延长了产品在中国的专利保护期,又围绕不同类型的用途构建了强有力的保护壁垒。来那度胺已批准上市的适应证如套细胞淋巴瘤、多发性骨髓瘤、骨髓增生异常综合征,当时均有授权专利保护,从而为其作为 Celgene 公司拳头产品,成为超级重磅炸弹药物保驾护航。

3.3.3.3 拟定量分析

拟定量分析维度有申请人扩展分析、专利引文分析、专利价值评估分析等。

(1) 申请人扩展分析。

申请人扩展分析是指将申请人结合技术领域、地域、专利类型等进行组合分析,由此可以获取某申请人在不同技术领域的专利数据及分析结论,例如比较主要申请人的技术广度、技术构成、研发团队规模等,获得主要申请人实力信息,为市场竞争和合作提供决策依据。

(2) 专利引文分析。

专利引文分析是指以被观察和分析的专利为基点,将其引用和被引用的专利作为分析对象,通过归纳、总结和比较,对专利之间的引用现象进行分析,以反映技术和企业之间的潜在关联和规律特征。梳理引证与被引证频次、专利同族等信息,揭示核心技术点和专利风险,例如,累计引文次数等筛选高被引频次专利,使该领域关键的核心技术得以突显。专利引文分析还以高被引频次专利为视角,分析某领域的技术源头,可以继续追踪前向引文,特别是它们引用的科技文献,追溯基础研究的源头;或者由高被引频次专利得出主要技术来源国、主要申请人和核心发明人(团队)。卞志家等对 2000~2010 年的立普妥联合用药方面的专利进行了详细研究,根据联合用药方面专利文献被引用关系,并结合图 3-3-14 中引用次数和申请内容重要性确定重点专利 WO9911260 和 WO9930704。❶

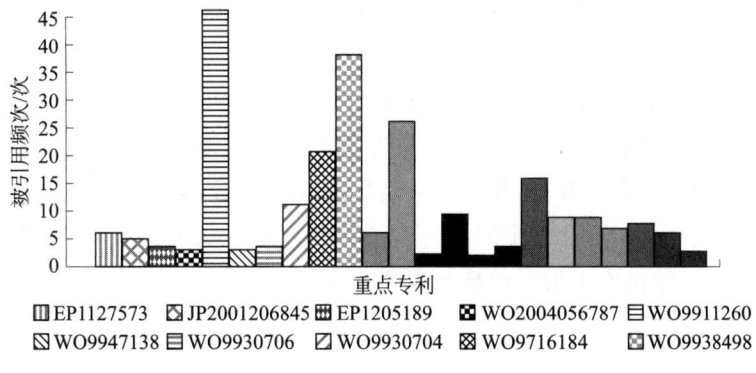

图 3-3-14 立普妥联合用药方面专利文献被引用关系的分布

---

❶ 卞志家,严华,朱宁,等. 立普妥专利保护状况分析 [J]. 乐山师范学院学报,2012,27 (12): 97-100.

(3) 专利价值评估分析。

专利价值评估分析是根据项目需要建立专利价值评估体系。对所关注领域及对应的专利布局情况进行分析，挖掘重点专利信息，解读重点专利的权利要求技术特征与发明点，并分析技术方案的可替代性和规避路径。必要时，进行专利提示信息与其他信息的关联挖掘与解读，适时挖掘新专利申请。

3.3.4 专利信息分析实例

全世界90%以上的发明成果会先以专利文献的形式公开，再以科技论文的形式发表。有针对性地检索、分析和利用好现有专利文献，可节约40%研发费用，缩短60%的研发时间。在开发药物新产品前，企业应重视对医药类专利信息的检索、获取、专利分析与利用。[1] 专利信息对医药企业的新产品研发立项、技术创新、技术引进、专利申请、侵权分析等有重要的参考价值。生物医药产业与其他产业比较，专利信息分析相关性较强，研究更具代表性、更有价值。可以说，生物医药技术创新过程是一个专利信息利用的过程。[2] 因此，在专利信息利用方面，需充分利用各种数据库信息，跟踪国内外同行业专利技术发展趋势，研究竞争对手的发展动态，开展专利战略研究，为企业的研发、生产、营销等提供决策依据。

【案例3-1】PARP抑制剂——奥拉帕尼

奥拉帕尼（也称奥拉帕利，Olaparib）是一种聚ADP核糖聚合酶［Poly（ADP-Ribose）Polymerase，PARP］抑制剂，为全球首个上市的PARP抑制剂药物。奥拉帕尼最先由英国库多斯（KuDOS）药物有限公司（以下简称"KuDOS公司"）开发，2005年12月，阿斯利康（英国）有限公司（以下简称"阿斯利康公司"）收购KuDOS公司后获得奥拉帕尼开发权。阿斯利康公司的奥拉帕尼胶囊（商品名为Lynparza，规格50mg）于2014年12月16日在欧盟获准上市，同年12月19日在美国FDA获准上市，用于治疗带有乳腺癌易感基因（BRCA）突变的晚期卵巢癌，疗效显著，不良反应少，患者短期耐受性良好。阿斯利康对奥拉帕尼寄予了厚望，不断进行新制剂和新适应证的开发。2017年8月17日，美国FDA批准了规格为100mg和150mg的奥拉帕尼片剂上市，用于复发性上皮性卵巢癌、输卵管癌或原发性腹膜癌的治疗；2018年1月12日，FDA批准奥拉帕尼片用于gBRCA基因突变的乳腺癌患者。目前，该药物已在美国、欧洲、日本、中国等10多个国家和地区上市，其中，2018年8月，阿斯利康公司的奥拉帕利片被中国批准上市，商品名为利普卓。

陆毅等[3]采取定性分析和定量分析相结合的方法对奥拉帕尼已公开的专利进行分

---

[1] 黄璐,赵蓉. 医药专利文献信息的获取与分析应用 [J]. 中国药师, 2011, 14 (6): 874-875.
[2] 曹湘博. 面向生物医药企业技术创新的专利信息服务模式研究 [D]. 长春: 吉林大学, 2011.
[3] 陆毅,余浩,黄璐. PARP抑制剂奥拉帕尼的专利分析 [J]. 中国新药杂志, 2019, 28 (11): 1281-1286.

析，并着重分析和解读了 KuDOS 公司及阿斯利康公司在中国的专利布局情况。其中，在数据库及检索策略上，运用了 3 种不同的中外专利数据库（Clarivate Analytics Cortellis 数据库、Scifinder 数据库、智慧芽专利数据库），利用不同的检索词和检索策略进行检索，将上述 3 个数据库检索得到的专利同族进行合并去重，并对每件发明专利进行人工标引，经人工去噪，得到与奥拉帕尼最相关的全球专利申请 362 件（截至 2018 年 6 月 11 日）。进一步从已公开的 362 件奥拉帕尼全球专利中筛选出中国专利，并排除明显不符合研究主题的专利，最终得到 136 件中国专利。

笔者先是针对奥拉帕尼最相关的 362 件全球专利申请，进行了涉及全球专利申请量、全球专利申请人两方面的定量分析。具体情况分别如图 3-3-15 和图 3-3-16 所示。

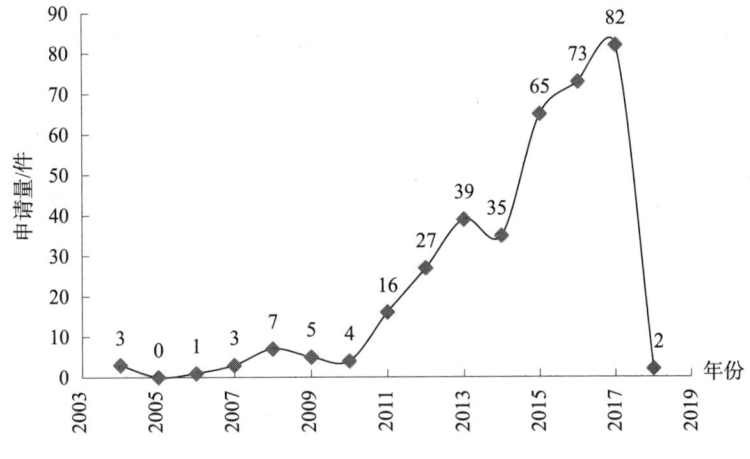

图 3-3-15　奥拉帕尼全球专利申请量变化趋势

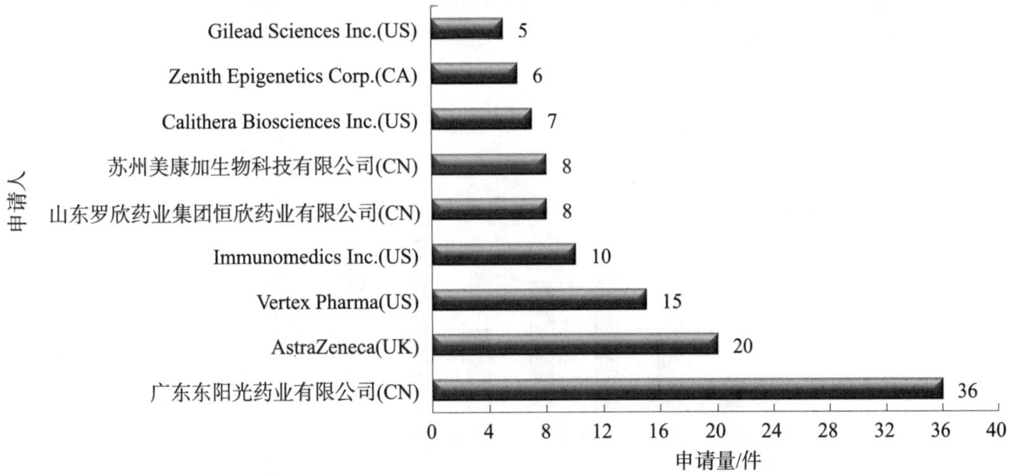

图 3-3-16　奥拉帕尼全球专利排名前九位申请人申请量分布

继续对 136 件奥拉帕尼中国专利进行定量和定性分析，例如中国专利申请量分析、各技术主题分析、各技术主题的法律状态分析。具体如图 3-3-17~图 3-3-19 所示。

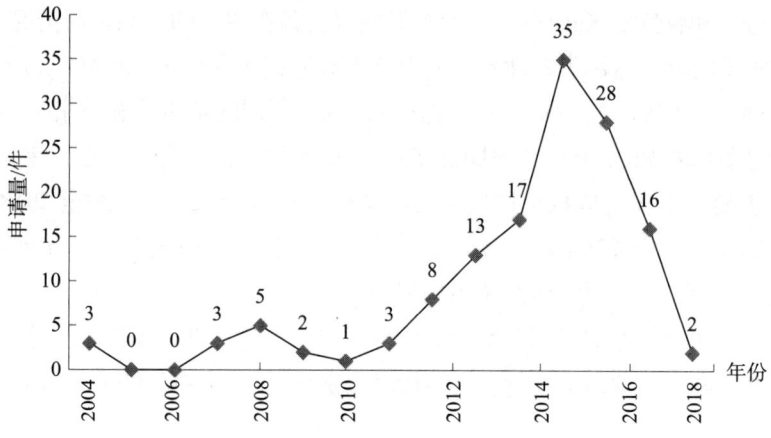

图 3-3-17　奥拉帕尼中国专利申请量变化趋势

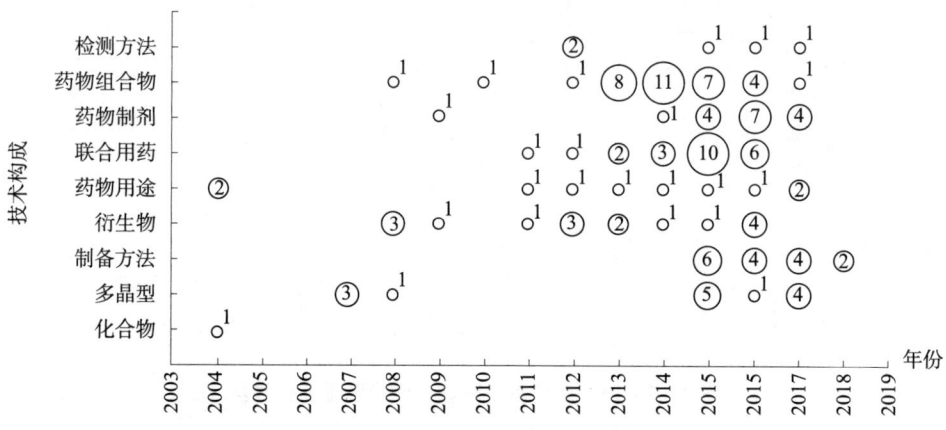

图 3-3-18　奥拉帕尼中国专利各技术主题申请年度分布

注：图中数字表示申请量，单位为件。

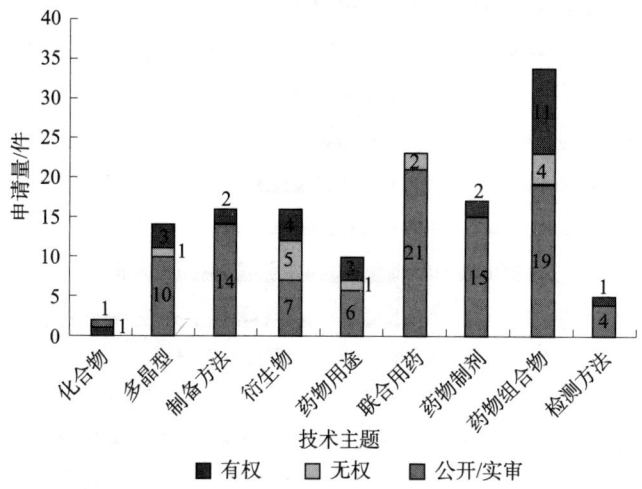

图 3-3-19　奥拉帕尼各技术主题中国专利法律状态分布

笔者进一步对原研公司进入中国的不同技术主题的专利申请及专利布局策略进行了详细的分析和解读。在阿斯利康公司申请的 20 件奥拉帕尼全球专利中，14 件重要专利通过 PCT 途径进入中国。在各技术主题涉及的中国专利中，以化合物专利为核心，涉及多晶型、新用途等技术主题的后续专利，对奥拉帕尼产品进行了全方位的、严密的专利保护与布局，以达到最大限度地延缓仿制药上市，保护原研公司的经济利益。由此可见，原研公司非常重视中国市场。

奥拉帕尼在中国布局的核心及重要专利如下。

（1）化合物专利：KuDOS 公司于 2004 年 3 月 12 日申请了奥拉帕尼的化合物专利 WO2004080976，对 PARP 具有抑制作用的化合物奥拉帕尼进行了保护。其中国同族专利 CN200480012878.1（"酞嗪酮衍生物"）于 2010 年 7 月 28 日获得授权。该专利已于 2024 年 3 月 11 日专利期届满。

（2）用途专利：KuDOS 公司于 2004 年 11 月 30 日申请了药物用途专利 WO2005053662，用于制备治疗由同源重组（HR）依赖的 DNA 双链断裂（DSB）癌症的损伤修复途径缺陷导致癌症的药物。该专利的中国同族专利 CN200480040831.6（用于治疗癌症的 DNA 损伤修复抑制剂）于 2011 年 4 月 6 日获得授权，其分案申请 CN201110032395.X 于 2013 年 4 月 3 日获得授权。

（3）多晶型专利：KuDOS 公司于 2007 年 10 月 15 日申请了第 1 件晶型专利 WO2008047082。该专利保护奥拉帕尼 A 晶型及其制备方法，以及在抗肿瘤、抗病毒感染、出血性休克等药物中的用途。其中国同族专利有母案申请 CN200780038855.1 及分案申请 CN201210060660.X、CN201510002348.9，其中，专利 CN200780038855.1 和 CN201510002348.9 获得授权，但专利 CN201210060660.X 被驳回。KuDOS 公司紧接着于 2008 年 10 月 17 日申请了第 2 件晶型专利 WO2009050469。该专利保护奥拉帕尼 L 晶型，L 晶型由 A 晶型制备得到。其中国同族专利 CN200880111430.3 于 2013 年 7 月 24 日获得授权。

（4）制剂专利：阿斯利康公司于 2009 年 10 月 5 日申请了制剂专利 WO2010041051。其中国同族专利为 CN200980150172.4，于 2014 年 10 月 29 日获得授权。该专利保护含奥拉帕尼的一种固体分散体配方及其制备方法，奥拉帕尼固体分散体制备的关键药用辅料为 1-乙烯基-2-吡咯烷酮和乙酸乙烯酯组成的共聚维酮，所制得的固体分散体与合适的药用辅料再制备成胶囊剂、片剂。在该发明的制剂中，至少一部分奥拉帕尼可能以非晶形式存在于含基质聚合物的固体分散体中。以非晶形式提供奥拉帕尼是有利的，可进一步提高奥拉帕尼的溶解度和溶出率，由此增强用该发明提高治疗潜力。可以通过常规热分析或 X 射线衍射测定药物是否以非晶形式存在，关键专利如表 3-3-1 所示。

奥拉帕尼的化合物中国专利期限届满日为 2024 年 3 月 11 日，新用途专利期限届满日为 2024 年 11 月 29 日。各仿制药企业或研发机构的奥拉帕尼专利技术主要集中在制备方法、新晶型等。这也符合仿制药企业专利布局的策略和现状。笔者也在讨论部分中提出了进行该药物仿制时，可能需重点关注及规避的现有专利，以及围绕检测方法、杂质及制备等方面的技术空白点，进行此技术主题的专利新申请及布局。

表3-3-1 奥拉帕尼关键中国专利汇总

名称	申请号	申请日	申请人	法律状态	备注
酞嗪酮衍生物	CN200480012878.1	2004-03-12	KuDOS公司、梅布瑞有限公司	授权	化合物
用于治疗癌症的DNA损伤修复抑制剂	CN200480040831.6	2004-11-30	KuDOS公司、癌症研究所	授权	用途
用于治疗癌症的DNA损伤修复抑制剂	CN201110032395.X	2004-11-30	KuDOS公司、癌症研究所	授权	专利CN200480040831.6的分案申请
4-[3-(4-环丙烷羰基-哌嗪-1-羰基)-4-氟-苄基]-2H-酞嗪-1-酮的多晶型物	CN200780038855.1	2007-10-15	KuDOS公司	授权	晶型A及其制备方法
4-[3-(4-环丙烷羰基-哌嗪-1-羰基)-4-氟-苄基]-2H-酞嗪-1-酮	CN200880111430.3	2008-10-17	KuDOS公司	授权	晶型L
药物制剂514	CN200980150172.4	2009-10-05	阿斯利康公司	授权	药物制剂，涉及固体分散体

【案例3-2】钆对比剂——钆喷酸葡胺

钆喷酸葡胺注射液是全球第一个上市的钆对比剂，2016年其国内销售额达到了4.9977亿元，并名列销售额首位，同时在国内各钆对比剂中销售占比为65.66%。郭文娟等[1]选择钆喷酸葡胺进行专利分析，考察其技术演进过程和未来发展方向，分析了钆

---

[1] 郭文娟，黄璐，史录文. MRI造影用钆对比剂及其专利信息分析[J]. 中国新药杂志，2019，28（10）：1153-1159.

喷酸葡胺各技术主题的专利申请和专利布局情况，以及专利申请中针对减少钆对比剂毒性的相关研究。

笔者分析采用的数据库为Scifinder数据库和智慧芽数据库，进行组合检索、人工标引并去重去噪，筛选得到目标专利文献共172件，作为此次钆喷酸葡胺专利信息分析用的文献数据集（截至2018年7月16日）。进一步地，对钆喷酸葡胺的专利申请技术进行定量和定性分析，如专利申请量的发展趋势分析、专利申请人排名、发明技术主题分析、专利技术构成年度申请趋势、原研专利申请技术脉络等。具体如图3-3-20~图3-3-23所示。

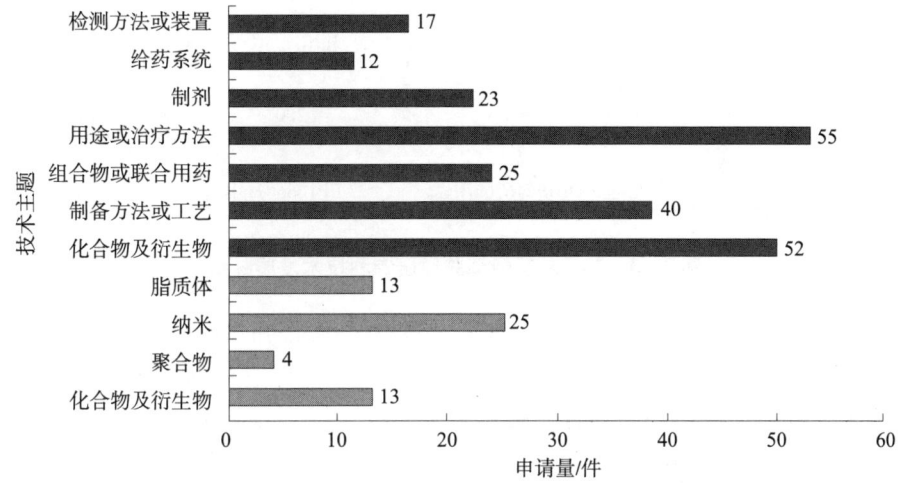

图3-3-20　钆喷酸葡胺的发明技术主题分类专利申请统计

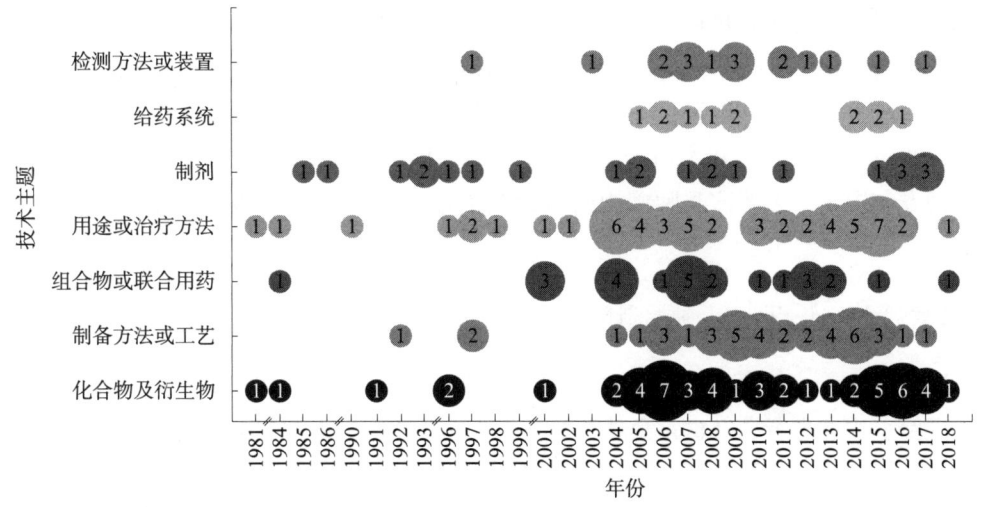

图3-3-21　钆喷酸葡胺专利技术构成年度申请趋势

注：图中数字表示申请量，单位为件；图中未列出年份无专利申请。

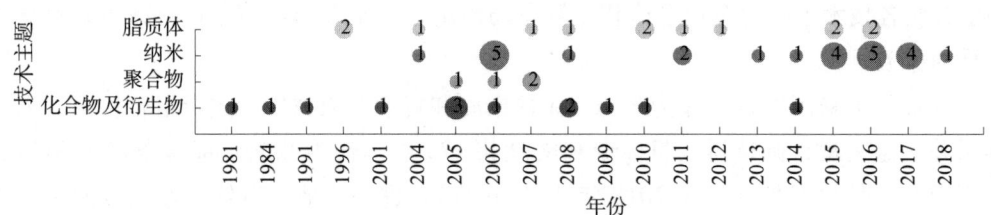

图 3-3-22　钆喷酸葡胺化合物及衍生物专利技术构成年度申请趋势

注：图中数字表示申请量，单位为件；图中未列出年份无专利申请。

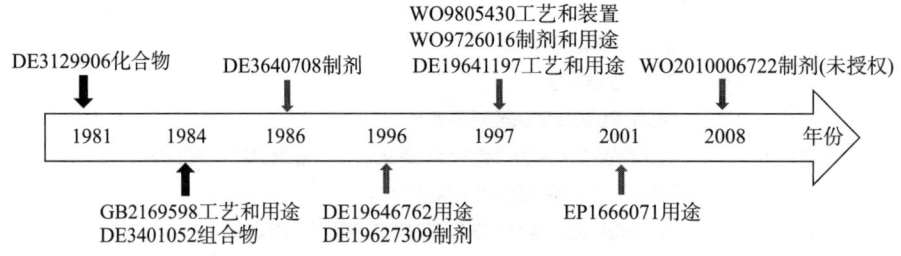

图 3-3-23　钆喷酸葡胺原研专利技术发展脉络

根据对磁共振成像（MRI）造影用钆对比剂的分析得知，国内钆对比剂产品仿制药企业的总体专利申请及授权量比较少。如何在已上市钆对比剂品种上寻找突破点，如何提高钆对比剂在体内的安全性、减少相关毒性，以及开发相应的化合物衍生物成为重点以及需要着重考虑的方向。

对现有品种进行技术演进是规避研发风险的途径之一。通过专利信息分析，可以看到钆对比剂主要集中在纳米、脂质体和聚合物的研究方向，纳米类衍生物产品是当时国内科研院所的研究热点。关于钆喷酸葡胺化合物及衍生物的全球开发，2005年之前没有申请人申请聚合物衍生物产品的专利申请；脂质体类衍生物产品专利申请时间的分布比较分散，总体申请量不大；而纳米类衍生物产品是当时国内科研院所的研究热点，2014~2018年有集中申请的趋势。分析2015~2019年的钆喷酸葡胺纳米衍生物方面的专利申请，主要涉及肿瘤靶向造影及治疗用纳米衍生物的结构设计、制备工艺等方面。

【案例 3-3】PD-L1 抑制剂阿替利珠单抗

阿替利珠单抗于 2016 年 5 月首次被美国 FDA 批准上市，用于治疗局部晚期或转移性的尿路上皮癌患者，其也是全球首款获批上市的 PD-L1 抑制剂。随后其用于治疗非小细胞肺癌（NSCLC）、乳腺癌、小细胞肺癌（SCLC）、肝细胞癌、Ⅳ期黑色素瘤等多个适应证也相继在美国、欧盟、日本、中国等获批上市。阿替利珠单抗已被美国国家综合癌症网络（NCCN）指南推荐用于晚期 NSCLC 的一线治疗，也是中国首个获批用于晚期 NSCLC 一线治疗的 PD-L1 抑制剂。根据科睿唯安 Cortellis 数据库的市场数据显示，阿替利珠单抗在 2022 年度的全球销售额达到 46.0267 亿美元。赵天等[1]利用专利可视化分析手段，采取定性分析和定量分析相结合的方法对阿替利珠单抗目前已公开的相关专利进行分析研究，并重点从其技术主题和专利布局角度对阿替利珠单抗在中国的专利申请进行剖析。具体分析采用 Cortellis 数据库和国内 HimmPat 专利数据库结合，进行全球专利检索，组合检索、经人工标引并去重去噪后，筛选得到全球发明专利 245 件，作为本次专利文献分析用数据集。在获取上述相关专利数据后，通过专利信息可视化分析方法对阿替利珠单抗领域的专利现状进行梳理，如全球专利年度申请量趋势分析、全球专利申请人排名分析、技术主题及法律状态分析、产品在各个技术主题的重要专利分析等，得到了具有可视化性和利用价值的研发技术与经济市场信息。具体如图 3-3-24~图 3-3-27 所示。

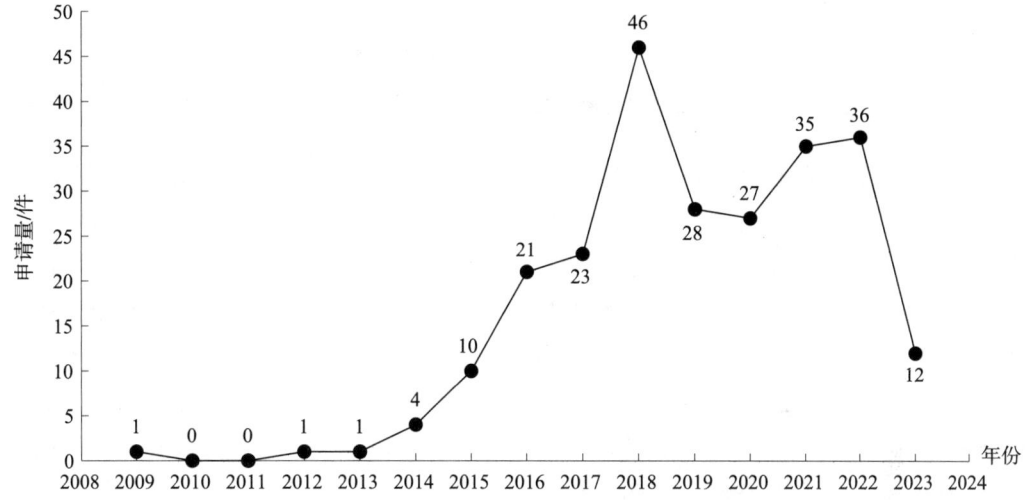

图 3-3-24　阿替利珠单抗全球专利年度申请量趋势

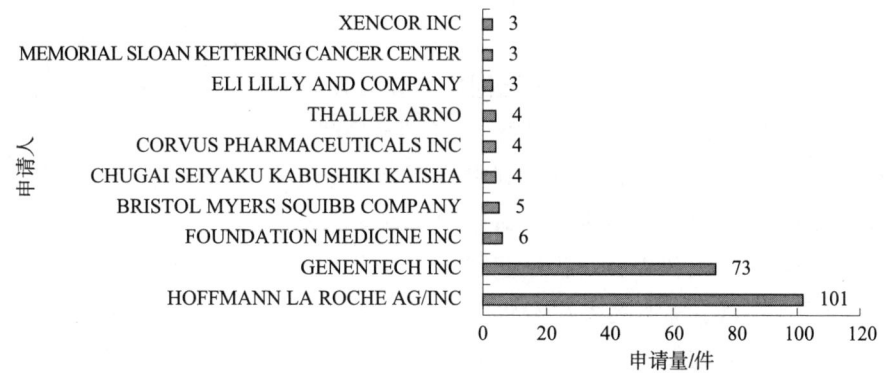

图 3-3-25　阿替利珠单抗全球前十位专利申请人申请量排名

---

[1] 赵天，李自财，黄璐. 阿替利珠单抗的专利布局及分析［J］. 中国医药工业杂志，2024，55（10）：1350-1358.

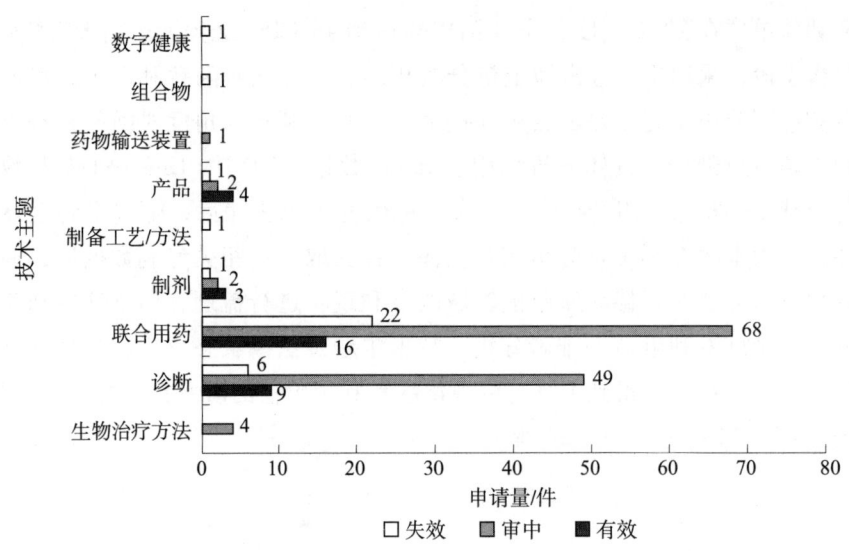

图3-3-26 阿替利珠单抗中国专利申请技术构成和法律状态分析

从原研申请人的角度分析,罗氏公司在中国共申请阿替利珠单抗相关专利76件,其中有效专利为19件,占总申请量的25%;失效专利为15件,占总申请量的20%;而大部分专利处于审中状态,共计42件,占总申请量的55%。值得注意的是,罗氏公司提交的技术主题为联合用药的专利申请达到44件,技术主题为诊断的专利申请达到25件。基因泰克公司进行的后续专利布局主要集中在联合用药和诊断这2个技术主题中。然而,基因泰克公司申请的18件中国专利中仅有1件获得授权。原研药企业对于阿替利珠单抗的专利布局是逐步进行的,并且是全方位的,包含了从核心产品结构到制药用途、联合用药、诊断、制剂、制备方法等方面,形成了严密的专利网络布局和专利组合布局。我国医药企业和研究机构在阿替利珠单抗方面的专利申请比较零散,未形成布局规模,且尚未开展相关药品注册申请。

经分析,阿替利珠单抗药物的核心结构专利,其中国同族的母案ZL200980149532.9于2029年12月8日期满失效,其中国同族的分案ZL201410743500.4因获得国家知识产权局批准的1826天专利权期限补偿,保护期从2029年12月8日延长至2034年12月8日。该药物的核心专利和外围专利中有一半由罗氏公司和/或基因泰克公司申请,可知该药物的市场仍被原研药企业绝对控制。进一步分析,外国申请人的大多数专利申请未获得授权,其权利要求的获权范围还存在诸多不确定性。这也给国内医药企业带来一定机遇和挑战,需密切关注和跟踪这些仍处于实质审查中的专利的获权情况以及授权后的权利要求的保护范围。

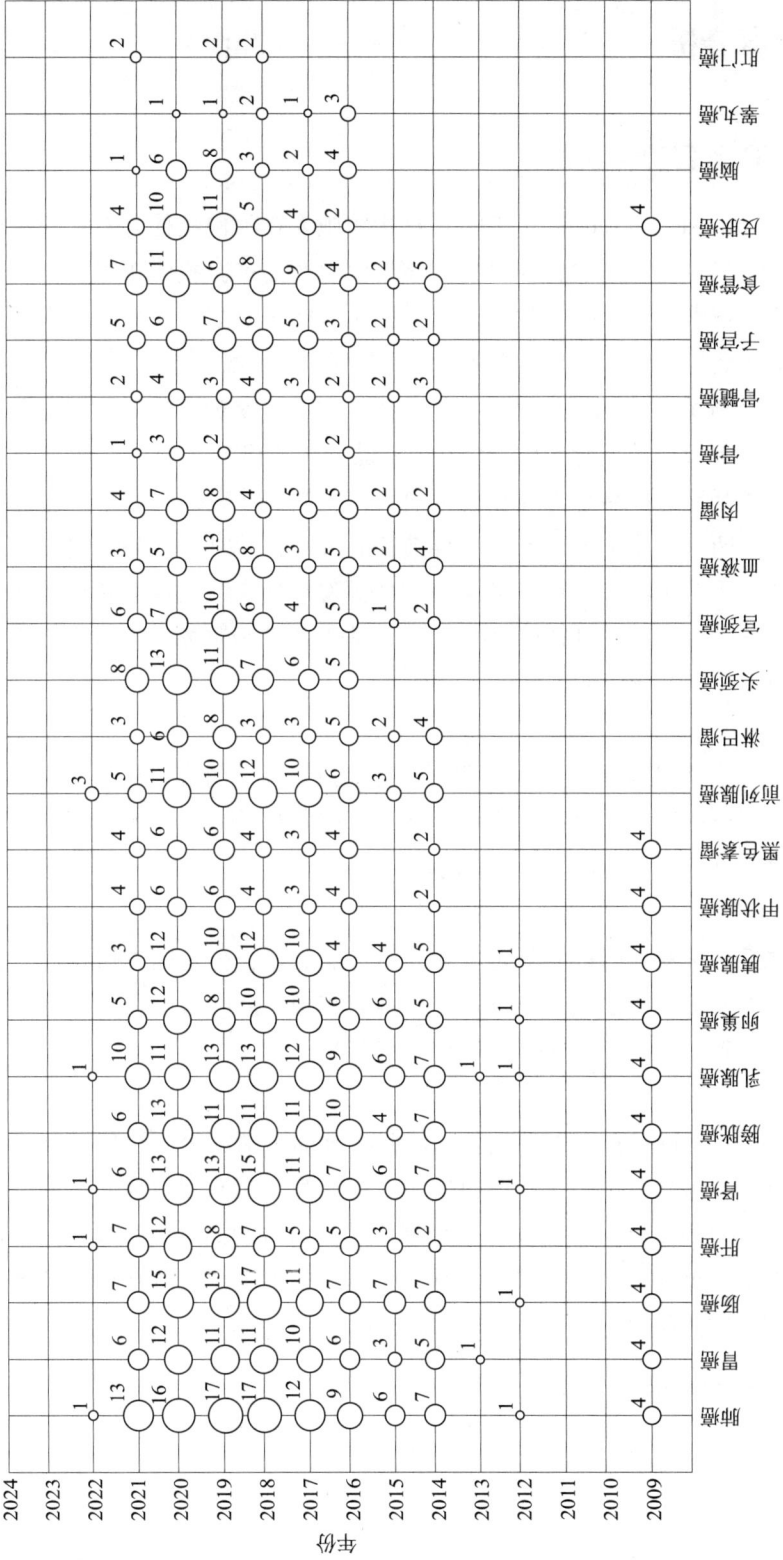

图 3-3-27 阿替利珠单抗涉及多个适应证的专利申请年度分布

注：图中数字表示申请量，单位为件。

3.4 FTO 检索分析

3.4.1 建立 FTO 预警评估机制

技术自由实施（freedom to operate，FTO）是指实施人在不侵犯他人专利权的前提下对该技术自由地进行使用和开发，并将通过该技术生产的产品投入市场。FTO 预警评估则是指对实施该技术是否可能侵犯他人专利权和违反其他法律法规的规定而进行的调查和研究，其主要解决三个问题：能做什么、在哪里能做以及什么时候能做。

医药领域的 FTO 检索分析的目标是尽可能全面、准确地发现药品可能存在侵权风险的障碍专利，从而有效防范法律风险。❶ 通常来说，尽早开展 FTO 预警评估可以帮助企业尽早查明想要开发的药品是否存在侵犯他人在先知识产权的可能。但是在医药领域，从药品研发到药品投放市场需要一个很漫长的过程，同时专利公开也需要一定的时间，这就可能导致企业在某个阶段完成的 FTO 预警评估未能发现或者涵盖最新公开的法律风险。因此，企业在何时开展 FTO 预警评估工作尤为重要。为了降低法律风险，一般需要在以下节点进行评估。

（1）立项检索。

该阶段的 FTO 预警评估其实就是立项调研，对于药品研发而言，在立项时应当将该产品当前的知识产权布局现状进行检索和评估，了解药品的专利基本情况，从专利角度评估项目开发的可行性和项目的研发方向。

（2）研发过程把控。

当确定立项之后，研发部门按照既定方向启动产品研发，但是药物研发属于实验科学，理论设计的方向很可能在项目推进过程中难以实现，此时可能需要修正或改变原定的研发思路，重新评估新研发方向的知识产权风险。

（3）产品上市前。

如上所述，由于研发过程是动态调整的，同时专利的申请与公开也伴随着企业的研发过程有新的更新，因此在产品正式上市销售之前，为了明确侵权风险，还需要完成一次上市节点的 FTO 预警评估，从而全面把握产品上市可能面临的法律风险，提前做好防范与应对措施。同时，知识产权部门对上市风险的识别，也有利于产品推广时规避侵权方案（例如医药用途专利），降低被诉风险。

3.4.2 化合物的 FTO 检索分析

我国的创新药开发相对于欧美发达国家起步较晚，但是发展迅速。由于受到基础

---

❶ 霍春芳，王志锋. 医药领域专利自由实施（FTO）检索分析方法［J］. 中国科技信息，2023，19：46-48.

研究积累不足以及企业创新风险抵御能力的限制，我国的创新药企业更多的是处在"me-too"和"me-better"类药物开发阶段，完全新靶点、新机理的"first-in-class"药物的开发并不多见。跟踪型创新药研发通常是在他人公开信息（多数情况下是专利信息）的基础上进一步开发，为了规避侵权风险，FTO 检索分析就显得尤为重要。医药企业一般会建立规范的风险评估制度流程，部分医药企业也会选择在药品提交临床注册申请前委托第三方代理机构再一次进行 FTO 检索分析。

同时，由于专利公开及授权的滞后性，FTO 检索分析的结果也需要持续更新。例如，由葛兰素史克（中国）投资有限公司（以下简称"葛兰素史克"）生产的罗格列酮于 2001 年 2 月在我国上市，主要成分是马来酸罗格列酮。在进入中国以前，其已在中国申请了马来酸罗格列酮的化合物专利，2000 年 4 月 12 日得到批准。但由于葛兰素史克申请的是马来酸罗格列酮，对罗格列酮的其他盐类并没有申请专利保护，因此国内一些企业开始对其他盐类进行研发。当国内十多家企业为开发罗格列酮投入上亿元资金，并已取得国家药品监督管理机构发布的新药证书时，2003 年 7 月 2 日，葛兰素史克获得了罗格列酮的第 2 件授权专利，该专利几乎涵盖了所有含罗格列酮及药学上可接受形式的化合物。这样一来，国内企业进行的相关开发都不得不暂时停止，导致数亿元的研发资金打了水漂。

目前，在新药研发竞争越来越激烈的情况下，知识产权布局也是卷出新高度。例如，安进公司研发的 KRAS 抑制剂（代号 AMG510，通用名 Sotorasib）于 2021 年 5 月获美国 FDA 批准上市，是全球首款用于治疗 KRAS 基因突变癌症的靶向药，打破了 KRAS 为不可成药靶点的业界共识。其化合物专利 WO2018217651A1 于 2018 年 11 月 29 日公开后，引来众多企业的关注，如表 3-4-1 所示，这些专利的公开对其他跟踪型企业影响不可忽略，而对这些专利的发现需要持续的 FTO 检索分析。

表 3-4-1 与 AMG510 同母核化合物相关的国内申请人专利布局

专利公开号	专利申请人	最早优先权日	申请日	公开日
WO2020221239	劲方医药科技（上海）股份有限公司	2019-04-28	2020-04-28	2020-11-05
WO2020233592	益方生物科技（上海）股份有限公司	2019-05-21	2020-05-20	2020-11-26
WO2020239077	上海翰森生物医药科技有限公司	2019-05-29	2020-05-29	2020-12-03
WO2020239123	上海翰森生物医药科技有限公司	2019-05-31	2020-06-01	2020-12-03
WO2020259513	广东新契生物医药科技有限公司	2019-06-24	2020-06-23	2020-12-30

续表

专利公开号	专利申请人	最早优先权日	申请日	公开日
CN112390796	贝达药业股份有限公司	2019-08-19	2020-08-13	2021-02-23
WO2021113595	上海倍而达药业有限公司	2019-12-06	2020-12-04	2021-06-18
WO2021143693	苏州泽璟生物制药股份有限公司	2020-01-13	2021-01-12	2021-07-12
WO2021155716	广东必贝特药业股份有限公司	2020-02-04	2020-12-16	2021-08-12
WO2021169963	上海喆邺生物科技有限公司	2020-02-24	2021-02-23	2021-09-00
WO2021175199	上海喆邺生物科技有限公司	2020-03-02	2021-03-01	2021-09-10
WO2021185233	加科思药业集团有限公司	2020-03-17	2021-03-16	2021-09-23
CN112574199	首药控股（北京）股份有限公司	2020-05-20	2021-02-22	2021-03-30

3.4.3 中间体及制备工艺/方法 FTO 检索分析

化合物的制备必然涉及原料及中间体化合物的使用，对其进行充分的 FTO 检索分析是必要的。在新药研发以跟踪型创新为主的阶段，需要重点关注是否规避原研专利对最终化合物的保护，但如果一些专利同时保护了最终化合物的结构片段（即中间体化合物），这种潜在的专利侵权风险同样需要引起重视。如果化合物在制备过程中产生的中间体或其工艺存在侵权风险，则应及时寻找替代方案或其他风险化解思路。

3.4.4 生物药 FTO 检索分析

生物创新药，根据不同的药物形式，其 FTO 检索分析与化学药既有较大差别又有可以借鉴的方面。某些生物药的 FTO 检索分析实质上仅聚焦化学结构部分，例如中国企业投资开发的 ADC 药物，大部分的 FTO 检索分析关键在于其化学接头及毒素的结构部分，可直接参考第 3.4.1 节和第 3.4.2 节的内容。以下主要介绍与化学药 FTO 检索分析所不同的内容。

生物创新药的 FTO 检索分析需要考虑的一个特色问题在于序列专利。这在多肽、蛋白、基因治疗等领域往往是比较重要的。由于氨基酸序列和核苷酸序列往往难以通过关键词检索，并且有的序列很长，需要通过专业工具进行比对。因此，进行氨基酸或核酸序列的 FTO 检索一般需要借助专业的序列检索和比对工具来实现。另外，还需要考虑一些专利允许通过同源性比例限定的方式扩大其范围保护，这导致一些相对于在先专利已经进行突变的序列仍然落入其保护范围。即便一些序列专利未授予过宽的保护范围，如果新方案与其同源性过高，也有可能引发等同侵权，因此需要仔细评估。对于抗体以及带有其抗原结合片段序列的相关产品来说，抗体相关的序列在大部分情况下不是 FTO 检索分析的重点。因为随机筛选的抗体 CDR 序列与在先专利相同或高度相似的可能性非常小，甚至接近于零概率。但是也不能绝对化，有一些产品的抗体相关序列部分是在他人在先抗体的序列基础上进行改造得到的，例如仅仅是对在先的鼠源抗体进行人源化，这种情况下对于抗体序列和 FTO 检索分析就需要重点关注。

生物药 FTO 检索分析中需要重点考虑且区别于化学药的专利风险在于这一领域存在大量的技术平台型专利。例如开发双抗药物，其专利风险往往不在于两个抗体序列，而在于把这些序列组合在一起的构型（format）。又如开发基因疗法技术，其采用的基因编辑技术本身可能存在大量的平台型专利。当然，对于平台型专利，在检索获得相关专利后的应对策略和一般的专利需要区别对待。有一些平台型专利仅代表了一些创新主体特有的技术，他人完全可以采用不同的技术达到类似或更优的效果，例如不同的公司往往有自己不同的双抗平台。而有一些平台型专利代表了产业界最先进的技术本身，绕开其专利保护范围往往意味着只能采用较差的技术，从而在产品的性能上产生差距，这对于产品最终的获批和销售可能是致命的。因此，在某些情况下，为了产品的最佳性能，适当地引进他人专利技术可能是必须的。

3.5 创新药研发立项中的知识产权

研发立项是新药开发的第一步，其间进行充分的知识产权检索分析，是规避创新药研发风险的重要一环。在创新药研发立项中进行充分的专利信息检索分析，不仅可以避免重复研究和专利侵权，同时可以有效预先评估企业创新成果的知识产权布局空间。了解相关领域的研发进展、竞争态势和竞争对手。很多医药企业在完成研发立项后，会继续针对该特定细分领域的公开专利情况进行技术跟踪，或针对已公开的专利法律状态进行更新或预警。

在创新药产品研发立项时，对其专利布局空间进行评估非常重要。实践中，企业在进行 FTO 检索分析时，会发现筛选的化合物已落入有效专利的保护范围或正在专利申请中的保护范围，此时一般会考虑如下选择。

第一，化合物落入有效专利的保护范围。首先，核对该有效专利的保护期限，结合立项开发计划评估其是否对将来拟开发产品的上市造成限制。如果拟开发产品上市时该专利已经过期，则不再计为风险。必要时，对风险专利的专利权稳定性进行评估，判断其是否属于强的专利保护。相对于整个创新药研发周期和资金投入而言，确定候选化合物仅仅是最初始的一步，如果存在高风险，则可考虑及时放弃立项，避免后续的高投入，转而选择其他有价值的化合物。

第二，化合物落入正在专利申请中保护范围。应对该申请的授权前景进行评估，确认申请的授权前景。在具有授权前景的情况下，对其获得专利保护的范围是否涵盖候选化合物进行评估。很多专利申请虽然有很大的保护范围，但没有提供足够的证据证明其请求保护的范围均属于申请人对现有技术的贡献，最终授权的保护范围可能与请求保护的范围差别较大。

第三，专利权转让/许可。如果候选化合物的确存在侵权风险，但具有非常好的开发前景，则可与专利权人协商进行专利权的转让和许可。

第四，联合开发。例如，候选化合物落入某美国公司专利的保护范围内，而美国公司并没有相同类型的药物开发，企业可以考虑通过转让其在美国的联合开发权，从而获取其在国内的自由实施。

3.6　仿制药研发立项中的知识产权

仿制药立项需要考虑的因素众多。除了要结合企业自身因素，还需要综合考虑市场、临床试验、知识产权、注册策略等因素。与创新药不同，仿制药是一个纯粹的跟随者。在2020年化学药品注册分类及申报资料要求中，其中第3类是指境内申请人仿制境外上市但境内未上市原研药品的药品，第4类是指境内申请人仿制已在境内上市原研药品的药品。第3类和第4类药品均应与参比制剂的质量和疗效一致。可见，仿制药的仿制目标是已上市（至少境外上市）的原研药品。因此仿制药产品上市必然面对如何突破或规避原研药企业的知识产权壁垒这一难题。这也决定了在仿制药立项中对拟仿制产品知识产权进行全面的信息调研、排查和规避风险的重要性和必要性。

3.6.1　对目标产品的知识产权信息调研

3.6.1.1　目标产品的获得

基于市场方面的考虑，仿制药企业立项选定的目标品种更多会考虑国外（大多数是欧美国家）最新上市且市场表现良好或市场潜力大的新药。具体品种的确定，还需要结合企业的策略和资源。实践中，对于仿制药企业而言，提前10年进行目标品种的筛选和评估已比较常见，一些企业甚至在原研产品未上市时即开始跟踪。对于已经在中国获批上市的产品，可以在国家药品监督管理局网站查询；对于仅在欧美等国家或地区获批上市的产品，可以分别在美国食品药品监督管理局、欧洲药品管理局

（EMA）、日本药品医疗器械管理局（PMDA）等网站上查询。对于未上市但处于临床研究阶段的产品，美国要求所有的临床研究都必须登记，仿制药企业可以登录临床试验管理网站（ClinicalTrials.gov）根据需求检索不同临床阶段或特定适应证的开发药物。

3.6.1.2 目标产品专利信息调研

仿制药立项的专利信息调研，重点是针对原研药专利信息进行充分、全面的检索和分析，找出仿制开发面临的知识产权风险和障碍，调研目标品种的知识产权清单，包括布局专利主题、专利法律状态、专利保护期限以及市场独占期等信息，并据此从知识产权角度评估立项/仿制风险。对于已经在中国获批的小分子药物的原研药专利保护情况，可以登录中国上市药品专利信息登记平台查询；对于仅在美国获准上市的小分子药物的中国专利信息进行调研，一般可以先从橙皮书专利入手。基于橙皮书记载的专利找到相应的中国同族专利。通过查询目标产品的登记专利，能够实现对目标产品中国专利状况的快速了解，并提取有用信息用于进一步检索。

药品专利保护的主题众多，包括化合物、盐、晶型、组合物、适应证、制备/纯化方法、中间体、药物制剂、代谢产物、前药等。原研药企业根据自身产品的特点，会选取多个保护主题为产品提供严密的专利保护。需要注意的是，无论是中国上市药品专利信息登记平台上登记的专利，还是美国橙皮书上的专利并非该产品的全部专利。在中国上市药品专利信息登记平台登记的专利主题类型仅涉及药物活性成分化合物专利、含活性成分的药物组合物专利、医药用途专利，而包括中间体、代谢产物、晶型、检测方法、制备工艺/方法等其他主题未被要求列入。为确保上市后无侵权风险，企业还应借助专业数据库进行全面检索，重视对其他专利主题的保护范围分析。例如，阿斯利康针对SGLT2靶点的降糖药达格列净，虽然晶型专利并非专利信息登记平台登记的专利保护主题❶，但该专利构成了国内众多仿制药企业仿制达格列净重要的专利障碍。尽管多家仿制药企业对其进行了专利挑战，但均未获得成功。

下面就常见主要专利保护主题的特点以及尽职调查时需要注意的问题分类进行讨论。❷

（1）化合物专利。

原研药专利独占期通常是指化合物专利保护期限届满之前的期限。化合物专利保护的是药物活性成分，其作为药物的核心在仿制中是无法规避的。需要注意的是，原研药企业有时会采取同时布局通式化合物专利和后续具体化合物专利的布局策略，或同时布局外消旋化合物专利和后续进行单一异构体化合物专利组合的方式。仿制药企业应检索全面，准确确定化合物专利的届满日期。

---

❶ 参见最高人民法院（2023）最高法知民终7号民事判决书。
❷ 仿制药立项中有关专利方面的一些思考［EB/OL］.（2017-01-13）［2020-02-15］. https://www.sohu.com/a/124282191_484279.

在有些情况下，上市目标产品并非化合物游离碱本身，有可能是游离碱化合物的衍生物，例如化合物特定盐型、溶剂合物、共晶等。因此，目标产品专利保护期的调研，应当首先明确上市药品活性成分的具体组成，这样才能更好地判断哪些物质专利构成了仿制药的障碍，哪些专利在药物仿制过程中不必过于关注，进而明确专利保护期。例如，目标产品 A 的专利布局主题及其保护截止日期如表 3-6-1 所示，所述主题均获得了专利权。经检索其在美国上市的药品说明书发现（对已上市药品活性成分物质的确定，可以分别登录 FDA 或 EMA 网站下载上市药品说明书，从中确认作为原研药活性成分的具体形式），目标产品的活性成分是化合物 A 甲磺酸盐。因此可以确定，仿制药企业对于保护期截止日为 2031 年 11 月的甲磺酸盐专利要格外关注，而马来酸盐等专利则对仿制药不构成障碍。

表 3-6-1 目标产品 A 的专利布局主题及相应权利终止日期

专利保护主题	权利终止日期
马库什化合物	2026-04
具体化合物	2028-09
化合物盐（马来酸）	2030-01
一水合物	2029-12
化合物盐（甲磺酸盐）	2031-11

（2）适应证专利。

对仿制药而言，除了要求与原研药具有相同的活性成分，还要求具有相同的适应证。因此，适应证专利同样是无法规避的。如果一种药物仅可用于治疗一种疾病，这种情况下化合物专利即是该适应证专利。但应注意一药多用的情况。如果调查发现目标产品有多种适应证，例如伊马替尼除了治疗慢性髓性白血病，还可以治疗恶性胃肠道间质肿瘤，则仿制药企业首先要确定开发的目标适应证，然后确认该适应证对应的专利保护期限，并以此作为判断用途专利的到期时间。以伊马替尼为例，其化合物专利（其中记载了癌症适应证）的专利保护期截至 2013 年 4 月 2 日，无专门针对慢性髓性白血病的适应证专利，而恶性胃肠道间质肿瘤适应证的专利保护期截至 2021 年 10 月 26 日，如果拟在化合物专利保护期届满后上市针对胃肠道间质瘤适应证的仿制产品，则应该提前规划好专利风险解决策略。

（3）晶型专利。

在仿制药开发过程中，未明确要求仿制药的晶型与原研药的晶型保持一致，但需确保仿制药与原研药生物等效性一致。因为不同晶型对药物制剂理化性质可能有重要影响，所以可能产生不同的生物等效性试验结果。对于大多数仿制药而言，多采用与原研药相同的晶型。因此，在针对目标产品进行晶型专利调研时，首先要通过各种不同途径确认原研药产品采用何种晶型，经确认原研药产品的晶型之后，并找到与原研药产品晶型一致的专利，以此判断晶型专利的到期时间。在采用不同晶型规避策略时，除了关注原研药企业专利,还需要关注其他创新主体的专利,规避其他侵权风险,因为很多仿制药企业和晶型研究机构在研发过程中可能发现目标产品存在新的晶型时,会就新晶型布局专利保护。

(4) 制剂专利。

由于产品制剂往往有多件专利,因此在确定产品制剂专利的保护期限时,首先应当确定目标产品的剂型以及处方组成。对于已经上市的目标产品,可以登录 FDA 或 EMA 等下载其批准的药品说明书。药品说明书中一般会简单列明制剂的类型、辅料的类别和有效成分含量等。当药品说明书记载的制剂处方落入原研药企业的专利保护范围内时,应当特别重视该专利。由于药品说明书记载的处方组成比较概括,可结合美国 FDA 橙皮书相关信息进一步确认。若相关专利在美国有同族专利且已被纳入 FDA 橙皮书中,则更应该引起重视。对原研药的制剂专利而言,仿制药企业可通过减少/改变辅料种类或其含量与比例等方法有效规避原研药的制剂专利。对于改进后的处方及配比,仿制药企业还应适当关注是否落入其他企业布局的制剂专利范围内。

(5) 制备工艺专利。

目标产品化合物专利中一般会至少公开一种制备方法,但往往后续单独布局的制备方法专利中的合成工艺更接近原研产品使用的合成工艺。在仿制药的合成工艺确定后,根据所确定的合成路线检索可能相关的合成工艺专利到期时间。由于制备方法专利包含的技术特征较多(例如合成路线、反应条件、操作方法等),因此,更容易被规避,通过设计规避路线成功实现原研制备方法专利规避的成功案例也不少见。如果新设计的合成工艺更具有优势,还可以及时布局专利保护,形成独有专利技术。同样地,对于自行设计的规避路线,还要注意检索其他企业针对同一目标产品的制备方法专利布局,防止侵权。另外,制备工艺专利中往往同时要求保护制备方法中的重要中间体。仿制药企业虽然采用了规避的合成工艺,但还要确认该规避路线是否使用了涉及专利保护的中间体,否则同样存在侵权风险。

经对上述不同类型的专利逐一排查确认后,对尚不能确定最终保护范围的专利申请(如原研药企业尚未进入中国的 PCT 专利申请、处于审查阶段的专利申请)仍需随时跟进,必要时可借助专利授权前景分析或公众意见等措施,进行主动的风险预判和应对。同时需要注意,包括中国、美国在内的不少国家均已经建立了药品专利期限补偿制度,对相应专利在审查阶段以及在药品上市审批过程中导致的专利保护期限损失给予补偿,例如有的国家最多可以延长保护 5 年的保护期限。根据创新主体的选择不同,涉及药品专利权期限补偿的专利可以是化合物专利,也可以是适应证等其他主题专利。

3.6.2 专利风险分析和规避

仿制药企业在立项选择仿制目标和选定目标药品后通过专利信息调研,可初步明确仿制药立项开发中哪些专利或专利申请会对产品开发造成影响,哪些专利可以规避以及如何规避、哪些专利可以挑战。这些分析将成为接下来专利工作的重点。这些重点工作主要包括专利检索和分析、障碍专利的分类和规避、专利权的法律状态和到期分析、障碍专利的稳定性分析以及专利风险的化解和规避。

3.6.2.1 专利检索和分析

在选择被仿制目标药品或目标药品的范围时，仿制药企业通常需要结合企业自身发展战略、资源优势、已有产品关联关系及市场前景综合确定目标药品。在这一过程中，专利信息对决策的影响不大，但是在选定目标药品或基本确定 1~2 种待仿制药品后，专利检索和分析将成为贯穿仿制药研发全过程的重要工作，通常包括：①以防侵权为目的的检索和分析，判断专利侵权风险高低。②对有侵权风险的专利进行无效宣告检索和分析，评估专利挑战的可行性；对存在潜在侵权风险的尚未授权的专利申请进行检索和授权前景分析，评估潜在侵权风险的大小。③以获取技术信息为目的的查新检索和分析，评估并确定具体可借鉴的技术方案。

以上三个步骤在专利风险分析和规避的过程中可能环环相扣，也可能往复循环。因此，专利检索和分析是一项专业性强、目标清晰但事务庞杂的系统性工作。

3.6.2.2 障碍专利的分类和规避

前文提到，仿制药可能规避的主题涉及化合物、用途（适应证）、晶型、制备工艺、制剂、中间体及制备方法等专利。根据专利的可规避性，对检索的原研药专利进行分类。通常，化合物和用途专利是仿制药难以绕开的核心要素，规避了化合物和用途专利就相当于更换了被制仿药品。这类专利尤其是化合物专利，除非撰写本身存在瑕疵，通常难以被宣告无效。而对于晶型、制备工艺、制剂、中间体及制备方法等专利，在仿制药开发过程中，除了进行专利挑战宣告专利无效，这些专利存在被技术规避的可能，因此，鉴于化合物专利的绝对地位，化合物专利保护期届满一般也被称为"被仿制药品专利过期"。

专利风险分析和规避工作的重点和难点在于确定被仿制药品的晶型，仿制药企业应检索识别和规避晶型、制备工艺、制剂、中间体及制备方法专利。这些专利是仿制药品需要规避的"障碍专利"。

对于晶型专利，如果被仿制药品存在多晶型，通常除原研药企业以外，其他仿制药企业也有可能申请新的晶型专利，则晶型专利数量较多，导致检索的晶型专利较多。此时笔者建议：①重点关注原研药企业申请的晶型专利，因为原研药企业在专利布局时由于疏忽大意而被其他仿制药企业申请了其晶型专利的可能性较小；②通过多种途径确认原研药品的晶型，再在检索的晶型专利中锁定晶型一致的专利。需要注意的是，仿制药研发并未要求其晶型与原研药晶型一致，只要找到仿制药与原研药生物等效的晶型，即可规避原研药企业的晶型专利。

对于制备工艺专利，为满足充分公开的要求，化合物专利通常会公开被仿制药品的一种或多种制备方法。由于一种化合物可能存在多种合成路线，并且随着技术进步，除了原研药企业申请的工艺专利，申请日之后其他仿制药企业的专利或论文也会公开一些制备方法，因此，仿制药企业可以多一些参考。实践中，制备方法专利的规避需要考虑的因素较多，例如收率、杂质、可控性、后处理、放大生产、成本等，最终结合仿制药企业自身的技术能力和经济实力综合权衡确定制备工艺。

对于中间体及其制备方法专利，由于中间体产生于制备工艺过程中，不同的制备工艺将产生不同的中间体，此时应当预判仿制所选的工艺路线可能产生哪些中间体，进而锁定中间体及其制备方法专利，从而通过改变工艺条件来规避有侵权风险的中间体。

对于制剂专利，当发现制剂专利数量较多时，笔者建议重点关注原研药企业申请的制剂专利。实践中，通常发现原研药企业化合物专利公开的制剂配方与被仿药品说明书记载的辅料有所不同，因此仿制药企业需要通过检索分析找到与说明书记载的辅料最接近的制剂专利，此时可结合美国 FDA 橙皮书记载的信息进一步确认该制剂专利是否为原研药企业的核心制剂专利。找到制剂障碍专利之后，仿制药企业可以采用常规的规避方法例如减少或改变辅料种类、改变辅料比例等。

需要注意的是，对于其他仿制药企业申请的晶型、制备工艺、制剂、中间体及制备方法专利同样需要评估侵权可能性。随着中国药品专利纠纷早期解决机制的施行，上述专利也会对仿制药上市产生潜在影响。

3.6.2.3 专利权的法律状态和到期分析

关于仿制药立项过程中需要关注的专利问题，前述内容介绍了通过专利检索和分析识别障碍专利并进行分类，然后对障碍专利进行无效宣告可行性评估和规避可行性评估。在确定采取无效宣告手段排除障碍还是采用规避方法绕过障碍时，除了考虑成本因素，重要的考量因素就是"时间"。

研发仿制药的最终目的是上市，最安全的做法是等障碍专利过期之后再上市。但是原研药品往往受到具有时间规划的专利组合保护，导致等到障碍专利（化合物、晶型、制备工艺、制剂）全部过期需要很长的时间。仿制药企业为了抢在原研药核心专利到期之后及时上市，进而抢先夺取市场份额，从而产生了争抢上市时间的现象。正因如此，无效宣告或规避障碍专利才有了重要意义。本章后面的专利风险化解部分将对专利无效宣告予以介绍，此处仅讨论规避障碍专利对仿制药上市时间的影响。

通常化合物专利和用途专利无法规避，除非成功宣告无效，否则只有等这两类专利到期之后仿制药才能上市。在这两类专利申请日之后，仿制药企业需要锁定晶型、制备工艺、制剂、中间体及其制备方法等障碍专利中，哪件障碍专利的到期时间最晚，则哪件专利对仿制药上市时间的影响就最大，对其进行无效宣告或规避的必要性也就最大。如果能够规避晶型、制备工艺、制剂配方等全部障碍专利，那么在化合物和用途专利到期后仿制药即可上市；如果仅能规避制剂配方专利，在不考虑提起无效宣告请求的情况下，则需要等到化合物、用途、晶型、制备工艺等障碍专利中较晚的专利到期之后，仿制药才可上市。

综上可知，在仿制药立项时进行专利检索和分析、专利无效宣告分析和规避的过程中，仿制药企业应首先关注专利权的法律状态和到期时间，进一步确定需要进行无效宣告或规避的专利来争取仿制药早日上市。

3.6.2.4 障碍专利的稳定性分析

（1）充分理解发明。

专利分析工作应当在充分了解专利文件记载信息的基础上进行。专利保护的是发明创新，其本质是技术公开换保护。专利权的稳定性分析要充分理解发明，弄清楚发明的创新点是什么，其对现有技术的贡献是什么，分析权利要求的保护范围是否紧扣发明点，是否与其对现有技术作出的贡献相适应。

（2）充分检索现有技术。

专利权在保护专利权人利益的同时，还要兼顾公共利益。任何将现有技术公开的技术或基于现有技术能够显而易见得到的技术纳入专利权的保护范围是不允许的。因此，应当充分全面地检索现有技术，厘清哪些技术属于现有技术，哪些技术在专利的保护范围内是不合理的。

（3）充分利用各国审查档案。

授权过程中不同国家审查员对发明能否获得授权的质疑，以及申请人针对审查意见的答复，是对专利申请能否获得专利权的一次思想碰撞。充分利用各类档案可以更好地深入理解发明和现有技术状况。

3.6.2.5 专利风险的化解和规避

（1）请求宣告专利权无效。

化学药品注册分类中对于仿制药的定义，决定了创新药的化合物专利、适应证专利是无法规避的。通过分析，如果认为专利权存在瑕疵，就可以对障碍专利发起无效宣告请求，请求国家知识产权局专利局复审和无效审理部（以下简称"专利局复审和无效审理部"）宣告专利权无效或部分无效。在大多数情况下，也需要专利无效宣告来破解晶型专利、制剂专利和处方专利障碍。需要考虑的是，专利无效宣告后往往还有后续的诉讼程序，可能会持续数年的时间。因此，对于仿制药企业而言，选择专利无效宣告请求发起的时机和策略要充分结合仿制药研发进展，避免给竞争对手作嫁衣。

（2）研究权利要求保护的范围，共同进行规避设计。

对于制备方法、制剂处方等专利，由于其包含的特征一般较多，技术方案复杂，相对而言可以考虑进行技术规避。技术规避设计应该在知识产权部门和技术部门的协同下共同完成，知识产权部门负责对障碍专利保护范围进行准确解读，技术部门负责从技术角度提出规避方案，最终找到能够实现生物等效情况下的替代技术方案。对于晶型专利，仿制药开发过程中并未明确要求仿制药的晶型与原研药的晶型完全一致，因此也可以尝试规避晶型障碍专利。这一类成功的案例并不少。

(3) 与专利权人达成和解。

与专利权人的和解一般发生在专利无效宣告及后续诉讼过程中，对仿制药企业一般是比较有利的，避免了诉讼程序中的时间损失。与专利权人的和解，通常是因为仿制药企业掌握专利权稳定性影响至关重要的证据。这也体现了现有技术检索在仿制药风险规避中的突出作用。

3.6.3 生物类似物研发立项的特殊之处

生物类似物在研发过程中考虑的知识产权问题，在总体原则上与化学药并无实质区别。因此，总体上可参照第 3.6.1 节和第 3.6.2 节的内容。但是在考虑相关问题时仍需要特别注意以下与化学仿制药的差异点。

首先是生物药的独占期可能有较大的差别，这一点在美国尤其明显。美国的化学新分子实体（NCE）仅有 5 年的独占期，而生物药则有 12 年。目前中国药品数据保护尚未落地，但在历次相关政策的征求意见稿中也可以看到，对于创新生物制品的数据保护期长于化学药。

其次是生物类似物的专利链接制度和程序方面与化学药有重大差异，从而无法照搬仿制化学药的策略。例如，作为专利链接制度的一部分，FDA 橙皮书是仿制药查询原研药专利的一个最佳渠道。然而如本书第 3.3.2.3 节中所述，生物药的紫皮书完全无法提供这一功能。另外，美国的专利链接制度完全没有涵盖生物类似物，其适用的专利舞蹈制度与化学药的专利链接制度有着根本性的不同。在我国的药品专利早期纠纷解决机制框架下，生物药虽然被纳入该制度范围内，但是由于其允许登记的专利范围更为狭窄，并且不设置批准等待期和首仿药的独占期等制度，导致生物类似物的研发企业几乎不需要考虑这些内容。

最后是由于生物类似物的研发流程和规则与化学药有重大区别，从而使其对于原研药专利的处理方式有着重大不同。由于生物类似物的复杂性，必须经过与原研产品的头对头临床试验才能够证明其相似性，因此生物类似物的研发流程会很长并且研发成本很高。这一流程的差别至少导致其与仿制化学药研发有以下两点差别。一是立项时间可以相对于原研药核心专利或独占期的到期时间提前很多，因为临床试验会消耗相当长的时间。二是一些可能引发产品出现重大差异的专利规避策略可能无法采用，因为仿制企业无法承受头对头临床试验失败的风险。而仿制化学药的生物等效性试验在时间消耗和成本方面显著低于生物类似物，仿制药企业为了解决专利风险可能采用相对激进的技术规避策略。

3.7 专利挑战

专利权无效宣告，是指自国务院专利行政部门公告授予专利权之日起，任何单位或者个人认为该专利权的授予不符合《专利法》有关规定的，可以请求专利局复审和无效审理部宣告该专利权无效。

专利挑战是在专利权授予之后，根据《专利法》及其实施细则中有关规定，挑战专利的有效性。除了无效宣告请求，专利挑战还包括专利规避、确认不侵权之诉等。

3.7.1 专利无效与专利挑战的目的

专利无效是专利挑战最常见的手段之一，我国制药企业进行专利无效或者专利挑战的目的有：①为正在进行的或之后的产品开发或商业计划，清除专利障碍；②在商业竞争与许可合作中，通过专利挑战为自身获取更大的筹码；③在专利权人的关键时期，通过挑战其专利攫取利益；④对于同领域中的竞争者，针对性地发起专利挑战，提高企业影响力。

企业可以根据自身需求和商业目的选择不同的时间对不同的专利发起挑战。

企业在挑战专利有效性或保护范围过程中，也有自己的风险，其中需要检索大量的现有技术文献。这需要花费不少的精力和费用，通过各种途径寻找专利无效理由，开支比较大，一旦寻找的证据未能支持宣告专利无效，也会给企业带来一定的损失。特别是在竞争与合作中，使用专利无效作为谈判策略，一旦没有掌握好分寸，可能出现不仅未能无效宣告目标专利，而且可能破坏达成的合作关系，并在业内成为反面典型。

因此，企业本身要衡量的是，专利挑战投入的成本与可能获得收益的平衡，即需要花多大代价达到什么样的目的，从而采用不同的策略应对。比如，在诉讼过程中提出和解；选择性利用现有技术逼迫对方缩小专利的权利范围（部分无效），以便专利继续有效阻止其他企业而自身未落入其现有范围；在专利审查过程中提交公众意见阻止目标专利获授权；对评估后认为稳定性极差或威胁不大的专利，可以不用理会。

专利无效和专利挑战的目的，并非一定要宣告目标专利无效，双方完全可以在符合各自利益的前提下达成和解，这也是一种使企业利益最大化的手段。

3.7.2 医药专利无效宣告

在医药领域中，可以对一种药物进行不同主题的专利申请，从而起到多角度全方位保护药物的作用。同时，企业通过合理的专利布局，延长药物的保护期，即利用外围专利申请，延长药物的专利保护期限。比如，先申请化合物核心专利，之后陆续在不同时间点申请化合物异构体、组合物、合成工艺、晶型、新用途等专利，用于延长药物的专利保护期。不同类型的专利，专利稳定性相差较大。化合物专利一般为开拓性的发明，专利稳定性通常比较好，其他类型的非核心专利次之。原研药企业可以通过上述专利布局策略多申请核心专利和外围专利，构建牢固的专利壁垒。同时，在专利撰写上严格把控质量，提高专利的稳定性。在撰写和布局的时候有意识地针对自身的产品进行保护，确保产品作为专利保护核心。如果专利被宣告部分无效，修改后的权利要求即使缩小保护范围，仍然可以有效保护自身的产品。原研药企业通过采用以上措施，达到"多""稳""准"的效果，以防止某件专利被宣告无效或部分无效后自身产品得不到保护；在有效保护产品的同时，可以阻挡竞争对手的产品进入市场。

近年来，对于化合物核心专利或者外围专利发起的专利挑战和专利无效宣告数量越来越多，国内制药企业对于知识产权由守转攻的态势已初步建立。这就需要我们更加深入地了解医药专利无效宣告要点。在我国，医药专利无效宣告对专业性的要求比较高，一件专利的无效宣告耗时相对较长，可能需要经历专利无效宣告、行政一审和二审。企业需要根据具体项目的申报及获批上市的时间选择目标专利。对于不同类型的专利和不同届满日期的专利，专利无效宣告策略或有不同。例如，工艺专利通常容易被规避，一般不需要主动发起无效宣告；而化合物专利较稳定，如果评估其稳定性之后没有较大把握，一般会选择等待专利到期。

当然，专利无效宣告作为商业手段之一，其目的是使企业获得一定的利益。在符合原告与被告利益的情况下，可以选择以和解的方式终止专利无效或专利诉讼。在专利无效和专利诉讼过程中，和解方式包括各自承担律师费等支出，原告（通常为原研或专利权人）向被告（通常为仿制药企业）支付一笔钱换得被告推迟上市，原告允许被告在专利有效期内提前上市，但被告需要给原告一定的销售分成。无论是专利无效宣告还是其他挑战方式，目的都是商业利益之争，因此，在专利无效中不排除双方采用其他手段和方式达成和解。

3.7.3 医药专利规避设计

随着人们对专利保护越来越重视，专利规避也显得越来越重要。专利规避的目的是通过规避专利的保护范围来避免陷入与专利权人的侵权纠纷。

在制药领域，专利规避的原则主要有三点：一是减少权利要求保护的技术特征，以避免触犯全面覆盖原则，如减少制剂处方中某个组分、减少某些操作的限定等；二是替换权利要求中的技术特征，改变其中至少一个技术特征，以防止字面侵权；三是用不同的要素替换其中一个技术特征，如功能相似的辅料、溶剂等，特别是在制备方法专利中，可以替换的特征相对更多，原则上应尽量选择与权利要求保护的特征有实质性区别但又能实现替换的要素进行置换，从而避免对方主张等同侵权。

在新药研发过程中，化合物设计是非常重要的环节。从专利规避角度讲，一方面可以保持专利中化合物的骨架结构，通过采用与专利中不同的基团进行修饰；另一方面可以对专利中化合物的骨架结构进行改造。另外，新化合物的可专利性也是需要考虑的问题。

对于制药领域的药品相关专利，在规避专利的同时还应考虑技术上可能存在的问题。比如，在化合物设计时，要注重化学结构与药理的结合，避免化合物设计的盲目性。新药研发案例可参见案例 3-4 和案例 3-5。

仿制药上市的生物等效性试验要求一种药物的不同制剂在相同实验条件下，给予相同的剂量，其吸收速度与程度没有明显差别。因此，在规避专利的同时，还应满足生物等效性的要求。为了规避专利，通常可以选择开发新的化合物晶型、新的制剂处方和/或新的制备方法等。

对于晶型专利的规避，首先，如果原研药晶型没有被保护的情况下，通常会选用原研药的原料药晶型。其次，如果原研药的晶型被专利保护，可以通过筛选不同的结晶条件（如溶剂、温度、结晶方法等）筛选其他的晶型或者采用无定形。改变晶型可以相应改变药物的结晶度、粒径、溶出特性，进而改变制剂处方，在规避了晶型专利的同时可在一定程度或范围内避开制剂专利的障碍，并且同时形成自主知识产权和产品竞争力。❶ 另外，在选择晶型的时候，参考其他仿制药企业的晶型选用情况，尽可能确保在规避专利的同时，所使用的晶型符合生物等效性要求。最后，有些原料药可能只存在一种晶型，或者使用其他晶型，不能满足生物等效性试验的要求，这种情况下可以考虑无效宣告相关晶型专利。

对于制剂/组合物专利的规避，参照上述专利规避的原则，与参比制剂或原研制剂相比，通常可以选择减少某一组分，或者用功能基本上相同的辅料进行替代，或者规避专利保护的比例范围，以达到避开专利保护范围的目的；同时，需要考虑替代的辅料是否能实现相同的功能，是否会带来其他问题，例如该辅料与原料药的相容性、含量均匀度、流动性、溶出度等。另外，替换辅料获得的难易程度、价格等也是需要被考虑的因素。

对于化合物的制备方法专利或者制剂工艺专利，通常其权利要求限定的技术特征比较多，因此可以选择规避的特征相对更多，规避的难度也相对较小。就化合物的制备方法而言，替代方案很多，例如选择不同的中间体化合物、不同的溶剂、不同的温度、不同的试剂（酸、碱、催化剂）等。制剂工艺专利的规避可以选择不同的方法，例如干法制粒、湿法制粒、粉末直压等，或者规避专利保护的其他参数特征。组合物规避案例可参见【案例 3-6】。

若存在一药多用的情况，为规避用途专利侵权，仿制药通常可以采用"缩减标签"的策略，即仿制药不申请上市受专利保护的适应证。缩减标签同时需要注意删除涉及适应证和患者的临床数据等资料；另外，"缩减标签"不可能完全隔绝超适应证的使用，基于标签之外的证据，例如药品营销宣传材料等，若专利权人能够举证，则仿制

---

❶ 薛亚萍，汪东峨，林淘曦. 仿制药开发中的晶型专利规避策略［J］. 中国新药杂志，2020，29（7）：731-737.

药可能存在侵权或诱导侵权风险。缩减标签案例可参见【案例3-7】。

国内对于采取放弃部分适应证的方式申报药品上市是法律法规所允许的，例如在乙磺酸尼达尼布软胶囊的专利纠纷行政裁决案件中，仿制药企业针对原研药用途专利提交第4.2类声明，行政裁决结论是未落入专利权保护范围。❶ 裁决要点指出应当以仿制药申请人在申报材料中明确要求的适应证为基础确定仿制药技术方案是否落入涉案制药用途专利的保护范围。当仿制药申请人提供的证据足以表明仿制药技术方案未落入涉案专利的保护范围的情况下，如果以仿制药上市后存在发生实体侵权的潜在可能为由，认定仿制药技术方案落入涉案的专利保护范围，可能会不恰当地阻碍仿制药的正常上市审批，偏离药品专利纠纷早期解决机制的价值目的和功能定位。

在实际应用中，知识产权部门会根据现有技术公开的内容以及相关专利保护的内容，给技术部门出具一份项目分析报告，并给出规避相关专利的建议。技术人员根据研发的实际情况选择开发新晶型、新处方和/或新的制备方法等，以避开专利保护范围。在项目开发的过程中，难免还会遇到许多问题，知识产权部门和技术部门应随时保持紧密沟通，加快项目研发进度，寻求提早上市的可能性。

规避专利设计是专利挑战必不可少的核心环节。下面列举新药化合物和仿制药在实际运用中专利规避的实例。

【案例3-4】创新药依米他韦的研发

磷酸依米他韦为广东东阳光药业股份有限公司（以下简称"东阳光药"）自主研发的化学1类创新药，为丙型肝炎（以下简称"丙肝"）病毒NS5A蛋白酶抑制剂，用于治疗丙肝。Ⅱ/Ⅲ期临床研究结果表明，磷酸依米他韦胶囊联合索磷布韦（Sofosbuvir，中文别名为索非布韦）片治疗非肝硬化中国基因1型丙肝患者的12周持续病毒学应答率（SVR12）达99.8%。

（1）药物设计背景。

丙肝病毒是黄病毒科属的一种正链RNA病毒。21世纪初期，学术界和工业界在实验室付出了大量的努力，开发出丙肝病毒蛋白酶抑制剂，然而丙肝病毒蛋白酶抑制剂的研发面临着诸多挑战性障碍，例如缺乏细胞评价模型和验证丙肝蛋白酶抑制剂作用机制的方法、缺乏进行临床前药物评价的动物模型等。而当时在研的丙肝病毒NS5A蛋白酶抑制剂中，百时美施贵宝（BMS）公司的达卡他韦（Daclatasvir，BMS-790052，见图3-7-1）是热点之一，其2007年在美国，针对1型丙肝基因，递交了Ⅰ/Ⅱ期临床试验申请。基于现有技术存在的诸多挑战，国外许多制药企业都以该结构作为先导，开启了该领域的激烈角逐，包括吉利德公司、艾伯维公司、默克公司等。东阳光药正是在这样激烈的竞争背景下启动了依米他韦项目，在国内制药企业中属于最先进入该领域进行创新型研发的企业之一。

---

❶ 国家知识产权局（2021）国知药裁0012号、国家知识产权局（2021）国知药裁0013号。

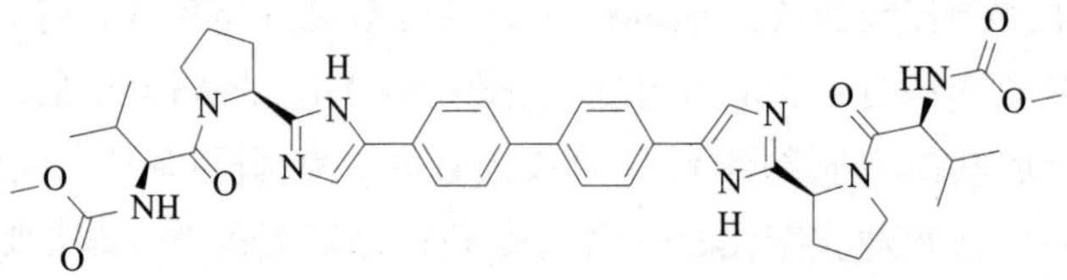

图 3-7-1 达卡他韦化学结构式

专利是企业保持竞争力的有效工具。此时，百时美施贵宝公司已申请相关专利，在该领域进行了"跑马圈地"。尽管达卡他韦的推出，给了本领域药物设计专家一些启示，但结构改进的药物除了需要具有生物学活性（如抑制活性），药物在体内吸收、分布、代谢、排泄有关的药代动力学性质及毒性也要符合成药要求，而且结构改进药物还需跳出已有专利保护范围以避免侵权，并满足专利授权条件。这无疑给后续想进入该领域的制药企业在药物设计上提出了更高的要求。

（2）先导化合物专利。

达卡他韦化合物专利（CN200780037723.7、WO2008021927）于 2007 年 8 月 9 日申请，国际公开日为 2008 年 2 月 21 日，2014 年 12 月 3 日在中国授权公告。该专利的权利要求 1 为马库什权利要求，其给出了化学结构通式（Ⅰ）（见图 3-7-2）及各个变量的可选化学基团。通过结合说明书中对各基团的定义，本领域技术人员能够清楚地了解该权利要求的保护范围。

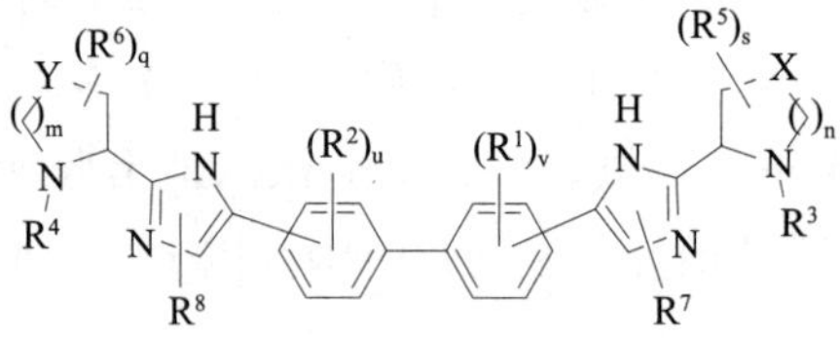

图 3-7-2 化学结构通式（Ⅰ）

达卡他韦化合物专利说明书提供了上千种化学结构式的合成工艺和约 900 个化合物针对丙肝病毒 1b 基因型复制子的半数有效浓度（EC_{50}）。其中约 80% 具有与达卡他韦一样的母核结构（见图 3-7-3），即对化学结构式两端的 R 进行构效关系研究。同时，该专利提供了对母核研究的实验结果，主要集中在苯环、咪唑环和吡咯烷环上的取代，如烷基、烷氧基、卤代烷基、羟基烷基、氨基烷基等取代。从提供的 EC_{50} 可以看出，约 60% 的化合物对丙肝病毒 1b 基因型达到 D 级（EC_{50} 范围：$A = 1 \sim 10 \mu M$，$B = 100 \sim 999 nM$，$C = 1 \sim 99 nM$，$D = 10 \sim 999 pM$），包括达卡他韦。

（3）规避设计策略。

从达卡他韦化合物专利的权利要求和说明书不难发现，该类化合物的母核结构便是化学结构通式（Ⅰ）所示的联苯结构，即一个近乎对称的结构。基于化学结构设计可以有两种策略跳出该专利壁垒：一种是继续沿用联苯母核，但采用与专利不同的基团修饰;另一种是改变母核结构。对于第一种策略,可基于性质结构设计,相较而言,容易找到具有类似活性的化合物结构;但是从专利的角度出发,受达卡他韦化合物专利影响,创造性较弱,除非具有预料不到的技术效果,否则授权有风险。对于第二种策略是改变母核结构,由此产生的风险难以估计且极具挑战;但是一旦成功,必将开辟一个新赛道。依米他韦项目结构的改进采用了第二种策略,对联苯母核进行改进(见图3-7-4)。

图3-7-3 达卡他韦母核结构

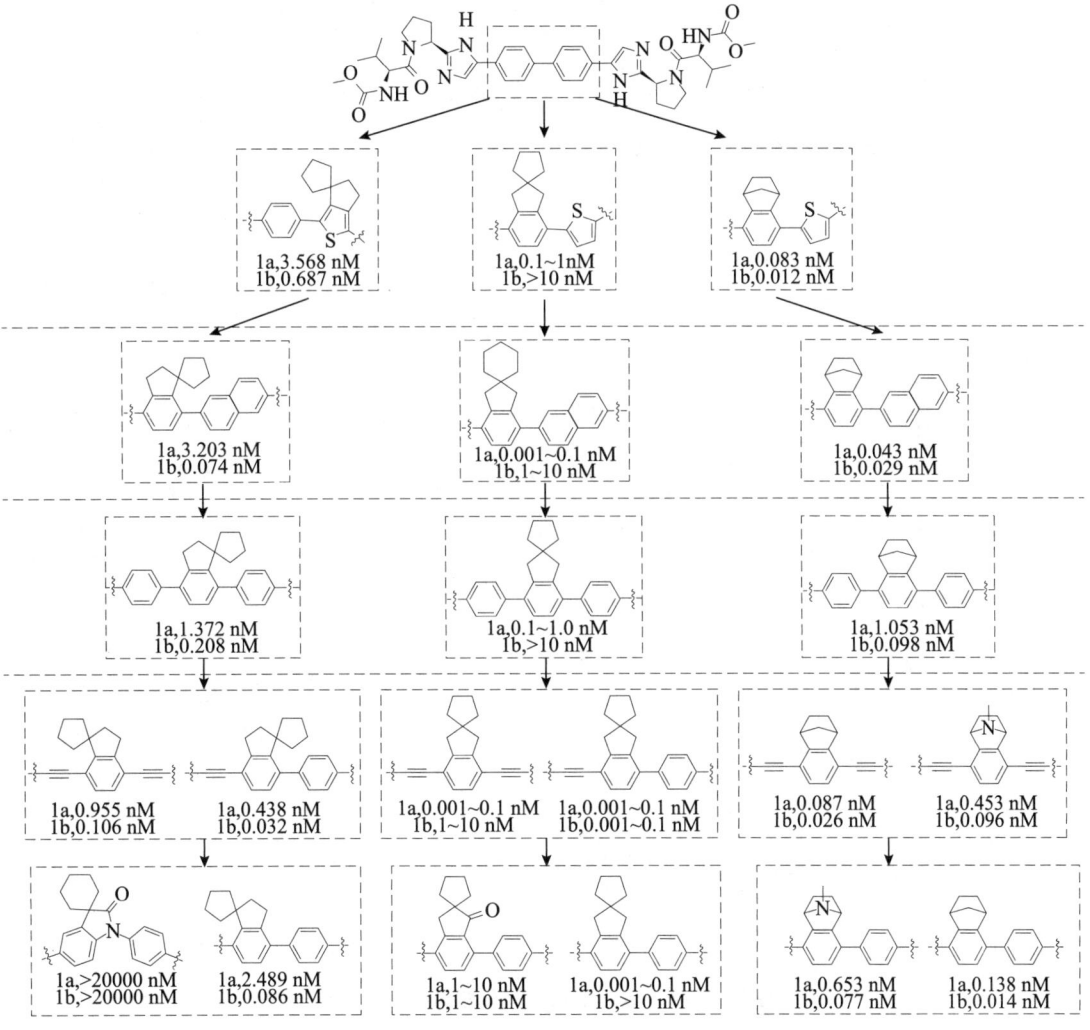

图3-7-4 依米他韦项目化学结构改进策略

东阳光药针对丙肝病毒 NS5A 蛋白酶抑制剂公开的专利申请提供了对依米他韦母核结构大量研究的实验结果，不但规避了现有设计，得到的化合物针对丙肝病毒 1a 型、1b 型都具有符合成药要求的生物活性，并且，其针对设计的新型母核化学结构，完成了一系列的专利布局（见图 3-7-5），成功开辟出了自己的技术领地。

（4）基于成药性质的筛选。

一种成功的药物，不仅要有好的生物活性，而且其他方面的性质如药代动力学参数、毒理学等也应当符合要求。完成目标化合物母核结构规避设计后，对于母核结构两端 R 也应当进行设计筛选，以寻找更具开发潜力的结构。依米他韦结构有两处与达卡他韦不同（见图 3-7-6），非平面结构的苯并桥环（A）和体积更大的苯并咪唑（B）。

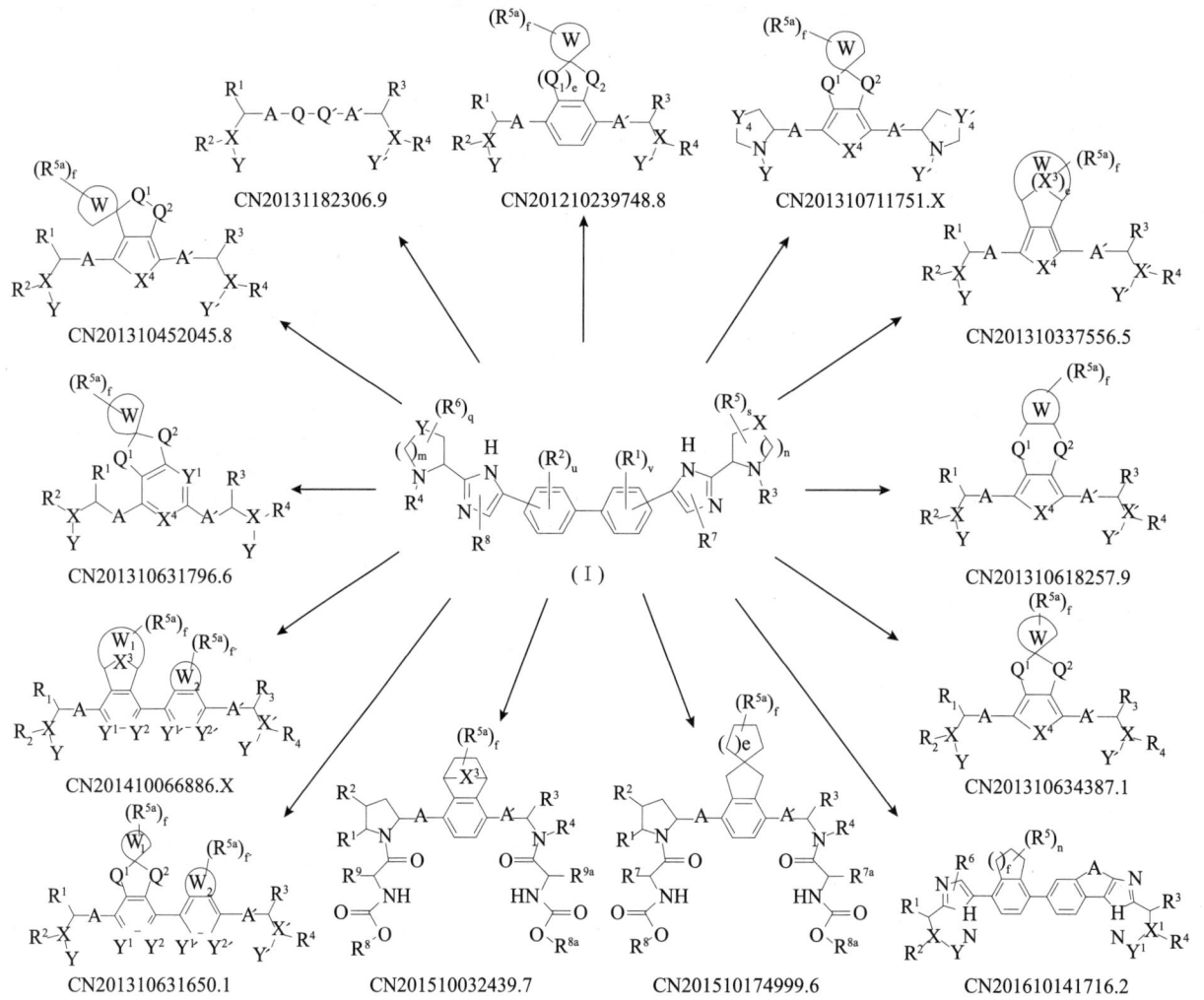

图 3-7-5　依米他韦新型母核结构专利布局

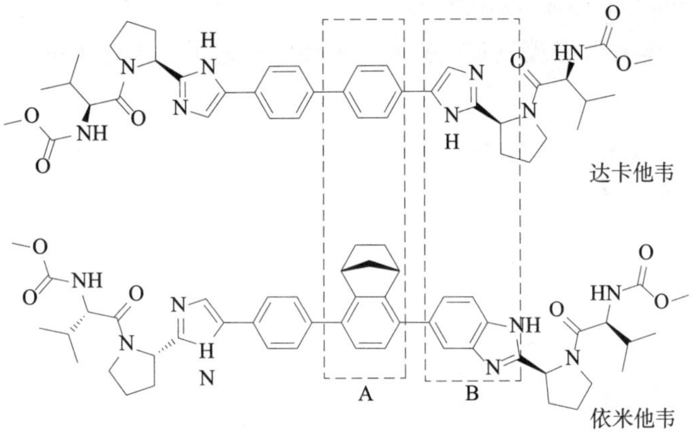

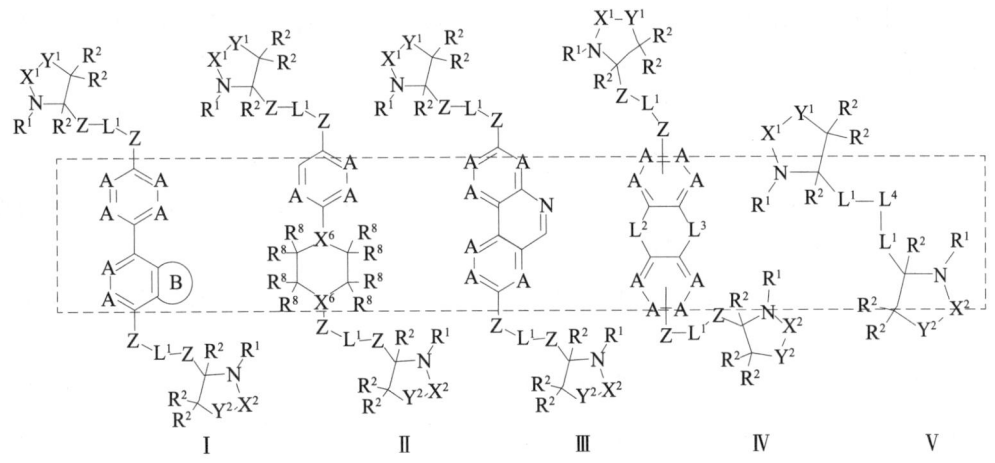

图 3-7-6 依米他韦结构比对

【案例 3-5】创新药可洛派韦的设计策略

可洛派韦（Coblopasvir）也是中国境内研发上市的针对丙肝病毒 NS5A 蛋白酶的 1 类创新药，其化合物专利（CN201080062479.1，WO2011075607）于 2010 年 12 月 16 日申请，国际公开日为 2011 年 6 月 23 日，2015 年 2 月 11 日在中国获得授权。该专利原始申请人为英特穆恩公司（Intermune Inc.），于 2013 年转让给北京凯因科技股份有限公司（以下简称"凯因科技"）。2020 年 2 月 11 日，国家药品监督管理局批准凯因科技的盐酸可洛派韦胶囊上市，商品名为凯力唯，规格 60mg。从专利申请日推测，可洛派韦的研发启动时间与依米他韦项目基本为同一时期。基于该化合物的权利要求布局及说明书不难发现，可洛派韦项目也是采用了第二种策略，即对联苯母核进行改进（见图 3-7-7）。

图 3-7-7 可洛派韦化合物专利 5 个不同母核的化学结构通式

该化合物专利说明书提供了约 80 个化合物的合成工艺及约 50 个化合物针对丙肝病毒复制子的 EC_{50}，其中近 80% 的化合物 EC_{50} 达到 C 级（A 为 >100nM，B 为 10～

100nM，C 为 <10nM），包括可洛派韦。可洛派韦相对达卡他韦，其母核有一处不同（见图 3-7-8），苯并二噁茂（C）替换了苯环，规避了达卡他韦的化合物专利。

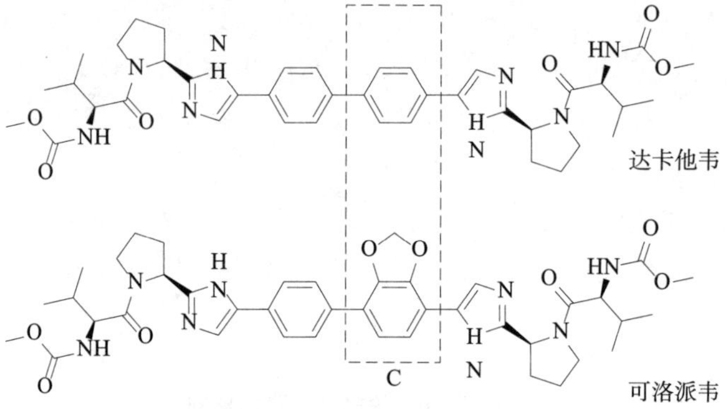

图 3-7-8　可洛派韦化学结构比对

【案例 3-6】盐酸芬戈莫德组合物专利规避

盐酸芬戈莫德是一种新型免疫抑制剂，多被用于治疗多发性硬化症。原研诺华公司有一件美国专利 US8324283［已于 2017 年 4 月 12 日被美国联邦巡回上诉法院（CAFC）判定无效］保护一种适于口服给药的固体药物组合物，其权利要求中的特征主要包括原料药和一种糖醇（a sugar alcohol）两部分。很明显，可以规避的突破点只有"糖醇"，即制剂处方中不使用糖醇一类的辅料。参比制剂选用的糖醇是甘露醇，在制剂中作为稀释剂，使制剂辅料同时有良好的流动性和相容性。

明确了专利保护范围、参比制剂组成和各辅料的功能后，在专利范围外筛选其他可以替代甘露醇的稀释剂。除糖醇以外的常规稀释剂有微晶纤维素系列、磷酸氢钙系列和新的复合型辅料，经实验发现微晶纤维素相容性不好，磷酸氢钙密度过大，根据实验数据的指导和长期积累经验，最后筛选出复合淀粉。因此，用复合淀粉替代专利保护的"糖醇"，不但能解决相容性的技术问题，而且适合胶囊的填充。

通过上述技术研发，东阳光药开发了一种芬戈莫德固体组合物。该固体组合物辅料相容性好，质量稳定，溶出快。

仿制药企业可以说是在"专利丛林"中求生，但也可以通过自身强大的研发能力开辟出一条属于自己道路。

上述仿制药的相关案例，说明用不同的要素来替换专利权利要求其中一个技术特征，起到了规避专利的作用。在实验手段的支持下，这也解决了技术上存在的问题，顺利开发得到符合生物等效性（BE）要求的合适处方。

【案例 3-7】TRINTELLIX®（Vortioxetine）缩减标签

TRINTELLIX®（Vortioxetine，沃替西汀）是一种选择性 5-羟色胺再摄取抑制剂，通过抑制大脑内的 5-羟色胺再摄取，达到抗抑郁的效果。原研为武田制药和丹麦灵北制药有限公司，2013 年在美国获得 FDA 批准用于治疗成人重度抑郁症（MDD）。橙皮书显示化合物专利 US7144884 于 2026 年 6 月 17 日到期，截至 2025 年 5 月，FDA 显示 4 家药企共 11 个申请号已获批 ANDA，市场状态均为 Tentative Approval，目前美国仅有原研销售 TRINTELLIX®（Vortioxetine），艾昆纬（IQVIA）显示 2023 年美国销售额约为 13 亿美元。

在 H. Lundbeck A/S et al. v. Lupin et al. 案中，与缩减标签相关的专利为 US9278096 和 US9125910，到期日分别为 2032 年 3 月 21 日和 2027 年 6 月 15 日，其中 US9278096 是关于特定病人群体的治疗方法，即之前已经接受过药物治疗或仍在接受药物治疗但由于性相关不良事件而停药或者减量的病人；US9125910 是治疗抑郁症患者认知障碍的方法。

专利 US9278096 权利要求 1：A method for the treatment of a disease selected from the group consisting of depression, anxiety, abuse and chronic pain, comprising the administration of a therapeutically effective amount of…, wherein **said patient has previously received medication or is still receiving medication for the treatment of said disease, the medication is ceased or reduced or has to be ceased or reduced due to**…

专利 US9125910 权利要求 1：**A method of treating cognitive impairment** … in a patient diagnosed with depression, the method comprising administering a therapeutically effective amount of…to the patient, wherein… the method alleviates a symptom or complication of the cognitive impairment or delays the progression of the cognitive impairment.

US9278096 是基于两项临床研究，证明从其他药物转向沃替西汀后，患者的性功能得到改善。TRINTELLIX® 的标签在其"临床研究"部分包括这些研究，被告的 ANDA 标签从 TRINTELLIX® 的标签中剔除了这些数据，并指示医生不要比较沃替西汀和其他药物之间性功能障碍的不良反应率。❶

原告认为仿制药 ANDA 构成侵权以及诱导侵权，因为沃替西汀可以用于两篇专利的用途，且标签上没有禁止。仿制药认为只寻求一种适应证的批准，即成人重度抑郁症（MDD），因此不在上述两篇专利范围内。法院认为 ANDA 批准的用途必须与专利中要求的用途相同才能主张侵权，仅有标签不能支持诱导侵权的指控；还指出仅仅知道他人可能侵权并不构成诱导侵权，诱导侵权的具体意图和行为必须得到证实。原告没有发现任何鼓励侵权的广告或促销材料，该案不同于 GSK v. Teva 案，因为在 GSK v. Teva 案中，被告的营销材料和新闻稿为判定其存在诱导侵权行为提供了实质性证据。

---

❶ FRAIZER T, XIN X B. A Win for Skinny Labels：Insights for Enforcing Use Patents [EB/OL]. (2023-12-20) [2024-05-31]. https：//www.iptechblog.com/2023/12/a-win-for-skinny-labels-insights-for-enforcing-use-patents/.

第 4 章

医药企业专利挖掘与专利布局

4.1 药品生命周期

原研药的生命周期分为开发期、导入期、成长期、成熟期和衰退期五个阶段。

（1）开发期是指通过试验证明某一个分子对某种生物分子靶标或者对某种疾病有效，且具有良好的安全性的阶段。该阶段包括了临床前研究和Ⅰ～Ⅲ期临床试验研究，其关注靶标、先导化合物、候选化合物、早期药物制剂、适应证、生物标志物、治疗方案等。

（2）导入期是指在第一个重点市场获得第一适应证且第一个剂型的上市许可的阶段。该阶段主要是市场巩固及拓展，并开展其他主要市场所需要的指定临床，还包括在重点市场寻求纳入国家医保目录。

（3）成长期是指药品销售额开始爬升的阶段。在该阶段，原研药企业会在制剂、适应证、剂量、联合用药、工艺优化等维度尽可能地寻求与仿制药或生物类似药更好地区别，同时也会考虑在同一治疗领域开发改良的新分子。某些情况下，制药公司也可能提前开发新分子，以适宜地进行产品迭代。

（4）成熟期是指随着竞争对手的仿制药或生物类似药进入市场，原研药销售额增长率下降，销售进入平台期。在该阶段，原研药企业通过合作谈判、发起诉讼等方式延迟仿制药或生物类似药上市时间或减少其上市的产品数量。

（5）衰退期是指药品失去市场独占权，仿制药或生物类似药充斥市场，原研药销量下降、销售额严重缩水。

在原研药的整个生命周期中，涉及大量具有商业价值的技术信息、经营信息等商业信息。企业知识产权人员在了解药品生命周期的基础上，能够根据相关业务涉及的物、事和人的关系，更准确地厘清企业自身商业秘密的具体范畴。

4.2 专利挖掘与专利布局策略

4.2.1 专利挖掘

专利挖掘是指有意识地对创新成果进行创造性的剖析和甄选，进而从最合理的权利保护角度确定用以申请专利的技术创新点和技术方案的过程。简言之，专利挖掘是指根据由特定需求产生的创新点而形成专利申请的过程。

专利挖掘至少具备技术性、创造性、权利性、主动性等特性。首先，专利挖掘的基础是技术挖掘，从创新成果出发挖掘出新的技术创新点，再从技术创新点梳理回顾技术方案，技术思维始终贯穿整个专利挖掘过程。其次，专利挖掘是一种智力作业，往往需要对繁杂的创新成果进行剖析、拆分、筛选以及合理推测，最终获得满足专利法要求的技术方案。再次，专利挖掘的最终目的是要就获得的研发与创新成果形成权利要求最大化、最合理、最稳定的专利权。最后，医药领域的专利挖掘需要企业研发技术人员、生产技术人员、质量管理技术人员、企业知识产权工作者有意识地主动挖掘和通力合作来完成。[1]

对于医药企业研发技术人员、生产与质量管理技术人员而言，专利挖掘是指由他们提出新的思路和把握现在的创新成果；对医药企业而言，将创新成果转换为专用权，通过有效的专利挖掘与专利布局，形成专利网络或专利池，一方面用来保护自己，另一方面用以规避竞争对手风险。

4.2.2 专利布局

专利布局是专利战略思想的体现和延伸，是一个为达到某种战略目标而有意识、有目的的专利组合过程。任何一家企业的专利战略都是根据自身实际情况，为了解决自身实际问题而采取的针对性策略，并不是一种毫无目的、仅仅以专利申请数量为指标的专利申请行为。[2] 新药研发涉及多学科交叉，是一个复杂且充满挑战的过程，具有高风险、高投入、周期长的特点。这些特点决定了研发企业面临的巨大挑战。医药领域的专利布局多从目的性和前瞻性出发，医药企业在具体的实践中进行专利布局时，主要策略是针对某个疾病治疗领域、某个生物靶点或靶标、某个产品或项目、某项技术、某处地域、某个时间进行综合考虑，从而有针对性地开展专利组合与布局工作，以达到保护企业自身的研发与创新成果、狙击或削弱竞争对手对专利的核心控制力和市场竞争力的目的。产品要研发，专利需并行甚至先行，医药领域的药品核心专利申请时间必然早于药品上市时间。这样在药品上市后，才可通过药品专利的排他权实现

---

[1] 马天旗. 专利挖掘 [M]. 北京：知识产权出版社，2016.
[2] 马天旗. 专利布局 [M]. 北京：知识产权出版社，2016.

市场垄断利润。❶

4.3 不同技术主题下的专利挖掘与布局策略

在生物医药领域,通过贯穿药物发现、临床前开发、药物临床试验以及药品上市后的整个药物研发的全过程,可以布局生物靶点或药物靶标、化合物、衍生物、生物制品、中药、药物晶型/盐型、药物用途/适应证、制备工艺/方法、制剂、药物组合物、分析/检测方法等发明专利,制药设备/生产装置等发明和/或实用新型专利,药品包装袋、药瓶等实用新型和/或外观设计专利,药品包装盒、药片形状等外观设计专利,并从产品自身的技术布局、时间布局、地域布局(国内外)以及竞争对手或者围绕技术标准等众多技术点,针对药品进行全方位、立体化的专利挖掘和专利布局。

更具体地,原研厂家对创新药物专利采取的是严保护、分重点、组合式、递进式、网络化、全球化的专利保护与布局策略。❷ 具体是将生物序列结构或具有马库什结构的通式化合物申请专利进行严格保护,对其晶型和/或盐型、药物组合物/或联合给药、药物新用途等后续专利申请进行分重点保护。根据相关技术的完成程度对各技术主题的发明专利进行组合式专利布局,并通过多个不同的 PCT 国际申请对化合物专利及后续的外围专利技术进行网络化、全球化的专利布局,这也符合当前原研药企业的创新药在各技术主题专利布局上的策略与发展。❸ 同时原研药企业的专利药在全球布局的多个不同技术主题的专利技术,也在相当大程度上遏制了非原研药企业对这些仍处于专利期内创新药的过早仿制,延缓了仿制该品种并申报上市的速度。❹

4.3.1 生物靶点或药物靶标

与发达国家相比,我国医药工业的基础研究相对薄弱,创新药研究缺乏首次发现的新机制、新靶点和核心技术,绝大部分创新药物还是在国外研究人员发现的作用机制、作用靶点基础上研发出来的,而且往往有已知的活性化合物或药物作为参考,导致国内靶向药物研发还是以模仿性的跟进("me-too")、优于已有的类似药物("me-better"或"me-best")为主,新靶点的药物研发基本空白。目前全球已知生物靶点或药物靶标有几百个,在研和已上市药物也大多针对已知靶点。当一个新的靶

---

❶ 黄璐,钱丽娜,张晓瑜,等. 医药领域的专利保护与专利布局策略[J]. 中国新药杂志, 2017, 26(2): 139-144.

❷ 黄璐,王林海,孙建,等. 布鲁顿氏酪氨酸激酶抑制剂药物及其专利研究[J]. 中国新药杂志, 2022, 31(3): 211-218.

❸ 黄璐,胡潇潇,洪怡. 第3代表皮生长因子受体酪氨酸激酶抑制剂药物及其专利研究[J]. 中国新药杂志, 2022, 31(16): 1553-1559.

❹ 黄璐,孙建,王明伟,等. 用于治疗骨髓纤维化的小分子 JAK 抑制剂及其专利研究[J]. 中国医药工业杂志, 2022, 53(10): 1408-1418.

标被披露，尤其是相应的药物进入临床研究或上市后，众多的"me-too"研发必然会导致专利布局空间狭小。生物靶点或药物靶标已成为新药研发的一个重要环节。

对于专利布局来说，生物靶点或药物靶标处于绝对重要的地位，我国制药业的创新已经从产品创新延伸到了技术创新，最终可能走向理论创新，理论创新和技术创新的成果也将体现在新靶点的开发。而随着新靶点的出现并被及时授予专利权保护，后续基于此靶点开发的药物都会受到专利阻碍。

目前，多国专利数据库中已收录的靶点类别的专利主要包括受体、编码受体的基因、表达受体的突变基因、通过筛选鉴别的受体调节子、靶向受体调节子及治疗疾病的药物、靶向受体及治疗疾病的药物、含有基因或者基因重组形式的DNA结构、蛋白结构、蛋白复合物、晶体三维结构、分离或使用蛋白的方法等。但是该研发阶段属于药物开发比较早期的阶段，而且生物医药产业对于生物靶点或药物靶标专利的范围界定还存在较大争议，此类专利是否应被授予专利权，各国专利审查规定还没有明确的标准。

例如，PD-1/PD-L1靶点已成为肿瘤免疫治疗领域的重要靶点，围绕该靶点在研的临床试验项目达千余项。特别是以默沙东公司的PD-1单抗Pembrolizumab（帕博利珠单抗，简称"K药"，商品名为Keytruda、可瑞达）、百时美施贵宝公司的PD-1单抗Nivolumab（纳武单抗，简称"O药"，商品名为Opdivo、欧狄沃）为代表的PD-1/PD-L1抑制剂在2014年9月和12月分别被美国FDA快速获批，PD-1靶点的发现成为肿瘤治疗领域划时代的巨大突破。生物靶点专利为企业带来的效益是不可预估的，成功案例就是PD-1单抗专利。这里以此专利为例说明靶点创新或申请靶点专利的重要性。

百时美施贵宝公司的Nivolumab原本由日本小野制药（Ono）与Medarex公司合作开发，之后百时美施贵宝公司收购Medarex公司。2019年，Nivolumab的全球销售额为80.05亿美元，排名全球第6位。关于Nivolumab的专利情况，上述3家公司在不同阶段进行了系统的专利保护，包括靶点专利和适应证专利，形成了一个严密的专利保护网。同样进行抗PD-1抗体研发并上市Keytruda的默沙东公司则遭遇了百时美施贵宝公司的专利阻碍，于是在欧洲对其发起异议，而百时美施贵宝公司在美国对默沙东公司进行了专利侵权诉讼。其中，涉案专利EP1537878的权利要求1如下：

1. Use of an anti-PD-1 antibody which inhibits the immunosuppressive signal of PD-1 for the manufacture of a medicament for cancer treatment.

涉案专利US9073994的权利要求1如下：

1. A method of treating a metastatic melanoma comprising intravenously administering an effective amount of a composition comprising a human or humanized anti-PD-1 monoclonal antibody and a solubilizer in a solution to a human with the metastatic melanoma, wherein the administration of the composition treats the metastatic melanoma in the human.

最终双方和解：默沙东公司向百时美施贵宝公司支付 6.25 亿美元的首付款，并基于默沙东公司的 Keytruda 在 2017~2026 年的全球销售额，分别支付 6.5%（2017~2023 年）、2.5%（2024~2026 年）的许可费用。由此可见，靶点专利具有广而强的排他性且影响深远。

4.3.2 化合物

4.3.2.1 化合物专利的重要性

在生物医药的专利保护全过程中，通常以化合物，特别是覆盖了上市药物活性成分在内的马库什通式化合物专利，作为该药物核心专利。❶ 化合物专利的技术含量与创新程度最高，被誉为小分子创新药最核心、最关键、最重要的专利。化合物是所有小分子药物的源头，可以利用通式化合物的马库什权利要求撰写形式进行专利保护。

小分子药物的化合物专利常采用马库什权利要求的撰写形式，最早在 20 世纪 20 年代，由美国化学家尤金·A. 马库什（Eugene A. Markush）用于美国专利申请 US1506316 并由此得以命名，其通过"从含有……的基团中选择"这一语句描述产品发明，确认了以化学通式来表征化合物的权利要求表述形式。这种撰写方式克服了当时化学领域对多个不同取代基团没有共同上位概念概括的问题。

马库什通式化合物是指结构非常相似、性能或用途相同的通式化合物。这些化合物基于一定基础结构，具有一个或多个可变基团，其有确定的化学结构式或化学名称，或者可通过其制备方法中描述的反应原料推导出唯一的目标产物。对于马库什通式化合物而言，所有具体化合物都具有共同的性能或作用，而且都拥有共同的母核结构，而这个母核结构属于与现有技术相比的区别技术特征，且该结构对马库什通式化合物的共同性能或作用是不可或缺的。如果一项专利申请在一个权利要求中限定多个并列的可选择要素，则构成"马库什通式权利要求"。用通式表示一组化合物的权利要求是典型的马库什权利要求，通式可以是分子式，也可以是结构式，其中以结构式更为常见。

因此，能够保护化合物本身的一个或数个核心化合物的专利，即被认为掌握了某项核心和关键的药品创新技术。对化合物专利及外围专利进行全方位的保护与布局，才能使这些专利对应的化合物发挥最大化的经济效益和社会效益。

4.3.2.2 化合物专利申请与布局策略

1. 化合物专利包含的技术主题

化合物专利通常是生物医药领域关注的重中之重，包括通式化合物、具体化合物、

---

❶ 韩镭，刘桂明. 浅析药品专利链接制度带来的机遇和挑战［J］. 中国发明与专利，2019，16（3）：17-23.

药学上可接受的盐、活性代谢产物、前药、手性药物/光学异构体、药物中间体、衍生物、氘代药物、药物杂质等。

2. 化合物的专利挖掘与布局

（1）通式化合物和/或具体化合物：其为化合物类核心专利。在化合物设计与筛选的过程中，通过寻找先导化合物并对其进行结构修饰，合成得到有活性或者有工业实用性的一系列化合物；并经研究确定出若干个所需的候选化合物后，即可对含药效官能团的该类化合物进行通式化合物的专利申请，或者是进行更窄范围的、更加确定定义的、更加有活性的化合物专利保护，甚至是对具体的化合物进行专利保护。

（2）晶型或盐：从通式化合物中保护的具体化合物本身出发，在其基础上进行的药学上可接受的化合物盐或者针对具体化合物游离碱的晶型的二次创新，间接延长了具体药物的专利保护期。改变化合物的盐及晶型，是对新药研发的优化过程，根据具体品种的不同特点，可能在化合物开发早期优化，也可能在临床研究阶段甚至是上市后优化。

（3）活性代谢产物：对化合物的活性代谢产物进行专利布局，并进一步将代谢产物开发成新一代的药物，可以迭代现有化合物的市场。

（4）前药：将现有化合物制备成前药，可以增加药物的代谢稳定性，延长作用时间，提高药物作用的选择性和靶向性，消除药物毒副作用或不良反应，并且改变药物的溶解度，使其具有更好的溶解性能以适应剂型的需要。

（5）手性药物/光学异构体：在涉及手性药物/光学异构体开发时，可能发现光学异构体比消旋体的药效更好，或者光学异构体相对于消旋体有明显的增效作用，或者通过异构体转化方法，将无活性异构体转化成活性异构体，则可以申请布局在基本专利中没有具体提及或者描述的、具有不可预见优点的、更具活性的异构体化合物专利。

（6）衍生物：主要涉及对现有化合物、中药单体等进行的结构改造。

（7）重氢化/氘代药物：氘为氢在自然界中的一种稳定形态的非放射性同位素，由于具有比氢更大的原子质量，因此 C—D 键比 C—H 键更加稳定（6~9 倍），将药物分子中的氢用氘取代后，可能封闭代谢位点，减少有毒代谢物的生成。此外，氘代可以减缓系统清除速率，从而延长药物在体内的半衰期。因此，可以通过降低单次给药剂量，同时在不影响药物的药理活性情况下实现降低药物毒副作用的目标。自 2000 年以来，氘代策略便被广泛应用于药物开发中，成为突破现有化合物专利和规避专利侵权风险最简单和最直接的方式之一。截至 2025 年 2 月，全球已获批上市的氘化药物有 5 款。❶

---

❶ CHEN J, ZHU Y-Y, HUANG L, et al. Application of deuterium in research and development of drugs [J]. European Journal of Medicinal Chemistry, 2025, 287: 117371.

4.3.2.3 相关案例

1. 化合物

【案例 4-1】阿托伐他汀

1996 年 12 月 17 日,美国 FDA 批准辉瑞公司的阿托伐他汀钙(商品名为立普妥,Lipitor)上市(片剂,10mg/片、40mg/片两种剂量)用于治疗原发性高胆固醇血症、纯合子家族性高胆固醇血症以及冠心病等危症(如糖尿病、症状性动脉粥样硬化性疾病等)合并高胆固醇血症或混合型血脂异常的患者。后来,美国 FDA 又批准阿托伐他汀新增用于治疗非致命性心梗、中风、心脏手术、心衰和心脏病的胸部疼痛等多个适应证。立普妥是辉瑞公司的超级重磅炸弹药物之一,作为其最畅销药物之一,一度为辉瑞公司贡献 30% 的销售收入。

阿托伐他汀的化合物专利 US4681893(无中国同族专利)保护阿托伐他汀的通式化合物,该专利的原始到期日为 2006 年 5 月 30 日。❶ 一方面,根据 Hatch-Waxman 法案,USPTO 批准其专利延长 1213 天,延长后的专利到期日为 2009 年 9 月 24 日,此专利延长期为辉瑞公司带来了巨额的利润。另一方面,根据 1997 年食品、药品监管现代化法(Food and Drug Administration Modernization Act,FDAMA)中的儿童用药的独占权规定(Pediatric Exclusivity Provision,PED),对从事儿科用药领域研究的厂家给予 6 个月的市场独占权,即对已有的专利药品,可以在儿科用药领域继续研发,若同样适用于儿科,则可以在原有的剩余专利期或市场独占期的基础上增加 6 个月的市场独占期。该独占权期间不允许仿制药公司仿制,其各种用途都得到保护,包括成人使用的用途。由于辉瑞公司对立普妥在儿科用药领域进行了临床试验,获得额外 6 个月市场独占期,故阿托伐他汀的儿科独占权到期日为 2010 年 3 月 24 日。另一件专利 US5273995(无中国同族专利)保护阿托伐他汀的内酯和盐,该专利到期日为 2010 年 12 月 28 日,儿科独占权到期日为 2011 年 6 月 28 日。

辉瑞公司的阿托伐他汀钙在中国没有化合物专利保护,其当时是通过行政保护(7.5 年)占据国内市场,行政保护在 2007 年 9 月到期。印度 Sun Pharm 公司得到了多个国家的首个仿制阿托伐他汀产品的上市批准,辉瑞公司以其专利未到期为由状告其侵权。最终,两家公司达成一致,将其在美国的上市时间推迟至了 2011 年 11 月 30 日。2012 年仿制药上市后,立普妥销售额大幅下降,首仿药 180 天销售额为 6.5 亿美元。

【案例 4-2】替格瑞洛

替格瑞洛(Ticagrelor)是世界上第一个可逆的结合型口服 P2Y12 腺苷二磷酸受体

---

❶ 刘思齐,杨悦. 立普妥的专利保护策略研究 [J]. 中国新药杂志,2014,23 (9):989-993.

拮抗剂，由英国阿斯利康公司研发成功，用于急性冠状动脉综合征（不稳定型心绞痛、非 ST 段抬高心肌梗死或 ST 段抬高心肌梗死）患者，包括接受药物治疗和经皮冠状动脉介入（PCI）治疗的患者，降低血栓性心血管事件的发生率。2011 年 7 月 20 日，美国 FDA 批准 90mg 原研替格瑞洛片剂上市；2015 年 9 月 3 日，美国 FDA 批准 60mg 原研药替格瑞洛片剂上市。2012 年 11 月，原研药替格瑞洛片获得国家药品监督管理局批准进入中国市场，商品名为倍林达，规格为 90mg，并于 2017 年 6 月 27 日获准上市 60mg 规格的片剂，于 2020 年获批上市替格瑞洛分散片，规格为 90mg。

从原研药替格瑞洛片 2012 年获准在中国上市至 2024 年 12 月，已有超过 31 家国内企业相继获得替格瑞洛片批准文号，例如信立泰公司（首仿）、石药欧意、南京正大天晴。

2017 年 4 月 27 日，信立泰公司对阿斯利康公司的化合物专利（ZL99815926.3，申请日 1999 年 12 月 2 日）发起了无效宣告请求。2017 年 10 月，国家知识产权局原专利复审委员会（现为专利局复审和无效审理部）宣布化合物专利无效。❶ 2018 年 7 月，北京知识产权法院维持了无效宣告判决。❷ 2018 年 12 月，北京市高级人民法院推翻了北京知识产权法院的判决❸，将案件发回国家知识产权局重审，并且该案件入选了 2018 年中国法院 50 件典型知识产权案例。

2017 年 6 月 22 日和 2017 年 8 月 2 日，信立泰公司对阿斯利康公司的晶型专利 CN1817883B 和中间体专利 CN1200940B 分别发起了无效宣告请求，且成功无效上述专利。针对专利 CN1200940B，阿斯利康公司不服无效决定，向北京知识产权法院提出上诉。2020 年 11 月，北京知识产权法院作出维持该专利被无效的判决。

2018 年 7 月 31 日，信立泰公司的首仿药替格瑞洛片获得批准上市，规格为 90mg；2018 年 11 月 30 日，信立泰公司规格为 60mg 的替格瑞洛片获得批准上市。由此可见，专利无效策略成功助力企业产品首仿上市。

专利 ZL99815926.3 的无效宣告及上诉案件吸引了不少关注，信立泰公司作为首仿企业，在专利到期前扫清障碍使产品首仿获准上市，成为典型案例之一。

该案无效宣告请求的核心证据大部分来自原研药企业自身的专利，争议的核心焦点为：母核结构是否相同、苯环上取代基不同是否影响创造性、环戊基上取代基不同是否影响创造性、原研药企业的反证 5 是否应该被采纳。

申请人认为：①证据 1 与权利要求 1 的主体结构相似，均为三唑并（4，5-D）嘧啶类衍生物；②效果相同，IC_{50} 值均大于 5.0；③苯基取代基不同为常规技术手段替换；④取代基不同为常规技术手段直接替换。专利权人则认为：①证据 1 中环戊基上包括酸性基团或酸性衍生基团，在该专利化合物中为中性基团；②取代基的不同并非常规

---

❶ 参见国家知识产权局第 33591 号无效宣告请求审查决定。
❷ 参见北京知识产权法院（2018）京 73 行初 753 号行政判决书。
❸ 参见北京市高级人民法院（2018）京行终 6345 号行政判决书。

技术手段的替换，且证据1并没有得到替格瑞洛的相关技术启示；③反证5（专利ZL93109282.5）显示，证据1的效果和该专利化合物不同；④电子等排体理论不能支撑通过证据1得到替格瑞洛；⑤证据3、4、5、6的母核结构、取代基及靶向受体均与该专利不同。

一审中，国家知识产权局原专利复审委员会认为：①证据1中化合物与该专利化合物用途相同，其解决技术问题为提供不同取代基的三唑并（4，5-D）嘧啶类衍生物；②苯基上取代基不同为常规技术手段替换；③最左侧环戊烷上的取代基不同为常规技术手段的直接替换；④酸性基团和中性基团的不同并未形成技术偏见；⑤证据1中的酰胺基替换为—OCH_2CH_2OH不具备创造性。最后，一审判决提出反证5不被采纳；证据1中的结构通式及实施例中可知，与羰基结构相连的基团是可变的，本领域技术人员会认识到，1，2-环戊烷二醇上连接羰基结构的位置也是一个重要的结构修饰位点。因此，在对证据1公开化合物进行修饰时，除了保留羰基结构而仅改变与其相连的基团，也容易想到进一步将羰基结构用其他基团替换，以获得与证据1公开的化合物相似或更优的P2T-受体拮抗活性。北京市高级人民法院在二审行政诉讼中认为：①反证5不被采纳；②证据1与该申请的主体骨架不相同，证据1中左上角与苯环相连的羰基属于证据1中化合物的主体骨架，为不可变的部分，证据1与该专利的主体骨架不同，则该申请具备创造性。该案的二审判决有助于明确化合物结构非显而易见的判断标准，即对于具体化合物结构中每个部分的作用，应当回到该化合物所属的马库什通式结构中进行判断；本领域技术人员在没有明确教导的前提下不会想到要改变现有技术的马库什通式结构中的不可变骨架部分；改变马库什通式结构中的不可变骨架部分通常会导致化合物的效果发生不可预期的变化，而如果改变该结构后的化合物仍然实现了一定的用途或效果，则应当认定这样的结构改变是非显而易见的。二审判决进一步确认了化合物创造性判断应当遵循"三步法"基本原则，即在化合物结构本身是非显而易见的情况下，应当认定化合物具有创造性，而不必要求化合物具有预料不到的技术效果。

在无效宣告请求过程中，信立泰公司直接将证据1中的化合物和涉案专利中的化合物定义为三唑并（4，5-D）嘧啶类衍生物，将其母核均定义相同的母核，然后通过列举证据来证明该母核上的取代基为本领域的常规技术手段替换，进而对阿斯利康公司的专利进行无效宣告请求。虽然阿斯利康公司在无效答复、一审中均在不断强调证据1和涉案专利两者的母核不同，即证据1中化合物的母核上具有羰基，羰基为其核心基团，不可替代，但是其并没有提出关键性证据，导致原专利复审委员会忽视了此项内容，一审时被直接定义为可推定取代的基团。虽然北京市高级人民法院撤销了北京知识产权法院的一审判决和原专利复审委员会的复审决定，涉案专利权得到维持，但是此次诉讼促使阿斯利康公司主动修改了涉案专利的保护范围，权利要求由原来的12条变成现在的5条，原来的通式化合物变成了现在的仅仅保护替格瑞洛单一化合物，使原研药专利的专利保护范围大大缩小。

2. 成盐

帕罗西汀（Paroxetine）是第一个选择性 5-HT 再摄取抑制剂（SSRI），用于抑郁症、焦虑症等精神疾病的治疗。由于帕罗西汀化合物结构中含有哌啶基团，该化合物以盐的形式作为治疗剂，首次用于临床试验的是醋酸帕罗西汀。从醋酸帕罗西汀的上市到后来的葛兰素史克盐酸帕罗西汀（paroxetine hydrochloride）、荷兰斯索恩公司（Synthon）甲磺酸帕罗西汀（paroxetine mesylate）的上市，其都是针对帕罗西汀化合物不同的盐进行微小改进，从而获得了该化合物不同盐的发明专利授权以及长时间的市场垄断权，保证了公司的巨额利润。

其中，葛兰素史克的盐酸帕罗西汀于 1996 年进入中国市场，由于其副作用小于氟西汀且起效较快，近年来其在国内市场销量节节上升。根据米内网市场数据显示，帕罗西汀 2018 年度国内销售额为 10.1398 亿元。根据 Cortellis 数据显示，葛兰素史克的盐酸帕罗西汀在 2002 年达到销售额的峰值 30.89 亿美元，2018 年销售额为 2.26 亿美元。

在盐酸帕罗西汀的开发上，葛兰素史克对该产品的技术开发及专利布局占据绝对优势。但是在甲磺酸帕罗西汀的开发中，荷兰 Synthon 却抢在了葛兰素史克之前，在世界上大多数国家获得了关键性的甲磺酸帕罗西汀化合物的专利权。该公司于 1997 年 6 月 10 日在荷兰专利局就 4-苯基哌啶类化合物提出了 PCT 申请 WO9856787A1，随后很快进入了美国、欧洲和中国的国家阶段，其中国同族专利申请在 2002 年 10 月 16 日获得授权，授权公告号为 CN1092654C（该专利在 2008 年因未缴纳年费已失效）。在该专利权利要求 7 中明确了要求保护的主题为帕罗西汀甲磺酸盐、帕罗西汀苯磺酸盐以及帕罗西汀对甲苯磺酸盐。葛兰素史克也开发了帕罗西汀甲磺酸盐，并 1998 年 7 月 2 日向英国专利局（现为英国知识产权局）递交了关于帕罗西汀甲磺酸盐的专利申请，并利用 1 年的优先权于 1999 年 4 月 23 日提出了公开号为 WO0001694A1 的国际申请。由于荷兰 Synthon 的在先申请破坏了葛兰素史克专利申请的新颖性，因此葛兰素史克最终获得授权的帕罗西汀甲磺酸盐的专利，其实只是帕罗西汀甲磺酸盐的一种新晶型。如果葛兰素史克制造、销售涉及活性成分含帕罗西汀甲磺酸盐的产品，包括实施自己的新晶型专利，均必须获得 Synthon 的许可。同样地，Synthon 的帕罗西汀甲磺酸盐专利在欧洲、美国也获得化合物盐的绝对专利保护。[1]

3. 代谢产物

辉瑞公司（原惠氏制药）的文拉法辛（Venlafaxine）为苯乙胺衍生物，是二环类非典型抗抑郁药。1993 年 12 月 28 日，美国 FDA 批准惠氏制药的盐酸文拉法辛片（规格为 12.5mg/片、50mg/片、100mg/片，商品名为 Effexor）上市，用于抑郁症的治疗。

---

[1] 吴顺华，何伍. 从帕罗西汀甲磺酸盐看新药研发的专利战略［J］. 中国药学杂志，2004，39（12）：881-883.

文拉法辛的化合物美国专利 US4535186 于 2008 年 6 月 13 日过期，无中国同族专利。去甲文拉法辛（Desvenlafaxine）与文拉法辛一样，也是一种 5-羟色胺-去甲肾上腺素再摄取抑制剂（SNRI）。去甲文拉法辛是文拉法辛的主要活性代谢产物之一，与 5-羟色胺（5-HT）和去甲肾上腺素（NE）受体结合，抑制 5-HT 摄取的效力比 NE 大约高 10 倍。去甲文拉法辛与文拉法辛的化学结构如图 4-3-1 和图 4-3-2 所示。

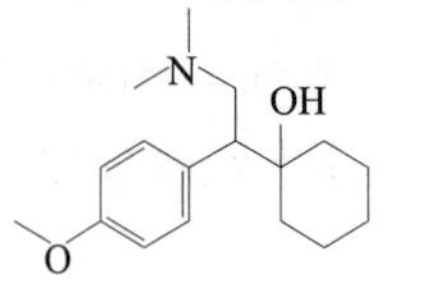

图 4-3-1　文拉法辛化学结构 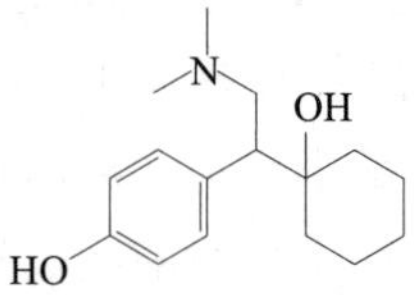　　　　图 4-3-2　去甲文拉法辛化学结构

去甲文拉法辛琥珀酸盐（Desvenlafaxine Succinate）缓释片（规格 100mg/片，商品名为 Pristiq）于 2008 年 2 月被美国 FDA 批准用于治疗重度抑郁症。去甲文拉法辛琥珀酸盐美国专利 US6673838 于 2022 年 3 月 1 日过期，其中国同族专利为 CN02808112.9（发明名称为"新的 O-去甲基-文拉法辛的琥珀酸盐"，申请日为 2002 年 2 月 11 日，已授权）。通过将文拉法辛的代谢产物开发成新一代的去甲文拉法辛琥珀酸盐，并通过上述美国专利 US6673838 保护，辉瑞公司在抑郁症治疗市场很好地完成了新产品对老产品的逐步替代，并将该产品的生命周期延长了近 14 年。

4. 前药

前药是指化合物经过结构修饰之后，在体外没有活性，但在人体内可以转化为原有的活性药物而发挥药效。原有的药物（原药）被称为母体药物，修饰后的化合物为前体药物，即前药。由于部分药物实体分子可能存在药代动力学等问题，药效学实验结果不尽如人意。研发人员为了提高成药性，通常会选择化学修饰、载体构建等多种手段改善实体分子的理化性质，其中，前药修饰是最常见的修饰方法之一。

索磷布韦被称作 21 世纪最伟大的发明药物之一。该药物可以治愈全球发病超过 2 亿人次的丙肝，是医药行业历史上的里程碑药物，优异的疗效和庞大的患病群体使索磷布韦上市的第二个自然年即实现了超过百亿美元的年销售额，为吉利德公司创造了巨大的商业价值。[1]

回顾索磷布韦的研发历程，Pharmasset 公司（于 2011 年被吉利德公司以 113 亿美元收购）在 2003 年首先研究开发了具有抗丙肝活性的核苷类似物化合物 PSI-6130（索磷布韦代谢产物，其结构如图 4-3-3 所示），并于 2004 年申请了涵盖该化合物的 PCT 申请 US2004/012472，其美国、中国同族专利申请陆续获得授权。中国同族专利号为 ZL200480019148.4，于 2009 年 6 月 24 日获得专利授权，授权范围涵盖了化合物

---

[1] 由索非布韦的专利之战看化合物药物的专利布局 [EB/OL].（2017-12-07）[2020-04-15]. http://www.sohu.com/a/209143718_689827.

PSI-6130，该专利目前已期满失效。

在发明化合物 PSI-6130 的后续药物开发研究中，2004 年，Pharmasset 公司与罗氏公司签署合作开发协议，授权罗氏公司开发 PSI-6130 及其前药。但为了增强化合物 PSI-6130 的过膜性研究中利用核苷酸结合蛋白水解酰胺键的特性，Pharmasset 公司在 2007 年首先设计完成了 PSI-6130 前药索磷布韦（见图 4-3-4），并在 2008 年申请了覆盖索磷布韦化合物的 PCT 申请 US2008/058183。该申请的中国同族专利为母案 CN200880018024.2（申请日 2008 年 3 月 26 日，已于 2023 年 5 月 2 日获得授权，授权公告号为 CN101918425B），其有 7 件分案申请：CN201410569402.3（已失效）、CN201811348434.5（已于 2023 年 4 月 18 日获得授权，授权公告号 CN109776637B）、CN201811280064.6（已失效）、CN201811280509.0（已失效）、CN201811432281.2（已失效）、CN202310694712.7（处于实质审查中）、CN202310695479.4（处于实质审查中）。

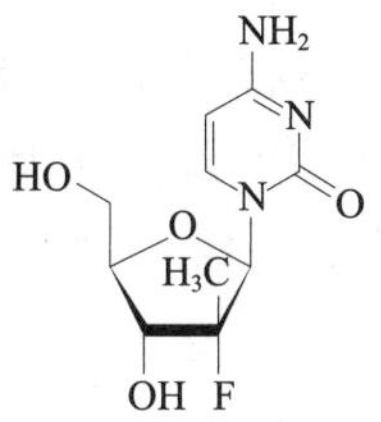

图 4-3-3 化合物 PSI-6130 的化学结构

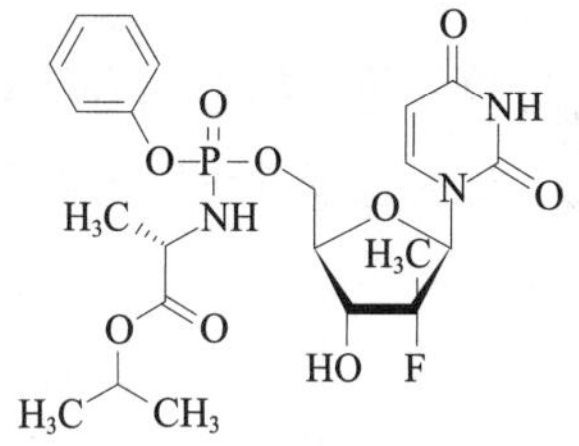

图 4-3-4 索磷布韦的化学结构

索磷布韦在商业上获得巨大成功后，引起了其他医药企业的关注。2013 年，曾经的合作伙伴罗氏公司声称 Pharmasset 公司于 2004 年与其签订的协议已经包括了 PSI-6130 前药开发的排他许可，因此也包括了索磷布韦（最终吉利德公司胜诉）；2013 年 8 月，默沙东公司以合作伙伴 IONIS 制药公司拥有索磷布韦代谢物专利为由要求吉利德公司以销售额 10% 的费率交付许可费；2013 年 12 月，Idenix 公司（后被默克公司于 2014 年 6 月以 28 亿美元收购）提出吉利德公司的索磷布韦侵犯了其 PSI-6130 三磷酸物的专利权（即索磷布韦的活性代谢形式）。虽然 2016 年 11 月美国特拉华州的陪审团作出裁断，判决吉利德公司支付给默克公司高达 25.4 亿美元的专利损害赔偿金，但吉利德公司依赖其索磷布韦化合物专利和 PSI-6130 代谢产物专利的组合，还是很好地捍卫了索磷布韦的市场空间。在中国，因为索磷布韦尚未获得专利授权，PSI-6130 代谢产物专利 CN200480019148.4 是吉列德公司最重要的专利防御武器之一。该专利通过 PSI-6130 化合物的形式，以及基于药物研发思路的扩展，包含了 PSI-6130 及其磷酸酯在内的马库什化合物。自该专利授权以来，在中国收到了默沙东公司（Idenix 公司）、I-MAK 组织以及自然人常颖等多方提出的无效宣告请求。迄今为止，该专利权虽然被部分无效，但化合物 PSI-6130 专利权仍然有效。

另一个案例是四川大学华西医院与宜昌人福药业联合研发的注射用磷丙泊酚二

钠（Fospropofol Disodium）。这是一种由丙泊酚的羟基与磷酸酯化合成的丙泊酚前体药物，水溶性好，剂型为冻干粉针。研发人员将水溶性差、稳定性差、临床应用中产生过敏等较多副作用以及不利于储存和运输的丙泊酚脂肪乳，通过前药技术制备成磷丙泊酚二钠，有效改善了药物的溶解性、稳定性以及安全性。注射用磷丙泊酚二钠由宜昌人福药业于2018年10月向国家药品监督管理局提交上市申请，2021年5月，国家药品监督管理局批准注射用磷丙泊酚二钠上市。磷丙泊酚二钠与丙泊酚的结构如图4-3-5和图4-3-6所示。

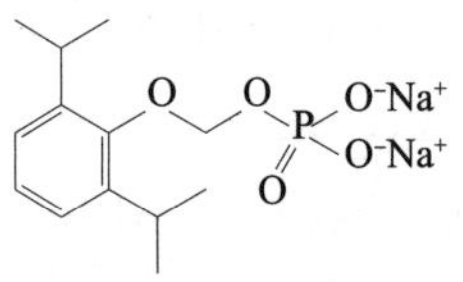

图4-3-5 磷丙泊酚二钠的化学结构 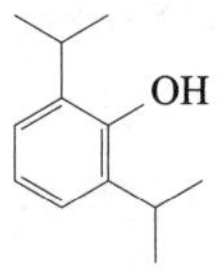　　图4-3-6 丙泊酚的化学结构

磷丙泊酚钠的化合物中国专利CN99811440.5（发明名称为"位阻醇或酚的水溶性前药"，申请人为堪萨斯州立大学，申请日为1999年8月6日，授权公告号为CN1198834C）已失效。宜昌人福药业在此研究基础上，后续申请了一种具有良好的水溶解性、稳定性及安全性的磷丙泊酚钠冻干制剂，涉及专利申请CN200910250194.X（发明名称为"一种新的前体药物制剂"，申请日为2009年11月30日，授权公告号为CN101716149B）以及适合药用的磷丙泊酚钠水合物晶型Ⅰ。涉及专利申请CN201110444471.8（发明名称为"一种适合药用的前体药物晶型、制备方法及药用组合物"，申请日为2011年12月26日，授权公告号CN103172658B），均获得专利授权保护，专利保护期满分别至2029年11月29日、2031年12月25日。

5. 手性药物

西酞普兰（Citalopram）是一种选择性5-羟色胺再摄取抑制剂，为外消旋体。1998年7月17日，美国FDA批准Allergan公司的氢溴酸西酞普兰片（规格20mg/片、60mg/片，商品名为Celexa）上市，用于治疗抑郁性精神障碍（内源性及非内源性抑郁）。艾司西酞普兰（Escitalopram）是西酞普兰的S型异构体。艾司西酞普兰和西酞普兰化学结构分别如图4-3-7和图4-3-8所示。

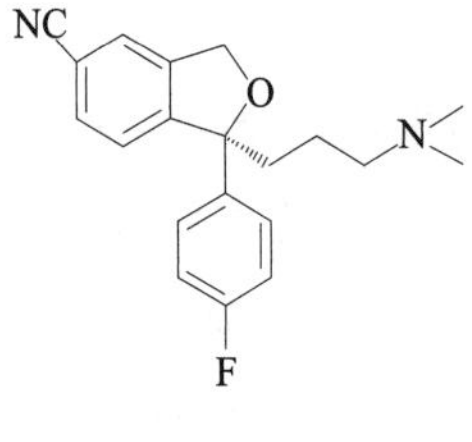

图4-3-7 艾司西酞普兰的化学结构 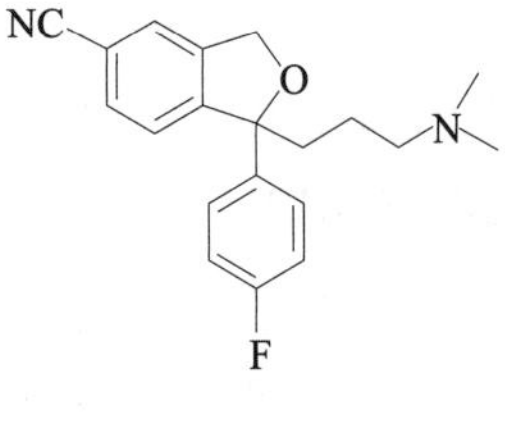　　图4-3-8 西酞普兰的化学结构

2002年8月14日，美国FDA批准Allergan公司的草酸艾司西酞普兰片（Escitalopram Oxalate，规格5mg/片、20mg/片，商品名Lexapro）上市，用于治疗成人抑郁症和

广泛性焦虑症。西酞普兰的化合物专利保护期早已届满,而草酸艾司西酞普兰的化合物美国专利 US6916941 于 2023 年 2 月 12 日到期。

6. 衍生物

尼洛替尼（Nilotinib）是诺华公司开发的第二代口服酪氨酸激酶（BCR-ABL）抑制剂,是诺华公司开发的第一代口服酪氨酸激酶抑制剂伊马替尼（Imatinib,商品名为格列卫、Gleevec）的衍生物。尼洛替尼为口服胶囊剂,其于 2007 年 10 月获美国 FDA 批准上市,用于病情恶化、对其他治疗不耐受或耐药（包括伊马替尼）的成人慢性粒细胞白血病,上市商品名为 Tasigna。尼洛替尼胶囊（200mg×28 粒）已于 2009 年在中国批准,商品名为达希纳。2012 年 8 月,美国 FDA 通过加快审批程序批准尼洛替尼的新适应证:用于新诊断的费城染色体阳性的慢性髓系白血病,该药获批将其适应证扩大至用于此类疾病的早期成年患者。Cortellis 数据显示,诺华公司的尼洛替尼 2023 年的全球销售额为 18.48 亿美元,预测 2026 年销售额为 4.616 亿美元。

尼洛替尼和伊马替尼的化学结构分别如图 4-3-9 和图 4-3-10 所示。

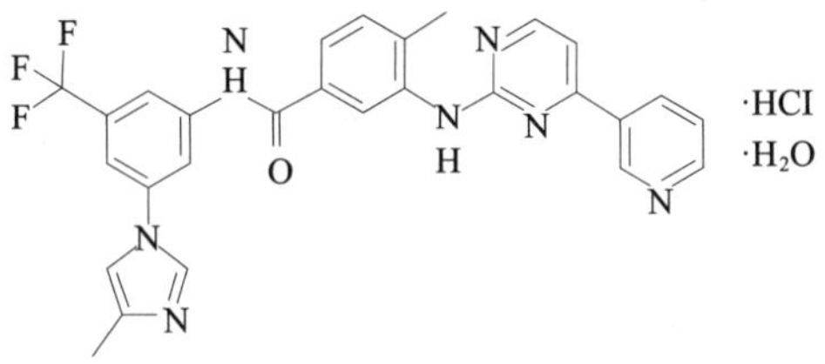

图 4-3-9　尼洛替尼的化学结构 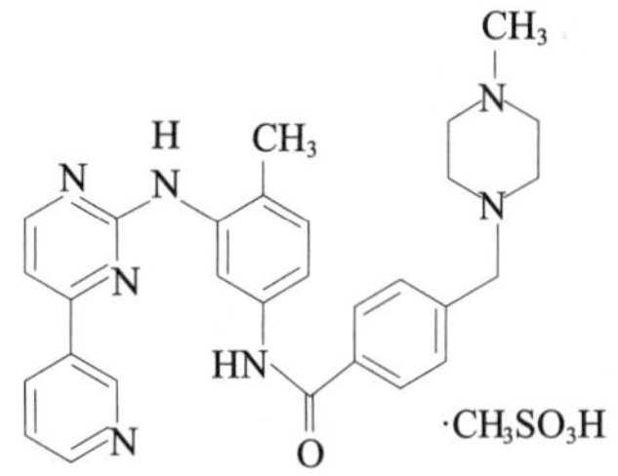　　**图 4-3-10　伊马替尼的化学结构**

诺华公司的尼洛替尼化合物专利 WO2004005281,其中国同族专利为 CN03818728.0（发明名称为"酪氨酸激酶抑制剂"）,申请日为 2003 年 7 月 4 日,公开号为 CN1675195A,授权公告号为 CN1324022C,已于 2023 年 7 月专利期届满。在盐及晶型方面,诺华公司于 2006 年陆续申请了对该化合物的多种盐及多种晶型的相应保护。其中药用盐为水合盐酸盐（1:1:1）,在同日（2006 年 7 月 18 日）提交的中国专利申请 CN200680026444.6（授权公告号为 CN101228151B）以及 CN200680026434.2（授权公告号为 CN101228150B）中均获得授权保护。其中在盐专利 CN101228151B 中,具体保护了尼洛替尼的单盐酸盐一水合物、其制备方法、药物组合物及用途。在晶型专利 CN101228150B 中,其授权保护了尼洛替尼盐酸盐一水合物的晶型。通过上述晶型及盐的专利,尼洛替尼药物在中国的生命周期延长了 3 年。

7. 氘代药物

近十多年来,一批专注于氘代研究的企业在新药研发领域取得了巨大成功。其中,国外最著名的莫过于 Auspex 公司（2015 年被 TEVA 公司收购）和 Concert 公司（2023 年被 Sun Pharma 收购）。

以色列 TEVA 公司的氘丁苯那嗪（Deutetrabenazine,SD-809,商品名为 Austedo）

在2017年4月3日被美国FDA批准上市，剂型为片剂，规格为6mg/片、9mg/片、12mg/片，临床上用于治疗亨廷顿舞蹈病（huntingtons chorea）和迟发性运动障碍（tardive dyskinesia），Austedo的参比药物是Lundbeck公司原研已上市的丁苯那嗪（Tetrabenazine，商品名为Xenazine），Austedo是丁苯那嗪的重氢化/氘代形式，其化学结构分别见图4-3-11和图4-3-12，氘丁苯那嗪曾被美国FDA授予突破性治疗和孤儿药认定资格，其通过505（b）（2）途径向美国FDA提交上市申请。该药物是全球范围内首个获批上市的氘代药物。2020年5月，国家药品监督管理局批准梯瓦规格分别为6mg/片、9mg/片、12mg/片的氘丁苯那嗪片上市，商品名：安泰坦。2024年2月，梯瓦授予恩华药业的该产品在中国大陆的独家商业化权益。

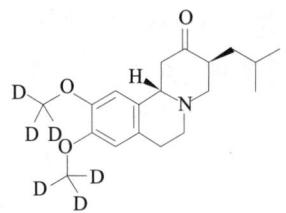

图4-3-11 Deutetrabenazine的化学结构

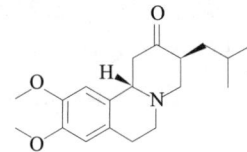

图4-3-12 Tetrabenazine的化学结构

与丁苯那嗪相比，Austedo能够显著减慢代谢过程，半衰期接近非氘代丁苯那嗪的2倍。因此，通过降低给药量和用药频率，Austedo副作用更小，患者的抑郁及自杀倾向减轻，困倦、失眠和静坐困难的概率非常低，同时抑制戒断反应的出现。也就是说，相对于丁苯那嗪，由于氘丁苯那嗪化学结构的改变，其药物安全性和有效性得到了改善。梯瓦公布的年报中显示，氘代丁苯那嗪在2023年度销售12.25亿美元，同比增长27%。

Deutetrabenazine的化合物专利为US2010130480A1、US2013296360A1、US2014206712A1、US2014206713A1、US2014350044A1、US2015080427A1、US2015328207A1、US2016158220A1、US2016220558A1、US2016367548A1、US2016375005A1、US2017166562A1、US2019375746A1、US20200347048A1、US20220267317A1、US8524733B2，目前只有1件专利授权，1件专利实质审查中，其他均已视撤失效，导致该氘代药物的专利授权比例低。其中国同族专利有2件ZL200980141378.0（申请人为Auspex公司，申请日为2009年9月18日，授权日为2014年11月12日，国家药品监督管理局药品审评中心登记专利）及分案申请CN201410524867.7（已视撤失效）。南京正大天晴制药有限公司已于2024年5月8日向国家药品监督管理局药品审评中心递交了氘丁苯那嗪片的仿制药申请，并针对ZL200980141378.0作出第3类专利声明。

苏州泽璟生物制药股份有限公司（以下简称"泽璟生物"）是国内氘代药物开发的领导者。泽璟生物的重点产品甲苯磺酸多纳非尼（Donafenib，原研药物是拜耳公司的肝癌药物索拉非尼），已获得多个国家重大新药创制科技重大专项支持，是中国首个完成一线治疗晚期肝癌Ⅲ期临床试验的国产靶向新药。多纳非尼作为全球第 2 个氘代药物于 2021 年获得国家药品监督管理局批准，用于治疗肝癌、甲状腺癌。泽璟生物年报数据显示多纳非尼在 2023 年销售了 3.84 亿元人民币。多纳非尼核心化合物专利 ZL200810200106.0，有效期至 2028 年 9 月 18 日，已登记于中国上市药品专利信息登记平台。多纳非尼的成功为使用氘代策略避免和减轻不良代谢物提供了参考❶。

专利 ZL200810200106.0 曾于 2021 年 2 月 9 日被王某以缺乏创造性提起无效宣告，并于同年 7 月 14 日经审查判决专利权维持有效。❷ 围绕请求人提出的观点：该专利所要解决的技术问题是提供一种新型 raf 激酶抑制剂，证据 1（PCT 专利 WO00/42012A1）中公开了化合物 42（索拉非尼），本领域技术人员为了改善药物的药代动力学和药效学的性质，通常会想到将已知的药用化合物中的全部或部分氢原子替换为氘原子。专利权人认为：证据 1 公开了大量具有 raf 激酶抑制活性的化合物，其中包括了本专利的非氘代形式的原型化合物，并没有针对选择其中任何一个具体化合物提出过技术启示，也没有记载过任何化合物的生物活性实施例。证据 1 没有制备过任何氘代化合物，抑或就任何原型化合物公开任一具体的氘代位点，也没有公开对于化合物进行氘代的技术启示。本领域技术人员在证据 1 的启示下，并不会显而易见地选择任何一个具体化合物并基于该化合物的结构进行氘代修饰。无论是证据 1 还是证据 2（PCT 专利 WO2007041630A1，涉及奥美拉唑类氘代），都没有对于该原型化合物在体内的限速步骤给出过任何启示，本领域技术人员也无法从证据 1 和证据 2 的启示中得出权利要求 1 的化合物。权利要求 1 的技术方案具有出乎意料的优异技术效果，在临床应用上获得了成功。

合议组认可了该专利的创造性，主要基于以下优点：①通过氘化改变了化合物的药物动力学特征，因为氘代化合物完全形成另一水合物膜，以致在生物体中的分布明显不同于未氘代的化合物，氘代化合物相较于未氘代的索拉非尼具备更好的药代动力学，因而具有更好的药效学效果。②通过氘代使得化合物在生物体中代谢过程改变，导致首过效应（first-pass effect）降低，在这种情况下，可以改变剂量并形成长效制剂，其也可以长效制剂的形式改善适用性；③请求人所提供的证据 2 和该发明化合物结构差异很大，药理作用及药物代谢途径也完全不同。❸ 该专利权利要求 1 相对于证据 1 实际解决的技术问题是延长索拉非尼化合物的半衰期，提高生物利用度和药效。最终合议组基于多纳非尼的相应代谢数据等支持了维持该专利有效。

---

❶ CHEN J, ZHU Y-Y, HUANG L, et al. Application of deuterium in research and development of drugs [J]. European Journal of Medicinal Chemistry, 2025, 287: 117371.

❷ 参见国家知识产权局第 50976 号无效宣告请求决定。

❸ 苑知汇. 从相关案例看氘代化合物专利创造性审查 [EB/OL]. (2024-05-20) [2024-11-05]. https://mp.weixin.qq.com/s?src=11&timestamp=1730812426&ver=5610&signature=WUU3rARpF5Q8-ZMuzbOpn-HUKpQCO5WTKpVzumNwMH2*8Y8-zsCNdA6eI961X7gz17BPS4xAmlgBs8ZqSgFcpta1hOay3sVLrdFu*0rYqJPClGFdB-0hundRuCBcG7dP*&new=1.

百时美施贵宝公司的氘可来昔替尼（Sotyktu）作为全球首个口服选择性酪氨酸激酶 2（TYK2）变构抑制剂，也是全球第 3 个获批上市的氘代药物，用于治疗适合系统治疗或光疗的中重度斑块型银屑病成人患者。[1] 分别于 2022 年和 2023 年获得美国 FDA 和我国国家药品监督管理局批准。该品种于 2022 年销售 800 万美元、2023 年销售 1.7 亿美元，且呈增长趋势。核心化合物中国专利 ZL201380069692.9 有效期至 2033 年 11 月 7 日，已登记于中国上市药品专利信息登记平台。其化合物美国同族专利有 US2015299183A1（授权公告号为 US9505748B2、USRE47929E）、US2017022192A1（授权公告号为 US10000480B2）、US2018265504A1（授权公告号为 US10526321B2）、US2020071315A1（授权公告号为 US11021475B2）、US2022356180A1。

从技术层面讲，氘代药物由于活性基团中的氢被替换成同位素氘，构建了比碳氢键稳定 6~9 倍的碳氘键，可以封闭代谢位点而延长药物的半衰期，从而在不影响药理活性的同时降低治疗剂量，拥有广泛的市场前景。然而，从法律层面讲，氘代药物往往被贴上为规避原研产品而开发的标签，在发明的创造性高度方面备受质疑。中国氘代药物相较于美国起步较晚，且在当前药物代谢研究较为全面的情况下，简单地以氘代化合物提高药效学/药代动力学性能的专利申请在中国专利审查阶段授权难度较大。在专利审查实践中，即使记载了有关氘代药物改善了药物代谢性能的实验数据，通常也会遭到不具备创造性的质疑。多数否定氘代药物具备创造性的审查意见使用了现有技术中通过氘代的方式提高化合物的半衰期，改善药物代谢性能的泛泛教导，并认为本领域技术人员容易根据该教导对已知药物进行结构改造。[2]

以氘代鲁索替尼化合物专利无效纠纷案为例，Incyte 公司（以下简称"请求人"，鲁索替尼的原研公司）针对 Concert 公司（以下简称"专利权人"，氘代鲁索替尼专利权人）美国专利号为 US9249149B2（以下简称"涉案专利"）的氘代鲁索替尼化合物专利向美国专利审查与上诉委员会（PTAB）提出了无效宣告请求。尽管专利权人对权利要求进行了修改，但修改后的权利要求，与对比文件 4、对比文件 2 和对比文件 3 的结合相比，专利 US9249149B2 仍被 PTAB 认为不具有专利性而被拒绝。PTAB 于 2019 年 4 月 8 日作出最终决定，涉案专利权利要求 1~15（全部）不具有专利性。专利权人后请求主管审查该案最终书面决定，但该请求被驳回。之后专利权人向美国联邦巡回上诉法院提起上诉，最终联邦巡回上诉法院认为专利权人的上诉理由不具有说服力，于 2023 年 8 月 22 日作出维持 PTAB 决定的判决。该专利涉及氘代鲁索替尼化合物的核

---

[1] 余艳平，陈程，范昭泽，等. 用于治疗银屑病的新型选择性 TYK2 抑制剂氘可来昔替尼（deucravacitinib）[J]. 中国皮肤性病学杂志，2024，38（5）：585-590.

[2] 专利问答. 特别观察：氘代药物中国专利申请及审查状况概览 [EB/OL].（2021-04-24）[2024-11-05]. https://mp.weixin.qq.com/s?src=11&timestamp=1730812426&ver=5610&signature=I6h9beti41KApZyhbqSRazuNlbDGDg0sHGSgn6AgnmGJCVMuzJsc*XNZWFrz4S*KF*Cqbo0tDXI7jWJq*Pa-cj5cWb-w5xfkGWztQrX73haQc3OO*XoC7l4CETqbyo7K&new=1.

心专利被全部无效。❶

以中国专利 ZL201410058184.7（发明名称为"氘代喹唑啉酮化合物以及包含该化合物的药物组合物"，涉及 GS-1101 氘代物）的复审案例为例，在专利授权过程中，基于现有化合物的氘代改进，审查部门更加关注本领域技术人员是否有动机在化合物的特定位置进行氘代以提高其药物动力学性质，当缺乏这一动机时，在特定位置氘代后取得了有益的技术效果，那么该改进是具备创造性的。❷ 专利 ZL201410058184.7 所述的 GS-1101 氘代物在授权文本中保护了氘代的通式，其在说明书和答复过程中争辩了特定的氘代位点对于药效的影响，最终授权通式限定的也是有限数量的化合物。❸

对于氘代药物而言，如何通过实验数据证明氘代所产生的技术效果超出了现有技术的预期，是证明具备创造性的关键。例如，①对药物活性的改进。如果氘代药物能够产生更好的活性，例如更高的肿瘤抑制率，则可以认为超出了对于氘代药物技术效果的预期。②药代动力学/药效学的改进。如果某一具体的氘代药物获得的药物代谢性质相对于其他氘代形式更为突出，则这样的实验数据无疑对创造性判断十分有利。③其他改进性能。包括制备工艺的优越性，毒副作用的降低，特定靶部位的吸收、分布等性质的改变等。在技术效果的具体体现方面，通常来说，氘代对于药物活性影响较小，建议提供药代动力学数据、稳定性数据方面的数据，以及提供不同氘代位点活性的差异化数据，以证明选择"特定位置氘代"的效果是不可预期的，从而支持创造性。

8. 创新药和仿制药的晶型

药物多晶型是指化合物具有相同的化学结构，但化合物分子在晶格空间排列顺序不同而形成的不同固体形态。药物不同的晶型导致药物熔点、溶解度、储存稳定性、体内溶出吸收等方面的差异，会影响药物的安全性和有效性。因此，药物晶型的研究越来越受到医药行业的重视。20 世纪 70 年代，美国药典中已有药物晶型的记载。

晶型是药物保护的常见形式，晶型专利越来越成为创新药化合物专利到期后继续维持原研药物市场垄断地位的重要手段。在实际研发工作中，对创新药或仿制药的晶型专利保护包括单晶、多晶、共晶、结晶水合物、溶剂化物、无定形固体、颗粒的粒度等。

对于原研药企业来说，在创新药开发过程中，通常在开发基础化合物后，企业会

---

❶❷ 瑞途知问. 浅析氘代鲁索替尼美国专利无效案：Case IPR2017-01256 [EB/OL]. (2024-04-08) [2024-11-05]. https：//mp. weixin. qq. com/s?src=11&timestamp=1730812426&ver=5610&signature=EGnOACWp4Lkavc6BkKHciQ15lOaEfNLXuNGoTpZ31Nn－HzAThd6k91ns7cfTKmdXgCCWhZmwITKwz9J7GRel9oSAcvisK46I4Gq*hp2k7wioooRKW6hlkWMUHn34Uqy1&new=1.

❸ 苑知汇. 从相关案例看氘代化合物专利创造性审查 [EB/OL]. (2024-05-20) [2024-11-05]. https：//mp. weixin. qq. com/s?src=11&timestamp=1730812426&ver=5610&signature=WUU3rARpF5Q8－ZMuzbOpn-HUKpQCO5WTKpVzumNwMH2*8Y8－zsCNdA6eI961X7gz17BPS4xAmlgBs8ZqSgFcpta1hOay3sVLrdFu*0rYqJPClGFdB－0hundRuCBcG7dP*&new=1.

进一步陆续研发优势药物晶型申请专利保护，进行各种不同类型的晶型专利布局，从而扩展并加强对基础化合物的保护。

例如，同和药品株式会社开发并推出了一种口服氟喹诺酮类抗菌新药扎布沙星（Zabofloxacin），其已在韩国获批上市。扎布沙星化合物中国专利CN98806026.4已期满失效，同和药品株式会社继续在中国申请了其天冬氨酸盐专利CN200880011978.0以及专利CN201580012053.8并获得授权，进一步保护了一种扎布沙星D-天冬氨酸盐倍半水合物（见图4-3-13）。其倍半水合物中的含水量为：利用卡尔费休滴定法测量的所述水合物的含水量质量分数为4.0%~5.9%，而且此结晶扎布沙星D-天冬氨酸盐倍半水合物用作抗菌剂的片剂。该专利在2035年3月3日到期。同和药品株式会社的扎布沙星化合物在专利期满后，其盐和晶型专利继续发挥保护作用，其中1件晶型专利使该产品的专利保护期延长至2035年（即在化合物专利期满后延长了17年）。如要仿制该产品，则关于盐、晶型、水合物的中国专利仍是障碍，因此需要无效宣告专利CN200880011978.0和CN201580012053.8。

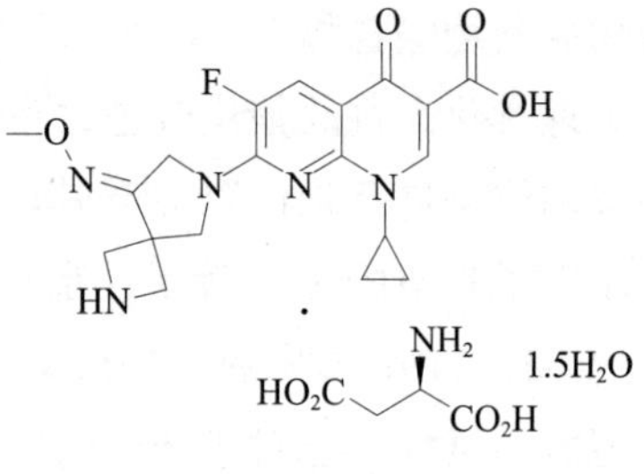

图4-3-13 扎布沙星D-天冬氨酸盐倍半水合物结构

原研药物一般选择成药性好的晶型。如果在仿制药开发过程中，制备得到具有优异理化性质的新晶型，则可以进行专利保护。

下面以CDK4/6抑制剂哌柏西利（Palbociclib）为例进行说明。

2015年2月3日，美国FDA批准辉瑞公司的哌柏西利胶囊上市，用于晚期或转移性乳腺癌治疗。其无进展生存期（PFS）较金标准治疗药物来曲唑延长3倍左右。哌柏西利是首个上市的细胞周期蛋白依赖性激酶抑制剂。[1] 在这之后，哌柏西利又被批准用于男性乳腺肿瘤（male breast neoplasm）治疗。

哌柏西利的化合物原研企业是沃尼尔·朗伯公司，其在中国的化合物专利为CN03802556.6及其两个分案申请CN201010255766.6、CN201110115074.6，申请日2003年1月10日，目前均已获得授权。2004年6月28日，沃尼尔·朗伯公司申请了1项盐及晶型专利（申请号为CN200480023494.X），披露了哌柏西利羟乙基磺酸盐及A、B、C、D 4种晶型。该专利在2010年6月2日获得授权，保护了A、B、D 3种晶型。而辉瑞公司在研发过程中最终放弃了哌柏西利羟乙基磺酸盐形式，获批上市的是哌柏西利游离碱形式。[2] 专利WO2014128588保护哌柏西利游离碱的多晶型A，公开粉末X衍射图谱，其中国同族专利为CN201480009556.5（发明名称为"选择性CDK4/6抑制剂的固态形式"），申请日为2014年2月8日，目前已失效。专利CN201480009556.5

---

[1] 葛凡，孙建，黄璐. 小分子周期蛋白依赖性激酶4/6抑制剂药物及其专利研究[J]. 中国医药工业杂志，2022，53（4）：464-473.

[2] 叶旋，张旻，王庆利. 新药研发中改盐案例分析[J]. 中国新药杂志，2019，29（19）：2332-2335.

有 2 个分案申请 CN201711141072.8（已失效）和 CN202010094827.9（处于实审状态）。由于晶型专利申请在化合物专利申请的 11 年后，因此，对当前的仿制药企业来说，哌柏西利游离碱 A 晶型专利 CN202010094827.9 仍是障碍。

对于仿制药企业来说，在原研化合物专利基础上，避开原研药企业及竞争对手已申请的晶型专利，转而进行化合物新晶型的探索和研究，不失为一种"抄近路"的研究思路。但是如果原研药企业在中国提交的药物晶型专利失效，则仿制药企业可以直接仿制，不会面临晶型方面的侵权风险。仿制药企业在仿制药新晶型专利申请文件的撰写中，应注意提供相对于已有晶型在成药性方面的优势，以期获得专利授权。这些性能优异的新晶型，若可以实现替代原研药晶型并符合生物等效要求，对其进行专利保护，形成自己的知识产权，还可以阻碍其他市场竞争对手。例如，北京双鹭药业股份有限公司（以下简称"双鹭药业"）在仿制来那度胺原料药及胶囊剂时，成功突破了原研药企业赛尔基因（Celgene）的工艺专利（CN97180299.8）以及晶型专利（CN200480030852.X 及分案申请 CN201010186227.1、CN201010186247.9、CN201110022689.4、CN201210126780.5）的限制。❶ 双鹭药业采用全新工艺（CN200910142160.9）和新晶型（CN200910210392.3），其工艺和新晶型专利均进行了海外布局，进入美国、日本、韩国、西班牙、欧洲、澳大利亚。双鹭药业的来那度胺于 2016 年 4 月 24 日获得国家药品监督管理局药品审评中心的优先审评资格，并在 2017 年 11 月 21 日实现首仿上市。目前国内有多家企业申报来那度胺原料药及来那度胺胶囊，其中，正大天晴、双鹭药业、齐鲁制药等厂家的来那度胺胶囊均获批通过制剂一致性评价上市。

【案例 4-3】 I 型结晶阿托伐他汀水合物发明专利无效行政纠纷案

1996 年 7 月 8 日，沃尼尔·朗伯公司申请了名称为"结晶 [R-(R*, R*)]-2-(4-氟苯基)-β, δ-二羟基-5-(1-甲基乙基)-3-苯基-4-[(苯氨基)羰基]-1H-吡咯-1-庚酸半钙盐"发明专利（即涉案专利），2002 年 7 月 10 日获得授权，专利号为 ZL96195564.3，优先权日为 1995 年 7 月 17 日。

1999 年，在立普妥进入中国之前，原北京红惠制药有限公司（2005 年更名为北京嘉林药业股份有限公司，以下简称"嘉林药业"）对其进行了仿制，作为国家二类新药和国内首仿药物研制获批上市，商品名为阿乐。随后，美国辉瑞公司的立普妥在我国获得行政保护（1999 年 9 月 30 日），该行政保护已于 2007 年 3 月 30 日期限届满。

下面主要介绍涉案专利无效宣告请求过程。

(1) 专利权人于 2007 年初向北京市第一中级人民法院提起民事诉讼，指控嘉林药业生产和上市销售的仿制药阿乐侵犯了其 ZL96195564.3 专利权，后来因证据不足而

---

❶ 黄璐，刘哲，许勇. 新型免疫调节药来那度胺的专利技术分析 [J]. 中国新药杂志，2016，25 (21)：2430-2435.

撤诉。

（2）针对专利 ZL96195564.3，嘉林药业向原专利复审委员会提起了专利无效宣告请求；经过两次开庭口头审理后，原专利复审委员会于 2009 年 6 月 17 日作出第 13582 号审查决定，认定该专利不符合《专利法》第 26 条第 3 款的规定，宣告该发明专利权全部无效。

（3）专利权人不服原专利复审委员会作出的第 13582 号审查决定，向北京市第一中级人民法院提起行政诉讼，嘉林药业作为第三人参与该诉讼。一审法院经开庭审理，于 2010 年 5 月 14 日作出（2009）一中知行初字第 2710 号行政判决书，判决维持了第 13582 号审查决定。

（4）专利权人不服上述一审行政判决，向北京市高级人民法院上诉，嘉林药业作为第三人参与上诉。二审法院审理后，于 2012 年 5 月 15 日作出（2010）高行终字第 1489 号行政判决，判决撤销一审判决，撤销第 13582 号审查决定，判决原专利复审委员会就发明专利 ZL96195564.3 重新作出无效宣告请求审查决定。

（5）原专利复审委员会和嘉林药业均不服二审法院的判决，分别向最高人民法院提起再审申请；最高人民法院最终于 2015 年 4 月 16 日作出了（2014）行提字第 8 号行政判决：撤销北京市高级人民法院（2010）高行终字第 1489 号行政判决；维持北京市第一中级人民法院（2009）一中知行初字第 2710 号行政判决。

最高人民法院再审认为，本领域技术人员并不能从涉案专利说明书中确认含有不同摩尔水的 I 型结晶阿托伐他汀水合物。水含量的确认对于确认涉案专利产品是必不可少的，与该发明要解决的技术问题也密切相关，由于涉案专利说明书并未对此进行清楚和完整的说明，故不符合《专利法》第 26 条第 3 款的规定。由于涉案专利说明书中没有对涉案专利请求保护的 I 型结晶阿托伐他汀水合物中的水含量进行清楚、完整的说明，本领域技术人员无论是根据专利说明书中的一般性记载，还是根据其中具体的实施例，均无法确信可以受控地制备得到涉案专利请求保护的含 1~8mol 水（优选 3mol）的 I 型结晶阿托伐他汀水合物。从化学产品制备的角度，涉案专利说明书亦不符合《专利法》第 26 条第 3 款的规定。❶

通过上述案例可以得到以下启示。

（1）充分公开与技术保密的平衡。专利的本质是"公开换保护"。对于一般的化合物晶型或制备方法而言，建议将本领域人员通过实验比较容易得到的技术方案充分公开换得稳定的专利保护。如果是属于他人不好获取或很难开发得到的技术和配方，可以考虑以技术保密/商业秘密的方式保护，如云南白药配方、可口可乐配方和冬虫夏草增殖技术等。

（2）专利申请文件的撰写。首先，撰写人员在充分理解技术交底书的基础上进行

---

❶ 最高人民法院. 沃尼尔·朗伯有限责任公司与中华人民共和国国家知识产权局专利复审委员会等发明专利权无效行政纠纷案 [EB/OL]. [2020-04-15]. http://www.pkulaw.cn/.

合理的权利要求布局,应考虑要求保护的技术方案是否得到说明书的支持。如果说明书公开的内容支持不了很大的保护范围,则可以撰写部分包含多个技术特征的从属权利要求,以备在专利被无效宣告时能通过收缩范围防守。其次,在技术层面,需要与技术人员多沟通,从不同角度理解专利申请的技术方案;如上述案例中出现的"不同水合物是否都具有相同的XPRD""结晶化合物中的通道水和结晶水对其性能的影响和在检测结果上的区别"等问题,用清晰的思路和客观的态度进行撰写。

(3)要求保护范围的大小与专利稳定性的平衡。众所周知,专利要求保护的范围越大,越有可能包含现有技术的内容,即越容易被无效;相反,要求保护的范围越小,越有可能排除现有技术的内容,以符合《专利法》对专利"三性"规定的要求。这就要求专利撰写人员在充分检索现有技术的基础上,了解希望保护的范围,判断可以争取的保护范围并且确定很可能得到的保护范围,结合企业的产品特征,做到既能通过布局专利从属权利要求的方式,保护好核心的技术方案,又能通过"上位""等同"等方式撰写专利申请,争取获得较大的权利范围;还能通过合理概括进一步扩大保护范围,从而确保企业拥有的专利达到上述"稳"和"准"的效果。

【案例4-4】噻托溴铵结晶性单水合物

噻托溴铵(Tiotropium Bromide,别名为溴化替托品)是一种支气管扩张剂。2004年1月30日,美国FDA批准原研药企业勃林格殷格翰(Boehringer Ingelheim,BI)的噻托溴铵粉吸入剂上市,适用于慢性阻塞性肺疾病(COPD)的维持治疗,商品名为思力华(SPIRIVA)。2014年9月24日,FDA批准BI的噻托溴铵喷雾吸入剂上市。Cortellis数据显示,BI的噻托溴铵产品是一个超级重磅炸弹药物,2013年销售额达到峰值47.17亿美元,2018年度销售额为28.489亿美元。噻托溴铵在国内的首仿药为正大天晴开发的噻托溴铵粉雾剂,于2006年5月获批上市,商品名为天晴速乐。

噻托溴铵的化合物专利为WO9104252A1,有美国、日本、欧洲同族专利,但是该化合物专利未进入中国。专利权人贝林格尔英格海姆法玛两合公司(即勃林格殷格翰公司)于2001年9月28日在中国提交噻托溴铵晶型专利CN01817143.5,发明名称为"结晶单水合物、其制备方法及其在制备药物组合中的用途",优先权日为2000年10月12日,于2005年10月5日获得授权,授权公告号为CN1221549C。

专利CN1221549C的权利要求1如下:

1. 式(Ⅰ)化合物溴化替托品的结晶性单水合物,

其特征在于单一的斜晶体,它具有的量度如下:a = 18.0774 埃、b = 11.9711 埃、c = 9.9321 埃、θ = 102.691 度、V = 2096.96 埃³。

2007 年 4 月 11 日,国家知识产权局对上述专利进行了更正公告,将授权公告文本中的权利要求 1 中的"……斜晶体……""……θ = 102.691 度"分别更正为"……单斜晶体……""……β = 102.691 度"。

针对上述专利,正大天晴于 2007 年 10 月 29 日向原专利复审委员会提出无效宣告请求,并提交了证据 1~4,认为涉案专利权利要求 1~8 不符合《专利法》[1]第 26 条第 4 款和第 22 条第 3 款的规定。针对请求人于请求日提交的专利权无效宣告请求书以及原专利复审委员会发出的无效宣告请求受理通知书,专利权人于 2008 年 1 月 18 日提交了意见陈述书,并提交了反证 1~5,以证明涉案专利具备创造性。

2008 年 3 月 17 日,专利权人提交了意见陈述书和修改的权利要求书替换页,针对授权公告后经更正的权利要求书,删除了其中的权利要求 1,并将权利要求 2~3 合并,修改后的权利要求 1 为:

式(I)化合物溴化替托品的结晶性单水合物,其特征为单一的单斜晶体,它具有的量度如下:a = 18.0774 埃、b = 11.9711 埃、c = 9.9321 埃、β = 102.691 度、V = 2096.96 埃³;在使用 DSC 进行热分析时在 10K/min 的加热速度下,在 230 ± 5℃ 出现吸热峰;IR 光谱表明在波数 3570、3410、3105、1730、1260、1035 及 720cm^{-1} 处有吸收带。

专利权人认为,修改后的权利要求 1 清楚地表述了要求保护的范围,符合《专利法实施细则》第 20 条第 1 款的规定;修改后的权利要求 1~6 的方案足以区别现有技术,反映了涉案专利相对于现有技术所作出的贡献,符合《专利法实施细则》第 21 条第 2 款;该发明专利说明书公开了溴化替托品单水合物的制备方法、物理表征,符合《专利法》第 26 条第 3 款的规定,权利要求 1~6 得到了说明书的支持,请求人没有提供证据表明溴化替托品单水合物晶体还可以不同于该发明的晶体形式存在。

2008 年 3 月 17 日,请求人提交了意见陈述书,并认为权利要求 4 不符合《专利法实施细则》第 21 条第 2 款的规定;权利要求 1~8 得不到说明书的支持,权利要求 1~8 不符合《专利法》第 26 条第 4 款的规定;权利要求 1~8 不符合《专利法》第 22 条第 3 款规定的创造性。

2008 年 6 月 10 日,专利权人提交了意见陈述书和反证 6。请求人提交了意见陈述书和证据 5~7,专利权人继续提交反证 7。2008 年 7 月 8 日,请求人提交了意见陈述书,针对反证 6 和反证 7 陈述了意见,请求人认为反证 7 和反证 1 结合不能证明涉案专利具备创造性。2008 年 7 月 8 日,专利权人提交了意见陈述书和反证 8~13。针对专利权人于 2008 年 7 月 8 日提交的意见陈述书和反证 8~13,请求人于 2008 年 7 月 15 日提交了意见陈述书、反证 12 的部分中文译文以及反证 13 第 15~16 页复印件及其部分中文译文。

---

[1] 该案例适用《专利法》(2000 年)和《专利法实施细则》(2001 年)。——编辑注

2008年9月10日，原专利复审委员会作出第12206号无效宣告请求审查决定，宣告专利CN1221549C的权利要求1~8不符合《专利法》第22条第3款的规定而全部无效。勃林格殷格翰不服该决定，向北京市第一中级人民法院提起行政诉讼。北京市第一中级人民法院作出了（2009）一中行初字第83号行政判决，维持原专利复审委员会的无效决定。勃林格殷格翰上诉至北京市高级人民法院，二审法院支持了一审法院和原专利复审委员会的观点，维持专利权无效。专利权人向最高人民法院提起再审请求，最高人民法院确认了权利要求1要求保护的溴化替托品单水合物晶体与最接近现有技术相比为"结构接近的化合物"，涉案专利的晶体相对于现有技术化学产品不具有预料不到的技术效果，不具备创造性，最终作出了驳回专利权人再审请求的裁定。

该案要点为：对于结构上与已知化学产品接近的化学产品，必须有预料不到的用途或效果，否则该化学产品不具备创造性。从发明专利申请文件和现有技术中均不能得到教导的效果，不能作为认定该发明具备创造性的依据。申请日之后提交的证明该效果的实验数据，在创造性评价中应当不予考虑。❶

4.3.3 中药

4.3.3.1 中药领域专利保护的必要性

传统中药是"尊古"的。也就是说，习惯于从古代典籍中寻找用药依据，采用的都是经典古方或者经验方，通过辨证论治，针对不同患者随证加减，可能因缺乏新颖性、工业实用性以及客体问题等原因而不具有可专利性。但是现代中药则不同，其既借鉴了传统中药的理论基础和系统论的思维方式，又注入现代科技的研究手段。它具有标准化、可控性的特点，是对传统中药的创新，可以很好地适应工业化大生产。众所周知，我国在化学药领域一直在仿制，只能跟在国际制药巨头的身后亦步亦趋，在研发基础、资金投入和知识产权垄断方面，都难以与国际制药巨头相抗衡。相反，在现代中药领域中，我国有得天独厚的药材资源和历史悠久的用药经验，积累了大量临床疗效非常好的组方。对这些内容进行现代中药开发将有可能在未来形成属于我国自主开发的原研药，是我国药品以原研药身份参与国际竞争的希望。

现代中药产业要想国际化，就必须遵循国际化的游戏规则。在这些规则中，专利保护制度是非常重要的组成部分，缺乏了专利保护，产品就处于"裸奔"状态。一旦行政保护过期，仿制药必然迅速抢占市场，大大影响药品的预期收益。国内制药企业要想走向世界，积极参与药品的国际竞争，必须重视专利武器，用好专利武器，才能保护自己的药品知识产权。❷

---

❶ 第12206号专利无效审查决定：结晶单水合物、其制备方法及其在制备药物组合中的用途［EB/OL］.（2012-07-10）［2020-01-01］. http://blog.sina.com.cn/s/blog_4858e15501016239.html.

❷ 窦夏睿. 现代中药领域专利创造性问题研究［D］. 北京：北京大学，2015.

由于中药具有非常强烈的中国特色和历史文化背景,其具有独特的理论和技术方法体系。在传统知识与现代制度的碰撞下,本领域的专利保护产生了非常多的特殊问题。同时中药领域的审查标准也一直在不断调整。2020年4月,国家知识产权局发布《中药领域发明专利审查指导意见(征求意见稿)》主要对中药领域涉及《专利法》第5条第1款、第26条第3款和第22条第3款的相关审查基准予以进一步规范,其目的在于进一步做好中医药领域专利申请的审查工作。2020年11月,国家知识产权局发布《专利审查指南修改草案(第二批征求意见稿)》,第一次以单独章节规定中药领域发明专利的申请和审查,为中医药专利审查提质增效。2022年8月,国家知识产权局在针对全国人大代表提出的"关于加强改进中医药知识产权保护的建议"进行回复的过程中明确表示,"未来将在审查标准细化和审查流程、人员配置方面均会充分考虑中医药的特点"。《专利审查指南(2023)》关于中药审查部分基本延续了2020年征求意见稿的内容,正式在实质审查部分增加专章来规定中药专利的审查方式和新创性判断标准。

4.3.3.2 中药领域可专利的主题

根据《专利审查指南(2023)》的要求,中药发明专利可授权的客体包括产品和方法两大类,其中:可授予专利权的产品专利包括经过产地加工得到的中药材、经过炮制加工得到的中药饮片、中药组合物、中药提取物和中药制剂。可授予专利权的方法专利包括中药材的栽培或者产地加工方法,中药饮片的炮制方法,中药组合物、中药提取物、中药制剂等产品的制备方法或者检测方法,中药产品的制药用途。

《专利审查指南(2023)》还对保护客体进行了排除式的限定。利用禁止入药的毒性中药材完成的发明,从自然界找到以天然形态存在的物质,中医药理论,中医药记忆方法,中医的诊断方法,中医的治疗方法等,因违反《专利法》第5条或第25条而被排除于授权范围之外。

细分到具体的现代中药领域,可申请专利的主题范围其实非常广,从原料到其成品以及过程中的任何环节,只要该技术改进能带来有益的社会效果,就能够被列入保护范围。这主要包括:①改进原有复方。为适应新病情需要,在原有复方的基础上随证进行药味的加减,或在原有复方的基础上不改变药味,但对药量进行加减,从而增强药力或改变主治。②改变药物配伍。在"君、臣、佐、使"的组方原则下形成有药用价值的新配方颗粒、新饮片或者新组合物,同时该配伍方法是一种新技术。③药物提取物。用特定工艺从单味或复方中药中提取有效成分。若该有效成分或有效部位的结构是可以被知道的,并且未被公开过,则可以申请新化合物专利保护;如果不可知,则可以通过工艺参数或方法等申请专利进行保护,在组合物的基础上可以进一步衍生用途和制备工艺专利。④复方的新用途。在针对复方或者中药中提取的有效成分发现新的医疗用途时,可以申请用途专利保护。⑤复方的新制备方法。采用新的工艺、新的

技术使中药复方的药效更佳或者制药过程更加简便快捷，同时该新工艺技术符合专利"三性"的规定，也可以申请专利保护。❶

应当理解，针对《专利审查指南（2023）》给出的"排除式"限定，实践中并非绝对。例如"毒性药材"，或者配伍禁忌的"十九畏、十八反"，如果经过炮制或配伍之后，有证据证明含该中药材的发明符合用药安全，则可以被授予专利权。对于此类申请，要特别在实验例上对毒性问题作针对性的设置。

4.3.3.3　中药领域专利布局方式

下面从中药组方、中药制剂、中药制备方法/用途以及中药设备专利这四个方面对现代中药领域的专利撰写和专利布局进行详述。

就产品权利要求而言，现代中药和西药在物质基础上最大的区别就是中药产品成分的复杂性。中药产品多数不能采用马库什权利要求进行保护，而更多地采用组合物和制备方法限定的方式保护，少部分也会采用参数限定的方法。对于从中药中提取的单体化合物，如可用马库什权利要求表示的，可参见本章第4.3.2节关于化合物的叙述。

（1）中药组合方专利。

现代中药领域有一些采用原药材作为组分限定的组合物产品专利申请，其中不包括制备方法的技术特征。相对于用制备方法或含有辅料特征限定的产品专利来说，这类发明技术特征较少，因此保护范围较大，通常被认为是中药品种的基础专利。

在撰写方式上，中药的组分专利更多地会采用封闭式撰写方式，即明确各组分的组成。因为采用开放式撰写，必须得到说明书的支持。如果开放式权利要求中的组分仅仅写明了 A + B + C，而说明书里实际上没有描述除此之外的其他组分，或者是没有数据支持除此之外的组分加入会产生技术效果，则不能采用开放式的撰写方式。

由于配方中各组分的比例对配方的最终疗效有决定性作用，故而一般要求各组分有明确的比例限定，限定方式可以采用重量份、重量比例、重量百分比等形式。例如，专利 CN01136155.7 的权利要求如下：

一种治疗冠心病心绞痛的药物，其特征在于各原料的质量分数是：

丹参　　63.0% ~ 94%

三七　　4.0% ~ 35.0%

冰片　　0.5% ~ 2.0%。

撰写中药专利要特别注意中药材名称的表述应当规范。由于数千年历史文化的影响，中药材的名称存在正名、异名、别名和俗称等形式，一般在专利申请中应当采用中药材的正名。如果说明书中的中药材名称在现有技术中没有明确记载，则应当在说

---

❶ 杨芳. 传统中药复方专利保护制度研究［D］. 北京：北京外国语大学，2014.

明书中记载足以使本领域技术人员能够确认该中药材的相关信息，如植物基原、拉丁名、药用部位、性味归经、功效等，以便本领域技术人员能够确认该中药材，否则有不清楚或公开不充分之虞。

例如在国家知识产权局第 11647 号复审请求审查决定中，涉案专利为"治疗胃病的药物及其制备方法"的发明专利申请 ZL01107369.1。该申请说明书描述的原料"藤子暗消"是异名，在《中药大辞典》中对应于两种基原、性味和功用主治并不相同的正名原料：南木香和羊蹄暗消。但是该申请说明书未具体指明"藤子暗消"所对应的具体药物的性状特征和功能，也没有给出中药方解。因此，本领域技术人员根据说明书的记载并不能确定"藤子暗消"对应于"南木香"或是"羊蹄暗消"中的哪一种，所属技术领域的技术人员也无法预见"南木香"和"羊蹄暗消"都能够与该申请中药组方中的其他中药配伍，都能够采用该申请中的制备方法制备，并且能够解决该发明所要解决的治疗胃脘痛久治不愈、反复发作的问题和达到该发明所要达到的技术效果。该专利申请由于不符合《专利法》第 26 条第 3 款而被驳回。

从实践来看，原药材在本草书籍或各地药材志中都是有记载的，很多产品在原药材配伍上或多或少脱胎于古方或临床验方，所以中药产品专利几乎不可能出现开拓性发明，往往会给公众以创造性低的印象，造成中药专利整体授权率低于其他药品专利。在新修订的《专利审查指南（2023）》第二部分第 11 章中，特别强调中药组合物发明创造的"三步法"判断过程中，不宜过度关注现有技术披露发明的技术特征的数量，而需要特别注意站位本领域技术人员，结合中药特有的"理、法、方、药"对发明和现有技术所述技术方案进行分析和比较，判定中药组合物发明的显而易见性。并在《专利审查指南（2023）》中对加减方、合方、自组方的创造性判断进行了举例说明，其专章论述为中药组方专利的撰写提供了符合中医药理论特色的思路，是我国中药审查标准的一大进步。

(2) 中药制剂专利。

中药制剂是指中药成方制剂，具有一定的处方组成和辅料，其中，活性成分是中药的提取物或者组分。根据国家药品监督管理局发布的《中药注册分类及申报资料要求》的要求，中药制剂的注册分为 4 类，其分类均涉及技术创新。其中，第 1 类（中药创新药）、第 2 类（中药改良型新药）、第 3 类（古代经典名方中药复方制剂）均大量涉及创新和专利保护的问题。

前面提到的组方专利采用"封闭式"撰写方式并非意味着该组分制成制剂不能增加其他辅料，同一个组方可以通过辅料的种类选择和配比筛选，或通过特定的制备工艺，而形成物质基础完全不同甚至临床应用有所差异的制剂形式，从而形成更多的外围专利。这也是现代中药专利拓展布局的重要方向。如果这些专利技术最终实现产业化，也可以拓宽中药企业产品线。

中药制剂专利保护需要提供完整的技术信息、药物组成、制备方法和其解决的技术问题以及相对现有技术作出的贡献。从撰写方式上看，制剂专利通常融合了组方和制备方法的技术特征，如果是新剂型，则可能带来新的功能。

如前所述，现代中药制剂产品成分极为复杂，很难用明确的成分进行限定。实践中常常存在来源于同一个古方或验方、原料药组成相同、比例近似的品种，由于制备过程的差异，最终可能形成物质基础不同、药效差异显著、市场价值差异巨大的完全不同的药物品种，例如复方丹参片和复方丹参滴丸。

故在产品成分复杂、无法清楚限定的时候，或者是组方本身不具有创造性或创造性不够的情况下，可以采用制备方法限定产品的权利要求来满足创造性的基本要求。

例如，专利CN200310123995.2保护了一种复方银杏叶制剂，其特征在于，它按质量分数由下述组分构成："银杏叶提取物30%～90%，人参提取物1%～30%，川芎挥发油1%～50%。"其中各提取物采用下述方法制备而成：

银杏叶提取物：取银杏叶，粉碎，采用乙醇提取，提取液过树脂吸附，乙醇洗脱，收集洗脱液，浓缩回收乙醇得银杏叶提取物；

人参提取物：取人参，采用有机溶剂提取法得人参提取物；

川芎挥发油：取川芎，采用水蒸气蒸馏法得川芎挥发油。

在以上权利要求中，由于银杏叶提取物、人参提取物、川芎挥发油都是成分极为复杂的混合物，并且不属于含义明确的标准术语，故而在撰写方式上，可以用其特定的制备方法对各组分进行明确的限定，以满足专利授权的要求。

再如，丹参本身是传统的活血化瘀药，具有抗心肌缺血的药理作用。单纯用专利保护丹参或者丹参的抗心肌缺血作用已经不具备新颖性。但是，可以通过特殊的制备方法让传统中药焕发新的活力。例如，专利CN03130862.7的权利要求如下：

一种具有改善心肌缺血作用的丹参滴丸，其特征在于由以下步骤制备：

a. 取粉碎后的丹参药材，热水提取，滤过，合并滤液，适当浓缩；

b. 上苯乙烯型大孔树脂吸附并用水除去杂质；

c. 用90%～98%乙醇洗脱，浓缩回收乙醇，得丹参提取物；

d. 丹参提取物与适当辅料混合均匀后，加热化料；

e. 将混合好辅料的丹参提取物移入滴丸机滴罐，滴入低温的液体石蜡中，除去液体石蜡，选丸，即得，

其中，丹参提取物与辅料重量比为1:(2~4)，所述的辅料为聚乙二醇4000、聚乙二醇6000、聚乙二醇4000和聚乙二醇6000两者混合物、硬脂酸钠或甘油明胶中的一种。

实践中，参数限定的组合物有可能与上述两种权利要求发生重叠，比如配方比例本身就是一种数值选择，制备方法中也存在很多参数的选择。数值限定通常可以分成以下3种情况：①发明解决的技术问题和技术效果相对于现有技术是一般的，发明仅仅代表了一种对现有技术的进一步改进，所限定的数值范围是对现有技术的试验性优选；②发明解决的技术问题和技术效果相对于现有技术是一般的，但是数值限定带来

的技术效果相对于现有技术是有显著进步的，以至于数值限定是具有关键意义的；③发明提出了和现有技术不同的技术效果，以至于数值的限定具有新的技术意义。

随着现代提取技术的发展，越来越多的新技术被用于中药的提取和分离，例如超声提取、色谱柱分离等。新技术的应用使人们得到了过去不曾发现的新的中药提取物，通过现代分析方法定量地还原中药提取物的物质基础，由此产生了很多来自中药的新的活性成分。这些新活性成分是非常有必要进行专利保护的，比如治疗疟疾的青蒿素最初就是从中药青蒿中提取出的。但是，这类结构明确、组成单一的活性成分，在使用上其实已经完全脱离了中医药的理论体系。因此在专利撰写以及"三性"判断上，应该按照化合物的标准（具体参考第4.3.2节及第6.1节），本节不再单独论述。

（3）中药制备方法/用途专利。

就方法权利要求而言，常见的权利要求类型有产品制备方法和产品检测/鉴定方法两类。制备方法如前所述组合物的制备方法，通常会和产品专利写在同一件申请中，可能作为一件申请中的不同独立权利要求，也可能成为同一申请的同一权利要求中的不同技术特征。在前一种情况下，制备方法权利要求即使制备特征比较常规，通常也会因为其引用的产品/组分权利要求具备创造性而其本身获得了创造性。例如，专利CN01136155.7的权利要求10保护了该组合物的制备方法：

根据权利要求1~5任一所述的治疗冠心病心绞痛药物的制备方法，其特征在于它是采取如下步骤：

步骤一：取经粉碎的丹参、三七药材，加热提取2~4次，提取温度为60~100℃，煮提液滤过，合并滤液，并将滤液浓缩；

步骤二：在浓缩液中加入乙醇，使乙醇浓度为50%~85%，静置，上清液滤过，滤液回收乙醇，浓缩为相对密度为1.15~1.45的浸膏；

步骤三：将上述所得浸膏与冰片及辅料聚乙二醇混合均匀后，滴制成丸。

这属于典型的"假从属、真独立"的权利要求，是引用其他独立权利要求的并列的独立权利要求，保护范围实际上包括被引用权利要求的所有技术特征。因此在其被引用的权利要求（组方）本身具备创造性的前提下，这类权利要求通常也具备创造性。

此外，还有药材的炮制方法。中药原材料多来自动植物，中医药经过数千年的发展积累了一套独特的炮制方法。然而，炮制技术在"尊古方古法"的基础上，还需要开发一些效率更高、更适合工业生产环境批量使用的方法。这类新的方法可以用专利保护。但是，撰写专利时应该特别注意新法与古法的对比试验的设计和数据统计，以突出方法改进的技术效果。例如，专利CN201410058784.3的权利要求如下：

一种丹参的炮制方法，其特征在于，包括如下步骤：

（1）丹参去除杂质和残茎，洗净，晾干；

（2）取丹参质量分数2.0%~5.0%的碱，加0.5~2ml/g丹参量的水溶解成碱水，加入丹参，闷润 12~48h，至透心；

(3) 取出后干燥至水分≤13.0%，干燥温度为 40~80℃；

其中步骤 (2) 所述的碱为碳酸氢钠。

在说明书中，发明人主要对加入碱水的量和碱水配制体积进行了筛选，得出了最佳参数；发明人比较了《中国药典》载传统炮制方法和该发明提供的加碱水闷润烘干法在炮制之后丹参饮片中有效成分丹参素的含量，认为新法可以大大提高饮片中丹参素的含量。而丹参素本身为小分子，相对于其他有效成分更易透过血脑屏障，发挥药理作用，该新法因取得了预料不到的技术效果而被授权。

检测/鉴定方法通常不涉及产品生产，但发明授权后可能成为该品种的技术标准。药品技术标准不仅能保证药品的安全有效、质量可控，而且可以作为企业进行市场竞争的手段甚至成为国际贸易的通行规则。如果通过专利权控制药品技术标准，即药品技术标准成为专利，将是非常具有实践意义的。在中药制剂技术领域的质量控制方法中，中药的指纹图谱或者特征图谱及其建立方法是常见的专利类型。这种类型的专利使用的手段虽然是通用的技术手段，但是由于针对特定的制剂组分，在色谱分离中固定相和流动相的选择、洗脱液的配制、洗脱时间和浓度的控制等方面，都需要付出创造性的劳动，才能达到清晰分离的技术效果，因此具有可专利性。

例如，专利 CN201210100704.7 提供了一种柴胡浸膏中皂苷类成分的高效液相色谱检测方法，其特征在于，供试品采用固相萃取柱预处理，色谱条件为采用 C18 色谱柱，流动相为乙腈－水梯度洗脱，检测器为二极管阵列检测器，其中，供试品预处理过程为：取柴胡浸膏用水溶解并稀释，上固相萃取柱 HyperSepC18，用 20% 乙腈水溶液淋洗后，再用 50% 乙腈水溶液洗脱并收集洗脱液，过 0.22μm 有机膜。上述专利方法，可同时测定柴胡滴丸浸膏中 4 种柴胡皂苷的含量。此方法操作简便，检测结果具有很好的线性、重复性、重现性和回收率，结果准确可靠，能够对柴胡滴丸质量进行较为全面的控制。这类申请通常应当给出详细的检测参数筛选过程，否则容易被认为常规手段的任意组合而影响创造性。

现代中药领域中还存在产品的用途发明，从类型上可以归入广义的方法专利。如果物质的医药用途是用于诊断或者治疗疾病，则属于《专利法》第 25 条 (3) 项规定的情形，不能被授予专利权。但是用它们制造药品，可以依法被授予专利权。现代中药用途发明可以是新产品的用途发明，也可以是已知产品的用途发明。对于现代中药新产品的用途，也就是通常所说的第一医药用途，实践中通常的撰写方式是产品权利要求和用途权利要求作为不同的独立权利要求在同一件申请中提出，或者是直接写作"一种具有……作用的组合物，包括如下组成部分……"而不再单独用独立权利要求限定用途。实际上，新产品用途发明的创造性是否成立往往取决于产品本身的创造性是否成立。现代中药已知产品的用途，即第二医药用途或者进一步的医药用途，如果不能从产品本身的结构、组成、已知的性味以及现有用途显而易见地得出或者预见，而是利用了产品新发现的性质,并且产生了预料不到的技术效果,则可认为这种已知产品的用途发明具备创造性。例如,以岭药业的连花清瘟系列制剂,通过申请很多用途权利要求实现延伸保护。

"在中药产品的制药用途新颖性的判断中,应当注意中医的病与证,以及其与西医的病或药物作用机理之间的关系,考量其是否相同。"(《专利审查指南2023》第二部分第11章)其中主要问题在于:中医讲究的是"辨证论治",而现代医学通常是"辨病论治",中医中的"证"和现代医学的"病"存在比较复杂的对应关系,有时候同一"证"可以发生在不同的疾病中,而同一"病"又可能出现不同的证型。因此,无论是现有技术中出现的一病多证,还是一证多病,都可能影响中药产品新用途专利的新颖性。故而已知组成的中药组分或制剂的第二用途类发明专利的授权难度即在于此。

根据审查实践,现代中药的医药用途发明通常需要提供比较完善的实验数据说明技术效果,包括药品的组成和制备过程、药理实验的方法和结果、临床试验方法和结果等,仅仅提供类似于传统中药零散的临床病例报告之类的数据资料已经很难达到审查要求。

(4) 现代中药设备专利。

现代中药领域不仅包括以上两种主要的专利类型,还可能包括更为广泛的主题类型,例如药品的特殊使用设备、特定生产设备等。这些专利更多地涉及机械设计和制造或智能制造领域,主要的发明点在于机械部件以及部件之间的空间位置安排、最终实现使用方便或者生产顺畅的技术效果。

中药生产设备的专利在撰写方式和专利"三性"判断上,更接近机械领域的方式和判断标准,并且可以(同时)申请实用新型专利。

例如,专利CN200910228137.1保护了一种滴罐及滴丸机,该滴罐包括由罐壁和罐底围设而成的罐体。通过这种装置,在滴丸剂加工过程中可以实现"加热均匀、加热温度恒定""加热面积大""避免料液因温度降低而凝固"的技术效果,实现连续生产且生产效率高,具体如图4-3-14所示。

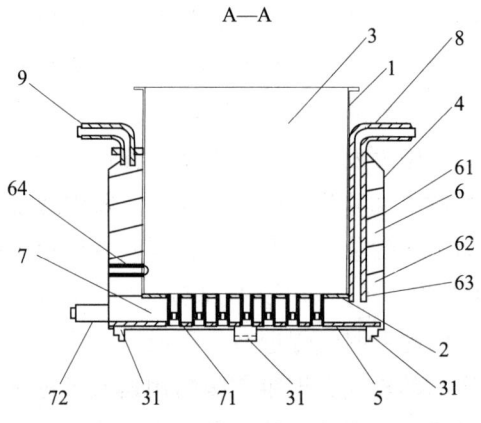

图 4-3-14 专利 CN200910228137.1 附图

此外，在国家制造强国战略的引领和推动下，中药工业正通过装备工艺技术与新一代信息通信技术的深度融合，加速向高端化、智能化和绿色化方向发展。2023年，国务院办公厅发布了《中医药振兴发展重大工程实施方案》，该方案强调了中医药科技创新平台的建设、中医药古籍文献的传承、中医药科技重点项目的研究、中医药关键技术装备的研究以及中国中医科学院的做大做强，以加快推进中医药的现代化进程。中药智能制造的内在动力在于确保产品质量的可控性，而如何从系统的角度应对原料和过程的波动，制造出高纯度的产品，是中药智能制造设备解决技术问题的关键所在。传统中药设备主要包括提取单元、浓缩单元和制剂单元。中药智能制造设备的属性在于在传统设备的基础上增加智能质量控制的关键技术。

在涉及中药智能制造设备专利方面，例如，中国专利 ZL202011407514.0 公开了一种中药生产的智能质量控制系统，包括实时采集单元、实时监控单元、智能处理单元、智能控制单元和智能可视化单元。其中，实时监控单元负责采集提取罐外部的红外图像，并将采集的图像传输至智能处理单元。智能处理单元对接收的图像进行处理，智能地调节提取罐的蒸汽调节阀，从而影响提取温度。如图 4-3-15 所述。

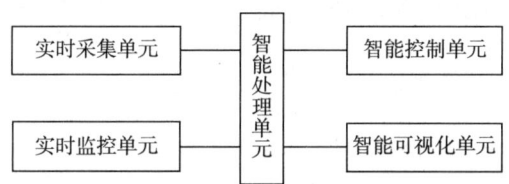

图 4-3-15 专利 ZL202011407514.0 流程示意

可以看出，该专利在传统设备技术上增加了红外图像识别技术。通过大数据的全面采样，实现了信息的实时在线处理，并作出了工艺运转的决策。

在图像识别原理上，智能处理单元对接收的红外图像进行滤波处理，以减少噪声并提高图像质量。通过设定灰度阈值，构建一个包含与中心像素灰度值相近的像素集合。计算每个像素与其局部邻域内其他像素的相似度，并将其作为相似检测系数。根据相似检测系数确定噪声像素，并采用特定算法修正这些像素的灰度值。控制参数包括：预设的灰度阈值 H、局部邻域、空域滤波权值等。该专利采用了粒子群优化算法（particle swarm optimization，PSO）对智能控制单元中使用的 PID 控制器参数进行整定。粒子群优化算法是一种模拟鸟群觅食行为的启发式搜索算法，于 1995 年提出，可以用于控制系统的参数整定，提高控制精度和系统稳定性。

该专利的有益效果包括：智能控制提取罐内的温度、全面监测提取罐外部的温度、提高 PID 控制器的控制性能、优化红外图像的监测、保护图像的结构信息以及建立预警机制。正是这些效果的共同作用提升了中药生产过程中的质量控制水平，确保了生产过程的稳定性和可靠性，有助于满足药品生产质量管理规范（GMP），保障了中药产品的质量和疗效。该专利的有益效果是通过采用先进的控制算法（如 PID 控制器和粒子群优化算法）和图像处理技术（如红外图像技术和滤波算法）实现的。可以得出结论，该专利的有益效果与采用的算法之间存在密切关系。

对于现代中药来说，核心专利是指产品专利，特别是核心组方、新提取部位和新提取物。在特殊情况下，一些方法专利同样可以起到核心专利的作用。例如，一些生产方法、检测方法专利在被纳入药品标准的情况下，也可以成为仿制药企业无法规避的障碍专利。一旦市场上出现侵权产品，可以使用核心专利直接进行专利诉讼并赢得诉讼，从而制止侵权。

与核心专利相对应的，外围专利是指在核心专利基础上布局的一些辅助专利，通常是方法专利或用途专利，也包括一部分防御性公开的产品专利和质量标准专利。对于复方中药来说，可以根据中医理论指导，围绕核心处方加减主动进行一些改进，设计一系列与核心专利技术相近似的技术，以防止他人通过改变核心专利技术的部分特征而绕开核心专利的保护范围实现获利。

此外，未来传统中药制造设备在 AI 的加持下，不仅显著提升了传统中药提取设备的智能化水平，还可以根据不同类型的中药提取需求，调整控制策略，提高设备的适应性和灵活性，代表了中药先进制造的方向。

4.3.3.4 中药专利布局案例

（1）现代中药——连花清瘟制剂。

连花清瘟胶囊（颗粒）是以岭药业的代表性现代中药产品，由连翘、金银花、板蓝根、大黄、广藿香、贯众、红景、薄荷脑、麻黄、杏仁、鱼腥草、甘草、石膏为原料药制成。其为非典疫情（SARS）期间国家食品药品监督管理局快速审批通道批准的中药复方药物，具有广谱的抗病毒能力。连花清瘟胶囊（颗粒）自上市以来，累计销售额超 100 亿元，已被国家 20 余个指南、共识、诊疗方案推荐用于感冒、流感、禽流感、非典型肺炎、中东呼吸综合征（MERS）等呼吸疾病的治疗，治疗流感已通过循证医学的验证。"连花清瘟治疗流行性感冒研究"项目荣获国务院颁布的 2011 年度国家科技进步奖二等奖。2015 年，连花清瘟通过了美国 FDA 的Ⅱ期临床批复，这是我国第一个进入 FDA 临床研究的治疗流行性感冒的中药复方。2020 年 4 月，国家药品监督管理局批准连花清瘟胶囊（颗粒）新增适应证：在新型冠状病毒性肺炎（COVID-19）的常规治疗中，可用于轻型、普通型引起的发热、咳嗽、乏力。❶❷ 图 4-3-16 展示了连花清瘟 2003~2020 年的一系列事件。❸

---

❶ 黄璐, 古双喜. 用于 COVID-19 潜在治疗的小分子药物及专利研究 [J]. 中国医药工业杂志, 2020, 51 (4): 467-475.

❷ ZHENG J P, LING Y, JIANG L S. et al. Effects of Lianhuaqingwen Capsules in adults with mild-to-moderate coronavirus disease 2019: an international, multicenter, double-blind, randomized controlled trial [J]. Virology Journal, 2023, 20 (1): 277.

❸ 白光清. 医药高价值专利培育实务 [M]. 北京: 知识产权出版社, 2017.

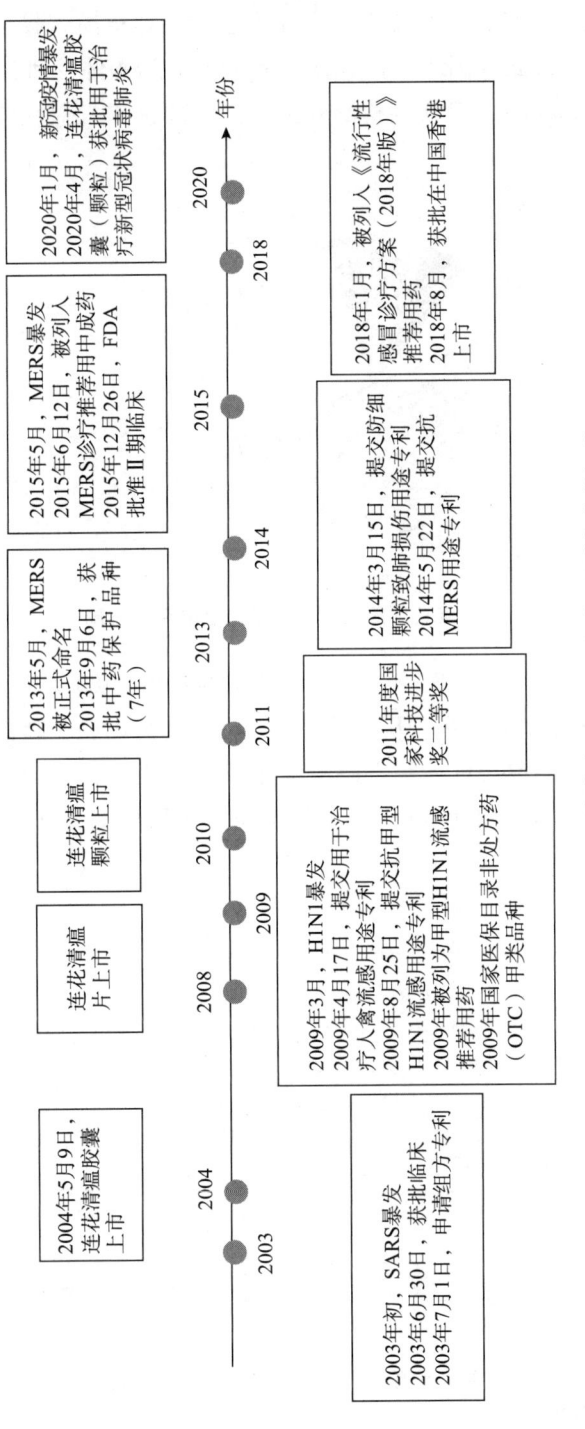

图 4-3-16 连花清瘟 2003~2020 年系列大事件汇总

诞生于 SARS 肆虐时期的连花清瘟，其专利布局的展开得益于技术价值的构建并紧随社会热点。如图 4-3-17 所示，SARS 之后，伴随 H1N1、MERS 的暴发以及雾霾肆虐，以岭药业均紧抓社会热点，开展技术研究并且进行专利布局。截至 2024 年 6 月，根据已经公开的数据，以岭药业围绕连花清瘟产品共申请了 84 件专利。其中 42 件为用途专利，占总申请量的 50.0%，其次为检测方法专利（22 件），占总申请量的 26.2%。

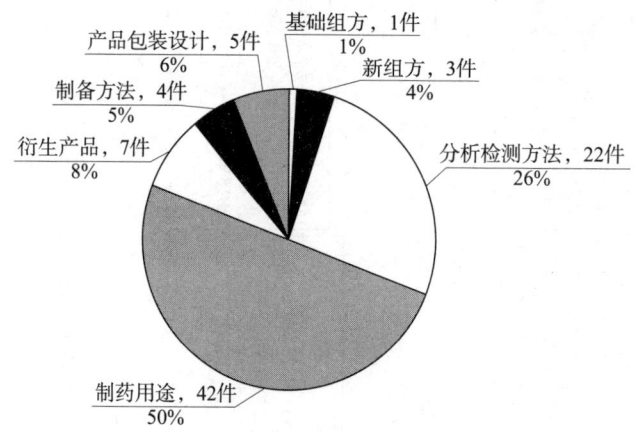

图 4-3-17　连花清瘟在不同技术主题的专利布局

连花清瘟最早的组方专利为 2003 年 7 月 1 日申请的专利 CN03143211.5（目前已期满失效），之后围绕该核心基础专利，从新的药物组方、制药用途、制备方法、分析检测方法、衍生产品以及产品包装设计等方面构建外围专利保护网。早期的布局侧重于根据社会热点及时跟进的用途专利申请，近几年开始布局检测方法方面的申请，如图 4-3-18 所示。

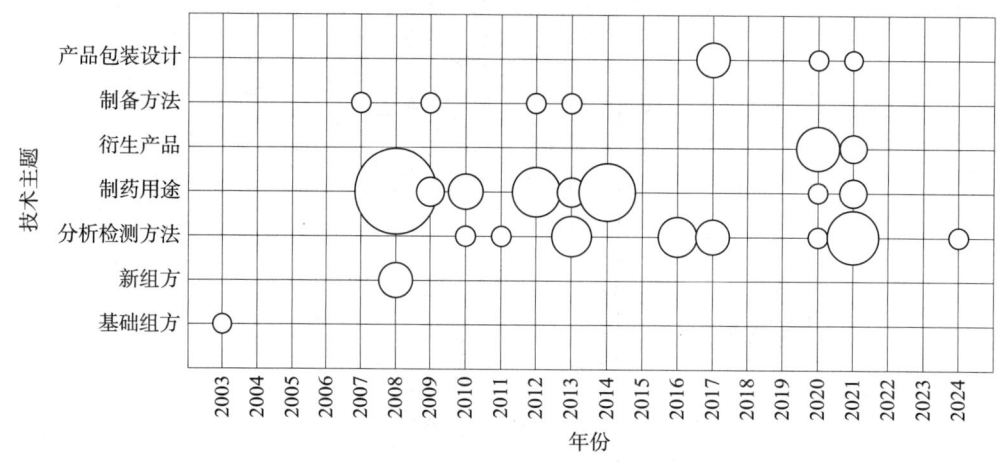

图 4-3-18　连花清瘟不同技术主题专利申请年度变化

注：图中圆圈大小表示申请量多少。

针对医药用途，申请人从病因、病理、病症、部位等角度进行布局，从病原体、抗病机理、患病部位、患病症状等多个角度布局了医药用途,例如专利 CN200810223017.8 用于水痘治疗(授权),专利 CN200810225995.6 用于流行性腮腺炎治疗(授权),专利 CN200810117302.1 用于治疗手足口病(授权),专利 CN200810104909.6 用于急慢性支气管炎治疗(授权),专利 CN200910082162.3 用于人禽流感治疗(授权),专利 CN200810117303.6 用于荨麻疹治疗(授权),专利 CN200910075211.0 用于抗甲型 H1N1 流感病毒治疗(授权),专利 CN201210032610.0 用于角膜炎治疗(授权),专利 CN201210516652.1 用于中耳炎治疗(授权),专利 CN201210024165.3 用于失音症治疗(授权),专利 CN201410295914.5 连翘酯苷 Ⅰ 在制备抑制合胞病毒药物中的应用(授权),专利 CN202010134508.6 用于新冠病毒感染的治疗(授权)等。在制备方法主题中,连花清瘟活性成分的制备过程结合了无极陶瓷膜分离技术、连续长生逆流提取技术以及薄荷脑胶体磨包合技术等中药领域先进的平台技术,从干燥、提取、分离等环节及成分优化的角度进行专利布局。在分析检测方法方面,专利 CN201610119793.8 针对连花清瘟中药组合物中的主要活性成分连翘酯苷 A 和绿原酸等,由单次检测单种成分到利用指纹图谱等方法实现一次检测多种成分(授权);专利 CN201710954961.X 采用超高效液相色谱法对连花清瘟中药组合物中的绿原酸、咖啡酸、芦丁、异绿原酸 B、异绿原酸 C、连翘酯苷 A 和连翘苷 7 种成分进行检测,能更全面地表征中药组合物的质量;专利 CN201710789895.5 涉及连花清瘟中药组合物中的化学成分的分离方法,并鉴定了 18 个化合物;专利 CN201710954961.X 采用超高效液相色谱法对中药组合物中的绿原酸、咖啡酸、芦丁、异绿原酸 B、异绿原酸 C、连翘酯苷 A 和连翘苷 7 种成分进行检测,能更全面地表征中药组合物的质量。

(2)植物提取物——威玛舒培博士公司银杏制剂。

银杏又名白果树,有"活化石"之誉,是原产于我国的药用植物。唐朝时,我国已经将银杏收入本草书籍中了。银杏药用虽源于我国,但近代研究开发却被国外掌控,特别是德国、法国等欧洲国家。银杏叶提取物从 20 世纪开始至今经历了 4 代。

第一代:制剂有效成分含量低于 16%,只能作为保健品,例如银杏叶茶,尚不属于药品领域。

第二代:有效成分为 16% 银杏黄酮。

第三代:有效成分为 24% 银杏黄酮,药理作用为清除自由基。

第四代:提取浓缩比例为 50∶1;银杏叶酸含量 <5ppm;含 24% 银杏黄酮、6% 萜类(3.1% 银杏内酯、2.9% 白果内酯)。药理作用为清除自由基、拮抗血小板活化因子、保护神经细胞。

提到银杏,不得不提到著名的德国制药企业威玛舒培博士公司。威玛舒培博士公司首次注册、成功上市了全球第一种银杏叶提取物制剂,商品名为 Tebonin(金纳多),这也是第一种现代意义上的植物药制剂。目前世界上多数厂家的银杏制剂属于第三代产品,而只有威玛舒培博士公司的金纳多符合第四代产品的标准。

从图 4-3-19 能够大致看出威玛舒培博士公司近半个世纪以来针对银杏叶相关制

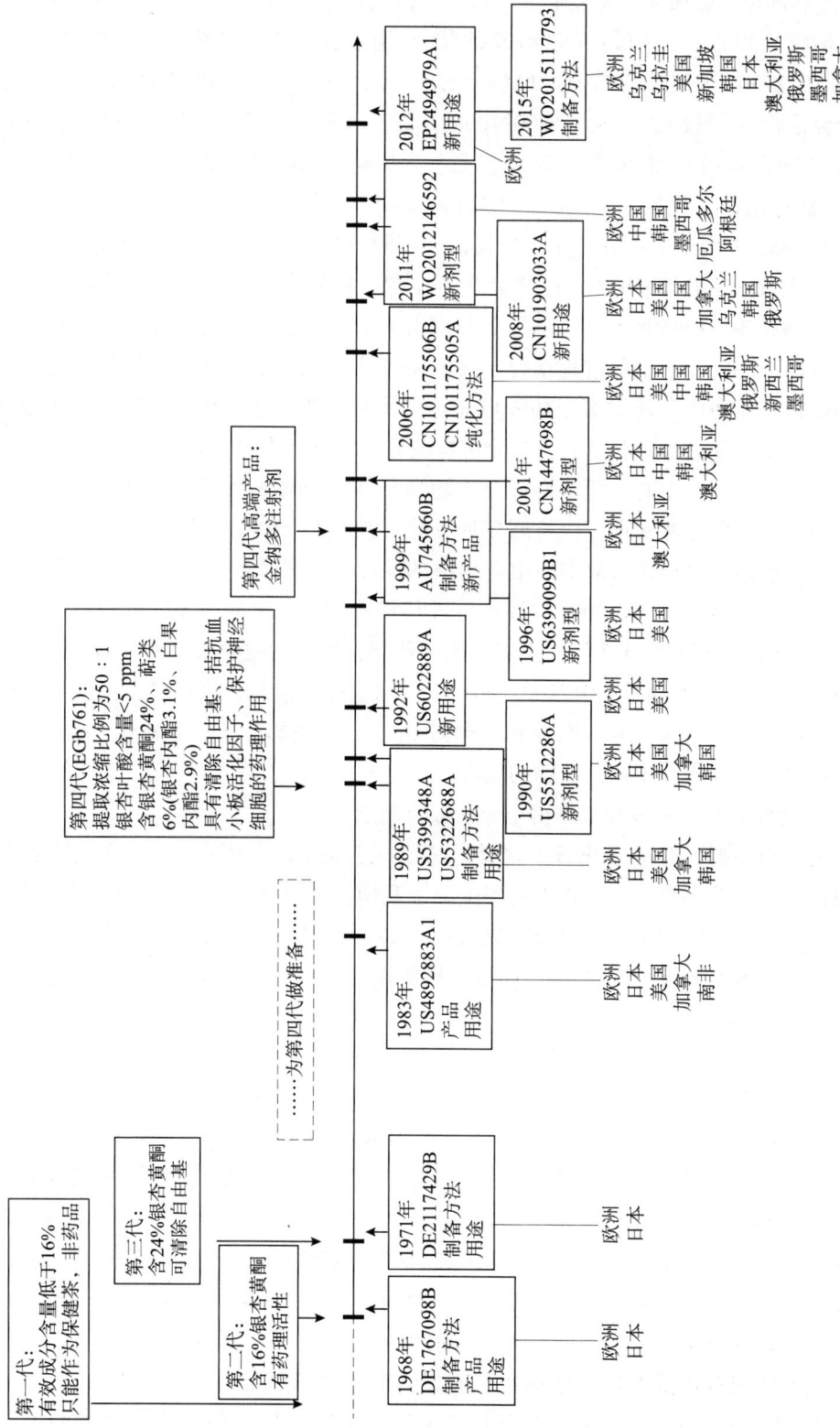

图 4-3-19 威玛舒培博士公司针对银杏叶制剂的三维专利布局策略

剂的三维专利布局策略。❶

第一，技术维度。进入药用领域，随着每一代银杏叶制剂的推出，威玛舒培博士公司都提交了相应的专利申请。每一代制剂的基础专利都是以产品和制备方法为保护主题的。这样可以有效覆盖产品，保护力度最强。产品升级到第四代，随着竞争对手日渐增多，早期的基础专利已经纷纷到期，单纯从产品的角度已经渐渐无法独占市场。于是，威玛舒培博士公司将研发重点放在了高端产品上，也就是对技术要求更高的注射剂，从提高产品稳定性和纯度、降低不良反应、挖掘新应用价值的角度，开发第四代产品的高端产品金纳多注射剂，并进行专利布局。通过产品升级和有效的专利布局，威玛舒培博士公司应该还能在未来的银杏制剂高端市场垄断很长一段时间。

第二，时间维度。威玛舒培博士公司在早期第一代银杏产品的时候，并没有作任何专利布局，那时候产品仍徘徊于药品门槛之外，技术含量不高，利润有限，仿制也很容易。但是，随着研发深入，威玛舒培博士公司发现了药用价值，开始强化专利布局的力度，第二代、第三代（Tebonin 糖衣片及滴剂）产品都有能很好地覆盖产品的专利申请。在第三代产品核心专利之后的十多年，都没有新的专利再出现，充分体现了药品专利少而精的布局特色。直到 1983 年，威玛舒培博士公司申请了一件涉及"含具有协同作用的白果内酯和黄酮的银杏提取物及其治疗神经疾病的用途"的专利。现在看来，这件专利其实释放了一个信号：威玛舒培博士公司并没有满足于第三代产品带来的利润，仍在继续研发。事实上，威玛舒培博士公司从 1969 年就已经和当时同样在本领域研发实力非常强的法国家族制药企业 Beaufour Ipsen 形成了盟友关系，合作致力于银杏制剂高端产品，特别是注射剂的开发。但是威玛舒培博士公司并没有急于将所有研究结果立刻申请专利，而是以技术秘密的方式保护起来，待到第四代产品已经成熟，才伴随着产品上市开始有计划的专利布局。更为巧合的是，1989 年，第四代产品核心专利申请之时，第一代产品核心专利保护期已经届满，而第二代产品核心专利即将到期，此刻的申请，恰好在时间上很好地接续了老一代专利，延续了产品的独占期，使威玛舒培博士公司的产品能继续垄断 20 年。

第三，地域维度。欧洲是威玛舒培博士公司的大本营，而日本也是比较早深入研究植物药的国家。显然，这两个地区应该是威玛舒培博士公司最早也是最核心的市场范围，始终是其专利地域布局的重点。随着时间的推移，产品更新换代，新产品产生了巨大的商业价值，并逐渐被国际市场接受。特别是在 1994 年，威玛舒培博士公司针对第四代产品所设立的企业标准被德国食品药品委员会采纳，成为国家标准，之后又被确认为欧盟标准，后来，美国药典、中国药典相继参照欧洲药典的相关标准对银杏叶提取物的质量进行了规定。威玛舒培博士公司的企业标准几乎成为全球的通用标准，这大大刺激威玛舒培博士公司产品在全球范围的销售。于是威玛舒培博士公司将

---

❶ 窦夏睿. 专利布局的魅力：看一个植物园品种何以纵横半个世纪 [J]. 今日财富（中国知识产权），2016（4）：3.

其专利布局延伸到北美地区、东亚地区、大洋洲、南美洲。以中国为例，威玛舒培博士公司在2001年之前并没有在我国申请专利，随着产品登陆我国，其在我国的专利布局也逐渐展开。但是当时由于银杏叶制剂的热销，国内对银杏的研究已经风生水起，专利申请已经有一定的数量，于是威玛舒培博士公司以技术秘密的方式将杂质"银杏叶酸"的含量控制在1ppm以下的方法加以保护，通过对原料生产商的监控来控制产品稳定性。这事实上排除了我国众多仿制厂家，牢牢控制了国内高端产品市场。近年，该公司的专利布局开始向俄罗斯和拉美国家展开，反映了其市场还在进一步扩张。

威玛舒培博士公司以研发为基础，运用专利布局策略，让其在银杏制剂领域始终保持独占优势，成功阻击了其他竞争者。

4.3.4 生物制品

4.3.4.1 生物制品的定义和分类

生物制品是指以微生物、细胞、动物或人源组织和体液等为起始原材料，用生物学技术制成，用于预防、治疗和诊断人类疾病的制剂。按照《药品注册管理办法》第4条的规定，生物制品注册按照生物制品创新药、生物制品改良型新药、已上市生物制品（含生物类似药）等进行分类。❶

一般情况下，我们将生物制品也称为生物药物。与一般的化学药物不同，生物制品不仅限于治疗目的，还可以用于预防和检测目的，《国家药监局关于发布生物制品注册分类及申报资料要求的通告》将生物制品分为预防用生物制品、治疗用生物制品和按生物制品管理的体外诊断试剂进行分类管理。预防用生物制品是指为预防、控制疾病的发生、流行，用于人体免疫接种的疫苗类生物制品，包括免疫规划疫苗和非免疫规划疫苗。治疗用生物制品是指用于人类疾病治疗的生物制品，如采用不同表达系统的工程细胞（如细菌、酵母、昆虫、植物和哺乳动物细胞）所制备的蛋白质、多肽及其衍生物；细胞治疗和基因治疗产品；变态反应原制品；微生态制品；人或者动物组织或者体液提取或者通过发酵制备的具有生物活性的制品等。生物制品类体内诊断试剂按照治疗用生物制品管理，该等按照生物制品管理的体外诊断试剂包括用于血源筛查的体外诊断试剂、采用放射性核素标记的体外诊断试剂等。

随着生物技术日新月异地发展，生物制品的存在形式不断丰富，上述与药品注册相关的分类方式完全无法体现不同生物制品的差异，而其技术上的差异又在很大程度上影响着相应的专利保护和布局。

2020年4月23日，《国家药监局关于发布〈药品生产质量管理规范（2010年修订）〉生物制品附录修订稿的公告》（2020年第58号）中第2条较为具体地列举了多

---

❶ 国家市场监督管理总局. 国家市场监督管理总局令第27号《药品注册管理办法》［EB/OL］.（2020-03-20）［2020-04-21］. http：//gkml. samr. gov. cn/nsjg/fgs/202003/t20200330_313670. html.

种生物制品的不同形式,具体包括疫苗、抗毒素及抗血清、血液制品、细胞因子、生长因子、酶、按药品管理的体内及体外诊断制品,以及其他生物活性制剂,如毒素、抗原、变态反应原、单克隆抗体、抗原抗体复合物、免疫调节剂及微生态制剂等。然而相对于近年来多特异性抗体、抗体偶联药物(antibody – drug conjugates,ADC)、抗体核素偶联物、细胞及基因治疗等前沿技术的不断发展,上述列举的生物制品仍然显得非常"传统"。

单克隆抗体是近二三十年来生物药物研发的主力军。市场上涌现了多个全球销售额排名前十的单克隆抗体药物,其中包括重磅药物阿达木单抗(Adalimumab,商品名为修美乐,Humira)和Keytruda,这两个药物也是人类历史上第一和第二个年销售额达到200亿美元的治疗性药物。多特异性抗体、ADC药物是在单克隆抗体药物的基础上进行的升级,也成为近年来的热点。相对于一般的单克隆抗体,多特异性抗体通过靶向多个抗原表位或者多个不同的抗原,可能取得更加精准靶向和更强治疗效果,已成为提升抗体治疗效果的一个重要方向。ADC药物在利用抗体精准靶向抗原的特性的同时,通过连接子在抗体上连接细胞毒性药物(毒素,通常为高毒性化疗药物),实现抗体和化疗药物联合,保留了抗体精确靶向和化疗药物强杀伤的优点,同时避免了可能产生的高毒副作用,已经成为肿瘤治疗领域的热门赛道。

细胞及基因治疗是近年来前沿生物技术研发的另一个热点。狭义地说,基因治疗是指将外源正常基因导入靶细胞,以纠正或补偿缺陷和异常基因引起的疾病,进而达到治疗的目的。基因治疗是一种根本性的治疗策略,有望从根本上治愈一些现有常规疗法不能解决的疾病。使用基因编辑技术直接对患者细胞中不正常的基因进行修改,是当前基因治疗被广泛研究的一种技术。以CRISPR/Cas9为代表的基因编辑技术,以及基于该系统进一步发展出来的碱基编辑、先导编辑等技术将基因编辑推向了更高效精准的新高度。目前行业内广泛使用的"基因治疗"是一种广义的概念,在此概念下从基因本身及其转录翻译过程进行调控均属于基因治疗的范畴。这一广义定义把近年来发展迅速的作用于基因转录翻译调控的反义寡核苷酸(ASO)、小干扰RNA(RNAi)、信使RNA(mRNA)等新兴技术均纳入基因治疗框架下。笔者将采用广义的基因治疗定义来阐述基因治疗的专利布局。一些细胞疗法虽然有针对人体细胞进行基因敲除、转入、修饰的操作,但是它们并不是从基因的表达过程进行调控从而发挥治疗作用的,其使用的技术、涉及的专利与基因治疗有着重大的区别,因此笔者将细胞治疗与基因治疗分开阐述。

4.3.4.2 生物制品的专利类别和特点

根据上述生物制品的分类可以看出,由于生物制品的具体药物形式多种多样,每种药物形式在技术上都有非常明显的差异,很难总结出适用于所有生物制品形式的专利类别。相对于传统的化学药物来说,一些生物制品可遵循类似的专利布局方式,有一些可以共用的专利类别，例如核心的分子专利、制剂专利、用途专利等，对于大部分的生物制品均有相关的专利布局。但是相对于化学药物来说，生物制品，特别是近年发展的生物新技术在专利布局上有着其自身的特点，主要包括以下四个方面。

第一，产品定义和表征方式多样。对于简单的药物形式，如多肽、蛋白、抗体、核苷酸等可使用序列精确定义其结构，从而精准地确定相关专利的保护范围。也正是如此，序列专利构成了很多生物制品的基础专利。然而对于很多其他药物形式，如新的微生物种类、新的细胞等，很难用某一方面的结构定义一个完整的产品，从而不得不采用将产品整体向保藏机构提交保藏，以保藏号的方式定义产品。另外，有一些产品更接近于一种"疗法"，是非常个体化的，便如肿瘤浸润淋巴细胞疗法（TIL），其涉及提取肿瘤组织中一群难以精确定义的细胞经体外培养扩增后回输给患者，此种产品的核心专利往往只能用制备方法定义。上述不同定义方式是针对不同的产品类型而言的，事实上，即便是针对相同的产品，也完全有可能使用不同的方式定义产品。例如抗体，既可以使用序列定义，也可以分泌该抗体的杂交瘤细胞，或者为了扩大其保护范围而使用抗原、抗原结合表位等方式定义，这与化合物通常以化学结构来定义有着重大区别。

第二，概念性、平台性专利众多。正如上文所述，生物制品专利存在使用多种不同方式来定义的可能性，而这些定义方式中包括了一些仅包括功能、概念元素的技术特征。在此基础上，很多善于利用专利策略的申请人均申请了大量的概念性、平台性专利。这些专利除了申请人自身使用，还可以非独占许可方式允许他人使用相关技术，从而获得更多收益。

第三，专利布局目标与化学药有较大区别。除了依据核心专利和外围专利纵向梯次布局以延长产品的专利保护期，很多生物制品在目前的监管规则下还不存在仿制药的概念，其专利布局的主要目标往往不是阻止和其技术完全相同的仿制药，而是试图阻止竞争对手开发相似的创新药物。这导致专利布局除了关注自己的产品，还需要尽量拓展其专利的边界以减少类似产品的竞争，这无疑给专利布局增加了难度。

第四，同类专利授权范围多变。由于很多生物新技术发展时间不长，各国专利局审查经验积累不足，从而没有形成确定的授权标准。这导致相同专利在不同国家审查后授予的保护范围差异巨大，远远超出传统药品的专利类别。正因如此，一些具有先发优势的申请人获得了一些范围很大的专利，给整个领域后来的竞争者造成了巨大的麻烦。

4.3.4.3 生物制品的专利挖掘与布局

如前所述，由于相关技术巨大的差异，导致生物制品专利布局难以归纳出一个通用的模式，本节将从几个主流的生物制品产品类型分别阐述其专利挖掘和布局要点，以适应技术的发展。对于一些与传统化学药物可共用的制剂、药物用途等方面的专利挖掘和布局要点，可能作为一个完整的产品专利布局的一个部分有所提及，但是不作为重点来剖析，读者可参考本章中其他部分相关的内容，此节不再赘述。

1. 多肽或蛋白质

多肽或蛋白质类药物已经广泛用于多种疾病的治疗，如生长素、胰岛素、干扰素、细胞因子等。目前，绝大多数多肽或蛋白质的生产不再使用传统的提取分离，而是采用基因工程技术获取。通过基因重组技术，以分子生物学和微生物学等为理论基础和手段，按预先设计，将编码目标蛋白的目的基因，即 DNA 分子插入表达载体上，将载体转染到宿主细胞，培养宿主细胞，以利用宿主的转录翻译系统获得目的多肽或蛋白。一般多肽或蛋白质类药物的研发或生产过程可简化为：工程菌的构建、菌种繁殖、发酵培养、提取、纯化等步骤。每个步骤中根据实际开发对象的类别特性，又涉及多个相似或独特的步骤，在专利挖掘和布局上，具体可以考虑但不限于：多肽或蛋白的氨基酸序列、编码多肽或蛋白质的核苷酸序列及获得该核苷酸序列的方法、表达载体及获得该载体的方法、宿主、获得该宿主的方法、将该基因导入宿主的方法、选择性收集转化体的方法、纯化多肽或蛋白质的方法，以及鉴定所获得的多肽或蛋白质的方法等。另外，还可以视情况考虑一些外围专利，如各步骤中所用酶处理方法、活性测定方法、修饰方法等，后期也可以开展一些组合物、药物联用的专利挖掘和布局。

从保护力度和侵权判定难易度来看，核心专利优选多肽或蛋白质的产品专利。多肽或蛋白质产品本身一般通过其氨基酸序列来表征，且不涉及更复杂的高级结构。一些分子量大的多肽或蛋白质几乎无法通过化学合成的方法来制备，而只能通过基因重组技术，在这种情况下，编码这些多肽或蛋白质的核苷酸，作为一种起始物料或中间体，虽然不直接对应最终产品，但是实质上无法绕开，也是很好的专利保护主题。另外，一些竞争对手可能实质上利用相同的多肽或蛋白质来治疗疾病，但不是直接给药，而是通过载体携带的 DNA 或 mRNA 给药，在进入患者体内后才表达成其目标形式，如果没有相应的核苷酸主题保护，将会在维权时陷入类似于前药在体内转化成专利保护的化合物是否侵权的难题中，而实际上中国已经有此类行为不构成侵权的判决出现。而核苷酸主题的保护可以完全解决这一难题。但是需要注意的是，因为密码子的简并性，同一多肽或蛋白对应的核苷酸序列不是唯一的，不可用特定序列的核苷酸序列本身限定，而应当用其对应的多肽或蛋白质的氨基酸序列来限定，将编码相应序列多肽或蛋白的核苷酸均纳入保护。

但是对于一些序列较长的产品，某些氨基酸在发挥功能时所起的作用较小，如果仅通过与产品完全一致的氨基酸序列来限定，则竞争对手可以轻易地通过部分氨基酸的取代、缺失或添加来绕开专利。因此，将相关序列上位化是专利布局时的常用策略。一种策略是将整条多肽或蛋白质划分为不同的结构域，仅使用发挥治疗效果所必须的结构域来限定产品，而不是用具体的氨基酸序列来定义。

此种策略的一个例子是 2024 年获得 FDA 批准的白细胞介素 15（IL-15）超级激

动剂N-803。2024年月22日，ImmunityBio宣布其IL-15细胞因子药物Nogapendekin alfa inbakicept-pmln（商品名Anktiva，分子名N-803）已被FDA批准与卡介苗（BCG）联用，用于治疗卡介苗单用无应答的非肌肉浸润性膀胱癌伴原位癌（NMIBC），伴或不伴乳头状肿瘤。该产品的临床试验取得62%的完全缓解率（CR），其中58%的CR患者反应持续时间（DOR）至少维持了12个月，40%的患者DOR至少维持了24个月。[1] 该产品的核心专利在中国有多个同族，其中专利CN105017429B即采取了上述策略，其授权时的权利要求6并未使用氨基酸序列来限定，而是由IL-15sushi结合结构域以及Fc结构域的类功能性限定，最大程度地保护了产品，他人仅通过个别不影响功能的氨基酸的改变无法绕开其保护范围。另外，该专利同时采用了蛋白复合物、核酸、DNA载体以及宿主细胞等不同主题来限定（虽然权利要求顺序与常规方式相反），将产品制备和使用过程中的目标药物、起始物料、中间体环节全部一网打尽，使得他人难以通过给药形式改变的手段来绕开。

而其分案CN107880136B为了保证专利的稳定性，直接一步到位限定至产品的全长氨基酸序列，即一种可溶性融合蛋白质复合物包括二种可溶性融合蛋白质，其中第一融合蛋白质如SEQ ID NO：44所示的氨基酸序列；及第二融合蛋白质如SEQ ID NO：46所示的氨基酸序列。

申请人以母案、分案采取两套完全不同的权利要求组合，一边争取不限序列的宽范围，同时使用产品具体序列兜底的策略，既保留了争取最大范围以阻止开发"me too"类药物的竞争对手的机会，同时保证了专利的最低保护范围，以应对未来仿制药的专利挑战。这一策略值得其他申请人学习和在实践中应用。

另一种方法是通过对氨基酸突变位点或改造位点进行归纳总结，以马库什权利要求的形式进行撰写，以争取较大的保护范围，获得较为全面的保护；或在突变序列研究的基础上，找寻突变位点与技术效果的关系，采用取代、缺失或添加与功能相结合的方式进行限定。例如信达生物制药（苏州）有限公司（以下简称"信达生物"）研发的一种IL-2突变蛋白，其中国专利CN115698052A就采用了此种策略，其权利要求1中描述了一种IL-2突变蛋白，其中所述突变蛋白，与野生型IL-2（优选人IL-2，更优选包含SEQ ID NO：1序列的IL-2）相比，包含突变：（i）在IL-2与IL-2Rα结合界面上，尤其是在多个特定氨基酸位点至少一个位置上，具有改变（例如消除或降低）对IL-2Rα受体的结合亲合力的突变；和/或（ii）缩短的B'C'环区；且（iii）在IL-2与IL-2Rβγ结合界面上，尤其多个特定氨基酸位点至少一个位置上，具有弱化对IL-2Rβγ受体的结合的突变。该专利权利要求采用了位点加功能性突变的描述方式，在后权利要求进一步限定了具体的突变氨基酸。

当相关产品的研究深度不足或者产品本身的特性问题时，在很多情况下申请人无

---

[1] 肿瘤细胞因子疗法停滞近30年后迎来重大进展，IL-15超级激动剂获FDA批准上市！[EB/OL].［2024-05-14］. https：//zhuanlan.zhihu.com/p/694545014.

法使用明确的结构域或马库什形式来限定一种多肽或蛋白。此时申请人为了尽量扩大保护范围往往采用同源性限定的方式。即根据确定的氨基酸序列，要求保护与其相似度在一定范围以内的变体，比如申请人通常使用85%、90%、95%、99%的同源性来限定。这个策略非常常用，但是实践中往往会遭遇权利要求得不到说明书支持的挑战。通常来说，对于同源性限定的表达方式，中国审查标准较为严格，审查员一般不接受任何小于100%的同源性描述，而美国则较为宽松，95%以上同源性限定被授权的案件屡见不鲜。最高人民法院于2016年12月30日作出（2016）最高法行再85号判决，对江苏博立生物制品有限公司诉国家知识产权局专利复审委员会，涉及诺维信公司的发明名称为"热稳定的葡糖淀粉酶"专利有效性作出再审判决，维持了第17956号无效宣告请求审查决定。这一判决首次明确在特定情况下，采用较高同源性（99%）限定的序列权利要求可以得到说明书的支持。具体来说，法院认为涉及生物序列的权利要求10、11能够得到说明书的支持。❶ 相关权利要求如下：

6. 一种具有葡糖淀粉酶活性的分离的酶，与SEQ ID NO：7中所示全长序列之间同源的程度至少为99%，并且具有由等电聚焦测定的低于3.5的等电点。

10. 根据权利要求6－9任一项的分离的酶，所述的酶来源于丝状真菌Talaromyces属，其中丝状真菌是T. emersonii菌株。

11. 权利要求10的酶，其中丝状真菌是T. emersonii CBS 793.97。

上述判决指出权利要求6没有进一步限定所述酶的菌种或者菌株来源以及酶的功能，其保护范围将扩展至任意与SEQ ID NO：7具有99%以上同源性的酶序列，本领域技术人员无法得知上述众多的酶序列是否都具备葡糖淀粉酶活性，因此，权利要求6得不到说明书的支持。然而，在权利要求10和11进一步限定所述葡糖淀粉酶来源于前述菌种甚至特定菌株的情况下，其保护范围只是极其有限的序列，甚至更可能仅仅是SEQ ID NO：7本身，因此，采用同源性加上功能和来源限定的权利要求10、11可以得到说明书的支持。

依据该判决，中国专利审查实践中并不完全排斥同源性限定的序列权利要求，但需在序列之外增加合适的限定使得本领域技术人员确信这些序列都能具备相应的功能。这是在使用此类专利撰写策略时需要着重考虑的内容。

前述策略及案例均针对的是新产品。有时一些多肽或蛋白药物并非新产品，而是根据机制研究发现了已知产品的一些疾病上的应用。实际上最早被使用的多肽产品人胰岛素即为此类。此种情况下专利布局主要着眼于其用途或制备生产过程相关的技术。

人体内天然存在的多肽或蛋白，往往存在一些弊端，例如半衰期过短，导致客观上难以直接药用。采用点突变、PEG化或者增加脂肪酸链修饰来延长半衰期都是常用的研发策略。诺和诺德的重磅药物司美格鲁肽、德谷胰岛素都综合使用了相关策略并

---

❶ 生物序列的限定方式在专利授权和侵权阶段的认定方式是什么样的？[EB/OL].[2024-05-14]. https：//zhuanlan.zhihu.com/p/55632419.

获得了专利。

司美格鲁肽是一种带有脂肪酸化学修饰，同时进行了多位点氨基酸突变的 GLP-1 类似物，克服了天然 GLP-1 半衰期短的缺点，相对于同为诺和诺德开发的上一代药物利拉鲁肽，其注射间隔由 1 天提升到了一周。除了可以治疗糖尿病，司美格鲁肽用于减肥的治疗效果非常显著，其全球销售额有望在近年暴涨。相对于利拉鲁肽，司美格鲁肽将第 8 位氨基酸替换成了 Aib，Lys26 侧链修饰基团为［2-（2-［2-（2-［2-（2-［4-（17-羧基十七烷酰基氨基）-4（S）-羧基丁酰基氨基］乙氧基）乙氧基］乙酰氨基）乙氧基］乙氧基）乙酰基］，而利拉鲁肽的第 8 位氨基酸未进行替换，侧链基团为 γ-谷氨酰基（Nα-十六酰基）。司美格鲁肽核心的分子专利在中国仅保护了具体的多肽序列加特定的侧链修饰。德谷胰岛素的核心专利在撰写和描述方面也与其类似。

由于市场前景广阔，多家中国企业在司美格鲁肽专利到期前积极进行了仿制，其中，杭州中美华东制药有限公司于 2021 年对该专利提出了无效宣告请求。在第 57950 号无效宣告请求审查决定中，专利局复审和无效审理部认定该专利由于不具有创造性而全部无效，其认为不具有创造性本质上是由于效果数据的呈现方式导致的："由于对于化合物的具体作用时间，说明书中记载了筛选化合物的具体实施方案和筛选目标，记载了在小鼠中持续时间至少 24 小时、48 小时或更长时间，在迷你猪中具有 60~70 小时或更长的半衰期，在患者中的作用时间达到多于约 40 个小时等不同内容，但说明书在涉及化合物亲和力或药效学测定以及药代动力学筛选实验中均未记载具体使用的化合物，也未给出任何具体化合物的测定结果"，在现有技术已经给出了相关选择的情况下，该专利并没有相应的数据证明其取得了更优的效果。该决定一经公开，便引起了业内广泛的讨论。之后北京知识产权法院在一审中撤销了该决定，终审结果如何尚不得而知。这也提示我们，无论是化合物专利还是序列相关专利，上市产品本身的效果数据的呈现方式至关重要，笼统提到"本发明化合物""本发明多肽""本发明蛋白"取得了何种效果可能有助于隐藏开发产品的结构或序列，但是很可能给专利稳定性带来不可挽回的负面影响。

2. 抗体

随着生物工程技术的发展，生物制品尤其是抗体药物在全球制药产业中占据了越来越重要的地位。近年来，全球销量排名前十的药物中有一半以上是抗体药物，全球在研的生物制品药物中有 75% 以上是抗体药物。

单克隆抗体是针对某一特定抗原表位、高度均一的抗体，是由单一 B 细胞克隆产生的，通常采用杂交瘤技术，在细胞融合技术的基础上，将具有无限繁殖能力的骨髓瘤细胞和具有分泌特异性抗体能力的致敏 B 细胞融合。抗体药物具有特异性强、疗效显著及毒性低等特点，在肿瘤、自身免疫疾病、心血管疾病等多个领域都取得了巨大的成功。

单克隆抗体的限定方式很多，相关的专利曾经使用不同的限定方式。具体使用何种限定方式来撰写权利要求，主要取决于现有技术状态和相关发明点。常见的抗体专利一般是使用氨基酸序列来限定抗体，也是被广泛接受的抗体专利表达方式。实践中，申请人一般会从 CDR 序列、可变区序列、全长序列层层递进的方式来保护其发明的抗体。虽然早期的美国专利有限定重链 CDR3 序列获得授权的例子，但目前对于 CDR 区序列的限定，各国专利局基本达成了一致，一般都要求同时限定 6 个 CDR 区序列（如果是单结构域抗体，则为 3 个）。例如我国上市的第一个国产 PD-1 抗体药物特瑞普利单抗，其专利申请 CN104250302A 请求保护的权利要求 1 和 2 如下：

1. 能够结合程序性死亡因子 1（PD-1）的抗体或其功能性片段，其包含选自氨基酸序列 SEQ ID NO 的：1，2，3，7，8，9，13，14，15 或任何所述序列之变体的重链 CDR 和/或选自氨基酸序列 SEQ ID NO：4，5，6，10，11，12，16，17，18 或任何所述序列之变体的轻链 CDR。

2. 权利要求 1 所述的抗体或其功能性片段，其中所述重链 CDR 的 CDR1、CDR2、CDR3 氨基酸序列选自以下各氨基酸序列或其变体的组中的一组：

组	HCDR1	HCDR2	HCDR3
A	SEQ ID NO：1	SEQ ID NO：2	SEQ ID NO：3
B	SEQ ID NO：7	SEQ ID NO：8	SEQ ID NO：9
C	SEQ ID NO：13	SEQ ID NO：14	SEQ ID NO：15

和所述轻链 CDR 的 CDR1、CDR2、CDR3 氨基酸序列选自以下各氨基酸序列或其变体的组中的一组：

组	LCDR1	LCDR2	LCDR3
A	SEQ ID NO：4	SEQ ID NO：5	SEQ ID NO：6
B	SEQ ID NO：10	SEQ ID NO：11	SEQ ID NO：12
C	SEQ ID NO：16	SEQ ID NO：17	SEQ ID NO：18

而其授权权利要求 1 如下：

1. 能够结合程序性死亡因子 1（PD-1）的抗体或其功能性片段，其重链 CDR1、CDR2、CDR3 以及轻链 CDR1、CDR2、CDR3 的氨基酸序列选自以下各氨基酸序列组中的一组：

组	HCDR1	HCDR2	HCDR3	LCDR1	LCDR2	LCDR3
A	SEQ ID NO：1	SEQ ID NO：2	SEQ ID NO：3	SEQ ID NO：4	SEQ ID NO：5	SEQ ID NO：6
B	SEQ ID NO：7	SEQ ID NO：8	SEQ ID NO：9	SEQ ID NO：10	SEQ ID NO：11	SEQ ID NO：12
C	SEQ ID NO：13	SEQ ID NO：14	SEQ ID NO：15	SEQ ID NO：16	SEQ ID NO：17	SEQ ID NO：18
D	SEQ ID NO：1	SEQ ID NO：2	SEQ ID NO：3	SEQ ID NO：10	SEQ ID NO：11	SEQ ID NO：12

可以看到，授权的权利要求1中的每个抗体均同时限定了6个CDR的序列，而且并未允许原权利要求2中分别使用重链中3个固定CDR和轻链中3个固定CDR任何组合的方案。并且原权利要求1中的"变体"也被删除了，这是由于CDR是直接决定抗体与抗原结合能力的一段区域，其序列具有高度的敏感性，实践中一般不允许对CDR序列使用"变体""X%"的同源性等方式来概括。

一般来说，为了全面保护发明抗体的应用和制备过程，抗体专利中一般会含有所述抗体的组合物、多核苷酸、多核苷酸的表达载体、宿主细胞等，以及相关抗体和其组合物的用途等不同主题。

如果发明本身在于发现了一种新的抗原，并研究确认了靶向相关抗原可以产生特定的生理作用，则完全可以直接用抗原本身来限定抗体，例如一种抗X蛋白的抗体或其抗原结合片段。

在生物学和医学研究发展到今天，新发现一种抗原是极为少见的情形，但发现一种已知的抗原特定的生物学作用机制，从而可能应用于一些疾病的治疗，则不罕见。在此情况下，可通过保护靶向相关抗原的抗体用于治疗特定疾病的用途专利来保护相关发明。前文提到的PD-1/PD-L1抗体用于治疗癌症的用途专利即为此种情况。

尽管有些相关靶点和通路的机制已经被阐明，但是受限于一些可能的技术问题或偏见，并未公开过使用特定抗原的抗体来治疗相关疾病，仍然有可能使用此种用途专利来保护靶向特定抗原的抗体。例如，梯瓦开发了一种CGRP抗体用于治疗偏头痛，在礼来上市竞品时，梯瓦起诉了礼来使用了其3件美国专利US8586045、US9884907和US9884908。这3件专利主要保护了使用CGRP抗体用于减少血管舒缩症状的发生率（主要是指偏头痛）的用途，其中2件专利的权利要求1中虽然出现了序列特征，但是实际上是CGRP抗原的序列，并未限定抗体本身的序列。这3件专利的保护策略类似于PD-1/PD-L1抗体的用途，但是在这3种专利之前CGRP靶点与偏头痛的关系实际已经被揭示，那么梯瓦为何能够获得这样宽的保护范围呢？梯瓦在审查和后续的其他程序中指出，这些专利涉及所需要治疗的疾病是偏头痛，由于血脑屏障的存在，通常认为抗体无法通过该屏障，因此本领域技术人员即使已经知道该靶点与偏头痛的关系，但是无法预期使用该抗体治疗该疾病。这一说法得到了专利局和法院的支持，在双方复审和其相关的后续程序，即在联邦巡回上诉法院的上诉程序中，关于专利有效性，特别是创造性的所有争议中梯瓦的观点均得到了支持。但是梯瓦的专利由于书面描述（written description，类似于中国专利法中的权利要求得不到说明书支持）问题在侵权诉讼中被一审法院认定无效。关于抗体专利的书面描述问题，后续将有多个案例涉及，此处暂不展开。

除了上述两种情况，大部分抗体专利发明点在于筛选新的、特定序列的抗体本身，但并非每个申请人都会直接使用序列来限定抗体。一些申请人尝试了使用亲和力数值范围、与参照抗体的竞争结合、抗原的表位等不同的限定策略。此类专利在不同国家的接受度有较大差异，特别是随着这些专利进入后续的法律程序，大量相关专利被宣告无效。但是作为申请人而言，根据自己的发明争取最大的保护范围是永远不变的追求，这些保护形式仍然值得在专利布局时尝试。反过来说，对于后来者开发类似抗体药物的企业，在 FTO 检索分析中发现此类专利，首先应考虑其授权前景或稳定性问题。实际上，前述梯瓦用于起诉礼来的专利 US9884908 中也用到了亲和力数值限定的表达方式，其权利要求最后 1 个技术特征即要求相关抗体结合 CGRP 特定氨基酸残基的亲和力 KD 值应低于 10nM。

使用亲和力限定的更为经典的案例是 *ABbbvie Deutschland Gmbh Co Kg v. Janssen Biotech Inc Llc*（2014）案。JANSSEN 开发了一种 IL－12/IL－23 抗体 Stelara®（中文通用名为乌司奴单抗，商品名为喜达诺），该产品用于治疗多种自身免疫疾病，包括银屑病、银屑病关节炎、克罗恩病、溃疡性结肠炎等。该产品自上市后销售火爆，2023 年全球销售额，达到 108.58 亿美元，是名副其实的重磅药物。在该案中，艾伯维公司使用了多件专利起诉 JANSSEN，其中最重要的专利 US6914128B_1 涉诉的权利要求 29 如下：

29. A neutralizing isolated human antibody, or antigen－binding portion thereof that binds to human IL－12 and disassociates from human IL－12 with a K_{off} rate constant of $1 \times 10^{-2} s^{-1}$ or less, as determined by surface plasmon resonance.

如果艾伯维公司能依赖该专利从 JANSSEN 产品的销售额中获得一定比例的许可费，那么可体现出这件专利的高价值。不过很可惜的是，在诉讼中两级法院均认为该专利未提供足够的实施例来支持这种使用功能性限定的权利要求，该专利最终因不满足书面描述的要求而被宣告无效。具体来说，虽然该专利说明书中列举了 300 多个落入权利要求 1 中的抗体，但些抗体的序列都很相似，它们具有 90% 的同源性并且都具有相同类型的重链和轻链，从而这些抗体的实施例也仅仅包含权利要求 29 范围内的一小部分，无法满足书面描述的要求。该案成为抗体甚至于生物制品领域关于书面描述要求的经典案例，在后续类似的宽范围专利有效性相关的判决中被反复引用。

使用与参考抗体竞争/交叉结合限定抗体的描述方式也不罕见。如前面已经提过的 PD－1/PD－LI 抗体专利之争，双方和解的结果是除首付款外，默克公司还要向百时美施贵宝公司和 Ono 支付 2017 年 1 月 1 日至 2023 年 12 月 31 日 Keytruda 全球销售额的 6.5% 和 2024 年 1 月 1 日至 2026 年 12 月 31 日 Keytruda 全球销售额的 2.5% 作为专利授权费。但是在 PD－1 抗体用途同族专利中，最晚到期日为 2024 年，默克公司为何要支付许可费至 2026 年呢？这就不得不提到百时美施贵宝公司的另一重要专利家族，即 Opdivo 的核心序列专利。很明显 Keytruda 与 Opdivo 有着完全不同的序列，但是百时美施贵宝公司并没有仅仅保护专利中抗体序列本身，还将保护范围扩展到所有与其列出的抗体交叉竞争结合的抗体，这样的保护范围体现在授权专利 US8008449 的权利要求中。其权利要求中虽然列出了多个抗体序列，但是实质的保护范围远远大于这些序列，只要与这些列出的 PD－1 抗体交叉竞争与 PD－1 结合即落入其范围内，几乎可以肯定

Keytruda 也在此列。从前面的关于美国专利书面描述要求相关的案例中可以知道，这件专利的稳定性存疑，实际上和解协议中的许可费比例也是大大低于在先的用途专利的。但是，对于 Keytruda 这样的近年销售额超过 200 亿美元的超级重磅炸弹而言，2.5% 的许可费也是一个惊人的数字。仅仅是稍微变换了几个词语的表达，即获得如此惊人的收益，这也提示我们在专利布局时应当尽可能争取尽量大的保护范围，即便那些大范围的专利可能不是十分稳定。

蛋白抗原的氨基酸序列一般很长，而抗体不可能与其全部位点都结合，仅需与其中的少量几个氨基酸特异性结合，从而不同的抗体有可能结合在同一种抗原上不同的位点，这些结合位点，即抗体结合的表位，也称抗原决定簇。抗体结合的表位可能对其生物学功能产生显著的影响，因此在当前的抗体研发中，筛选抗体结合的抗原表位是评价抗体性质的一个重要方面。一些专利申请人在筛选出抗体后，不满足于使用氨基酸序列保护其抗体，而是对其结合的表位进行深入的研究，并通过限定其表位或表位的部分氨基酸残基来限定相关的抗体。

使用抗原表位限定抗体的典型案例来自安进（Amgen）公司与赛诺菲（Sanofi）公司、再生元（Regeneron）公司之间的诉讼。赛诺菲公司与再生元公司联合开发的 Alirocumab（商品名为 Praluent、波立达）以及安进公司开发的 Evolocumab（商品名为 Repatha、瑞百安）同为单抗药物，靶向一种名为前蛋白转化酶枯草溶菌素 9（PCSK9）的蛋白。该蛋白可降低肝脏从血液中清除低密度脂蛋白胆固醇的能力，而其被公认为心血管疾病的主要风险因子。安进用于起诉对方的专利中涉及 3 项美国专利 US8563698、US8829165 和 US8859741，其中，专利 US8563698 的权利要求 1 涉及一种抗 PCSK9 抗体，限定了与所列出的特定抗原表位中的至少一个氨基酸残基结合，并限定抗体减少 PCSK9 与 LDLR 蛋白的 EGFa 结构域之间的结合，对于 PCSK9 对细胞低密度脂蛋白摄取的抑制起拮抗作用；专利 US8829165、US8859741 虽然权利要求不完全相同，但是都采用了类似的抗原表位序列中"至少一个"氨基酸残基的写法。因为并未限定完整的抗原表位，而是只要结合这些表位中的一个以上氨基酸残基即可，所以这 3 件专利的保护范围很宽泛，导致竞争对手很难跳出其范围。例如，专利 US8563698 的权利要求 1 如下：

1. An isolated monoclonal antibody, wherein, when bound to PCSK9, said monoclonal antibody binds to at least one residue within the sequence set forth by residues 123 – 132 of SEQ ID NO: 1, and wherein said monoclonal antibody reduces binding between PCSK9 and an EGFa domain of LDLR protein antagonizes PCSK9's inhibition of cellular LDL uptake.

安进公司在申请专利时，不仅提供了抗体的序列，而且对 2 个 PCSK9 抗体进行了 X 射线晶体衍射，确定了 PCSK9 的结合位点残基。在撰写权利要求时还进一步概括至结合至少一个氨基酸残基的抗体。

赛诺菲公司和再生元公司的 PCSK9 抗体 Alirocumab 与安进公司的 PCSK9 抗体 Evolocumab 结构并不一致，但由于结合了相同的氨基酸残基，落入上述专利范围内。该案在一审时赛诺菲公司和再生元公司败诉，但在二审时胜诉，如前面提到的 IL12 抗体的例子，法院同样认为安进公司提供的例子不足以支持如此宽泛的权利要求，从而不满足书面描述的要求。这一案件在业界引起了轰动，产业界站在两种对立立场纷纷向法院提交非当事人意见陈述（amicus brief）表达相关立场。安进公司不服二审判决上诉至美国联邦最高法院。2023 年 5 月 18 日，美国联邦最高法院维持了二审法院的判决。至此，关于抗原表位限定专利的问题在美国有了确切说法。由于该案经历了美国联邦最高法院的判决，对所有下级法院均有约束力，因此成为后续审查员和法院判决中最常引用的关于书面描述问题的判例。

PCSK9 抗体的专利纠纷在各国有着不同的结果。在中国，安进公司提交的 3 件分案申请 CN201410218672.X、CN201410218704.6 和 CN201410219429.X 也试图使用类似的限定策略，但是最终经历复审后维持驳回，目前此 3 件专利法律状态均已失效。中国审查员驳回的理由是不具有创造性，因为 PCSK9 是已知的抗原，所以开发针对所述抗原的抗体是公知的。而对于相关抗体解决的技术问题，即其体现出来的技术效果，必须通过特定序列的抗体来体现，申请人无法证明相关技术效果是由于结合特定的表位残基来实现的。国家知识产权局第 230575 号复审请求审查决定指出，发明是所属技术领域的技术人员在现有技术的基础上根据所述技术启示仅通过功能特征限定来请求保护相应的技术内容，并且说明书中没有证据提供哪些具体技术方案能实现所述的功能效果，则这种仅用纯功能特征来表征的权利要求是容易想到的，发明不具有突出的实质性特点和显著的进步，不具有创造性。欧洲专利局在异议程序中也采用了与中国审查员相同的逻辑否定了上述以抗原表位残基限定的撰写方式。

然而在日本，2019 年知识产权高等法院判决安进公司胜诉，2020 年日本最高法院维持了高等法院的判决。赛诺菲公司和再生元公司最终只能退出了日本市场。可见，以抗原表位限定的抗体专利，至少在一些国家存在授权的可能性并且能够经历无效宣告请求的考验。

除了可以使用不同的方式定义抗体，读者可能注意到一般的抗体专利主题中都不单纯要求保护抗体，往往加入"及其抗原结合片段"的描述。例如前述专利 CN104250302A 中也使用了"或其功能性片段"的描述。这一描述看似一种模板式的重复，但是实践中非常重要。因为通常认为的"抗体"，即免疫球蛋白，一般含有 Fc 区，而实际上影响抗体与抗原结合活性的主要是 CDR，最多是可变区。如果一件专利仅仅保护"抗体"，那么竞争对手完全可以照抄该抗体中最重要的 CDR，或可变区，将其制备成不含 Fc 区域的其他形式，如 Fab、scFv、融合蛋白等，从而绕开"抗体"这一主题。

多特异性抗体，特别是双特异性抗体是近年来抗体药物研发的热点。多特异性抗体在自然界并不存在，是人工设计出来可以同时靶向多个抗原的特殊抗体，目前以靶向两个不同抗原的双特异性抗体为主。双特异性抗体仍然可以像一般的单克隆抗体一样基于其靶向抗原的部分进行同类的专利布局。除此之外，因为双特异性抗体是人为设计的，其两个靶向部分的相对位置如何设计和安排，以及对抗体结构进行改进等都可能形成新的平台性专利。行业内也有"单抗看靶点，双抗看平台"的说法，可见双特异性抗体的平台性专利的重要性。基于不同的技术，已经有大量的双特异性抗体的平台性专利被公开或授权，例如来自国外的 knob-into-hole、CrossMab、Duobody 等；国内公司在这一领域也有布局，例如无锡药明生物技术股份有限公司的 WuXiBody、武汉友芝友生物制药股份有限公司的 YBODY 等。罗氏公司的 CrossMab 技术在中国有授权专利，其授权号为 CN101896504B。WuXiBody 的中国授权专利为 CN111133003B。

阅读这些专利的权利要求后可以看到，此类平台性专利授权的范围均与抗体结合部分的靶点、序列无关。在开发新的双特异性抗体时，作为申请人需要考虑自己所使用的平台是否存在申请此类专利的可能性，同时需要考虑使用的平台是否存在侵权风险。

尽管笔者花费了较大篇幅阐述抗体本身所特有的一些专利和限定方式，但这不影响抗体作为比较成熟的生物制品的仿制药（在美国分为 biosimilar 和 interchangeable）上市。抗体药物如同传统化学药物一样，专利布局的重要目的是延长相关产品的专利保护期，尽可能阻止仿制药上市。就这一方面来说，阿达木单抗的专利布局可以作为典范。阿达木单抗是艾伯维公司开发的一种抗人肿瘤坏死因子（TNF）的人源化单克隆抗体。2002 年 12 月，阿达木单抗首次在美国获批上市，用于治疗类风湿关节炎、强直性脊柱炎等大量与自身免疫有关的疾病。艾伯维公司对于阿达木单抗的专利布局也是煞费苦心，尽管其核心序列专利 WO1997029131 的美国同族在 2016 年已经到期，但是艾伯维公司布局了上百件不同技术点的外围专利，成功延长了阿达木单抗的专利生命周期。[1] 阿达木单抗的代表性专利技术布局路线如图 4-3-20 所示。艾伯维公司通过密集布局大量外围专利来保持产品垄断地位的方法在美国一度引发了反垄断诉讼，但最终该种行为并未被认定为垄断行为。阿达木单抗的首个生物类似物于 2023 年 1 月获得批准，6 个月后多个生物类似物相继上市。第一个生物类似物的上市时间实际上并不对应原研药专利的到期日，而是艾伯维公司和安进公司和解的结果，安进公司曾经对艾伯维公司的两件制剂专利提出过双方复审程序，但是并未获得支持，二者随后和解，和解达成的上市时间略晚于这两件制剂专利的到期日，这也说明艾伯维公司后续的大量外围专利布局对这一和解产生了影响。阿达木单抗的例子生动地说明了，在原研药企业和仿制药企业的交锋中，谁也无法精准地预测哪件专利能够起到关键的作用，只能在布局时做到最好，尽可能地覆盖所有可能的专利点，从而在后续的诉讼、和解中充分利用专利，以获得更好的条件。

---

[1] 谭玉梅，林淘曦，薛亚萍. 如何保护制药领域方法技术以决胜竞争 [J]. 中国新药杂志，2019，28 (15)：1803-1808.

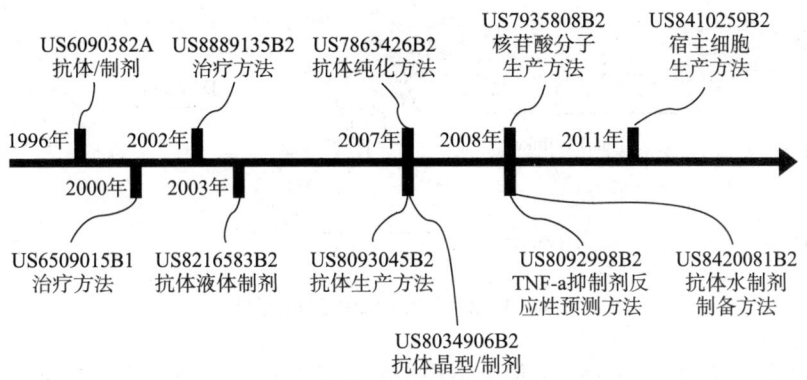

图4-3-20 阿达木单抗专利布局路线

3. ADC药物

ADC药物是通过接头将具有生物活性的药物（通常为高毒性的细胞毒性药物）连接到抗体上，抗体作为载体将细胞毒性药物靶向运输到目标细胞中发挥作用的一类药物。在ADC中，抗体如同精确制导的导弹，而细胞毒性药物如同威力巨大的炸弹，通过抗体把引爆点限制在肿瘤细胞内部，从而可以使用全身化疗时患者无法耐受的高毒性细胞毒性药物。在化疗药物的基础上，目前已衍生出使用抗体核素偶联物等技术。

ADC药物的概念本身并不新，2000年FDA已经批准了首个ADC药物——Mylotarg，用于首次复发、60岁以上、CD33+、不适合细胞毒化疗的急性髓细胞性白血病（AML）患者。然而由于相关技术发展不成熟，低毒高效的特性并没有完全发挥出来，在此后的近20年间，该领域一直发展缓慢。直至第一三共株式会社（以下简称"第一三共公司"）的DS-8201治疗Her2阳性的乳腺癌的临床研究结果公布后，这一领域的研究成果爆发。DS-8201是最成功的一款ADC药物之一。在2022年美国临床肿瘤学会（ASCO）年会上，该药物针对Her2低表达乳腺癌的Ⅲ期临床研究结果公布后，反响特别强烈，这在专业会议上是极为少见的。这个研究结果直接改变了乳腺癌的临床分型和治疗标准，同时这也让大家对新一代的ADC药物有了更多的憧憬。❶ DS-8201于2023年在中国也获得批准上市，通用名为德曲妥珠单抗。DS-8201的结构及进入体内后的裂解机制如图4-3-21所示。❷

---

❶ 回顾"神药T-DXd（DS-8201）"的研发历程［EB/OL］.［2024-05-21］. https：//zhuanlan. zhihu. com/p/565965847.

❷ Her2"阴性"/低表达患者也能获益！Enhertu又获新适应证突破性疗法指定［EB/OL］.［2024-05-21］. https：//www. tumormed. com/index. php?m=home&c=View&a=index&aid=3575&uiset=on&v=738.

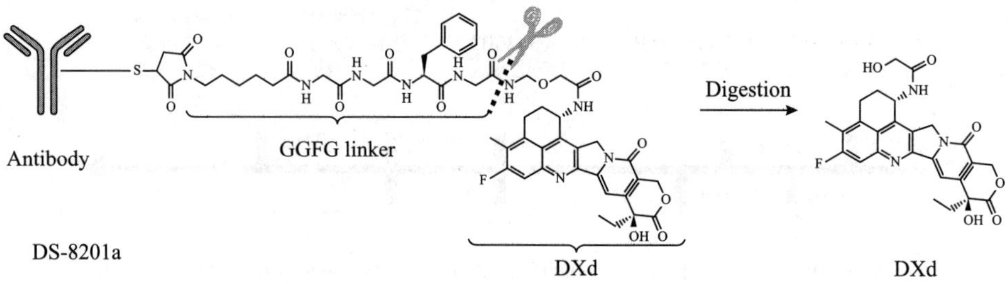

图 4-3-21　DS-8201 裂解机制

从专利角度来说，DS-8201 整个结构中的大部分属于现有技术，比如抗体部分为曲妥珠单抗，连接子中主体骨架结构 GGFG 部分在 1999 申请的专利 CN1247499A 中已经公开，而毒素 DXd 则被 1995 年的美国专利 US5658920A 公开描述。从发明点的角度来看，该产品结构似乎仅仅提供了一种新的连接方式，将 GGFG 连接至已知的 DXd 上，然而这一看似很小的发明却从根本上改变了 ADC 药物的历史进程，也从根本上改变了很多肿瘤疾病的治疗实践。可见，对于医药领域的专利而言，专利的发明点的创新性强，并不能代表专利价值高。一些改进发明如果解决了临床实践中的大问题，则其价值远远高于一些看似非常新颖的开拓性发明。

DS-8201 的基础专利中国同族 CN104755494B 是一件平台性专利，该专利的权利要求 1 中并未限制抗体，其权利要求 15、16 中保护了接上抗体前的中间体化合物，进一步保证了制备过程中使用此类"一接头—毒素"不被他人使用。但是这些权利要求中均限定了毒素部分的结构，这导致可能有人利用该发明的连接结构，但替换其他类毒素绕开专利。第一三共公司非常创意地在权利要求 18 保护了"接头"本身，之所以说其非常有创意，是因为"接头"两端的化学键留空，其本身并不是一个能够独立存在的化合物。但是这一"接头"权利要求的范围确实远大于前述的 ADC 药物及限定了带有特定毒素的中间体，从而阻碍了他人利用此结构接头连接抗体和药物的可能。

1. 抗体—药物偶联物，其特征在于，其是下式

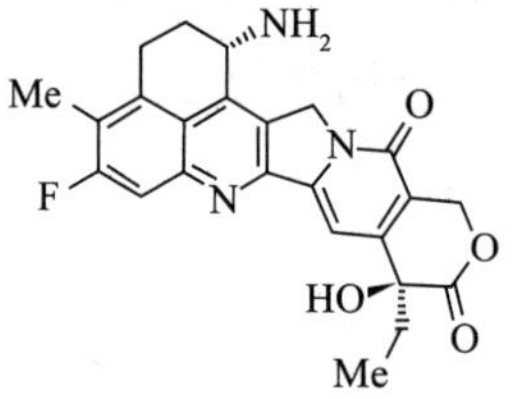

所示的抗肿瘤性化合物与抗体经由下式：

$-L^1-L^2-L^P-NH-(CH_2)n^1-L^a-L^b-L^c-$

所示的结构的接头连接而成的，

此处，抗体连接于 L^1 的末端，抗肿瘤性化合物以 1 位的氨基的氮原子为连接部位、连接于 L^c 的末端，

式中，

L^1 表示—（琥珀酰亚胺—3—基—N）—（CH_2）n^2—C（=O）—，

其中，n^2 表示 2~5 的整数，

L^2 表示—NH—（CH_2—CH_2—O）n^5—CH_2—CH_2—C（=O）—或单键，

其中，n^5 表示 2 或 4 的整数，

L^P 表示 GGFG 的四肽残基，

—NH—（CH_2）n^1—L^a—L^b—L^c—为：

—NH—（CH_2）$_3$—C（=O）—、

—NH—CH_2—O—CH_2—C（=O）—或

—NH—（CH_2）$_2$—O—CH_2—C（=O）—，

—（琥珀酰亚胺—3—基—N）—为下式：

所示的结构，以该结构的 3 位与抗体连接，在 1 位的氮原子上与包含该结构的接头结构内的亚甲基连接。

18. 下式所示的接头，其用于得到经由接头将药物与抗体连接而成的抗体—药物偶联物，

—L^1—L^2—L^P—NH—（CH_2）n^1—L^a—L^b—L^c—

其中，L^1 为连接于抗体的连接部位，L^c 为用于抗肿瘤性化合物连接的连接部位，式中，

L^1 表示—（琥珀酰亚胺—3—基—N）—（CH_2）n^2—C（=O）—，

其中，n^2 表示 2~5 的整数，

L^2 表示—NH—（CH_2—CH_2—O）n^5—CH_2—CH_2—C（=O）—或单键，

其中，n^5 表示整数 2 或 4，

L^P 表示 GGFG 四肽残基，

—NH—（CH_2）n^1—L^a—L^b—为：

—NH—$CH_2CH_2CH_2$—、

—NH—CH_2—O—CH_2—或

—NH—（CH_2）$_2$—O—CH_2—，

—（琥珀酰亚胺—3—基—N）—为下式：

所示的结构，以该结构的 3 位与抗体连接，在 1 位的氮原子上与包含该结构的接头结构内的亚甲基连接。

值得关注的是，DS-8201是一种使用曲妥珠单抗作为抗体的Her2 ADC药物，但是在该基础专利中，第一三共公司列举了大量可用抗体，包括"作为这样的抗体，可列举抗A33抗体、抗B7-H3抗体、抗CanAg抗体、抗CD20抗体、抗CD22抗体、抗CD30抗体、抗CD33抗体、抗CD56抗体、抗CD70抗体、抗CEA抗体、抗Cripto抗体、抗EphA2抗体、抗G250抗体、抗MUC1抗体、抗GPNMB抗体、抗Integrin抗体、抗体PSMA抗体、抗Tenascin-C抗体、抗SLC44A4抗体、抗Mesothelin抗体，但不限于此。"如此大量的列举唯独遗漏了Her2抗体，这不是撰写失误，恰恰是其专利布局的策略。由于Her2抗体在该专利中未出现，在该专利公开前，即首个优先权日起18个月之内再提交一篇限定到具体的Her2抗体的产品专利，在先未公开的申请无法评价再提交专利的创造性，在后的具体产品专利将很容易被授权。这一策略通过将具体开发产品的专利延后一年多提交，可达到核心产品专利保护期变相延长18个月的效果。这一专利布局策略在一些日本医药企业的专利布局中较为常见，例如著名的阿格列汀案，即采用了相同的方法。在2014年1月31日，第一三共公司提交了DS-8201的具体产品专利，该优先权日早于前述基础专利的公开日2014年4月17日，从而很容易在多个国家获得授权，其中国同族CN105829346B的权利要求1中除了限定抗体Her2抗体，与前述基础专利并没有其他明显区别。

除了上述2件核心专利，第一三共公司为了尽量延长这一重磅炸弹药物的垄断期，还布局了大量的外围专利。例如制备方法、治疗抗HER2耐药或难治性HER2表达癌的用途、与免疫检查点抑制剂联合的用途、制剂、连接子细胞毒素的晶型、用于HER2突变肿瘤的用途、ADC的制备方法等十几种不同主题的专利。这样实现阻碍仿制药的专利布局，由于ADC药物实际上是化学药结合生物药形成的偶联物，其布局的专利可以覆盖两类药物所有的发明点，而且如何将毒素、接头、与抗体相连接也会形成大量的工艺相关专利，由此可见，ADC药物的专利数量非常可观，仿制药企业突破原研药专利封锁会更为困难。

虽然第一三共公司的专利布局可谓滴水不漏，但是仍然有大量的竞争对手，特别是中国企业成功突破了其基础专利。它们不仅成功绕开专利，并获得了自己的专利，甚至将相关专利或其覆盖的产品对外许可给欧美医药巨头。据不完全统计，仅2023年，中国企业的ADC对外许可交易次数多达20余次，总计交易金额超200亿美元。❶ 交易对象包括阿斯利康公司、葛兰素史克、百时美施贵宝公司、辉瑞公司等巨头，其中四川百利天恒药业股份有限公司的EGFR/HER3双抗ADC独家许可给百时美施贵宝公司的交易对价达到了8亿美元首付款，总额84亿美元，刷新了中国药品对外许可的新纪录。从四川百利天恒药业股份有限公司关联公司公开的专利WO2021052402中的技术方案来看，它们可能对第一三共公司专利的接头的L1-L2部分的结构进行了改造，同时对毒素与接着连接部位NH_2中（在连接至接头时其中一个氢被取代）的固定

---

❶ 2023年ADC领域重磅交易盘点：中国Biotech与MNC的双向奔赴［EB/OL］.［2024-05-21］. https：//zhuanlan.zhihu.com/p/67597671.

的氢替换为非氢的其他基团 R。

由于接头、毒素方面的创新可用于不同的靶点，进而用于多种不同的产品，形成技术平台，因此大部分研发 ADC 药物的企业将创新聚焦在接头和毒素中。但是，抗体创新同样可以形成高价值的专利。例如荣昌生物制药（烟台）股份有限公司（以下简称"荣昌生物"）的维迪西妥单抗是中国首个批准的国产 ADC 药物，其接头和毒素均为现有技术，但其通过将常用的曲妥珠单抗替换为其自主研发的 Her2 单抗，成功形成了专利保护的新产品。该专利的中国同族授权权利要求 1 保护的是能够特异性结合 HER2 抗体的缀合物，其发明点源自其抗体部分限定的 6 个 CDR 序列。

由于维迪西妥单抗与市场上大部分使用曲妥珠单抗的 ADC 药物的差异化特性，可能在使用曲妥珠单抗的 ADC 药物治疗后耐药的患者中仍然有效。2021 年 8 月，荣昌生物与国际制药公司西雅图基因达成一项全球独家许可协议，以开发和商业化其 ADC 新药维迪西妥单抗。荣昌生物从此次交易中获得的潜在收入将高达 26 亿美元，包括 2 亿美元首付款和最高可达 24 亿美元的里程碑付款，同时，荣昌生物将获得维迪西妥单抗在西雅图基因区域净销售额从百分之几到百分之十几的梯度销售提成。❶

在上述例子中，抗体、接头、毒素三要素中至少有一个必须是新的，才能够形成新的专利。但是实际上由于这三个元素的可选项均很多，每个元素各选其一，形成一个最优组合，有可能形成典型的"选择发明"。当然，布局此类专利需要进行大量的对比试验，以证明最终选择的组合能达到预料不到的技术效果。

4. 细胞治疗

细胞治疗是指将正常或生物工程改造过的人体细胞移植或输入患者体内，从而达到治疗疾病的目的疗法。细胞治疗按照治疗使用的细胞种类可以分为干细胞治疗和免疫细胞治疗，目前取得突破的主要是免疫细胞疗法，具体是指过继性免疫细胞治疗。根据使用的免疫细胞种类、是否需要转入以及转入的受体类型，过继性免疫细胞疗法主要包括 NK、LAK、DC、CIK、CTL、TIL、CAR-T、TCR-T、CAR-NK 等，其中，CAR-T、TCR-T 和 TIL 疗法均已有相关产品被 FDA 批准上市，CAR-T 药物在中国也已经有多个产品获得批准。笔者主要介绍 CAR-T 药物的专利布局，其余类型产品的专利布局与其有很大的相似性，不再赘述。

CAR-T 产品虽然作为药物来监管，但实际上是一整套完整的疗法，与传统的药物相比，其制备和给药过程非常复杂，因此其成本居高不下，例如美国上市的 CAR-T 产品单次回输的价格均在 40 万美元左右，而中国已上市的几个产品，除了合源生物的纳基奥仑赛注射液定价在 99.9 万元人民币，其他的都在 100 万元人民币以上。典型的自体 CAR-T 产品的流程如图 4-3-22 所示。❷

---

❶ 26 亿美元，维迪西妥创海外授权纪录！荣昌生物与西雅图基因签约 [EB/OL]. [2024-05-21]. https://new.qq.com/rain/a/20210809A0C9CK00.

❷ 细胞免疫治疗 CAR-T 完整解决方案 [EB/OL]. [2024-05-22]. http://www.pbmedicals.com/?g=&m=article&a=new_nav_list&newid=66.

这种冗长复杂的流程，给 CAR‐T 疗法的专利布局提供了很大的空间和灵活性，其专利布局可以贯穿于整个产品制备和回输给药过程中。

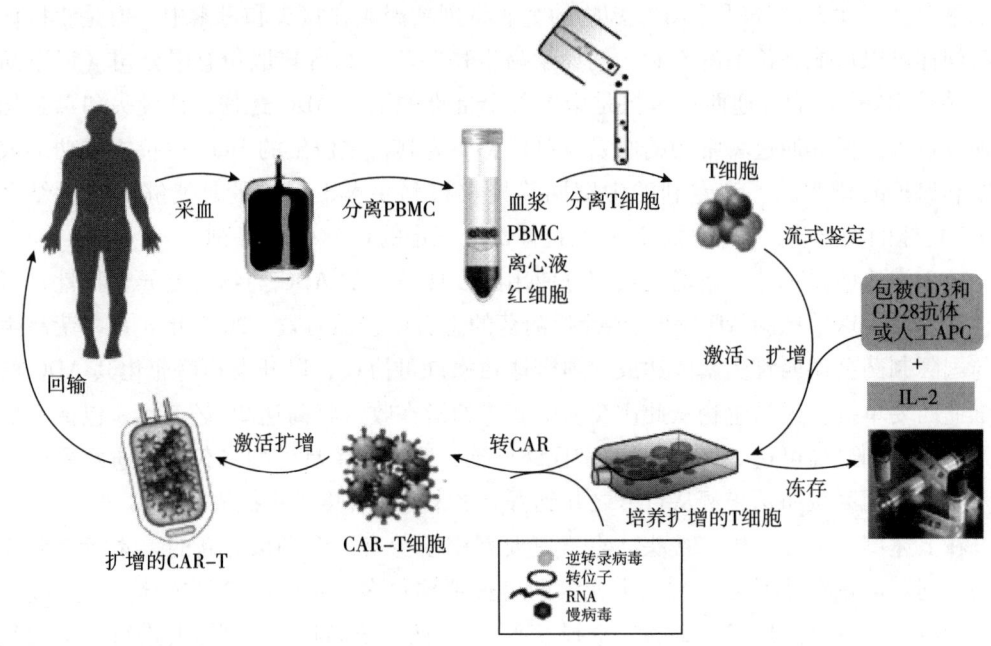

图 4‐3‐22　CAR‐T 产品使用流程

注：图中 PBMC 表示外周血单个核细胞。

在 CAR‐T 技术中，涉及 T 细胞识别肿瘤向其传导信号使其激活嵌合抗原受体（chimeric antigen receptor，CAR）的专利，是 CAR‐T 产品的基础专利，类似于小分子药物的化合物专利或抗体的序列专利。但 CAR 的结构比抗体更为复杂。虽然有第四代、第五代 CAR 的不同说法，但对于第四代和第五代的结构并没有形成共识。目前比较公认的第一代至第三代 CAR 的结构如图 4‐3‐23 所示。❶

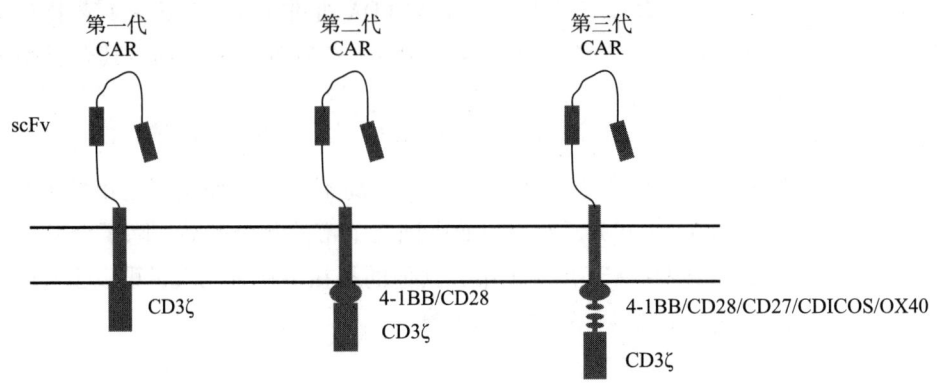

图 4‐3‐23　第一代至第三代 CAR 的结构对比

---

❶ 第三讲：今天来科普下 CAR‐T［EB/OL］.［2024‐05‐22］. https://zhuanlan.zhihu.com/p/47587661.

其中，第一代主要包括胞外的单链抗体部分和胞内信号域，一般为CD3ζ。虽然CAR-T治疗的第一个产品直到2017年才获得批准，但是第一代CAR专利出现得非常早，其最早的申请日是1993年1月31日，不过其美国同族专利US7741465仍然处于有效状态。Kite公司（后被吉利德公司收购）获得了该专利的许可，从而推出了自己的CD19 CAR-T产品Yescarta和Tecartus。为何专利US7741465还没有过期呢？这主要是由于该专利的申请日早于1995年6月8日，在此日期前申请的专利在美国到期日的计算方法是按授权日加17年计算的，而该专利直到2010年6月才获得授权。同时，Kite公司依据自己的上市产品，使用该专利申请了专利期限补偿，进一步使其产品的专利到期日延长到了2031年。另外，该专利在授权后经历过比较少见的单方复审程序（Ex Parte Reexamination）。复审后申请人修改了权利要求，在权利要求1中加上了额外的限定，从而使得一些第二代CAR-T产品未落入其保护范围内，例如Juno公司和诺华公司使用41BB作为共刺激结构域的第二代CAR-T产品。

第二代CAR在第一代的基础上增加了41BB或CD28作为共刺激结构域负责给T细胞提供第二个激活信号。含有这两种结构的共刺激结构域的CAR分别有各自的专利保护，且都被Juno公司（后被百时美施贵宝公司收购）获得了独占许可。其中专利US8399645及其同族涉及41BB作为共刺激结构域的CAR结构。另一个关于41BB且范围更宽的专利WO2005044996及其同族未进入任何国家，仅依据相同优先权申请了美国专利US20050113564，该申请仅发出一次审查意见且申请人未进行任何答复即视为撤回。不过因为在美国，申请人可以无限提交继续申请，专利US8399645后续仍有不少范围不同的继续申请取得授权或仍在审查中。

诺华公司的CTL-019（tisagenlecleucel）是世界上第一个被批准的CAR-T疗法，其针对的正是CD19靶点，使用的也是4-1BB共刺激结构域，因此完全落入该专利范围内。因此，诺华公司在产品上市前已经和Juno公司达成了和解，和解协议包括一定数额的首付款和销售提成，避免了上市后可能存在的法律纠纷。

另一个CAR-T产品的持有人Kite公司使用的是CD28作为共刺激结构域，该结构同样落入Juno公司拥有独占许可权利的专利US7446190中，其授权权利要求1限定了CD3ζ、共刺激结构域以及一个结合靶点的结合元件（binding element），其从属权利要求3和5分别限定了结合元件是单链抗体scFv和单链抗体与CD19的结合。

与诺华公司不同，虽然Kite公司曾尝试寻求许可，但在产品上市前双方并未达成协议。2017年，Juno公司使用该专利对Kite公司提起诉讼。2019年12月，美国地方法院判定Juno公司胜诉，一审判决Kite公司需支付12亿美元的赔偿金，其中包括3.89亿美元的惩罚性赔偿；并且在专利到期前Kite公司还需因新产生的销售收入支付高达销售额27.6%的许可费。Kite公司在诉讼中坚持认为该专利是无效的，因为该专利中未提供足够多的CD19单链抗体scFv，使得其功能性描述不满足书面描述的要求。2021年8月，美国联邦巡回上诉法院推翻了地方法院的判决，完全支持了Kite公司的观点，认定该专利因不满足书面描述而无效。Juno 公司不服二审判决上诉至美国联邦最高法院，但联邦最高法院宣布拒绝受理该案，从而使该案尘埃落定。该案的发生时间和前述的 PCSK9 抗体专利诉讼有很大的重叠，案情也有一定的相似性，法院判定专利无效时也使用了相同的理由和条款。然而，该案与 PCSK9 抗体专利纠纷仍然有所区别，考察专利 US7446190 的发明点，相对于现有技术，其技术贡献在于发现了使用特定序列的 CD28 共刺激结构域，而与抗原结合的元件，无论是何种抗体形式，或何种靶点，与其发明点均无关。根据该案判决的逻辑，申请人需要为非发明点的技术特征提供足够的实施例，才能满足书面描述的要求，这无疑是为发明人获得平台性专利提出了很高的要求。

除了抗体部分、共刺激结构域和胞内信号域这三个基础元件，一个完整的 CAR 通常还包含铰链区、跨膜区等结构；而为了将 CAR 表达后成功输送到细胞膜上，其表达时还需要一个信号肽。另外，如同多特异性抗体，为了靶向不同抗原，还可将 CAR 设计成串联或并联形式。这些不同元件的选择和排布，使仅仅一个 CAR 结构，就有巨大的专利布局空间。

实际上，为了提高细胞治疗的效果或减少副作用，研发人员除了在细胞内导入 CAR 结构，开始设计一些"装甲"策略，例如在细胞中同时人为表达一些细胞因子或者敲除特定的基因等。这些相应的技术策略均涉及大量的平台性专利。

目前上市的 CAR-T 产品均为自体产品。由于免疫排斥，使用异体细胞进行治疗存在很大的障碍，但是自体产品需要现用现制的缺点使其治疗成本一直居高不下。因此异体细胞治疗一直有着强烈的市场需求。为了实现异体细胞治疗，已经有大量涉及解决免疫排斥策略的发明被提出并申请专利。

由于"装甲"策略和解决免疫排斥问题的技术可以应用于整个细胞治疗领域或者整个类别的免疫细胞，这些技术形成的专利与传统药品有较大区别，大部分是平台性专利。

另外，从工艺过程来说，由于在将 CAR 结构导入细胞时一般用病毒或者使用其他载体转导，因此病毒的培养、载体的结构设计等均可能构成专利布局点。而 CAR 的转导、细胞的激活、扩增等涉及大量的工艺步骤和条件优化，都有可能形成相关专利布局点。

当前的细胞治疗过程中，患者在接受 CAR-T 回输之前一般需要经过清淋这一步骤。清淋通常是指使用一些高毒性的化疗药物，如环磷酰胺或氟达拉滨等预先处理患者机体，减少机体对改造后的 CAR-T 细胞的排斥反应，以提高 CAR-T 细胞注入后的疗效。而在输注后患者往往会发生细胞因子风暴等严重不良反应，解决这些不良反应也是细胞治疗很重要的一个方面。因此，清淋、细胞因子风暴的处理，都是细胞治疗领域非常独特的专利布局点。

例如科济生物在开发其靶向 Claudin 18.2 CAR-T 产品时布局了特殊的清淋处理方

案,其专利公开号为WO2019170147,涉及新的预处理方案。现有技术中的清淋方案一般仅使用环磷酰胺、氟达拉滨,而该专利中还加入了白蛋白结合型紫杉醇。该专利以治疗方法的撰写形式,虽不符合中国专利授权的标准,但是更适合美国专利的审查实践。

目前处理CAR-T治疗引起的细胞因子风暴已经有了较为成熟的方法,其中包括使用IL-6抗体。CAR-T之父卡尔·朱恩(Carl June)就布局了相关专利,并且相关专利在中国也获得了授权,授权公告号为CN111467494B。

5. 基因治疗

如前所述,狭义的基因治疗一般仅指对患者的基因本身进行编辑以纠正其错误,使其正常发挥功能。由此可见,基因编辑技术是狭义基因治疗技术的根本。2023年12月8日,FDA批准了首个基因编辑治疗药物Casgevy,Casgevy由制药公司Vertex Pharmaceuticals和生物技术公司CRISPR Therapeutics共同开发,用于治疗12岁及以上成人镰状细胞病。CRISPR Therapeutics公司由诺贝尔生理学或医学奖获得者、CRISPR基因编辑技术的发明人之一的埃马纽埃尔·卡彭蒂耶(Emmanuelle Charpentier)创立。在CRISPR-Cas技术出现之前,已经有了两代基因编辑技术,分别是ZFN技术和TALEN技术,但是由于编辑效率、构建复杂程度等原因,一直没有使用相关技术的产品上市。而CRISPR-Cas技术从发现起至第一个使用相关技术的药品上市,仅仅用了11年,这主要是由于这一技术构建简单、编辑效率高。正是因为这一技术的先进性,相关各方对这一技术的专利布局展开了激烈的竞赛,并且不时地出现专利诉讼交锋。

其中,竞争最为激烈的是CRISPR-Cas的基础专利,可以称得上是生物技术专利领域的世纪大战,这也再次证明CRISPR-Cas技术的应用前景极为广阔,除为作为基因治疗药物,农业、养殖业、诊断、疾病治疗等领域都有可能因这一技术而产生极大的发展。

詹妮弗·杜德纳(Jennifer Doudna)是发现CRISPR-Cas技术的另一位诺贝尔生理学或医学奖的获得者,其专利首个优先权提交于2012年5月25日,代表性专利的中国同族专利为CN105658796B。

该专利各国同族的范围略有差异,但是总体上不偏离CRISPR-Cas 9技术的Cas9多肽和gRNA两个必需元素。该专利未对技术应用时所针对的细胞进行限定,也就是说,其使用场景可以覆盖所有细胞,包括原核细胞和真核细胞。该专利有多个优先权,笔者检索优先权后可以发现,其在2013年1月28日提交的第三个优先权首次在说明书中提到了"真核生物"作为其编辑的对象。正是这一时间差,为Broad研究所的专利布局提供了条件。

2012年12月12日,Broad研究所提交了专利首个优先权,其专利的中国同族专利为CN105121648B。

Broad研究所的专利与詹妮弗等人的专利有很高的相似性,都使用了CRISPR-Cas 9

系统中必须的 Cas9 蛋白和靶向目标 DNA 片段的 RNA，差别主要在于 Broad 研究所的专利限定了其应用于真核细胞。由于编辑真核细胞的基因需要将相关的 Cas9 蛋白送入处于细胞核内的 DNA 处，该专利解决此问题的办法是在 Cas9 蛋白上增加了核定位序列，这一特征在中国同族专利授权时也在权利要求中加以限制，而该专利的美国同族在授权时并未将该限制加入权利要求 1 中。虽然 Broad 研究所的优先权晚于詹妮弗等人的专利，但是其通过加速审查的操作，在美国的授权日期还早于詹妮弗等人的专利。

虽然詹妮弗等人的专利保护范围更大，但是现实中基因编辑主要的应用场景是真核生物，比如人类遗传病的治疗、生物育种等均是应用于真核生物，也就是说，Broad 研究所的专利价值并没有因为保护范围的缩小而受到减损。在上述专利同时有效的情况下，第三方需要同时获得两者的专利许可，由于总许可费是有限的，Broad 研究所专利的存在很明显会分走詹妮弗等人的大部分的潜在收益，因此詹妮弗等人很难平静地对待 Broad 研究所的授权专利。

在美国，詹妮弗等人提出了"抵触审查"请求，这是在先发明制度框架下决定谁拥有更早的发明日，从而决定专利最终是否应该授权的程序。美国在 2011 年修改了专利法，其中一条根本性的修改就是将先发明制改为先申请制，但不同的条款有不同的生效日。其中关于新颖性判断的第 102 条的生效日为 2013 年 3 月 16 日。而上述两件专利的最早优先权均早于这一日期，因此适用了先发明制。"抵触审查"程序的结果是美国专利商标局认定詹妮弗等人拥有 CRISPR-Cas 9 系统的更早发明日，而 Broad 研究所拥有将该系统应用于真核生物的更早发明日，因此 Broad 研究所的专利是有效的，这意味着 Broad 研究所在美国同族专利的争端中占了上风。

而在欧洲，该案有着完全不同的结果。仅从前文中分析的专利优先权的日期看，似乎 Broad 研究所应该赢得这一专利纠纷。然而由于欧洲专利局关于优先权成立要件的特殊规定，Broad 研究所的专利因为一些操作性的原因，而非技术方案本身的原因在异议程序中失去了该专利。Broad 研究所的专利有多个优先权，其中，P1（61/736527P，申请日为 2012 年 12 月 12 日）和 P2（61/748427P，申请日为 2013 年 1 月 2 日）的申请人都包含洛克菲勒大学。但是其正式申请中的申请人没有洛克菲勒大学。根据欧洲专利审查指南，所有优先权申请人或其继承人是在后申请的所有申请人或者必须被包含在在后申请的所有申请人之中。否则，需要提交优先权转让证明，该"优先权转让"应当是在在后申请提交日之前已完成签署。而根据异议程序，Broad 研究所的专利在提交正式申请日前，并未获得洛克菲勒大学签署完成的优先权转让证明，从而丧失了前两件优先权的优先权日，这导致评价其新颖性和创造性的日期延后到第三个优先权日，也就是 2013 年 1 月 30 日，而正是在第二和第三个优先权日之间的这 20 多天内，有两篇关于 CRISPR-Cas9 系统应用于真核生物的重磅文章被公开，从而使得该专利丧失了新颖性和创造性。

在中国，Broad 研究所的该专利也受到了挑战，CRISPR-Cas9 技术的一个重要竞争者——韩国株式会社图尔金在中国对该专利提出了无效宣告请求。不过由于中国专利审查指南关于优先权转让的规定与欧洲并不一致，甚至可以说是相反，在第563732号无效宣告请求审查决定中，合议组指出，与申请权的转让相比，单独的优先权转让性质类似于已授权专利的普通许可，可以视为一种基于申请权产生的使用权的授权许可。当在先申请存在多个共同申请人时，其中单个申请人所作出的优先权授权许可并未剥夺其他在先申请人针对其他主体作出类似授权许可的权利，对在先共同申请人中其他申请人的权利影响相对较小。针对进入中国国家阶段的PCT申请，当在后申请的申请人是在先外国申请的申请人之一时，应当认为申请人有权要求优先权。在判断在后申请的申请人是否为在先申请的申请人之一时，需综合考虑PCT申请国际阶段和国内阶段提交的文件，结合当事人提交的所有转让证明文件进行判断。当"在后申请的申请人由于在先申请的申请人的转让、赠与或者其他方式形成的权利转移"而满足"在后申请人与在先申请人相同"或者"在后申请的申请人是在先申请的申请人之一"的标准时，应当认为可以享受优先权。最终该专利的中国同族虽然部分权利要求被宣告无效，但是仍然有效。

该专利纠纷在中国和欧洲不同的结局是一个关于优先权风险学习的典型案例。在中国，很多专利申请人对此没有任何概念，甚至完全不要求优先权，从而浪费一年的专利保护期，更不要谈对优先权日的争夺和多个优先权的滚动提交。即便有申请人进行相关操作的，可能也不太熟悉关于优先权转让的相关规定。我们应当从这个案件中学习到，优先权和在后申请申请人应当尽量保持一致，如果涉及需要转让和变更的，应当先考虑清楚不同市场的专利实践要求，制定能够满足各国优先权成立标准的操作策略，以避免优先权日的丧失。

上述专利纠纷仅反映了围绕CRISPR/Cas技术的专利大战的一小部分。实际上前述詹妮弗等人的专利在中国、美国等地也遭受过挑战，不过结果都对其有利。由于CRISPR/Cas技术的基础专利仅仅涉及Cas9蛋白作为切割DNA的核酸酶，有不少后来者通过发现不属于Cas9家族的核酸酶绕开这些基础专利，并形成了自己的专利。其中一些应用新核酸酶的相关技术还提供了比CRISPR/Cas技术许可更优惠的合作条件。另外，由于CRISPR/Cas技术在实际应用过程中，还涉及具体编辑的基因、基因位点、gRNA、递送技术等方面，不同的竞争者都在这些下游应用上进行专利布局。因此，对于使用CRISPR/Cas9技术的后来者来说，不仅可能需要取得基础专利持有者的许可，而且需要对其他应用类专利进行充分的调研，甚至不得不为一个产品支付多项其他应用方面专利的许可费。

以上仅是涉及狭义基因治疗技术专利的冰山一角。而属于广义基因治疗技术即那些通过对基因转录翻译过程进行调控的技术，如ASO、siRNA、mRNA的专利布局竞争也非常激烈。限于篇幅，笔者仅简单介绍siRNA、mRNA技术中一些比较有特色的专利布局及其相关纠纷。

2023年8月22日,诺华公司的英克司兰钠注射液(商品名:乐可为®)在中国批准上市,成为国内首款上市的小干扰 RNA(siRNA)药物。英克司兰钠的结构比较复杂,包括靶向 PCSK9 基因的双链 RNA(正义链与反义链)并通过 L96 接头将基与 GlNAc 配体缀合。与多肽药物类似,虽然 siRNA 药物的作用机制更像是一种生物药,但是实际生产过程完全通过化学合成的手段来实现,因此,此类药物目前作为化学药被监管。下面我们通过橙皮书上登记的专利来窥探其相关专利。该产品在中国上市药品专利信息登记平台中也作为化学药进行了专利信息登记,但是由于中国授权专利较少,不足以观察其专利布局的全貌。表 4-3-1 展示了英克司兰钠注射液在橙皮书中登记的相关专利,这些专利均来自阿尔尼拉姆(Alnylam)公司。

表 4-3-1 英克司兰注射液橙皮书登记专利

专利号	到期时间	保护主题
US8106022	2029-12-12	含有 L96 通式化合物作为 linker 的 iRNA 试剂
US8222222	2027-12-29	抑制 PCSK9 基因表达的方法,包括使用 dsRNA,其中 dsRNA 的反义链中含有列出序列号 1288 中的至少 15 个连续核苷酸
US8809292	2027-05-10	dsRNA 序列,其反义链中含有列出序列号 1288 中的至少 15 个连续核苷酸,且双链体结构长度为 15~30 个碱基对
US8828956	2028-12-04	含有 GalNAc 通式化合物作为靶向性配体的 RNA 试剂
US9370582	2028-12-04	含有 GalNAc 通式化合物作为靶向性配体的 RNA 试剂,限定其靶向 PCSK9
US9708615	2024-03-08	RNA 试剂,有义序列具有一个或多个不对称的 2′-O 烷基修饰并且反义序列具有 4~20 个硫代磷酸酯修饰,其中 RNA 试剂包含多价半乳糖或多价 N-乙酰基-半乳糖胺
US10125369	2034-08-18	抑制 PCSK9 表达的 dsRNA,反义链含有列出序列号 412 中的至少 19 个连续核苷酸,且双链体结构长度为 14~30 个碱基对之间,并具有特定通式限定的修饰模式
US10131907	2028-08-24	RNAi 试剂,用于抑制体内细胞内靶基因的表达,其中 RNAi 剂基本上由两条长度为 15~30 个核苷酸的相互互补的寡核糖核苷酸链组成,其中至少一条寡核糖核苷酸链通过分支接头与包含至少两个半乳糖部分的 ASGPR 配体缀合,其中至少一个寡核糖核苷酸链在寡核苷酸的最后 3 个核苷酸中包含至少两个连续的硫代磷酸酯修饰,其中至少一个寡核糖核苷酸链包含至少一个具有 2′-修饰的核苷酸,其中至少一个寡核糖核苷酸链互补于至少对应于目标基因的 mRNA 的一部分

续表

专利号	到期时间	保护主题
US10273477	2024-03-08	RNA试剂，有义序列具有一个或多个不对称2′-O烷基修饰并且反义具有4~20个硫代磷酸酯修饰，其中反义序列具有比有义序列更少的不对称2′-O烷基修饰序列，其中有义序列包含缀合物基团序列
US10669544	2024-03-08	RNA试剂，有义序列具有一个或多个不对称2′-O烷基修饰并且反义序列具有2~20个硫代磷酸酯修饰，其中反义序列具有比有义序列更少的不对称2′-O烷基修饰序列，其中有义序列包含缀合物基团
US10806791	2028-12-04	一种硫代磷酸酯修饰的寡核苷酸，包含GalNAc通式化合物作为靶向性配体
US10851377	2036-08-25	抑制PCSK9表达的方法，包括皮下向受试者施用275~325mg的固定剂量的RNAi或其盐，其中RNAi完整的有义链和反义链全序列和具体的修饰位点及修饰基因限定
US11530408	2024-05-18	双链iRNA，其中第一单体和第二单体有满足特定规则的修饰

英克司兰钠的橙皮书专利基本覆盖了siRNA药物布局的关键点，包括防止RNA被降解或减少脱靶的单个碱基化学修饰，以及不同修饰组合形成的修饰模式。此类专利均从平台性专利起始，不限制其具体应用的靶点和序列等、递送系统的结构、具体产品的双链RNA序列、具体产品序列对应的具体修饰方式，以及将序列、修饰、递送系统三者全部结合形成的最终产品和用途专利。由于siRNA产品上市不多，不像抗体类药物一样形成了比较固定的审查标准，我们可以看到此类授权专利中有一些很宽的概括性权利要求，例如对于序列，申请人使用了含有如参考序列中的连续15个核苷酸序列的表述，同样获得了授权，而人工合成的siRNA一般每条链为21个核苷酸，这导致相关专利有6个核苷酸未进行限定，概括范围很大，为在后竞争者设置了巨大的障碍。另外，修饰模式是siRNA药物比较特殊的一类专利，其类似于马库什化合物式的概括，即不限定具体的序列和具体位点的修饰，而是对RNA链上的碱基及其修饰的排列方式进行规则式的上位概括，从而形成很大的保护范围，竞争者很容易落入其专利范围内。例如上述橙皮书专利US10125369使用了一条链的序列加整体的修饰模式组合限定的方式作为权利要求。

英克司兰钠的中国专利较少，保护范围也相对小很多，例如专利ZL201380063930.5和ZL201810143112.0是其在中国授权的核心专利的母案和分案。阅读这两件授权专利的权利要求可以看到，母案与分案的主要差别在于母案对修饰的位点和方式是固定的描述，而分案对此进行了一定的概括，但是二者对19个关键核苷酸的序列均未进行概括，使其范围相对于美国同族要小得多。尽管如此，这两件专利仍然被提出了无效宣告请求，主要理由是得不到说明书的支持。请求人认为虽然上述权利要求限定了19个核苷酸的具体序列，但是仍然是开放式的表述，从而包括过多无法预测效果的序列。另外，这些权利要求均未限定RNA与GlaNAc之间连接的接头L96，而其提供数据的实施例均是基于L96接头连接的。2023年9月和10月，专利局复审和无效审理部分别作出第561449号和第563156号无效宣告请求审查决定，宣告维持母案专利全部有效，而分案专利在修改的基础上维持有效。对于序列开放式概括的问题，合议组认为基于专利中的大量筛选实验，权利要求的开放式表达是对其筛选出的具体序列的合理概括；而对于未限定L96接头的问题，合议组认为该专利的发明点在于序列和修饰，而不是配体和接头部分，本领域技术人员有能力基于公知技术选择合适的配合。上述案件表明虽然中国siRNA专利的审查相对于美国较为严格，但并非不允许任何概括，申请人在进行专利布局时可适当尝试一定程度的概括来争取更大的利益。

英克司兰钠采用GlaNAc进行肝靶向递送，此前上市的siRNA产品则使用脂质纳米粒（LNP）技术进行递送，例如世界上第一个上市的siRNA药物patisiran使用了LNP技术递送，而这一技术在新冠疫情期间也被mRNA疫苗广泛采用。由于庞大的市场需求，mRNA疫苗仅仅用了两年时间就助力Moderna从一个小型的生物科技公司成长为世界排名前列的制药巨头。同时，Moderna也引来了多起因LNP技术的使用而产生的专利纠纷，其中以与Arbutus的专利无效（双方复审）和专利诉讼最受业内关注。

Arbutus拥有多件LNP技术的基础专利，其曾经将相关专利许可给Acuitas，而Acuitas又将相关专利分许可给Moderna，但仅限于4种病毒疫苗，由于这一许可发生在新冠疫情之前，这一分许可并不包括新冠疫苗。2018年2月，Arbutus和Acuitas达成和解协议终止了双方的许可协议。此后，除了前述的4种病毒疫苗，Acuitas不再有权利对Moderna给予任何许可。❶为了拓展管线，Moderna急需在更多不同产品上使用相关LNP技术。因此在Acuitas许可权利被终止后，Moderna主动向美国PTAB提出了双方复审程序，要求宣告Arbutus的专利US9404127、US9364435和US8058069无效。尽管Moderna成功无效了专利US9404127和US9364435的部分权利要求；但是专利US8058069则维持了全部权利要求。为此双方向美国联邦巡回上诉法院进行了上诉，但美国联邦巡回上诉法院维持了PTAB的结论。在美国联邦巡回上诉法院作出判决出来前，2022年2月，Arbutus起诉了Moderna，要求就其侵权行为支付赔偿。

专利US8058069的中国同族CN102119217B获得授权，其授权权利要求1如下：

---

❶ ARBUTUS BIOPHARMA. Arbutus Settles Litigation, Terminating Acuitas' Rights to LNP Technology [EB/OL]. [2024-05-28]. https://investor.arbutusbio.com/news-releases/news-release-details/arbutus-settles-litigation-terminating-acuitas-rights-lnp-0.

一种核酸-脂质颗粒，包含：（a）核酸；（b）阳离子脂质，其占所述颗粒中存在的总脂质的 50mol%～65mol%；（c）非-阳离子脂质，其包括磷脂和胆固醇或其衍生物的混合物，其中所述磷脂占所述颗粒中存在的总脂质的 3mol%～15mol%，和所述胆固醇或其衍生物占所述颗粒中存在的总脂质的 30mol%～40mol%；和（d）抑制颗粒聚集的缀合脂质，其占所述颗粒中存在的总脂质的 0.5mol%～2mol%。

该专利看似范围不大，实际上正好覆盖了技术效果较好的数值范围，导致进行 mRNA 研发的企业很难绕开。对于 mRNA 递送系统的专利布局，除了 LNP 的组合物专利，阳离子脂质化合物结构也是布局的重点，其中，作为 siRNA 药物研发的企业阿尔尼拉姆公司拥有大量此种专利布局，例如专利 US11633479、US11246933，该公司利用这些专利同时起诉了 mRNA 疫苗的主要企业 Moderna 和辉瑞公司。

除了递送技术，mRNA 药物的原料，即 mRNA 本身的结构也是专利布局的重点。除了用于翻译生成蛋白抗原的编码序列，成熟的 mRNA 序列有其特殊之处，其两端分别有帽子结构和 polyA 尾。在人工合成 mRNA 序列后需要进行这样的修饰，而这两个技术点均有非常重要的专利保护。

4.3.5 制剂

4.3.5.1 从药物到制剂的蜕变

药品是一类非常特殊的商品，指用于预防、诊断、治疗人的疾病，有目的地调节人的生理机能并规定有适应证或者功能主治、用法和用量的物质。药品通常由药物活性成分（即药物）及药用辅料组成。其中，活性成分可以是小分子化合物、单克隆抗体、天然产物、中药药材衍生品等。药物活性成分具有其特殊的理化性质，并且为了保证药物治疗的有效性、安全性及便利性，需要将药物开发为药物制剂。在制剂开发过程中，制剂工作者会在综合考虑化合物的各种性质基础上，开发出最合理的药物载体、产品剂型（如普通剂型的片剂、胶囊、颗粒、注射液等）、制剂工艺（如干法制粒、湿法制粒、粉末直接压片）以及车间生产工艺改进等。药物蜕变为药物制剂，完美地展现了药品开发的技术周期，实现了实验室到患者用药层面的跳转。制剂开发贯穿着药物的整个蜕变过程。

药物制剂类型包括：①固体制剂，例如散剂、颗粒剂、胶囊剂、片剂、滴丸剂、膜剂等，在药物制剂中约占 70%；②液体制剂，包括均匀相液体制剂（即低分子溶液剂和高分子溶液剂）、非均匀相液体制剂（即溶胶剂、混悬剂和乳剂），例如含化学药的液体制剂、含融合蛋白的液体制剂，含单克隆抗体/多克隆抗体的液体制剂、中药液体制剂等；③半固体制剂，例如外用膏剂、糊糊剂；④气体制剂，例如气雾剂、吸入剂。其中，固体制剂药物在体内溶解后透过生理膜被吸收入血液循环中，具有理化性质稳定、生产成本较低、服用与携带方便、药物均匀混合与剂量准确要求严格的特点。

液体制剂具有分散度大、吸收快、给药途径多、可内外用、易于分剂量、生物利用度好的优势，但也有稳定性差、存放和保质期要求严格、成本高、携带/运输/贮存不便的不足。

制药行业存在一种传统观念："活性成分"唯一决定疗效，然而随着制剂技术的不断发展，工业和信息化部等六部委联合印发的《医药工业发展规划指南》提出的实施制剂国际化战略打破这一观念。[1] 实践证明，制剂可以进一步发挥主药成分的疗效，开辟出主药与辅料的配伍，甚至开发新的制药用途，降低药品毒副作用，提高药物可及性与顺从性。通常，药品先以标准的胶囊、片剂或注射剂形式快速推进临床研究并获得上市审批。但是，随着生产规模扩大、药物基础专利失效或销售增长不足，制药企业会寻求开发新剂型或新规格以满足不同市场范围、生产规模和不同患者人群的需求。当药物活性成分的理化性质特殊时，制药企业在制剂开发过程中面临巨大的挑战，会考虑对制剂处方和工艺进行优化和完善。另外，为了拓展市场，制药企业会对现有药物进行剂型改良，由普通剂型转变为高端剂型如脂质体、脂微球、皮下植入剂、缓控释制剂、长效缓释注射剂、透皮贴剂、纳米混悬剂、儿童特殊人群适用剂型等，然后针对新剂型进行工艺的二次开发和产业化升级，并申请专利。[2] 这样可有效拓展现有药物的使用范围，延长专利保护期。目前，世界各国制药企业争相开发药物制剂，特别是以制剂生产技术现代化为目标，以药物传递系统为代表，通过制剂实现目标终产品的安全、有效、质量可控。新型药物释放系统已成为药剂学科的重点发展方向，涉及靶向给药制剂、口服速释制剂、长效缓释制剂、多颗粒系统、经皮和黏膜给药系统等。[3]

无论普通制剂还是新型制剂，研发与生产都是一项复杂的系统工程，需要发展高端制剂产业化技术，提高口服固体制剂的工艺技术和质量控制水平，提升生产过程质量控制水平，提高检验检测技术与标准，并且注重对多种技术的应用（例如物理改性和掩味等新型制剂技术）和提供特定功能的辅料和功能性材料（例如 PEG 化磷脂、抗体修饰用磷脂等功能性合成磷脂，丙交酯乙交酯共聚物、聚乳酸等注射用控制材料）以及新型包装系统及给药装置的开发，隐含关键的技术参数，满足制剂技术要求，提高患者依从性，保障用药安全。中药领域企业需要开展药品上市后疗效、安全、制剂工艺和质量控制再评价，实现新药国际注册的突破，并且重点发展中药成分规模化高效分离与制备技术。制剂开发可以使药品质量跃上新台阶，在竞争中脱颖而出，从而

---

[1] 关于印发《医药工业发展规划指南》的通知［EB/OL］．（2016－11－07）［2019－07－09］．http：//www.miit.gov.cn/n1146295/n1652858/n1652930/n3757016/c5343499/content.html．

[2] 洪怡，曹艳，卢山，等．药物制剂新技术与产品开发［M］．武汉：华中科技大学出版社，2020．

[3] 常悦，王桂清．从《中国药品专利》看我国的制剂研究［J］．中国新药杂志，2005，14（10）：1125－1126．

使药品成为具有长市场生命周期的品牌。❶❷ 2020 年国家药品监督管理局发布新版《化学药品注册分类及申报资料要求》，其中重新定义了新药与仿制药的概念，特别是将中国境内外均未上市的药品定义为新药，具体如表 4-3-2 所示。

表 4-3-2 新版化学药品新注册分类以及分类说明

注册分类	分类说明	包含的情形	监测期
1	境内外均未上市的创新药	指含有新的结构明确的、具有药理作用的化合物，且具有临床价值的药品	5 年
2	境内外均未上市的改良型新药	指在已知活性成分的基础上，对其结构、剂型、处方工艺、给药途径、适应证等进行优化，且具有明显临床优势的药品。	
		2.1 含有用拆分或者合成等方法制得的已知活性成分的光学异构体，或者对已知活性成分成酯，或者对已知活性成分成盐（包括含有氢键或配位键的盐），或者改变已知盐类活性成分的酸根、碱基或金属元素，或者形成其他非共价键衍生物（如络合物、螯合物或包合物），且具有明显临床优势的药品	3 年
		2.2 含有已知活性成分的新剂型（包括新的给药系统）、新处方工艺、新给药途径，且具有明显临床优势的药品	4 年
		2.3 含有已知活性成分的新复方制剂，且具有明显临床优势	4 年
		2.4 含有已知活性成分的新适应证的药品	3 年
3	境内申请人仿制境外上市但境内未上市原研药品的药品	该类药品应与参比制剂的质量和疗效一致	无
4	境内申请人仿制境内已上市原研药品的药品	该类药品应与参比制剂的质量和疗效一致	无
5	境外上市的药品申请在境内上市	5.1 境外上市的原研药品和改良型药品申请在境内上市。改良型药品应具有明显临床优势	无
		5.2 境外上市的仿制药申请在境内上市	无

注：①原研药品是指境内外首个获准上市，且具有完整和充分的安全性、有效性数据作为上市依据的药品。
②参比制剂是指经国家药品监督管理部门评估确认的仿制药研制使用的对照药品。

---

❶ 关于印发《医药工业发展规划指南》的通知 [EB/OL]. (2016-11-07) [2019-07-09]. http://www.miit.gov.cn/n1146295/n1652858/n1652930/n3757016/c5343499/content.html.

❷ 平其能. 技术创新：药物制剂发展的强大动力 [J]. 药学进展, 2019, 43 (3): 161-163.

化学药物中，除了其他注册分类均涉及适用于各自类别含义的原料药与制剂，对于第2类的境内外均未上市的改良型新药，其中2.2类为制剂创新的改良型新药，包括含有已知活性成分的新剂型（含新给药系统）、新处方工艺、新给药途径，改良后所带来的临床优势。例如，新剂型中纳米制剂与缓控释制剂能改变药物的体内药代动力学行为，提高生物利用度与患者顺应性；新给药途径中由注射制剂改为口服制剂可提高患者顺应性，经黏膜给药可提高口服易降解药物吸收的速度和程度。2.3类为含有已知活性成分的新复方制剂，改良后可减毒增效。2.4类含有已知活性成分的新适应证的制剂的情形，老药新用，改良后可提高安全性和用途等。根据目前的制度，2.2类并不属于符合规定的改良型新药，故而享受不到药品专利权期限补偿。

4.3.5.2 制剂专利挖掘与布局

与其他产品专利一样，药物制剂专利及其制备工艺专利将围绕制剂开发以寻求专利保护，从而较为有效地加强该药品的市场独占，并延长其在市场上的垄断周期。制剂研发大致包括4个阶段：实验性可行性试验、实验室小试、中试放大、大规模生产。在整个开发过程中，先对药物本身理化性质进行系统研究并筛选合适辅料，以筛选和确定处方和制剂工艺，从而为实验室小试、中试放大、大规模生产提供优化基础。根据项目进展成果，可以申请不同技术主题的专利保护，例如新制剂的处方、新制剂的制备、具体药物的新制剂、新制剂的制备、辅料物质、辅料用途、辅料制备等。通常在药学研究阶段，重点布局制剂处方、制剂工艺、组合物等专利；在临床试验阶段，重点布局用途、用法、用量专利；甚至在产品上市后可以申请新剂型、新组合物、新制剂工艺等专利。涉及不同的专利布局类型与时机，需要根据项目具体情况适时调整，以便形成高质量的专利组合，通过专利网增强保护效力。特别是产品上市后，留给药品的专利保护期常常所剩不多，若不通过其他类型专利延长保护，将导致很多原研药品因没有专利保护而面临较大的仿制品种竞争，从而无法获得足够的市场回报，不利于鼓励创新。跨国制药企业在药物制剂研究中关注布局专利的维度有：不同的药物传递系统、处方中使用的不同聚合物及其配比、特定包衣配方、特定的药物和辅料的比、颗粒大小、特定的吸收促进剂和稳定剂、特定的制造工艺、特异性溶出曲线、最高血药浓度的达峰时间、有效的治疗窗口、特定的药物吸收曲线。

制药企业主要围绕药物制剂处方及其制备工艺进行专利申请。对于固体制剂，制剂处方专利将保护各组分及其配比或功能，以及其特殊的空间结构，例如耐信（埃索美拉唑镁肠溶片）。奥美拉唑及埃索美拉唑镁的产品及适应证类专利如表4-3-3所示。

对于液体制剂，制剂处方专利保护各组分及配比或功能，例如佳达修四价人乳头瘤病毒疫苗（酿酒酵母），其相关专利有WO9833944、WO0045841、WO0057906、WO2008112125和WO2012177970。另外，药物制剂还可以开发为单方或联方，例如代文（Diovan）为缬沙坦的胶囊剂，络活喜（Norvasc）为苯磺酸氨氯地平的片剂，复代文是缬沙坦/氢氯噻嗪片，倍博特（Exforge）为缬沙坦/氨氯地平的复方片剂，Exforge HCT 为缬沙坦/苯磺酸氨氯地平/氢氯噻嗪的三联方片剂。

表4-3-3 奥美拉唑及埃索美拉唑镁的产品及适应证类专利

美国专利	申请日	备注	中国专利	申请日	备注
US4786505	1987-04-20	（O）制剂、制备、用途	CN87103284	1987-04-30	（O）制剂、制备、用途
US4853230	1987-04-20	（O）制剂、制备、用途	CN87103285	1987-04-30	（O）制剂、制备、用途
US5877192	1997-04-11	（E）用途	—	—	—
US5714504	1995-01-23	（E）Na^+、Mg^{2+} 等盐、制备、用途	CN94190335.4 CN99118539.0	1994-05-27	（E）Na^+、Mg^{2+} 等盐、制备、用途
US6875872	2000-10-16	（E）Mg^{2+} 盐、晶型	CN95190815.4	1995-06-07	单元制剂、制备、用途
US5690960	1994-09-27	（O）肠溶包衣制剂、制备、用途	CN94192734.2	1994-07-08	（O）肠溶包衣制剂、制备、用途
US5900424	1994-09-27	（O）Mg^{2+} 晶型、制备、用途	CN94192733.4	1994-07-08	（O）Mg^{2+} 晶型、制备、用途
—	—	—	CN97180849.X	1997-12-16	（E）晶型、制备、组合物、用途
US6369085	1998-06-08	（E）$Mg^{2+} \cdot 3H_2O$ 晶型、制备、组合物、用途	CN98805521.X	1998-05-25	（E）$Mg^{2+} \cdot 3H_2O$ 晶型、制备、组合物、用途
US7411070	2003-09-25	（E）$Mg^{2+} \cdot 3H_2O$ 晶型、制备、用途	—	—	—
US6150380	1998-12-10	（O）晶型	CN98814305.4	1998-11-10	（O）晶型、制备、组合物、用途
US6147103	1999-09-01	（O）组合物	CN99811908.3	1999-08-06	（O）制备
US6166213	1998-10-09	（O）制备	CN99811908.3	1999-08-06	（O）制备
US6191148	1999-12-15	（O）组合物	—	—	—
US6143771	1999-10-15	（E）Na^+ 盐、用途	—	—	—
US6428810	2000-02-04	肠溶包衣制剂、制备、用途	CN99812893.7	1999-11-03	肠溶包衣制剂、制备、用途

注：（O）指奥美拉唑，（E）指埃索美拉唑。

制剂技术是指对于已知的药物活性成分进行制剂设计，以达到某种给药效果。制剂专利一般不涉及活性成分本身的创新，主要的创新点在于和制剂有关的一些特征的组合。这些特征包括剂型特征，如片剂、乳剂、注射剂；宏观结构特征，如多层片剂中的缓释层结构；成分特征，如所用的特定辅料及其含量等；以及工艺技术创新。《专利法》规定，对药物制备方法可授予发明专利权，并禁止以营利为目的侵犯专利权人的权益。制剂专利权的保护可以延及依据此方法所制备的产品。国内常见的制剂改进有普通片改胶囊、缓释片或分散片；缓释片改缓释胶囊；小容量针剂改大容量针剂或冻干粉针。成功的改良型制剂品种如注射用紫杉醇脂质体（力扑素）、激光打孔渗透泵控释片非洛地平缓释片（Ⅱ）。在发达国家，激光打孔渗透泵控释技术、含药树脂复合物缓释技术、长效注射微球技术、纳米制剂技术、脂质体技术、干粉吸入制剂技术等早已成熟，例如 3D 打印的左乙拉西坦速释片、含有芯片的阿立哌唑片均已获 FDA 批准上市。此类技术均拥有核心专利。改良型新制剂的研发介于创新药与仿制药开发之间，企业借助关键技术的突破，开发具有显著临床优势的改良型新药。❶ 在 AI 时代，制剂技术将进一步发展，例如 3D 打印技术在产品设计复杂度、产品个性化和按需制造方面具有极大的优势，特别是在复杂释放机制的缓控释制剂、植入剂、微针与透皮制剂等的制备中有更多的需求，相信会带来更多专利技术。

此外，制药企业通常经过改进药物制剂中药用辅料的组成，以规避原研药专利侵权风险❷，并可针对辅料体系布局相关专利。有部分药用辅料企业经过自主知识产权创新，掌握核心技术，可垄断一定的辅料市场。有的企业拥有特殊剂型品种使药物具有控制释放速度的功能，即通过辅料应用技术在靶向给药、透皮吸收等方面应用逐步成熟，从而推动制剂行业发展。制剂辅料专利也因此而产生应用价值。

企业还可以针对产品定位制定合适的专利布局策略，即对核心产品在化合物、晶型等专利的基础上构建高端制剂技术壁垒，避免在海外市场上市终产品时，因没有合适专利布局而失去竞争力，同时对延长药物专利保护期十分有效。近年来，国内本土制药企业在化学药制剂领域的技术研发实力正在不断增强。据中国医药保健品进出口商会（CCCMHPIE）统计数据，2018 年第一季度，中国对美国西药制剂出口额超过 9000 万美元。其中，排名前 5 位制药企业江苏恒瑞医药股份有限公司（以下简称"恒瑞医药"）、浙江华海药业股份有限公司、南通联亚药业股份有限公司、人福药业以及齐鲁制药出口额合计占了制剂出口总额的 67%。❸ 例如，浙江华海药业股份有限公司成功挑战对甲磺酸帕罗西汀胶囊美国专利，表明其在专利方面不侵犯原研药企业的利益，既构建起良好的专利挑战团队和诉讼体系，通过专利规避实现仿制药研发，抢占重磅

---

❶ 王浩. 改良型制剂：不平坦的创新之路 [J]. 药学进展, 2018, 42 (12)：881-883.
❷ 郑希元, 张英. 中美两国药用辅料创造性评判的差异分析 [J]. 中国新药杂志, 2018, 27 (22)：2593-2597.
❸ 本土制药企业对美国西药制剂出口概况 [EB/OL]. (2018-08-24) [2019-07-09]. http：//news.pharmnet.com.cn/news/2018/08/24/505708.html.

药物品种的市场，又为制药企业提供了新的注册报批模式，即通过规避专利使海外产品提前上市，未来通过制剂出口转报国内加速注册进程，从而实现药品在专利期内的提前上市。

4.3.5.3 相关案例

（1）阿托伐他汀钙（立普妥）的制剂专利。

橙皮书曾收录立普妥的2件产品专利US5686104和US6126971。

专利US5686104无中国同族，其申请日1994年5月20日，到期日为2014年11月11日。经专利补偿延长至2015年5月11日。该专利经过4起诉讼，涉及 *Pfizer Inc. vs MSP Singapore Company LLC*（1起）、*Pfizer Inc. vs Actavis Group HF*（1起）、*Sandoz Inc. vs Pfizer Inc.*（2起）。该专利共授权22项权利要求，其中权利要求1和14如下：

1. 一种经口治疗高胆固醇血症或高脂血症的药物组合物，其特征在于稳定性提高，该化合物在混合物中包含作为结构式I的活性成分的化合物，

其中X为—CH_2—，—CH_2—CH_2—，—$CH_2CH_2CH_2$—或—$CH_2CH(CH_3)$；

R_1是1-萘基；2-萘基；环己基；降冰片烯基；2-，3-或4-吡啶基；苯基；被氟、氯、溴，羟基，三氟甲基，1~4个碳原子的烷基，1~4个碳原子的烷氧基，或2~8个碳原子的烷酰基烷氧基取代的苯基；

R_2或R_3是—$CONR_5R_6$，其中R_5和R_6独立地是氢；1~6个碳原子的烷基；2-，3-或4-吡啶基；苯基；被3~8个碳原子的氟、氯、溴、氰基，三氟甲基或碳烷氧基取代的苯基；另一个R_2或R_3为氢，1~6个碳原子的烷基，环丙基，环丁基，环戊基，环己基；苯基或被氟、氯、溴，羟基，三氟甲基，1~4个碳原子的烷基，1~4个碳原子的烷氧基或2~8个碳原子的烷酰氧基取代的苯基；

R_4是具有1~6个碳原子的烷基，环丙基，环丁基，环戊基，环己基或三氟甲基；

M是药学上可接受的金属盐；

至少一种稳定的药学上可接受的碱金属盐添加剂，并且按总固体组合物的质量计包含至少一种选自甲基纤维素、羧甲基纤维素、羟丙基纤维素、羟甲基丙基纤维素、聚乙烯吡咯烷酮、聚乙烯醇，淀粉和羟甲基纤维素的黏合剂为0.5%~6%；

至少一种选自微晶纤维素，含水乳糖、玉米淀粉、蔗糖和硅酸酐的稀释剂，其含量按质量分数计为1%~80%；

至少一种选自羧甲基纤维素、交联羧甲基纤维素和淀粉的崩解剂，其质量分数为1%~15%；

至少一种选自聚氧乙烯脱水山梨糖醇和聚氧乙烯-聚氧丙烯共聚物的表面活性剂，

其质量分数为0.1%~4%；

至少一种选自硬脂酸镁、硬脂酸、棕榈酸和滑石粉的润滑剂，其含量按质量分数计为0.25%~2%；

以及任选地包含按质量分数计最多3%的至少一种抗氧化剂，所述抗氧化剂选自丁基化的羟苯甲醚、抗坏血酸钠、丁基化的羟基甲苯、偏亚硫酸氢钠、苹果酸、柠檬酸和抗坏血酸。

权利要求2在权利要求1的基础上进一步限定了活性成分是[R-(R*, R*)]-2-(4-氟苯基)-β,δ-二羟基-5(1-甲基乙基)-3-苯基-4-[(苯基氨基)羰基]-1H-吡咯-1-庚酸的可药用金属盐。

权利要求3在权利要求2的基础上进一步限定了所述药学上可接受的金属盐是碱土金属盐。

权利要求4则在权利要求2的基础上进一步限定了所述活性成分为式（IA）的

CI-981半钙：（结构式），且所述稳定的药学上可接受的金属盐添加剂为碳酸钙。

14. 用于口服治疗高胆固醇血症或高脂血症的稳定的固体药物组合物，其包含固体单位剂型的活性成分[R-(R*, R*)]-2-(4-氟苯基)-β,δ-二羟基-5-(1-甲基乙基)-3-苯基-4-[(苯基氨基)羰基]-1H-吡咯-1-庚酸半钙盐和稳定剂，选自碳酸钙、氢氧化钙、碳酸镁、氢氧化镁、硅酸镁、铝酸镁和氢氧化铝镁，按总固体组合物的质量分数计，包括至少一种选自甲基纤维素、羧甲基纤维素、羟丙基纤维素、羟甲基丙基纤维素、聚乙烯吡咯烷酮、聚乙烯醇、淀粉和羟甲基纤维素的黏合剂质量分数在0.5%~6%；至少一种选自微晶纤维素、含水乳糖、玉米淀粉、蔗糖和硅酸酐的稀释剂，其含量按质量分数计在1%~80%；至少一种选自羧甲基纤维素、交联羧甲基纤维素和淀粉的崩解剂，其质量分数为1%~15%；至少一种选自聚氧乙烯脱水山梨糖醇和聚氧乙烯-聚氧丙烯共聚物的表面活性剂，其质量分数为0.1%~4%。至少一种选自硬脂酸镁、硬脂酸、棕榈酸和滑石粉的润滑剂，其含量按质量分数计在0.25%~2%；以及任选地包含按质量分数计最多约3%的至少一种抗氧化剂，所述抗氧化剂选自丁基化的羟基苯甲醚、抗坏血酸钠、丁基化的羟基甲苯、偏亚硫酸氢钠、苹果酸、柠檬酸和抗坏血酸。

该专利保护阿托伐他汀钙组合物及其制备方法，明确要求组合物中加入碳酸钙可有效提高组合物稳定性。

专利US6126971无中国同族专利，是专利US5686104的继续申请，申请日为1997

年7月2日，到期日至2013年1月19日，经专利补偿延长至2013年7月19日。该专利提供一种口服药物组合物，用于治疗高胆固醇血症或高脂血症，其含有有效制剂，用于稳定具有有效量的碳酸钙的HMG-CoA辅酶A抑制剂CI-981半钙。该专利还描述了制备CI-981稳定化组合物的方法。

之后，沃尼尔·朗伯公司布局了专利US20040247673，其中国同族专利为CN100434069C，申请日为2004年6月1日，于2008年11月19日授权公告，于2010年8月11日未缴年费专利权终止。该专利权利要求1保护湿法造粒的阿托伐他汀药物组合物，其含有少于质量分数5%的碱土金属盐添加剂，该组合物包含：①阿托伐他汀或其可药用盐，其中所述的阿托伐他汀是至少有些无序的或者是阿托伐他汀结晶与无序形式的混合物；②崩解剂或崩解剂的组合，其中所述湿法造粒的药物组合物含有基于利用高效液相色谱（HPLC）所得内酯峰面积与总药物相关峰面积之比不多于3%的阿托伐他汀内酯。说明书第[0018~0019]段表示，当利用阿托伐他汀（尤其是非结晶型阿托伐他汀）的湿法造粒时，向造粒溶剂加入挥发性碱能够提高药物的纯度。这些挥发性碱提高药物在剂型中的纯度，而且本身不存在于最终的剂型中，从而不会影响生物利用度。因此，该发明的目的是提供稳定的阿托伐他汀剂型，其具有良好的崩解速率和生物利用度。该发明的另一目的是提供稳定的和纯的阿托伐他汀组合物，其含有最低水平的碱土金属盐添加剂或者其他加入该组合物中的碱化剂。

沃尼尔·朗伯公司还布局了专利US20040253305，其中国同族专利CN1805732A，申请日为2004年6月1日，已视撤失效。该专利权利要求1请求保护干法制粒的药物组合物，包括阿托伐他汀或其可药用盐。根据说明书第[0017~0018]段内容，在干法制粒过程中，一般将药物和赋形剂中的至少部分共同压制成条或块。然后将这些压紧的物质研磨至合适的大小以防止药物分离并确保在生产单位剂型过程中良好的流动性。研究发现，尽管药物自身压制成块，但是在研磨时，这些物质大部分恢复到流动性极差的细粉。因此，仍然存在提供适合于阿托伐他汀干法制粒的组合物的需求，这些组合物可以提供足够的药物流动性，从而可以制备重量控制良好的单位剂型。该发明的一个目的在于提供用于生产具有良好的剂量-剂量效价均匀性、溶出速率和生物利用度的阿托伐他汀剂型的组合物和方法。该发明的另一目的在于提供晶型或无定形形式的阿托伐他汀的稳定和纯组合物，其中添加了最少的碱金属盐。

（2）阿替利珠单抗（atezolizumab，商品名Tecentriq）制剂专利。

罗氏公司的专利WO2015048520A1公开了包含质量浓度为40 mg/mL至125 mg/mL的抗PD-L1抗体阿替利珠单抗的稳定的含水药物配制剂，其中国同族申请为CN201480064099.X（申请日2014年9月26日），该制剂专利于2020年3月3日获得授权。基因泰克的专利WO2021118930A2公开了包含质量浓度为约100 g/L至约150 g/L的阿替利珠单抗的液体药物制剂，其中国同族申请为CN202080085014.1（申请日2020年12月7日），该制剂专利目前仍处于实质审查中。基因泰克公司的专利

WO2023122665A1 公开了一种液体药物制剂,包括:① 18 mg/mL 至 176 mg/mL 的抗 T 细胞免疫球蛋白和 ITIM 结构域(TIGIT)单抗;② 54 mg/mL 至 137.5 mg/mL 的阿替利珠单抗;以及药学上可接受的辅料,其中国同族申请为 CN202280083946.1(申请日 2022 年 12 月 21 日),该制剂专利目前仍处于实质审查中。❶

4.3.6 药物组合物/复方制剂

4.3.6.1 药物组合物/复方制剂的具体类别

组合物是指两种或者两种以上化学物质(其中至少一种物质是活性物质)按一定比例组合而成的具有特定性质和用途的物质或材料。在我国,药物组合物属于组合发明,在生物医药领域占有相当重要的地位,开拓了较为广泛的应用。以组合物的组分为特征,可以将药物组合物分成如下的具体类别:①含有一种新化合物和可药用载体的组合物;②含有一种药用新化合物和一种或多种已知的药用化合物的组合物;③含有两种或两种以上已知药用化合物的组合物,该组合物必须是新的,且有药效学比较数据证明该药物组合物中两种或两种以上组分具有明显的协同作用;④中药组合物。以上第 1~3 类属于组合物的通用类型,而第 4 类主要针对中药领域,并且新的联用药物已经发展成为药物化学、计算机辅助设计等学科中活跃的领域。药物组合物/复方制剂专利对于复方产品而言是核心专利。在此基础上,还能进一步衍生出药物组合物/复方制剂本身的用途、制备工艺、制剂技术与设备等专利。

根据《专利审查指南(2023)》第二部分第十章第 4.2.2 节的规定,如果发明的实质或者改进只在于组分本身,其技术问题的解决仅取决于组分的选择,而组分的含量是本领域技术人员根据现有技术或者通过简单实验就能够确定的,则在独立权利要求中可以允许只限定组分;但如果发明的实质或者改进既在组分上,又与含量有关,其技术问题的解决不仅取决于组分的选择,而且取决于该组分特定含量的确定,则在独立权利要求中必须同时限定组分和含量,否则该权利要求就不完整,缺少必要技术特征。由此可以形成不同撰写策略的药物组合物/复方制剂专利。

4.3.6.2 药物组合物/复方制剂专利挖掘与布局

在药物组合物/复方制剂专利布局中,企业应秉承"以核心专利保护为主,以外围专利保护为辅"的保护原则。核心专利通常是指对专利技术能够起到实质保护的专利,由于该专利的存在,他人不得仿制生产销售使用该专利技术的药品,也不能够容易地绕开该专利技术。例如,对于复方中药组合物来说,核心专利是指产品专利,特殊情况包括一些方法专利。这里的特殊情况一般是指一些生产方法、监测方法专利在能够

---

❶ 赵天,李自财,黄璐. 阿替利珠单抗的专利布局及分析[J]. 中国医药工业杂志,2024,55(10):1350-1358.

进入药品标准的情况下，同样也可以起到核心专利的作用。一旦市场上出现侵权产品，企业可以使用核心专利直接进行专利诉讼，从而赢得诉讼并制止侵权。❶

与核心专利相对应的外围专利是指在核心专利基础上申请的一些辅助专利，通常是方法专利和用途专利，也包括一部分补充性的产品专利和质量标准专利。对于复方中药组分物来说，根据中医理论指导，围绕核心处方加减主动进行一些改进或者变化，设计一系列与核心专利技术相近似的技术，以防止他人通过改变核心专利技术的部分特征而绕开核心专利的保护范围。

下面结合案例及专利性评估对不同类型药物组合物/复方制剂专利作具体阐述。

第一类，关于一种新化合物和可药用载体的组合物，根据独立权利要求保护内容，有些可归属于制剂专利，只是有些专利表达上仍使用组合物一词。

第二类，新化合物与已知化合物组合是一种常见的药物研发模式。较为经典的案例有阿莫西林。英国比彻姆制药公司于1968年开发研制，1972年上市，核心化合物专利为GB978178A；1981年，比彻姆制药公司开发研制了阿莫西林与克拉维酸组成的复合药物（商品名为奥格门汀）；而后，阿莫西林与奥美拉唑、雷尼替丁、羧甲半胱氨酸的联用药物也成为临床常用的组合药物，取得了良好的抗菌效果。张溪等对阿莫西林进行专利信息分析发现，阿莫西林的药物组合物主要有3种类型：①与增效剂联用，例如克拉维酸（钾）、舒巴坦，主要是为了增加其抗菌力，提高抗菌效果；②与非抗菌作用药物联用，例如（盐酸）氨溴索；③与其他抗菌剂合用，例如氟氯西林（钠）和甲硝唑，主要是为了扩大抗菌谱，不同抗菌剂的抗菌谱存在各种差异，抗菌谱互补的抗菌剂合用，往往可以达到广谱抗菌的效果。❷ 这种组合可以结合疾病进程，通过不同药物组合的协同治疗，实现"标本兼治"的效果。另一个十分擅长研究药物组合物及复方制剂的是吉利德公司。它通过研发上市抗人体免疫缺陷病毒（HIV）感染系列药物，迅速成长为国内外新药领域的巨头，2014年因其革命性产品、超级重磅炸弹新药索磷布韦（Sofosbuvir，商品名Sovaldi）和索磷布韦/雷迪帕韦（Sofosbuvir/Ledipasvir，商品名Harvoni），成为丙肝药物市场的绝对领导者。❸ 吉利德公司针对Harvoni布局的组合物专利CN201480000286.1视撤后，提交的分案申请ZL201610111865.4涉及复方制剂保护，专利到期日为2034年1月30日。

第三类，两种及以上已知化合物组合成一个新的组合物，通常需要在临床上有效果数据，特别是组分间的协同效果需要有充分实验数据支持。例如，在专利CN200580018909.9的国家知识产权局第44674号复审请求审查决定中，合议组并没有

---

❶ 孙海龙，姚建军. 组合物发明专利侵权的判定［J］. 中国发明与专利，2008，1：56-58.
❷ 张溪，周英，康旭亮，等. 阿莫西林组合药物专利分析与预警［J］. 中国医药导报，2012，9（17）：189-190.
❸ 钱丽娜，张长春，黄璐. 吉利德公司抗病毒药物及其专利分析［J］. 中国新药杂志，2015，24（18）：2041-2051.

支持复审请求人提供实验数据以期证明顺铂和奥沙利铂组合物产生了协同效果的主张，合议组认为现有技术教导，这两种药物同属于金属铂类抗肿瘤药物的不同代产品，作用机理类似。❶ 而且，奥沙利铂对 5-氟尿嘧啶（5-FU）同样具有协同作用，不仅相对于顺铂的毒副作用有较好改善，而且扩大了顺铂的活性谱。因此，奥沙利铂替代顺铂属于技术的更新换代，本领域技术人员能够预见将奥沙利铂替代顺铂可以获得更好的技术效果，请求人在复审中补充提供的实验数据并不能证明该发明产生了预料不到的技术效果。由此可见，化合物之间的协同效果对于专利授权及专利权的稳定性十分重要。

第四类，《专利审查指南（2023）》第二部分第十一章专门设置了"关于中药领域发明专利申请审查的若干规定"，其中提到中药组合物。中药组合物是以中医药理论为指导形成的，通常具有一定的组方结构，各中药原料或药味之间存在主次关系例如君臣佐使，在功能上相互关联、相互配伍而发挥作用。中药组合物发明，包括加减方发明和自组方发明，其中加减方包括中药原料变更的组方和合方。

中药原料变更的组方发明，是指发明以现有技术某一已知方为基础方，在不改变已知方主要药味的基础上，对次要药味和/或其药量进行调整而形成的组方发明，包括药味的增减、药味的替换和药量的加减等。对于中药原料变更的组方发明，尽管现有技术中已经公开了与其主证和主药相同或相似的基础方，但如果现有技术没有给出将药味或药量变化等区别特征应用到基础方中以解决其存在的技术问题的技术启示，而判断合方发明的创造性，通常需要考虑现有技术中是否存在组合的技术启示、组合的难易程度以及组合后的技术效果。如果现有技术没有给出合方组合解决实际技术问题的技术启示，且发明产生了有益的技术效果，则发明具备创造性。反之，发明不具备创造性。

自组方发明，是指未以已知方为基础，而是依据中医药理论和用药经验直接遣药组方或者改变了已知方的主要药味形成的组方发明。对于自组方发明，由于没有以已知方为基础，故说明书需要记载发明的组方原则、组方结构或方解以及足以证明其技术效果的实验数据，以体现发明对现有技术作出的贡献。在判断自组方发明的创造性时，通常需要在对组方原则和组方结构或方解进行分析的基础上，考量现有技术中是否存在将组方中各药味进行配伍以解决发明存在的技术问题的技术启示。如果无法从现有技术中得到这种技术启示，且发明产生了有益的技术效果，则发明具备创造性。反之，发明不具备创造性。

《专利审查指南（2023）》第二部分第十一章第3.1.2节中提出，说明书中不仅应当记载该中药组合物的中药原料组成，还应当记载各中药原料的用量配比关系。中药原料的用量可以采用重量份、重量比例、重量百分比等进行表述。由于中药原料的用量配比关系决定了组合物的组方结构和主次作用，对组合物的疗效有直接影响，因此，如果说明书中没有记载组合物中各中药原料的用量配比关系，或者该用量配比关系的

---

❶ 马文霞，何炜，李新芝，等."预料不到的技术效果"在创造性判断中的考量［J］. 中国发明与专利，2013，2：72-81.

记载不清楚，则会使本领域的技术人员无法实现其发明，导致说明书公开不充分。而对于新的中药组合物，说明书中应当记载其具体的医药用途。当本领域的技术人员根据现有技术无法预测发明能够实现所述医药用途时，说明书还应当记载证明发明的技术方案可以解决预期要解决的技术问题或者达到预期的技术效果的实验数据，所述实验数据可以是实验室实验（包括动物实验）数据，或者临床治疗效果数据（包括临床医案或临床病例）。对于中药组合物用于治疗中医的病或证的，如果本领域技术人员根据现有技术公开的病或证的治法治则、各药味的功效或作用等信息不能预测发明的中药组合物具有治疗所述病或证的作用，则应当在说明书中给出证明发明能够治疗所述病或证的实验数据，以使本领域技术人员能够确信其技术效果。

4.3.6.3 相关案例

下面就立普妥产品涉及药物组合方面的专利进行分析。

专利 WO97016184 的中国同族专利有原案申请 CN1217656C 和分案申请 CN1679953A，申请日均为 1996 年 10 月 2 日。分案申请已视撤失效。原案申请于 2005 年 9 月 7 日授权公告，后于 2007 年 11 月 28 日因未缴年费专利权终止。该专利权利要求 1 保护一种在哺乳动物中调节脂浓度的药物组合物，包括治疗有效量的 2,6-二（1-甲基乙基）-苯基-[[2,4,6-三（1-甲基乙基）苯基]乙酰基]氨基磺酸酯和 3-羟基-3-甲基戊二酰基辅酶 A 还原酶抑制剂，连同药物可接受的载体，其中所述 3-羟基-3-甲基戊二酰基辅酶 A 还原酶抑制剂是一种或多种化合物，选自利伐他汀、洛伐他汀、辛伐他汀、普伐他汀、氟伐他汀和阿托伐他汀。

专利 WO9911260 的中国同族专利有原案申请 CN1268053A 和分案申请 CN1473566、CN1473567，申请日均为 1998 年 8 月 11 日。原案申请已视撤失效，公开文本中权利要求 1 请求保护药物组合物，含有：(a) 一定量的阿伐他汀或其可药用盐；(b) 一定量的抗高血压药或其可药用盐；(c) 可药用载体或稀释剂；条件是，所述抗高血压药不是氨氯地平或其可药用酸加成盐。分案申请 CN1473566 已视撤失效，公开文本中权利要求 1 请求保护药物组合物，含有：(a) 一定量的阿伐他汀或其可药用盐；(b) 一定量的 α-肾上腺素受体阻滞剂；(c) 可药用载体或稀释剂。分案申请 CN1473567 已视撤失效，公开文本中权利要求 1 请求保护药物组合物，含有：(a) 一定量的阿伐他汀或其可药用盐；(b) 一定量的利尿剂；(c) 可药用载体或稀释剂。这 3 件发明专利的从属权利要求中均进一步限定了药物组合物包含阿伐他汀半钙盐。

专利 WO9947138 无中国同族专利，申请日为 1998 年 11 月 20 日，公开文本中权利要求 1 请求保护一种药物组合物，包含：(a) 一定量的 MMP 抑制剂或其药学上可接受的酸加成盐；(b) 一定量的他汀类药物或其药学上可接受的盐；和 (c) 药学上可接受的载体或稀释剂。

专利 WO9930704 无中国同族专利，申请日为 1998 年 11 月 20 日，公开文本中权利要求 1 请求保护一种药物组合物，包含：（a）一定量的羧基烷基醚或其药学上可接受的酸加成盐；（b）一定量的他汀类药物或其药学上可接受的盐；和（c）药学上可接受的载体或稀释剂。

专利 WO9958505 的中国同族专利为 CN1171874C，申请日为 1999 年 5 月 10 日。该专利于 2004 年 10 月 20 日授权公告，后于 2007 年 7 月 11 日因未缴年费专利权终止。权利要求 1 保护式 I 的化合物及其可药用盐、酰胺或酯与洛伐他汀或阿托伐他汀的组合物。该发明公开了蛋白质法尼基转移酶的抑制剂与 HMG-CoA 还原酶的新的组合，及其制备方法和包含这种组合的药物组合物。这种组合可用于预防或治疗癌症、再狭窄、牛皮癣、子宫内膜异位、动脉粥样硬化或病毒感染。

4.3.7 制备工艺/方法

4.3.7.1 制备工艺/方法专利的技术分类

为申请药品注册而进行的药物临床前研究，包括药物的合成工艺、提取方法、理化性质及纯度、剂型选择、处方筛选、制备工艺、检验方法、质量指标、稳定性、药理、毒理、动物药代动力学研究等。中药制剂还包括原药材的来源、加工及炮制等的研究；生物制品还包括菌毒种、细胞株、生物组织等起始原材料的来源、质量标准、保存条件、生物学特征、遗传稳定性及免疫学的研究等。上述涉及工艺如药物合成工艺、提取方法、制备工艺；原药材的加工及炮制、生产工艺；制剂的生产工艺或制备方法；细胞的培养方法、抗体的纯化方法、改良方法、培养方法等技术类别都是产生制备工艺/方法专利的技术来源。

4.3.7.2 制备工艺/方法专利挖掘与布局

制备工艺/方法专利涉及对化合物、晶型、制剂、中药制剂、生物制品等产品的化学或生物制备新方法、新路线，精制或纯化方法、工艺流程、制剂工艺等。此外，药物中间体的制备、杂质的制备与分离相关专利保护也是对工艺/方法类专利技术内容很好的补充。为了提升科技创新水平，药物合成研究人员聚焦高效环保、产率高、使用无毒或者低毒的溶剂和试剂、容易分离或提纯最终产物的方法，这些专利技术点均被认为具备创造性。中药领域的方法发明涉及中药制剂/组合物的制备方法、中药单体的提取植化方法、中药提取物的制备方法、中药材的加工与炮制方法等。传统中药注重对中草药配方的保护，除了以技术秘密的方式，仅部分技术内容采用专利形式。

制备方法专利应该具备以下创新点或者有益效果：提高产率，提升质量，节约能源，防治环境污染，避免使用毒性试剂和溶剂，使用非复杂和非昂贵的起始物料，容易分离和提纯最终产物，容易按比例扩大生产规模等。

在生物医药领域，对于原研药而言，制备方法专利的保护力度相对较弱，仿制药企业容易通过技术开发规避原研药的专利保护。这种规避的制备方法和处方，可构成仿制药企业的专利布局对象。例如新的制备方法，如果可以有效地降低制造成本等，则一方面可以增加其他仿制药企业的仿制难度，另一方面可以依靠成本优势，增强市场竞争能力。作为对化合物、晶型、新用途、组合物等核心专利的外围专利或者后续专利，企业申请制备工艺/方法类专利的目的，更多在于保护其自身科技创新的水平。

4.3.7.3 相关案例

截至2025年6月28日经Cortellis数据库检索，得到与立普妥相关的制备方法/工艺专利共263项。进一步筛选后，得到涉及原研药企业沃尼尔·朗伯公司及辉瑞公司申请的制备方法/工艺专利共20项，分别涉及利用新合成制备阿托伐他汀中间体反式-6-［2-（取代-吡咯-1-基）烷基］吡喃-2-酮的改进方法（US5298627、US5003080、WO8907598）；将Ⅰ型结晶阿托伐他汀溶于非羟基溶剂中，随后除去溶剂，制备得到非晶型阿托伐他汀的方法（CN96195631.3）；阿托伐他汀新晶型及其制备方法（US7534810B2、WO2006011041A3）；以糖类基料为原料一釜法合成制备被保护的中间体（S）-3，4-二羟基丁酸酯的改进方法（CN97195996.X）；用于工厂规模化生产结晶阿托伐他汀钙的改进工艺方法（WO0144181A1、IE20001032A1）；一种工业化规模生产结晶三水阿托伐他汀半钙盐的工艺（IE20001033A2）；制备阿托伐他汀中间体的方法（WO2002055519A3、WO2004089894A8、WO2004014896A1、WO2006097909A1、WO2007029216A1）；制备阿托伐他汀内酯的方法（IE20050594A1）；制备阿托伐他汀二酮的方法（IE20050596A1）；使用醛缩酶生产阿托伐他汀及其药学上可接受的盐及其中间体的新方法（WO2006134482A8）；改进的合成制备阿托伐他汀或其药学上可接受的盐及其中间体的方法（WO2008075165A1）；使用微生物酮还原酶从相应的β-羟基酮制备顺式-1，3-二醇的方法（WO2008059366A2）等。另外，很多企业提交了与阿托伐他汀（钙）相关的多项合成工艺或制备方法专利申请并获得授权。

4.3.8 分析检测方法

4.3.8.1 分析检测方法的定义和作用

分析检测方法可涵盖化学分析法、物理分析法以及生物分析法等，其中化学分析法是利用化学反应和它的计量关系来确定被测物质的组成和含量。物理分析法是通过测量光、电、磁、声、热等物理量而得到分析结果；测量这些物理量一般使用比较复杂或特殊的仪器，因此物理分析法也被称为仪器分析法。生物分析法主要基于生物学方法，以反映被测物的生物学特性为目的的测定方法，测定类型包含化学结合、酶联免疫、细胞测定和动物实验。

药物的分析检测，亦是运用化学分析法、物理分析法、生物分析法及相关技术研究原料药及其制剂的质量,涉及药品及其制剂的组成、理化性质、真伪鉴别、纯度检查及其有效成分的含量测定等。药物的分析检测广泛应用于药物研发及生产的各个环节,是新药创制平台建设、活性化合物筛选、药物剂型改进、临床安全合理用药等许多医药领域重点研究项目不可或缺的重要工具与手段,为药品研发、生产和使用安全提供了保障。

在药品质量控制中,杂质控制也是需要解决的关键问题之一,用以保证药品的安全性和有效性。杂质是任何影响药物纯度物质的统称,杂质研究贯穿于药品研发的整个过程。杂质分为有机杂质、无机杂质和残留溶剂。其中,无机杂质和残留溶剂的检测方法相对比较成熟;有机杂质的研究与控制要复杂得多,在杂质的分离鉴定、杂质的来源分析、杂质的安全性研究、杂质限度确定等方面,都需要结合药物的结构特点、制备工艺、贮藏稳定性、临床应用特点等进行大量研究工作。❶ 分析方法的选择直接关系到杂质测定结果的专属性与准确性。

4.3.8.2 申请分析检测方法类专利的特殊意义

发明是指对产品、方法或者其改进所提出的新的技术方案,分析检测方法也是在专利授权范围之内的。涉及中药制剂技术领域的分析方法、中药的指纹图谱或者特征图谱及其建立方法,是非常重要的专利类型。❷ 另外,杂质或者包含杂质的组合物或者杂质的用途也是申请较多的专利类型。

在药物的研发与生产实践中,产生杂质有三种情形。情形一:固有存在的杂质是在专利申请日前,杂质化合物已经固有地存在于现有药物的制备过程当中,最终与药物活性分子存在于一起,但该杂质结构并未由现有技术所披露。情形二:新药物新杂质,此情形中,药物本身为具备新颖性和创造性的产品,在制备该药物工艺中,出现了结构新颖的杂质化合物。情形三:新工艺新杂质,此情形中,药物为已知产品,而研发人员研发出一种新的制备工艺,该制备工艺具备新颖性和创造性,相应的,只有以此制备工艺制备药物才会出现一种全新的杂质。❸

分析检测方法专利的特殊意义在于,企业通过将其对药品检测或质量控制的创新成果申请专利保护,再将创新专利技术融入国家药品标准,利用药品标准的强制性,借助药品标准专利权阻碍仿制者,进而借助技术优势和专利优势维护其市场独占地位,保障其投资收益。❹

---

❶ 张玉琥. 仿制药有关物质研究的特点及研究思路 [J]. 中国执业药师,2009,6 (8):31-34.
❷ 黄璐,钱丽娜,张晓瑜,等. 医药领域的专利保护与专利布局策略 [J]. 中国新药杂志,2017,26 (2):139-144.
❸ 王卫彬,薛琦,黄璐. 杂质化合物的可专利性问题判断及分析 [J]. 中国新药杂志,2019,28 (4):395-399.
❹ 吴斌,苗彦妮,彭晓琦,等. 医药创新技术标准中的专利保护战略 [J]. 中国新药杂志,2018,27 (5):494-497.

4.3.8.3 分析检测方法专利挖掘和布局

分析检测方法的专利挖掘，是从专利角度对分析检测方法从技术和法律层面进行剖析、整理、拆分和筛选，确定技术创新点和技术方案，并将技术方案进行专利申请的过程。一般可以分为两大类：①全新检测方法的开发，如随着科技的进步，将高新技术引入样品的分析检测中；②对现有技术的改进，解决现有技术中存在的问题，如通过改进操作步骤或仪器参数解决样品易分解或改善检

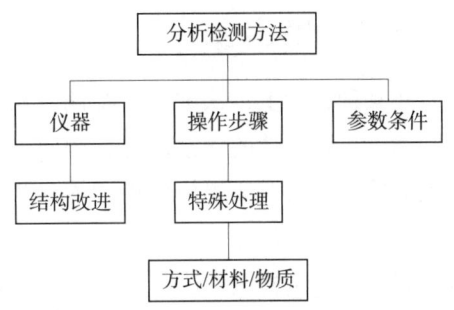

图 4-3-24 分析检测方法的专利挖掘

测结果的灵敏度、准确度等。科研人员可密切关注分析检测中遇到的技术问题及解决办法。这些技术问题的解决方案可能存在可专利性的创新点。分析检测方法的专利挖掘方向如图4-3-24所示。

通常，分析检测方法中会用到多种仪器，新仪器的使用可能对检测的灵敏度、专属性和稳定性等带来更好的结果。在现有仪器不能满足分析检测要求的前提下，对仪器的结构改进，也可能为分析检测带来更好的结果。

由于药物样品的复杂性，如不同类型的药物样品——化学药、中药、生物制品，不同剂型的药物样品——片剂、胶囊、注射剂等，在测定前，需要进行样品的处理，需要考虑特定的操作步骤，或者操作中的样品特殊处理方式，或者处理时使用的特殊材料/物质。对于参数条件，可考虑例如色谱柱类型、固定相种类、流动相体系、洗脱条件、添加试剂等。

全新的分析检测方法，可能产生于研发的任何阶段。通常来讲，分析检测方法属于企业内部信息，是否进行专利申请要综合考虑相关申请对企业的意义。若是全新的分析检测方法，从技术角度该方法能够满足药典收录要求，并且具有向药典申请录入的意向/计划，从法律角度能满足专利"三性"的要求，具备授权前景，那么可结合药典收录时间进行专利申请，避免因药典公开丧失新颖性。

在专利申请时，通常是通过设定各种参数条件来限定分析方法，应尽可能提供多个实施例，涵盖每个参数条件的端点值；如果实施例不能涵盖所有的端点值，则一般要在说明书中描述某些条件无显著影响。如果既没有充足的实施例，也没有在说明书中描述，则在审查意见答复时，可以查找相关文献，说明这种范围都可以达到特定效果。

对于杂质类专利申请，则需要分析杂质化合物本身是否为未披露的新结构；对于包含杂质的组合物，则需要分析杂质的存在和含量能否为产品带来预料不到的技术效果；对于杂质用途类专利申请，杂质在被发现的同时，似乎就同时具备了作为"药品对照品"的用途，但是此种用途能否满足公开充分的要求，若存在争议，可进一步考

虑杂质是否具备治疗活性或者毒性等其他性质。另外，杂质类专利通常可结合申请化合物制备方法以及分离技术类专利。

4.3.8.4 相关案例

在某种程度上，认定分析检测方法专利侵权比较困难。但在药品领域，每一种药品都建立了强制性的国家标准，企业可以制定高于国家标准的企业标准，但不得低于国家标准。如果企业将分析检测方法申请了专利，而后又被收录为国家标准，则其他企业使用该相关标准需获得专利许可，否则侵权。例如专利 CN103323541B（肝素钠封管注射液的质量检测方法）侵权案，原国家食品药品监督管理总局颁布的肝素钠封管注射液的药品标准（WS1-XG-011-2013）与该发明专利的权利要求 1 保护范围一致。在该专利权有效期内，山东省惠诺药业有限公司使用了该药品标准检测方法，法院判令山东省惠诺药业有限公司停止使用相关检测方法，停止销售使用相关检测方法得到的药品，并赔偿专利权人经济损失 200 万元。❶

医药领域存在专利与标准结合的例子较多，例如，云南白药集团股份有限公司（以下简称"云南白药集团"）的宫血宁胶囊质量测定方法被中国药典收录；阿胶质量测定标准"特征肽检测法"被中国药典收录；北京市药品检验所的阿奇霉素检验方法被中国药典收录；以及北京四环制药有限公司（以下简称"四环制药"）提高马来酸桂哌齐特的质量测定标准被中国药典收录。与国家标准结合的专利均有利于阻碍竞争对手，从而有利于保持市场的垄断地位。

4.3.9 医药用途

4.3.9.1 医药用途发明的定义

新医药用途或适应证在 2020 年修订的《化学药品注册分类及申报资料要求》规定中属 2.4 类含有已知活性成分的新适应证的药品。

用途发明是指在发现物质（或产品）的特有性能后，专门利用这种性能而形成的发明。在化合物专利申请中，为了满足说明书充分公开的要求，一般会公开该化合物的一种用途。企业在对药物的作用机理进行研究的过程中，发现其新的作用机理，如果这种新的作用机理能够实现本质上不同于现有技术的治疗应用，则可以申请用途发明专利。用途发明在医药领域尤为常见，例如西地那非（商品名为伟哥）最初只是作为治疗心绞痛的药物，之后意外发现将其用于治疗男性勃起功能障碍的新用途专利为

---

❶ "肝素钠封管注射液的质量检测方法"发明专利侵权案［EB/OL］.（2019-04-06）［2019-06-10］. http：//paper.dzwww.com/sdfzb/data/20190426/html/2/content_8.html.

辉瑞公司创造了巨大的价值。[1]

医药用途发明本质上是一种方法发明，权利要求属于方法类型。不同的权利类型保护的主题不同，因而保护范围也不一样，在权利要求撰写时应当注意措辞。例如，"化合物作为××的应用"与"作为××使用的化合物"，即属于不同的权利要求类型，前者属于方法权利要求（用途），而后者属于产品权利要求。

4.3.9.2 药物新用途专利保护的价值

（1）延长专利保护期。

原研药企业为了独享其产品上市后的市场垄断地位，必然会对化合物进行专利布局。但通常情况下专利的保护期限仅为 20 年，考虑到新药研发周期长的特点，原研药企业终会面临产品上市不久核心化合物专利到期的困境。通过对已有药品的应用进行研究，开发新的医药用途发明，对于延长专利保护、维持市场垄断地位具有重要意义。例如，诺华公司的发明名称为"甲磺酸伊马替尼在制备治疗胃肠基质肿瘤（GIST）的药物中的用途"的专利 ZL01817895.2，充分体现了药物用途专利的价值。

格列卫是诺华公司研发的一种特异性酪氨酸激酶抑制剂，开创了分子靶向治疗的时代，其有效成分为甲磺酸伊马替尼。格列卫于 2002 年在中国销售，成为治疗费城染色体阳性的慢性粒细胞白血病（CML）的最有效的药物之一。诺华公司在 1993 年 4 月 2 日提交了针对格列卫有效成分的化合物专利申请 CN93103566.X。该申请于 1999 年 6 月 2 日获得专利授权，保护期满终止日为 2013 年 4 月 2 日。后来诺华公司研究发现，格列卫还可用于治疗成人不能切除或发生转移的恶性 GIST，并针对该治疗用途于 2001 年 10 月 26 日提交了医药用途专利申请 CN01817895.2，该申请于 2006 年 9 月 27 日获得授权，专利保护期满终止日为 2021 年 10 月 26 日。随后适用该适应证的格列卫于 2007 年 11 月获批进入中国。

2013 年 4 月，格列卫化合物中国专利的专利权到期，江苏豪森药业集团有限公司（以下简称"江苏豪森药业"）的仿制药昕维被中国药品监管部门获准上市，其凭借治疗效果相同但有明显的价格优势，抢占了格列卫的部分市场。2014 年，诺华公司以江苏豪森药业在其仿制药说明书的药代动力学部分提及 GIST 相关内容而侵犯诺华公司专利权为由，向北京市第二中级人民法院提起专利侵权诉讼，其向法院申请的诉前禁令得到了法院支持。作为应对措施，江苏豪森药业针对该专利向原专利复审委员会提起专利无效宣告请求，并成功宣告该专利权全部无效。江苏豪森药业针对诺华公司的甲磺酸伊马替尼用于制备治疗 GIST 的医药用途专利发起的专利无效宣告取得了重大胜利，但由于诉前禁令的颁布，客观上延缓了江苏豪森药业仿制药昕维的上市时间，延长了格列卫化合物专利的保护期限，为诺华公司带来了长达数年的垄断市场利润。

---

[1] 为什么医药用途发明专利很特殊？[EB/OL].（2017－12－11）[2019－06－10]. http：//www.iprdaily.cn/news_18044.html.

再如，艾伯维公司的重磅产品阿达木单抗从2012年起成为全球销量最高的药物，直至2022年被默沙东公司的Keytruda超越，累计为艾伯维公司带来的收入超过2000亿美元。实际上阿达木单抗的抗体序列专利（即化合物专利）在2016年已经过期，但艾伯维公司通过提交大约250多项外围专利申请（其中包括了大量的新用途及治疗方法专利），构建了严密的专利丛林，将阿达木单抗仿制药在欧洲市场的上市时间推迟至2018年，美国市场推迟至2023年，使阿达木单抗在2018~2022年继续为艾伯维公司贡献1008.7亿美元的高销售额。作为阿达木单抗的继任者，Keytruda截至2024年在全球已经获批40个适应证，这些围绕新适应证的专利布局形成的壁垒，必然也会为Keytruda带来更多的市场回报。

（2）含有已知活性成分的新适应证的药品专利保护。

在2020年修订的《化学药品注册分类及申报资料要求》规定的2.4类含有已知活性成分的新适应证的药品，属于医药新用途或新适应证。

已知药物新用途或新适应证的开发，也就是常说的老药新用。它是快速发现新药的有效途径，特别适合作为新药研究模式，其具有成药性高、研发经费低（比1类新药开发成本要低50%~60%），且具有广阔的知识产权布局空间。❶

由于1类新药的开发需要承担高额的投入和未知的风险，并且随着对药物安全性和有效性要求的不断提高，开发新药的成本持续上涨，因此，1类新药的开发难度不断增加。老药的二次开发具有先天的优势，越来越受到创新主体的重视。一方面，现有技术中已经积累了完整的安全性以及体内代谢吸收的数据，在临床开发阶段能够大大缩短研发周期，降低研发费用和投资风险。另一方面，企业通过制药用途专利对老药新用途进行保护，能够获得市场垄断地位和高额的利润回报。阿司匹林、二甲双胍都是老药新用的典范。采用药物重定位策略可帮助企业找到候选药物的新适应证或新用途。与全新结构药物研发周期长、成本及风险高的特点相比，药物重定位策略缩短了发现药物新适应证或新用途的时间，可大大降低药品的研发成本和研发风险。❷ 表4-3-4列出了近年来老药新用的代表，以及其获得用途专利的状况。

表4-3-4 老药新用的代表

药物通用名	原适应证及专利	新适应证及专利	再利用途径
雷洛昔芬	骨质疏松症 （ZL93117097.4）	乳腺癌 （ZL97193249.2）	回顾性临床分析
度洛西汀	抑郁症 （ZL87108175）	纤维肌痛 （ZL99810830.8）	药理学分析

---

❶ 钱丽娜，张长春，黄璐. 吉利德公司抗病毒药物及其专利分析［J］. 中国新药杂志，2015，24（18）：2041-2051.

❷ 熊阿珍，孟光兴. 药物重定位候选药物筛选路径［J］. 中国医药工业杂志，2020，51（2）：170-175.

续表

药物通用名	原适应证及专利	新适应证及专利	再利用途径
西地那非	心绞痛（ZL91104162.1）	勃起功能障碍（ZL94192386.X）	回顾性临床分析
达泊西汀	辅助镇痛（CN88102018.4）	男性早泄（CN00815313.2）	药理学分析
非那雄胺	前列腺增生（US4760071A）	脱发（CN94194471.9）	—
塞来昔布	关节炎（ZL94194833.1）	结肠癌、乳腺癌（US6469040B2）	药理学分析
伊马替尼	白血病（ZL93103566.X）	胃肠道间质瘤（ZL01817895.2）	—

例如，表4-3-4中的西地那非是辉瑞公司研发用于治疗心血管疾病的药物，但临床疗效无法达到预期，1991年4月其临床试验正式宣告失败。后续研发人员成功将其开发为治疗男性勃起功能障碍的药物，成为辉瑞公司的明星产品。辉瑞公司针对该医药用途，提交了发明名称为"用于治疗阳痿的吡唑并嘧啶酮类化合物"的药物新用途专利，其PCT国际申请为WO9428902A1，其进入中国的同族专利为CN94192386.X，并获得专利授权。虽然该专利获得授权的仅有一项权利要求，即"5-[2-乙氧基-5-(4-甲基-1-哌嗪基磺酰基）苯基]-1-甲基-3-正丙基-1,6-二氢-7H-吡唑并[4,3-d]嘧啶-7-酮或其药学上可接受的盐或含有它们中任何一种的药物组合物在制造药物中的用途，该药物用于治疗或预防包括人在内的雄性动物勃起机能障碍"，但其为辉瑞公司带来了高额的市场回报。该用途专利的中国到期日为2014年5月13日。

4.3.9.3 医药用途发明的专利挖掘和布局

医药用途专利一般在化合物专利、晶型专利之后进行布局。在医药用途发明专利的审查实践中，往往现有技术中公开了某种化合物具有特定药理活性或者治疗用途，无论其是否公开了效果试验，通常都破坏了该化合物的相同治疗用途发明的新颖性，即可用于评述在后请求保护的制药用途的新颖性。因此，在在先的化合物专利、晶型专利中，应尽量避免无穷尽的具体适应证列举，否则可能为后续布局医药用途专利造成影响，不利用产品保护期的延长。此外，临床开发阶段是新医药用途的集中发现阶段，专利申请人员应注意多与临床开发团队密切沟通，进行新适应证方面的专利挖掘，建议在文章发表或为满足药物研究和审批需要进行的必要披露前完成专利布局工作。

4.3.10 制药设备/生产装置

本节主要讨论化学药生产设备以及生物制品生产设备的专利挖掘与布局。关于中药生产设备的专利挖掘与布局，请参考第 4.3.3.3 节关于现代中药设备专利的内容。

4.3.10.1 化学药生产设备专利挖掘与布局

化学药生产是指化学原料药生产和制剂生产。原料药是具有不同结构的化合物分子，且绝大多数是有机化合物，通常可由多条合成路线制备得到。制剂包含片剂、颗粒剂、胶囊剂、注射剂、丸剂、液体制剂、气雾剂等剂型。化学药在研发或生产过程中，使用的原料或中间体可能具有易燃、易爆、强腐蚀性或高毒性等特点，生产工艺涉及低温、高温、低压、高压等条件，因此对工艺和设备有严格要求。更重要的是，合成路线结合设备，对于化学药物的规模化生产、药品质量/产率提高、能源节约等多个方面具有重要意义。

原料药的生产设备包括反应设备、塔设备、蒸发设备、蒸馏设备、结晶设备、分离设备、萃取设备、干燥设备、灭菌设备、贮存设备等，其中，反应设备是化学药物生产过程的核心设备，通常包括釜式反应器、管式反应器、固定床反应器、流化床反应器、回转筒式反应器、喷嘴式反应器、鼓泡塔式反应器等。制剂的生产设备可以根据剂型状态分类，包括液体制剂的粉针剂设备和小容量/大容量注射剂设备等；固体制剂的制粒设备、压片设备、胶囊剂设备、药膜机设备等；半固体制剂的设备如生产软膏剂的制膏机、配料罐等；以及生产气雾剂的灌封机等。

对于设备的专利申请和专利挖掘主要基于问题导向，即基于设备本身存在的问题和/或工艺的问题进行结构的改进、替换和/或新设备的设计。另外，设备材质也可能具备特殊性，生产设备的特定参数或流程亦可结合生产工艺进行申请。例如，可通过解决物料堵塞、消除泡沫、搅拌更均匀、控制出料速率、原料抽取检测、加强冷却水综合利用、方便清洁、快速降温、控制加料顺序等问题，对反应釜装置结构进行不同角度的改进，从而获得新的技术方案。基于药物制备工艺的特殊性，例如奥美拉唑，需要在多个反应容器内进行多个合成处理步骤，可将各个反应器通过管道连接为一体，避免接触空气，可有效防止异物混入，影响产物质量。为解决细菌滋生问题，可对反应釜材质进行纳米银涂层。另外，其他专利挖掘方法包括创新（从一个结构/产品的各个角度创新）、特征对比（用 TRIZ 理论对常用参数和原理进行改变和替换，形成新的创新点）等。图 4-3-25 展示了某制药公司针对反应釜的专利布局。

化学制药设备也是属于化工装置和设备的传统领域，经过多年发展，改进点往往较细。医药企业通常以药物为核心进行重点专利布局，装置设备不属于其重点研究内容。国内医药企业通常对设备装置的申请数量相对较少，实用新型占比较高，且有效专利占比较低。制药设备行业作为医药行业上游领域之一，制药设备的研发以制药设备企业为主。医药企业可根据研发或生产计划对设备的需求，进行研发以申请专利，也可向制药设备企业提出定制需求。

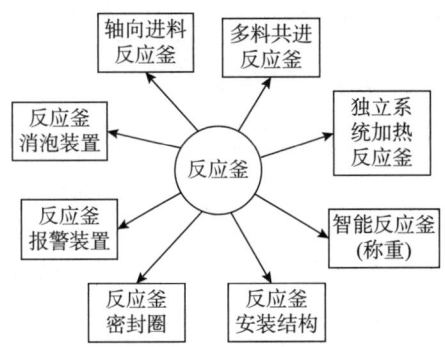

图 4-3-25　某制药公司针对反应釜的专利布局

化学制药设备专利多是具有形状、构造的技术方案，同时符合发明和实用新型客体要求；一台设备/装置可能承载多个创新发明点。在申请专利时，选择发明还是实用新型，可结合创造性和技术突破难度考虑，一般对于创造性高和技术难突破的技术方案，可以申请发明专利；另外，可结合专利权保护期限、费用、权利稳定性、是否实施商业活动等因素，选择申请实用新型专利或发明与实用新型专利同时申请。表4-3-5给出了发明和实用新型专利申请的布局把控。

表 4-3-5　发明和实用新型专利申请的布局把控

角度	技术方案情况	申请方案	优势
从创造性考虑	符合发明创造性要求	发明	经过实质审查，权利稳定，保护时间长
从创造性考虑	仅符合实用新型创造性要求	实用新型	授权快，授权要求相对低
从创造性考虑	创造性把握度不高，担心申请发明专利被驳回	发明+实用新型（同日申请）	实用新型授权要求低，容易授权，无论最终发明是否授权，都将有一项专利保护技术
从技术突破难度考虑	技术易突破，更新迭代快	实用新型	授权快，费用低，保护期限10年一般足够
从技术突破难度考虑	技术难突破，更新迭代慢	发明	经过实质审查，权利稳定，保护时间长
从技术突破难度考虑	技术突破有一定难度，需要尽快授权，实施商业活动	实用新型+发明（同日申请）	实用新型授权快，可用于商业活动；发明授权后，实用新型作放弃处理，无缝连接，不影响权利的行使

对于多个发明点，可从发明点解决的问题和实现的功能出发，针对该发明点的小单元/功能单元进行专利布局。表4-3-6给出了针对不同发明点的布局把控。

表4-3-6 针对不同发明点的布局把控

情形	发明点与功能的关系	专利布局
情形1	一个发明点独立解决一个技术问题，并可独立行使功能	针对发明点的小单元单独布局专利
情形2	一个发明点解决了一个技术问题，但无法独立行使功能	针对仅含有该发明点的行使功能单元布局专利
情形3	多个发明点共同解决一个技术问题，相互配合行使功能	针对含有这几个发明点的行使功能单元布局专利
情形4	同一创新发明点在不同的功能单元解决不同的技术问题	针对含有同一发明点的不同功能单元分别布局专利

化学药生产设备通常以产品进行保护，大致可从以下方面考虑：①理解技术方案，例如构造、原理、功能；②确定保护主题，例如部件、功能模块、设备、系统等；③掌握现有技术，找出区别特征，确定技术问题；④确定必要技术特征；⑤确定发明点的创造性；⑥撰写内容，例如结构组成、结构形状、结构的位置关系、结构的连接关系、实现各个目的的撰写顺序、适当的上位概括等。化学药生产设备也属于机械类申请，对于技术方案理解、保护主题确定、申请文件撰写、创造性问题等，详细可参考机械类专利申请的要求。

4.3.10.2 生物制品生产设备专利挖掘与布局

生物制品生产设备有其独特之处，生物制品生产设备专利可以根据生物制品生产过程全程挖掘并布局。这里以抗体药物生产为例进行说明。抗体生产不同于化学药和传统重组蛋白生产，其工艺路线复杂，全工艺过程需要控制微生物和内毒素污染，没有特定的去内毒素步骤，对生产系统的控制要求非常高。这也使开发与产品工艺相配套的生产设备以满足生产需求成为可能。一般抗体药物生产需要生物反应器、高速离心机、层析系统、深层过滤系统、超滤系统、原液及成品灌装设备以及大规模溶液配置、存储设备和相应的清洗设备等。一般大规模的生物反应器等设备（包括可反复使用的不锈钢设备和一次性可抛弃反应器）基本从国外进口。目前，国内高校、研发机构和企业也通过产学研结合争取在大规模生物反应器上取得突破。考虑到反应器的特性和生产工艺特点，实用新型和发明专利（生产工艺）可同时申请专利。

例如实用新型专利CN201420403262.8，发明名称为"一种应用于大规模动物细胞培养和微生物发酵的低温贮存装置"，申请日为2014年7月21日，授权公告号为CN204111762U。

该实用新型专利公开了一种应用于大规模动物细胞培养和微生物发酵的低温贮存

装置。具体地,公开了一种应用于大规模动物细胞培养和微生物发酵的低温贮存装置,其特征在于,所述低温贮存装置包括贮存罐、外套于贮存罐的保温套筒和用于控制贮存罐内温度的制冷装置和温控器,所述贮存罐设有可连接空气过滤器的换气口、用于与生物反应器出口端连接的进液口和用于与生物反应器进液端连接的出液口。该实用新型的低温贮存装置可以准确地按照生产工艺所需要的低温长时间地保存从反应器中排出的动物细胞培养液或微生物发酵液,具有保冷效果良好、温度控制准确、节约水资源、结构简单、设计合理、使用方便等特点。专利CN204111762U的说明书附图1如图4-3-26所示。

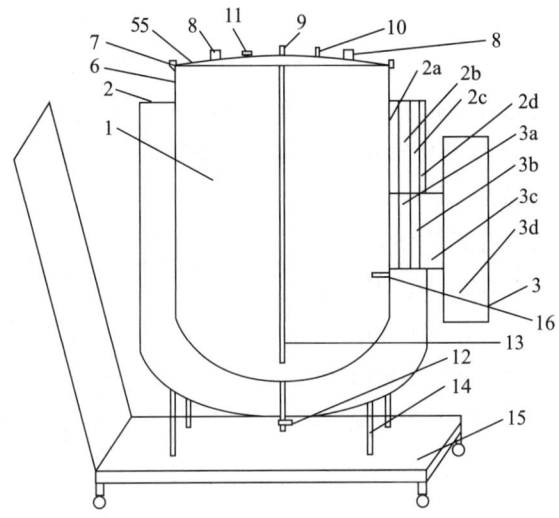

图4-3-26 实用新型专利CN204111762U 附图1

生物制品生产设备也可以结合生产工艺一起来申请专利。因为一些生产设备的产生,完全是因为开发了新的工艺,为了配合工艺的实现从而设计专用的设备。例如中国专利申请CN202180076853.1,其公开了一种纯化mRNA的方法,并因此而设计了一种新的纯化mRNA的系统。在此系统中,单个单元均为现有技术,但是为了配合其发明的纯化工艺,形成了特定的单元连接和参数配置,从而可能使该组合形成的系统具有新颖性和创造性,如图4-3-27所示。

该专利的权利要求1是为了保护一种mRNA的纯化方法,其包含沉淀、过滤、洗涤、回收等步骤。为了实现该纯化方法,申请人设

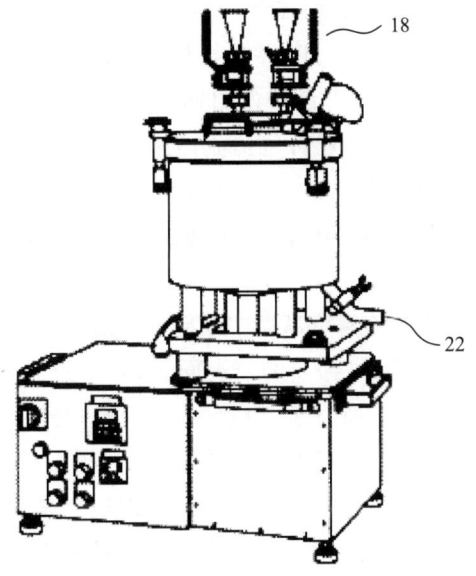

图4-3-27 专利CN2021800768531 附图

计了一种用于纯化 mRNA 的系统，从而形成了权利要求 143 的系统，所述系统包括为四种不同目的设置的第一、第二、第三、第四器皿，以及过滤离心机、泵和一个或多个阀门。

这一方法结合特定设备（系统）的布局思路可供中国申请人参考的一个角度，从而在布局方法专利时，适当考虑此种方法是否会带来设备上的创新，将单纯的方法专利转化为方法+产品专利。

4.3.11 给药装置

一些药物形式，例如喷雾剂、干粉吸入剂，无法直接服用，必须通过给药装置将特定量的药物递送至需要的给药部位。另外，有一些注射剂针对的是糖尿病等需长期用药的患者，为了提高患者的依从性，企业一般提供注射笔等给药装置连同药品一起销售，从而方便患者在家即可自行给药。因此，喷雾器、干粉吸入器、注射笔等给药装置均有大量的专利布局。

例如，申请人安姆根有限公司在中国提交专利申请 CN201280050454.9，发明名称为注射器和装配方法，申请日为 2012 年 10 月 11 日，授权公告号为 CN103930142B。该发明公开了注射器（100），可包括具有壁（110）和密封组件（140）的容器（102），所述壁（110）具有内表面（112），所述密封组件（140）具有内表面（142），所述壁（110）和所述密封组件（140）的内表面（110）限定填充药物产品的闭合的无菌储库（150）。注射器（100）还可包括流体递送系统，所述流体递送系统包括洁净的、无护套的刚性容器针（180），所述刚性容器针（180）具有这样的尖（182），所述尖（182）被

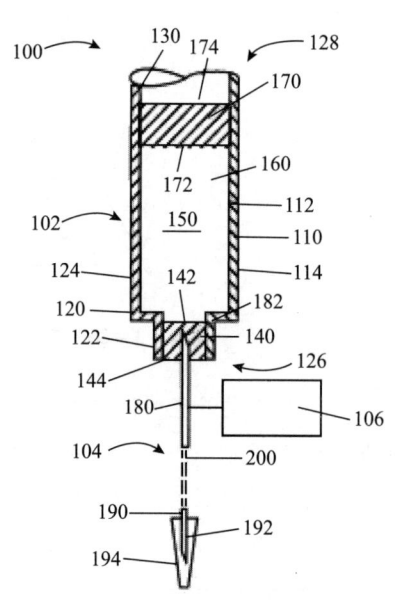

图 4-3-28 发明专利 CN103930142B 附图 1

设置成在存储状态中仅部分穿过密封组件（140），并且被设置成在递送状态中穿过密封组件（140）的内表面（142）进入无菌储库（150）内。此外，注射可包括致动器（106），所述致动器（106）适于将容器针从存储状态移动到递送状态。专利 CN103930142B 的附图 1 具体如图 4-3-28 所示。

对于干粉吸入剂，葛兰素史克是这一领域的领导者。葛兰素史克提供了不同的干粉吸入剂组合用于哮喘等慢性呼吸系统疾病。除了在药物活性成分方面积极创新和升级，其对干粉吸入器也不断进行升级换代，从而显著地延长了其产品保护期。葛兰素

史克在其氟替卡松吸入剂获得FDA批准后，通过依次发布含有氟替卡松的新吸入器装置——Flovent（1996年批准）、Flovent rotdisk（1997年）、Flovent Diskus（2000年）、Flovent HFA（2004年）、Arnuity Ellipta（2014年），获得了长达35年的专利保护期。葛兰素史克的布局策略甚至引发了诉讼，Elliot Conrad Dale作为原告向制药巨头葛兰素史克发起了集体诉讼，指控该公司通过"装置跳转"（device hopping），在一种品牌吸入器退出市场时，将同一活性成分放入有新专利保护的新一代吸入装置中。之前被批准用于该吸入剂早期版本的仿制药不再可用，进而阻止了仿制药使用非专利保护的品牌吸入装置。❶

Flovent Diskus的基础专利申请日很早，其中国同族授权号为CN1030491C。该专利保护了一种与药物包（401）一起使用的吸入装置，该药物包上至少有一个用于粉状药物的容器限定在可剥开地相互固定在一起的两个薄片（403，404）之间。该装置包括在一打开位置用于剥开薄片以打开容器的装置；和一个与该打开的容器连通的出口，通过该出口，使用者可从已打开的容器中吸入粉状的药物，内部结构如图4-3-29所示。这是葛兰素史克第一代的泡罩式可包装多个药物单元的干粉吸入装置，相关专利于2011年

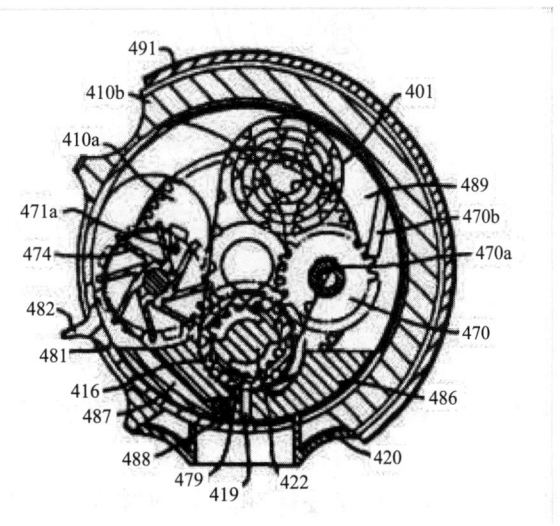

图4-3-29　专利CN1030491C附图

到期。这一装置被葛兰素史克使用在多个干粉吸入药物中，例如重磅药物沙美特罗替卡松复方（商品名舒利迭）。相关产品的多件专利实际上均已到期，但是由于药械组合专利形成的高壁垒，导致在中国还没有相关仿制药上市。

Arnuity Ellipta的相关专利申请于2006年，其中国同族专利为CN101272818B。该专利保护了一种药物分配器，其与承载有多个不同的药物部分的至少一个药物载体（100；300a、300b）一起使用。该药物分配器包括分配机构（340、350a、350b）、接口（332）和用于该接口的盖子（330），其中可促动该分配机构（340、350a、350b）用于分配由该至少一个药物载体所承载的不同药物部分。该盖子可移动地安装到该分配器上以从该接口被盖住的第一位置向该接口至少部分未被盖住的第二位置到该接口未被盖住的第三位置连续移动。该盖子适于与该分配机构连接使得该盖子从该第二位置向该第三位置移动而不是从该第一位置向该第二位置移动导致该分配机构的促动。

---

❶ 吸入剂仿制难上加难，GSK被诉通过"装置跳转"进行不正当竞争［EB/OL］.［2024-05-29］. https://new.qq.com/rain/a/20220603A09Y5X00.

相关装置如图4-3-30所示。该专利是葛兰素史克在前述申请专利基础上的升级，从而将其产品专利保护期延长至2026年。

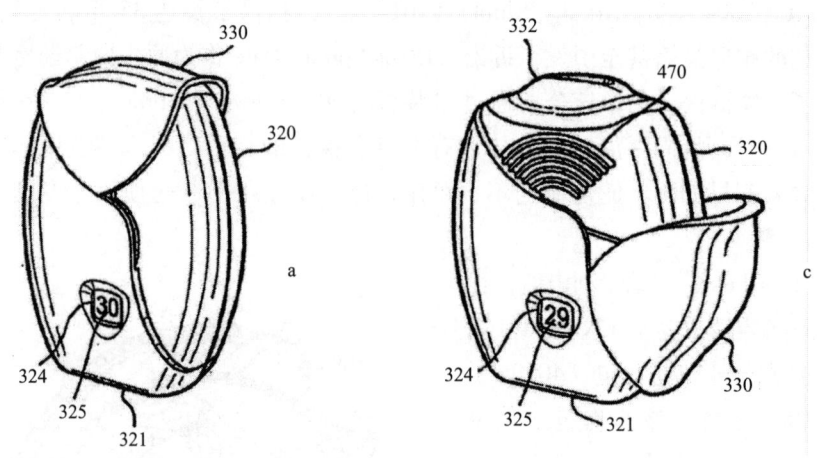

图4-3-30 专利CN101272818B附图

葛兰素史克专利升级策略虽然引发了一些争议，但从商业角度来说无疑是成功的，非常值得中国医药企业学习。

4.3.12 药品包装盒/袋、药瓶、药片等

4.3.12.1 外观设计在药品领域中的重要性

毋庸置疑，药品行业专利申请的特点是以发明专利为主，而外观设计专利申请的量相对较少，对产品的实际保护力度有限。但是，外观设计专利在某些情况下，对区分产品具有重要意义。

在美国，对于品牌药，原研药企业都会确保其专有名称和外观设计（大小、形状、颜色）均能够获得保护。一旦专利到期，大量仿制药进入同类市场，品牌药的商标和外观设计就成为竞争的重要手段。首先，医生大多数通过商标来查阅药品，而不管通用配方的可获得性；其次，由于处方药在销售给消费者之前会在药店进行再包装，一种药品的独特颜色和形状将成为影响消费者偏好的重要手段，诸如蓝色象征肌肉（伟哥是蓝色的）。原研药企业精心选择药品的商业外观，以便它们能够成为药品"个性"的重要组成。商品名称和外观设计对消费者购买行为的影响作用，促使原研药企业投入大量资金用于药品的商品名称和外观设计保护。

原研药企业在品牌药专利保护期内的独家销售期间，会利用独特的外观设计来培养消费者的习惯性购买行为。1989年，阿斯利康公司推出一种新的治疗胃食管反流疾病的专利药物，其通用名称为奥美拉唑，专有名称为Prilosec。该专利药物有一个紫色的商品外观，阿斯利康公司大力宣传这种"紫丸"，当许多患者找到医生时，他们甚至

不记得该药通用名称,只记得该药的颜色。尽管所有的药丸都印有一个识别代码,许多患者还是依赖药品的形状和颜色来识别它们。2001 年,面对药物专利到期,阿斯利康公司将建立在 Prilosec 商标和商业外观基础之上的商誉有效移转到新的专利药物 Nexium(通用名称为埃索奥美拉挫)上。阿斯利康公司将 Nexium 定位为一种改进药物,对于胃食管反流病患者而言,Nexium 比 Prilosec 见效更快,但这一优点似乎更多是因为有较高的剂量。Nexium 仍然沿用紫色,并被称为"新紫丸",其销售价格比 Prilosec 的仿制药更贵。虽然 Prilosec 在专利到期以后销量急剧下降,但 Nexium 弥补了 Prilosec 丢失的市场份额。在制药行业,阿斯利康公司的操作变得越来越普遍,品牌药物制造商经常依靠药物的商业外观来垄断药物市场。❶

历史经验告诉我们,要适当重视外观设计在药品产品独占中的地位,将外观设计专利与商标、包装装潢、商誉等知识产权形式充分结合起来,共同纳入企业品牌文化和产品综合价值的大体系中,培育消费者的使用习惯,提高产品的附加值。

4.3.12.2　药品外观设计要同时满足药品申报的强制性要求

药品是一种特殊的商品,申请人在申请外观设计方面的专利时,除了考虑专利审查层面对外观设计授权标准方面的要求,还要考虑药品监管层面对药品包装的强制性规定。

根据药品监管部门的相关法规规定,"药品包装必须按照规定印有或者贴有标签,不得夹带其他任何介绍或者宣传产品、企业的文字、音像及其他资料。"药品标签就是药品包装上印有或者贴有的内容,必须由国家药品监管部门核准后方可使用。

药品标签的格式要求必须符合药品监管部门出台的《药品说明书和标签管理规定》,其对于标签的内容作出了严格规定,例如规定标签内容"不得超出说明书的范围,不得印有暗示疗效、误导使用和不适当宣传产品的文字和标识"。❷

当然,从外观设计专利授权的角度,企业并不需要考虑文字内容的问题。由于《药品说明书和标签管理规定》规定了一些与包装图案和色彩要素密切相关的内容,企业必须在申请外观设计专利时同时考虑此类强制性规定。

例如,《药品说明书和标签管理规定》第 25 条规定:"药品通用名称应当显著、突出,其字体、字号和颜色必须一致,并符合以下要求:

"(一)对于横版标签,必须在上三分之一范围内显著位置标出;对于竖版标签,必须在右三分之一范围内显著位置标出;

"(二)不得选用草书、篆书等不易识别的字体,不得使用斜体、中空、阴影等形式对字体进行修饰;

"(三)字体颜色应当使用黑色或者白色,与相应的浅色或者深色背景形成强烈反差;

"(四)除因包装尺寸的限制而无法同行书写的,不得分行书写。"

---

❶ 王优飞,胡允银,张蒙娟,等. 医药产品商标的负效用及矫正[J]. 科技与法律,2018,2:64-69.
❷ 药品说明书和标签管理规定[EB/OL].(2006-03-15)[2019-08-15]. http://www.gov.cn/gongbao/content/2007/content_554188.htm.

第 26 条规定:"药品商品名称不得与通用名称同行书写,其字体和颜色不得比通用名称更突出和显著,其字体以单字面积计不得大于通用名称所用字体的二分之一。"

第 27 条第 2 款规定:"药品标签使用注册商标的,应当印刷在药品标签的边角,含文字的,其字体以单字面积计不得大于通用名称所用字体的四分之一。"

第 28 条规定:"麻醉药品、精神药品、医疗用毒性药品、放射性药品、外用药品和非处方药品等国家规定有专用标识的,其说明书和标签必须印有规定的标识。"

药品监管部门在对《药品说明书和标签管理规定》的解释中进一步明确规定:"药品通用名称必须使用黑色或者白色,不得使用其他颜色。浅黑、灰黑、亮白、乳白等黑、白色号均可使用,但要与其背景形成强烈反差。"药品标签不得印制"××省专销""原装正品""进口原料""驰名商标""专利药品""××监制""××总经销""××总代理"等字样。"企业防伪标识""企业识别码""企业形象标志"等不违背第 3 条规定的文字图案可以印制。"……以企业名称等作为标签底纹的,不得以突出显示某一名称来弱化学药品通用名称。"❶

很多时候,出于销售和市场的需求,企业会就同一药品形成多种不同的药品规格或者包装规格。例如同一品种可能根据需求有 0.25mg 和 5mg 片剂规格,同一种贴剂可能存在 3 贴装、5 贴装和 10 贴装等不同包装规格。根据《药品说明书和标签管理规定》第 21 条规定:"同一药品生产企业生产的同一药品,……药品规格或者包装规格不同的,其标签应当明显区别或者规格项明显标注。同一药品生产企业生产的同一药品,分别按处方药与非处方药管理的,两者的包装颜色应当明显区别。"此外,在医疗器械领域,还存在一些成套出售、同时使用的情况,例如呼吸机和呼吸机的专用面罩。在申请这类产品外观设计时,可以充分利用《专利法》第 31 条第 2 款的规定:"同一产品两项以上的相似外观设计,或者用于同一类别并且成套出售或者使用的产品的两项以上外观设计,可以作为一件申请提出。"在满足药品监管部门强制性要求的前提下,将不同规格的产品包装合并在同一件外观设计专利中进行申请和保护,有利于节约专利申请费用,提高专利价值。

4.3.12.3 药品领域可申请外观专利的主题及专利挖掘

《专利法》第 2 条第 4 款规定:"外观设计,是指对产品的形状、图案或者其结合以及色彩与形状、图案的结合所作出的富有美感并适于工业应用的新设计。"由于外观设计不需要实质审查,审查员通常不会检索,但可能会简单地通过百度等搜索引擎查询相应的产品,如果得出明显不具备新颖性的结果,也会不予授权。另外,外观设计专利申请不能侵犯他人的在先权利,例如美术作品的著作权、商标权等。

《专利法》第 25 条第 1 款 (6) 项规定,"对平面印刷品的图案、色彩或者二者的结合作出的主要起标识作用的设计",不能授予专利权。因此,药品领域中属于平面印

---

❶ 国家药品监督管理局. 关于《药品说明书和标签管理规定》有关问题解释的通知(国食药监注〔2007〕49 号)[EB/OL]. (2007-01-24)[2019-08-15]. http://www.nmpa.gov.cn/WS04/CL2196/323585.html.

刷品的标签、瓶贴都是不可以申请外观设计的。

对于设计思路相似的同一产品两项以上的外观设计,或属于同一类别并且成套出售或使用的产品的两项以上的外观设计可以作为一件申请提出。因此,同产品设计元素相似但细节略有不同的药品的包装盒,与药品服用相关的、成套使用的器械,可以作为一件外观设计申请。

具体来说,药片或者胶囊的外观本身可以申请外观设计专利,例如专利CN201030125267.6是阿斯利康公司对其重磅产品替格瑞洛申请的外观设计专利。该专利不仅保护了药片的形状、图案及其结合,还保护了包括药片正面的着色和识别符号在内的所有设计元素,具体如图4-3-31所示。

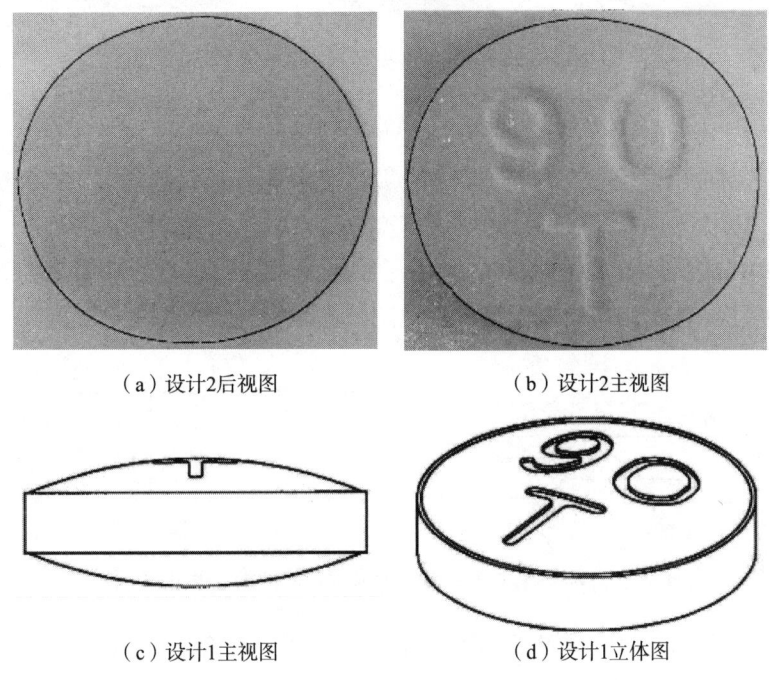

(a) 设计2后视图　　　　(b) 设计2主视图

(c) 设计1主视图　　　　(d) 设计1立体图

图4-3-31　阿斯利康公司替格瑞洛片外观设计专利附图

含有特定设计元素的药品包装盒、包装袋也可以申请外观设计专利。如前所述,当直接对应产品的发明专利纷纷到期,新药成为老药,市场竞争激烈,已经很难再以发明专利的形式保持市场独占状态时,就需要借助其他保护形式来区分同类产品,保持独有的特色,在消费者心中树立良好商誉。例如,复方氨酚烷胺片是治疗感冒的OTC类老药,市场上同类产品很多,但吉林省吴太集团有限公司(以下简称"吴太集团")的感康非常具有市场辨识度。这离不开其对包装盒、包装袋相关专利的挖掘和布局。随着年轻群体逐渐成为主流消费人群,医药行业也不得不跟随全新的消费习惯,开始新一轮的"年轻化"改造。为了拥抱年轻市场,感康品牌全面升级。在产品层面,感康在保证原有药品品质的同时,推出了抽拉式药盒和粘贴包装设计,打破医药产品的枯燥无味,用"会粘贴的感冒药"鼓励大家关爱自己及身边人,起到了很好的市场效果。

在这些设计的背后,吴太集团布局了一系列的专利。如图4-3-32所示,专利CN201630147081.8(左图)是感康产品的内包装袋专利,专利CN201630083821.6(右图)则保护了该产品的包装盒外观设计。

图4-3-32 吴太集团感康产品相关外观设计专利(一)

吴太集团感康的新包装除了外观发生变化,包装盒在功能上也有变化。盒体设计为抽拉式,向右边拉出说明书,药板就会相应从左侧弹出,形式更新颖,打开更便捷。为配合新包装,吴太集团申请了一系列实用新型专利以强化保护,具体见图4-3-33。例如专利CN201620880815.8(左图)保护了抽拉式的药盒,专利CN201720674284.1(右图)保护了一种在用户使用中能有效地防止内容物与盒本体完全脱离的包装盒。

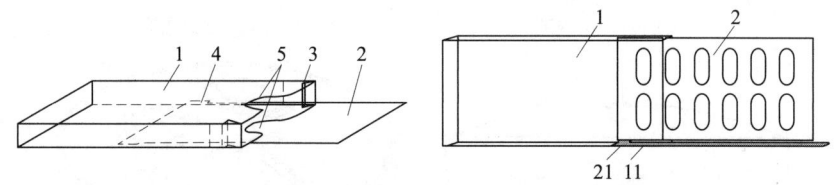

图4-3-33 吴太集团感康产品相关外观设计专利(二)

此外,该公司还仿照此创意申请了烟盒(CN201621026779.5)、文具盒(CN201621014366.5)、化妆盒(CN201621014637.7)、牙具盒(CN201621027746.2)等专利。这些外围申请为阻止潜在竞争对手的恶意模仿和实施集团多元化发展战略做好了专利方面的提前布局和储备。

在生产设备方面,专利CN201720285125.2保护了能够生产出抽拉式包装盒的装盒机;专利CN201720285143.0保护了采用两个相对独立的贴合装置完成两次贴合的贴合设备。申请人还对此实用新型专利技术同时申请了发明专利CN201710176937.8并获得授权,以期获得更长的保护时间。此2项发明专利申请均处于实质审查中。

吴太集团围绕感康的这一系列设计和专利布局,很好地与营销策略相结合,为产品的推广和销售提供了强有力的法律支持,非常值得借鉴。

另一个案例是小儿氨酚黄那敏颗粒,儿童对药物的剂量需求因年龄、体重、发育状况的不同而有差异。消费者对于儿童的酌情用药一直存在困惑,过量用药和滥用药都是不安全的,儿童用药的剂量更应该精准。如何针对消费者最关心的问题进行包装设计,也成为医药企业的切入点。例如,浙江亚峰药厂有限公司(以下简称"亚峰药厂")的小儿氨酚黄那敏颗粒,商品名为小快克,采取了半包装的儿童装设计,根据不同年龄段(或不同体重),选择服用半包、一包或者一包半。

亚峰药厂针对该设计申请了包装盒的外观设计专利和包装袋的实用新型专利:其中外观设计专利CN301424832S涉及包装盒(小儿氨酚黄那敏颗粒)(见图4-3-34),实用新型专利CN201692312U涉及用于包装散剂或颗粒剂药品的多室药袋,这2个专利的法律状态均已失效(见图4-3-35)。其中,专利CN201692312U因被第三方无效宣告而失效,无效宣告理由是基于《专利法》第22条第2~3款。另外,在调查中发现,亚峰药厂也曾经针对南昌弘益科技有限公司(以下简称"弘益科技")的实用新型专利CN200957185Y发起无效宣告请求,弘益科技的该药品包装袋专利基于《专利法》第22条第3款被宣告无效(见图4-3-36)。

此外,在生产设备方面,亚峰药厂申请了该产品的制粒机专利(CN202111160802.5)和干燥装置专利(CN202220107265.1)并均获得了授权。

图4-3-34 小快克包装盒外观设计专利附图

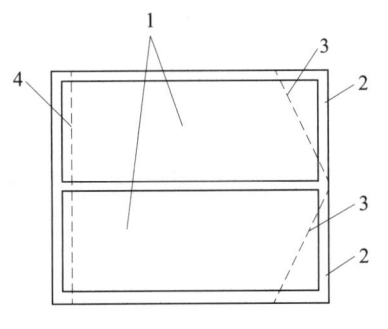

图4-3-35 小快克包装袋专利附图

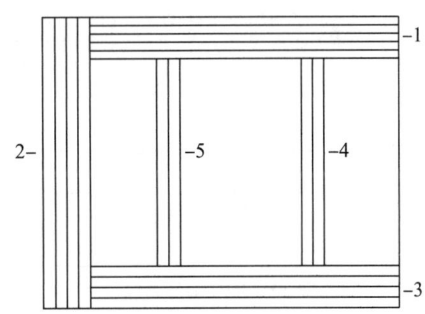

图4-3-36 弘益科技包装袋专利附图

华润三九医药股份有限公司的小儿氨酚黄那敏颗粒(商品名为999)也具有类似的包装设计,其推出半袋化精准包装,有效地防止儿童用药过量,并申请了药品包装盒的外观设计专利CN305273892S(涉及药品包装盒),目前仍处于有效期。针对分剂量包装袋的结构,笔者未查到相关申请,应该是基于现有技术的情况,未作申请。

因此,以分剂量包装为例,针对药品包装的外观设计、结构设计,除了准确定位市场需求,还需要充分掌握现有技术的情况,将两者结合,既能得到消费者认可,也能从法律角度考虑专利授权后的稳定性。只有取得专利保护且专利权稳定,才能不被模仿,为产品的推广和销售提供强有力的法律支持。

药品包装设计如何体现企业形象、提高产品外观设计品位,赋予其获得消费者心理认可的能力,并不是一件简单的事。医药企业除了自行设计或改进产品包装外,也可寻求与第三方机构的合作,一方面通过学习专业机构的专利布局思路,另一方面可以通过合作确定药品最合适的设计。例如,江苏某公司在包装领域申请17件发明、实用新型、外观设计专利:在包装袋结构的设计上,通过设置宽度较小的颈部封边/阶梯形的横向封口带、直接搭接形成包装袋的纵向封口等方式,能够解决省力、控制物料不易漏出等问题;包装盒的设计通过倾斜侧面或产品倾斜并排侧立的方式,易于计数、展示或取用,具体见图4-3-37和图4-3-38。该公司的专利申请可以为医药企业在包装袋结构设计和外观设计方面提供一些思路。

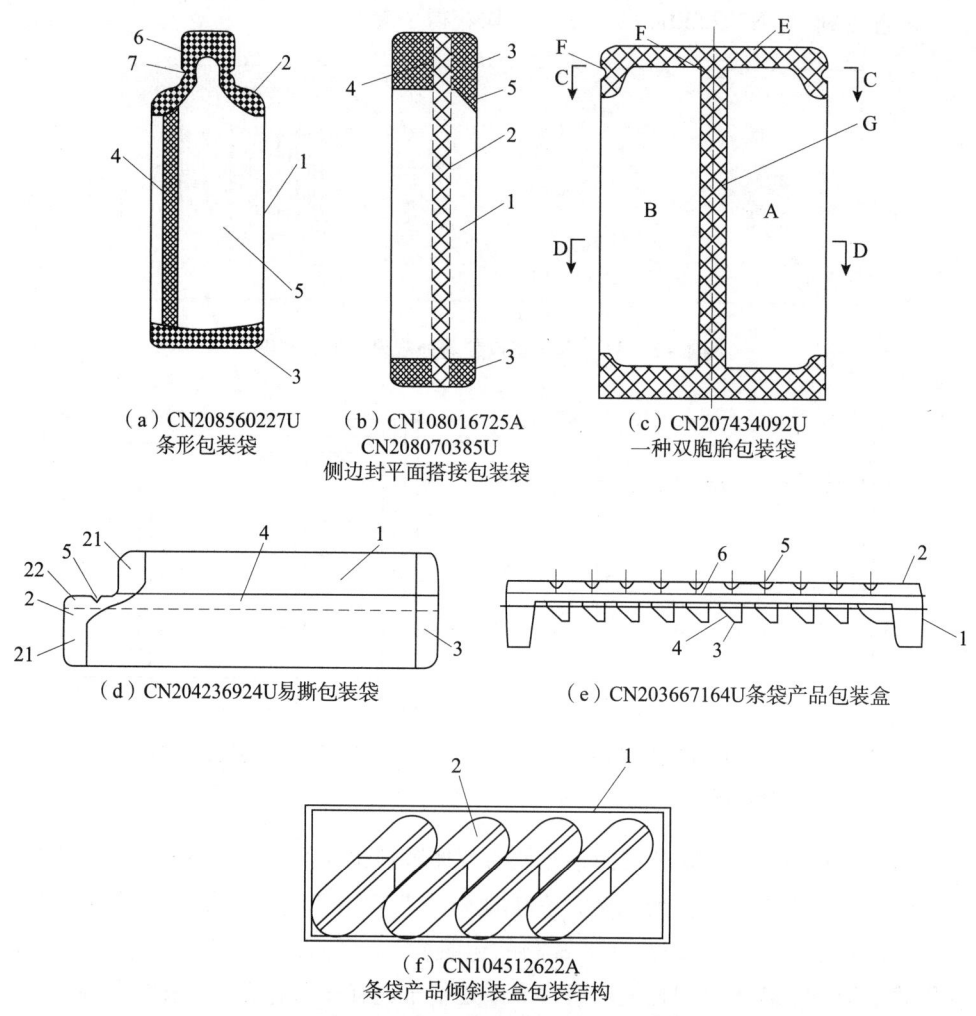

图4-3-37 江苏某公司各包装发明专利和实用新型专利附图

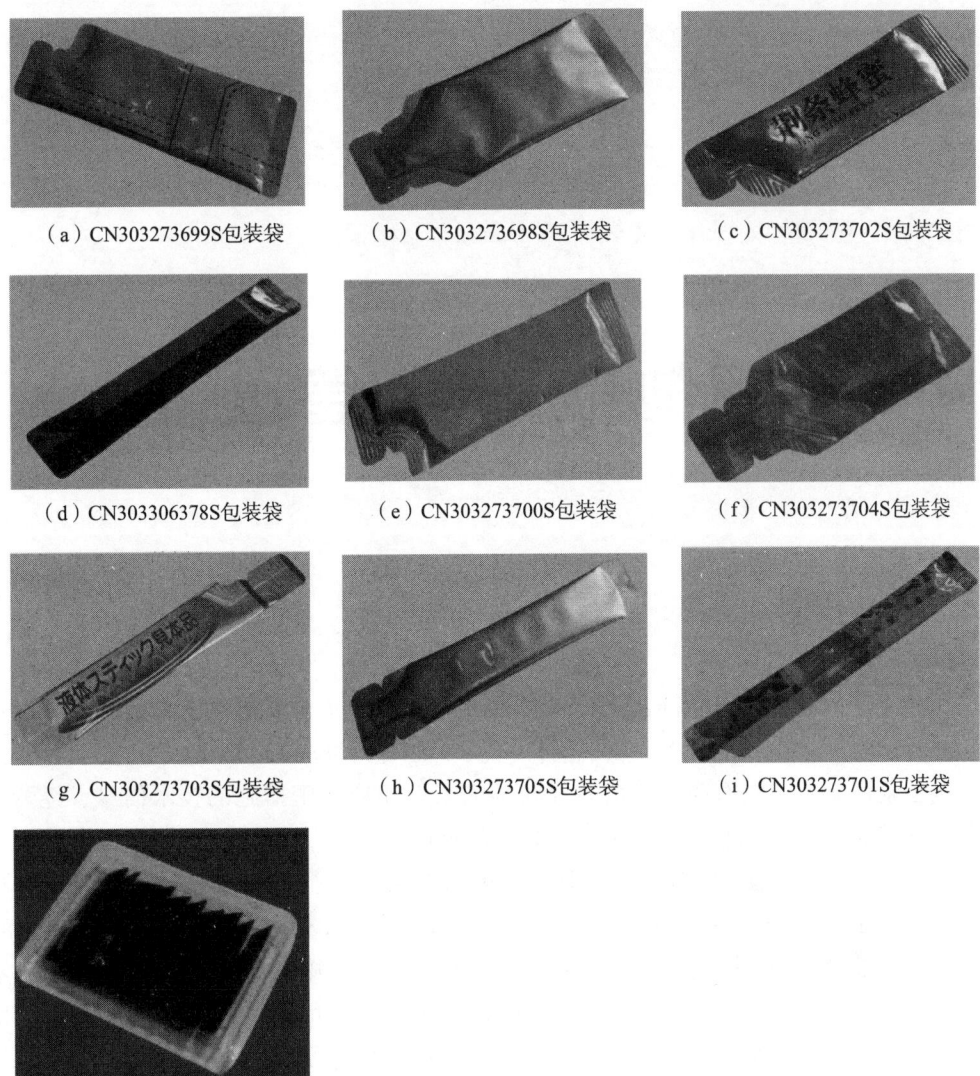

(a) CN303273699S包装袋　　(b) CN303273698S包装袋　　(c) CN303273702S包装袋

(d) CN303306378S包装袋　　(e) CN303273700S包装袋　　(f) CN303273704S包装袋

(g) CN303273703S包装袋　　(h) CN303273705S包装袋　　(i) CN303273701S包装袋

(j) CN303088274S条带组合包装盒

图4-3-38　江苏某公司各包装外观设计专利附图

第 5 章

其他知识产权管理

5.1 商业秘密

医药企业的商业秘密亦符合一般"商业秘密"的定义。根据《中华人民共和国反不正当竞争法》（2025 年修正，以下简称《反不正当竞争法》）第 10 条，商业秘密是指不为公众所知悉、具有商业价值并经权利人采取相应保密措施的技术信息、经营信息等商业信息。[1] 该法自 2025 年 10 月 15 日起施行。

《反不正当竞争法》第 10 条列举了侵犯商业秘密的行为，包括：①以盗窃、贿赂、欺诈、胁迫、电子侵入或者其他不正当手段获取权利人的商业秘密；②披露、使用或者允许他人使用以前项手段获取的权利人的商业秘密；③违反保密义务或者违反权利人有关保守商业秘密的要求，披露、使用或者允许他人使用其所掌握的商业秘密；④教唆、引诱、帮助他人违反保密义务或者违反权利人有关保守商业秘密的要求，获取、披露、使用或者允许他人使用权利人的商业秘密；经营者以外的其他自然人、法人和非法人组织实施前款所列违法行为的，视为侵犯商业秘密；第三人明知或者应知商业秘密权利人的员工、前员工或者其他单位、个人实施该条第一款所列违法行为，仍获取、披露、使用或者允许他人使用该商业秘密的，视为侵犯商业秘密。

药品开发尤其是创新药（原研药）的开发，一直具有高风险、高投入和长周期的特点。药品开发涉及医学、药学、化学、生物学、免疫学、药理学、药事法规、统计学等诸多实验或非实验学科，并覆盖临床前、临床、生产和销售等诸多环节。随着科学技术的快速发展，无论是原研药还是仿制药均面临日趋激烈的市场竞争。以研发原

---

[1] 新华网. 中华人民共和国反不正当竞争法 [EB/OL]. (2025 – 06 – 27) [2025 – 06 – 28]. https://www.news.cn/legal/20250627/4b6ec78bc9be4ea9a2968a9d34abd724/c.html.

研药为主要业务模式的制药企业，不仅面临自身后续产品线不足的压力，而且面临政府药品价格管控、竞争品种和仿制药品（或生物类似药）的挑战。尽管商业秘密对于原研药企业非常重要，但是实践中商业秘密侵权案件具有举证难、查明事实难、保密难等特点，且商业秘密自身的秘密性、隐蔽性等特点，在一定程度上增大了原告的举证难度，最终导致原告因举证不能或证据不足，诉讼请求较难得到支持。在这种情况下，如何有效地保护其商业秘密对制药企业愈加重要。

5.1.1 商业秘密的确认、选定及清单

5.1.1.1 商业秘密的确认

商业秘密的确认方法为：对企业运营系统进行分析和对经营业务进行分解后，截取各个时间点信息，并以一定载体的形式固定下来，所述载体包括文件、表格、合同等。确定商业秘密的保密范围、密级和保密期限，并在商业秘密的载体上标明密级和保密期限。

商业秘密确认的流程为：业务部门根据其业务特点，对照保密范围拟定商业秘密清单；业务经理审批商业秘密清单并签字审批表，送达管理层审阅；管理层提出意见，并填写审批表；业务部门根据管理层意见，修改商业秘密清单，填写审批表并报董事会核准；董事会代表签字后存档，成为本企业商业秘密清单；标记商业秘密清单所涉内容；告知相关业务部门及相关人员，如图5-1-1所示。

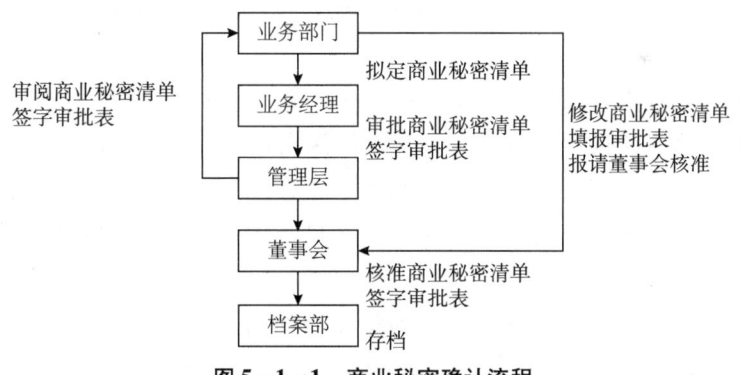

图5-1-1 商业秘密确认流程

5.1.1.2 商业秘密的选定

商业秘密信息的选定包括：确定业务的核心竞争力、筛选有价值的信息、筛选具有商业价值的信息、筛选具有秘密性的信息、对重要信息采取保密措施、对商业秘密的价值评估以及确定商业秘密清单。

5.1.1.3 商业秘密清单

基于监管政策和市场准入的差异，创新药（原研药）及其仿制药（或生物类似

药）在药品生命周期各阶段的目标和内容各有侧重。小分子仿制药和生物类似药直接跨越了寻找活性成分的阶段，其中小分子仿制药仅需进行一致性评价而无须开展临床试验，而生物类似药需要进一步开展临床研究。同时，为了规避原研药的专利布局，仿制药企业可能调整其制剂处方、工艺路线等或进行专利无效挑战或与原研药企业和解。为了更完整地阐释医药企业知识产权管理中的商业秘密清单，笔者以创新药品中的首创（first in class）类创新药物为例进行介绍。

尤其是对于首创类创新药物而言，适应证（疾病谱）的选择和认知、靶点的识别和验证对优先占据市场具有举足轻重的作用。在药物发现的前期，医药企业对于计划开发的适应证领域及靶点方向需要采取保密措施，以降低同梯队竞争者的警觉、拉开与跟随型竞争者的距离。

在临床前研究阶段，研发人员会设计先导化合物，并通过多维度评价标准以优化先导化合物，从而获得候选化合物。为了降低泄密风险，企业会采用项目代码、物质代码等来隐藏项目和物质信息，并通过专利申请、内外部信息管控等手段处置商业秘密。基于临床前的试验数据和既有临床或治疗方案等，企业向药品监督管理部门，如中国（NMPA）、美国（FDA）、欧洲（EMA）提起临床试验申请并经审评后获得相应批件后，企业将启动临床试验研究。基于临床前和临床试验阶段的各项方案和数据，企业进一步提起新药注册申请并经审评后获得上市许可。药品监督管理部门对于临床试验申请和新药注册申请以及相应的研究方案、实验数据都有严格的审批要求和保密义务。这些方案和数据决定了药品是否能够进入市场，能否在市场中获得竞争优势，具有极高的商业价值。

在药品获得市场准入许可进入市场销售环节后，药品将与竞争品种正面进行角逐。企业在药品上市准备阶段，将对产品及其市场深入定位。待产品进入市场后，药品将陆续进入导入期、成长期、成熟期。不同阶段的竞争态势有一定差别，企业需要根据外部竞争格局迅速调整商业策略。特别是市场销售中的信息直接触及企业经济利益，具有重大的商业价值。

现以创新药物开发和商业化为例，列举通用的药品生命周期中的商业秘密清单，如表5-1-1所示。根据拟开发药物的监管政策要求、市场准入特性、开发侧重点、开发阶段等，医药企业知识产权管理工作者可以对所述商业秘密清单进行灵活的增减，并对信息披露进行严格法律审核。

表5-1-1 创新药品生命周期中的商业秘密清单

阶段	类型	商业秘密清单
研究开发	立项评估	• 疾病领域选定 • 开发靶点选定

续表

阶段	类型	商业秘密清单
研究开发	临床前研究	● 活性成分筛选及制剂处方筛选阶段：物质结构（化学结构或蛋白序列）、药材来源、中药配方、筛选方法（体外/体内）、图谱信息、构效关系、功能特性、理化性质、稳定性研究、制备方法、多晶型/盐等衍生物、工程细胞株、抗体种子库、工艺方法、药材栽培技术、药材养殖技术、饮片加工技术、饮片炮制技术、工艺流程、制剂处方、辅料来源、制剂工艺、包材信息、质量控制等涉及的试验方法、试验记录、试验结果及试验报告 补充评价：临床前研究阶段需要开展大量筛选工作，为后续临床试验开发、商业化生产提供基础，涉及物质结构、药物处方、制剂处方、生产工艺等核心信息，需要灵活应用专利申请和商业秘密保护策略
	临床研究申请	● 申请节点、里程碑事件 ● 临床申请申报资料：药学综述资料、药学研究资料、药理毒理研究资料和临床试验申请资料。其中，临床试验申请资料包括：介绍性说明，如新药的名称、所有的活性成分、药理作用类别、结构式/序列、剂型、制剂处方、给药途径、临床试验目的等；总体试验规划、总结申请临床试验方案的设计依据，如拟定的适应证、受试者人群、受试者数量、给药方案、药物安全性评价方法、风险控制计划、安全性风险论证等；研究者手册，试验药物在进行人体研究时已有的药学、非临床与临床研究资料总结；临床试验方案，如研究背景、试验目的、预计参加的受试者数量、入选标准和排除标准、给药计划、检测指标、中止研究的毒性判定原则和试验暂停标准；知情同意书样稿、伦理委员会批件；药学研究信息 ● 未公开的收发文
	临床试验研究	● 启动节点、里程碑事件 ● 临床试验启动阶段：药物临床试验批件、制作研究者手册、筛选研究者、准备试验文件、召开研究者会议、获得伦理委员会批件、准备试验样品、签订协议、召开临床试验启动会（启动访视）、登记临床试验、启动临床试验 ● 临床试验进行阶段：准备访视、监察项目、记录问题、交流和解决问题、药品和文件存档、填写访视表、更新记录表格、追踪和解决问题、安排后续访视计划、及时报备方案等改动及严重不良事件、收集病理报告并建立数据库、清理和解决问题数据、统计分析 ● 临床试验总结：结束访视、检查并解决常规访视中遗留问题、收集病例报告并核查、通知伦理委员会、回收和销毁试验药物/用品、更新记录表格、书写监察报告、归档档案、数据入库、分析数据、校验数据、锁定数据库、统计分析、召开临床试验总结会、临床试验总结报告、临床试验归档、提交临床试验总结及相关文件等 补充评价：临床试验阶段是整个药物研发过程中风险最高、资本投入最大、时间较长的环节，涉及药物信息、患者信息、药品供应、试验方案、试验数据、试验结果、统计方法、分析方法、临床进展等敏感信息，需要灵活应用专利申请和商业秘密保护策略

续表

阶段	类型	商业秘密清单
研究开发	新药审批申请	• 申请节点、里程碑事件 • 药学综述资料、药学研究资料、药理毒理研究资料、临床试验资料和GMP认证申报资料。其中，临床试验资料包括：临床试验综述、临床试验计划及研究方案、数据管理、统计分析计划、临床研究者手册、知情同意书样稿、伦理委员会批件、科学委员会审查报告、临床试验报告、临床试验数据库电子文件（原始数据库、衍生的分析数据库及其变量说明文件）、数据管理报告、统计分析报告 • 未公开的收发文
商业化	商业化生产	• 生产工艺、工艺/制备技术、机械设备优化参数、生产系统参数、产品生产周期、质量保证信息、质量控制信息、质量保证和控制方法、质量控制手册、质量控制流程、质量控制记录、特殊的生产机器、涉及生产/工艺专有的信息等与生产相关的信息作为技术秘密进行保护
	市场与销售	• 多为经营秘密：代理商信息、医药客户情报、药品生产规划、药品销售策划方案/报表/评估报告、药品物流渠道、药品销售渠道、招投标计划、药品招投标标底、药品招投标书等
补充	其他类	• 新生产工艺、新制剂开发等 • 知识产权风险评估、法律诉讼、纠纷谈判等 • 核心管理层变动、融资投资、并购重组、项目交易等

5.1.2 商业秘密的丧失与救济

5.1.2.1 商业秘密的丧失

商业秘密丧失的情形至少包括如下3种：①无意和疏忽披露，如贸易展览、会议演讲、雇员面试和简历、媒体采访、外部到访、期刊发表、专利公开等；②未加保护的披露，如合同雇员/供应商雇员开展方案实施、商务早期洽谈披露等；③未采取合理保密措施。合法获取商业情报及秘密的途径与方法，包括：购买专门的竞争情报数据库/书籍；建立关键情报项目制度，采集诸如企业注册、期刊、专利、著作等公开信息；从丢弃物料/载体中获得；从未与权利人签署保密协议的或不负有保密责任的第三方获得；通过权利人信息披露、新闻发布等渠道获得；通过鉴定中获得等。由此可见，不受管控的信息披露是企业商业秘密丧失的常见情形。因此，企业开展对外信息交流、文章发表、参会参展等日常信息披露关联业务中，需要注意以下5个方面：①签署保密协议；②健全并执行信息披露审批流程和制度，包括业务部门审批和法务审批；③及时收回或销毁携带保密信息的废弃物料；④禁止将未经审批的保密信息释放于公共领域；⑤涉及技术秘密披露的，经评估后可以披露的，执行"先申请专利后披露"的基本原则。

5.1.2.2 行政和司法救济

中国现行对商业秘密保护的法律规定相应的救济途径分为行政途径、民事途径和刑事途径。

行政途径是指被侵权人向工商行政管理部门投诉,其主要依据《反不正当竞争法》。根据《反不正当竞争法》第 26 条的规定,经营者以及其他自然人、法人和非法人组织违反该法第 10 条规定侵犯商业秘密的,由监督检查部门责令停止违法行为,没收违法所得,处 10 万元以上 100 万元以下的罚款;情节严重的,处 100 万元以上 500 万元以下的罚款。根据《国家工商行政管理总局关于禁止侵犯商业秘密行为的若干规定》第 4 条的规定,侵犯商业秘密行为由县级以上工商行政管理机关认定处理。其第 5 条规定,权利人(申请人)认为其商业秘密受到侵害,向工商行政管理机关申请查处侵权行为时,应当提供商业秘密及侵权行为存在的有关证据。

民事途径是指被侵权人向人民法院提起诉讼,其主要依据《中华人民共和国民法典》(以下简称《民法典》)、《反不当竞争法》、《中华人民共和国劳动法》(以下简称《劳动法》)和《最高人民法院关于审理侵犯商业秘密民事案件适用法律若干问题的规定》。根据《民法典》第 501 条规定,当事人在订立合同过程中知悉的商业秘密或者其他应当保密的信息,无论合同是否成立,不得泄露或者不正当地使用;泄露、不正当地使用该商业秘密或者信息,造成对方损失的,应当承担赔偿责任。根据《反不当竞争法》第 10 条规定,经营者以外的其他自然人、法人和非法人组织实施本条前款所列违法行为的,视为侵犯商业秘密。其第 22 条规定,经营者违反本法规定,给他人造成损害的,应当依法承担民事责任;经营者的合法权益受到不正当竞争行为损害的,可以向人民法院提起诉讼;因不正当竞争行为受到损害的经营者的赔偿数额,按照其因被侵权所受到的实际损失确定,实际损失难以计算的,按照侵权人因侵权所获得的利益确定;经营者恶意实施侵犯商业秘密行为,情节严重的,可以在按照上述方法确定数额的 1 倍以上 5 倍以下确定赔偿数额;赔偿数额还应当包括经营者为制止侵权行为所支付的合理开支;经营者违反本法第 7 条、第 10 条规定,权利人因被侵权所受到的实际损失、侵权人因侵权所获得的利益难以确定的,由人民法院根据侵权行为的情节判决给予权利人 500 万元以下的赔偿。根据《劳动法》第 99 条规定,用人单位招用尚未解除劳动合同的劳动者,对原用人单位造成经济损失的,该用人单位应当依法承担连带赔偿责任。其第 102 条规定,劳动者违反该法规定的条件解除劳动合同或者违反劳动合同中约定的保密事项,对用人单位造成经济损失的,应当依法承担赔偿责任。

刑事途径是指被侵权人向公安机关报案,其主要依据《反不当竞争法》和《刑法》。根据《反不当竞争法》第 38 条规定,违反该法规定,构成犯罪的,依法追究刑事责任。根据《中华人民共和国刑法》(以下简称《刑法》)第 219 条第 1 款规定侵犯商业秘密,给商业秘密的权利人造成重大损失的,处 3 年以下有期徒刑或者拘役,并处或者单处罚金;造成特别严重后果的,处 3 年以上 10 年以下有期徒刑,并处罚金。

5.1.2.3 商业秘密典型案例

【案例 5-1】辉瑞公司、上海某公司诉吴某侵犯"新化合物"商业秘密案❶

该案是上海首例涉及化合物结构的侵犯商业秘密案件。该案争议的焦点涉及化合物结构的同一性认定、商业秘密密点的确定、被害单位经济损失的计算等。法院经过审理查明,其中判决被告侵犯商业秘密罪,罚金 10 万元并有期徒刑 3 年 6 个月。

【案例 5-2】天津市滨海新区人民检察院诉浙江某公司、张一某等犯侵犯"三乙基铝"商业秘密案❷

该案争议的焦点涉及缪某某对天津某公司生产三乙基铝的技术信息是否具有保密义务,张一某是否自被告人缪某某处取得天津某公司生产三乙基铝的主要技术信息,司法鉴定能否认定天津某公司与浙江某公司在三乙基铝生产工艺中具有同一性的 5 项技术信息为非公众知悉的技术信息。而在整个研发过程中,被告人缪某某并未与天津某公司以口头方式告知或者书面形式签署保密协议。法院经过审理查明,其中判决被告单位浙江某化工公司、被告人缪某某、张一某无罪。

【案例 5-3】嘉兴某公司、上海某公司诉宁波 A 公司、B 公司、C 公司、傅某根和王某军侵害"香兰素"技术秘密纠纷案❸

该案争议的焦点涉及 287 张设备图、25 张工艺管道及仪表流程图载体承载的涉案技术信息是否构成技术秘密,宁波 A 公司、B 公司、C 公司等被诉侵权人是否实施了侵害涉案技术秘密的行为以及侵权损害赔偿数额计算问题。法院经过审理查明,其中判决宁波 A 公司和 B 公司、傅某根、王某军自判决生效之日起 10 日内连带赔偿嘉兴某公司、上海某公司经济损失,宁波 C 公司对上述赔偿的 7% 承担连带赔偿责任。此外,二审法院在判决中也特别指出,该案的被诉侵权行为从 2010 年起至少持续到 2020 年该案开庭时,即被诉侵权行为跨越了 2017 年修订的和 2019 年修订的《反不正当竞争法》的实施期间,而 2019 年修订的《反不正当竞争法》规定了惩罚性赔偿,并且《民法典》规定了惩罚性赔偿,该案最终适用了 2017 年《反不正当竞争法》,未适用 2019 年

---

❶ 参见上海第一中级人民法院(2013)沪一中刑(知)终字第 10 号刑事判决书。
❷ 参见天津市滨海新区人民法院(2014)滨汉刑初字第 66 号刑事判决书。
❸ 参见最高人民法院(2020)最高法知民终第 1667 号民事判决书。

《反不正当竞争法》判令惩罚性赔偿，主要原因在于嘉兴某公司与上海某公司在一审、二审中始终主张损害赔偿数额仅计算至2017年底；对于2018年以来仍在持续的侵害涉案技术秘密行为，嘉兴某公司与上海某公司可以依法另行寻求救济。

5.1.3 商业秘密的制度管理

5.1.3.1 保密意识

企业需要加强文化建设，强调保护商业秘密的价值，以支撑商业秘密管理制度，提高员工保密意识。

5.1.3.2 管理机构

企业需要高度重视商业秘密对于企业经营的重要作用及泄密事件的严重后果。可以成立一个专门部门或从现有业务部门抽调人员组成商业秘密专业小组或委员会，负责商业秘密的认定及管控。所涉及的业务部门包括知识产权、法务、信息情报、运营策略、行政管理、信息安全等部门。其中，知识产权业务部门负责企业商业秘密管理，并对商业秘密进行专业评估和提案。

5.1.3.3 保密规章制度

知识产权部门和法务部门共同负责制定保密规章制度，对企业商业秘密管理提供准则。保密规章制度的制定要符合企业自身定位，合法合理、切实可行。一般应考虑以下几个方面：商业秘密管理者及其责任、商业秘密管理机构、商业秘密范围、商业秘密档案管理、商业秘密的申报与审查、商业秘密的保密义务、商业秘密审计、相应奖励与处罚等。

企业商业秘密管理首先应符合保密规章制度，其次还应在具体业务开展过程中符合如下原则。

①划定业务开展区域、商业秘密保护区域。未经知识产权部门及商业秘密专业小组或委员会批准，非相关人员或因工作需要必须接触商业秘密相关资料及物品的人员，不得擅自接触商业秘密有关载体，以及进入划定的、与本职工作无关的场所，同时禁止为无关人员提供任何形式的便利。

②新产品或新技术开发（含职务智力成果开发）以及商业活动期间，应当严格保护企业商业秘密，不得在普通区域、公共场所或利用非保密通信工具传递商业秘密信息及其载体。

③经企业确定的商业秘密，必须在其文件资料或物品上标记明确的警示标志，以标示商业秘密的符号、密级及保密期限。相关的文件资料或物品仅限于涉密人员接触。

对于涉密会议采取参会签到手续、会后资料交还等保密措施。

④在劳动合同中,增加保密条款和竞业禁止条款。任何人不得利用职务、工作之便或采用其他不正当手段,将企业的商业秘密擅自发表、泄露、使用、许可或转让,也不得利用其工作中所掌握的信息资料为同行业的其他竞争者服务或提供便利。

⑤员工在入职时,须签订关于遵守企业知识产权管理办法的承诺书,承诺保守企业商业秘密。无论任何原因离开企业前,员工须将从事科技工作的全部技术资料、试验设备、产品、计算机软件、技术成果、作品、设计成果、客户资料(包括客户名单、通信方式等)等商业秘密信息及其载体全部交回,并有责任保守企业的商业秘密,不得擅自复制、发表、泄露、使用、许可或转让。

⑥保密信息拟对外披露时,涉及知识产权类问题的,必须事前经知识产权部门进行可行性评估和审批。

⑦新产品或新技术拟对外展示(包括展会、互联网和会议交流)时,涉及知识产权类问题的,必须事前经知识产权部门进行可行性评估和审批。

⑧建立参观访问控制、陪同制度。参观者身份需提前经业务部门审核,如有敏感身份的参访人员,需要进一步经知识产权部门审核。参观访问者一律佩戴有专门标志的胸章,并按照指定路线和范围在专人陪同下,有组织地参观访问。

5.1.4 商业秘密的人员管理

对于医药企业而言,特定接触、知悉、掌握商业秘密的人员包括:①高级研发人员、技术人员;②高级经营人员、管理人员和财会人员;③其他特殊职位的人员,包括知悉、了解商业秘密的一般技术人员和关键岗位的技术工人,以及有可能接触商业秘密的其他人员等。对这些人员,包括内部人员(重点是企业员工)和外部人员在法律层面、意识层面及人事层面的全流程管理,对于商业秘密泄露防范的意义是不容小觑的。

5.1.4.1 企业员工管理

对掌握商业秘密的企业员工管理,可以通过以下形式进行:入职面谈并形成文字记录,定期或不定期地召集员工举办培训讲座,在办公场所和厂房等地方贴上标语,在公告板上通告,在公司内部宣传和沟通工具如报纸、期刊、局域网上发表文章,离职面谈并形成文字记录等。具体涉及约定保密事项和竞业限制、培养保密意识、执行员工人事管理、执行全流程人事(入职、在职及离职)管理,参见表5-1-2。

表 5-1-2 企业员工商业秘密管理清单

阶段	主要文件清单	相关协议条款
入职/转岗	• 入职信息登记表 • 个人履历、入职承诺书、岗位说明书、员工手册 • 前雇主已披露的技术信息、前雇主专利/论文清单 • 劳动合同，还包括保密协议、竞业限制协议 • 入职物品领用表，包括个人计算机编号、邮箱地址、电话号码 • 入职谈话记录单	保密事项、竞业限制
在职	• 岗位说明书、组织架构书 • 项目/产品清单、专利/论文清单 • 成果与奖励信息登记表，包括技术成果、销售成果等	保密事项、竞业限制
离职/转岗	• 通知内外部的离职函 • 岗位说明书、组织架构书、竞业限制协议书 • 项目/产品清单、专利/论文清单 • 离职交接载体，包括个人计算机，如项目资料、产品资料、客户信息、业务合同等与业务开展相关材料 • 商业秘密清单，并由离职人员签字确认 • 离职谈话记录，包含遵守保密及竞业限制义务的承诺书 • 离职信息登记表，包括新雇主及岗位信息	保密事项、竞业限制

下面分别进行具体说明。

（1）与员工约定保密事项及竞业限制。

与员工约定保密及竞业限制不仅是保护商业秘密的最好方法之一，也往往是执法机关判断保密措施是否合理的一项重要因素。没有保密协议可能导致企业的商业秘密得不到法律的保护。

《中华人民共和国劳动合同法》第 23 条规定，用人单位与劳动者可以在劳动合同中约定保守用人单位的商业秘密和与知识产权相关的保密事项。对负有保密义务的劳动者，用人单位可以在劳动合同或者保密协议中与劳动者约定竞业限制条款，并约定在解除或者终止劳动合同后，在竞业限制期限内按月给予劳动者经济补偿。劳动者违反竞业限制约定的，应当按照约定向用人单位支付违约金。

通常，企业需要在劳动合同加列保密条款，也可以单独签订保密协议，要求员工遵守保密义务。签订保密协议，应当遵循公平、合理的原则，主要内容包括：保密的内容和范围、双方的权利和义务、保密期限、违约责任等。一般而言，员工对企业承担保密义务的内容包括：保守商业秘密的义务、正确使用商业秘密的义务、获得商业秘密职务成果及时汇报的义务、不得利用单位的商业秘密成立自己企业的义务、不得利用商业秘密为竞争企业工作的义务等。而且,保密协议、保密条款并不因劳动合同、劳动关系的终止而终止,在员工离职后一定期限内仍然有效。

更进一步,企业应该在劳动合同或保密协议中加列竞业限制条款,也可以单独签订竞业限制协议,其主要内容包括:①竞业限制的人员主要限于知悉企业商业秘密和核心技术的人员,包括高级管理人员、高级技术人员和其他负有保密义务的人员;②竞业限制的地域主要限于能够与企业形成实际竞争关系的地域为限;③竞业限制的期限一般不得超过2年;④竞业限制的补偿标准主要基于企业与员工协商确定;⑤违约责任的约定主要基于企业与员工的协商。

(2)培养员工保守公司商业秘密。

企业为了正常的经营活动,无法割裂员工与商业秘密的接触,然而让员工接触商业秘密又带来一定程度上泄密的风险。这往往让企业管理者处于两难的抉择。在日常工作和生活中,员工往往因为不分场合、不分对象去处置企业商业秘密信息,或者因为无阻止他人商业秘密泄露行为的意识,而导致企业商业秘密泄露。降低商业秘密泄露有效的方法是:让员工了解企业文化、保密的范围、工作规则、违约的后果等,强化员工商业秘密保护知识和保密意识,进而根据业务需要让员工接触商业秘密,同时最大化地避免商业秘密泄露风险。当员工具备了相应知识和意识时,他们就能够在接触和使用甚至提及商业秘密的时候具备相应的警觉性,并快速作出判断和采取措施。

强化员工商业秘密保护知识和保密意识,目的在于培养员工保守商业秘密。如何强化员工商业秘密保护知识和保密意识?首先,构建以商业秘密为核心的企业文化,应用企业文化在管理中的导向、凝聚、规范、激励作用将其个异性、共识性、非强制性、相对稳定性特征直接感染和作用员工的思维模式,从而使商业秘密的保护形成一种企业氛围、一种惯性,得以传承;其次,将企业商业秘密保护确定为每一位员工的分内工作,告知员工遵守国家法律法规和企业保密行为规范,履行其岗位保密职责,妥善保管经手的商业秘密信息,不得擅自复制、披露、传输、销毁记录商业秘密的数据,发生/发现泄密事件或隐患及时处理并向有关管理部门汇报等;最后,企业定期或不定时地通过培训、引导、宣传和教育结合的形式,强化员工的商业秘密保护意识,增强其道德观念、法治观念、责任感、归属感,以树立保护商业秘密人人有责的思想,普遍提高保护商业秘密的自觉性。

(3)执行员工人事资料管理。

企业应当建立健全员工人事资料管理,包括员工的学历、专长、工作经历、有无发明专利、有无商业秘密、职位说明等资料。一方面,企业可用来参考以决定分派员工担任适当的职位;另一方面,当未来与员工有商业秘密相关的争议时,也可供执法机关据以认定员工究竟有无创作能力及是否窃取公司机密等。

(4)执行入职、在职及离职管理。

企业商业秘密往往因为如下原因而被泄露:员工离职带走原单位有价值的技术成

果和经营信息,并加入与原单位制造/使用同类产品、使用/开发同类技术或者经营同类业务的其他单位任职;在职员工利用掌握的商业秘密从事兼职,与制造/使用同类产品、使用/开发同类技术或者经营同类业务的其他单位发生联系为自身牟利;原单位商业秘密的技术人员或管理人员离职后另立门户,利用其掌握的商业秘密独自制造/使用某产品、使用/开发某技术或者经营某业务,其中所述产品、技术或者经营业务所涉及的信息与原单位的同类产品、技术或者经营业务具有竞争关系或披露关系;员工被其他企业"挖墙脚"而发生个人或团队离职。因此,在员工入职、在职和离职过程中,人力资源部和业务部门统筹协调并进行全过程管理,有助于对商业秘密流失进行跟踪和管控。

在入职、在职人员的管理方面,入职员工的流入形式一般分为外聘和内聘两种。在入职包括招聘环节中,人力资源和业务部门需要注意:招聘前,根据招聘职务/岗位所涉及商业秘密的情况以及需求确定招聘条件和考察评价标准,对应聘者进行背景调查,包括身份验证、离职原因、个人履历、(兼职/全职)从业经历、职业道德评估、个人信誉评估,调查应聘人员是否有泄露商业秘密、非法使用商业秘密和非法携带商业秘密离职的不良行为,调查或询问应聘者是否对原单位具有保密义务及履行竞业限制义务(尤其是商业秘密集中的岗位需要谨慎聘用);招聘中,评估应聘者对商业秘密遵守情况;入职前,告知应聘者遵守商业秘密的义务。相对外聘人员,内聘员工泄露商业秘密的风险略有降低,但在其转岗、升迁或工作中需要接触核心商业秘密信息时,仍然需要对其职业道德考察和岗位职能培训。对于入职员工必须签订保密协议及竞业限制协议。

在职员工是开展企业经营业务的主体,他们无法避免接触、知悉或掌握企业商业秘密。在对其全过程管理环节中,人力资源部门和业务部门需要登记入职员工是否涉及携带他人商业秘密,并告知遵守商业秘密保护义务;明确员工的岗位职能、权利及义务,规定其需要保守商业秘密的内容、职责并纳入绩效考核和评估;强化内部审计和监督机制,随时对员工给予培训、引导和教育,督促员工养成良好的保密习惯;与员工尤其是将掌握核心商业秘密的员工及时更新保密协议及竞业限制协议。

在离职人员的管理方面,员工离职的管理一般包括离职面谈、核准离职申请、业务/资产交接。在为员工办理离职手续时,需要告知并重申员工的保密义务不因劳动合同的解除而终止,保密期限直至商业秘密公开或消失为止,并要求员工另行作出书面保密承诺;与员工尤其是掌握核心商业秘密的员工签订并积极履行竞业限制协议;记录离职员工新单位信息及职能,并将员工在本单位的工作性质和业务范围书面通知对方单位,明确告知其不得非法使用本单位的商业秘密;及时撤销离职员工的办公和访问权限,指定专人负责离职员工的交接工作,并明确告知离职员工不得复制、毁损文件、资料和设施;及时告知内部业务部门、外部合作方离职员工动向,以避免员工离职后仍以本单位名义继续从事相关交易;对于离职员工做好尽职调查,尤其是在员工离职的最初1年内密切关注所处领域动向。另外，员工在集团公司内部变更服务实体或岗位的，也需要参考离职管理模式，并且针对新的服务实体或岗位重新签订保密协议。

5.1.4.2 外部人员管理

可能接触商业秘密的外部人员涉及谈判方、被许可人、供应商、客户、合作开发者、销售代理商，以及向企业提供产品或服务的工程师、顾问、承包人等第三人。需要与得知商业秘密的第三人签订适当的保密协议，以约定文件/及其信息的所有权，包含信息的专有性和机密性、保密条款及相关权利与义务。

5.1.5 商业秘密的设备管理

涉及商业秘密的设备包括计算机，如个人办公电脑、公用办公电脑及其可触及的各类电子信息数据载体；技术关联类仪器设备，如用途为物质表征、物质检测、物质存储的仪器设备，及其关联的各类电子信息数据载体；其他设备，如实验记录、质量控制、供应记录等载体存放设备。

设备管理的主要手段：重点是对人员和可触及设备及其信息的物理阻隔，包括权限设置、设备及其信息的区域性存放及警示。

5.1.6 商业秘密的载体管理

商业秘密以信息作为具体表现形式，以载体作为承载客体。对于商业秘密的管理，以制度为基石，在"人"管理之余的另两个维度涉及"事"和"物"。其中，"物"管理将具体体现在对商业秘密的载体管理。

商业秘密的范围重点涉及企业自主研发的技术、自主制定的经营策略，可以根据企业自愿及需求，简单地分为"绝密""机密""秘密"三个密级。商业秘密通常承载于涉密文件，重点包括以文字、图表、音频、视频及其他记录形式记载商业秘密内容的资料，比如公文、书刊、函件、图纸、报表、磁盘、胶片、幻灯片、海报、照片、录音带、宣传资料等。

5.1.7 商业秘密管理的其他辅助措施

为了系统地、全面地管理企业的商业秘密，企业通常会进一步增加以下辅助措施。

（1）配置企业保安：企业保安要划定保密区域，在保密区域内加强保卫措施，确定诸如门卫、上锁、限定员工进入区域、密码钥匙或密码通行证，并经常变换密码等措施和管理办法，这将有助于防止商业秘密失窃。

（2）控制参观与实习：参观与实习应避开敏感区域和信息，勿作详细解释，必要时要求来访者参观商业秘密时签订保密协议，实习时务必签订保密协议。

（3）强化重点部位管理：产生、处理、存储、使用商业秘密的部位，是保密管理的重点，需要警示和权限设置。

（4）公开发表或广告、展览公开信息管理：出席专业领域的会议、发表学术著作、演讲等需要警觉，并经审批后同意。

5.1.8 商业秘密的诉讼管理

商业秘密类案件具有撤诉率高、原告胜诉率低、员工泄密为主、第三人与员工共同侵权普遍、技术秘密纠纷为主、数额巨大或损害严重或影响巨大等特点。商业秘密纠纷的核心是商业秘密范围的确定，即明确"秘密点"。另外，商业秘密类诉讼兼有常规诉讼耗时、耗力、耗财的特点。因此，商业秘密诉讼也需要专业的管理。

5.1.8.1 诉讼策略制定

完整的诉讼策略包括前期的风险评估分析、中期的庭审技巧以及后期的裁决执行方案，具体内容如下。

（1）在诉讼前期阶段，无论作为原告还是被告，企业均需要明确"秘密点"，调查对方当事人、案件背景，并从成本与收益、胜诉率、可能责任、可能后果、其他救济途径等维度，进行风险评估分析，制定诉讼策略。

（2）在中期庭审阶段，企业需要反复阅读卷宗并提前预演，对案件中的薄弱或不利环节多推断并充分准备，并且在庭辩过程中力求洞悉对方动机，采用"无关的——明确拒绝应答并争取庭审主动权""不便直接回答的——迂回应答""隐含前提的——否定前提"等技巧。

（3）在裁决执行阶段，企业需要督促执行机构快速启动执行、主动收集被执行人情况及财产信息并传递给执行机构、立即要求执行（一旦发现利于执行条件的）、积极穷尽调查手段。

5.1.8.2 诉讼案件报告及预防

诉讼案件报告包括案情分析报告、代理思路报告、庭审情况报告、执行结果报告、结案报告、策略改进报告等，以系统梳理和记录诉讼案件实体和流程，以便于企业了解诉讼情况并实现案件卷宗的存档。

无论对于企业还是员工，"诉累"一直是一个不可回避的问题。企业尽可能通过风险管控避免没必要的诉讼，包括如下措施。

（1）增强管理层和员工意识，使其在日常业务中具有较高的商业秘密保护意识，并对诉讼风险有一定认识。

（2）建立并健全诉讼风险防范机制，包括意识培训、信息及时传达、风险预警、快速应对、改进合同文本、改进业务操作方式。

（3）加强重点诉讼风险的防范，包括法务部/知识产权部集中管理商业秘密（尤其是技术秘密）相关事务、业务部门与法务部/知识产权部合作严格执行法律尽职调查等。

（4）积极寻找争议解决的替代方案，包括和解方案、仲裁方案、调解方案。

5.2　商标

5.2.1　商标管理的一般规则

商标是用来区分商品或服务来源的标记。TRIPS 第 15 条规定：任何标记或标记的组合，只要能区分一企业和其他企业的货物或服务，就应可构成一个商标。商标的本质属性是显著性，便于识别，并且不得与他人在先权利相冲突。《中华人民共和国商标法》（2019 年修正，以下简称《商标法》）第 8 条规定：商标可以由文字、图形、字母、数字、三维标志、声音、颜色组合，或上述要素的组合组成。经由国家知识产权局商标局核准注册的商标为"注册商标"，受我国法律保护。由于我国商标法律制度遵循"先申请原则"，因此未注册而使用的商标容易发生被他人抢注的情形。

在我国，商标保护实行行政与司法保护双轨制。商标专用权保护主要涉及市场监督管理部门和海关两个行政部门，人民法院、公安部门及检察院三个司法部门。商标的确权主要由商标局负责，而商标的维权主要依靠地方市场监督管理机关和人民法院。

商标实务包括商标确权和商标维权两个部分。商标确权工作内容主要是：商标查询、商标申请、商标异议、驳回复审、无效宣告、撤销连续三年不使用、驰名商标认定、商标许可、商标转让、商标质押等。商标维权工作主要内容包括工商投诉、海关举报、展会保护、域名争议、不正当竞争，以及其他商标行政、民事和刑事业务。

药品生产企业的商标管理包括商标设计、申请注册、续展、转让、使用、印刷、价值评估和保护等各个环节。

5.2.2　药品企业商标管理实务

5.2.2.1　管理部门

药品生产企业商标管理应该由作为公司/集团一级部门的商标管理部门设立专职人员，进行统一设计、统一管理和统一监控。药品生产企业的法务部门，应该在商标管理部门及企业督察或打假部门的配合下，定期对商标/字号侵权行为主动发起维权行动。药品生产企业的市场部和宣传部应当负有推广、宣传、提高企业商标美誉度和知名度的责任。集团化的药品生产企业，应在每一分公司或子公司设立专职或兼职商标管理员，负责落实企业的商标管理制度、监控本单位正确使用注册商标的情况，并且及时向集团商标管理部门上报产品包装、装潢等变化情况。

5.2.2.2 日常管理

商标的日常管理主要由集团商标管理部门统一进行，具体工作内容如下。

（1）变更。因生产经营需要变更商标注册人名称、住所或法律规定其他注册事项的，应及时向国家知识产权局商标局提出变更注册申请。

（2）续展。商标注册期满前12个月内或期满后6个月内，应及时向国家知识产权局商标局申请办理续展手续。

（3）转出。对于长期不使用的商标，可以签订转让或使用许可协议进行转让和使用许可。

（4）转入。因生产经营需要受让他人注册商标的，应对拟受让注册商标的使用价值进行充分的论证后，与对方签订受让协议进行受让。受让他人注册商标前，必须做好充分的尽职调查。

（5）使用。药品说明书和标签中禁止使用未经注册的商标以及其他未经国家药品监督管理局批准的药品名称，因此，药品企业的商标使用要特别注意同时满足国家药品监督管理部门和商标管理部门的要求。

（6）许可。包括对外许可及对内（例如子公司）许可，不论哪种许可，都应该有许可合同、许可审批流程、许可备案（公司内部备案和商标局备案）等环节。许可完成后，商标管理部门应负责监控许可期限，许可到期后及时提醒相关部门。

（7）档案管理。商标档案收集和管理范围包括：①商标名称的选择、商标设计、注册资料；②商标的许可使用、转让、续展、变更等资料原件；③商标侵权案、纠纷案资料原件或复印件，打假活动相关资料；④广告、包装装潢（设计稿）、商标标识物样本（实物版和电子版）；⑤商标对应产品的商誉证明，包括媒体报道、行业排名、获奖证明等；⑥相关费用单据、品牌产品在商业市场中的相关数据等。

5.2.3 商标注册

药品生产企业及所属各单位在推出一种新产品或者一项新服务前以及进行项目投资可行性论证时，应根据实际需要考虑新产品、新服务和新项目拟使用的产品、服务商标，并确定商标名称、商标图样及申请类别。

5.2.3.1 商标图样确定

（1）文字及图形商标。

根据商标的定义，商标类型应当包括：文字商标（中文商标）、图形商标、字母商标、数字商标、三维立体商标、颜色组合商标、声音商标和组合商标。药品企业常涉及的商标图样可能为汉字、字母、图形等，在商标图样确定前除了做好充分的检索，还要注意商标图样的设计不能违背《商标法》及其实施条例、《商标审查审理指南》

中的禁止性条款。

《商标法》中的绝对禁止性条款（《商标法》第10条）同样适用于药品商标的审查，因此药品商标图样设计的时候应当避免。

针对法律规定的相对禁止性条款（《商标法》第11条以及《商标审查审理指南》下编），其在药品领域需要特别注意以下方面。

①注意药品的通用名称、图形、型号的标志，不得作为商标注册。例如，将一个苯环的化学结构图在药品上申请注册商标。同时《药品管理法》第29条规定："列入国家药品标准的药品名称为药品通用名称。已经作为药品通用名称的，该名称不得作为药品商标使用。"

②仅表述药品的质量、原料、功能、用途、重量等描述性商标图样，不能注册。例如，表示功能用途的"溶栓清脂""脑基因""好医生""清雪剂"（与"清血剂"读音相同），表示主要原料的"田七"，在药品类别注册，均会由于缺乏显著性而被驳回。

③含有人体器官、生理部位的商标不能被注册，例如"利肝见影""爱利鼻""骨力舒"等。❶ 根据我国原卫生部下发的《药品命名原则》（1992年发布，现行有效），药品命名中"应避免采用可能给患者以暗示的有关解剖学、生理学、病理学或治疗学的药品名称，并不得用代号命名"。因此，在药品类别的商标审核时，也应该符合上述原则的要求。如果药品的商品名或者商标名对消费者具有暗示甚至误导的作用，则容易造成一些用药安全方面的隐患。

④表示药品本身形态、剂型特点的，例如"INJECTION"的含义是"注射"，不可以注册为商标。

为避免落入商标的禁止性规定，可以通过谐音字来规避，例如在《类似商品与服务区分表》第05类上注册"钙中钙"会被驳回，但是"盖中盖"不但是注册商标，而且是驰名商标。

此外，这些禁止成为注册商标的规定，并不一定必然导致注册不成功。根据《商标法》第11条第2款规定，"前款所列标志经过使用取得显著特征，并便于识别的，可以作为商标注册"。也就是说，本身不具备显著特征的标志经过多年使用取得显著特征，可以起到区分商品和服务来源的作用的，可以作为商标注册。此条对医药行业同样适用，比如"两面针"原本是一种生长在我国南方地区的、具有"活血化瘀、行气止痛、祛风通络、解毒消肿"作用的中草药，而经过几十年的使用和培育，不但已经获准注册，而且成为驰名商标。

随着重点商标的不断培育、商标价值的日益提高，企业要开始准备防御型商标的布局和注册。设计防御型商标的时候要注意文字顺序的颠倒、谐音替换等。比如，"老

---

❶ 于岚. 关于药品商标的审查 [J]. 中华商标, 1992, 2: 23-24.

干妈"的商标持有人注册了很多防御型商标：老干妈、老于妈、老千妈、老乾妈、老幹妈、老干爹、老干娘、老干爸、干妈老、干老妈、妈老干、妈干老、千儿子、千儿女。又如"娃哈哈"商标的持有人还注册了哈娃娃、娃娃哈、哈哈娃。这些都属于典型的防御型商标。

(2) 三维标志商标。

三维标志商标是指仅由三维标志或者由含有其他要素的三维标志构成的商标，其通常也称为立体商标。我国在 2001 年对《商标法》进行第二次修订时将商标的保护范围扩展至三维标志商标。三维标志商标可以表现为商品自身的三维形状、商品包装或容器的三维形状或者其他三维标志。

三维标志商标实质审查包括禁用条款的审查、显著特征的审查、功能性审查和相同、近似的审查。

与平面商标一样，三维标志商标的实质审查需考虑商标本身构成、指定商品或者服务的类别、相关公众的认知习惯等一般因素，还必须结合三维标志商标的使用方式，综合判断该三维标志商标是否起到了区分商品或者服务来源的作用。需要说明的是，由缺乏显著特征的三维形状和具有显著特征的平面要素组合而成的三维标志商标即使获得注册，也不表示该缺乏显著特征的三维形状本身获得了商标专用权保护。

商品包装或容器的主要功能是保护、盛载商品，以便于储运和销售。仅以商品包装或容器的三维形状申请注册三维标志商标的，通常情况下相关公众不易将其识别为指示商品来源的标志，难以起到区分商品来源作用，一般不具有作为商标的显著特征。例如，三维形状在药品上申请注册会被认为缺乏显著特征；第 69104596 号三维标志商标和第 38896392 号秦始皇兵马俑三维标志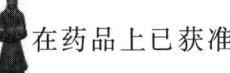在药品上已获准注册。

立体商标的表现形式通常可分为三类。分别为：第一，与所标识的商品或服务无关的立体标志形状；第二，商品包装的外形；第三，商品自身的立体形状。实务中对于第一类立体商标的显著性判断并无太多争议，而对于后两类立体标志是否具有商标法意义上的显著性，是否属于相关行业的通用设计或认知习惯，具有一定的争议。关于立体商标显著性的判断应当主要考虑两个因素，即相关公众的认知习惯和商标本身的独特设计。

因此，商标注册过程中，在商标图样确定时，企业商标管理部门必须协助业务部门做好商标申请前的近似检索工作，评估商标申请的注册成功率。由于商标局在对商标注册申请进行形式审查并将申请商标信息录入公开的商标数据库中需要一段时间，所以商标检索会存在一定时间的"盲查期"（大约为2个月）。但是随着商标审查周期的不断缩短，盲查期也会进一步缩短。这将更有利于判断商标的注册成功率。除了检索查询，商标管理部门还有责任提示业务部门在选择商标图样的时候，注意绕开《商标法》中的禁止性条款，同时对防御型商标的注册进行提示。

5.2.3.2 申请人确定

对于集团型企业，商标可全部由总公司/集团作为申请人申请。对于子公司或关联公司众多的集团化公司，建议全部以集团公司名义统一申请，以避免各个子公司或者关联公司申请系列商标时，因商标近似导致各公司之间的商标互相成为注册障碍。从商标局的审查及法院的判决来看，对子公司、关联公司和集团公司之间商标共存同意书的接受度逐年降低。因此，试图通过商标共存同意书的方式达到系列商标由不同主体持有的目的未来会很难实现。但不论以谁的名义申请，申请后的商标应集中管理、专人管理、统一管理。集中管理的好处在于，防止分散管理造成的管理混乱，例如下属公司人员变动导致案件无人管理，错过关键时限使商标权利丧失。集中管理更有利于监控恶意抢注的行为，及时采取补救措施。

如果在合作项目中，特别在对外合作项目中，应在合作之初就确定商标申请权或商标权的归属，以免权属规定不清而导致未来发生纠纷，陷入诉讼中。

需要说明的是，对于计划上市的医药企业，建议根据上市体系所包含的企业范围而提前规划主要商标的权利人，以避免上市过程中在独立性审查方面出现不利的情形。

5.2.3.3 申请类别和地域范围确定

商标注册分类的依据是《商标注册用商品和服务国际分类尼斯协定》（以下简称《尼斯协定》）。《尼斯协定》采用的尼斯分类共包括45类，其中，商品34类，服务11类。《尼斯协定》由世界知识产权组织管理并定期修订，一方面增加新的商品或服务类别，另一方面是根据新的情况对已经列入的分类进行调整。尼斯分类的调整是商标申请中应当随时关注的问题。

除此之外，在《尼斯协定》的基础上，根据我国的商标实践，国家知识产权局针对我国的国情对商品和服务的类似群组及名称进行了翻译、调整、增补和删减而进一步制定了《类似商品和服务区分表》。该区分表随着尼斯分类的修订而作相应的调整，将每个国际分类进一步划分为若干个类似群组，作为确定商标保护范围的基本标准。

对于生物医药企业来说，核心申请类别是第05类"医药卫生"、第10类"医疗器械"、第30类"保健食品"、第35类"药品零售或批发服务"、第42类"科技服务"和第44类"医疗服务"。选择商品类别时，企业应注意以下方面。

第一，很多商品项目，虽然从市场角度看是同一领域商品，但是《类似商品和服务区分表》根据其不同的材料或功能划分在不同类别。例如，作为一个包装单元出售的药品和其特定使用器械，在消费者眼中是一件商品，但从商标领域区分则是药品属于第 05 类 0501 类似群，医疗器械属于第 10 类 1001 类似群。因此在商标注册方面，不仅要考虑核心类别的选定，还要考虑关联类别的选定。

第二，在选择商品或服务项目时，不能使用类别名称或类似群的标题名称。例如申请药品上使用的商标，类别不可以选择为第 05 类的类别名称"药品，医用和兽医用制剂"，也不可以选择 0501 群组名称"药品，消毒剂，中药药材，药酒"，而应当选择 0501 类似群下具体的商品，例如"人用药；医用药物"。

第三，在选择尚不足 10 个商品/服务项时，在选定涵盖企业业务需求的商品/服务项之后，可以在同类别不同群组内选择凑足 10 项，以期达到对本类内更多群组的防御性保护。例如，第 41 类划分了 7 个群组，且每个组群不构成类似，但这些服务在实际消费中会存在交叉。因此，在申请注册项尚未达到 10 项时，可以在同类其他类似群中选择一项尽可能构成关联或不关联的项目申请防御性注册。❶

第四，类别的选择应当适度且具有一定前瞻性，并应随着企业业务的调整而及时调整，对业务规划中将要使用的商品/服务提前申请注册。类别的选择固然首要考虑核心类别和密切关联的类别，但是随着企业的集团化发展，企业的经营范围日益扩张，尤其当企业涉及贴牌生产业务时，则很有可能将品牌扩张到消毒产品、食品、饮料、化妆品、广告、营销、培训甚至是互联网服务、金融等领域。因此在兼顾成本的前提下，类别选择应有适当前瞻性，例如可以考虑第 01 类"食药用化学品"、第 03 类"日化用品"、第 05 类"医用营养品"、第 30 类"茶糖调料"、第 32 类"饮品"、第 33 类"酒精饮料"、第 35 类"广告销售"（特别是药品、医疗用品零售或批发服务）、第 41 类"教育培训"、第 42 类"科研服务"等，都是生物医药企业关于商标类别的考虑范畴。对于核心商标，例如与企业商号一致的商标、重磅产品的商标，最好提前规划、全类别申请注册，以防未来业务扩展时在需要的类别出现障碍商标或者是被恶意抢注。例如，朗致集团把"朗致"商标在 45 个类别全部进行了注册，尽可能避免被他人抢注。需要注意的是：首先，根据世界知识产权组织要求，尼斯分类由尼斯联盟各成员国每年修订一次，以确保分类表的更新与市场和用户需求保持一致，因此企业在选择商品/服务项目名称时，应当使用最新版分类表中的名称，否则商标局会要求补正。例如，2017 年尼斯分类将"药皂"由第 3 类移入第 5 类，如果申请人 2016 年在第 5 类申请"药皂"，或是 2017 年在第 3 类申请"药皂"，都将被要求予以改正。其次，除各类别下各类似群内的商品/服务类似，还应关注各类似群内各部分、各类似群与本类别其他类似群或其他类别下类似群某商品/服务项目构成类似的情况，例如，0501 类似

---

❶ 张锐. 商标实务指南 [M]. 北京：法律出版社，2015.

群各部分之间商品不类似，但杀真菌剂、杀菌剂、灭菌剂、卫生消毒剂、消毒剂互为类似商品，如果选择了"消毒剂"则不必选择"灭菌剂"及其他商品；第3类0307类似群的"牙膏"与第5类0501类似群的"含药物的洁牙剂、含药物的牙膏"类似；0502类似群的"婴儿食品，婴儿配方奶粉，婴儿奶粉"与第29类2907类似群的"牛奶、牛奶饮料（以牛奶为主）、牛奶制品、奶粉"类似。这将为知识产权管理人员在申请注册前检索判断商标注册前景、注册后使用商标时是否需要补充类别注册以及发现近似商标涉嫌侵权维权时提供重要参考。最后，对于防御性注册的商标，如果企业实际没有使用某类别，在满足"撤三"条件后，有被他人申请"撤三"的可能性，此时企业商标管理部门应注意留存商标使用证据，及时关注商标使用情况。对于有"撤三"风险的主商标及时采取应对措施，而对于使用前景尚不清晰的副商标，应定期梳理，随着研发计划的推进落实或企业战略规划的变更，及时进行再注册或在新类别申请注册，以满足企业长远规划的商标使用需求。

在进行商标类别选择时，可以借助一些工具防止因疏忽而导致的漏选。例如，在商标局官网的"商品/服务项目"中，可以输入主营业务或行业关键词"药；医；研；医疗；保健"等，将与关键词高度相关的不同类别、不同组群中所有相关商品/服务项目全面检索出来，供选择注册。

在商标注册申请时，除了须考虑商标注册类别，还应根据产品销售范围及企业发展规划，确定商标注册的地域范围。对于需要使用注册商标的出口产品，应提前向销售所在地申请注册，实行"产品未动，商标先行"的策略。

商标的域外注册有两种途径：一是逐一国家注册，即分别向各国商标主管机关申请注册；二是进行马德里商标国际注册，马德里商标国际注册是根据《商标国际注册马德里协定》或《商标国际注册马德里协定有关议定书》的规定，将国内已经注册或申请的商标通过马德里国际局中转至各个成员国所进行的商标注册，企业可以通过一份申请在多个国家申请注册商标，这种方式有利于简化流程，减轻企业负担。需要注意的是，马德里成员国之外的国家只能逐一国家申请注册，需要注意提前了解当地商标法律的不同要求，不宜盲目注册。

5.2.3.4 立体商标与外观设计的冲突和竞合

虽然商品容器本身的立体设计大多属于外观设计专利的保护客体，拟申请注册立体商标的企业一般考虑通过外观设计专利予以保护。但是由于立体商标是保护具有一定三维立体空间构型的标志，因此在表现形式上和外观设计存在一定的竞合，而外观设计专利存在保护期的限制，药品外观设计到期后会使其设计进入公有领域。鉴于此，有些医药企业将在中国申请或者保护到期的药品相关外观设计，申请注册为立体商标，试图用三维标识的形式替代或延续外观设计的保护。例如葛兰素史克的干粉吸入剂沙美特罗替卡松吸入粉雾剂（舒利迭）的外观设计未在中国申请，但该公司对此外观设计在05类申请了立体商标并成功取得注册（申请号3101100）。辉瑞公司也曾对其重磅产品万艾可的独特蓝色菱形药片外观在05类注册了立体商标（申请号3110761）。

诚然，从要素构成上看，外观设计同商标存在许多相似之处。对于一种商品的外在包装设计而言，该设计既可能具备装饰功能进而起到吸引消费者的作用，也可在一定条件下具备商品来源指示的作用。也有很多业内学者认为两者存在明显的区别。❶ 从实践来讲，试图利用立体商标实现对药品外观设计的延续性保护存在一定的困难。例如辉瑞公司曾以侵犯第3110761号商标权为由起诉国内几家药品企业侵权，但均未能获得法院支持。被诉侵权的药片虽在颜色和形状上与其近似，但在销售时既有外包装盒，药片也被包装于不透明锡纸的内包装中。最高人民法院裁定认为："本案中，联环公司生产的甲磺酸酚妥拉明分散片，药片的包装有与药片形状相应的菱形突起、包装盒上'伟哥'两字有土黄色的菱形图案作为衬底，但消费者在购买该药品时并不能据此识别该药片的外部形态。由于该药片包装于不透明材料内，其颜色及形状并不能起到标识其来源和生产者的作用，不能认定为商标意义上的使用，因此，不属于使用相同或者近似商标的行为"。❷ 再者，从立体商标权利获取的角度，获取延续性保护也存在一定的难度。例如葛兰素史克将其重磅药物Relvar Ellipta（fluticasone furoate/vilanterol，糠酸氟替卡松/维兰特罗）的干粉吸入器装置申请了外观设计专利（CN201330475878.7）并获得授权（专利到期日2013年10月9日），葛兰素史克在2019年3月18日就该外观设计申请了2件立体商标（申请号为36885640，在第05类申请；申请号为36885637，在第10类），但均被国家知识产权局商标局以"缺乏商标应有的显著性特征"予以驳回。❸ 比如在第36885637号商标案件中，国家知识产权局认为该商标为粉雾剂药品装置打开状态下的立体图形，即便并非此类容器的常见形状，如图5-2-1所示，仍属于商品容器自身形状，指定使用在"吸入器"等商品上，相关公众一般仅将其识别为商品容器本身，因此判定该商标缺乏固有显著性。

根据上述案件分析可知，商标的基本特征是标识性，注册商标不以注册前已使用和具有识别作用为必要，只是以具有显著特征为最低要求。构成侵犯注册商标专用权的基本行为是在商业标识意义上使用相同或者近似商标的行为，即被控侵权标识的使用必须是商标意义上的使用，或者说必须是将该标识作为区分商品来源的商标来使用。倘若行为人使用的不是商标，即未在商标意义上使用有关标识，则不属于侵权。❹

---

❶ 易继明，陈柏维. 外观设计立法保护模式研究［J］. 私法，2022，41（5）：15-105.
❷ 华律网. 最高人民法院知识产权案件年度报告（2009）［EB/OL］.（2011-04-24）［2025-06-28］. https://www.66law.cn/domainblog/25858.aspx.
❸ 参见国家知识产权局商评字［2020］第174078号关于第36885640号三维标志商标驳回复审决定书.
❹ 孔祥俊. 商标的标识性与商标权保护的关系：兼及最高法院有关司法政策和判例的实证分析［J］. 人民司法，2009，15：43-48.

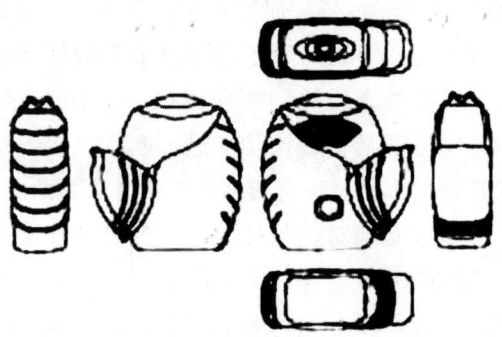

图 5-2-1　第 36885637 号商标图形展示

5.2.4　商标维护

商标管理部门对国内已注册商标的维护，除了商标有效期满前及时缴纳续展年费，重要的日常工作就是做好企业自身商标的状态变化与风险监控，以及来自外部的商标风险监控。监控的目的就是及早发现他人不正当的注册行为，采取多种措施，消除风险、减少损失。

商标监控可以借助于一些数据库工具来提高效率。但是对于图形商标的监控，仍缺乏有效的工具，稳妥的做法仍是定期查询商标公告。这确实是一件比较耗费时间的工作，但是早期发现异常注册对于打击抢注行为非常有效。

对于他人注册/申请注册的可能伤害企业利益的商标，实际上有 3 种途径进行维权：一是异议，对于商标局初步审定并公告的商标，可以自公告日起 3 个月内提出异议。二是无效宣告，针对已经准予注册的商标，若违反《商标法》禁止性规定的或是以不正当手段获得注册的，任何人在任何时候都可以提出无效宣告。对于侵犯在先权利的，在先权利人和利害关系人自商标注册之日起 5 年之内，可以提出无效宣告；而对恶意注册的商标、驰名商标不受 5 年的时间限制。三是"撤三"，为了清除长期不使用的闲置商标，打击恶意抢注和囤积商标的不正当行为，鼓励真正地使用商标，《商标法》中设定了"撤销连续 3 年不使用注册商标"的制度。对于没有正当理由连续 3 年不使用的注册商标，任何单位或个人可以向商标局申请撤销该注册商标。

另外，商标维护还要积极应对他人针对企业注册商标提出的异议、无效和"撤三"。如前所述，一些防御性的商标注册，例如谐音、字形相近或者非关联类别的注册，规避可能被他人提出无效和"撤三"的风险。

无论是应对以上哪种外来"攻击"，商标维护中容易被忽视但确实重要的日常工作之一，就是注意商标使用证据的搜集整理和随时更新。商标使用的相关证据包括但不限于以下几种。

①简介（包括文字简介、宣传手册、商标含义说明等）；

②在"某产品或服务"上使用情况证明;

③持续使用情况证明(包括销售合同及发票、国内经营网络、年度营业收入及利税财务审计报告等);

④持续宣传推广情况证明(可以是电台、电视台、互联网或报纸、杂志等形式,包括广告宣传合同及发票、广发宣传照片等);

⑤外界评价、行业排名、荣誉证明等;

⑥受保护的记录(包含类似案件行政裁定、判决书,商标侵权行政查处记录等);

⑦其他可以证明商标知名度的证据材料(如网站浏览量统计等)。

日常工作中注意对这些证据的分类、分日期、系统地归档,一旦发生来自他人的无效或"撤三"挑战,或者是想无效宣告他人已经公告或注册的商标,可以迅速地提供充分的使用证据,对维护企业商标权非常有帮助。

5.2.5 商标使用

5.2.5.1 药品商标使用的特别规定

药品是一种特殊的商品,必须受到严格的监管。在我国药品商标的注册和使用要同时受到《商标法》及其相关法规、《药品管理法》及其相关法规的双重监管。

为了保证药品质量,保障人民用药安全,《商标法》第6条规定:"法律、行政法规规定必须使用注册商标的商品,必须申请商标注册,未经核准注册的,不得在市场销售。"

我国1984年的《药品管理法》规定,除中药材、中药饮片外,药品必须使用注册商标,而之后修订的《药品管理法》删除了此强制性规定。然而,《药品说明书和标签管理规定》规定,药品说明书和标签中禁止使用未经注册的商标以及其他未经国家食品药品监督管理局批准的药品名称;《国家食品药品监督管理局关于进一步规范药品名称管理的通知》规定,药品广告宣传中不得单独使用商品名称,也不得使用未经批准作为商品名称使用的文字型商标。❶ 因此,尽管上位法已经不强制药品使用注册商标,但实质上企业若有在药品上使用商标的需求,根据药品的行政管理规章制度要求,必须使用注册商标。企业可以选择在药品包装上不使用商标,如果使用商标则必须是注册商标,未经注册的商标不可用于药品。根据《关于〈药品说明书和标签管理规定〉有关问题解释的通知》(国食药监注〔2007〕49号),未经注册的商标是指未取得商标注册证的商标。

---

❶ 国家食品药品监督管理局. 药品说明书和标签管理规定[EB/OL]. (2006-03-16)[2020-04-05]. http://www.gov.cn/ziliao/flfg/2006-03/16/content_228465.htm;国家食品药品监督管理局. 关于进一步规范药品名称管理的通知[EB/OL]. (2006-03-15)[2020-04-05]. http://samr.sfda.gov.cn/WS01/CL0172/10513.html.

需要说明的是，未经药品监督管理部门审核批准为药品"商品名"的，即使是经过注册的文字型商标也不可以作为"商品名"使用。2006年，《关于进一步规范药品名称管理的通知》（国食药监注〔2006〕99号）规定"除新的化学结构、新的活性成分的药物，以及持有化合物专利的药品外，其他品种一律不得使用商品名称"。2007年，《关于〈药品说明书和标签管理规定〉有关问题解释的通知》（国食药监注〔2007〕49号）进一步缩小了可以使用商品名称的药物范围，规定只有以下药品可以使用商品名：①新化学结构、新活性成分且在保护期、过渡期或者监测期内的药品；②在我国具有化合物专利，且该专利在有效期内的药品。但2006年6月1日该规定生效前批准使用的商品名称可以继续使用。由此可见，能够使用商品名的药品范围越来越小，取而代之的是药品可以使用注册商标，药品商标的意义逐渐取代了药品商品名的作用。

另外，需要提醒的是，由于《商标法》未限制将他人的药品商品名作为商标申请注册，因此会产生将他人商品名抢注为自己商标的情况。根据2020年7月国家药品监督管理局发布的《化学药品注册受理审查指南》❶规定，申请使用商品名的，应当提供商标注册证。企业在将某一名称作为药品商品名向药品行政主管部门申报使用之前，应该先将需求提报到企业商标管理部门进行检索，经检索认为具有核准注册可能性的，首先向商标局提出注册申请。由于商标从开始注册到批准需要一定的时间，因此建议企业商标注册的工作应早于向药品监管部门申报药品商品名的时间。同时，企业在拟定药品商品名的时候，还应该兼顾产品全球布局的需要，考虑目标市场在药品注册和商标注册两个方面对药品名称的特别规定。

关于商标的使用和注册标记的标注，根据《药品管理法实施条例》的规定，直接接触药品的包装材料和容器、制剂的标签和说明书应经当地省药品监督管理部门批准。在实践中，各省管理部门关于包装标签备案的要求不太统一，大部分省份认为标注®即视为注册商标，需要提供有权使用该商标的法律文件；不标注®可以解释为企业字号、企业标识或商品名，若符合《关于进一步规范药品名称管理的通知》和《药品说明书和标签管理规定》的要求，则可以不受《药品商品名称命名原则》中关于注册商标使用的约束。

关于商标使用的注册标记，《商标法》第9条和《商标法实施条例》第63条均赋予商标权人以标明或不标明注册标记的权利，其中，《商标法实施条例》第63条还规定了注册标记的具体形式包括"注册商标""㊟""®"三种。需要说明的是，"TM"不是我国商标法律法规规定的注册标记，其是英文单词trademark的缩写，当使用人在使用某一标识时标记了"TM"，表明其希望这个标识是商标性使用，但是否属于商标性使用，需要根据《商标法》第48条的规定来判断。在司法实践中，"商标性使用"

---

❶ 国家药监局药审中心关于发布《化学药品注册受理审查指南（试行）》的通告（2020年第10号）[EB/OL]. (2020-07-02) [2021-01-15]. http://www.cde.org.cn/news.do?method=viewInfoCommon&id=cf49ee232197abbl.

的认定较为复杂，通常需要结合商标使用场景、使用形式、使用目的、认知习惯等进行综合分析。

5.2.5.2 防侵权

商标的防侵权实际上包括两个方面：一方面要防止本企业侵犯他人的合法权益；另一方面要防止本企业的合法权益被他人侵犯。

对于第一个方面，如上所述，关于药品领域的商标注册及使用，在两套法律体系双重规制之下，医药企业实际上不得将其他企业的注册商标作为药品商品名使用。但是《商标法》及其实施条例并没有明确禁止将他人已使用的药品商品名作为商标注册。因此，药品的商品名有可能与注册商标之间存在权利冲突的情况，或者药品的商品名称有可能被他人抢注为商标，而导致企业无法使用。比如进口药品，虽然不要求在我国注册商标，但是进口药品使用的商标，不得侵犯他人已在我国注册商标的合法权益。❶ 因此在药品申报商品名和实际使用商品名之前，一定要注意进行商标领域的不侵权检索。类似于这种"不要求在我国注册商标"的进口药品，应当注意尽早注册商标，避免其商标被他人注册，而导致无法在国内使用的尴尬局面。

对于第二个方面，就药品企业自有商标权益的保护而言，防止企业商标被侵权应该是整个企业各个职能部门和业务部门共同的职责。各部门员工在发现有侵权或可能侵犯集团公司或本单位注册商标的情形时，应及时向商标管理部门报告，积极采取应对措施。

企业的商标管理部门和法务部在防侵权方面需要着重注意的工作包括以下方面。

第一，做好日常监控工作。很多侵权意图是最先从"异常"商标注册案件开始的。日常监控的目的之一是尽早发现利用与本企业知名商标相互谐音的字或字词组合的类似"搭便车"的注册行为。例如，曾经有初审公告在第 05 类、第 29 类、第 30 类别上注册██商标，与股份有限公司（以下简称"亚宝药业集团"）的知名商标"亚宝"和"丁桂"存在字词谐音和组合的问题，最终通过异议程序裁定此商标不予注册。

还有一些近似商标是涉嫌侵犯现有在先权利的。例如，企业已经取得的商号、著作权、外观设计专利权、知名包装装潢，甚至包括姓名权和肖像权，均可能被抢注为商标，对企业商誉或产品造成不良影响。

商标管理部门应该着重做好相同、近似商标的日常监控预警工作，定期检索商标公告。一旦发现与自身核心商标相同、近似商标公告，应及时提出异议，将恶意抢注行为扼杀在摇篮中。对于已经注册成功的商标，如果涉嫌侵犯企业上述权益的，则可以通过"撤三"、无效宣告等程序使相应商标失效。

---

❶ 国家工商行政管理局商标局关于《对在国内销售药品使用注册商标问题的函》的答复［EB/OL］.（2010 - 12 - 30）［2020 - 04 - 05］. https：//shangbiao.lawtime.cn/sblawxgfg/2010123053022.html.

第二，主动打击侵权行为。若商标管理部门或其他部门发现市售产品存在对本企业商标的侵权行为，应由商标管理部门或法务部主导，在市场部或督察部的配合之下，及时进行调查取证，购买侵权产品、固定线上或线下销售证据，为下一步的维权打好基础。

我国《商标法》规定的侵权行为包括以下7种。

①未经商标注册人的许可，在同一种商品上使用与其注册商标相同的商标的；

②未经商标注册人的许可，在同一种商品上使用与其注册商标近似的商标，或者在类似商品上使用与其注册商标相同或者近似的商标，容易导致混淆的；

③销售侵犯注册商标专用权的商品的；

④伪造、擅自制造他人注册商标标识或者销售伪造、擅自制造的注册商标标识的；

⑤未经商标注册人同意，更换其注册商标并将该更换商标的商品又投入市场的；

⑥故意为侵犯他人商标专用权行为提供便利条件，帮助他人实施侵犯商标专用权行为的；

⑦给他人的注册商标专用权造成其他损害的。❶

当企业遭遇涉嫌商标侵权案件时，快速且有效的处理方法是向市场监督管理部门投诉。市场监督管理部门分为国家级、省级、地市级、县级（包括县级市）四级。对商标违法案件的直接查处，一般由市级和县级市场监督管理局负责。对于商标侵权投诉，投诉人可以向有管理权限的市级市场监督管理局或区分局以及县级局投诉。对于一些重大复杂的商标案件，也可能报请上级市场监督部门管辖。因此，省级市场监督管理局也可以直接查处商标侵权案件。

此外，解决商标侵权纠纷还有海关备案保护、展会投诉、法院诉讼等途径，如果涉及刑事犯罪，还可以向公安机关报案或者商标专有权人直接向法院提出刑事自诉。

5.2.5.3 防淡化

商标淡化是一种冲淡或削弱商标显著性形式侵害商标权的行为。淡化是一个渐进过程，隐性且漫长，要证明是否存在淡化以及淡化的严重程度是相当棘手的。药品领域商标的淡化往往与药品通用名、注册商标之间的冲突有关。

药品通用名与注册商标的冲突实质上表现为两种形式：一是把通用名注册为商标；二是注册商标淡化为通用名。这两种冲突都是企业在品牌培育过程中需要避免的情况。关于第一种情形，我国法律已经规定，被载入《中国药典》和药品标准中的、法定的通用名不得作为商标被注册，可见第一种情形已经有了明确的解决路径。因此，企业应该特别留意的是第二种情形：注册商标淡化为约定俗成的药品通用名。

具有显著性的商标标识沦为通用名称而丧失显著性，可能由于商标使用者的宣传

---

❶ 杜颖. 通用名称的商标权问题研究［J］. 法学家, 2007, 3: 75-81, 89.

所致，也可能和商标的使用管理有关。最典型的例子是"阿司匹林"。它原本是德国拜尔公司开发上市的治疗感冒的新药乙酰水杨酸的商标。而拜耳公司在美国市场销售该药品时没有直接面对药品使用者，而是面向医生、药剂师和医药批发零售业者等销售渠道。直接接触阿司匹林的消费者从医生或者药店购买该药品时，并不知道阿司匹林的生产者是谁，因为消费者看到的药品只有"阿司匹林"名称，有时会附有药剂师的签名，他们并不知道这种药品的生产者是谁，药品最初从哪里来。久而久之，在消费者眼里，阿司匹林成为该药品的通用名称。❶

在我国，由于历史原因，还有一类行政淡化的情况，例如浙江康恩贝集团的商标"前列康"、深圳南方制药厂"三九胃泰"、浙江杭州民生制药厂的"21金维他"都存在类似被行政淡化的现象。行政淡化主要有两种表现形式：一是将已注册的商标作为药品通用名收入药典或药品标准；二是通过行政发文要求企业撤销已注册的商标，以达到将注册商标作为药品通用名称使用的目的。行政淡化是我国特定社会条件下出现的一种特殊现象，源于我国的行政法规。❷

应对商标淡化，企业应当在日常宣传和使用中重点突出商标名，把商标与药品的通用名称结合起来，比如"三精牌葡萄糖酸锌口服液"。在药物说明书上，也应将两者描述清楚，让公众知道商标名和通用名称的区别。在一种新产品被开发成功之后，应创造一个对公众来说可以使用、可以接受的通用名称，否则公众会避繁就简，逐渐把商标作为通用名来使用。企业发现侵权行为应及时维权，防止特有名称被丑化、淡化、退化。

5.2.5.4 商标与不正当竞争

我国在处理商标侵权类案件时，既可能适用《商标法》，也可能适用《反不正当竞争法》。《反不正当竞争法》第7条规定："经营者不得实施下列混淆行为，引人误认为是他人商品或者与他人存在特定联系：（一）擅自使用与他人有一定影响的商品名称、包装、装潢等相同或者近似的标识；（二）擅自使用他人有一定影响的名称（包括简称、字号等）、姓名（包括笔名、艺名、网名、译名等）；（三）擅自使用他人有一定影响的域名主体部分、网站名称、网页、新媒体账号名称、应用程序名称或者图标等；（四）其他足以引人误认为是他人商品或者与他人存在特定联系的混淆行为。擅自将他人注册商标、未注册的驰名商标作为企业名称中的字号使用，或者将他人商品名称、企业名称（包括简称、字号等）、注册商标、未注册的驰名商标等设置为搜索关键词，引人误认为是他人商品或者与他人存在特定联系的，属于前款规定的混淆行为。经营者不得帮助他人实施混淆行为。"在一些特殊情况下，无法利用商标权维护企业正当利益时，可以考虑适用《反不正当竞争法》进行"兜底"。

---

❶ 霍春芳，王志锋. 医药领域专利自由实施（FTO）检索分析方法［J］. 中国科技信息，2023，19：46-48.
❷ 李顺德. 中成药商标的"行政淡化"现象［J］. 中华商标，1996，4：11-13.

典型案例如亚宝药业集团在应对"孪生兄弟"河北亚宝药业有限公司（以下简称"河北亚宝公司"）的侵权行为时，发现侵权人并没有在产品包装上使用"亚宝"商标，因此无法利用商标权主张维权。但实践中，两个公司的产品屡屡被消费者混淆误认。因此，亚宝药业集团向河北省保定市中级人民法院提出不正当竞争之诉，认为"亚宝"一直被用作其企业字号，而且其"亚宝"商标于2006年、2013年两次被认定为中国驰名商标，"亚宝"字号及商标在全国医药行业具有较高的知名度。河北亚宝公司使用与其相同的字号从事医药行业的经营活动，已经侵犯了亚宝药业集团的企业名称权，构成擅自使用他人企业名称的不正当竞争行为。亚宝药业集团请求法院判令河北亚宝公司立即停止在企业名称中使用"亚宝"字号，并更改企业字号。在一审败诉的情况下，亚宝药业集团上诉到河北省高级人民法院，最终胜诉。河北省高级人民法院认为，在"亚宝"字号在国内医药行业已经具有较高知名度的情况下，河北亚宝公司注册"亚宝"字号具有攀附亚宝药业集团"亚宝"字号知名度的故意，具有不正当性，河北亚宝公司应当立即停止使用"亚宝"字号。❶

又如，在"颈复康"纠纷案中，颈复康药业集团有限公司（以下简称"承德颈复康"）早在1985年开始生产"颈复康"名称的产品，此后经过几十年的升级改造和广泛宣传，取得了较高知名度。该产品一直是独家品种。但是，早期该公司忽略了商标注册，一直没有将"颈复康"注册为商标；之后，由于商品名中含有"人体器官"且不符合《药品商品名称命名原则》而不能被注册，因此"颈复康"一直不存在合法有效的商标权。2009年，河南省某人以个人名义将"颈复康"注册为商标，并且成立郑州颈复康医疗器械有限公司（以下简称"郑州颈复康"），开始广泛宣传和销售治疗颈椎病的"颈复康"牌贴剂。承德颈复康以不正当竞争为由起诉了郑州颈复康。

在该案中，被告的抗辩理由之一是"颈复康颗粒"已经被《中国药典》收入，为通用名称，直接表示功能、用途，不具有显著性。法院认为，《中国药典》是我国药品监督管理部门对药品的生产销售进行规范而颁布的，该行为是一种行政监管行为，其目的在于规范当前市场上大量存在的同药不同名，甚至同类药品有十几个名称的混乱局面。《反不正当竞争法》则是从保护市场经济、保护相关消费者的合法权益出发，对各类商品在市场上的表现所进行的法律规制，这种规制取决于普通消费者对商品的认知程度。某种商品的名称是否具有特有性，不在于其是否有某些行政性的规定对其予以规范，而在于市场中消费者能否将其与特定的生产厂家相联系。经过20多年的生产、改良以及对外宣传，"颈复康"三个字已经起到了区别商品来源的作用，与承德颈复康产生了特定的联系，使"颈复康"具有了特有性。因此，该案最终认为被告的行为是侵权的。❷

"颈复康"这个特有名称，是典型地、被动地、不适当地被纳入公有领域的私权。

---

❶ 赵世猛. 企业商号"撞车"，谁才是真"亚宝"？[N]. 中国知识产权报，2016年8月3日.
❷ 参见河北省高级人民法院（2010）冀民三终字第61号民事判决书。

权利人应积极维护自身合法权益,防止商标被不合理地淡化。在该案例中,如果国家药典委员会在未经一审原告同意的情形下,把其在先使用且经过核准的"颈复康"名称载入《中国药典》作为通用名,可以在《中国药典》颁布之日起 2 年内,要求再版时进行更正。❶ 截至 2025 年 6 月,"颈复康"仍然没能成功地通过国家知识产权局商标局审查成为注册商标,原因可能是不符合《商标法》的禁止性条款。但可以看到,承德颈复康正在不断努力,希望通过不断使用其标志取得显著性而突破困境,成为注册商标。

由此可知,一方面,企业选择商标图样时应该尽量避免违反《商标法》的禁止性规定;另一方面,企业更加应该重视商标申请,特别是与企业字号相对应的核心商标。应及早注册并且有效地使用,日常宣传中重点突出商标名,在宣传和使用上注意把商标与药品的通用名称结合起来。比如在"三精牌葡萄糖酸锌口服液"药品说明书上,应将两者描述清楚,让公众知道商标名和通用名称的区别。在新产品开发成功之后,企业应创造一个对公众来说可以使用、可以接受的通用名称,否则公众会避繁就简,逐渐把商标作为通用名来使用。发现侵权行为应及时维权,防止特有名称被丑化、淡化、退化。

5.2.5.5 商标许可中的商誉维护

商标许可是医药企业使用商标的常用方式之一,根据许可方向可分为对内许可和对外许可。

由于药品管理的需要,如果一般药品外包装上使用商标,必须是注册商标。而集团化的医药企业中,商标的持有人和商标的实际使用人可能并不是同一实体。比如商标持有人是母公司,而商标的实际使用人为子公司。这时就需要母公司对子公司进行商标使用许可,以保证产品包装合规。这种许可属于对内许可,一般在有效的集团化管理体系之内,不存在太大风险。

而对非子公司或控股公司的许可可能存在较多风险。典型的是药品委托加工/生产(OEM)中,对合作企业的商标许可。药品委托加工/生产已经是一种常见的合作模式,是一种委托生产加工关系。OEM 模式分为两种:一种是委托方为药品上市许可持有人,利用自有的批准文号和技术委托受托方完成生产加工(限制类药品除外);另一种是受托方为药品上市许可持有人,利用自有的批准文号和技术按委托方的要求进行生产加工。前者委托生产应经药品行政管理部门批准,后者则不需要,两种模式的共同点是,均须使用委托方的商标、商号和包装装潢设计。委托方作为品牌拥有者但不直接生产产品,而是利用其掌握的优势品牌、特有设计、营销渠道或核心技术等,委托专业的代工厂商进行生产,然后冠以自己的品牌进行市场销售。对委托方或药品上市许可持

---

❶ 沈世娟. 药品商业标识注册问题研究[J]. 知识产权,2015,12:72-78.

有人而言，OEM模式可以减少投资，丰富产品线，缩短投资回报周期；对受托方而言，OEM模式可以帮助其充分利用现有生产资源，缓解产能过剩的情况，同时提高自身管理水平，实现双赢。但是无论哪种OEM模式，根据《药品管理法》第6条和第30条等规定，药品的质量、不良反应监测等责任承担主体都为药品上市许可持有人，故尤其是对于OEM的第一种模式，委托方应从源头上全面考察受托方的资信、生产能力、质量保证体系等，核实受托企业的各种资质。在这种情况下，企业不但需要商标管理部门，而且需要质量管理部门等多部门联动，以保证委托方商标品牌不会被滥用而影响其经营多年形成的良好商誉。对于第二种OEM模式，虽然《药品管理法》第144条规定了"首负责任制"，即受害人可以向药品生产企业、药品经营企业、医疗机构请求赔偿损失，接到受害人赔偿请求的，应当先行赔付。但是该条同时也规定了先行赔付者具有依法追偿的权利。

在合作之前，持有人/委托企业的质量相关部门应当对受托厂家或产品的资质进行充分的审核，对受托方的生产条件、生产技术水平和质量管理状况进行详细考察，确认受托方具有受托生产的条件和能力，持续符合GMP以及委托生产产品的生产质量管理要求。考察通过后，向受托方提供委托生产药品的技术和质量文件，确认达到委托方的质量要求。

在完成上述核查并启动项目后，产品商标的许可应向商标管理部门登记备案。在进行商标许可授权时，委托方必须在协议中注明商标使用被许可人的名称、商标类别、商标名称及编号、商标许可使用的产品（甚至具体到使用批号）、许可的期限、许可的类型（一般是普通许可）、许可费用（如果有）。除了商标许可，药品外包装的设计也是委托企业必须重视的。根据《药品委托生产质量协议指南（2020年版）》规定，委托加工的药品，由受托方负责委托生产药品的出厂放行。其药品名称、剂型、规格、生产工艺、原辅料来源、直接接触药品的包装材料和容器、包装规格、标签、说明书、批准文号等应当与持有人持有的药品批准证明文件载明内容和注册核准内容相同。由于产品本身携带持有人/许可厂家的商标和商号，产品质量及包装不合规而受到处罚势必会影响持有人/许可企业的商誉，因此包装材料的设计也是过程管控的一部分。商标持有人应该派员全程参与OEM受托企业生产产品的包装设计及督促备案事宜，并且对OEM受托企业的包装设计确认稿存档，以防受托企业不按要求滥用商标和知名包装装潢。

在委托生产项目中，委托企业应当负责委托生产药品的质量和销售，应当对生产全过程进行指导和监督。产品完成生产后，许可/委托企业应该重视产品质量的验收工作，确保产品完全合格后再上市。一旦不合格产品流入市场，发生任何质量或合规方面的问题，将大大损害品牌的价值，甚至会被监管部门处罚。因此在OEM模式中，药品质量检测是重中之重，必须贯穿整个项目的始终。

无论是对内许可还是对外许可，都应当向商标管理部门备案。备案材料应当说明注册商标的使用许可人、被许可人、许可期限、许可的范围等。许可备案的好处在于：首先，满足药品监管的需求，药品委托生产中如果没有正当的注册商标使用权的话，很可能由于不合规而被查处；其次，对于被许可人来说，公示商标的许可信息，可以产生对抗善意第三人的效力，有利于保护被许可人的利益；最后，商标许可的记录可以作为一种商标使用的证据，提高商标的附加值和稳定性，对商标本身是非常有意义的。

5.2.5.6　知名商标品牌评价认定

（1）《知名商标品牌评价规范》。

2021年，国务院先后发布《知识产权强国建设纲要（2021—2035年）》和《"十四五"国家知识产权保护和运用规划》，提出要推进商标品牌建设，大力培育具有国际影响力的知名商标品牌，推动企业实施商标品牌战略。近年来，商标品牌建设日益受到政府和企业的重视，越来越多的地方政府和行业协会认识到商标品牌在促进经济高质量发展中的作用，积极完善商标品牌培育发展机制，推进品牌创建行动，鼓励企业打造知名商标品牌。

在商标品牌建设方面，随着驰名商标逐渐回归其法律本意，以及各地"著名商标"评选取消，2020~2022年上海市商标品牌协会、广东商标协会和湖南省商标品牌协会分别发布了《上海好商标评定管理办法》、《广东高价值商标品牌评价规范》和《湖南省知名品牌认定和管理办法》，在当地组织评定商标品牌建设典范。2022年底，中华商标协会联合中华全国专利代理师协会等十余家行业协会、高等学府和权威媒体，共同起草制定了《知名商标品牌评价规范》（T/CNTA 002—2022）团体标准，并于2022年12月29日发布，2023年1月1日实施。

该团体标准明确了知名商标品牌概念，以注册商标为载体所关联的产品/服务的品牌为评价对象，以商标品牌载体的法律事项、商标品牌的竞争力与影响力、组织的相关管理活动等为评价内容，规范知名商标品牌评价活动，建立了知名商标评价指标体系和评价方法。下面主要围绕该团体标准介绍知名商标的评价机构与流程、评价指标体系以及知名商标的使用与管理。

第一，评价机构与流程。中华商标协会下设知名商标品牌工作委员会负责知名商标品牌工作实施评价机构、评价人员的资格评定与管理工作。经商标品牌工作委员会评定具备资质的机构可以开展知名商标品牌评价业务，目前具备知名商标品牌评价资质的机构有中规（北京）认证有限公司和标品（北京）认证有限公司。

第二，评价指标体系。知名商标品牌评价对象是以注册商标为载体所关联的产品/服务的品牌，评价内容包括商标品牌载体的法律事项、商标品牌的竞争力与影响力、组织的相关管理活动等，参评组织及产品/服务在满足评价基本条件的基础上，评价机构再通过5个一级指标、18个二级指标及41个三级指标构成的指标体系进行评审，如表5-2-1所示。

表 5-2-1 《知名商标品牌评价规范》评价指标汇总

一级指标	二级指标	三级指标
法律因素	商标获权	①商标的注册情况；②区域品牌、地理标志注册情况；③商标持续使用时间
	商标确权	商标确权纠纷情况
	商标品牌维权	商标品牌维权情况
	延展保护	①驰名商标、老字号、地理标志产品及纳入地方重点商标保护名录等情况；②前瞻性商标注册；③其他（版权、字号、域名等的保护情况）
管理因素	商标品牌管理	①商标品牌发展战略及其适宜性；②商标品牌发展的资源保障；③商标的管理制度；④商标品牌形象管理；⑤商标品牌的危机管理
	产品/服务管理	①产品/服务的承诺；②产品/服务的规范管理
	创新发展	①创新战略及其适宜性；②创新管理机制；③创新及知识产权成果
市场因素	市场影响	①相关公众对该商标品牌的知晓程度；②销售区域的分布情况；③商标品牌文化建设情况；④商标品牌的历史传承；⑤相关公众的满意度；⑥主导或参与标准制定情况
	广告宣传	①广告投入情况；②宣传推广活动持续时间、程度和地理范围
	市场占有率	销售额（量）行业占比情况
	行业地位	行业排名情况
	资质/荣誉	国际、国家、省、市级和行业资质/荣誉情况，包括中国专利奖、国家知识产权示范企业、国家知识产权优势企业、专精特新"小巨人"及高新技术企业等
财务因素	组织的盈利能力	①组织的销售额；②组织的连续盈利年数
	商标品牌效益	①参评商标品牌的产品/服务的销售额；②参评商标品牌的产品/服务的连续盈利年数；③商标品牌溢价能力；④商标品牌价值评估情况
社会责任	环境保护	环保政策的执行情况
	公共责任	公共责任履行情况
	社会信用	①重大舆情；②行政处罚情况；③经营异常情况
	公益支持	开展社会公益活动的情况

第三，知名商标品牌标识使用与管理。通过知名商标品牌评价获得证书后，企业在宣传推广、维权保护和价值提升方面获得优势。例如获得知名商标品牌证书的组织可以在产品包装及相关媒体宣传中使用统一规范的知名商标品牌标识；在商标确权、维权案件中，中华商标协会可以视情向人民法院等机关单位出具证明文件，加大该知

名商标品牌的保护力度，进而提升品牌认知度和市场竞争力。

在标识使用方面，根据中华商标协会2023年8月发布实施的《知名商标品牌标识使用管理办法》有关规定，获得知名商标品牌（AAA级）证书的组织可以使用统一规范的标识，同时需每年向中华商标协会知名商标品牌工作委员会提交标识实际使用的记录。中华商标协会AAA知名商标品牌标识如图5-2-2所示。

图5-2-2　AAA知名商标品牌标识

目前已通过中华商标协会知名商标品牌评价的医药领域商标品牌主要有"扬子江""圣湘生物""纳通""硕世诊断""慢严舒柠"等，如图5-2-3所示。

图5-2-3　医药领域商标品牌示例

（2）《北京知名商标品牌认定管理规范》。

2023年2月，中共中央、国务院印发《质量强国建设纲要》，强调"争创国内国际知名品牌，推动品牌价值评价和结果应用"；2023年，《〈商标法〉修订草案（征求意见稿）》第93条规定"国家鼓励商标品牌各方主体推进商标品牌建设"，其中涉及提升商标品牌管理能力，以及加强对商标品牌的研究、评价、监测，建立科学的商标品牌评价体系。自上海、广东、湖南先后发布关于商标品牌评优的管理规范之后，2023年8月，北京商标协会发布实施团体标准《北京知名商标品牌认定管理规范》（T/BJTA001—2023），并于2023年首次启动"北京知名商标品牌"的申请认定工作。2024年4月，北京商标协会修订发布了团体标准《北京知名商标品牌认定管理规范》（T/BJTA001—2024）并启动第二次"北京知名商标品牌"申请认定工作。多地商标品牌相关行业协会发布的商标品牌认定规范（部分）如表5-2-2所示。

表 5-2-2　各地主要商标品牌认定规范汇总

规范	认定及发布机构	年份
上海好商标评定管理办法	上海市商标品牌协会	2020
广东高价值商标品牌评价规范	广东商标协会	2021
湖南省知名品牌认定和管理办法	湖南省商标品牌协会	2022
知名商标品牌评价规范	中华商标协会	2022
"江苏省高知名商标"认定管理规范	江苏省商标协会	2023
北京知名商标品牌认定管理规范	北京商标协会	2024

下面笔者围绕《北京知名商标品牌认定管理规范》介绍知名商标品牌的认定条件及流程及其使用与管理等。

北京知名商标品牌的认定条件及流程包括认定申请人、商标权利基础、认定基本条件和优先认定条件等。

第一，认定申请人。北京知名商标品牌认定的申请人应为"在北京市行政区域内依法设立的、拥有商标品牌的法人企业、合伙企业、个体工商户及其他组织"。

第二，商标权利基础。申请人申请认定的商标应为"在北京市内为相关公众所知晓并享有较高知名度和良好市场声誉的注册商标"，未注册商标不符合认定条件。

第三，认定的基本条件。①申请人近 2 年内未因重大商标违法行为被给予行政或刑事处罚；标识申请商标的商品或服务近 2 年的年销售额、利润、纳税额或市场占有率等主要经济指标在北京市同行业排名居前列地位或对社会具有重大贡献；②标识申请商标的商品或服务近 2 年在质量监督抽查中无严重不合格记录，具有良好的质量，安全可靠并具有良好的市场信誉；③标识申请商标的商品或服务近 2 年的年销售额、利润、纳税额或市场占有率等主要经济指标在北京市同行业排名居前列地位或对社会具有重大贡献；④标识申请商标的商品或服务近 2 年进行宣传推广，在北京为相关公众所熟知；⑤申请人已建立安全和完善的电子化商标档案管理体系，以及商标注册、使用、运用、保护、监控、预警及管理制度。

第四，优先认定条件。根据该团体标准相关规定，符合以下条件之一的，可被优先认定为北京知名商标品牌。①曾获得驰名商标保护；②曾被认定为中华老字号；③曾被认定为北京老字号；④被认定为北京市著名商标；⑤曾被国务院商标行政管理部门核准注册的地理标志证明商标或地理标志集体商标；⑥获评国家商标品牌建设优秀案例、国家知识产权示范企业、国家知识产权优势企业、国家高新技术企业以及专精特新企业等市场主体名下的且在相关公众中具有较高知名度；⑦获其他重要行业协会推荐的市场主体名下的在相关公众中具有较高知名度的注册商标。

该团队标准还规定，申请北京知名商标品牌认定后，需经"形式审查、第三方审查、专家评审、公示异议、认定公告"五个程序最终获得认定。

在北京知名商标品牌认定后的使用与管理方面。

被认定为"北京知名商标品牌"后，认定商标的有权使用人在3年有效期内可以使用"北京知名商标品牌"字样进行宣传，同时可以标记北京商标协会统一提供的"北京知名商标品牌标识"，如图5-2-4所示。

图5-2-4　北京知名商标品牌标识示例

需要说明的是，认定的3年有效期限届满前6个月内可申请延续3年；当认定商标发生转让后，应由受让人向北京商标协会申请更换证书，另外，若认定商标发生变更或删减的，应在国家知识产权局公告之日起30日内向北京商标协会备案。

5.2.6　医药企业商标管理的特殊之处

5.2.6.1　药品名、商品名、通用名辨析

药品是一种特殊的商品，其名称标记不仅包括商标，还包括以下3种特有的名称：①药品的通用名，即药品的法定名称，是药品国际非专利名称（INN）的简称，列入国家药品标准的药品名称为药品的通用名称。②药品的化学名，是指药品的学术名称，表达药品的确切化学结构。③药品的商品名，是指经国家药品监督管理部门批准的特定企业使用的该药品专用的商品名称。

其中，前两种名称是通用的、不具有区别意义的名称，为国家强制性规定，不属于企业私权范畴。药品的商品名和商标之间的冲突却是药品企业商标管理应该注意的问题。

药品的商品名称，是指一家企业生产的区别于其他企业同一产品、经过注册的法定标志名称，其特点是具有专有性。商品名称体现了药品生产企业的形象及其对商品名称的专属权。药品商品名称的特点在于：①易于认读与记忆，在普通消费者选购非处方药品（OTC）时发挥着重要的媒介作用；②药品的商品名称由相关企业自主创意，专属使用，并投入广告宣传，在市场上建立了信誉，是企业品牌的重要载体，参与市场竞争的有力工具。

根据《国家食品药品监督管理局关于进一步规范药品名称管理的通知》的规定，药品的商品名称具有以下法律规定的命名原则。

一、由汉字组成，不得使用图形、字母、数字、符号等标志。

二、不得使用《中华人民共和国商标法》规定不得使用的文字。

三、不得使用以下文字：

（一）扩大或者暗示药品疗效的；

（二）表示治疗部位的；

（三）直接表示药品的剂型、质量、原料、功能、用途及其他特点的；

（四）直接表示使用对象特点的；

（五）涉及药理学、解剖学、生理学、病理学或者治疗学的；

（六）使用国际非专利药名（INN）的中文译名及其主要字词的；

（七）引用与药品通用名称音似或者形似的；

（八）引用药品习用名称或者曾用名称的；

（九）与他人使用的商品名称相同或者相似的；

（十）人名、地名、药品生产企业名称或者其他有特定含义的词汇。

药品商品名称必须得到国家药品监督管理局批准后方可使用。

每一种化学药品都有化学名称、通用（非专有）名称、商品（专有）名称。化学名称描述了药物的化学成分，在现实生活中，医生和药剂师很少使用化学名称；通用名称是国家医药管理最高机构核定的药品法定名称，与国际通用的药品名称相一致，它直接连接着某一特定的药物类别，同种药品的通用名称一定是相同的，同其他产品通用名称一样，药品通用名称不符合商标保护资格要求；商品名称是医药企业给其药品设计的专有名称，经过注册，享有专有权。通用名称主要用于描述药品功能或结构，商品名称则主要用以区分不同药品来源。在同一通用名称下，不同生产厂家可能推出多个商品名称。例如，泰诺是一种商品名称，其化学名称是N-（4-羟基苯基）乙酰胺，通用名称是对乙酰氨基酚。

《药品商品名称命名原则》规定："药品可另有专用的商品名，但药品商品名（包括外文名和中文名）一律不得用作药品通用名。药品的通用名（包括INN）及其专用词干的英文及译名均不得作为商品名或用以组成商品名，用于商标注册。""制剂通用名称应注意不得用商品名；亦不得作为商品名进行商标注册。"但在我国，由于商标审查和药品命名分属不同部门，这些规定的执行仍存在不一致的情况。例如，阿莫西林是一种常见的抗生素，然而在《类似商品与服务区分表》第05类上很多企业注册近似的"阿莫××"商标，阿莫舒、阿莫尔、阿莫君、阿莫严、阿莫强、阿莫畅、阿莫棒、阿莫金、阿莫仙、阿莫能、阿莫锋、阿莫定、阿莫林等，经初步检索，第05类上"阿莫××"的近似商标超过100件。

在我国，药品的名称方面还存在很多类似问题。注册商标名称与通用名称之间相同或近似比较多见，特别是中成药，例如，青岛国风药业股份有限公司的"快胃片"既是注册商标又是通用名称。功效不同的药品通用名近似，例如，作为抗凝血剂的"依诺肝素钠"和作为抗生素的"依诺沙星"，虽然通用名不同，但是商品名相同或近似；正大天晴的"硫酸奈替米星氯化钠注射液"和北京恩泽嘉事制药有限公司的"注射用乳酸左氧氟沙星"的商品名都是"君欣"，而"君欣"商标权的持有人是正大天晴。上海强生制药有限公司的酚麻美敏片商品名和注册商标均为"泰诺"，而其"对乙酰氨基酚溶液"的商品名和注册商标均为"泰诺林"，极易造成混淆。

我国制药企业非常之多，同一通用名药品常有多种不同的商品名，少则几个，多则几十个甚至上百个，导致消费者在用药上存在较大的安全隐患，包括重复用药、用药过量或中毒。例如对乙酰氨基酚的药品商品名有泰诺、扑热息痛、百服宁、必理通、醋氨酚、泰诺止痛片、退热净、雅司达、泰诺林、斯耐普、一粒清等上百个名称，使消费者眼花缭乱。

5.2.6.2 地理标志在道地药材保护中的运用

道地药材是指经过中医临床长期应用优选出来的，产在特定地域，与其他地区所产同种中药材相比，品质和疗效更好，且质量稳定，具有较高知名度的中药材。《中华人民共和国中医药法》第23条第1款规定："国家建立道地中药材评价体系，支持道地中药材品种选育，扶持道地中药材生产基地建设，加强道地中药材生产基地生态环境保护，鼓励采取地理标志产品保护等措施保护道地中药材。"《商标法》第16条规定："前款所称地理标志，是指标示某商品来源于某地区，该商品的特定质量、信誉或者其他特征，主要由该地区的自然因素或者人文因素所决定的标志。"

《地理标志产品保护规定》由原国家质量监督检验检疫总局于2005年制定实施。由于规章制定时间较早，且一直未作修改，已不能满足地理标志产品认定、管理和保护的现实需求，具体表现在：一是审查程序相关规定不完善，未规定不予认定的情形，且未规定变更和撤销程序；二是地理标志产品和专用标志的使用管理规定较少，缺少明确的操作指引；三是权利保护较弱，判定侵权行为不够明确。2023年，国家知识产权局修改《地理标志产品保护规定》并最终审议后通过《地理标志产品保护办法》，于2023年12月29日公布，自2024年2月1日起施行。

根据《地理标志产品保护办法》第2条的规定，地理标志产品，是指产自特定地域，所具有的质量、声誉或其他特性本质上取决于该产地的自然因素和人文因素的产品，包括"来自本地区的种植、养殖产品；原材料全部来自本地区或者部分来自其他地区，并在本地区按照特定工艺生产和加工的产品"。根据上述规定可见，原产地中药材完全符合地理标志保护的客体范畴，也是我国大力倡导的保护途径。2022年12月，最高人民法院发布《关于加强中医药知识产权司法保护的意见》，强调："研究完善中药材地理标志保护法律适用规则……通过地理标志保护机制加强道地中药材的保护，加强中药材植物新品种权等保护，建立中药材种质资源保护与利用体系。"

为此，我国正在推行各种中药材品种的标准生产操作规程，对中药材种植进行规范。企业在应对危机和种植标准化过程中形成的无形资产非常适合采用地理标志保护。

地理标志的重要作用在于区别道地药材的产地来源，其意义和价值在于为市场提供一种经济而有效的识别手段，达到消除道地药材市场混乱的目的，保护道地药材的品牌效应，使道地药材价值真正体现出来。同时，国家通过对地理标志使用的管理和监督，将道地药材的种植、加工操作规范和质量控制纳入强制管理之中，使之成为地理标志制度的一部分，也有效管理了药材种植和生产者的行为。任何人申请使用道地药材的地理标志，必须遵守该地理标志项下的所有操作规范，从而保证了药材质量。

例如，宁夏回族自治区中卫市中宁县是枸杞的发源地和原产地，素有"天下黄河富宁夏，中宁枸杞甲天下"的美誉。当地政府把枸杞作为基础产业，2009年"中宁枸杞"荣膺中国驰名商标，并被评为全国最具影响力的地理标志，品牌价值近30亿元人民币。中宁县出台了《"中宁枸杞"中国驰名商标使用管理暂行办法》《"中宁枸杞"专卖店管理暂行办法》《"中宁枸杞"中国驰名商标包装物统一印制、销售管理办法》，建立了驰名商标、著名商标奖励推动机制，建立"中宁枸杞"异地联合维权打假执法机制，并通过中宁枸杞网站公布了正宗原产地认定区域，建立质量查询平台，实现了产品质量手机短信和网上溯源，规范了市场秩序，切实促进了道地药材产业的快速健康发展。❶

对地理标志的使用和道地药材质量的提高，提升了道地药材的综合价值，形成了更大的品牌效应。品牌效应的提升，直接增加了药农和种植企业的收益，从而使种植者和饮片加工企业更加愿意接受地理标志制度的约束，使地理标志制度的质量控制机制更加有效地发挥作用。这就直接保证了中药材的质量，保证了药农的收益。这也是地理标志对道地药材最大的保护。

在我国，地理标志从广义上属于证明商标的范畴，但 TRIPS 中规定，地理标志是作为一种独立于注册商标而受到特别保护的知识产权。机构改革之后，原国家知识产权局、原国家工商行政管理总局和原国家质量监督检验检疫总局的原产地地理标志管理职责已经整合到重组后的国家知识产权局，但从实质操作上讲，仍然存在多头管理的混乱现状。❷ 从法律来讲，《地理标志产品保护办法》和《商标法》及其实施细则是主要的法律依据。

地理标志的权利人是对产品质量有监督能力的机构，应当通过道地药材产区的地方政府或行业组织协会来申请地理标志保护。道地药材地理标志的使用人则是该特定区域内达到其各项质量要求的经过登记注册的任何个人或单位。在使用中，通过行业协会和执法部门的协调，加强执法，打击假冒伪劣产品，维护市场秩序。地理标志产品保护制度不仅是一种知识产权保护的手段，而且是一套完整的质量管理体系和一项重要的区域经济发展战略。药材生产企业应当充分借鉴地理标志产品的经验，结合道

---

❶ 中宇恒泰地理标志综合服务平台，发挥品牌效应做强枸杞产业发展［EB/OL］.（2014-02-18）［2019-07-22］. http://www.chinafw.org/Brand/information/927.html.

❷ 金安琪，池秀莲，杨光，等. 道地药材的保护模式探究：以地理标志产品保护模式为例［J］. 中国中药杂志，2019，44（3）：619-623.

地药材的特点,并积极配合地方政府和行业协会,利用地理标志促进道地药材的保护。

医药企业在产品研发中,形成的包括临床前和临床研究的各类数据保密性极强,公开可能性较小。数据作为 AI 发展的基础元素之一,在医药领域存在以下风险:①外部数据合法性。应当规范来源于外部的数据合法使用,不侵害他人依法享有的知识产权,保护个人信息,避免衍生数据和产品权益受到影响;②医药企业专有数据的保密性。在与 AI 公司合作中,因搭建 AI 平台需要或使用 AI 系统过程中,医药企业需要向 AI 公司提供专有数据,应在协议中明确专有数据的使用范围及目的,以及合作终止后,AI 公司应删除或销毁医药企业提供的数据。另外,与 AI 公司合作中应当明确规范知识产权权属。

5.3 著作权

5.3.1 著作权管理的一般性问题

在医药企业中,著作权的管理是知识产权管理中的重要补充。著作权保护在药品企业通常作为商标和外观设计等主要知识产权形式的补充。医药企业知识产权部门在对企业著作权的日常管理中应该注意以下几个方面。

5.3.1.1 委托作品的著作权管理

医药企业常见的著作权问题是委托作品的著作权保护和管理问题,例如委托第三方设计企业商标图样、产品形象、广告创意等。根据《中华人民共和国著作权法》(以下简称《著作权法》)第 17 条的规定,委托作品著作权归属由委托人和受托人通过合同约定;合同未作明确约定或者没有订立合同的,著作权属于受托人。因此在与第三方签订的委托协议中,应当特别注意在委托合同中直接规定委托方企业可以获得著作权或者要求与第三方另外订立著作权转让合同来取得委托作品的著作权。若无合同明确的约束,委托作品的权利归属则会产生潜在的纠纷。订立委托合同的一时疏忽,将会导致企业在对商标、产品形象等耗费巨大财力、物力苦心经营数年后,发现作品的著作权所有人竟然不是自己,从而不得不和著作权所有人开始新的谈判,付出更大的代价寻求许可。

5.3.1.2 作为在先权利的应用

医药企业提高产品辨识度的手段可以是设计独特的商标及包装装潢,也可以开发一些异形片剂来区别于竞争者。这种营销策略对于 OTC 产品和保健品格外有效。无疑,商标权和外观设计专利权的保护对包装装潢是更直接且强有力的。但是,这两种保护都存在一些"缺陷"。

第一,随着企业规模不断扩大,企业常常会扩充经营范围或者跨领域兼并,形成集团化、多元化发展的局面。但商标注册需要区分类别,所以理论上讲,商标注册类别越多对企业的保护越强、风险越小。特别是核心商标的跨类别注册甚至全类别注册从长远看来是非常有必要的。但从现实情况和成本来看,大部分商标其实很难在申请之初就做到全类别注册并获权,即使做到了,也将会耗费巨大的财力和时间成本,并且长期不使用的类别还存在被"撤三"的风险。

第二,外观设计专利的申请存在限定产品应用种类的问题,在多元发展的趋势下恐难以规避一些"恶搞式"的模仿。在保护客体上,外观设计专利会排除一些纯粹的美术作品和字体设计。另外,外观设计专利的授权要求相对较高,存在新颖性丧失的问题。如果产品或包装已经被公开,将无法取得授权。外观设计专利的另一个缺陷就是保护期限比较短,难以满足药品长期销售的需求。

在这种情况下,可以用著作权作为补充,强化商标和外观设计专利的保护力度。与上述两种权利形式相比,著作权保护具有其独特的优势。

首先,著作权的产生是随作品产生而产生的,著作权登记周期短,成功率高,费用低,保护周期长且不需续展。

其次,如前所述,商标注册或外观设计专利申请,都有明确的产品类别,全面保护投入巨大。而著作权登记没有商品类别的限制,相比商标和外观设计专利而言,著作权可能作为在先权利而存在。按照《专利法》和《商标法》的规定,与他人在先权利相冲突的商标和外观设计专利可以被撤销或者宣告无效,因此,以著作权作为商标或外观设计专利的必要补充,在一定程度上可以避免跨类别的恶意抢注或模仿。

常见的应用就是,利用著作权作为在先权利驳回近似商标申请。当发现他人在其他类别注册相同或近似的商标时,在先权利人可以向商标局提供著作权登记证明,使商标局直接依据《商标法》第32条将这类注册申请予以驳回。

最后,当商标、外观设计专利等无法实现保护时,著作权可作为一种补救措施来预防恶意模仿。例如,对产品包装盒上的卡通形象申请一系列著作权保护,可以有效预防竞争对手将此卡通形象进行微调后或者在其他非药物领域恶意地使用。

5.3.1.3 著作权助力集团多元化发展战略

大型医药企业往往会采取多元化发展战略。例如,有些企业会自办刊物或者开通微博、微信公众号等自媒体,一方面进行企业形象宣传,另一方面传播科学或养生知识。再如,有些企业为了宣传企业形象会设计自己的卡通或图案形象,并会围绕这些形象开发录像带、光盘、唱片等副产品,服装、玩具、文具等衍生品或图书、游戏等改编作品,基于上述作品可衍生信息网络传播甚至聊天工具表情等数字作品著作权。这些产品均需要及时进行著作权登记,因此著作权保护已成为企业知识产权和企业文化的重要组成部分。

医药企业的著作权管理，也应该由作为集团一级部门的知识产权部统一申报和管理。各子公司有义务向集团知识产权部门反馈相应著作权的使用情况和市场上的假冒情况。

5.3.2 药品说明书的著作权问题

我国相关法律法规规定，药品说明书的内容需要注册申请人提出，技术审评机构依据申报资料和相关审评意见核准。只有当技术审评结束并给出结论建议同意上市申请时，才可能全面启动对注册申请人提出的药品质量标准和药品说明书等重要技术文件的审核工作。故药品说明书起草、审核和修订的形成过程，是技术审评机构与注册申请人就相关内容反复沟通达成一致的过程。这一过程既涉及药品注册申请人、起草人（有时二者为同一主体），又涉及技术评审专家和核准机构。

因此，药品说明书著作权纠纷表象上似乎是说明书性质之争，实则是药品生产企业寻求以著作权的长期保护突破专利保护有效期之限制，从而延长专利保护期，增强企业竞争力的竞争战略。❶

毋庸置疑，药品说明书蕴含了很多重要的药品生物活性、安全性、使用方法等信息，包含了独创性的科研劳动成果，具有很高的科技价值。但药品说明书是否构成著作权法意义上的"作品"是一个存在争议的话题。曾经一段时间，我国出现了药品生产企业以其药品说明书著作权受到侵害为由提起诉讼，并且产生了一些结论完全相反的判决。例如，在湖北威尔曼制药股份有限公司（以下简称"湖北威尔曼公司"）与苏州二叶制药有限公司著作权侵权纠纷案中，法院认为，虽然药品说明书由国家监管部门核准并且发布，但并不必然导致药品说明书丧失独创性。特别是药品说明书中包含了对药品实验结果的描述，这些描述是"自然科学创造性劳动的载体"。因此，应当属于《著作权法》所保护的作品。❷ 而在陕西金方药业有限公司诉三友利生物技术有限公司侵犯著作权案中，法院认为药品使用说明书"在格式上严格遵循了国家药品行政管理法规对药品使用说明书格式的规定，其药理作用和注意事项均是对药品属性的客观描述，在文字组合上缺乏独创性"，因此不应当享有著作权。❸ 2010 年 10 月，国家药品监督管理局作出的《关于药品说明书有关问题的复函》中指出，药品说明书是国家行政机关颁发的行政文书，不应当受到《著作权法》的保护。

从美国的判例来看，美国法院在 *Smith Kline Beecham Consumer Healthcare L. P. vs. Watson Pharmaceuticals Inc* 案中明确，药品说明书的著作权争议只是药品市场竞争的一个手段或方法；美国 FDA 要求仿制药的使用手册应与原研药一致依法有据；原研药的消费者使用手册受著作权法的保护，但在美国食品、药品及化妆品法与版权法的法益

---

❶ 丁文严. 药品说明书著作权问题的成因及解决路径［J］. 法律适用, 2012, 6: 86-91.
❷ 参见湖南省长沙市中级人民法院（2010）长中民三终字第 0437 号民事判决书.
❸ 参见山东省高级人民法院（2001）鲁民三终字第 3 号民事判决书.

冲突中，应优先适用食品、药品及化妆品法。该案判决虽然未直接对药品说明书著作权问题作出认定，但其确立了法律冲突下优先适用的原则，平衡了原研药与仿制药之间的利益关系，促进了仿制药的尽快上市，也为解决仿制药与参照药品说明书的关系问题提供了可资参考的范例。

2010年2月，最高人民法院收到国家药品监督管理局关于提请解释药品说明书著作权问题的函之后，在2012年、2013年将此问题作为专项课题研究，结论是"我国现阶段不宜确定药品说明书构成受著作权法保护的作品"。❶ 最高人民法院认为：①药品说明书虽然由申报注册者或者研发生产者起草，但其内容必须最终通过国家药品监督管理局审批才能使用；其具体格式、内容和书写要求由国家药品监督管理局制定，使其表达形式缺乏创作的空间，因此不具有独创性。②著作权法保护的是表达而不是思想，虽然药品实验数据是由药品申报注册或研发者独自开发的智力成果，但相关实验数据不是《著作权法》保护的对象。③药品说明书是否需要修改、如何修改的决定权在国家药品监督管理局，并且不具有现实的可转让性，因此药品说明书的起草者并不享有药品说明书的修改权和财产权。④如果给予药品说明书以著作权保护，那么其他药品申报注册者如不修改药品说明书就会涉嫌侵犯著作权，使仿制药无法上市，形成不合理的垄断，不符合我国现阶段药品生产的现状，会严重损害公共利益。⑤药品说明书更多地体现为药品申报注册者或研发生产者的义务而非权利，其制作药品说明书的目的是使药品上市以谋求经济利益，并没有创作作品并进而获得著作权的意图。⑥药品说明书不具备著作权法意义上作品所具备的法律属性，如果没有药品的存在，药品说明书无法独立发挥其效用，脱离主物药品即失去其自身存在的意义。而著作权法上的作品一般是独立存在的，并不受制或附属于他物，可以独立进入商业领域并实现其价值。⑦药品知识产权具有专利、药品数据保护、商业秘密、商标、中药品种、行政保护等多种形式获得救济。

2020年5月15日，国家药品监督管理局药品审评中心官网发布了广受社会各界关注的《药品说明书和标签管理规定（修订稿）》，其中特别增加了"仿制药说明书管理"一章内容，要求"仿制药说明书应参考被仿新药/或参比制剂说明书制定。除适应证需经国家药品监督管理局审核批准，以及与仿制药公司有关的一些信息外，说明书主要内容须与国家药品监督管理局指定的参比制剂说明书一致。不同公司/厂家仿制的同一药品的药品说明书，主体内容应完全一致。通用名相同而规格不同的品种，指定的参比制剂有可能不同，但说明书应尽量统一。"这些规定，事实上更加弱化了药品说明书的私权属性，更加强调了药品说明书的行政强制性和对公共利益的保护。

尽管最高人民法院已有上述结论，药品管理的行政部门也在不断完善相关制度，但是学界和业界仍存在一些不同观点。例如，折中的观点认为药品说明书具有独创性，

---

❶ 于晓白，李嵘. 药品说明书作品性问题探究［J］. 人民司法，2015，1：70–75.

应当受到《著作权法》的保护。但药品说明书在适用《著作权法》保护的同时，应该受到一定程度的限制，以适应仿制药制度的客观要求。即原研药的药品说明书著作权必须部分地让位于公共健康利益，可以通过立法将《著作权法》中规定的妨碍仿制药生产企业复制、修改、使用说明书的权利让渡出来，保持其他权利不变。❶❷

5.4 域名

5.4.1 与企业商誉相关的域名管理

《互联网域名管理办法》第55条规定，域名是指互联网上识别和定位计算机的层次结构式的字符标识，与该计算机的IP地址相对应。域名具有标识功能，人们通过域名可以找到企业在网上的地址，同时企业也可以将域名作为在互联网上代表自己的标志。因此，域名和企业商号、商标一样，可以成为商誉的组成部分，具有一定的商业价值。与商标不同，域名没有地域性和类别限制。域名具有唯一性，在国际互联网上，技术要求取决于不能存在两个完全相同的域名。在我国，注册域名遵循"申请在先"原则。域名的唯一性意味着一旦某家企业名称或商标被他人抢注为域名，企业会失去再次注册的空间。

别有用心者会将他人的商号、知名商标或知名产品的名称抢先注册为域名，以公开出租或出售被抢注域名为要挟，迫使企业高价买回域名，甚至在相应域名的网站上兜售假货或仿冒产品，严重损害了合法商业和消费者的利益。据报道，2017年商标所有权人向世界知识产权组织提起的域名抢注案件创新高，达到3074件。虽然生物医药行业尚不构成域名案件的"重灾区"，但是在排名前十的投诉人名单中，也出现了医药巨头"赛诺菲"的名字。❸ 可见生物医药领域并非域名抢注现象的"净土"。

《最高人民法院关于审理涉及计算机网络域名民事纠纷案件适用法律若干问题的解释》（法释〔2001〕24号）第5条规定，恶意的域名抢注形式包括：①为商业目的将他人驰名商标注册为域名。②为商业目的注册、使用与他人注册商标、域名等相同或近似的域名，故意造成与他人提供的产品、服务或者他人网站的混淆，误导网络用户访问其网站或其他在线站点的。③域名抢注人曾要约高价出售、出租或以其他方式转让该域名谋取不正当利益。④注册域名后自己并不用也未准备使用，有意阻止权利人注册该域名的。⑤具有其他恶意情形的。

---

❶ 陈兵，杨云霞. 药品说明书适用著作权法保护问题探析［J］. 中国新药杂志，2014，23（12）：1359–1366.
❷ 中华商标编辑部. 2017年世界知识产权组织域名抢注案件创新高［J］. 中华商标，2018，3：8.
❸ 李顺德. 中成药商标的"行政淡化"现象［J］. 中华商标，1996，4：11–13.

5.4.2 医药企业的域名管理

在医药企业中，域名保护主要是和企业商誉或产品的独特性紧密联系的。企业可以通过申请注册与企业字号或产品同名的域名建立网站而拓展其价值链，进一步实现其价值延伸。医药企业通过注册域名而建立自己的门户网站，发布企业商业信息，宣传商品和服务，用户在通过域名访问网站的同时往往也可以加深对企业经营状况及其产品的了解，从而对企业起到正向的宣传作用。

对于医药企业的核心产品或即将推向市场的重磅产品，在注册商标的同时，应注意以产品品牌或名称注册域名，并可以针对此产品或品牌建立产品相关网站或网上订购系统。一方面向零售商或终端用户普及商品真伪辨识及使用信息；另一方面用户可直接从生产厂家购买产品，与厂家直接沟通，缩短销售渠道，节约销售时间，降低销售成本。当然，药品的互联网销售还需要满足药品销售的其他限制性规定。

医药企业域名管理应该由知识产权部主导或知识产权部配合技术部门统一管理、规划域名的注册工作。域名注册应分级、分层次管理，尽可能注册本企业域名的每一种变体，在不同的类别域名、国别域名和语言域名服务商注册域名或衍生域名、相似域名，以形成一个完整的域名族。对企业名称的中文拼音、英文名以及二级、三级域名尽可能考虑周到、尽快注册，不给别人可乘之机。同时抓好注册域名的管理工作，组织专业培训，使各部门管理人员增强域名管理的意识和能力。

医药企业应当防止域名被恶意抢注后进一步引发的不正当竞争行为。当发现企业域名被抢注时，应主动协商，采用经济补偿的方法取得域名的所有权。如果双方协商不成，企业应积极采取域名被恶意抢注后的补救措施。可依据《互联网域名管理办法》第 42 条的规定，即"任何组织或者个人认为他人注册或者使用的域名侵害其合法权益的，可以向域名争议解决机构申请裁决或者依法向人民法院提起诉讼。"

比较快速的解决方案是采用域名争议解决机制。这已经成为世界上解决域名纠纷的通用规则。争议解决机制的效力来源于域名注册人与域名注册服务机构签订的域名注册协议，以及域名注册服务机构与域名注册管理机构签订的认证协议。作为一种强制的合同义务，在域名争议解决机构的裁决生效后，裁决便会得到及时执行。[1]

但是，域名争议解决机制并非终局裁决。对裁决不服时，企业可以向有管辖权的法院提起诉讼。截至 2024 年，法院在审理域名争议时主要依据《商标法》、《反不正当竞争法》、《中华人民共和国民法总则》（已于 2021 年废止），以及最高人民法院的司法解释。特别是《最高人民法院关于审理涉及计算机域名民事纠纷案件适用法律若干问题的解释》第 6 条规定："人民法院审理域名纠纷案件，根据当事人的请求以及案件的具体情况，可以对涉及的注册商标是否驰名依法作出认定。"因此，如果权利人的商

---

[1] 李顺德. 中成药商标的"行政淡化"现象 [J]. 中华商标，1996，4：11 - 13.

标已经足以达到驰名商标的标准，完全可以以诉讼的方式彻底解决域名被抢注的问题。该解释第8条规定："人民法院认定域名注册、使用等行为构成侵权或者不正当竞争的，可以判令被告停止侵权、注销域名，或者依原告的请求判令由原告注册使用该域名；给权利人造成实际损害的，可以判令被告赔偿损失。"权利人依据人民法院的判决和域名争议机构的裁决，可以要求域名注册服务机构注销相应的抢注域名。

如果通过各种救济手段均失败，企业可以选择在原域名的外围进行注册，至少可以拥有相当数量的变体域名，从而最大限度地保护自身利益。

第 6 章

医药领域专利申请与审查

《专利法》第 22 条第 1 款规定,授予专利权的发明和实用新型应当具备新颖性、创造性和实用性。因此,申请发明和实用新型的专利具备新颖性、创造性和实用性是授予其专利权的必要条件之一。

《专利法》第 22 条第 2 款规定,新颖性,是指该发明或实用新型不属于现有技术;也没有任何单位或者个人就同样的发明或实用新型在申请日以前向专利局提出过申请,并记载在申请日以后公布的专利申请文件或者公告的专利文件中。判断是否具有新颖性,以申请专利的发明或实用新型是否属于现有技术为准。所谓现有技术,是指申请日以前在国内外为公众所知的技术。而处于保密状态的技术内容由于公众不能得知,不属于现有技术。

《专利法》第 22 条第 3 款规定,创造性,是指与现有技术相比,该发明具有突出的实质性特点和显著的进步,该实用新型具有实质性特点和进步。判断一项申请专利的发明是否符合创造性的标准,是该项发明是否具有"突出的实质性特点"和"显著的进步"。所谓"突出的实质性特点",是指发明与现有技术相比具有明显的本质区别,对于发明所属技术领域的普通技术人员来说是非显而易见的,他不能直接从现有技术中得出构成该发明全部必要的技术特征,也不能通过逻辑分析、推理或者试验而得到。如果通过以上方式就能得到该发明,则该发明不具备突出的实质性特点。所谓"显著的进步",是指从发明的技术效果上看,与现有技术相比具有长足的进步。具体包括:①发明解决了人们一直渴望解决,但始终未能获得成功的技术难题;②发明克服了技术偏见;③发明取得了意料不到的技术效果;④发明在商业上获得成功。判断一项申请专利的实用新型是否符合创造性的标准,相对于发明专利来讲,要求低一些,只要该实用新型有实质性特点和进步即可,不要求"突出"和"显著"。

《专利法》第 22 条第 4 款规定：实用性，是指该发明或者实用新型能够制造或者使用，并且能够产生积极效果。实用性包括技术方案应当是可以实施的、能够制造或者使用；能够产生积极的和有益的技术效果；技术方案应当可以重复实现，必须具有再现性。❶

6.1 化合物专利的"三性"探讨

6.1.1 新颖性

6.1.1.1 化合物新颖性被质疑的常见情形

第一，具体化合物的公开会破坏请求保护的具有相同结构的具体化合物的新颖性。权利要求请求保护具体化合物，对比文件中公开了与请求保护的化合物结构相同的化合物，则该具体化合物不具备新颖性。

第二，包含在请求保护的马库什化合物范围内的任何一个具体化合物的公开，都会破坏包含该具体化合物的马库什化合物的新颖性。权利要求请求保护马库什化合物，对比文件中公开了落入权利要求请求保护范围内的具体化合物，则该具体化合物破坏包括该具体化合物的马库什权利要求的新颖性。但具体化合物的公开不会影响该马库什所包括的除该具体化合物以外的其他化合物的新颖性。

例如，权利要求请求保护通式 A 的马库什化合物，该马库什化合物中包含 A1、A2、A3…A100…等上千个化合物。现有技术中公开了化合物 A1，则该马库什化合物通式 A 不具备新颖性。但另一申请中如果请求保护化合物 A2，或请求保护马库什化合物通式 A′（该范围内不包含化合物 A1），则其新颖性不受化合物 A1 公开的影响。

第三，马库什化合物的公开不会导致包含在该马库什化合物范围内的具体化合物的新颖性丧失。

马库什化合物是众多化合物的集合，应作为一个整体看待。一个马库什化合物的公开，不代表其公开了所涵盖范围内的任何一个具体化合物。例如，即使现有技术已经公开了通式 A 的马库什化合物，该马库什化合物中涵盖了 A1、A2、A3…A100…等上千个化合物。但该马库什化合物的公开，不会对在后的任一具体化合物的新颖性产生影响。

以下特殊情况需要注意。

一是 "$1×N$" 规则。如果现有技术公开的马库什通式化合物只有一个变量，并且该变量的可选项均是具体取代基，则对于从中选择每个具体取代基而得到的具体化合

---

❶ 中华人民共和国专利法释义：第 22 条 [EB/OL]. (2011-07-07) [2020-03-22]. http://www.chinalawedu.com/new/21603a21608a2011/201177wangyo164731.shtml.

物在审查实践中一般被认为现有技术已经公开了该具体化合物。即化合物被现有技术公开的"1×N"规则。

例如，现有技术中公开了如下所示的通式化合物：

其中，R^1为甲基、乙基、硝基、氨基。则一般认为现有技术中公开了R^1分别选自甲基、乙基、硝基、氨基的4个具体化合物。但针对上述通式化合物，如果定义的R^1为甲基、乙基、硝基、氨基、$C_{2~4}$烯基，因为$C_{2~4}$烯基并非具体取代基，所以不符合1×N规则，不认为现有技术中公开了任何一个具体化合物。

二是"2×2"规则。如果现有技术公开的马库什通式化合物只有两个变量，每个变量只有两个可选项，并且每个可选项均是具体取代基，则对于从中选择每个具体取代基组合得到的具体化合物在审查实践中一般被认为现有技术已经公开了该具体化合物。

例如，现有技术公开了如下所示的通式化合物：

其中，R^1为甲基或乙基，R^2为硝基或氨基。此时，一般认为现有技术公开了4个具体化合物，即邻硝基甲苯、邻硝基乙苯、邻氨基甲苯、邻氨基乙苯。与"1×N"规则一样，如果R^1或R^2中任何一个基团不是具体取代基，则不认为现有技术中公开了任何一个具体化合物。

第四，马库什化合物作为整体进行考虑，即使两个马库什化合物包含的化合物范围存在交叉，也不会认为一个马库什化合物破坏另一个马库什化合物的新颖性。如果在两个马库什化合物中，一个马库什化合物 A 完全被另一马库什化合物 B 所涵盖，当马库什化合物 A 为现有技术时，马库什 B 化合物的新颖性也有可能因为化合物 A 的公开而被质疑。

6.1.1.2 现有技术公开具体化合物的情形

《专利审查指南（2023）》第二部分第十章第5.1节规定："专利申请要求保护一种化合物的，如果在一份对比文件中记载了化合物的化学名称、分子式（或结构式）等结构信息，使所属技术领域的技术人员认为要求保护的化合物已经公开，则该化合物不具备新颖性，但申请人能提供证据证明在申请日之前无法获得该化合物的除外。"

根据目前的审查实践，如下情形常被认为在对比文件中"记载"了该化合物。

（1）现有技术文献中以表格化合物的形式公开的化合物，可认为技术文献中记载了这些化合物，除非申请人能够证明在申请日前无法制备得到该化合物。

企业在撰写化合物专利申请时，结合市场策略和研发规划对于是否公开表格化合物需要进行更加周密的评估。在提交申请之后，如果后续研究持续进行，那么说明书中"表格化合物"的列举要特别慎重,否则可能对企业的后续研究产生妨碍,甚至导致最终实际筛选出的活性化合物无法获得授权;但如果能够确定不再进行任何后续研究,那么可以在说明书中多列举一些"表格化合物",以便限制竞争对手的跟进申请。

(2)"1×N"规则和"2×2"规则下的具体化合物一般被认为现有技术中"记载"。如前所述,如果马库什化合物满足"1×N"或"2×2"规则,其中涉及的化合物一般认为被现有技术"记载"。

(3)异构体化合物的新颖性。如果现有技术公开了一具体化合物,该化合物仅有一个手性中心。本领域技术人员通过常规技术手段,容易拆分得到具体的两个异构体化合物。如果对比文件中公开了该化合物的消旋体化合物,则实质审查阶段一般认为对比文件公开了该消旋体的两个具体异构体化合物,因而不具备新颖性。但如果现有技术公开的具体化合物有多个手性中心,则一般不认为其公开了其中的任意具体构型化合物。

此类消旋体一般是指例如包含手性碳的明显存在异构体的化合物,对于一些特殊的异构体化合物新颖性的判断并不适用。例如阻转异构体化合物,由于阻转异构体的存在与否具有不可预期性,即使现有技术公开了外消旋体,该阻转异构体的新颖性也会得到认可。

6.1.1.3 几种特殊限定的化合物权利要求的新颖性

第一种是包含性能/参数限定、用途限定和制备方法限定的化合物权利要求。

该类化合物权利要求的具体撰写形式有如下3种:

① 一种如式(Ⅰ)所示结构的化合物,其特征在于该化合物的熔点为186℃。

② 一种用于治疗糖尿病的式(Ⅰ)结构的化合物;或者,一种如式(Ⅰ)所示结构的化合物,用于治疗糖尿病。

③ 一种如式(Ⅰ)所示结构的化合物,其特征在于该化合物是由如下方法制备得到。

对于包含性能/参数、用途或制备方法特征的产品权利要求,《专利审查指南(2023)》第二部分第三章第3.2.5节中规定,对于这类权利要求的新颖性审查,应当考虑权利要求中的性能/参数限定、用途限定和制备方法限定的特征是否隐含了或导致了要求保护的产品具有某种特定结构和/或组成。如果性能/参数限定、用途限定或制备方法限定特征隐含了或导致了要求保护的产品具有区别于对比文件产品的结构和/或组成,则该权利要求具备新颖性;相反,如果性能/参数限定、用途限定或制备方法限定特征没有隐含产品在结构和/或组成上发生变化,则权利要求不具备新颖性。《专利审查指南(2023)》第二部分第十章第5.3节对用物理化学参数或者用制备方法表征的化学产品的新颖性进一步明确,即对于用物理化学参数表征的化学产品权利要求,如果无法依据所记载的参数对由该参数表征的产品与对比文件公开的产品进行比较,从而不能确定采用该参数表征的产品与对比文件产品的区别,则推定用该参数表征的产品权利要求不具备《专利法》第 22 条第 2 款所述的新颖性。对于用制备方法表征的化学产品权利要求,如果申请没有公开可与对比文件公开的产品进行比较的参数以证明该产品的不同之处,而仅仅是制备方法不同,也没有表明由于制备方法上的区别为产品带来任何功能、性质上的改变,则推定该方法表征的产品权利要求不具备《专利法》第 22 条第 2 款所述的新颖性。

在生物医药领域,化合物名称和/或结构一般可以准确判定,对于性能/参数限定、用途或制备方法限定的化合物产品权利要求,由于性能/参数、用途等往往属于化合物的固有属性,因此,请求保护的化合物结构确定以后,性能/参数、用途或制备方法的不同一般不会对化合物的结构和/或组成产生影响。例如,一种作为过氧化物酶体增殖物激活受体(PPAR)激酶抑制剂的化合物 X 的发明,与现有技术公开的用作防腐剂的相同化合物相比,虽然化合物的用途不同,但化合物本身的化学结构相同,即使在权利要求中限定了"作为 PPAR 激酶抑制剂"这一用途,其相对于现有技术也不具备新颖性。同样的,对于制备方法限定的化合物权利要求,不同的制备方法除非赋予了化合物不同的结构和/或组成,制备方法的限定一般也不会对化合物的结构和/或组成产生影响。

需要注意的是,制备方法特征对产品权利要求的限定作用,在专利的授权/确权程序中与在侵权诉讼中有所区别。例如《最高人民法院关于审理侵犯专利权纠纷案件应用法律若干问题的解释(二)》第 10 条规定,对于权利要求中以制备方法界定产品的技术特征,被诉侵权产品的制备方法与其不相同也不等同的,人民法院应当认定被诉侵权技术方案未落入专利权的保护范围。这一规定符合权利要求解释中的"全部技术特征原则"。申请人在撰写专利申请时,应考虑这种区别。

第二种是纯度限定的化合物权利要求。

纯度限定的化合物权利要求的常见形式,例如,一种结构式(Ⅰ)的化合物,其特征在于其纯度大于 99.5%。在新颖性审查时,同样需要考虑纯度限定对化合物结构和/或组成的影响。例如,权利要求请求保护一种纯度大于 99.5% 的化合物,如果现有技术公开了具有相同结构的化合物,即使没有公开其纯度或公开的纯度低于 99.5%,审查实践中一般认为权利要求相对于该对比文件不具备新颖性,除非申请人能够证明,根据本领域的现有技术无法制备得到纯度高于 99.5% 的化合物。对于通过改进的制备方法或分离纯化方法,确实得到了现有技术无法制备得到的高纯度的化合物或降低了特定杂质含量的情形,可以考虑采用组合物的撰写方式,例如,包含化合物 A 的组合物,其特征在于化合物 A′ 的含量大于 99.5%,且杂质化合物 A′ 的含量不超过 0.2%。如果这种化合物纯度的提高带来了预料不到的技术效果,可获得专利授权。

6.1.2　创造性

6.1.2.1　化合物发明突出的实质性特点的判断

《专利审查指南（2023）》第二部分第四章第 2.2 节规定，发明有突出的实质性特点，是指对所属技术领域的技术人员来说，发明相对于现有技术是非显而易见的。

《专利审查指南（2023）》第二部分第四章第 3.2.1.1 节对发明创造性判断中突出的实质性特点的判断方法作了规定，即判断要求保护的发明相对于现有技术是否显而易见，通常可按照三个步骤进行：①确定最接近的现有技术，②确定发明的区别特征和发明实际解决的技术问题，③判断要求保护的发明对本领域的技术人员来说是否显而易见。该判断方法简称"三步法"。

《专利审查指南（2023）》第二部分第十章第 6.1 节关于化合物的创造性判断规定如下。

（1）判断化合物发明的创造性，需要确定要求保护的化合物与最接近现有技术化合物之间的结构差异，并基于进行这种结构改造所获得的用途和/或效果确定发明实际解决的技术问题，在此基础上，判断现有技术整体上是否给出了通过这种结构改造以解决所述技术问题的技术启示。

需要注意的是，如果所属技术领域的技术人员在现有技术的基础上仅仅通过合乎逻辑的分析、推理或者有限的试验就可以进行这种结构改造以解决所述技术问题，得到要求保护的化合物，则认为现有技术存在技术启示。

（2）发明对最接近现有技术化合物进行的结构改造所带来的用途和/或效果可以是获得与已知化合物不同的用途，也可以是对已知化合物某方面效果的改进。在判断化合物创造性时，如果这种用途的改变和/或效果的改进是预料不到的，则反映了要求保护的化合物是非显而易见的，应当认可其创造性。

（3）需要说明的是，判断化合物发明的创造性时，如果要求保护的技术方案的效果是已知必然趋势所导致的，则该技术方案没有创造性。例如，现有技术的一种杀虫剂 $A-R$，其中 R 为 C_{1-3} 的烷基，并且已经指出杀虫效果随着烷基 C 原子数的增加而提高。如果某一申请的杀虫剂是 $A-C_4H_9$，杀虫效果比现有技术的杀虫效果有明显提高。由于现有技术中指出了提高杀虫效果的必然趋势，因此该申请不具备创造性。

化合物发明是否具备创造性，核心是判断该化合物相对于现有技术是否显而易见，即判断现有技术中是否给出了结合该发明或实用新型相对于最接近的现有技术的区别技术特征的技术启示。如果现有技术中给出了这样的技术启示，或是所属技术领域的技术人员在现有技术的基础上仅仅通过合乎逻辑的分析、推理或者有限的试验可以得到，则该发明是显而易见的，因而不具备创造性。反之，如果现有技术没有给出这种教导，则一般认为具备创造性。

化合物创造性的审查实践中，通常要基于"三步法"进行判断。具体地，审查员通过检索后，一般会选择技术领域相同或相近的，且与请求保护化合物结构接近的化合物作为最接近的现有技术，通过特征对比找出两者的区别技术特征，从结构上判断这种改变对本领域技术人员而言，是否为显而易见的。下面列出两种审查实践中最常被审查员认为请求保护的化合物相对于现有技术是显而易见的情形。

第一种，请求保护的化合物与最接近的现有技术化合物相比存在区别技术特征，但现有技术中给出了对最接近的化合物进行修饰，得到请求保护化合物的技术启示。

权利要求请求保护一马库什化合物（以下简称"式Ⅰ化合物"），其结构式中包含R^1、R^2、R^3三个变量基团，其中定义R^1为H、甲基。根据该申请说明书的记载，该化合物用于治疗肿瘤。审查员检索到了同样用于肿瘤治疗的最接近的现有技术专利文件D1，其中公开了通式Ⅰ'的化合物，并在实施例部分公开了落入通式Ⅰ'限定范围内的具体化合物A。

审查员将式Ⅰ化合物与化合物A进行特征对比，找出了两者的区别技术特征为：权利要求请求保护的马库什化合物的R^1基团为H或甲基，而化合物A相应取代位置的取代基为Cl。

审查员认为，现有技术专利文件D1公开的通式Ⅰ'化合物中，相对于化合物A取代基为Cl的位置，还定义了可以选自C_{1-6}烷基。同时，其说明书中对烷基进行了定义，所述的烷基优选甲基、乙基等。

由此可见，为了得到更多具有相似活性的化合物，基于化合物A，现有技术给出了将Cl替换为甲基的技术启示。如果没有证据表明取代基由Cl替换为甲基取得了何种预料不到的技术效果，则请求保护的化合物不具备创造性。

第二种，请求保护的化合物与最接近的现有技术化合物相比存在区别技术特征，但所述区别特征属于本领域的公知常识。

权利要求请求保护一马库什化合物（以下简称"式Ⅰ化合物"），其结构式中包含R^1、R^2、R^3三个变量基团，其中定义R^1为H、Cl。根据该申请说明书的记载，该化合物用于治疗肿瘤。审查员检索到了同样用于肿瘤治疗的最接近的现有技术化合物A。

审查员将式Ⅰ化合物与化合物A进行特征对比，找出了两者的区别技术特征为：权利要求请求保护化合物的R^1基团为H或Br，而化合物A相应取代位置的取代基为Cl。

审查员认为，虽然现有技术中没有公开化合物A的R^1基团可以为Br，但Cl和Br均是卤素，其作为取代基理化性质相似，为了得到更多具有相似活性的化合物，它们之间的替换属于本领域的常规选择。如果没有证据表明取代基由Cl替换为Br取得了何种预料不到的技术效果，则请求保护的化合物不具备创造性。

6.1.2.2 预料不到的技术效果的考量

预料不到的技术效果，是指发明相对于现有技术，其技术效果产生"质"或

"量"的变化，这种"质"或者"量"的变化，对所属技术领域的技术人员来说，事先无法预测或者推理出来，超出人们预期的想象。

预料不到的技术效果是化合物具备创造性的充分非必要条件。如果化合物与现有技术相比具有预料不到的技术效果，则会认可该化合物具有突出的实质性特点，可以确定其具备创造性。反之，如果化合物对本领域的技术人员来说是非显而易见的，且能够产生有益的技术效果，则发明具有突出的实质性特点和显著的进步，具备创造性，此种情况下不必要求化合物具有预料不到的技术效果。

当前阶段，我国创新药的研发仍然以快速追随者（fast follow）为主，很多情况下现有技术中都存在结构接近的化合物。当不能从非显而易见性上证明创新化合物的创造性时，通过证明请求保护的化合物相对于现有技术化合物具有预料不到的技术效果，进而获得化合物专利保护，成为实现我国创新药获得专利保护的重要手段。由于医药化学领域，其技术效果往往难以从化合物的结构进行预测，必须借助实验数据加以证实。这就要求专利申请文件应充分呈现化合物相对于现有技术所具有的"预料不到的技术效果"，以保证化合物专利申请的授权。对于生物医药领域的化合物专利申请而言，预料不到的技术效果可以是活性的提高、靶点选择性的改善、毒性的降低、生物利用度的提高等任何能够改善化合物成药性的效果。

需要注意的是，医药企业研发人员在候选化合物筛选过程中，更注重的是创新化合物与快速追随的原研药物或原研分子各方面性质之间的对比。但很多情形下，由于原研药物或原研分子并非专利法意义上最接近的现有技术，因此需要企业的知识产权团队及时发现最接近的现有技术化合物是哪个或哪几个，以便研发人员及时进行化合物性质比较，为候选化合物获得稳定的专利权保护提供数据支持。

6.1.2.3 说明书中充分记载化合物效果试验数据的重要性

如前所述，"预料不到的技术效果"是发明具备创造性的充分条件。由于专利申请过程中，专利申请人选定的最接近现有技术与审查员认定的最接近的现有技术有时候并不相同，申请人往往需要在专利审查过程中补交对比实验数据来证明，因此请求保护的化合物相对于审查员认定的最接近的现有技术化合物具有预料不到的技术效果以支持其创造性观点。

在审查实践中，通常可接受补交实验数据的情况是，补充实验数据所证明的技术效果在原始申请文件中有明确记载，例如说明书中记载了化合物安全性的测试方法和实验数据，此时可将根据说明书记载的实验方法对审查员选定的最接近的现有技术化合物进行用药安全性测试，通过比较安全性效果来证明请求保护化合物的创造性。

判断说明书是否充分公开，以原说明书和权利要求书记载的内容为准，申请日之后补交的实施例和实验数据不予考虑。关于实施例的一般原则是，应当足以理解发明如何实施，并足以判断在权利要求所限定的范围内，都可以实施并取得所述的效果。

如果申请文件中没有相关效果的明确记载（例如效果实施例），通过补充实验数据的方式来证明创造性的，很长一段时间内，审查实践中审查员一般难以接受。这与后续专利无效宣告和侵权诉讼程序中的判断标准也是一致的。例如在北京双鹤药业股份有限公司（以下简称"双鹤药业"）与湘北威尔曼公司的"抗β-内酰胺酶抗菌素复合物"的发明专利无效宣告案中，湘北威尔曼公司主张其发明除了扩大抗菌谱，还解决了安全性、有效性、稳定性等问题，并为此提交了相应的实验证据。最高人民法院认为，由于相关技术内容并未记载于涉案专利说明书中，则不能体现出涉案专利在安全性、有效性、稳定性等方面对现有技术作出了创新性的改进与贡献。❶因此，这些试验和研究不能作为权利要求1具备创造性的依据。另外，在武田制药的"用于治疗糖尿病的药物组合物"发明专利权行政纠纷案中，最高人民法院也指出，当专利申请人或专利权人欲通过提交对比试验数据证明其要求保护的技术方案相对于现有技术具备创造性时，接受该数据的前提必须是针对在原申请文件中明确记载的技术效果。❷

在最高人民法院（2018）最高法行申第3961号行政裁定书中，法院对于涉案公司提交的补充实验数据能否证明涉案专利具有其主张的技术效果时明确指出：①医药化学领域属于实验科学，可预测性低，技术方案的实现或技术效果的存在往往依赖于实验数据的验证和支持；②补充实验数据属于当事人提交的证据，应当予以审查；③对于补充实验数据证明力的审查应当体现先申请制的要求，该补充实验数据拟证明的技术效果应当属于本领域技术人员从专利申请公开的内容中得到的。同时也认为本领域技术人员从专利申请公开的内容中得到的，通常存在的两种情形，一是虽然该技术效果在申请文件中没有记载，但本领域技术人员在申请日根据专利申请文件的记载能够合理确定的，二是该技术效果在专利申请文件中予以明确记载且本领域技术人员在申请日能够合理确定。对于专利申请文件中仅仅是声称或者断言，但缺乏定性或者定量实验数据或者其他客观依据予以证实的技术效果，本领域技术人员无法合理确定的，不能通过补充实验数据来证明。

2020年1月，中美签署了《中华人民共和国政府和美利坚合众国政府经济贸易协议》（以下简称《中美贸易协议》），其第一章第三节第1.10条约定考虑补充实验数据：中国应允许药品专利申请人在专利审查程序、专利复审程序和司法程序中，依靠补充数据来满足可专利性的相关要求，包括对公开充分和创造性的要求。

关于补充实验数据的情形，《专利审查指南（2023）》第二部分第十章第3.5节的审查原则修订为"判断说明书是否充分公开，以原说明书和权利要求书记载的内容为准。对于申请日之后申请人为满足专利法第二十二条第三款、第二十六条第三款等要求补交的实验数据，审查员应当予以审查。补交实验数据所证明的技术效果应当是所属技术领域的技术人员能够从专利申请公开的内容中得到的。"

---

❶ 参见最高人民法院（2011）行提字第8号行政判决书。
❷ 参见最高人民法院（2012）知行字第41号行政裁定书。

并在第 3.5.2 节中按照审查原则，给出涉及药品专利申请的审查示例。

【例 1】

权利要求请求保护化合物 A，说明书记载了化合物 A 的制备实施例、降血压作用及测定降血压活性的实验方法，但未记载实验结果数据。为证明说明书充分公开，申请人补交了化合物 A 的降血压效果数据。对于所属技术领域的技术人员来说，根据原始申请文件的记载，化合物 A 的降血压作用已经公开，补交实验数据所要证明的技术效果能够从专利申请文件公开的内容中得到。应该注意的是，该补交实验数据在审查创造性时也应当予以审查。

【例 2】

权利要求请求保护通式 I 化合物，说明书记载了通式 I 及其制备方法，通式 I 中多个具体化合物 A、B 等的制备实施例，也记载了通式 I 的抗肿瘤作用、测定抗肿瘤活性的实验方法和实验结果数据，实验结果数据记载为实施例化合物对肿瘤细胞 IC_{50} 值在 10~100nM 范围内。为证明权利要求具备创造性，申请人补交了对比实验数据，显示化合物 A 的 IC_{50} 值为 15nM，而对比文件 1 化合物为 87nM。对于所属技术领域的技术人员来说，根据原始申请文件的记载，化合物 A 及其抗肿瘤作用已经公开，补交实验数据所要证明的技术效果能够从专利申请文件公开的内容中得到。应该注意的是，此时，审查员还需要结合补交实验数据进一步分析权利要求请求保护的技术方案是否满足创造性的要求。[1]

尽管有上述法律法规的指引，近几年涉及化合物专利的专利无效诉讼案中，由于不同案件的案情不尽相同，因此既有像恩格列净专利无效案一样，国家知识产权局和知识产权法院对补充实验数据认定相一致的情形，也有像司美格鲁肽专利无效案对补充实验数据的接受程度不一致的情形。

总之，在提交化合物专利申请时，对于已经发现的试验效果，企业应尽量在说明书中作出具体记载，增大授权的可能性，并在后续程序中增加专利权的稳定性。

6.1.3 实用性

医药化合物一般能在产业中制造，并能够解决技术问题。因此，医药领域化合物专利申请在专利审查过程中，被认为不具备实用性的情况不常见。本节不再详述。

6.2 晶型专利的"三性"探讨

6.2.1 新颖性

由于化合物分子空间排列顺序的不同造成多晶型往往表现出不同的理化性质。药

---

[1] 国家知识产权局关于修改《专利审查指南》的公告（第 391 号）[EB/OL]．(2020-12-14) [2021-01-15]．https：//www.cnipa.gov.cn/art/2020/12/14/art_74_155606.html．

物晶型要获得专利保护，首先应该具备新颖性。要判断请求保护的晶型是否具备新颖性，需要对化合物不同的固体形式的表征数据进行比对分析。晶型的表征方法很多，例如 XRD 分析（包括单晶 X 射线衍射分析、粉末 X 射线衍射分析）、固相核磁、热分析技术（包括热重分析、差示扫描量热法、差热分析法以及熔点技术）、光谱分析法（包括红外光谱、拉曼光谱）等。不同的表征手段具有不同的特点，不同表征手段的组合使用，为更清楚地了解化合物多晶型结构提供了可能。❶ 其中，由于 XRD 分析、固相核磁分析的指纹属性，在专利审查实践中，一般被用作判断请求保护的晶型是否属于新晶型的重要鉴别手段。常见的晶型专利审查意见情况有如下两种。

第一种，请求保护的晶型与现有技术公开的固体形式的表征可以直接对比。

在发明与现有技术公开了可直接比较的晶体表征参数的情况下，本领域技术人员通过直接对比，能够直接得出是否为相同晶型的结论。

例如，权利要求请求保护一种晶体形式，并限定了单晶 X 射线衍射分析、粉末 X 射线衍射分析和/或固相核磁的任一表征参数。如果现有技术中公开了相同结构化合物的一种固体形式，且公开了在相同的测试方法和试验条件下测得的与发明相对应的表征参数。本领域技术人员可以将两者进行直接比较。如果本领域技术人员认为，在误差范围内两者的表征参数相同，则请求保护的晶型不具备新颖性。反之，如果本领域技术人员认为，两者的表征数据存在本质的差别，超出了通常认为的误差范围，则请求保护的晶型具备新颖性。

需要注意的是，基于热分析技术和光谱分析技术的晶型表征手段，由于表征的指纹属性弱（例如不同的晶型可能具有相同或相似的熔点、热重分析曲线等）或者测试结果的表征参数特征差异小且不易区分（例如红外光谱）等特点，专利审查实践中一般不允许作为唯一的表征参数表征具体晶体形式。

第二种，推定新颖性的情况。

在发明与现有技术公开了可供比较的晶体表征参数的情况下，本领域技术人员通过直接对比，能够直接得出是否为相同晶型的结论。但在大多数情形下，由于发明和现有技术的表征手段、试验方法不同，甚至有些公开文献仅仅提到固体化合物或结晶化合物，没有任何表征数据。此时，由于两者无法进行直接比较，审查实践中一般会推定请求保护的晶型相对于现有技术不具备新颖性，将举证责任转给申请人。

例如，权利要求请求保护一种晶型，并限定了单晶 X 射线衍射分析、粉末 X 射线衍射分析和/或固相核磁的任一表征参数。如果现有技术中公开了相同化学结构化合物的一种固体形式，但未给出任何表征参数，或虽然公开了表征参数但与请求保护晶型的表征参数并不相同，或者虽然公开了相同的表征参数但测试方法存在差异。本领域技术人员基于发明记载的晶型信息和现有技术公开的信息，无法将两者进行比较判断

---

❶ 白光清. 药物晶型专利保护［M］. 北京：知识产权出版社，2016.

是否属于相同的晶型，则推定两者属于相同的晶型，因而不具备新颖性。答复该类审查意见时，申请人需要提供证据证明，请求保护的晶型与现有技术不同的证据，如果申请人无法完成举证，则请求保护的晶型将以不具备新颖性的理由被驳回。申请人面对上述推定不具备新颖性的情形，可以以提交对比试验数据的形式证明请求保护的晶型不同于现有技术。例如，提供证据证明，在相同的测定条件下，现有技术公开的固体形式的表征参数本质上区别于发明中记载的请求保护晶型的同类型表征参数，进而证明请求保护的晶型具备新颖性。

需要注意的是，有些晶体表征手段由于缺少指纹属性，在审查实践中一般不被允许作为唯一的表征参数来区分不同晶体形式。但这些表征数据可用于区分请求保护的晶型与现有技术晶型是否不同。例如，虽然具有相同熔点的晶体形式并不一定属于相同的晶型，但如果两者熔点明显不同，则可以排除两者是相同晶型的可能。审查员一般也会据此认可请求保护晶型的新颖性。

6.2.2 创造性

（1）晶型创造性判断中最接近现有技术的选择。

晶型创造性的审查与化合物一样，首先会选取最接近的现有技术。有研究对随机抽取的59件涉及晶型的专利案件最接近的现有技术类型进行分类统计。[1] 结果表明，请求保护主题为化合物晶型的案例采用化合物作为最接近现有技术的比例高达89%，请求保护主题为化合物盐晶型的案例采用化合物盐作为最接近现有技术的比例为69%，请求保护主题为水合物晶型的案例采用水合物作为最接近现有技术的比例高达87%。可见，在专利审查实践中，绝大部分案例是选取结构最接近的物质作为最接近的现有技术。

（2）晶型创造性的审查。

晶型创造性的判断，主要还是"三步法"的思路。即在审查过程中首先通过检索，选定最接近的现有技术；然后，通过比较找出请求保护的晶型与最接近的现有技术之间的区别技术特征，基于所述的区别技术特征并结合说明书记载的技术效果，确定发明实际解决的技术问题。最后，站在本领域技术人员的角度判断，现有技术是从整体上给出了得到请求保护的晶型的技术启示。由于专利申请中一般已经明确请求保护具体化合物的晶型，因此，如果现有技术公开的是具有相同结构物质的无定形形式，则实际解决的技术问题是，提供一种物质的晶型/具有某种效果的晶型。如果现有技术公开的是相同结构物质的不同晶型，则实际解决的技术问题是，提供一种替代的/具有某种效果的晶型。如果现有技术从整体上给出了解决所述实际解决的技术问题的技术启示，则请求保护的晶型是显而易见的，不具备创造性。反之，则具备创造性。"三步

---

[1] 许轶，张娴，李婧，等. 化合物制备方法知识产权侵权案例解析与战略启示 [J]. 中国发明与专利，2016，2: 69-75.

法"是晶型创造性判断的审查实践中常用的评价方法。

《专利审查指南（2010）》第二部分第十章第6.1节规定：结构上与已知化合物接近的化合物，必须有预料不到的技术效果。即如果有证据证明，请求保护的化合物相对于结构接近的化合物具有预料不到的技术效果，则可以认可其创造性，而不用必须根据"三步法"进行区别技术特征的比较、实际解决的技术问题的确认以及结合启示的判断。对于晶型专利申请而言，请求保护的晶型与最接近的现有技术一般涉及相同的化学产品，虽然微观结构存在不同导致其物理化学参数可能存在差异，但仍属于化合物的范围，故《专利审查指南（2010）》第二部分第十章关于化合物创造性判断的规定可以适用于化合物晶型的创造性判断。[1] 但在《专利审查指南（2023）》第二部分第十章第6.1节中关于"结构上与已知化合物接近的化合物，必须要有预料不到的用途或者效果"的判断方法已经删除，进一步明确"三步法"对化合物创造性判断的指导作用，强调对于结构改造与用途和/或效果的关系把握，突出"预料不到的技术效果"是创造性判断的辅助因素。从近两年的审查意见以及无效宣告审查决定中能够看出，对药物晶型发明创造性的审查，既考虑新晶型本身技术方案是否非显而易见，也考虑新晶型的综合技术效果是否预料不到。

因此，为了满足晶型创造性的要求，说明书中应当记载请求保护的晶型与现有技术或者其他晶型的效果对比数据，例如在稳定性、吸湿性以及改善生物利用度、药代动力学特征等方面的实验数据，用于证明其相对于现有技术已知的存在形式在用作药物方面的预料不到的技术效果。需要注意的是，针对化合物晶型的审查实践，一般认为将无定形化合物制备得到其晶型属于本领域技术人员的常规操作，并且随着重结晶技术的不断发展，通过简单改变结晶条件，制备得到化合物的多晶形式属于本领域的常规技术手段，因此对于化合物晶型保护而言，通过争辩非显而易见性获得专利授权保护的难度较大。另外，诸如独立的稳定性等方面的改进，有些情况下也不被认为属于预料不到的技术效果。因此，在撰写晶型专利申请时，应提供尽量多的证据证明请求保护的晶型相对于已知无定形或晶型具有预料不到技术效果的证据（例如生物利用度、药代动力学特征等），以提高晶型专利授权的可能性。此外，关注各国关于药物晶型发明的创造性审查尺度的差异将有助于更好地在各国进行申请和布局。

6.2.3 实用性

药物晶型获得专利授权，还必须满足实用性的要求。医药领域晶型专利申请在专利审查过程中，一般情况下被认为具备实用性。本节不再详述。

---

[1] 药物晶型发明创造性审查尺度探讨和申请建议［EB/OL］.（2022-08-24）［2025-06-28］. https://www.lindapatent.com/cn/info/insight_patent/2022/0824/1758.html.

晶型专利申请撰写的注意事项有以下三个方面。

第一，说明书中应该对药物晶型进行充分的表征。单晶 X 射线衍射分析、粉末 X 射线衍射分析、固相核磁由于其指纹图谱的属性，成为表征晶型微观结构的主要手段，说明书中应记载至少一种上述表征参数，并应当确定获得保护的晶型采用上述表征之一进行限定。热分析、光谱分析等也是重要的表征方法，在确定晶型微观结构方面发挥特殊的作用，可以作为晶型表征的辅助手段。

第二，说明书中应当记载尽可能多的效果数据，保证有充足的理由证明请求保护晶型具有预料不到的技术效果。例如，仅仅记载了请求保护的晶型相对于无定形具有稳定性提高的优势，在审查中很可能被认为属于本领域技术人员可以预期的效果，不属于预料不到的技术效果，从而不具备创造性。

第三，说明书中应记载至少一种能够制备得到晶型的实施例，确保本领域技术人员基于说明书的记载能够制备得到请求保护的晶型。例如有的制备例中记载，获得请求保护的晶型需要少量的该晶型作为晶种，但没有记载如何制备得到该晶种。此时，审查员往往会以说明书公开不充分为由驳回申请。

6.3 中药专利的"三性"探讨

6.3.1 新颖性

现代中药专利的"三性"判断符合审查对于"三性"判断的基本原则，即必须具备新颖性、创造性和工业实用性，且不能与《专利法》第 5 条、第 25 条相抵触。

在进行现代中药专利的新颖性问题探讨时，笔者以中药复方制剂专利为例。配方是中药专利的关键技术特征，一方面要看古籍方剂中是否公开，另一方面，还需要对古籍方剂公开发行与发展的情况进行具体分析，例如经古方在中医典籍或国内外出版物上公开发表，未记载炮制方法，只是关于药材及分量的规定，未达到现有技术人员能够实现的程度，或在功效、生产工艺等方面为其赋予了现代科技的内涵，则可以认定该中药复方制剂具备新颖性。此外，中药复方制剂药物经常作为医院院内制剂被应用于临床，甚至有的中药复方制剂被使用了较长时间或在患者中已有了较高的信誉并为公众所知。但实际上这些医院制剂不是正式上市的药品，同时患者也具有特定性、局域性，其不了解具体药方及配置方法，不属于在国内外公开使用过，从而具备新颖性。当然，医疗机构保护自主知识产权的最佳途径是尽快申请专利并获取授权保护，一旦被他人用反向工程的方法研究出来并公开上市销售，则中药复方制剂会因使用公开而丧失新颖性。

6.3.2 创造性

相对来说，中药专利授权的难点在于创造性的判断，这与中药专利产生的科学基础有关。现代中药专利创造性的判断原则与专利创造性判断的一般原则没有本质性差异，专利创造性的"三步法"判断在本领域同样适用。

我国现代专利制度更多的是借鉴了西方专利制度，相比之下，我国专利制度形成和发展时间较短。专利制度的移植性和现代中药理论基础的传统性导致了这两者在结合的时候出现很多矛盾。现代中药专利中绝大多数是组方（组合物）专利和方法（包括制备方法和检测方法）专利，技术内容更多是配方上的替换与加减、常规技术的组合和改进，常常给人以创造性不足的印象。但是，这些看似常规的组合往往可能成为现代中药领域具有可专利性的技术方案。

例如，在中药复方制剂中，很多制剂在组成上是完全相同的，但药量的差异会导致其整体在功能主治上的区别，典型的制剂是方剂"小承气汤"和"厚朴三物汤"，两方均采用大黄、枳实和厚朴，所不同的仅在于前者大黄的用量最大，后者厚朴的用量最大，前者重量比大黄：厚朴为2：1，后者大黄：厚朴为1：2，剂量的变化导致两者在中医的临床应用上截然不同，前者治疗热结阳明腑实证，后者治疗气闭气滞便秘证。但是这些剂量的不同所导致的临床应用差异，在现代医学角度是难以理解的，并且这些中医的"证"所对应的西医的"病"可能最终都会表现为"便秘"或者"胃肠道功能紊乱"。

又如，现代中药制备过程中，制备工艺和剂型的改变可能导致同样组方和功效的药物在体内的吸收分布、用法用量等方面产生很大差异，最终成为不同的药物品种，商业上产生不同的市场价值。典型的制剂是"复方丹参片"和"复方丹参滴丸"，两者组方完全相同、功能主治完全相同，差别在于制备方法不同，以及在剂型上前者采用的是普通片剂，后者采用滴丸剂。制备方法和剂型的差异导致两者在有效成分的含量、起效时间和疗效上差别很大，市场价值也是天壤之别，因而两者在中国药典中被分别列在不同的品种项下。

针对现代中药组合物专利，在确定组成和比例的前提下，其专利创造性的判断相对明确一些。通常情况下，按照"三步法"判断，应首先选定一个在组成、比例及药效上和该发明相似的、最接近的作为现有技术，然后比较两者的差异。如果这种差异不足以达到"非显而易见"的要求，那么该发明不具有创造性。

中药复方制剂是否属于常规的、简单的替换，通常要考虑替换的难易程度，核心是考虑被替换的组分和组方整体的临床疗效差异有多大。例如，用中医临床中属于同类的药品来替换，如党参来替换人参（均为补气药）、红花替代三七（均为活血药），通常被认为是容易想到的；药理作用具有相似性的药物之间的替换，如生地黄和枸杞子均能降血糖，如果在降血糖的组合物中发生这两者的替换，通常也会被认为是容易想到的。

如果组合物的组成完全一样，差异仅仅是组成比例的不同，通常要看这种比例上的差异是否会带来实际的技术效果，这种技术效果包括发明的疗效与现有技术完全不同或者发明比现有技术有显著的提高,通常可以通过提供与现有技术的对比实验数据加以佐证。组成比例的差异通常要求发明是现有技术组成比例范围的优选或者两者完全不存在交叉。如果尽管疗效不同,但是发明和现有技术组成相同、组成比例互有交叉,也不可能获得产品专利,因为发明和现有技术根本无法区分,此时,发明根本不满足新颖性的要求,更谈不上创造性的判断。

对于用制备方法表征的化学产品,《专利审查指南(2023)》中仅对权利要求的新颖性作了规定,没有进一步特别规定创造性问题。判断其新颖性,应当"针对该产品本身进行,而不是仅仅比较其中的制备方法是否与对比文件公开的方法相同。制备方法不同并不一定导致产品本身不同"。由于我国审查实践中对创造性的判断是在"该发明具备新颖性的条件下才予以考虑",因此可以确定,制备方法表征的现代中药产品权利要求,即使满足新颖性的要求,如果制备方法和现有技术的差异,可以通过其他对比文件的技术特征所带来的技术启示而轻易得到,或者仅仅是惯用技术手段的替换,那么,审查员可以推定这些制备方法的不同并不能够带来产品本身的不同。在实践中,制备方法限定组合物时,若要发明具备创造性,要求技术本身与现有技术的差异大到足以让审查员形成"心证",相信两种方法最终得到的产品是不同的;或者在现有技术比较明确的情况下,要在说明书中有足够多的药效学数据,特别是针对性的以现有技术为参照的对比实验数据,证明该发明的产品在药效方面与现有技术不同或者是显著地优于现有产品。

关于对数值限定的组合物,在技术效果已知的情况下,实际上是指我们通常理解的"选择性发明",即从现有技术中公开的宽范围中,有目的地选出现有技术中未提到的窄范围或具体的发明。在这两种情况下,关键要看选择本身是否使发明取得了预料不到的技术效果,为了证明这种选择不是常规的或者容易想到的,通常要求说明书中有充分的实验数据证明这种选择需要创造性的劳动,特别是需要一些对比实验来证明本发明的选择相对于现有技术中的其他数值范围来说,有显著的技术进步。对于后一种情况,数值的选择和现有技术不重叠,或者即使是对现有数值范围的一种选择但是这种选择带来的价值并没有被现有技术揭示出来,例如申请人可以对数值选择不同的参数种类。

由于中药制剂专利的撰写方式相对复杂,因此在其创造性判断上可能糅合了前述的多种方式,申请人在实践中既可以组合运用,也可以单点突破,需要根据检索的对比文件综合判断。

针对现代中药领域的制备方法专利,由于现代中药领域中的常用制备技术基本是已知的,因此该领域大部分的方法发明专利属于专利审查指南中的"组合发明",即将各种已知的技术、针对不同的品种和实际生产,特别是依据工业化大生产的需要进行恰当的选择和组合,构成一项新的技术方案,以解决现有技术客观存在的技术问题。如果被组合的技术方案仅仅是一种现有技术手段的"集合或者并列",各自以其常规的方式运行，各技术手段之间并无功能或作用上的关联，甚至属于单纯的"拼凑"，不存在新的或更好的技术效果，则这种组合是不具备创造性的、显而易见的组合，证明每个特征是显而易见的就足以证明特征的集合也是不具有创造性的。如果被组合的技术方案在功能上相互作用或彼此支持，并取得了新的技术效果，这种效果高于单个技术效果的组合，可认为这种组合是具有创造性的。换言之，单个技术特征的相互作用必须产生协同效果。如果没有这样的协同效果存在，那么就仅仅是特征的集合而已。

因此，对于现代中药领域的制备方法发明来说，如果最初加入制备过程的原料药或者经过制备方法后得到的终产品可以满足非显而易见要求的话，那么整个制备过程可以被认为是具备创造性的。如果配方本身没有创造性，但是通过工艺的改变，例如可以证明现有技术的工艺得到的最终产品必然全部是水溶性成分，而该发明所采用的工艺得到的最终产品全部是脂溶性成分，两个产品可以截然分开的话，那么整个制备过程是具备创造性的。如果制备方法发明不能证明原料药和终产品在物质基础上是非显而易见的，那么就仅仅是一种产品制备工艺的改进，就要具体分析发明和现有技术在工艺上的区别以及这些区别所带来的技术效果，例如，这些技术效果有可能使产品收率大大提高，节约能源，节省生产时间或环境友好，总之，技术效果是工艺改进造成的并且满足非显而易见的要求，那么也可能满足创造性的审查要求。

针对中药检测和/或分析类的专利，由于中药检测专利通常输出的是"图谱"，实际上保护的是一种药品生产中质量控制的方法，其用于判断产品是否合格，在技术效果上可以准确、快速、全面检测某产品。此类发明的创造性争辩往往会集中在检测条件的选择和组合上，例如色谱柱选择、流动相选择、洗脱梯度的时间—浓度关系等，这些内容往往是决定发明的检测效率、检测的全面性和准确性的关键。与制备方法发明类似，全新产品的检测方法往往是可以满足创造性要求的，而已知产品的检测方法往往要采用和现有技术完全不同的方式，即两种方法采用的技术虽然都已知，但是其采用的原理相差很大，例如现有技术采用 HPLC 检测，而该发明采用气相色谱的检测方式，并且这种替换是有技术效果的，例如，替换的检测方法使检测结果更全面、检测效率更高，才可能满足创造性要求。

针对中药的医药用途专利的创造性判断通常存在争议。概括来说，要注意如下内容：首先，很多现代中药领域的医药用途发明实际上是细胞水平、分子水平的机理研究，例如组合物具有激活某酶的效果、具有防止某类细胞凋亡的作用等。但是，机理上的改变往往会存在于多个临床疾病中，并且很多机理研究尚处于实验室阶段，对临床应用常常没有现实的指导意义。故而目前公认的观点是用途发明专利要能够限定到某一个临床上比较公认的疾病水平，而不能只停留在细胞水平、分子水平。如果该发明和现有技术的区别仅仅是发现了一些在细胞水平、分子水平的新作用，但是这些作用反映到疾病上和现有技术是相同的或者属于同类的、容易通过现有技术想到的，这种发明是不能满足创造性的要求的，即使发明人也为这些机理的发现付出了巨大的劳动,甚至这类研究性的工作是高水平专业人才才能够完成的,也被认为是受到现有技术的启示而容易想到的。其次,发明对用途的限定和现有技术相比仅仅是采用了不同的术语,但其药理作用通常被认为是一样的或者是基于非常接近的作用模式。例如脑出血和中风,前者是现代医学的概念,后者是中医领域的概念,两者所针对的临床症状类似、具体含义存在交叉。这种术语上的替换所限定的用途权利要求是没有创造性的。最后,用途限定的范围不能非常明确地与现有技术区分开,包括使用的人群、使用的方法或者使用的时机难以区分。例如,中风可以分成急性期、恢复期、后遗症期等,如果现有技术给出的是组合物在脑出血或者中风急性期的治疗作用,那么以同样的组合物在中风恢复期和后遗症期的治疗作用作为第二用途的发明,在使用的人群、方法和时间上都与现有技术非常难区分,则不具备非显而易见性。

在现代中药发明创造性的判断中,通用方法是基础,本领域特有的判断方法是评价创造性的关键,而基本原则是贯穿于整个判断过程始终的,并且当各种判断方法适用后仍然不能得到比较客观的结论时,应当重视基本原则的指导作用,例如检验方法适用是否不当,并进行校对。在现代中药领域,由于创造性判断是制约技术专利化的瓶颈,这使中药复方难以在现有专利制度下得到充分保护,现代中药领域也无法完全照搬化学药领域的审查标准,因此如何在现有专利制度的框架内形成符合现代中药特色的创造性判断标准和判断方法,是本领域实现专利有效保护的关键问题。

6.3.3 实用性

当中药专利技术能够进入产业化生产时,该中药专利即具备实用性。但是一些特殊原料,如存在于中药制剂中的稀有动植物等药材不能在工业上再现,则会使该专利不满足实用性要求。

6.4 基因专利的"三性"探讨

6.4.1 新颖性

对于基因(也称 DNA 片段)的新颖性而言,主要取决于基因本身所编码的蛋白质的新颖性和创造性。如果某结构基因编码的蛋白质与已知的蛋白质相比,具有不同的氨基酸序列,则该基因具有新颖性。

6.4.2 创造性

在某结构基因编码的蛋白质与已知的蛋白质相比氨基酸序列不同的情况下,并具有不同类型的或者改善的性能,而且现有技术没有给出该序列差异带来上述性能变化的技术启示,则编码该蛋白质的基因发明具有创造性。

如果某蛋白质的氨基酸序列是已知的，则编码该蛋白质的基因发明不具有创造性。如果某蛋白质已知而其氨基酸序列是未知的，那么只要本领域技术人员在该申请提交时可以容易地确定其氨基酸序列，编码该蛋白质的基因发明就不具有创造性。但是，在上述两种情形中，如果该基因具有特定的碱基序列，而且与其他编码所述蛋白质的、具有不同碱基序列的基因相比，具有预料不到的技术效果，则该基因发明具有创造性。如果一项发明要求保护的结构基因是一个已知结构基因的可自然获得的突变结构基因，且该要求保护的结构基因与该已知结构基因源于同一物种，也具有相同的性质和功能，则该基因发明不具备创造性。

6.4.3 实用性

当一种基因或 DNA 片段的序列明确时，本领域技术人员可以轻易地重现该基因片段，一般来说，该基因或 DNA 片段不存在实用性的问题。然而，关于基因这一主题是否属于可授予专利的主题，即其适格性问题在不同国家的专利法律中以及同一国家不同历史阶段均出现了较大的差异。在美国专利法体系中，专利的适格性和实用性要求均在美国专利法第 101 条的规定下，因此，笔者将基因或 DNA 片段的适格性问题也纳入实用性项下一并讨论。

《专利审查指南（2023）》规定，对于以天然形态存在的基因或者 DNA 片段，仅仅是一种发现，属于《专利法》第 25 条第 1 款第（1）项规定的"科学发现"，不能被授予专利权。但是，如果是首次从自然界分离或者提取出来的基因或者 DNA 片段，其碱基序列是现有技术中不曾记载的，能被确切地表征，且在产业上有利用价值，则该基因或者 DNA 片段本身及其得到方法均属于可专利性的客体。

但是对于基因的可专利性，美国的审查标准越来越严格，经过一些案例法的发展，美国已经否定了基因的专利适格性，即便是与天然存在状态不同的分离的基因。例如著名的 Myriad 案，涉案公司发现了 BRCA1、BRCA2 基因的位置及其核苷酸序列，并试图保护分离的 BRCA 基因。而美国联邦最高法院认为 BRCA 基因属于天然产物，并确认了分离的 DNA 片段不具有专利适格性，因为它只是从天然的基因中被分离出来，并无人类改造的过程，依然属于天然产物。但该案给出了互补 DNA（cDNA）具有专利适格性，因为后者是利用实验室方法从 mRNA 生产出来的合成 DNA，虽然它保留了天然 DNA 的外显子，但是与原始 DNA 已经显著不同，因此 cDNA 不是天然产物。随后 USPTO 于 2014 年 12 月 16 日颁布了专利法第 101 条专利适格性临时审查指南，并于 2015 年 7 月和 2016 年 5 月颁布了更新版本。其中，USPTO 提供了判断权利要求是否符合专利法第 101 条可专利性的所谓"两步法"原则。在该方法中，第一步是判断权利要求是否为一种方法、机器、制造或物质成分，如是，则进行第二步判断；在第二步中，首先进行 A 步骤：判断该权利要求是否属于对法定例外（即自然法则、自然现象和抽象概念）的阐述或描述，如果不是，则进而进行 B 步骤：判断该权利要求是否记载了显著多于上述法定例外的其他要素（或其组合）。如果答案是肯定的，则该权利要求具备可专利性；如果答案是否定的，则该权利要求不具备可专利性。[1]

近年来，在上述原则确立后，美国已经有越来越多地与检测方法相关的专利因不满足第101条适格性要求被无效。虽然这些专利主题在于检测方法，而不是基因等物质，但是法院认为这些专利的发明点本身在于天然物质，其他的检测步骤不是新的，从而符合上述两步法中的第二步，这导致适格性的判断在某种程度上已经接近于新颖性和创造性的判断。

6.5 多肽或蛋白质专利的"三性"探讨

6.5.1 新颖性

如果以单一物质形式被分离和纯化的蛋白质是已知的，那么用基因重组表达的相同蛋白质不具有新颖性。因此，人体中天然具有的多肽或蛋白，即便采用重组技术也很难获得产品的专利保护，因为在研究其功能的过程中往往已经被分离出来。但是如果发现了其新的功能、效果，则可以从用途角度具备新颖性。目前，科学家在利用人体已知的多肽或蛋白质治疗疾病时，往往会进行工程化的改造，从而使得其序列、结构与天然存在的状态出现差异，从而使工程化的产品具有新颖性。

6.5.2 创造性

如前所述，以产品形式保护的多肽或蛋白质，大多与天然形式在氨基酸序列上有所区别，即往往采用缺失、添加、替换等形式形成相关天然多肽或蛋白质的变体，以期取得某些方面的改善。此种变体是否具备创造性主要取决于以下三个因素：一是所述的突变与最接近的现有技术差别有多大，有时当突变位点多到非显而易见的程度，即便其性能上并未带来明显的改善，也有可能因其非显而易见而获得创造性；二是相关突变存在其他现有技术的教导或者公知常识证据；三是带来了预料不到的技术效果，例如活性的提高、半衰期的延长、毒性降低等。

6.5.3 实用性

与前述基因或DNA片段类似，由于一种特定序列的多肽或蛋白质可以很容易地重现，并且必然具有一定的功能或用途，因此不存在实用性问题。本节不再论述。

对于以天然形式存在的生物体本身具有的多肽或蛋白来说，其是否属于可授予专利权的主题可参照本章第6.4.3节中基因的适格性问题，其在不同国家的审查规则实

---

[1] 浅谈天然产物的美国专利法第101条专利适格性问题及其应对策略 [EB/OL]. [2024-05-29]. https://www.unitalen.com.cn/html/report/17031642-1.htm.

质上与基因有相同之处。但是在产业上，直接使用分离的生物体自身的多肽或蛋白的情况已经越来越少，通常都会在相应的产品上进行工程化，从而使其成为人工产物，在适格性上符合可专利性的要求。

6.6 抗体药物专利的"三性"探讨

6.6.1 新颖性

对于抗体的新颖性判断，虽然各国在举证责任的分配上可能有所差异，但是总体原则是一致的，但对于创造性的判断则有较大的差异。

通常能够证明所述抗体序列是一种新的序列或者针对一种新抗原的单克隆抗体，其专利新颖性基本上是满足要求的。具体地，如果抗原 A 是新的，那么抗原 A 的单克隆抗体也是新的。但是，如果某已知抗原 A 的单克隆抗体是已知的，而发明涉及的抗原 A 具有与已知抗原 A 相同的表位，即推定已知抗原 A 的单克隆抗体能与发明涉及的抗原 A 结合。在这种情况下，抗原 A 的单克隆抗体的发明不具备新颖性。因此，对于仅用抗原、表位和/或功能限定的单克隆抗体权利要求，在审查新颖性时，如果本领域技术人员无法将其与现有技术的单克隆抗体进行区分，则推定请求保护的用抗原、表位和/或功能限定的单克隆抗体不具备新颖性，除非申请人能够根据申请文件和/或现有技术证明，权利要求请求保护的单克隆抗体与现有技术公开的单克隆抗体的确不同。

根据抗体类药物权利要求的撰写方式不同，下面列出几种常见的权利要求的新颖性判断实践。

第一种是通过具体氨基酸序列请求保护的抗体。

限定氨基酸序列的抗体专利一般首先从互补决定区（CDR）序列开始限定，并且一般需限定 6 个 CDR（如为单域抗体则为 3 个）的具体序列，否则将得不到支持。这种通过氨基酸序列限定的抗体的新颖性判断，可将现有技术中已知抗体的 6 个 CDR 与请求保护的抗体 CDR 序列进行比对，如果全部一致的，则请求保护的抗体不具备新颖性，如果序列中至少存在一处不相同，则请求保护的抗体具备新颖性。现实中随机筛选的抗体 CDR 完全相同的可能性几乎不存在。但是需要注意的是，由于 CDR 实际上是在全长抗体序列中根据一定规则人为确定的，而相应的确定规则有多种，可能存在全长或可变区序列实际上指向同一抗体但 CDR 却有所区别的情况，由于用 CDR 定义的抗体实际上是可变区或全长序列定义抗体的上位概念，即便 CDR 序列由于不同定义方式导致一些差别，如果其可变区或全长序列已知，则仍不具有新颖性。

第二种是通过抗原表位限定请求保护的抗体。

抗体是机体在抗原刺激下产生的具有保护作用的 Y 型蛋白质，是一类能够与抗原特异性结合的免疫球蛋白，并依赖这种特异性结合发挥其免疫功能。因此，对于通过抗原的结构域或表位来限定抗体的权利要求，诸如"结合 A 蛋白的 B 结构域的抗体"或"结合 A 表位的抗体"，如果该抗原或抗原表位在申请日之前未被公众所获知，即该抗原或抗原表位本身是新的，则相应抗体具备新颖性。

第三种是通过结合功能、理化特性、来源、产生方法限定请求保护的抗体。

与其他技术领域相比，生物序列权利要求的限定方式多种多样。实践中除直接限定氨基酸序列本身外，一般都结合序列功能、理化特性、起源或来源、产生方法等方式进行限定。如果某已知抗原的单克隆抗体是已知的，即使请求保护的单克隆抗体的抗原与该已知抗原不同，但如果与该已知抗原具有相同的表位，此时审查员一般会推定请求保护的单克隆抗体不具备新颖性，除非申请人能够提供现有技术证据证明两者属于不同的单克隆抗体，否则其新颖性不被认可。

例如，专利申请 CN201080008525.X 请求保护"抗体，其结合由具有 SEQ ID NO：1～16 所示氨基酸序列的肽组成的表位并且不与活性的、完全加工的神经毒素多肽交叉反应"。审查员认为，对比文件 1 公开了结合来自序列 1 的至少 5 个氨基酸、至多 60 个氨基酸的多肽的抗体，且对比文件 1 序列 1 第 439～448 位氨基酸序列与该申请 SEQ ID NO：1 完全相同，结合来自序列 1 的至少 5 个氨基酸、至多 60 个氨基酸的多肽的抗体包括了结合具有 SEQ ID NO：1 所示氨基酸序列表达的肽组成的表位的抗体。对比文件 1 公开的抗体，其与权利要求 1 所述的抗体，从结构和组成上无法加以区分。基于此，实质审查中审查员推定二者具有相同的结构和/或组成，并基于权利要求 1 不具备新颖性的理由作出了驳回决定。申请人针对驳回决定提出复审请求，复审程序中合议组认为，虽然对比文件 1 中序列 1 第 439～448 位氨基酸序列与该申请 SEQ ID NO：1 所示氨基酸序列完全相同，该片段属于对比文件 1 所述多肽的范围内，即对比文件 1 概括的抗体中包括了 SEQ ID NO：1 所示氨基酸序列组成的肽表位的抗体，但是如该申请说明书的记载，未经相应特异性纯化的结合 SEQ ID NO：1 所示氨基酸序列表达的肽表位的多克隆抗体，无法避免与活性的、完全加工的神经毒素多肽发生交叉反应，而权利要求 1 所限定的抗体显然排除了与活性的、完全加工的神经毒素多肽的交叉反应性，故所述抗体的结构和/或组成与对比文件 1 所述的抗体是有区别的。合议组据此认为权利要求 1 相对于对比文件 1 具备新颖性，撤销了驳回决定。

6.6.2 创造性

为了鼓励单克隆抗体药物的研发，我国对于抗体的创造性要求相对较低。目前，创造性判断采用的是非显而易见及有益的技术效果（而非预料不到的技术效果）的标准，即如果抗原是已知的，采用结构特征表征的该抗原的单克隆抗体与已知单克隆抗体在决定功能和用途的关键序列（如 CDR 区序列）上明显不同，现有技术没有给出获得上述序列的单克隆抗体的技术启示，且该单克隆抗体能够产生有益的技术效果，则该单克隆抗体的发明具有创造性。这种"有益的技术效果"范围很宽，例如亲和力高、抗肿瘤效果好、毒性低等都可以被接受。美国的审查标准与我国非常类似，一般新筛选的抗体都能够很容易地获得授权。

需要注意的是，上述创造性标准实际上主要适用于全新筛选的抗体，因为这种情况下其序列与现有技术几乎没有什么相似性，必然符合"非显而易见"的要求。而对于已知抗体进行改造，例如对已知抗体进行亲和力成熟的改造、对鼠源抗体进行人源化等，这些操作为本领域所公知，且对抗体的序列改动很小，不足以达到"非显而易见"的程度，此时必须体现预料不到的技术效果才能够满足创造性要求。

在抗体的创造性判断上，欧洲专利局可谓独树一帜，并且呈现出要求越来越高的趋势。很多申请人在中国和美国轻易获得授权的抗体专利在欧洲专利局审查时都遇到了困难。由于欧洲专利局认为筛选抗体是本领域技术人员的常规操作，因此只有专利保护的抗体达到预料不到的技术效果时，才具有创造性。

2024年3月，欧洲专利局审查指南进行了一次修改，抗体的创造性评价改动较大。在此次修改前的版本中，欧洲专利局承认抗体的预料不到的技术效果包括亲和力提高、治疗活性、稳定性和免疫原性等方面的改善等。但是其同时对亲和力提高这一效果作出了特殊的说明。因为蛋白框架区同样会影响抗体的亲和力，欧洲专利局要求当以提高亲和力作为预料不到的技术效果来争辩创造性时，必须在权利要求中对在CDR区之外进一步限定框架区序列，否则其创造性不被认可。这一特殊要求曾经导致一些重磅药物专利的授权范围无法覆盖其上市产品，因为在提交专利时尚未进行成药性的改造，导致最终上市的产品虽然落入CDR序列限定的权利要求中，但是其框架区与专利权利要求不对应。

2024年3月修改后的欧洲专利局审查指南就抗体创造性判断可依赖的预料不到的技术效果仅列举了治疗活性、稳定性和免疫原性方面的改善，亲和力提高这一效果被删除。这说明欧洲对抗体创造性的要求进一步提高，如果仅有亲和力相对现有技术提高，即便达到预料不到的程度，仍不满足创造性。这一修改需要"走出去"的生物医药企业引起重视。

6.6.3 实用性

单克隆抗体的实用性问题往往出现在抗体筛选方法的实用性判断上。对于通过杂交瘤技术或噬菌体随机文库展示技术筛选获得特定单克隆抗体的方法，由于通过获得特定单克隆抗体的结果具有随机性，不能重复再现，因此，这种特定单克隆抗体的筛选方法通常不具备实用性。

例如，权利要求1请求保护一种由杂交瘤细胞分泌的白斑症病毒的中和单克隆抗体，其特征在于，该株杂交瘤细胞分泌的特异性的白斑症病毒的中和单克隆抗体F（即中和单抗F）具有某种能力。权利要求2请求保护权利要求1所述由杂交瘤细胞分泌的白斑症病毒的中和单克隆抗体的制备方法，其制备技术路线是：从以白斑症病毒为抗原开始,采用免疫学方法建立抗白斑症病毒的单克隆抗体库,其特征在于,选择该病毒中和单克隆抗体的检测筛选方法,从该单克隆抗体库中检测筛选出白斑症病毒的中和单抗 F,本领域技术人员知悉,单克隆抗体的筛选是随机性的,取决于单克隆抗体库和筛选方式的不同,筛选的结果是多种多样的。从属权利要求请求保护的方法涉及建立白斑症病毒的单克隆抗体库、从该单克隆抗体库中筛选出权利要求 1 所述的特定中和单抗 F 的过程,并不能够保证可以重复地获得请求保护的具有特定的中和单抗 F。因此,请求保护的制备方法不具备再现性,从而不具有实用性。

6.7 制剂专利的"三性"探讨

6.7.1 新颖性

制剂研发中可以选择将拟申请药品制剂对比上市药品进行改变,包括:剂型变化,例如从固体口服剂改为贴剂,这在一定程度上取决于安全性和有效性的数据;采用"新"赋形剂,但也会选择在已批准药品中使用过的赋形剂,否则未经过临床试验的全新赋形剂的安全性会无法得以证实;药效强度变化(如活性成分数量变化);新给药方案(例如上市药品批准为日服两次时,变更为日服一次);新的给药途径(例如静脉注射改为鞘内注射),从而产生不同的制剂产品的技术方案。

制剂专利新颖性的判断主要以单独对比原则,判断技术方案是否实质相同。一项权利要求的技术方案与一篇现有技术公开的技术方案相比,如果二者所属技术领域、所解决的技术问题、要求保护的技术方案和预期效果实质上相同,则该权利要求不具备新颖性。对于完全相同仅是作了简单文字替换;或隐含可直接地且毫无疑义确定的技术内容可作为相同内容的发明。判断新颖性时需要关注具体(下位)概念与一般(上位)概念,数值与数值范围,包含性能、参数、用途、制备方法、使用方法等特征限定的产品权利要求,考虑权利要求中的性能、参数、用途、制备方法、使用方法等特征是否隐含或导致了要求保护的产品具有某种特定结构和/或组成,即要求该结构和/或组成的不同可将其与现有技术区别开。

第一,参数、性能限定产品的新颖性判断。

涉案专利 ZL95194443.6 于 2004 年 2 月 18 日授权,2009 年 6 月 10 日被宣告部分无效。授权公告的权利要求 1 为:一种通过非肠道形式给药的药学上稳定的奥沙利铂制剂,由浓度为 1~5mg/mL 及 pH 为 4.5~6 的奥沙利铂水溶液组成,该制剂中的奥沙利铂的含量至少是最初含量的 95% 并且当贮存超过药物有效期之后溶液保持澄清、无色和没有任何沉淀。该权利要求中具体限定了给药方式、参数和性能。对比文件公开了一种奥沙利铂水溶液,其由蒸馏水和奥沙利铂粉末混合制得,浓度为 3.4mg/mL,用于对小鼠静脉注射给药。经比对发现,权利要求 1 所要求保护的技术方案与对比文件公开的技术方案均为奥沙利铂的水溶液,而且后者所述的3.4mg/mL的浓度也在权利要求1中所述的1~5mg/mL的浓度范围之内。虽然权利要求1中还限定了所述水溶液的pH为4.5~6,以及"该制剂中的奥沙利铂的含量至少是最初含量的95%并且贮存超过药物有效期之后溶液保持澄清、无色和没有任何沉淀",但是,同样结构组成的产品必然具有同样的性能,根据该专利说明书第2页第2段所记载的"使用一种奥沙利铂的水溶液,它的活性成分的浓度和pH是很好的确定在各自的范围之内的并且同时活性成分是不需要任何酸或碱、缓冲液或其他添加剂"以及根据包括实施例在内的说明书的记载所表明的该专利奥沙利铂水溶液就是通过将奥沙利铂与水通过常规制备获得可知,权利要求1中的pH为所述1~5mg/mL浓度的奥沙利铂水溶液本身固有的理化性质,并未隐含所述制剂中还包括其他成分,如酸、碱、缓冲液或其他添加剂,对比文件中的同样组成的产品必然具有相同的pH;同样,"该制剂中的奥沙利铂的含量至少是最初含量的95%并且贮存超过药物有效期之后溶液保持澄清、无色和没有任何沉淀"也没有隐含所述制剂中除奥沙利铂和水外还含有其他成分。因此,这两个特征不能使权利要求1的制剂区别于对比文件中公开的水溶液,所以,权利要求1不具备新颖性。

根据《专利法》(2008年修正)第22条第2款规定,对于包含性能、参数特征的产品权利要求,应当考虑权利要求中的性能、参数特征是否隐含了要求保护的产品具有某种特定结构和/或组成。如果所属技术领域的技术人员根据该性能、参数无法将要求保护的产品与对比文件产品区分开,则可推定要求保护的产品与对比文件产品相同,因此,该专利的权利要求不具备新颖性。

第二,使用方法限定的产品的新颖性判断。

涉案专利ZL98811964.1于2005年4月27日授权,于2007年12月17日被王某玲提出无效宣告请求,专利权人于2008年2月18日提交了新修改的权利要求,2009年12月9日被宣告无效。授权公告的权利要求1为:一种制备含有直接用于肠胃外给药的液体药物组合物的密封的小瓶或药筒的方法,包括下列步骤:①将人甲状旁腺激素、pH维持在3~7范围内的缓冲剂和稳定剂相掺混,从而形成溶液;②密封含有所述溶液的小瓶或药筒,从所述小瓶或药筒中抽出有效剂量的甲状旁腺激素供患者使用。在无效宣告请求审理过程中,专利权人删除原权利要求1,提交新的权利要求1为:一种呈直接用于胃肠外给药溶液形式的药物组合物,所述组合物包含人甲状旁腺激素、将pH维持在3~7范围内的缓冲剂和稳定剂,其中所述稳定剂是多元醇或糖醇并且其中在被患者使用前所述溶液无须经冷冻干燥或重构。经比对发现,证据2[公开号为WO9517207A1的发明专利申请公开文本及其公开号为CN1142772A的中文同族专利的公开文本]公开了一种甲状旁腺激素的药物组合物,所述组合物包含人甲状旁腺激素、将pH维持在3.5~6.5范围内的缓冲剂和赋形剂以及水,所述赋形剂为甘露醇,且甘露醇能够在溶液中发挥使人甲状旁腺激素稳定的作用;证据2的实施例部分也公开了一种具体的PTH溶液,其包含人PTH(1~84)、甘露醇和柠檬酸盐,溶液的pH为4

或 6。合议组认为，证据 2 已经公开了一种液体药物组合物，其有效成分与权利要求 1 完全相同或为权利要求 1 的下位概念，pH 范围在权利要求 1 的范围之内，因此可以认定两者为相同的药物组合物，至于该液体药物组合物在被患者使用前是否需要进行冷冻干燥或重构，只是药物使用者的自由选择，并非产品固有的特征，且未导致药物组合物本身的组成和具体含量的改变，权利要求 1 的技术方案已经被证据 2 公开，两者的技术领域、实际解决的技术问题及技术方案实质上相同，权利要求 1 相对于证据 2 不具备新颖性，不符合《专利法》（2008 年修正）第 22 条第 2 款的规定。

6.7.2 创造性

根据《专利法》第 22 条第 3 款的规定，与现有技术相比，制剂发明要求具有突出的实质性特点和显著的进步。如果是所属技术领域人员在现有基础上通过逻辑分析、推理或者有限的实验可以得到，则是显而易见的。如果权利要求保护的技术方案与最接近现有技术相比存在区别特征，且该区别特征的引入使整个技术方案取得了预料不到的技术效果，则该权利要求具备创造性。

石药集团的专利 ZL02123000.5，授权公告日为 2004 年 9 月 15 日。授权公告时的权利要求 1 为：一种丁苯酞环糊精或环糊精衍生物包合物，其特征在于，含有丁苯酞和环糊精或环糊精衍生物，丁苯酞和环糊精或环糊精衍生物的分子摩尔比为 1：（1～10）。丽珠医药集团股份有限公司以创造性理由于 2017 年 12 月 20 日向原专利复审委员会提出无效宣告请求。专利权人针对无效宣告请求于 2018 年 2 月 12 日提交了意见陈述书，同时提交了修改后的权利要求书，其中修改后的权利要求 1 为：一种丁苯酞环糊精衍生物包合物，其特征在于：含有丁苯酞和环糊精衍生物，丁苯酞与环糊精衍生物的分子摩尔比为 1：（1～10）；环糊精衍生物包括羟乙基 - β - 环糊精、羟丙基 - β - 环糊精、二羟丙基 - β - 环糊精、羧甲基环糊精、磺烷基环糊精。2018 年 6 月 5 日，专利权人再次提交了意见陈述书和修改后的权利要求书，修改后的权利要求 1 为：一种丁苯酞环糊精衍生物包合物，其特征在于：含有丁苯酞和环糊精衍生物，丁苯酞与环糊精衍生物的分子摩尔比为 1：（1～10）；环糊精衍生物为羟丙基 - β - 环糊精。原专利复审委员会以专利权人于 2018 年 6 月 5 日提交的权利要求书和该专利授权公告文本的其他部分为此次无效宣告请求审查决定的审查文本。

经审理，原专利复审委员会采用 2 种不同的最接近的现有技术为起点，进行创造性判断。

第一种以证据 4 为最接近的现有技术。该专利权利要求 1 与证据 4 的区别在于：权利要求 1 中的丁苯酞由羟丙基 - β - 环糊精包合，二者分子摩尔比为 1：1～10。证据 5 公开了羟丙基 - β - 环糊精的制备和表征以及对药物溶解度的影响，该证据提及：①"羟丙基 - β - 环糊精的水溶液是非常有效的药物增溶剂。表 1 包含了这些实验的结果；测试了具有从无环到四环结构的化合物。羟丙基 - β - 环糊精水溶液（40%～

50%）中一些药物的溶解度比其在水中的溶解度提高三个数量级。使用性激素测试了羟丙基-β-环糊精的增溶能力对取代度的依赖性。显然，具有低取代度（<8）的制剂获得了最优的增溶性"；②"即使对小鼠大量长期施用羟丙基-β-环糊精也没有可检测的口服毒性"；③"与那些化合物相比，羟丙基-β-环糊精具有更低的毒性"。

合议组认为，通常情况下，药物领域中优良助剂的出现仅仅提供了制备优良制剂的可能性。对于羟丙基-β-环糊精而言，包合物的形成依赖于羟丙基-β-环糊精与被包合物之间的范德华力、疏水作用和氢键，包合的程度取决于被包合物分子的结构、分子量大小和亲脂性等多种因素，因而其只是一种具有应用潜力的优良增溶剂。如上文所述，证据5测试了羟丙基-β-环糊精对从无环到四环结构化合物的增溶作用，但由表1的实验数据可知，其对药物的增溶作用从增加不及1倍到增加至3个数量级不等，可见羟丙基-β-环糊精参试药物的增溶效果参差不齐、差别巨大，没有证据表明其适用于所有的不溶或难溶药物。为了得到增溶的环糊精衍生物的包合物，需要从成千上万种不溶或难溶的药物中进行大量的筛选，也就是说，丁苯酞与羟丙基-β-环糊精进行包合，能否增溶、增溶程度大小均是不可预期的。根据该专利说明书的记载，"经测定在25℃时，丁苯酞羟丙基-β-环糊精包合物在水中的溶解度达924mg/100mL"，可见丁苯酞不但能被羟丙基-β-环糊精包合，而且包合后其溶解度提高了几十倍，直接为将丁苯酞制备成注入体内的针剂等剂型提供了可能性，而这对于丁苯肽的临床应用是极为重要的突破，足以证明二者的结合取得了预料不到的技术效果。因此，权利要求1的技术方案相对于证据4和证据5的结合具备创造性，符合《专利法》（2008年修正）第22条第3款的规定。

此外，虽然证据3、证据6和证据7均涉及羟丙基-β-环糊精及其增溶作用，但是，丁苯酞能否被羟丙基-β-环糊精包合，即能否增溶、增溶程度如何均是不可预期的，而该专利的包合物获得了预料不到的技术效果。因此，权利要求1相对于证据4结合证据5和证据7、证据4结合证据3、证据4结合证据3和证据7、证据4结合证据6、证据4结合证据6和证据7、证据4结合证据7具备创造性，符合《专利法》（2008年修正）第22条第3款的规定。

第二种以证据1为最接近的现有技术。证据1公开了芹菜甲素作为制备预防和治疗脑缺血引起的疾病的药物中的应用，芹菜甲素可以胶囊剂、注射剂等制剂形式与药用载体组合成组合物用于哺乳动物和人类，dl-芹菜甲素为淡黄色油状物，实施例11提供了芹菜甲素软胶囊配方。该专利权利要求1与证据1中芹菜甲素的区别特征在于：权利要求1中的丁苯酞由羟丙基-β-环糊精包合，二者分子摩尔比为1:1~10，而证据1中为丁苯酞。证据2提及："常见的环糊精包括α、β、γ三种，β-环糊精最为常用，β-环糊精包含物在药剂学上具有增加药物溶解度的作用。"由此可见，证据2仅公开了β-环糊精，并没有公开羟丙基-β-环糊精，更无法得出羟丙基-β-环糊精包合丁苯酞能够取得预料不到技术效果的启示，没有证据表明二者的结合属于本领域的公知常识，况且，如上文所述，该专利的包合物取得了预料不到的技术效果。因此，权利要求1相对于证据1、证据2和本领域的公知常识具备创造性，符合《专利法》（2008年修正）第22条第3款的规定。

另外，权利要求2是权利要求1的从属权利要求，权利要求3~7保护一种丁苯酞环糊精衍生物包合物的制备方法，权利要求8保护一种丁苯酞环糊精衍生物包合物的用途，权利要求3~8均涉及丁苯酞与羟丙基-β-环糊精的包合物，在权利要求1的包合物具备创造性的情况下，其从属权利要求2、权利要求3~7的制备方法和权利要求8的用途也具备创造性，符合《专利法》（2008年修正）第22条第3款的规定。

基于以上事实和理由，合议组作出审查决定。在专利权人于2018年6月5日提交的权利要求1~8的基础上维持第02123000.5号发明专利权有效。

6.7.3 实用性

制剂专利通常符合实用性的要求，此处不再赘述。

6.8 组合物/复方专利的"三性"探讨

《专利审查指南（2023）》第二部分第十章第3.1节规定，对于组合物发明，说明书中除了应当记载组合物的组分外，还应当记载各组分的化学和/或物理状态、各组分可选择的范围、各组分的含量范围及其对组合物性能的影响等。对于新的药物化合物或者药物组合物，应当记载其具体医药用途或者药理作用，同时还应当记载其有效量及使用方法。

6.8.1 新颖性

在组合物/复方专利的新颖性审查中，通常考虑组分和含量，一般不考虑性质和用途，除非这种限定隐含存在对组合物/复方的组分或含量的限定；需要注意区别开放式和封闭式。《专利审查指南（2023）》第二部分第十章第5.2节对组合物的新颖性的规定分了两种情形。

对于仅涉及组分时的新颖性判断，一份对比文件公开了由组分（A+B+C）组成的组合物甲，如果：①发明专利申请为组合物乙（组分：A+B），并且权利要求采用封闭式撰写形式，如"由A+B组成"，即使该发明与组合物甲所解决的技术问题相同，该权利要求仍具有新颖性。②上述发明组合物乙的权利要求采用开放式撰写形式，如"含有A+B"，且该发明与组合物甲所解决的技术问题相同，则该权利要求不具有新颖性。③上述发明组合物乙的权利要求采取排除法撰写形式，即指明不含有C，则该权利要求仍具有新颖性。

如果涉及组分含量时，其新颖性判断适用《专利审查指南（2023）》第二部分第十章第4.2.2节数值和数值范围的规定,如果要求保护的发明中存在以数值或者连续变化的数值范围限定的技术特征,则存在不同情形:①对比文件公开的数值或者数值范围落在所限定的技术特征的数值范围内,将破坏要求保护的发明的新颖性;对比文件公开的数值范围与所限定的技术特征的数值范围部分重叠或者有一个共同的端点,将破坏要求保护的发明的新颖性。②对比文件公开的数值范围的两个端点将破坏所限定的技术特征为离散数值并且具有该两端点中任一个的发明的新颖性,但不破坏所限定的技术特征为该两端点之间任一数值的发明的新颖性。③所限定的技术特征的数值或者数值范围落在对比文件公开的数值范围内,并且与对比文件公开的数值范围没有共同的端点,则对比文件不破坏要求保护的发明的新颖性。但是如果公开组成范围的端值自动产生具体的组合物,则该端值破坏发明的新颖性。

这种情况对于二元组合物是普遍的,特别是封闭式组合物。例如,组成范围为A 40%~70%、B 60%~30%的公开破坏40%A、60%B和70%A、30%B组合物的新颖性。在多于两个组分的组合物的组成范围中,端值通常不产生具体的组合物。例如,A为10%~30%,B为25%~40%,C为40%~60%则不产生任何具体的组合物。但下述情形将会产生具体的组合物:A为10%~30%,B为25%~40%,C为30%~65%,即30%的A、40%的B和30%的C以及10%的A、25%的B和65%的C将组成具体的组成,被认为是隐含公开的。上述判断原则就是如果公开的组成范围的一个组分的边界值对其他组分的范围值自动组成100%,则其对应的组合物(无论是开放式还是封闭式)是隐含公开的。

6.8.2 创造性

组合物/复方专利通常需要考量药物发明组合后的各组分之间是否在各自的药理作用上相互支持、药物组分组合的难易程度、现有技术中是否存在对药物组合的启示以及药物组分组合是否具有有益的技术效果。

化学药物组合物及联合用药方面的专利创造性审查,强调采用"三步法"判断一项发明专利相对于现有技术是否具有突出的实质性特点。首先应当在现有技术中确定与该专利所保护的技术方案最接近的技术方案,然后将其与该专利所保护的技术方案进行比较并找出二者之间存在的区别特征,之后考察这些区别特征是否使该专利所保护的技术方案对所属技术领域普通技术人员来说是非显而易见的,如果结果是否定的,则应认为该专利所要求保护的技术方案不具有突出的实质性特点,从而也不具备创造性。

例如,专利ZL97108942.6的权利要求1保护"一种抗β-内酰胺酶抗菌素复合物,其特征在于它由舒巴坦与氧哌嗪青霉素或头孢氨噻肟所组成,舒巴坦与氧哌嗪青霉素或头孢氨噻肟以(0.5~2):(0.5~2)的比例混合制成复方制剂"。双鹤药业于2002年12月3日向原专利复审委员会提出专利权无效宣告请求。合议组审理认为,根据说明书的记载,该发明权利要求1的技术方案是为了解决细菌对氧哌嗪青霉酸和头孢氨噻肟等的耐药问题,并认为细菌产生耐药的机理以细菌产生抗 β-内酰胺酶为主;针对该技术问题专利权人采用的技术方案是以舒巴坦与氧哌嗪青霉酸或头孢氨噻肟以(0.5~2):(0.5~2)的比例组成复合物;该技术方案所能达到的技术效果为使抗生素的抗菌活性增强,扩大了抗菌谱,解决了细菌的耐药性问题。证据1也是为了解决细菌的耐药性问题,证据1指出"产生 β-内酰胺酶是细菌对 β-内酰胺类抗生素耐药的最重要的机制";证据1公开了用舒巴坦可以与哌拉西林以0.5:2 或与头孢氨噻肟以1:2的比例联合使用的技术方案;并且,该技术方案也能达到提高抗生素的抗菌性,扩大抗菌谱,解决细菌的耐药性的效果。在此情况下,合议组认为,在证据1公开的技术方案的基础上,结合其中给出的"本研究中的所有的微生物体均对被琼脂扩散试验证明的由 $15\mu g$ 舒巴坦和 $30\mu g$ 抗生素组成的复合制剂敏感"技术启示,本领域普通技术人员无须花费创造性的劳动就可以将舒巴坦与氧哌嗪青霉素或头孢氨噻肟混合制成复合物,从而得到该发明权利要求1的技术方案,并获得所述技术效果。因此该专利权利要求1相对于证据1不具备创造性,不符合《专利法》(2008年修正)第22条第3款的规定。对于被请求人声称的该发明的技术方案具有的其他技术效果,如副作用减少、药效过程等同、高生物有效性等,由于该发明的说明书中并没有记载,不能说明权利要求1具备创造性。该专利最终被宣告全部无效。该案件还涉及专利权人提交的证明商业成功的证据,但由于仅能证明其与案外人就该专利签订了专利实施许可合同,并不能证明其实施该专利并取得了商业上的成功,更不能证明商业上的成功就是由该技术方案本身带来的。故专利权人希望通过辅助判断因素(发明在商业上获得了成功)主张该专利具备创造性的请求并未得到支持。

专利创造性审查和无效案件中,专利权人通常采用补充实验数据的方式进行答辩,但专利审查指南对于补充数据有较为严格的规定。

涉案专利 ZL03821763.5 于2005年7月27日授权,其授权公告权利要求1为:"用于预防或治疗糖尿病、糖尿病综合征、糖代谢紊乱或脂质代谢紊乱的药物组合物,其含有选自吡格列酮或其药理学可接受的盐的胰岛素敏感性增强剂,和作为胰岛素分泌增强剂的磺酰脲。"四川海思科制药有限公司和重庆医药工业研究院有限责任公司分别针对专利权人武田药品工业株式会社的该专利提起无效宣告请求,在口头审理时,专利权人提交了经修改的权利要求书全文替换页,具体修改是删除了授权公告的权利要求2中的格列美脲,其他权利要求未作修改。合议组以该修改的权利要求书和授权公告的说明书为基础,经审理后认为:①虽然证据1未记载权利要求1所述组合具有更好的效果,但证据1给出了权利要求1所述组合可用于治疗糖尿病的启示;②证据2~8不能证明本领域存在吡格列酮不能用作人类药物的技术偏见;③证据4并不能表明曲格列酮与磺酰脲联用对处于任何糖尿病状态的所有糖尿病患者均没有协同作用。正如证据1所表明的,针对处于不同糖尿病状态的糖尿病患者个体应尝试不同的治疗方案,这种情况下,曲格列酮与磺酰脲联用对于一些患者能够显示出协同效果,而对于另一些患者不能显示出协同效果，例如证据4表明，曲格列酮+其他口服降血糖药（OHA）与单独服用曲格列酮的治疗方案在显著改善的比例上存在明显差异，分别为20.0%和11.1%。因此，证据4不能证明该专利权利要求1的技术方案取得了预料不到的技术效果；④反证7就专利权人提交的对比实验数据，请求人对其真实性不予认可，在反证7记载的内容中没有显示实验结果由哪一机构或个人作出，专利权人也没有提供任何能够证实反证7的真实性的佐证，因此不能以反证7来证明该专利权利要求1的技术方案取得了预料不到的技术效果。无效宣告请求审查决定认为：该专利权利要求1的技术方案与证据1公开的内容相比，区别仅在于权利要求1选择了具体的胰岛素敏感性增强剂，即吡格列酮或其药理学可接受的盐，并将其与磺酰脲联合制备用于预防或治疗糖尿病的药物。由于证据1已指出吡格列酮与曲格列酮具有相同的降血糖作用机制，可以用作胰岛素敏感性增强剂，而且证据1明确教导了胰岛素抵抗性改善剂与磺脲剂或胰岛素的并用效果更值得期待，因此选择吡格列酮作为胰岛素敏感性增强剂与磺脲剂联合用于制备预防或治疗糖尿病的药物对于本领域技术人员来说是显而易见的，不具备突出的实质性特点和显著的进步，并且从该专利说明书记载的内容也看不到这种选择相对于证据1取得了任何意料不到的技术效果。由于对于吡格列酮的药理学可接受的盐，本领域技术人员知晓其为吡格列酮在使用时的一种具体形式，与吡格列酮具有相同的药理活性，因此使用吡格列酮的药理学可接受的盐的技术方案也是显而易见的，不具备突出的实质性特点。最后该专利权利要求1以不具备创造性被宣告无效。

对于中药领域而言，由于原材料组成是大多数传统中药复方专利的一项重要的技术特征，因此可以从原材料组成及其制备方法进行评述。中药复方的组成十分复杂，制备方法也很多样（如加热、水浸或蜂蜜、酒、醋、药汁等）。制备中成药的过程中任何的加工处理都极可能使其发生复杂的化学反应，使化学组成发生量变到质变的一系列变化，即使是采用最先进的仪器也无法判断出复方的原始配方与制备工艺。新的制备方法如果采取了不同于现有制备技术的提取、分离、炮制或其他制剂工艺，且具有实质性特点与显著进步，比如，提升了中药复方的性能（疗效的提高、用途的增加、毒副作用的降低、储存期的延长甚至是口感的改良等），或是对中药复方的生产过程的改进（如复方生产成本的降低、能耗的降低、中药复方原材料资源的保护利用、生产复方工艺的简化、复方质量控制再现性的提高等），则该新制备方法具备了创造性，可以获得专利保护。

6.8.3 实用性

只要药物组合物/复方专利申请的说明书能够说明该组合物/复方进入产业化生产，该类专利的实用性即能被认可。此处不再赘述。

6.8.4　组合物/复方专利撰写应注意事项

在组合物/复方权利要求书的撰写实务中需要注意：①倘若发明的实质或者改进仅在于组分本身，其技术问题的解决仅取决于组分的选择，而组分的含量是本领域技术人员根据现有技术或者通过简单实验就能够确定的，则在独立权利要求中可以允许只限定组分；否则应既限定组分又限定含量。各组分的含量撰写禁用含糊不清的词，例如"大约""左右"等；可以使用功能性限定，如"催化量"等，但慎用"适量"；含量表达不得使用">X"；注意写明"量纲单位"；禁用"商品名称"或"商品代号"。②组合物还可以采用非限定型、限定型、用途限定型的撰写方式。当该组合物具有两种或者多种使用功能和应用领域时，可以允许用非限定型权利要求；若在说明书中仅公开了组合物的一种功能或者用途，通常需要写成功能限定型或者用途限定型；若药物组合物发明的实质在于其中的活性成分，对于是否加用途限定则无强制性规定。③对于以组分和含量为特征的药物组合物，如果以剂型为特征，应当写明剂型如"注射剂""软膏剂"等；若以产品的功能（即辅料）为特征的，应写明该功能，如"一种缓释药物组合物"。④主题名称禁用"配方""技术"等措辞。⑤化学领域，组合物的独立权利要求一般由主题名称和技术特征（共有的和区别的必要技术特征）组成。组合物的从属权利要求除采用组分和/或含量进一步限定外，也允许以用途限定，条件是这种用途限定隐含对组合物的组分或者含量的限定作用。

《专利审查指南（2023）》第二部分第十章第4.2节提出：组合物权利要求一般不分前序部分与特征两部分撰写，但应当用组合物的组分或者组分和含量等组成特征来表征。组合物权利要求分为开放式和封闭式两种表达方式，开放式表示组合物中并不排除权利要求中未指出的组分；封闭式则表示组合物中仅包括所指出的组分而排除所有其他的组分。开放式的措辞有如"含有""包括""包含""基本含有""本质上含有""主要由……组成""主要组成为""基本上由……组成""基本组成为"等，这些都表示该组合物中还可以含有权利要求中所未指出的某些组分，即使其在含量上占较大的比例。封闭式的措辞有如"由……组成""组成为""余量为"等，这些都表示要求保护的组合物由所指出的组分组成，没有别的组分，但可以带有杂质，该杂质只允许以通常的含量存在。

在组合物/复方说明书的撰写实务中需要注意：组合物/复方制剂发明通常是以组分的组合为特征，其基本技术特征包括组分的名称、组分的含量（或配比）以及组分之间的结构和选择关系，说明书中应当对这些基本特征进行清楚的描述，同时说明书中也要求描述产品的制备方法、使用方法和技术效果。①组分的描述。一般不要使用非通用的简称、俗称、缩写、代号或自己编撰的名称。一般情形下，对组合物各组分的概括要根据组合物的性质和用途而定，对于辅料或添加剂的概括往往会采用上位概括，而主料或者活性组分的概括要适度。②组分的含量或配比。可以采用定性或者定量或者二者结合方式写明。定量时注意写明量纲单位，如质量百分数、份数、余量等表示。同时，对于各含量采用"一概""二概"等具体值的概括方式梯度撰写。多组分含量要注意满足：各组分的下限之和小于100%，上限之和大于100%；任一组分的下限加其他组分的上限之和大于等于100%，任一组分的上限加其他组分的下限之和小于等于100%。③明确产品的制备方法，但也需要注意保留技术秘密。④明确产品的技术效果和用途。技术效果需要试验证实，不要使用孤证。⑤如果涉及组分之间的结构关系和选择关系，要注意相互之间的连接关系。例如透皮制剂中，裱褙层、储药层和压敏层之间的相互连接关系。⑥撰写实施例时要注意保留技术秘密，但不能将影响专利授权。

6.9 制备工艺/方法专利的创造性探讨

制备工艺/方法专利作为生物制药领域专利保护组合的重要主题，其在阻碍竞争对手、延长药物专利保护期方面发挥着重要作用。优选的医药产品制备工艺/方法，能够降低药物生产成本，降低杂质含量进而提高原料药质量，有效提高药物的安全性、有效性，进而提高了产品的市场竞争力。

化合物专利申请的充分公开，需要专利说明书中记载化合物的确认、化合物的制备和化合物的用途或效果，因此化合物专利中一般已经公开了至少一种相应化合物的制备方法。随着药物研发的进展，基于低成本且安全环保质量可控地制备高质量原料药的需要，会进一步开发新的制备工艺/方法。笔者列举了常见的改进制备工艺/方法的类型，并从专利的角度对不同类型制备工艺/方法专利申请的创造性判断中需要注意的问题进行了探讨。

6.9.1 创造性

6.9.1.1 合成路线改进型

制备工艺/方法的合成路线改进，通常情况是在制备目标化合物时，与已有合成路线相比，选取了不同的起始化合物作为原料，进而开发一条完全不同于已有化合物制备方法的全新制备路线。该类专利申请，由于在制备路线上存在差异，被授予专利权的可能性较大。但是有些情况下，审查员基于化学合成理论的指导作用，也会对这类权利要求的创造性提出疑问，审查员通常选取目标化合物的已有合成路线作为最接近的现有技术，并认为公开的结构类似的化合物的制备方法给出了技术启示，或者直接选择一个结构类似的化合物的制备方法作为最接近的现有技术，认为在目标合成化合物不具备创造性的条件下，容易想到选取相应的原料制备得到该目标化合物。

需要注意的是，制备工艺/方法创造性的判断对现有技术的要求与化合物的创造性判断不完全相同。在化合物的创造性判断中，无论是最接近的现有技术的选取，还是作为结合启示的其他文件的使用，均需要考虑该现有技术所属的技术领域。例如在国内的审查实践中，一种用作化学反应催化剂的化合物很少被审查员用来评述一种用作糖尿病治疗的化合物的创造性评价中，即使它们在结构上存在较大的相似性，甚至给出了化合物结构改进的启示。然而在制备工艺/方法的创造性判断中，一般认为在化合物的制备过程中，制备的目标化合物所属的领域并不会阻碍本领域技术人员寻求技术启示的动机，因此审查员结合其他领域的现有技术文献对请求保护发明的创造性评价，并不存在技术障碍。

针对该种类型权利要求可能的创造性质疑，申请人可以从化学作为一门实验科学的不可预期性入手，找出请求保护的制备工艺/方法涉及的化合物结构与现有技术中"近似"化合物的区别，并充分分析这些原料结构上的区别对制备工艺/方法的影响，让审查员明了请求保护的制备工艺/方法的特殊性。例如，不同制备方法所采用的原料化合物结构上的取代基因取代位置不同而导致所处的空间、电性环境具有较大差异，从而对母核结构的化学反应造成巨大的影响，导致本领域技术人员不会从现有技术中得到技术启示。

6.9.1.2 合成技术改进型

合成技术改进是指对已有合成路线的具体某一或某几个步骤进行改进，这种改进可以是例如由间歇式反应到连续式反应级数的改变（分步法到"一锅法"）、绿色化学试剂（低毒/无毒试剂、易燃易爆试剂）的使用、特殊反应技术（微波/超声合成、离子液体）的使用等。由于这些合成技术的改进，均属于本领域已知的方法，如果请求保护的合成方法与现有技术的区别仅仅在于上述改进，一般情况下需要具有预料不到的技术效果，其创造性才有可能获得认可。例如，采用"一锅法"的方法与已有的合成方法相比，制备得到产品纯度和收率都得到了大幅的提高，则可以认为"一锅法"取得了预料不到的技术效果，但如果仅仅在于化学反应的后处理简化，提高了效率，由于这是"一锅法"本身的特点，将其归入"预料不到的技术效果"进而获得创造性认可的难度较大。对于绿色试剂的使用、特殊试剂的使用也是类似的情况。总之，对于该类合成技术改进，证明请求保护的制备工艺/方法取得了预料不到的技术效果对于其创造性能否获得认可至关重要。

6.9.1.3 工艺条件优化型

工艺条件的优化是对已有制备工艺/方法的进一步摸索和优化，具体例如反应溶剂的替换、反应温度的改变、重结晶溶剂的选取、具体碱的选择、试剂的用法用量等。这些工艺条件改变一般被认为属于本领域技术人员的常规选择，为了体现这种微小发明的价值和创造性，证明这种微小改进取得了预料不到的技术效果的证据是必不可缺少的，具体可以是对比试验的方式。

例如通过对比试验证明，通过反应溶剂的替换，使产物能够结晶析出，解决了现有技术反应完成后所得到的黏稠物不易处理的难题，大大提高了后处理的便利性；通过反应温度的改变，降低了副反应的发生，提高了产品收率和纯度；通过后处理过程中重结晶溶剂的选择，大大提高了析晶效率，得到了更高纯度的产品；通过催化剂的选择，使反应可以在常温常压下顺利完成，装置及反应控制成本降低。上述效果改进的提高如果达到了预料不到的程度，则这些"小发明"均可被授予专利权，发挥"大作用"。

6.9.2 专利申请文件撰写的注意事项

化合物制备工艺/方法专利是药物专利保护主题的重要组成部分。随着国家对知识产权保护力度的加大以及创新主体自主保护意识的增强，制备工艺/方法专利越来越受到创新主体的重视，近些年，针对制备工艺/方法的侵权纠纷越来越多。但是与化合物专利不同，制备工艺/方法专利涉及工艺步骤多，工艺参数复杂。在具体实践中存在容易被竞争对手规避、侵权认定难的问题。这些不足导致了制备工艺/方法专利保护力度的降低。因此，在制备工艺/方法专利撰写时，申请人需要引起足够的重视。依靠充分合理的申请撰写来规避该类专利面临的不利情况，增强该类主体专利的保护力度。

6.9.2.1 化合物专利中对制备工艺/方法的公开

如前所述，《专利法》对化合物产品权利要求的充分公开有具体要求。具体地，应当至少记载化合物的一种制备方法。发明人为了满足化合物充分公开的要求，有时在化合物专利中记载了不止一种制备方法。随着化合物专利的公开，可能对后续制备工艺/方法专利的布局产生不利影响，导致缩短专利整体布局带来的专利保护期的延长。

6.9.2.2 注意对重要中间体的专利保护

由于制备工艺/方法专利工艺步骤多、参数条件复杂，在具体实践中存在容易被竞争对手规避，且侵权认定难的问题。如前所述，在合成路线改进型的制备工艺/方法专利申请中，由于改进的合成路线多采用了新的制备原料，在工艺方法中必然相对于已有合成方法产生了新的中间体化合物。中间体化合物相对于制备工艺/方法而言，更容易进行侵权行为判断，并且制备工艺/方法中的核心中间体化合物不易规避，能够为产品提供重要的专利保护。

6.9.2.3 权利要求保护要突出创新点

制备工艺/方法专利之所以易于被规避、侵权判定难，原因之一在于其权利要求保护的特征多且复杂。因此，在专利申请文件撰写时，对于非必要的技术特征尽量不要撰写到权利要求中,而对于发明的创新点,应当提供充分的证据证明该创新点相对于现有技术取得了预料不到的技术效果。

例如,权利要求请求保护一种化合物 A 的制备方法,包含步骤 1~4。现有技术中已经公开了包含该 4 个步骤的化合物 A 的制备方法。该申请请求保护的制备方法相对于现有技术,其发明点在于步骤 3 中所采用的碱由 Na_2CO_3 替换为 Se_2CO_3,试验结果表明,在其他条件保持不变的情况下,这种碱的替换使该步骤的反应时间由 5h 缩短至 1.5h,且收率由原来的 40% 提高到了 80%。此时,在撰写权利要求时,应重点限定步骤 3 中该碱的使用即可,不宜在步骤 1~2、4 中包含过多的工艺参数条件特征,给侵权判定造成困难,容易被竞争对手规避。

6.9.3 专利和商业秘密的选择

除了专利保护,制备工艺/方法还可以考虑通过商业秘密(或技术秘密)的形式给予保护。表 6-9-1 为专利和商业秘密保护的 SWOT 分析。❶ 申请人可以根据制备工艺/方法具体发明点的不同特点以及技术的保密程度,选择不同的保护方式。对于部分通过细微的工艺条件优化获得能够发挥大价值的"微小发明",在条件允许的情况下,采用严格的商业秘密保护也不失为一种好的方式。

表 6-9-1 化合物制备工艺/方法专利和技术秘密保护的 SWOT 分析

优势(strengths)	劣势(weaknesses)
• 无须公开技术方案 • 保护时限不受限制,能够在很长的时间段内维持技术秘密有效 • 权利获得程序简单,不需要向各国提交申请和授权等程序	• 独占性不强,不能对抗独立开发出同一技术的第三人 • 权利人需采取相应的保密措施,一旦泄密,权利将不复存在 • 不启动形式程序的情况下,侵权举证难度大
机会(opportunities)	风险(threats)
• 规避了方法公开后他人擅自使用的风险 • 技术要求相对较低,不要求具有创造性	• 泄密事件 • 被反向工程破译 • 他人通过独立研发获知技术信息 • 他人就同一技术信息申请专利保护

6.10 分析检测方法专利的新颖性和创造性探讨

6.10.1 新颖性

分析检测方法专利能否获得授权,重要的是满足专利授权的"三性"判断。例如

---

❶ 丁文严. 药品说明书著作权问题的成因及解决路径 [J]. 法律适用,2012,6:86-91.

分析检测方法是否用到新的仪器,该类方法专利可结合仪器或仪器结构的改进进行申请;与现有技术相比是否属于新的方法,或者在操作步骤、仪器参数等方面不同;杂质化合物是未披露的新结构等;以上改进都属于分析检测方法,通常均可满足新颖性的要求。

6.10.2 创造性

创造性通常要从解决的技术问题出发,根据取得的技术效果进行评价。在审查过程中,对于没有实验数据或者实验数据不足以支持该技术效果时,审查员往往会对这些技术效果提出疑问。而对于有实验数据并能证明相对于现有技术取得了很好的技术效果,但该效果是本领域技术人员根据公知常识可以预期的,也不足以支持创造性。❶另外,预料不到的效果应由区别技术特征产生,且需要说明书的记载和实验数据的有力支撑。

下面结合案例来分析此类专利创造性的评价。

专利 CN201210258342.4 涉及阿维莫泮或其有关物质的高效液相色谱分析方法,其请求保护一种高效液相色谱分析方法,与现有技术的主要区别在于该方法中具体限定采用梯度洗脱方式并限定了具体梯度洗脱的条件。虽然现有技术披露了梯度洗脱,本领域技术人员在现有技术的基础上容易想到采用梯度洗脱的方式,但是现有技术并未给出具体洗脱条件的启示;并且根据说明书记载,在该条件下的分离效果优于其他条件的分离效果,该效果并非本领域技术人员根据公知常识必然能够预料到的,因此该方法专利具备创造性。❷

专利 CN201310194000.5 涉及基于小分子代谢物质谱分析的快速高灵敏度微生物鉴定方法,请求保护一种鉴定微生物的方法,与对比文件的主要区别在于该方法的具体细节略有不同:待 OD_{600nm} 大于 0.8 后收集待鉴定单克隆微生物菌体;用水或 pH 为 7.2~7.6 的磷酸缓冲液洗涤所收集菌体;质谱谱图中采集 5~20 个谱峰用于分析;质量分析器选自下述任意一种或它们的组合及变种:飞行时间、离子阱和四极杆。对比文件披露:①菌株生长到 OD_{600nm} 大于 0.6 后收集;②本领域常用的磷酸缓冲液的 pH 通常为 7.4 左右;③当对所测定的质谱图进行分析时,根据需要采集一定数量的谱峰,例如 5~20 个谱峰用于分析是本领域的常规技术手段;④飞行时间、离子阱和四极杆以及它们的组合及变种均是质谱分析测试中常用的质量分析器,本领域技术人员可根据所测物质的质荷比范围和分辨率要求等进行常规选择。因此,该方法相对于最接近的对比文件的区别技术特征属于本领域常用技术手段,且该常用技术手段没有使权利

---

❶ 黎作佳,肖锡峰. 分析化学领域中实验数据对专利申请创造性判断的影响[J]. 化学分析计量,2018,27(6):116-120.

❷ 参见国家知识产权局第 109636 号复审请求审查决定。

要求的技术方案产生预料不到的技术效果,该方法专利不具备创造性。❶

专利 CN201310036392.2 涉及一种鉴别苦皮藤种子药材的方法,请求保护一种鉴别苦皮藤种子药材的方法,该方法的创新点在于:①提取溶剂为石油醚;②标准参照品为 Angulateoid C;③苦皮藤种子药材特征提取物中的活性成分特征峰为:C-15 吸收峰,其化学位移 δ_C 为 60.0~66.0。对比文件未给出优化选择标准参照品、提取溶剂的技术启示与指引方向,该鉴别方法能够解决 IGD 核磁共振碳谱指纹图谱解析困难的问题,并获得了有益的技术效果,即显著提高了方法的准确性、稳定性、重复性和可行性,因此该方法专利具备创造性。❷

而对于杂质专利的创造性,适用化合物创造性评价的相关规定,杂质化学结构是与已知结构不接近、新的化合物,具有一定用途和效果,可满足创造性要求;结构上与已知化合物结构近似,则要求预料不到的技术效果。有观点认为,在药物分析领域,能否作为对照品,与物质结构、检测方法和仪器等有关,杂质化合物作为对照品用途相对已知结构的化合物是显而易见的,仅记载对照品用途,创造性难以得到认可,因此,需评价杂质是否具备治疗活性或者毒性等其他性质,其含量控制能否提升药品质量,或者是否降低药品毒副作用;对创造性的评价更多依赖于预料不到的技术效果。❸

齐鲁制药与四环制药的"桂哌齐特氮氧化物、其制备方法和用途"发明专利无效宣告请求备受行业关注。该专利 ZL200910176994.1 是四环制药的杂质专利,保护了桂哌齐特氮氧化物、其制备方法、作为标准品或对照品的应用、杀虫剂组合物及应用。齐鲁制药对该杂质专利发起无效宣告请求,无效决定从"本专利实际解决的技术问题是发现了式(Ⅰ)的桂哌齐特氮氧化物并确定了其结构,及其用作标准品或对照品,和作为杀虫活性化合物的用途"出发,从三个方面分析认可了创造性:①现有技术不能获得任何有关桂哌齐特氮氧化物的信息,更无从预期该化合物的用途;②本领域技术人员在不了解某特定杂质的任何相关信息时,无法有效地针对该特定杂质进行检测、分离和鉴定;③现有技术没有就桂哌齐特经氧化后的产物具备杀虫活性给出任何启示。❹

6.11 医药用途专利的新颖性和创造性探讨

根据《专利法》第 25 条第 1 款(3)项的规定,疾病的诊断和治疗方法不属于专利权保护的客体,不能被授予专利权。将疾病的诊断和治疗方法排除在专利法保护范畴之外的原因主要是出于人道主义的考虑,给予医生在诊断和治疗过程中自由使用各

---

❶ 参见国家知识产权局第 101353 号复审请求审查决定。
❷ 参见国家知识产权局第 83065 号复审请求审查决定。
❸ 梁宝龙. 从审查角度浅议药物标准申请的专利性[J]. 中国发明与专利,2017,10:107-112.
❹ 参见国家知识产权局第 32428 号无效宣告请求审查决定。

种诊断和治疗方法的权利。为了满足专利法的上述规定，医药用途权利要求的撰写一般采用"化合物在制备××药物中的用途"。这种撰写方式最早出现在瑞士工业产权局，也被称为瑞士型权利要求或瑞士型用途权利要求。

美国现行的专利制度认可医疗方法作为专利保护客体的地位。例如"一种用于在有需要的受试者中治疗膀胱癌的方法，其包括在至少一个诱导期和至少一个维持期对所述受试者使用免疫偶联物"，这种类型的权利要求在美国是可以寻求专利保护的，而在我国，属于《专利法》规定的不授予专利权保护的客体。

欧洲专利局扩大申诉委员会于2010年2月19日作出决定，不再承认瑞士型权利要求的合理性。委员会表示，根据修订后的《欧洲专利公约》第54条第（5）款，不排除与用途相关的产品取得专利的可能性，从而为已知药物的第二种或其他特殊医学用途给予了可专利性的保护。

鉴于中国、美国和欧洲在医药用途专利保护方面要求的不同，在美国和欧洲进行专利申请，或PCT申请在进入上述国家/地区时应注意对权利要求进行适应性修改。例如请求保护"化合物在制备治疗某疾病的药物中的用途"，在美国和欧洲一般会分别适应性修改为"A method for treating..." "A compound for use in treating..."。

6.11.1 新颖性

对于涉及化学产品的医药用途的发明，其新颖性审查考虑的因素如下。

（1）新用途与已知用途实质上是否不同。判断医药用途发明是否具备新颖性，对比的是具体适应证是否实质相同。与现有技术机理不同但治疗疾病相同的制药用途发明不具备新颖性，新的机理的阐述往往被认为是一种发现。例如，权利要求请求保护化合物在生产用于通过增加胰岛素细胞的数量来治疗非胰岛素依赖型糖尿病的药物中的用途。现有技术公开了该化合物具有治疗非胰岛素依赖性糖尿病的作用。由于权利要求与现有技术的区别在于权利要求中进一步限定了治疗非胰岛素依赖型糖尿病的机制，即通过增加胰岛素细胞的数量，但这种治疗机理的限定并不能使该制药用途与现有技术产生区别，因此该权利要求不具备新颖性。但如专利审查指南中所列举的，原先作为洗涤剂的产品X，后来有人研究发现将它配以某种添加剂后能作为增塑剂。那么如何配制、选择什么添加剂、配比多少等就是使用方法的技术特征。这时，审查员应当评价该使用方法本身是否具备新颖性，而不能凭产品X是已知的认定该使用方法不具备新颖性。

（2）新用途是否被已知用途的作用机制、药理作用所直接揭示。例如，权利要求请求保护化合物A在制备治疗糖尿病的药物中的用途。对比文件公开了化合物A是一种有效的钠-葡萄糖协同转运蛋白2抑制剂，同时提到钠-葡萄糖协同转运蛋白2（SGLT2）的抑制，抑制了肾脏对葡萄糖的重吸收，使过量的葡萄糖从尿液中排出。对比文件虽然没有直接公开化合物A可用作糖尿病治疗，但公开的其对SGLT2的作用机理揭示了其可用于糖尿病的治疗。因此，该权利要求不具备新颖性。

(3) 新用途是否属于已知用途的上位概念。如果权利要求请求保护化合物在制备治疗肿瘤的药物中的用途。只要现有技术公开了该化合物用于任何一种具体肿瘤例如非小细胞肺癌的治疗，即破坏该权利要求的新颖性。

(4) 给药对象、给药方式、途径、用量及时间间隔等与使用有关的特征是否对制药过程有限定作用，仅仅体现在用药过程中的区别特征不能使该用途专利具备新颖性。

例如发明名称为"抗生素的给药方法"的发明专利 ZL99812498.2，其权利要求保护：潜霉素在制备用于治疗有此需要的患者细菌感染而不产生骨骼肌毒性的药剂中的用途，其中用于所述治疗的剂量是 3~75mg/kg 的潜霉素，其中重复给予所述的剂量，其中所述的剂量间隔是每隔 24 小时一次至每 48 小时一次。原专利复审委员会在无效决定中指出，现有技术公开了在每 24 小时 2mg/kg 剂量下，潜霉素显示出有效治疗多种革兰氏阳性感染，在每 12 小时 3mg/kg 的剂量下注意到偶发的副作用，并公开了潜霉素的抗菌机理，即公开了潜霉素是治疗细菌感染的药物。该专利权利要求虽然进一步包括了"不产生骨骼肌毒性"和"其中所述治疗的剂量是 3~75mg/kg 的潜霉素，其中重复给予所述的剂量，其中所述的剂量间隔是每隔 24 小时一次至每 48 小时一次"的限定，但其保护的同样是潜霉素用于治疗细菌感染的制药用途。由于没有证据表明对潜霉素不产生骨骼肌毒性的副作用的进一步认识能使权利要求保护的制药用途区别于现有技术公开的已知制药用途；同时，本领域技术人员公知给药剂量、重复给药和给药间隔特征是医生在治疗过程中针对患者进行选择和确定的信息，属于用药过程的信息，与制药过程无关，例如包含相同药物含量的制剂可以采用不同剂量以不同时间间隔给药，而包含不同药物含量的制剂也可以以相同的剂量给药，给药剂量、重复给药和给药间隔特征对药物本身不产生限定作用，也不能使权利要求的制药用途区别于已知制药用途，因此权利要求保护的制药用途与现有技术公开的用途实质相同，权利要求不具备新颖性。

需要注意的是，在审查实践中，现有技术对一具体适应证技术方案的公开，并不要求一定为充分公开的技术方案。例如，现有技术中公开了某种化合物具有特定药理活性或者治疗用途，无论其是否公开了效果试验，通常都破坏该化合物的相同治疗用途发明的新颖性，除非申请人提交的证据表明该现有技术的描述不正确。也就是说认定现有技术公开了某种应用，只要没有足够的相反证据表明该公开是不正确的，即可用于评述在后请求保护的制药用途的新颖性。

在江苏豪森药业和诺华公司围绕伊马替尼胃肠道间质瘤适应证专利无效案中，原专利复审委员会和北京知识产权法院均认为，虽然证据 1 没有明确公开 STI571 针对 GIST 的具体实验类型和实验数据，但综合证据 1 作者在证据 1 上下文中公开的信息可知，证据 1 的作者推测组成性激活的 c-Kit 受体酪氨酸激酶是合理的靶点，这条治疗途径属于新的治疗途径，加之实验范围已经扩大到与全球其他的研究中心合作，以及作者对于"非常早期的结果看起来令人兴奋"的记载，本领域技术人员得到的信息是采用 STI571 治疗 GIST 是具有合理的成功预期的。创造性判断中只需要对成功具有合理的预期即可，并不需要绝对的成功预期。可见，原专利复审委员会和法院均认为最接近的现有技术不必须公开具体的实验类型和实验数据，只需要有成功的合理预期即可。

6.11.2 创造性

化学产品用途发明的创造性在《专利审查指南（2023）》中有以下具体的规定。

（1）对于新产品用途发明，如果该用途不能从结构或者组成相似的已知产品中预见到，可以认可其创造性。即如果现有技术公开了结构相近化合物的相同用途，本领域技术人员能够合理预期该新产品与该结构相近化合物具有相同的用途和/或效果，则请求保护的新产品用途不具备创造性。

（2）对于已知产品用途发明的创造性，如果该新用途不能从产品本身的结构、组成、分子量、已知的物理化学性质以及该产品的现有用途显而易见地得出或者预见到，而是利用产品新发现的性质，并且产生预料不到的技术效果，则可以认可其创造性。

发明名称为"苯并噻吩衍生物抑制人类骨损失的用途"的发明专利 ZL93117097.4 保护雷洛昔芬在制备用于治疗或预防人类骨质疏松症的药物中的用途。原专利复审委员会认为，现有技术教导了雷洛昔芬能够逆转雌性大鼠出现的骨质疏松症的基础上，将雷洛昔芬用于制备预防和治疗人类骨质疏松症的药物对于本领域技术人员来说是显而易见的。因此，权利要求不具有突出的实质性特点，导致该专利不具备创造性。

发明名称为"CCI-779 作为抗肿瘤剂"的发明专利 ZL01818926.1 请求保护 3-羟基-2-(羟甲基)-2-甲基丙酸的雷帕霉素 42 酯，即 CCI-779 在制备用于治疗哺乳动物中的难治性肿瘤的药物中的用途，其中所述的难治性肿瘤选自乳腺癌、肺的神经内分泌肿瘤、头和颈癌。

复审决定中指出：对比文件公开了 CCI-779 治疗癌症的机理，并指出利用 CCI-779 治疗乳腺癌、胰腺癌、结肠癌、神经胶质瘤、小细胞肺癌、黑色素瘤等癌症的方案即将进入Ⅱ期临床试验。对于权利要求中涉及难治性乳腺癌的技术方案而言，其与对比文件的区别技术特征在于，该申请权利要求限定的乳腺癌处于难治性阶段。根据该申请说明书记载可知，"难治性肿瘤"是指利用适于该给定肿瘤的标准化学治疗之后患者体内的肿瘤一般仍进展的肿瘤。对比文件公开了 CCI-779 对乳腺癌有效，其治疗机理为抑制诸如受 p70S6 激酶调控的关键信号传导通路，使 RNA 翻译受到抑制，从而导致细胞周期在 G1 期阻滞并由此引发癌细胞死亡。本领域技术人员知道无论乳腺癌发展到何种阶段，作为一种癌细胞，其中通常存在上述信号传导通路，上述机理在乳腺癌的不同发展阶段都可能适用。当本领域技术人员遇到给予乳腺癌的一般标准化学治疗手段后该癌症仍继续进展的情况时，即所谓的难治性乳腺癌时，其仍会想到用对比文件所述的 CCI-779 尝试对该难治性乳腺癌进行治疗并将其用于制备相关治疗药物。因此,从对比文件出发得到权利要求中涉及难治性乳腺癌的技术方案对本领域技术人员而言是显而易见的,该专利不具备创造性。

6.11.3 适应证专利保护困境

6.11.3.1 给药方案形式的适应证专利保护

在审查实践中,对于给药对象、给药方式、途径、用量及时间间隔等与使用有关的特征大多数情况下往往被认定对制药过程没有限定作用,导致这类以使用特征为特点的用途权利要求难以获得专利保护。同时,对现有技术已经公开了一具体用途进而破坏制药用途权利要求的新颖性时,不要求现有技术对该用途是充分公开的,这导致很多已公开文献泛泛提到的任一用途都被用来作为评述新颖性的现有技术,加重了新制药用途专利的授权难度。

例如在以项目引进为目标的合作中,有些项目尤其是改良型新药项目,化合物专利剩余保护期较短或已经到期,而作为强保护且具有仿制不可规避性的制药用途在国内无专利保护的情况下,企业在做决策是否引进该类项目时往往面临艰难的抉择。再如,给药对象、给药方式、途径、用量及时间间隔等使用特征对制药用途权利要求没有限定作用,但对于包含这些特征的治疗方法要获得药品监管机构的批准上市销售,往往需要投入大量时间、资金进行相应临床试验,企业在做决策是否立项时同样面临抉择。在这些情形下,如果企业终止项目引进和开发立项,最终影响的是药品可及性,也不利于对创新的激励和保护。如果完全借鉴像美国一样的审查标准,很多治疗方法专利获得授权,可能推迟仿制药的上市时间,也会在一定程度上影响药品的可及性。

6.11.3.2 联合用药形式的适应证专利保护

两种药物活性成分联合用药在治疗某种疾病药物的用途发明专利,如果有证据表明两种药物活性成分的联用,例如疾病治疗的安全性、有效性等方面取得了预料不到的技术效果,其专利性一般会得到认可。即使如此,该类专利在维权程序中也面临诸多困难。

原研药雅美罗(通用名为托珠单抗注射液,MRA),上市获批适应证之一为类风湿关节炎,上市许可持有人为罗氏公司。其药品说明书"适应证"部分记载:"类风湿性关节炎:本品用于治疗对改善病情的抗风湿药物治疗应答不足的中到重度活动性类风湿关节炎的成年患者。托珠单抗与甲氨蝶呤(MTX,又名氨甲蝶呤)或其他 DMARDs 联合使用。"针对上述药品,专利权人在专利信息登记平台登记了涉案专利相关信息,登记的专利类型为生物制品医药用途专利,专利号为 ZL200480011401.1、名称为"治疗白介素-6 相关疾病的方法"的发明专利,登记专利对应的独立权利要求 10 保护的技术方案为"MRA 和氨甲蝶呤在制备用于治疗类风湿性关节炎的药物组合物中的用途"。

根据该专利说明书实施例1记载了如下信息："剂量和给药方式：七组：0mg/kg（安慰剂）+ MTX、2mg/kg MRA + MTX、4mg/kgMRA + MTX、8mg/kg MRA + MTX、2mg/kg MRA + MTX 安慰剂、4mg/kg MRA + MTX 安慰剂和8mg/kg MRA + MTX 安慰剂。MRA 或安慰剂通过静脉输注以 4 周为间隔进行给药。MTX 或 MTX 安慰剂通过口服，每周 1 次，10~25mg/周给药。即两种药物活性成分是间隔单独给药的。"

国家药品监督管理局于 2021 年 12 月 8 日受理了珠海市某公司提出的涉案生物类似药的注册申请，被仿制药为涉案原研药雅美罗。针对涉案专利，珠海市某公司在专利信息登记平台作出第 4.1 类声明。

专利权人根据《药品专利纠纷早期解决机制实施办法（试行）》的规定提起诉讼，请求确认珠海市某公司申请注册的涉案生物类似药的技术方案落入涉案专利权利要求的保护范围。虽然北京知识产权法院的判决认为，在整体考虑涉案专利权利要求的情况下，本领域技术人员会将"MRA 和氨甲蝶呤在制备用于治疗类风湿性关节炎的药物组合物中的用途"唯一理解为 MRA 和氨甲蝶呤联合使用以治疗类风湿性关节炎，而非将二者制备成一个单一制剂。根据原药药物说明书的记载，涉案原研药是与氨甲蝶呤（MTX）联合使用以治疗类风湿性关节炎，该技术方案落入权利要求 1 的保护范围，进而认定珠海市某公司注册的生物类似药落入涉案专利权利要求的保护范围。但是最高人民法院的判决认为，涉案专利权利要求 1 的全部内容应当解释为：MRA 和氨甲蝶呤在制备用于治疗类风湿关节炎的特定包装形式的药物组合产品中的用途。涉案原研药产品仅在药品说明书中记载可以与氨甲蝶呤联用，即仅涉及单一物质，不构成特定包装形式的药物组合产品，故必然不落入涉案专利权利要求 1 的保护范围。因此，专利权人的起诉不符合《专利法》第 76 条第 1 款的规定，应予驳回。实际上支持了珠海市某公司注册的生物类似药不落入涉案专利的保护范围。

两种或多种药物活性成分联合，用于治疗疾病的药物开发过程中，或者是基于治疗方法的需要，或者是因为不同药物的理化性质的显著差异（例如涉案专利一种药物是注射剂，另一种药物是口服制剂），并不容易制备单一制剂形式。结合该案可知，创新主体基于开展的临床试验研究成果，布局专利并获得授权保护，即便如此，在该案中专利权也未能形成较好的市场垄断权。

6.12 药品专利审查意见常见的答复规则

医药产品的研发过程具有较大的不确定性，需要大量系统且合理的实验数据逐步推定每个过程的真实性和有效性，正如《专利审查指南（2023）》第二部分第十章所述"化学发明能否实施往往难以预测，必须借助于试验结果加以证实才能得到确认"。在专利审查过程中，创造性、公开不充分、权利要求得不到说明书支持等问题经常出现在审查意见中,争议焦点最终往往都落到实验数据上。

6.12.1 创造性

专利创造性与非显而易见性联合评价创造性的"技术效果",以及单独用于评价创造性的"预料不到的技术效果"均需要实验数据来证实。需要注意的是,在用实验数据说明有益效果时,应当给出必要的实验条件和方法;并且,如果说明书中未记载实验数据,又不能从原申请记载的信息中直接、毫无疑义地确定技术效果,则缺乏创造性;而且,在答复审查意见时,审查员对证明说明书中无法得到的技术效果的补交实验数据不予认可。

1997年6月,广州威尔曼公司申请了名称为"抗β-内酰胺酶抗菌素复合物"的发明专利ZL97108942.6。[1] 该专利获得授权后,2002年12月,双鹤药业以该专利不具备新颖性和创造性为由,向原专利复审委员会提出了无效宣告请求。原专利复审委员会于2003年8月作出第8113号审查决定,认定该专利权利要求相对于对比文件的区别在于,前者是舒巴坦与氧哌嗪青霉素或头孢氨噻肟混合制成复方制剂,后者为注射前将舒巴坦与氧哌嗪青霉素或头孢氨噻肟配制为混合液。由于在对比文件公开的利用不同药品联合治疗某种疾病可以获得良好疗效的基础上,本领域技术人员容易想到采用常规技术将上述药物混合制成复方制剂,从而获得权利要求的技术,并取得所述技术效果,因此不具有《专利法》第22条第3款规定的创造性,宣告该专利权全部无效。

专利权人不服无效决定,提起行政诉讼。2006年12月6日,北京市第一中级人民法院作出一审判决,维持了第8113号无效宣告请求审查决定。广州威尔曼公司不服一审判决,向北京市高级人民法院提起上诉。2010年4月,北京市高级人民法院二审判决撤销了一审判决和无效决定,判令原专利复审委员会重新作出无效决定。二审法院认为无效决定中没有就"本领域技术人员容易想到将所述药物混合制成复方制剂"的认定提供相关依据。双鹤药业不服二审判决,向最高人民法院申请再审,并提交了证明"将上述药物混合制成复方制剂"属于本领域公知常识的多份证据。最高人民法院裁定提审并于2011年12月17日作出(2011)行提字第8号判决,再审判定撤销二审判决,维持原专利复审委员会的无效决定和一审判决。最高人民法院认为在对比文件所述临床联合用药公开了足够技术信息的情况下,本领域技术人员能够从中获得相应的技术启示,想到采用复方制剂的形式以便于联合用药,该无效决定对创造性的认定并无不当。

---

[1] 人民网. 威尔曼抗生素专利权被宣告无效[EB/OL]. (2016-08-15)[2020-02-07]. http://ip.people.com.en/GB/n1/2016/0815/c136655-28636231.html.

6.12.2 公开不充分

判断说明书是否充分公开,是以原说明书和权利要求书记载的内容为准。通常在确认化合物结构(包括官能团、晶型等)时,实验数据应当记载能够确认该化合物结构的程度,例如各种定性或者定量数据和谱图等,使要求保护的化合物能被清楚地确认。对于仅用结构和组成不能清楚地描述化学产品时,说明书中应当进一步使用适当的化学、物理参数及制备方法对其进行说明,使要求保护的化合物结构能够被清楚地确认。对于化合物发明,通常需要有制备方法的实施例。在判断医药产品的用途(即适应证)公开是否充分时,申请文件中应当完整地记载该产品的用途和使用效果,即使是新化合物,也应当记载至少一种用途。在判断医药产品的制备方法是否公开充分时,申请文件中应当记载至少一种制备方法,说明实施所述方法所用的原料物质、工艺步骤和条件、专用设备等,使本领域技术人员能够实施。❶

2018 年,诺华公司的重磅药物诺欣妥(Entresto)的发明专利 ZL201110029600.7(发明名称为"含有缬沙坦和 NEP 抑制剂的药物组合物")被宣告专利权全部无效,在全球范围内引起极大关注。❷

在该无效案中,诺华公司主张组成诺欣妥的缬沙坦和沙库巴曲这两种已知的降血压药物的组合在降血压方面产生了协同效果,并提交了补充实验数据。原专利复审委员会经过审理后认为,涉案专利的申请文件中对于该协同效果只公开了实验方法和简单的定性结论,缺少必要的定量实验数据,专利权人补充提交的实验数据证明的技术效果并不能从原说明书中得到,从而没有认可该补充实验数据。

6.12.3 权利要求书得不到说明书的支持

关于权利要求书得不到说明书的支持问题,《专利审查指南(2023)》规定,权利要求的概括应当不超出说明书公开的范围。在实践中,当组合物或组分配比相关的权利要求包含含量或配比等数值技术特征时,尤其应当考虑说明书记载的实验数据能否支持权利要求的概括范围。因此,当企业专利管理人员在撰写或审核专利申请文件时,注意审核说明书及其对应的权利要求中涉及数值技术特征,避免因撰写实施例数值问题而导致权利要求得不到支持,进而避免在答复审查意见时只能缩小到实施例的数值范围导致权利要求保护范围过小。

2006 年 12 月,浙江永宁制药厂 2007 年更名为浙江永宁药业股份有限公司向原专利

---

❶ 马旭,王国臻,张清奎. 医药发明专利申请流程及实务操作 [J]. 中国新药杂志,2012,21(3):234 - 239.

❷ 刘敏. 从诺华"诺欣妥"专利无效案解析申请日后补交实验数据相关法律问题 [EB/OL]. (2018 - 05 - 31) [2020 - 02 - 07]. http://www.iprdaily.cn/news_19077.html.

复审委员会请求宣告发明专利 ZL93100008.4 全部无效❶，理由是说明书公开不充分、权利要求不具备新颖性和创造性等。该案经 2008 年 1 月原专利复审委员会作出审查决定、2009 年 2 月北京市第一中级人民法院作出行政判决，再经 2009 年 9 月北京市高级人民法院作出行政判决，均认定"涉案专利的说明书中没有给出充分的试验数据证明除聚乙二醇 6000 以外的熔点范围为 20～90℃的氧化烯聚合物或者分子量为 1000～10000 的聚乙二醇同样能够实现该发明目的，因此权利要求的概括包含了专利权人推测的内容，且其效果又难以预先确定和评价，这种概括超出了说明书公开的范围，得不到说明书的支持"。

实践中，企业偶尔会遇到由于笔误导致一件专利的实验数据与另一件专利的实验数据雷同的问题，这时审查员通常会指出由于实验数据雷同违反本领域正常试验结果，致使试验结果缺乏真实性和合理性，进而不能作为判断技术效果的依据，因此在技术效果不明确的情况下，无法判断权利要求的创造性，导致专利不符合《专利法》第 22 条第 3 款的规定。对于此类实质性缺陷，可以通过承认一件专利数据正确、另一件专利数据笔误来争取获得一件专利授权。但是，不排除审查员怀疑两件专利数据均不可信的情况。

6.12.4　补充实验数据

申请日后补交实验数据问题一直是医药领域专利的争议焦点。《专利审查指南（2023）》第二部分第十章第 3.5 节"关于补交的实验数据"进一步明确了关于药品专利申请的补交实验数据的审查标准。首先重申了判断说明书是否充分公开，以原说明书和权利要求书记载的内容为准。在专利授权确权过程中，申请人/专利权人可以补交实验数据以满足创造性和公开不充分等的要求。但是补交实验数据所证明的技术效果应当是所属技术领域的技术人员能够从专利申请公开的内容中得到的。除此之外，《专利审查指南（2023）》还记载了两个典型示例，分别进一步明确了药品专利申请补交实验数据在满足公开充分和创造性时的审查标准，阐释了应如何综合考虑申请文件公开的内容和现有技术状况，站位所属技术领域的技术人员判断其所证明的技术效果是否能够从专利申请公开的内容中得到。

2020 年 7 月 23 日，正大天晴向国家知识产权局请求宣告发明专利 ZL01819710.8 全部无效，其理由是说明书公开不充分、权利要求得不到说明书支持、权利要求不简要，以及权利要求不具备创造性。该案经 2021 年 5 月国家知识产权局作出审查决定维持该发明专利权有效。❷

在该案中，无效宣告请求人对于涉案专利实际产生的技术效果产生怀疑，专利权

---

❶ 浙江永宁药业与武田药品专利权无效行政纠纷再审胜诉［EB/OL］．（2013 – 03 – 13）［2020 – 02 – 07］．http：//www.beshininglaw.com/html/2013/dianxinganli_0313/212.html.

❷ 参见国家知识产权局第 50111 号无效宣告请求审查决定。

人为证明涉案专利的技术效果提交了补充实验数据。具体如下：请求人认为，涉案专利药理试验例1和3仅能证明血管内皮细胞增殖因子（VEGF）通路存在下对VEGFR2受体的抑制作用，其没有公开仑伐替尼对VEGFR2以外的其他激酶的抑制作用，不能确定所述化合物对于其他生长因子通路也具有抑制作用。专利权人认为，该专利对多种血管形成因子诱导的管腔形成有强效抑制作用，并表现出对包括VEGFR2激酶在内的多种激酶的显著抑制作用，其补交了仑伐替尼化合物对VEGFR2激酶和FGFR1激酶抑制活性的实验数据。双方争议的焦点集中在涉案专利的仑伐替尼化合物能够对多种血管形成因子通路引起的血管内皮细胞形成产生抑制作用，还是仅对VEGF单一通路引起的血管内皮细胞形成产生抑制作用。

综合涉案专利与现有技术的状况，合议组认为，涉案专利明确了其发明目的即为制备多通路血管增殖抑制剂，药理试验例1的结果证实了涉案专利化合物对多种血管形成因子混合物刺激引起的血管内皮细胞的浸润性管腔形成具有抑制作用，即涉案专利初步证明仑伐替尼为多通路血管形成抑制剂；药理试验例3从受体的角度研究了包括仑伐替尼在内的涉案专利化合物对VEGFR2、FGFR1等不同受体的抑制作用并记载了VEGFR2激酶受体的活性数据；专利权人补交的实验数据从受体角度证明仑伐替尼不仅仅是VEGF单一通路抑制剂。因此，专利权人补交的实验数据对于说明书公开的仑伐替尼为多通路抑制剂的技术效果是所属技术领域的技术人员能够从专利申请公开的内容中得到的，因此合议组接受了上述"申请日后补交的实验数据"。❶

2019年11月26日，南京华讯知识产权顾问有限公司向国家知识产权局请求宣告发明专利ZL201180009237.0全部无效，其理由是权利要求不具备新颖性和创造性。该案经2021年5月国家知识产权局作出审查决定维持该发明专利权有效。❷

在该案中，专利权人认为涉案专利相对于现有技术卢卡帕利磷酸盐的技术效果是卢卡帕利樟脑磺酸盐具有稳定性、非吸湿性、不易水合、适宜制备固体剂型的特性，并提交了补充实验数据以进一步证明涉案专利上述技术效果。该补充实验数据由专利权人方的相关研发人员出具，亦为专利权人在欧洲异议程序中提交的实验数据。涉案专利双方的争议焦点在于该补充实验数据能否被接受作为定案依据。

对此，合议组从如下两个方面进行考察：一方面，考察该补充实验数据作为一份证据，是否具备相应的证据资格或者满足程序上的要求。该补充实验数据是专利权人在欧洲异议程序中提交的实验数据并在该案无效程序中履行了相关公证认证手续，合议组对该补充实验数据的真实性、合法性和关联性予以确认，该补充实验数据具备相应的证据资格。另一方面，考察该补充实验数据的技术效果是否为所属技术领域人员能够从专利申请公开的内容中得到的，即考察补充实验数据待证明的技术效果，并与

---

❶ 胡杨."申请日后补交实验数据"相关审查规则诠释（一）：仑伐替尼案［EB/OL］．（2023-08-01）［2024-07-07］．https://www.ciplawyer.cn/html/zl/20230801/151099.html．

❷ 参见国家知识产权局第49639号无效宣告请求审查决定。

原申请文件记载的技术效果相比较。基于原申请文件记载的技术效果和补充实验数据记载的内容，合议组认为涉案专利和补充实验数据所共同强调的卢卡帕利樟脑磺酸盐相对于卢卡帕利磷酸盐具有更好的非吸湿性和晶型稳定性的技术效果可以纳入定案依据。最终，合议组认定涉案专利相对于现有技术不具备创造性的无效理由不成立。❶

在专利号为 ZL200610002509.5、发明名称为"三唑并［4,5-D］嘧啶化合物的新晶形和非晶形"的发明专利权无效行政诉讼案中，涉案专利说明书记载"所述化合物作为 P2T 受体（P2YADP 或 P2TAc）拮抗剂呈现出高的效能，并且还具有令人惊讶的高代谢稳定性和生物可利用率"。

专利权人在专利无效宣告请求程序中提交了补充实验数据，用于证明该专利化合物相对于现有技术具有更好的"代谢稳定性"和"生物利用度"效果。然而，国家知识产权局和一审法院均未接受该补充实验数据。对此，最高人民法院在二审判决中认为，首先，对于专利申请人在申请日之后提交的补充实验数据，应当予以审查。但对于补充实验数据的接受应当注意避免将申请日或者优先权日未公开或者未完成的内容纳入专利权保护范围，就此部分内容不正当地取得先申请的利益，从而违反先申请原则，或者借此弥补原专利申请文件公开不充分等固有内在缺陷，从而妨碍说明书应该充分公开等内在要求的贯彻。其次，可以从积极条件，即原专利申请文件应当明确记载或者隐含公开了补充实验数据拟直接证明的待证事实；和消极条件，即申请人不能通过补充实验数据弥补原专利申请文件的固有内在缺陷，这两个方面具体考察是否可以接受补充实验数据。最后，补充实验数据的完成主体为专利权人或其利害关系人，完成时间在申请日/优先权日之后并不构成补充实验数据不予采纳的决定理由。❷

随着专利审查指南的修改，我国放宽了对补充实验数据的接受标准，一般可以认为如果专利说明书记载了特定的技术效果（定性/定量的描述均可），且补充实验数据即用于证明专利具有该特定的技术效果，则应当接受该补充实验数据。但接受补充实验数据后还需要从证据的证明力角度，即在创造性中需要证明该技术效果达到了本领域技术人员预料不到的程度，才能起到克服创造性不足的缺陷。因此，申请还需从严把握补充实验数据的提交。

因为补交实验数据属于在后公开证据的一种，因此，在欧洲的 EPO 扩大上诉委员会指出，对于第二医药用途权利要求，申请文件中必须提供能够实现声称的疗效的证据，如果申请文件中没有记载实验数据，而本领域技术人员认为达到的治疗效果缺乏可信性，则不能通过在后公开的证据来弥补。对于想要在欧洲获得专利权的创新主体，在了解 EPO 审查标准的基础上，建议在申请文件中记载有证明力的实验数据，以免被质疑公开不充分时难以通过在后公开的证据进行弥补。同时，在专利被质疑充分公开

---

❶ 刘婷婷."申请日后补交实验数据"相关审查规则诠释（六）：卢卡帕利案［EB/OL］.（2023-08-15）［2024-07-07］. https：//www.ciplawyer.cn/html/zl/20230815/151217.html？prid=606.

❷ 参见最高人民法院（2019）最高法知行终第33号行政判决书。

时，也要善于提供合适的补交实验数据巩固专利权的稳定性。❶

6.13 药品专利复审需要考虑的因素

专利复审时，在提交的复审请求书中其意见陈述与答复审查意见的规则类似，但是，实质审查阶段审查员经过几次审查意见通知书已经对专利是否符合《专利法》的要求进行了全面严格的审查，如果专利申请被驳回，说明审查员认为专利申请文件请求保护的技术方案没有可授予专利权的实质内容。当审查员肯定地认为该专利不应被授予专利权时，申请人应当比答复审查意见时更加审慎对待。据统计，从专利申请日到收到驳回通知书通常需要 3~5 年，因此，申请人在几年后收到驳回通知书时有必要重新评定该专利申请的必要性，是否需要提出复审请求，可以从产品成熟度、产品重要性和竞争性、复审成功率几个方面考虑。

6.13.1 产品成熟度

通常情况下，越是重要的专利，在基础研究阶段未获得充分实验数据的情况下应当越早申请，在收到驳回通知书时，产品研发规划或实验结果可能已经发生较大变化，比如临床试验失败或产品已经准备上市，此时专利申请被驳回，是企业应当重新考虑专利目的、专利价值、检验和完善专利布局的时机，产品研究开发的成熟程度无疑应当作为是否提出复审请求的考虑因素之一。

6.13.2 产品重要性和竞争性

除了产品研发的进展程度，企业关注度较高的应该是专利关联（保护）产品的重要性。重要性可以通过产品未来的竞争性、市场增长性、产品的竞品情况并结合企业自身优势进行多维度判断，而最终将以产品的销售收入占企业总营收的比例来衡量。竞品较多说明竞争激烈，需要借助专利权维护商业竞争的概率较大，则提出复审请求的必要性较大。如果产品与众多竞品存在差别，具有一定的独特性，也建议提出复审请求，用专利权进一步体现和维持产品的竞争性。如果产品不具有独特性，占企业营收比例较小，则针对该产品的相关专利提出复审请求的必要性不大。

6.13.3 复审成功率

决定是否提出复审请求之前，要对专利申请是否具有授权前景进行更加准确的判断。除了对历次审查意见通知书包括驳回通知书进行认真研读，申请人还应当全面研究申请文件和审查员所引用的对比文件的全部内容。针对驳回通知书指出的缺陷，按

---

❶ 洪梦实，欧阳雪宇，王芳菲. 欧洲专利局对于第二医药用途发明专利充分公开审查中补交实验数据的考量[J]. 中国新药杂志，2025，34（11）：1154-1161.

照本书前面章节介绍的规则和方法陈述意见，预判能否被审查员接受。

需要说明的是，根据《专利审查指南（2023）》的规定，申请人提出复审请求被受理之后，复审和无效审理部先将案件转送回原审查部作出驳回决定的原审查员进行前置审查，原审查员将在 1 个月内对复审理由作出前置审查意见。在实践中，当前置审查意见撤销驳回决定时，复审和无效审理部将按照前置审查意见直接作出撤销驳回决定的复审决定，该案则由原审查部门继续审查；而如果前置审查意见坚持驳回，则复审和无效审理部将进行合议审查。通常情况下，如果复审请求中没有新的争辩角度、与以往答复审查意见通知书不同的争辩理由和证据，原审查员一般会作出坚持驳回的前置审查意见。

合议组审查复审案件类似于法院的审理内容，对驳回决定适用法律，驳回决定所依据的事实、理由、证据和程序进行审查，认为复审请求成立的，将作出撤销驳回决定的复审决定。所以，企业在考虑是否提出复审请求时，应当认真、全面分析研究，寻找新的争辩角度和证据，争取陈述与以往答复审查意见通知书不同的理由。

第 7 章

医药企业合规管理

7.1 信息管理

7.1.1 信息获取

7.1.1.1 信息获取来源

企业知识产权信息包括企业内部拥有的专利、商标、著作权、商业秘密等，以及外部的知识产权法律法规/政策措施、知识产权图书/期刊/文献、数据库、国内外行业动态、竞争对手项目及产品资讯等。

不同信息的获取程序差异较大，专利需要通过申请、审查（发明包括初审和实审）和授权；商标需要经过申请和核准注册；著作权在作品完成后即自动享有；商业秘密需要企业进行认定。上述类型的信息在本书前述章节有详细描述。

与知识产权部门工作相关的外部信息主要是药物信息和专利信息，可以从本书第 3 章第 3.3.2 节专利信息的检索及常用数据库资源提到的网站或商业数据库获取。

7.1.1.2 信息获取流程

知识产权信息在产品立项、掌握研发热点、了解竞争对手、规避侵权/维权、项目合作等方面，具有非常重要的作用，信息的完整性和准确性是企业作出合理决策的前提。因此，在信息获取过程中，要建立标准的信息获取流程，确保信息的完整性和准确性。

通常，信息获取从需求出发。对于知识产权信息的获取，知识产权部门在准确定位信息需求后，可选择相应的网站或数据库等资源，通过科学的检索、分析、筛选、总结等方法，得到初始信息。在得到初始信息后，加入审核修改的环节，可以确保目标信息的完整性和准确性。信息获取的完整流程如图7-1-1所示。

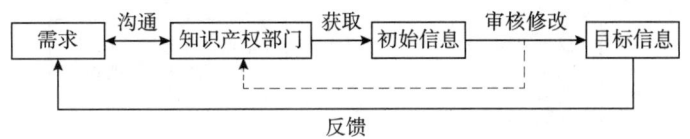

图7-1-1 信息获取的完整流程

7.1.2 信息管理

Delphion 咨询机构的调查报告显示，企业内部的信息和知识，仅有12%在需要时可以很容易地得到；46%的信息由于数据格式不兼容，难以做到真正的信息交流；42%的信息存于员工的大脑中。❶ 因此，知识产权部门在信息获取后，应利用适合的软件搭建专业信息数据库，以便内部或其他部门使用。通过知识产权信息的有效管理，做到信息实时可得，实现真正的信息交流和共享，促进企业运营的高效和安全。

对于企业知识产权信息管理，即使是通过 Word、Excel 等文档管理，也需要将这项工作做起来。当然，有较多的商用数据库/软件提供解决方案，如唯德、智慧芽、彼速、红坚果、润桐等；企业可以根据自身的需求合理选择和使用这些数据库，建立完善的知识产权信息化管理系统，为企业的技术创新保驾护航。

当企业有全局的信息数据的管理方案时，知识产权部应做好配合，在各个环节增添知识产权信息的内容。以项目的全流程管理设置为例，知识产权部应在合适的节点嵌入知识产权环节，建立项目全流程的知识产权管理。

医药企业项目知识产权全过程管理流程如图7-1-2所示。

在项目的不同阶段，嵌入知识产权信息的环节，利用合适的软件，可将产生的信息（如检索请求、检索报告、技术交底书、专利/商标申请文件、官方文件、外部文件、合同等）全部记载到数据库中。

通常，基于专业信息数据库，知识产权工作可以实现对挖掘、提案、评估、申请、进度、权限、协同、运营等全面的管理。数据库中一般包含录入、检索和管理三个模块；其中，录入模块实现信息的收集和整理，检索模块满足查询和分析的需求，管理模块进行信息管理。专业信息数据库基本模块如图7-1-3所示。

---

❶ 侯圣和. 国外企业知识产权管理研究：实践、经验及启示 [J]. 财会通讯，2012，1：127-132.

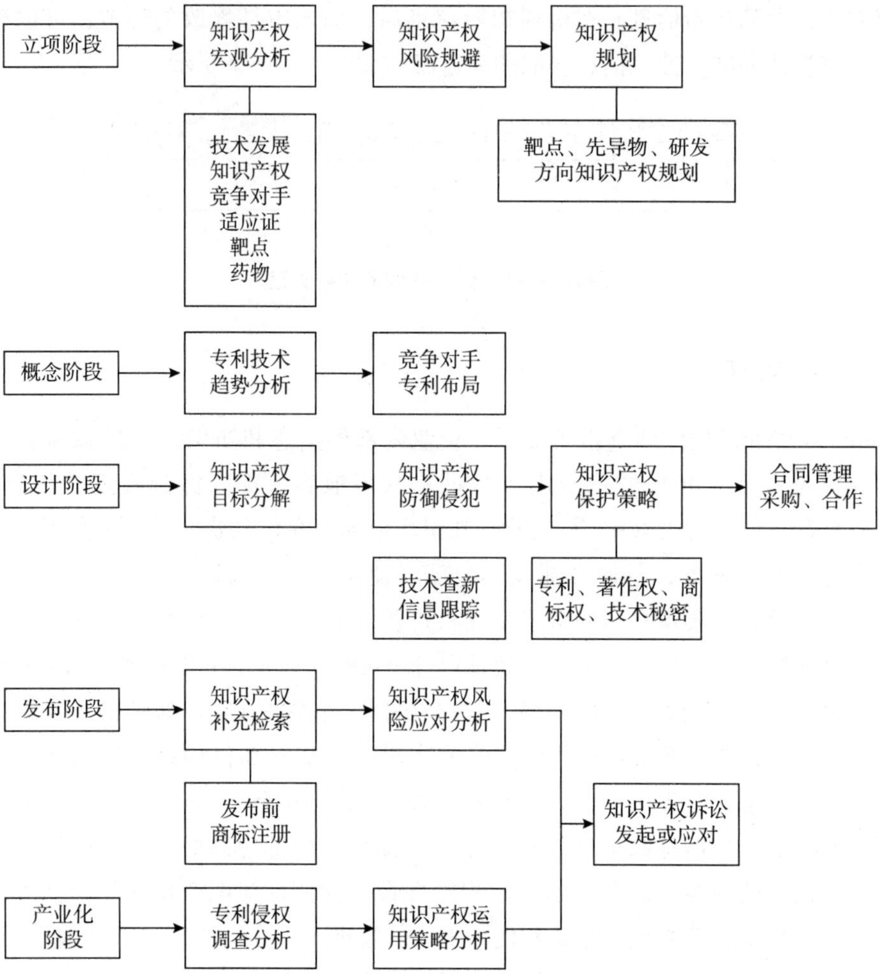

图 7-1-2 医药企业项目知识产权全过程管理流程

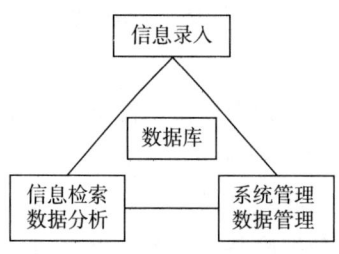

图 7-1-3 专业信息数据库模块

以专利申请文件撰写为例，基于某专业信息数据库的信息管理，可以对流程、节点、人员、信息等进行综合管理。从流程开始到结束，文档资料如技术交底书、可专利性分析报告、申请文件初稿/修改稿/定稿在系统中存档；流程中涉及的流程阶段、办理人员、办理时间、办理结果、办理时长、办理意见都清晰明了地显示；其特点是流程清晰，人员明确，工作进度可控，保留完整信息记录并且可追溯。同理，对于商标、著作权、检索及向官方提交的文件，都有相应的流程进行信息管理。数据库中的专利撰写流程和信息管理如图7-1-4所示。

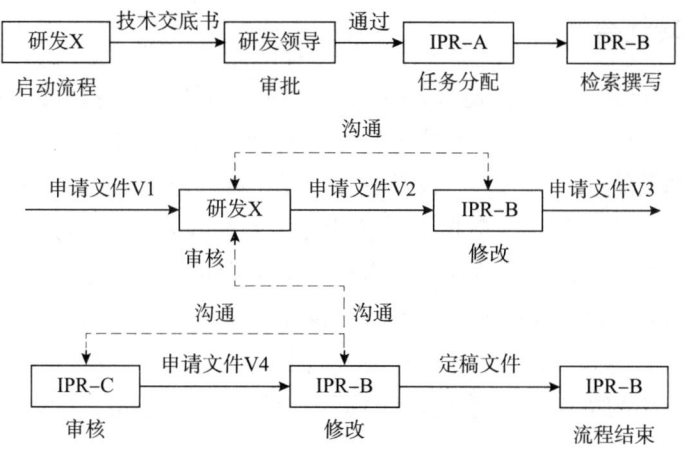

图7-1-4 数据库中的专利撰写流程和信息管理

通过数据库的管理规则，实现对任务、期限、费用、文件、信息查询、信息更新等内部管理。同时可无缝对接相关外部管理机构，更精准、快速地抓取数据信息，节约工作用时和人力成本。

7.1.3 信息管控

信息管控指的是利用信息安全的手段，保护企业技术秘密。医药企业信息管控的实现手段是信息技术，从技术角度来讲，主导部门是IT部门，但从知识产权角度考虑，知识产权部应主导参与全方位、全流程的知识产权信息管控，并建立信息管控的体系，将对信息的产生、交换、传递、应用和销毁等各方面进行管控，与知识产权的管理，进行同步和同等的处理。信息管控的范围还应包括因交换物质而产生的信息，例如在制药行业常见的项目合作中产生的临床数据、实验数据等，应利用协议控制的方式进行管控。

信息管控体系是企业知识产权管理制度的重要组成部分，知识产权部门需要健全企业知识产权管理制度，保障日常知识产权管理有章可循；加强对员工的管理和培训，增强其知识产权法律意识，建立员工的信息保密意识；明确信息管控的范围，划分信息秘密的级别，并可结合数据库的功能，设定不同人员对不同信息的权限；对信息的产生、存档、交换、传递、应用和销毁构建相应的流程，对外信息发布需经评审。

医药企业信息管控体系是一个综合的管理系统，必须与企业其他的内控制度结合，在公司的实际运营流程中无缝衔接执行，方能产生效益。

7.2 合同管理

由于知识产权保护自身的特点，因此医药企业在科研、生产、技术转让和专利保护等多方面需要涉及知识产权保护的条款。根据《民法典》合同编的要求，结合医药行业的规定，医药企业涉及知识产权合同管理至少存在以下情形。

7.2.1 技术转让合同

根据2009年国家食品药品监督管理局颁布的《药品技术转让注册管理规定》，为了促进药物研发的成果转化和生产技术的合理流动。国家食品药品监督管理局允许在满足一定前提的条件下，药物生产技术进行流动。除了技术转让方和受让方均为符合条件的药品生产企业，药品生产技术的转让分为新药技术转让和药品生产技术转让。转让方和受让方必须签订药品技术转让合同。除了满足监管要求，转让方和受让方在技术转让合同中应约定技术中涉及的专利权的条款，交易方式可以是许可也可以随同技术一起转让给受让方。除了专利，交易合同中还应对药品生产涉及的专有技术（技术秘密）进行准确的描述，并随同技术合同一起转让给受让方，确保受让方生产出合格的产品。

7.2.2 兼并/收购合同

根据交易标的性质不同，医药行业的兼并/收购主要分为股权收购和资产收购。其中，在资产收购中，按照被收购技术所在的不同阶段可分为临床技术资产的收购、新药技术资产收购以及生产技术资产的收购。股权收购和资产收购都与知识产权相关。

医药企业持有的关键资产为药品技术。按照不同的阶段，药品技术分为临床技术、新药技术以及生产技术等。对于医药企业来说，药品取得临床批件仅仅意味着药品监管部门对于新药技术在法律上的认可。除其他因素外，药品生产企业还需要向药品监管部门申请药品批准文号，取得药品批准文号以后才能生产新药。

进行资产收购时，收购方一般要对目标企业以及目标资产进行技术调查和法律调查。在股权收购或者资产收购过程中，交易双方，尤其是收购方除了关注目标资产的相关许可，还应该关注目标技术的知识产权状态。根据不同的交易机构，如果收购方希望通过收购目标企业股权后在境外上市，则一般需要关注目标技术在国外是否获得专利保护、法律状态、是否保护了实际技术（或产品）以及满足不同国家的不同要求。例如，如果一项产品在美国获得了专利保护，调查过程中，需要关注其在审查过程中是否按照要求提交了信息揭露声明（IDS）等文件，以免造成专利授权后被宣告无效。

因此，在医药技术收购合同中，交易双方应在合同中对于目标技术的专利保护进行约定。

7.2.3 合作开发合同

合作完成的发明创造，是指两个以上单位或者个人共同进行投资、共同参与研发工作所完成的发明创造。两个以上单位或者个人合作完成的研发，一般都会签订书面合同，这种合同在《民法典》的规定中被视为合作开发合同。

医药企业的合作开发合同涉及关键条款如合作开发内容、各个合作方的权利与义务、开发进度安排、费用与收益分配、知识产权的归属等多个方面。例如在合作开发内容上，首先需要明确合作开发的对象（例如产品开发或方法开发），清晰的内容描述能够避免后续的模糊和误解。各个合作方的权利和义务包括：各方在开发过程中提供的资金及其用途、各方在项目中承担的具体任务和责任、约定各方在项目中共享的资源（如实验室、设备、人员等）。在开发进度安排上，合作开发合同通常会设置具体的时间表，包括不同阶段的开发里程碑、预期进度、阶段性评估和报告等。在费用与收益分配上，合同中需明确各方在开发过程中支出的费用，以及未来收益的分配方式，包括研发费用、市场销售收入的分成比例等。

医药企业合作开发合同中除了上述必要信息，最重要的就是明确开发成果的知识产权归属，可以约定由委托方/出资方所有，也可以约定双方共有。针对医药企业合作研发过程中，专利权共有时，需注意以下问题。

第一，双方合作主要区分为三类，其中第一类是企业之间的合作，第二类是涉及企业与公立医疗或科研机构的合作，第三类是涉及企业与高等院校/科研院所的合作。在中国法律框架下，第二类和第三类合作涉及国有资产监管问题，需要特别注意。

第二，警惕非法垄断技术条款。医药技术合作研发属于高投入、高技术。如果研发成功或阶段研发成功，该合作阶段成果对后续上市及商业化有重大意义。而《民法典》第850条规定：非法垄断技术的技术合同无效。因此，在合作研发的过程中，一方会对另一方就成果的使用、再次开发进行严苛的限制。但过度限制容易被认定为"非法垄断技术条款"而无效。

第三，关于技术成果的归属，除了《专利法》的相关规定，《民法典》第860条规定：合作开发完成的发明创造，申请专利的权利属于合作开发的当事人共有；当事人一方转让其共有的专利申请权的，其他各方享有以同等条件优先受让的权利。但是，当事人另有约定的除外。合作开发的当事人一方声明放弃其共有的专利申请权的，除当事人另有约定外，可以由另一方单独申请或者由其他各方共同申请。申请人取得专利权的，放弃专利申请权的一方可以免费实施该专利。合作开发的当事人一方不同意申请专利的，另一方或者其他各方不得申请专利。因此，合作研发应约定对研发成果的专利申请权或优先权，以避免后续的争议和纠纷。

第四，关于优先受让权，没有特别约定的，合作一方对专利申请权有优先受让的权利。《民法典》第860条规定，当事人一方转让其共有的专利申请权的，其他各方享有以同等条件优先受让的权利。但是，当事人另有约定的除外。

第五，关于免费使用，《民法典》第860条规定，合作开发的当事人一方申请人取得专利权的，放弃专利申请权的一方可以免费实施该专利。但有约定的除外。

第六，关于合作技术成果的转让、使用和收益，合作开发成果的使用、转让和收益必须进行约定。委托开发或者合作开发完成的技术秘密成果的使用权、转让权以及收益的分配办法如下：有约定的按约定，无约定的，可以协议补充；不能达成补充协议的,按照合同相关条款或者交易习惯确定。如若仍无法确定的,当事人均有使用和转让的权利,但有以下三个方面的限制:①委托开发的研究开发人不得在向委托人交付研究开发成果之前,将研究开发成果转让给第三人;②使用和转让的权利,包括当事人均有不经对方同意而自己使用或者以普通使用许可的方式许可他人使用技术秘密,并独占由此所获利益的权利;③当事人一方将技术秘密成果的转让权让与他人,或者以独占或者排他使用许可的方式许可他人使用技术秘密,未经对方当事人同意或者追认的,应当认定该让与或者许可行为无效。

第七,关于二次开发的问题,虽然合作研发各方可以约定合作研发成果归一方所有,但是不能因此限制其他方利用本开发合同的技术成果进行继续研究和改进,否则该约定可能因违反法律强制性规定而无效。可以针对二次开发成果的归属、使用、收益分配等问题作出明确具体的约定,以避免发生争议。

第八,药品或者医疗器械的上市需要经过研发阶段和临床试验阶段、上市许可持有人申请、生产或委托生产,才能进入市场流通。医药企业合作研发成果的使用,后续有两个权利值得注意:一是临床试验申请;二是药械注册申请。建议在研发阶段约定清楚各方对研发成果的临床试验申请、注册申请的权利。

第九,医药企业多涉及与公立医疗或科研机构、高等院校/科研院所的合作。公立医疗或科研机构、高等院校/科研院所,均涉及科技成果转化法律监管和职务发明的监管。需要注意的是,与公立医疗或科研机构、高等院校/科研院所合作还受到《促进科技成果转化法》等相关法律法规的监管。与公立医疗或科研机构、高等院校/科研院所的合作,涉及国有单位和国有资产,其科技成果的转让、许可或投资价格不能完全按双方意思自治。《促进科技成果转化法》第18条规定,国家设立的研究开发机构、高等院校对其持有的科技成果转让、许可或投资应当通过以下三种方式确定价格:协议定价,通过协议定价的,应当在本单位公示科技成果名称和拟交易价格;在技术交易市场挂牌交易;以及拍卖方式。

第十,关于职务发明的问题,医药企业与公立医疗、科研机构、高等院校或科研院所的专家团队开展合作。根据《专利法》和《民法典》的规定,如果该专家团队利用或主要利用单位物质技术条件完成研发成果,则该成果属于单位。所以,医药企业在签订技术研发合作协议时,应当审查是否可能属于职务发明,如果是,需要同时与该专家团队所在的工作单位一并签订合同。如果不是,则需要让专家团队或个人进行承诺或保证,以规避将来可能出现的争议和更好的救济。

7.2.4 药品委托生产合同

根据2014年国家食品药品监督管理总局发布的《药品委托生产监督管理规定》,将药品委托生产定义为"药品生产企业(委托方)在因技术改造暂不具备生产条件和能力或者产能不足暂不能保障市场供应的情况下,将其持有的药品批准文号的药品委托其他药品生产企业(受托方)全部生产的行为,不包括部分工序的委托加工行为。"

委托生产的双方除了需要满足药品监管的要求，在委托生产的合同中，应明确药品生产涉及的专利技术以及满足生产的专有技术内容，通过专利和专有技术许可的方式许可受托方进行生产。

2016年6月，《药品上市许可持有人制度试点方案》正式出台，标志着该方案的正式落地。通常，药品上市许可持有人是指拥有药品技术的药品研发机构、科研人员、药品生产企业等主体，通过提出药品上市许可申请并获得药品上市许可批件，并对药品质量在其整个生命周期内承担主要责任的制度。在该制度下，上市许可持有人和生产许可持有人可以是同一主体，也可以是两个相互独立的主体。根据上市许可持有人制度的要求，上市许可持有人在药物研发、生产、流通、监测与评价等方面的相应义务，具体包括与受托生产企业签订书面合同、质量协议、销售协议、公开信息以及履行赔偿等。上市许可持有人和受托企业之间应签订书面委托生产合同，关于生产技术的授权包括药品产品专利、药品专有中间体的产品专利、生产方法专利、用途（适应证）专利以及相关的技术秘密等技术细节。

2019年8月26日，第十三届全国人民代表大会常务委员会第十二次会议表决通过修订的《药品管理法》，自2019年12月1日起施行。此次修订的《药品管理法》增加第三章"药品上市许可持有人"，对持有人的条件、权利、义务、责任等作出全面系统的规定。根据《药品管理法》的规定，上市许可持有人除了落实主体责任，在知识产权管理方面还需要做好保护和专利的许可工作。此外，涉及产品生产的技术秘密类信息也应该列清楚。

2020年10月9日，国家药品监督管理局发布《药品委托生产质量协议指南（2020年版）》《药品委托生产质量协议模板（2020年版）》，用于指导、监督药品上市许可持有人和受托药品生产企业履行药品质量保证义务，通过签订药品委托生产质量协议，落实药品管理法律法规及药品生产质量管理规范规定的各项质量责任，保证药品生产全过程持续符合法定要求。质量协议详细规定持有人和受托方的各项质量责任，并规定持有人依法对药品生产全过程中药品的安全性、有效性、质量可控性负责；受托方应当严格执行质量协议，确保委托生产药品遵守GMP，按照国家药品标准和经药品监督管理部门核准的注册标准和生产工艺进行生产，负责委托生产药品的出厂放行。❶

为落实药品上市许可持有人的质量主体责任，国家药品监督管理局于2022年12月29日发布《药品上市许可持有人落实药品质量安全主体责任监督管理规定》，自2023年3月1日起实施。其中规定：委托生产药品的，持有人应当对受托方的质量保证能力和风险管理能力进行评估，按规定与受托方签订质量协议以及委托生产协议；持有人不得通过质量协议转移依法应当由持有人履行的义务和责任。接受委托生产的药品生产企业应当严格执行质量协议，按照药品生产质量管理规范组织委托生产药品的生产，积极配合接受持有人的审核，并按照所有审核发现的缺陷，采取纠正和预防措施

---

❶ 国家药监局关于发布药品委托生产质量协议指南（2020年版）的公告（2020年第107号）[EB/OL]．(2020-10-09)[2025-06-24]. https://www.nmpa.gov.cn/xxgk/ggtg/ypggtg/ypqtggtg/20201009174033199.html.

落实整改。❶

为强化药品上市许可持有人委托生产的监督管理，国家药品监督管理局综合司于 2023 年 10 月 24 日印发药品上市许可持有人委托生产现场检查指南，对药品上市许可持有人的药品生产全过程、全生命周期质量管理情况加强监督检查，特别是对委托生产药品的情况加强监督检查。❷

7.2.5　医药许可交易合同

技术许可交易合同是涉及知识产权（特别是技术、专利等）的交易协议，允许一方（许可方）将其技术、专利授权给另一方（被许可方）使用，通常以换取许可费或其他利益。

近年来，医药许可交易的热度高居不下。2024 年上半年，全球共计 1174 条药物交易信息涉及 513 个药物，交易量为 2674 起，且涉及金额有不断上升的趋势。在法律关系上，医药许可交易包括 License-in 和 License-out 两种形式。医药许可交易的本质就是许可方将其所持有的知识产权、研发数据、技术资料等许可标的授权给被许可方，被许可方就授权技术或授权药品在授权区域内开展后续研发、临床试验、药品注册、生产及商业化销售活动，并向许可方支付授权费用以及商业提成。数据显示，2025 年 1~5 月，中国创新药企业在 License-out 方面的交易总金额达到 455 亿美元，这一数据已超越 2024 年上半年的交易总额，标志着创新药出海授权交易迎来爆发式增长。❸

医药许可交易具有涉及支付的费用高、交易环节复杂以及交易周期长等特点，实践中，交易双方在每一次具体交易前需要投入大量的资源寻找交易标的，还需要聘请专业机构对于交易的每一个环节可能的风险做好防范规划，这些内容包括交易架构的选择、市场调研、尽职调查和前期交易文件等。因此，在医药交易合同管理中，需要重点注意交易主体条款、知识产权条款、合同的解除条款等方面的内容。

7.2.5.1　交易主体条款

在许可交易合同中，交易主体涉及专利权人（也就是专利许可方）和被许可人。在进行专利许可交易前，专利许可方需要确认专利权的有效性和授权保护范围，以确

---

❶ 国家药监局关于发布《药品上市许可持有人落实药品质量安全主体责任监督管理规定》的公告（2022 年第 126 号）[EB/OL].（2022-12-29）[2025-06-24]. https：//www.nmpa.gov.cn/yaoqin/ypggtg/20221229195805180.html.

❷ 国家药监局综合司关于印发药品上市许可持有人委托生产现场检查指南的通知（药监综药管〔2023〕81 号）[EB/OL].（2023-10-24）[2025-06-24]. https：//www.nmpa.gov.cn/xxgk/fgwj/gzwj/gzwjyp/20231024161543188.html.

❸ 455 亿美元里程碑：2025 年前五月中国创新药 License-out 交易洞察 [EB/OL].（2025-06-12）[2025-06-24]. https：//mp.weixin.qq.com/s?src=11&timestamp=1750783505&ver=6072&signature=3f4W1tlKrxPBCzAU3ppvCYLXJ3T*utKbJNfuwHpbOzTZMu77UkFg-QWd9jly70HI5WEb2RQQW3lGi9hWPifoiFGYSZ21wij1uK*nbbV83gqVIUDLxDXdcYu7hUNFIMsY&new=1.

保授权的专利是有效的,且授权范围明确,避免出现授权无效或超出授权范围的情况。被许可人应选择具有实力且商业信誉良好的机构,确保被许可人顺利完成技术落地,特别是对于涉及跨国交易的情况,需要核实对方在相关国家或地区的法律地位和资质。

7.2.5.2 知识产权条款

如前所述,医药许可交易本质是一种资产的交易,交易标的自然来自许可方的产品。一般而言,这些产品的外在表现形式为临床前(CMC 阶段)数据、临床试验数据、专有技术以及与之相关的专利等知识产权。其中,知识产权是核心,因此交易双方除了在交易之前进行知识产权的尽职调查,还需要在合同条款中注意以下内容。

(1)专利权分许可。

专利权分许可是指在已存在在先许可的情况下,上层许可的被许可方就被许可产品或技术的权益向分许可方(Sub-licensee)提供进一步授权许可的交易。一般来说,分许可意味着"权益限制,责任加重"。前者表现为,分许可交易通常沿袭上层许可的框架,分许可方享有的权益通常与上层被许可方等同或更窄,其权益受到上层许可条款的严格限制。具体表现为:分许可方作为次级被许可方,需要承担与上层被许可方等同或更严格的义务和责任,包括专利的维护、侵权责任、技术改进的归属等。由于存在"中间层"的阻隔,分许可人可能很难获得关于产品技术的全面信息。同时,在上层许可交易发生变化的时候,例如专利被无效或合同被解除,分许可的合同会随之受到影响。针对上述因素,分许可方在进行分许可交易时,应充分了解上层许可的条款和限制,进行详尽的尽职调查,明确协议条款,确保权益得到保护。同时,分许可方应考虑上层许可变化带来的风险,并在合同中设置相应的条款以对冲这些风险。

(2)许可范围。

在医药许可交易合同中,许可方应明确标注涉及的专利权,包括专利名称、专利申请号、公开(或公告)号等信息,以确保合同标的明确性。除基本信息外,还要明确交易涉及专利的范围,是否包含由核心专利与外围专利形成的专利组合。如果拥有核心专利与外围专利,则可以形成更加稳固的专利保护范围,对抗针对核心专利的交叉许可等。专利保护具有地域性,明确许可的地域范围,既可以是全球范围,也可以是特定国家或地区,例如通常许可范围为中国、美国、日本和欧洲。在适应证方面,应明确许可待开发药品的适应证范围,特别是对于涉及多个适应证的药品,应详细列出每个适应证。例如,许可方拥有一项处于临床前研发过程中的抗癌药物专利,该药物最初被设计用于治疗适应证 A,然而在研发进入临床试验阶段后,双方发现该药物在治疗适应证 A 的临床效果存在不确定性,反而在治疗适应证 B 上可能具有更好的临床效果。因此,双方在是否继续推进适应证 A 的问题上生产分歧。许可方认为继续推进适应证 A 的研究会使商业价值降低,影响许可方后续基于新药销售的提成。许可方希望将适应证更改为 B 并继续后续研究。被许可方认为,适应证变更会在很大程度上浪费先前的投入,导致被许可方增加额外的时间和金钱成本。被许可方提出,其有权选择继续基于适应证 A 推进研发和商业化工作，或者解除合同。

（3）许可期限。

医药许可交易合同许可期限应约定到具体日期，例如从合同生效之日起至专利权终止日。如果涉及药品专利保护的延长，应明确补偿期限的计算方法和起止日期。

（4）改进专利的知识产权权属。

改进专利的归属是医药专利许可合同的重要内容。明确改进技术的归属可以避免双方在后续研发过程中因技术改进而产生的知识产权权属纠纷，增强合同的稳定性。明确且合理的约定不仅可以使双方享受技术研发带来的成果，还可以鼓励研发投入，使得技术成果尽快落地转化。原则上可约定改进技术成果归许可方所有，被许可方可以支付一定的费用获得使用权；如果改进技术归双方共有，可以协商确定利益分配方式。

7.2.5.3 合同的解除条款

解除条款在合同中具有重要的法律地位和作用，有助于明确双方在特定情况的权利和义务，减少法律风险。针对医药许可交易合同，应明确以下解除理由。

（1）到期终止。

药品许可交易合同通常会设置合作的期限。实践中，双方一般会以下述两个期限中的较晚到期者作为合作期限的到期日：许可交易项下被许可的专利中最后一项专利到期日（如有专利延长期，则需计算增加后的专利到期日），或者产品首次商业化销售后的一定期限届满。前者从专利保护期计算，后者是从产品商业化角度考虑。一般来说，前者专利到期日会早于后者的时间，对于一些技术壁垒较高的产品（例如复杂的药物制剂等）可以选择后者，这样可以延长许可人的市场收益时间。

（2）提前解除。

根据《民法典》的规定，合同双方均具有合同解除权。例如，任意一方的重大违约（例如被许可方怠于支付许可费用、违反勤勉义务；或许可方的知识产权出现重大瑕疵、产品注册失败等），则守约方可以根据约定提前解除合同；或者在发生特定客观情况时（例如一方破产、资不抵债、控制权变更或产品发生受试者安全事件），则另一方有权要求提前解除合同；最后一种情况是，发生不可抗力导致合同提前终止。

（3）被许可方的解除权。

医药许可交易合同在实践中也存在被许可方要求有权无因自由解除合同的情况，即被许可方可以根据产品的研发进展自行决定是否继续进行产品的后续研发及合作。但赋予被许可方自由解除权会破坏交易信赖，且会增加许可方再次寻找合作方的困难（产品本身的商业价值和新颖性等都受到影响），因此许可方往往会要求仅在一定的期限届满后，被许可方可享有该等解除权（例如首付款全额支付后）。

（4）建立联合委员会。

鉴于医药许可交易的特点，交易双方需要一套完整的内部争议决策或争议解决机制，以就交易双方在合作过程中可能产生的分歧甚至争议进行定分止争。实践中，双方可以建立联合委员会（Joint Development Committee，JDC）负责医药许可交易中的重大决策事项，如批准临床试验方案、商业计划等。同时，在联合委员会中，由于双方各指定相同名额的成员，因此在双方意见相悖时，可能会出现决策僵局。合同中通常会约定相应的僵局解决机制，如提交双方首席执行官或董事会决策，有利于定分止争。

总体而言，完整的药品许可交易所涉流程众多，需考虑的细节错综复杂，许可方和被许可方既要谋求互补共赢，也在进行利益博弈。在开展药品许可交易前，双方都应充分识别商业和法律风险，根据交易背景和特点在合同中进行对应条款设计，从而有效维护各自的利益。

7.3 横纵管理

7.3.1 上级部门管理

知识产权战略是企业战略的延伸，国际化已成为中国医药企业的重要战略之一，欧、美、日等成熟医药市场对知识产权的重视程度非常高，中国医药企业应积极利用国际化战略，增强企业处理海外知识产权问题的能力，提升知识产权部门在企业内的地位和影响力。

知识产权部门富有成效的工作也能对企业战略产生积极的影响，使企业决策层愈加重视知识产权工作。由于历史原因，国内制药业曾经对于知识产权重视程度严重不足。随着中国加入人用药品注册技术国际协调会议（ICH），以及国务院及相关部门密集出台各类与知识产权相关的文件，企业知识产权部应充分利用国内环境变化的有利因素，积极影响和引导企业决策层加大对知识产权的投入。

上级部门管理的核心目标是企业利益最大化，其宗旨是贯彻企业战略。知识产权部门负责人应利用例会汇报与单独汇报的时机，向管理层宣贯知识产权战略如何最大化企业利益，在高层内部形成长期重视知识产权的氛围。

同时，知识产权部应充分利用突发事件的影响力和急迫性，在最需要知识产权部处理知识产权纠纷或诉讼时，与管理层做好充分沟通，理解管理层的意图，处理好此类事件。突发的知识产权事件既是危，也是机，把握好处理的方法，得到管理层认可，有利于管理层对日常知识产权工作的支持。

7.3.2 部门间协作管理

制药业需要企业内多部门同时协作、分进合击，才能完成全部的业务流程，因此部门间的协作管理非常重要。对于知识产权部门而言，其与研发、生产、销售、法务等部门之间的协作非常重要。

研发部门是绝大多数知识产权的原始来源，企业在研发立项时，知识产权部门就需要参与，与研发部门一同制定项目的知识产权目标与规划，并安排专职人员成为项目组的一员，使项目在研发阶段的知识产权工作可控。为了激励研发人员参与知识产权工作，可以出台相应的奖励政策，以正向激励为主。

在制药项目中，研发部门与生产部门的沟通非常关键，从小试到中试放大的过程中，面临很多的技术和法规层面的挑战；而在生产转移成功后，持续的技术改进也是医药企业保持竞争优势的一种手段。在以上过程中，往往会产生大量的知识产权机会与风险，因此，知识产权人员也应在研发到生产以及正常生产的全过程中，保持对项目的关注。

在研发和生产时，知识产权人员应提前对产品上市销售时可能面对的知识产权风险做出预警。虽然药物在注册上市前的研发和生产等行为，侵犯专利权的风险较小，但是前期投入大，这也意味着药物销售时面临风险会很高。同时，在药物上市前后，还会面临被指控窃取商业秘密的风险。

在日常的法务工作中，知识产权部门应积极配合法务部或合规部完成法务和合规的知识产权工作。知识产权诉讼涉及了大量的技术内容，应由知识产权部门主导。如果法务部门是知识产权部门的上级部门，应做好知识产权诉讼与其他诉讼之间的区别管理工作。

知识产权部门还应配合采购部门，对物料供应商进行知识产权管理，应关注其提供的起始物料、中间体及其生产工艺是否存在侵权风险。如果销售的产品需要出口的，还需要注意其出口地、港口转运地的知识产权相关风险。特别是针对服务供应商，需要关注其服务的其他医药企业是否具有排他类型协议，以及给企业提供的服务，是否需要签署独家的排他协议。服务供应商可能通过合作获知企业的商业秘密，企业应通过保密协议的形式对其进行约束与管理。

由于医药产品在各地的药政法规的不同，企业还需注意某些供应商对不同地区采用不同的供应标准，这有可能导致企业在不同地区遭遇不同的知识产权风险。

企业内部的审计部门开展定期审计时，知识产权部还应配合完成相应的知识产权审计工作。

7.3.3 药政法规的知识产权协同

制药业是由政府监管、具有高准入门槛的行业，所有药品都必须获得监管部门审批同意，才能合法上市销售。在制药业，知识产权与药政法规具有协同作用，会产生叠加或抵消的效果，因此企业知识产权人员必须关注药政法规的动向。知识产权人员也需要时刻关注《药品管理法》《药品注册管理办法》等相关法律法规的修改及施行。

除了专利保护，医药企业还可以依靠政府的行政保护，延长其药品独占保护期。知识产权部门在研究药品的专利期时，一定要注意相关药品的行政保护独占期，避免得到错误的信息。以美国的专利期延长制度和欧盟的药品补充保护证书制度较为典型。我国的药品专利期限补偿制度实施较晚，《专利法》和《专利法实施细则》分别有相关规定，具体可参照本书第2章第2.3.2节关于药品专利期限补偿制度的内容。Hatch –

Waxman 法案规定了新药申请者可获得专利延长期，补偿其在临床试验和药品审评中所消耗的时间，但最多不超过 5 年，并且延长期限加上药物上市时所剩余的专利期限之和不能超过 14 年。欧盟药品补充保护证书补充保护的期限不超过 5 年，在基本专利到期后生效，自上市许可之日起计算，总计专利保护期不超过 15 年。中国对新药上市审评审批的补偿期限不超过 5 年，新药批准上市后总有效专利权期限不超过 14 年。

美国药品专利期限延长（PTE）信息可在 USPTO 官方网站查询，在检索结果的"Documents &Transactions"中查询 PTE 延长的申请和证书。补充保护证书（SPC）延长可在 European Patent Register 官方网站中查询，在检索结果的"Legal status"中，可查询欧洲各个国家的 SPC 延长情况。例如，专利 US7407955，申请日为 2003 年 8 月 12 日，根据申请日 +20 年计算，到期日为 2023 年 8 月 12 日，但 PTE 延长了 629 天，该专利实际到期日为 2025 年 5 月 2 日；其欧洲同族专利 EP1532149 通过 PCT 申请 WO2004018468 进入欧洲，申请日为 2003 年 8 月 18 日，根据申请日 +20 年计算，到期日为 2023 年 8 月 18 日，但其在欧洲多国进行了 SPC 申请，例如在丹麦针对某一产品延长至 2026 年 8 月 30 日。

在药品申请上市时，各国的药政部门都会要求作出知识产权声明。企业知识产权部应与注册部门充分沟通、配合，主导完成声明的撰写。例如，在中国进行药品注册申请，根据国家药品监督管理局药品审评中心发布的《M4 模块—行政文件和药品信息》第 1.3.8.2 节专利信息及证明文件的相关要求，申请人提供对申请的药物或者使用用的处方、工艺、用途等专利情况及其权属状态说明，以及对他人的专利不构成侵权的声明。根据《药品专利纠纷早期解决机制实施办法（试行）》第 6 条，化学仿制药申请人提交药品上市许可申请时，应当对照已在中国上市药品专利信息登记平台公开的专利信息，针对被仿制药每一件相关的药品专利作出声明。声明分为四类：1 类声明：中国上市药品专利信息登记平台中没有被仿制药的相关专利信息；2 类声明：中国上市药品专利信息登记平台收录的被仿制药相关专利权已终止或者被宣告无效，或者仿制药申请人已获得专利权人相关专利实施许可；3 类声明：中国上市药品专利信息登记平台收录有被仿制药相关专利，仿制药申请人承诺在相应专利权有效期届满之前所申请的仿制药暂不上市；4 类声明：中国上市药品专利信息登记平台收录的被仿制药相关专利权应当被宣告无效，或者其仿制药未落入相关专利权保护范围。在美国进行新药申请，申请人（通常也是专利权人）在提出新药申请时应当提交相关的专利信息，申请获得批准后该专利信息将通过橙皮书公开。在美国进行简略新药申请，须参照橙皮书上登记的专利，向 FDA 递交以下 4 种专利状态的声明之一：①第Ⅰ段声明（Paragraph Ⅰ），该药品无专利；②第Ⅱ段声明（Paragraph Ⅱ），该药品有专利，但该专利已经失效；③第Ⅲ段声明（Paragraph Ⅲ），在相关专利失效前，不要求 FDA 批准该仿制药；④第Ⅳ段声明（Paragraph Ⅳ），与申请的仿制药相关的专利是无效的或者仿制药并不侵权。中国和美国的药品知识产权声明如表 7-3-1~表 7-3-4 所示。

表7-3-1　国产药品注册表中的专利情况说明

专利情况：□有中国专利□化合物专利□工艺专利□处方专利□其他专利
专利号：
专利权人：
专利授权/公开日期：
□有外国专利□化合物专利□工艺专利□处方专利□其他专利
专利号：
专利权人：
专利授权/公开日期：
专利权属声明：我们声明：本申请对他人专利不构成侵权。

表7-3-2　专利纠纷早期解决机制下的专利声明

化学仿制药/中药同名同方药/生物类似药			
药品名称		药品类型	
剂型		规格	
申请人		通讯地址	
联系人		联系电话	
电子邮箱			
被仿制药等相关信息			
药品名称		批准文号/注册证号	
持有人名称			
登记的专利号	登记的权利要求项编号	专利声明类型	备注
专利声明类型：1类：中国上市药品专利信息登记平台中没有被仿制药品相关专利信息（登记的专利号填写"无"）；2类：中国上市药品专利信息登记平台收录的被仿制药品相关专利权已终止或者被宣告无效，或者仿制药申请人已获得专利权人相关专利实施许可（在备注中注明相应的具体情形）；3类：中国上市药品专利信息登记平台收录有被仿制药品相关专利，仿制药申请人承诺在相应专利权有效期届满之前所申请的仿制药暂不上市；4.1类：中国上市药品专利信息登记平台收录的被仿制药品相关专利权应当被宣告无效，4.2类：仿制药未落入中国上市药品专利信息登记平台收录的被仿制药品相关专利权保护范围。			
申请人承诺对相关声明的真实性、准确性负责。仿制药/中药同名同方药/生物类似药申请被受理后10个工作日内，申请人将声明及声明依据通知上市许可持有人；除邮寄纸质材料外，申请人还将通过上市许可持有人在专利信息登记平台登记的邮箱地址进行声明及声明依据的送达。对相关文书和材料将完整保存。			
申请人：			

表7-3-3 国产药品注册的不侵权声明

关于×专利权属声明

X 是 A 公司开发的新化合物，属"境内外均未上市的创新药，含有新的结构明确的、具有药理作用的化合物，且具有临床价值的药品"。根据《国家药监局关于发布化学药品注册分类及申报资料要求的通告》（2020 年第 44 号）属于化学药品 1 类。

目前 A 公司已对 X 申请了专利，详见附表。本次注册申请为 X 在国内外的首次申请，其所有专利均为 A 公司（英文名称……）所有，并拥有全球自主知识产权。

X 使用的工艺、方法和数据等均由 A 公司试验研究所得。经过详细的专利查询及分析，本申请中化合物、晶型、工艺、用途等在本品注册申请中不涉及任何侵权情况，本申请人对将来不可预见的、任何可能的侵权负全部责任。

特此声明。

A 公司
年　月　日

附表：X 专利信息

申请日	发明名称	申请人/专利权人	国家/地区	申请号	法律状态	专利授权/公开日期
……	……	……	……	……	……	……

表7-3-4 美国 ANDA 申请时的专利声明

1.3.5.2 PATENT CERTIFICATION

PATENT CERTIFICATION

In accordance with the Federal Food, Drug, and Cosmetic Act, as amended September 24, 1984, the Applicant, Company XX makes the following certification and statement with respect to the patents listed in the FDA's Approved Drug Products with Therapeutic Equivalence Evaluations (Orange Book) for DRUG – A®, which is approved under NDA… This Abbreviated New Drug Application for…refers to the listed drug DRUG – A® of Company YY, which is listed in the Electronic Orange Book. The Electronic Orange Book, current through xx xx, xxxx lists the following patents:

Table 1 Patent Data for DRUG – A® （…）

Patent No.	Patent Expiration	Drug Substance Claim	Drug Product Claim	Patent Use Code

Copies of relevant pages of the current Electronic Orange Book are attached in Module 1.3.5.1.

Paragraph III Patent Certification

[21 C. F. R. § 314.94 (a) (12) (i) (A) (3)]

This certification is made in accordance with Section 505 (j) (2) (A) (vii) (III) of Title 1 of the Federal Food, Drug and Cosmetic Act, as amended September 24, 1984, and pursuant to 21 CFR § 314.94 (a) (12) (i) (A) (3):

Company XX certifies that Company XX is <u>not</u> seeking approval to market the … for which this application is submitted until after the expiry of U. S. Patent No. … including any pediatric extension thereof.

Paragraph IV Patent Certification

[21 C. F. R. § 314.94 (a) (12) (i) (A) (4)]

This certification is made in accordance with Section 505 (j) (2) (A) (vii) (IV) of Title 1 of the Federal Food, Drug and Cosmetic Act, as amended September 24, 1984, and pursuant to 21 CFR § 314.94 (a) (12) (i) (A) (4).

Company XX certifies that, in its opinion and to the best of its knowledge, U. S. Patent No. …, U. S. Patent No. …, and U. S. Patent No. … are invalid, unenforceable, and/or will not be infringed by the manufacture, use, or sale of … for which this application is submitted.

Company XX will comply with the notification requirements under 21 C. F. R. § 314.95 (a) with respect to providing a notice to each owner of the patent or their representatives and to the holder of the approved application for the drug product which is claimed by the patent or a use of which is claimed by the patent and with the requirements under 21 C. F. R. § 314.95 (c) with respect to the content of the notice.

Statement under Section viii for U. S. Patent No. …

This certification is made in accordance with Section 505 (i) (2) (A) (viii) and 21 C. F. R. 314.94 (a) (12) (iii).

Company XX hereby states that Company XX is <u>not</u> seeking approval for any indication covered by the following patent listed in the Orange Book – Approved Drug Products – and the labeling for the product submitted by Applicant does not include any information covered by the following method of use patent U. S. Patent No. ….

Ms/Mr …
Regulatory Affairs Manager
Company XX

在药品的市场准入过程中，特别是在中国各省（自治区、直辖市）进行药品招投标时，知识产权是重要的工具和谈判筹码；对通用名相同的药品一般可分成专利药品、过期专利药品（原研）、普通仿制药这三类（以各地要求为准），其中，专利药品通常是在投标时优先确定的一个药品属性。投标人应保证招标人在使用中标（议价成交）药品时，不受第三方提出的侵犯其专利权、商标权或保护期的起诉。知识产权部门应事先与市场准入的负责部门进行沟通，提供必需的资料（专利证明文件如专利证书等，有利于获得加分），以便让药物上市获得最好的条件。

7.3.4 对子公司的管理

子公司是在法律上独立于母公司，并且拥有独立而完整的公司管理组织体系，知识产权也是子公司的重要资产之一。母公司需要一个科学的知识产权管理体系，管理好各子公司的知识产权资产，以最大限度地保障公司的整体利益。

对于子公司的知识产权，可采用集中管理和分散管理的模式。

集中管理是在企业总部设立知识产权管理部门，由高层管理者直接控制，统一制定知识产权战略和策略，各子公司涉及的所有知识产权重大决策权都由企业统一控制。各子公司的知识产权部门负责贯彻和执行总部的知识产权制度，管理日常的知识产权工作。与子公司签订协议明确各子公司的知识产权均归属母公司，母公司可通过授权方式给子公司使用。

子公司可设置负责知识产权事务的人员，该职员既属于子公司行政管理，也属于总公司知识产权部业务管理。在考核方面，该职员可由子公司进行日常工作考核，总公司的知识产权部进行年终考核，增加工作效率。

集中管理的优势是权责明确、命令统一、决策迅速、高效管理等；母公司可通过授权方式让子公司使用知识产权；子公司相对于母公司，知识产权保护能力有限，可降低子公司知识产权应对风险，同时避免子公司在对外合作中可能导致的知识产权流失风险。但其弊端也在于高度的集中化，使知识产权的运营和管理过于僵硬。

分散管理的特点是母公司与子公司以资本作为纽带，子公司享有充分的知识产权管理权限。子公司自行实施相关知识产权活动，知识产权归属子公司。

分散管理有利于调动子公司管理知识产权的积极性，有利于子公司根据技术发展和市场竞争需要，及时调整知识产权战略。但容易导致子公司为了短期目标，忽略企业长远发展目标和整体利益。[1]

7.4 风险管理与防范

知识产权作为知识经济的核心，是企业竞争的砝码。与知识产权相关的风险可能

---

[1] 肖延高，范晓波，万小丽，等. 知识产权管理：理论与实践 [M]. 北京：科学出版社，2016.

存在企业生产活动的任何阶段。由于知识产权风险发生的可能性、影响程度以及企业应对能力都是动态变化的，为了全面、系统、准确地识别知识产权风险，并有层次地对知识产权风险进行评估、跟踪、监督、规避、减少、转移等，最终实现以最小的成本获取最大的安全保障，企业应当将知识产权风险管理作为知识产权管理的重要内容，根据企业需要建立合适的知识产权风险管理体系，保障企业健康可持续发展。

医药产品直接关系到人们的身体健康甚至生命，各国法律法规对医药产品的上市及其生产工艺、设备等都有特别限定。根据医药开发的特性，不同类型的医药企业在知识产权管理的内容和特点方面也会各不相同，本节将全面探讨，如何开展医药企业的知识产权风险管理。

一般情况下，风险管理可根据风险种类及重要程度进行分类、分级管理。而对于创造、制造、营销一体化模式的医药企业，由于其涉及药品的研发、生产、销售全流程，可能发生大部分的知识产权风险，如果仅采取分类、分级来进行风险管理，易发生遗漏。如果以研发、生产、销售为流程主线，采取对流程中知识产权风险全面预警的全流程风险管理，相较于一般的分类型风险管理，全流程风险管理更系统、更高效，且更易对风险进行识别和预警，达到知识产权风险防控成效；采用其他模式的医药企业可在其涉及的业务范围内参考调整。

7.4.1 知识产权风险的特点

知识产权是一种特殊的财产权，其相关的风险受法律法规的影响，也有其自身特点。

7.4.1.1 时效性

关于时效性，法律法规对不同的知识产权的保护具有不同的期限，例如发明专利保护期为20年，实用新型专利保护期为10年，外观设计专利保护期为15年。而注册商标保护期为10年，可进行续展，每次续展有效期为10年。知识产权风险只发生在其存续期间，一旦该知识产权失效，企业面临的知识产权风险即告解除；但作为知识产权权利人的企业，则存在丧失竞争优势的风险。

7.4.1.2 地域性

关于地域性，主要国家和地区对知识产权的保护遵循独立原则，即一个国家/地区授予的知识产权保护仅在该国家/地区发生法律效力。企业在生产经营活动中可能遇到的知识产权风险存在地是企业需要考虑的。因此，在企业进行知识产权地域布局时，需要考虑未布局地域的市场竞争优势丧失风险。

7.4.1.3 独占性

知识产权的独占性是指未经知识产权权利人的许可，任何人不得以经营为目的实施其知识产权。知识产权作为无形资产,其权利边界是不易被人识别的。因此,在经营过程中,实施主体一旦对经营涉及的知识产权调查不全面,便极易存在知识产权侵权风险隐患。

7.4.1.4 不确定性

专利申请授权存在不确定性,授权后可能面临被宣告无效的风险,因此,企业需要经常评估知识产权的不确定性,规避知识产权风险给企业带来困难。

7.4.1.5 纠纷处理周期长

我国针对不同类型的知识产权授权、无效和诉讼纠纷有司法救济途径和行政救济途径两种,这两种途径是在不同的机构进行,而且这些程序之间存在关联性,导致程序复杂,因此,知识产权纠纷处理的周期非常长。

7.4.1.6 风险防范难度大

正是因为知识产权具有上述特点,因此知识产权风险防范难度大。

7.4.2 全流程风险管理

全流程风险管理是对流程中每一节点发生知识产权事务对应的风险设置处理和决策的时机,通过建立从具体办理人员到最后审批人员的具体操作流程和工作质量要求,有效地防范知识产权风险。企业知识产权风险全流程管理体系一般应当全面地规范和体现各个组成部分,包括"人、事、物、运行机制",以使其可行性符合要求,最终实现管理目的,参见图7-4-1。"人"是指参与风险管理的人员架构,"事"是指风险管理的对象,"物"是指风险管理过程所需的资金等资源,"运行机制"作为制度规范,是保障整个风险管理健康运行的基础。

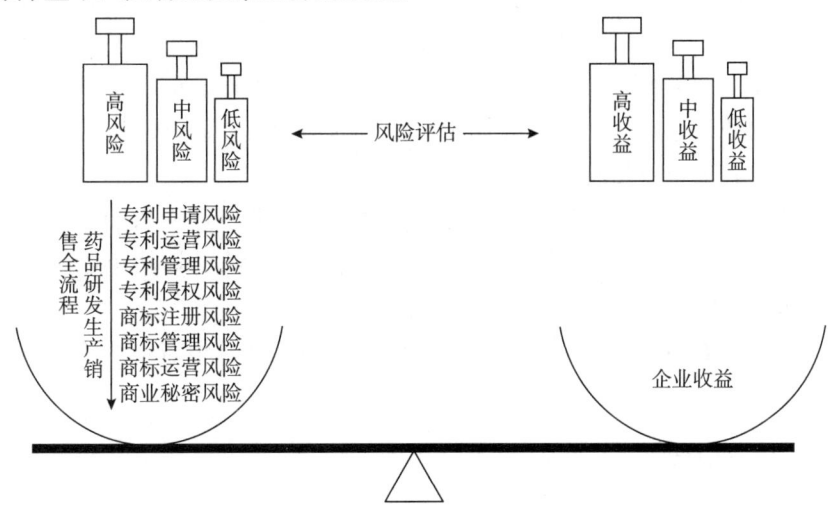

图7-4-1 全流程风险管理

7.4.2.1 人员架构

企业能否规避和应对知识产权风险的关键,在于参与管理风险人员对风险的分析是否准确到位,决策是否正确,而决策的正确与否受到信息分析全面性和准确性,以及参与知识产权管理人员的知识产权知识和业务水平的影响。因此,在企业知识产权全流程风险管理体系中,参与风险管理的人员架构,应当是由企业的最高管理层或具有裁决权力的领导层组成的决策机构,熟悉知识产权业务、执行具体的知识产权管理事务的知识产权工程师组成的知识产权管理部,以及提供技术支持的研发部、提供最新市场信息及市场动态的市场部、给予法律(合规)风险预警的法务部(合规部)等共同组成。不同成员在全流程风险管理的不同阶段提供相应信息、参与风险的评估、提出风险应对策略参考,供决策机构作出决策。

7.4.2.2 风险类型

随着国际社会对知识产权保护的不断强化,知识产权的运用方式越来越多样化,企业在生产活动中遇见的风险始终处于一种动态变化中,在药品研发流程的不同阶段存在不同的风险。在知识产权风险管理中,企业按照不同的标准对知识产权分类非常重要,目的在于根据不同的知识产权风险维度,进行合理的管理和防范。

根据知识产权类型的不同,企业可以将风险分为专利风险、商标风险、著作权风险、域名风险、合同风险、商业秘密风险、商号风险、不正当竞争风险、综合性知识产权风险等,以这种方式区分主要是确定不同的项目负责人,根据流程中各节点风险出现的概率进行计划性防范。

根据对方的不同诉求和解决诉争的方式不同,可以将风险分为许可型风险、诉讼型风险。诉讼型风险是指司法和行政程序中的风险,包括诉讼、仲裁、行政调解、行政管理。两种风险可以互相转化。以这种方式区分可引起负责人依据证据的注意程度和保管程度不同,采取不同的谈判策略。许可型风险和诉讼型风险又可分为主动型风险和被动型风险。主动型风险是指主动找对方谈许可或诉讼,被动型风险是指对方主动来企业谈许可或诉讼,区分的意义在于对结果的期望值不同,证据的准备方式也不同,投入的人力物力也不相同。

根据风险的标的不同,可以将风险分为生产设备风险、原料采购风险、销售药品风险、生产工艺风险。以这种方式区分用于确定项目负责人,评估企业对风险的承受能力、应对能力及后续风险规避策略的制定。

除此之外,还有境内型风险、境外型风险,区分的意义在于风险处理策略不同,项目预算不同。

7.4.2.3 资源配置

由于知识产权风险的紧迫性和重要性,企业原则上应采用资源优先配给,但也需根据自身知识产权风险管理计划,制定可行的方法,为知识产权风险管理分配合适的资源。

(1) 人才资源。

有条件的企业应当建立一支专业化的知识产权人才队伍,为企业知识产权事务决策的合理性提供保障,为办理具体知识产权事务提供专业服务。企业可通过引进、培训、进修等多种形式培养自己的知识产权人才队伍;不具备条件的企业,可以与专业知识产权服务机构合作,通过服务外包借助服务机构的人才优势,为企业实施知识产权决策提供服务,从而规避或有效降低知识产权风险。

(2) 资金资源。

根据企业内部条件和管理需求,对风险管理过程每一阶段所需要的资金进行配置,如知识产权专项经费等。

(3) 外部协同资源。

很多知识产权风险管理需要引入外部专家顾问或机构的评估建议和意见,也需要咨询政府主管部门,企业应综合调配这方面的资源,以利于知识产权的风险管理。

(4) 其他资源。

企业知识产权管理可引入信息和知识产权管理系统,提高信息沟通和管理的效率,降低综合性知识产权风险。

7.4.2.4 运行机制

知识产权风险管理运行机制是知识产权体系各个要件有机结合的基础,企业应该根据自身发展需求,明确知识产权风险管理目的,基于目的建立完善配套制度,规范知识产权风险管理的工作程序,以确保知识产权风险管理在企业内部的统一理解和严格执行。在知识产权风险管理运行机制中,企业至少应当对决策流程、监控机制进行规范;进一步通过制定风险清单,根据风险的类型和级别,对可能的突发事件准备处置预案;而员工专业水平是整个风险管理体系有效运行的基础,因此还应当对员工教育培训机制进行规范。

(1) 决策流程。

对于决策流程,企业可以项目发展流程为基线,标识流程节点,对各个节点的具体办理人员到审批人员的具体操作流程和工作质量要求进行规范,设置风险管理人员架构中每位成员的权责,积极调动各位成员的主观能动性;对可能存在的知识产权风险的节点设置风险评估流程,对风险进行分类、分级管理,形成知识产权风险清单。风险分级管理的目的在于根据企业的风险管理目的、风险承受能力和人力物力的分配,制定风险应对策略,确保以最低的成本获得最大程度的保护。依据企业具体情况将知识产权风险分为高风险、中风险、低风险;对于高风险事件,一般采取放弃、停止、规避风险,对于中风险事件,可以依据具体情况放弃、停止、规避或通过控制因素减少风险，或借助外力分担风险，对于低风险事件，企业权衡风险控制成本、代价与收益后，可采取放弃、停止、规避、减少、分担风险。风险规避以企业战略为方针，以一般处理方式为参考，当收益大于风险控制成本及代价时，根据实际情况和需求选择。对于每个节点的风险可预先制定风险识别、分析、评价、应对策略（规避、减少、分担）的标准，在具体实施时，根据实际情况进行策略调整，并做好监督检查、沟通记录。

（2）监控机制。

监控机制是指定期或不定期地对知识产权运行体系的各个部分运行情况进行评估和检查，不断改进和完善知识产权风险管理和防范体系。

（3）对突发事件的处置预案。

对于突发事件的处置预案，医药企业可结合本企业的组织形式、行业特点，根据列出的风险清单，制定一系列的应对处置预案。可针对不同级别、不同类型的具体知识产权突发事件，通过确定响应级别、指挥部门、主承办部门、协办部门及参加人员，以及各部门和参加人员处置权责、流程和措施，以及后续救济措施等，一旦发生知识产权突发事件，可启动处置预案，按照预案设定的级别和要求来组织应对，也可根据实际情况由决策机构根据各部门提供的具体信息对预案进行科学调整，有条不紊地化解危机。

企业活动的各个环节的知识产权风险管理涉及的内容错综复杂，涉及多类法律条款，要想有效地运行企业制度，不但需要企业建立规范的知识产权管理体系，全体员工对企业知识产权管理规范严格执行，重要的是，全体员工要有对知识产权风险进行管理的意识。因此，还应当对员工进行相关内容的培训，并在企业内部加强宣传。

按照研究对象的不同，医药企业可分为中药、生物创新药、生物类似药、小分子创新药、小分子仿制药、医疗器械、保健食品等类型企业，不同类型的医药企业涉及的研发、生产、销售有不同的流程节点，不同类型的医药企业遇到的风险也有差异，即便是相同的知识产权风险，处理方式也不相同，因此，在医药企业制定全流程风险管理策略时，应当综合考虑，契合自身研究领域特点。

7.4.3 各节点风险管理与防范

7.4.3.1 研发

对于创造型医药企业来说，研发活动是获得市场竞争优势的基础环节，药物研发的立项、研发方向的确定、研究成果的保护等都存在知识产权风险。此阶段风险的防范效果影响后续阶段的知识产权风险发生的类型及概率，甚至有可能使研发成果不能投入生产制造的风险，该阶段主要涉及专利风险，如图 7-4-2 所示。除此之外，还应注意，商业秘密风险和合作研发风险等其他风险，也贯穿整个研发的流程。

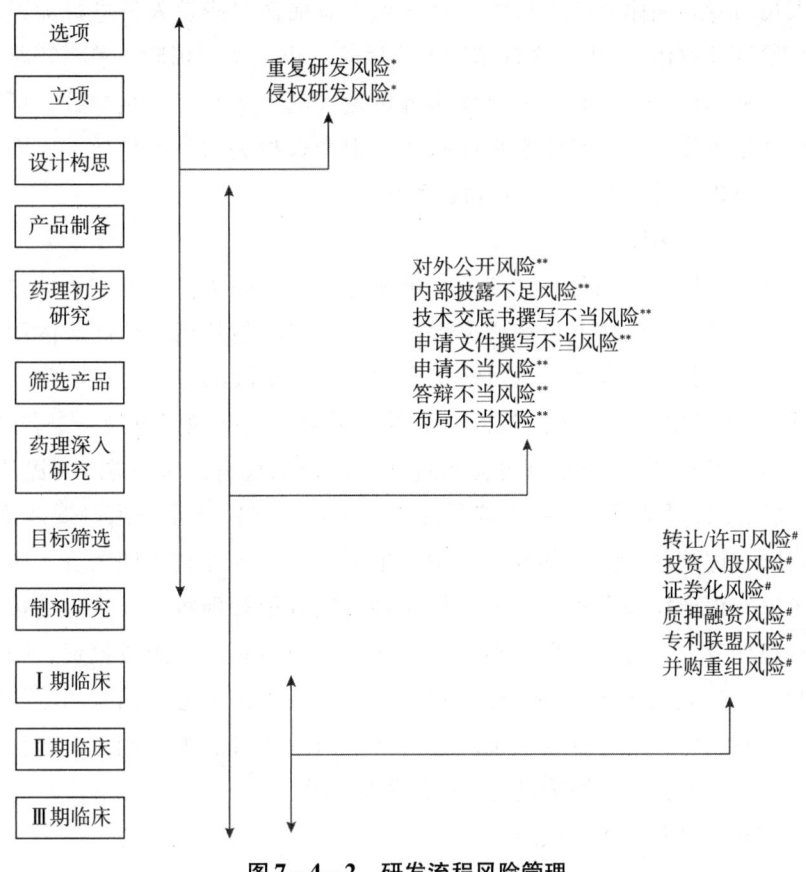

图 7-4-2 研发流程风险管理

注：*指因研发结果涉及专利侵权或专利保护，导致研发经费浪费的专利风险；**指与专利申请相关的专利风险；#指与专利运营相关的专利风险。

(1) 专利风险。

第一，导致研发经费浪费的专利风险。

研发成果被在先的失效专利公开或已有在先专利申请保护将造成重复研发，研发成果已有在先专利或属于在先专利保护范围内，而且该在先专利仍然处于有效状态，不仅构成重复研发，造成企业投入的研发经费浪费，而且企业要使用该研发成果，存在被在先专利权人指控专利侵权的风险，属于侵权研发风险。"重复研发风险、侵权研发风险"重要防范手段是对研发阶段中任一节点产生的设计构思或技术成果作出详细的信息调研、检索，包括不限于专利、论文、新闻、行业动态等，确定这些构思或技术是否被已公开专利或专利申请、论文等披露，或被有效专利所包含。

第二，与专利申请相关的专利风险。

"对外公开风险"一般是指专利申请披露、新闻发布、文章发表等给项目带来的风险，因此，项目负责人在公开信息前，应当对项目研发进行阶段性总结和预估，及对现有技术发展情况做到心中有数。"内部披露不足风险、技术交底书撰写不当风险"主要是研发人员对专利法律的熟悉程度不足导致，应加强对研发人员进行知识产权相关内容的系统培训及宣传。"申请文件撰写不当风险、申请不当风险、答辩不当风险、布局不当风险"则是因企业知识产权具体事务负责人的业务水平不足导致，可以通过加强企业知识产权工作人员的专业水平或聘请知识产权相关的专家指导，或委托专业的知识产权服务机构完成相关工作来规避此类风险。

第三，专利运营风险。

药品研发的后期，特别是临床阶段，可能发生的风险类型是专利运营风险。药品研究发展至该阶段，其成功上市的概率大大增加，因此与其相关的商业活动也可能变得频繁起来，随之相关的专利运营风险也会增加。此阶段的专利运营风险发生概率较大的是转让/许可风险、投资入股风险、证券化风险、质押融资风险、专利联盟风险、并购重组风险。专利技术转让/许可应当遵守的法律法规有《专利法》《民法典》，如存在向国外转让/许可情况，则应当按照《中华人民共和国技术进出口管理条例》《技术进出口合同登记管理办法》的规定办理审批手续；对于专利质押融资，质押合同还应当符合国家知识产权局发布的《专利权质押合同登记管理暂行办法》的规定，质押期间的专利权处分应当符合《民法典》的规定，若以专利进行出资投资，则企业需按照《民法典》规定进行资本注册。除了以上专利运营中需要遵循国家的法律法规以避免相应的争议和纠纷，对于企业来说，应当以专利运营目的为基础，对合作对象、合作事宜、合作方式、合作预期等进行全面的尽职调查。

第四，应对仿制药声明的风险。

仿制药申请被受理后，国家药品审评机构会在中国上市药品专利信息登记平台向社会公开申请信息和相应声明。对于创新药上市许可人或创新药专利权人来说，虽然规定仿制药申请人应当将相应声明及声明依据通知上市许可持有人，但还是建议创新药上市许可人或创新药的专利权人自己也要做好监控，以防未能及时关注信息接收渠道的问题。创新药的专利权人或者利害关系人对四类专利声明有异议的，应在规定期限内向人民法院提起诉讼或者向国务院专利行政部门请求行政裁决。

对于仿制药企业来说，中国上市药品专利信息登记平台的专利信息是随时变化的，因此仿制药企业在提交仿制药上市申请前，再次确认被仿制药物在中国上市药品专利信息登记平台公开的专利信息，针对被仿制药每一件相关的药品专利作出声明。结合仿制药自身的技术特点，对于第4.2类声明，企业还需要将声明依据发送相关原研企业。除纸质资料外，还需要经电子邮箱发送声明及声明依据。

另外，如果是首个挑战专利成功并首个获批上市的化学仿制药，国务院药品监督管理部门会给予12个月的首仿药市场独占期。即在该药品获批之日起12个月内不再批准同品种仿制药上市，共同挑战专利成功的除外。截至2025年5月31日，我国首仿药市场独占期制度已实施4年，仅有依维莫司片这一款仿制药获得了12个月的首仿药市场独占期。首仿药市场独占期制度的运作与药品审评审批、行政仲裁、司法诉讼等环节密切相关、相辅相成。为了获得市场独占期，结合研发进展，企业应合理规划发起专利挑战的时机。在策略上，仿制药企业若希望获得首仿药市场独占期，需要做到以下三个方面。第一，提前布局，快速研发。仿制药获得首个批准是获取首仿药市场独占期的前提，唯有抢得首仿机会，方能实现独占期。因此，仿制药企业应尽早开发仿制药，并尽早提交申请上市。例如正大天晴2014年之前已开始开发该产品，并于2014年8月启动仿制药上市申请，此时距离诺华公司的原研药依维莫司在中国批准上市（2014年2月）仅相差6个月。由此可见，尽早研发以争取首仿机会对获得首仿药市场独占期至关重要。第二，在产品开发策略上，要采取直面原研专利并发起无效挑战的策略，即需要无效宣告原研药的专利而非通过改进方案规避原研药的专利。第三，在合适的时间窗口内发起药品专利挑战。在我国，若申请首仿药市场独占期，仅在特定的时间窗口内对药品专利信息平台上登记的专利提出无效宣告请求，才有可能成功。首先，避免过早针对原研登记的专利提交无效宣告请求，否则在仿制药申请上市时，专利可能已被国家知识产权局专利局复审和无效审理部宣告无效并生效，从而仅能提交第2类声明；此外，仿制药企业也应避免过晚提出专利无效宣告请求，因为根据相关法规，仿制药申请人在提交第4.1类声明时，需在最晚30天内将有关专利挑战的文件递交至药品审评中心，否则有可能面临不被认定为第4.1类声明且无法获得首仿药市场独占期的风险。❶

（2）其他风险。

第一，商业秘密风险。

药品开发的任何一个阶段，都存在商业秘密风险。研发阶段的商业秘密多数涉及技术秘密。商业秘密泄露多发于企业人才流失及企业保密措施、保密制度不完善，企业需要采取的防范措施具体可参照第5章第5.1.4节关于商业秘密管理的内容。

第二，BD交易风险。

医药BD交易包括很多种模式，例如授权/许可、合作研发、权益买断、股权投资、并购、成立合资公司等。根据丁香园&Insight报告，2018～2023年全球和国内交易均以授权/许可及合作研发为主。

合作研发应当明确规范知识产权权属问题，签订保密协议保护研发成果不被泄露，明确违约责任确保合作方遵守合同约定，从而避免资产流失、合作失败、培养竞争对手等风险。

授权/许可是被许可方通过许可授权的方式获得许可方标的产品/技术在特定地域内针对特定适应证的研发、生产和/或商业化权益，许可方获得首付款、里程碑付款和销售额分成。

药品特别是创新药的授权/许可，具有交易金额巨大、周期长的特点，而知识产权

---

❶ 冯向阳，黄璐，柳洋洋. 我国首仿药市场独占期制度的运行困境、原因分析及制度完善［J］. 中国医药工业杂志，2025，56（7）：965-969.

是整个交易的核心。因此,把控授权/许可过程中知识产权的各项风险,才能避免企业遭受重大损失。

被许可方作为标的产品/技术的购买方,通常会开展尽职调查,其中需要重点考虑以下知识产权风险:①权利来源,是否存在权属争议或权利处置限制;②权利稳定性和有效期;③许可地域内的自由实施。

对交易双方而言,授权许可条款中的许可性质、许可地域、许可适应证范围、许可期限与交易金额密切相关,需要特别谨慎;双方也需明确改进知识产权的归属、专利事宜的责任方(包括专利申请、专利维护、第三方侵权的应对和费用承担)以及专利如果不能获得授权或被宣告无效后的约定,例如合同是否终止、已付费用是否退还、是否终止付费或者降低付费比例等。

另外,许可方标的产品/技术出口时,数据出境合规是交易过程中不可忽视的问题,企业在进行跨境数据传输前需要进行数据出境安全评估;涉及重要数据(如人类遗传资源信息、基因测序原始数据等)和个人信息的,需根据相关要求获得省级网信部门同意。

第三,AI相关风险。

AI辅助药物发现(AI Drug Discovery & Design,AIDD)是目前药物研发领域的重要趋势,通过使用机器学习(ML技术)、深入学习(DL技术)、生成式人工智能(GAI)及其他AI技术,主要在药物靶点发现与验证、辅助药物分子设计与优化、化合物筛选三方面加速药物研发进程。此外,AI在药动/药效模型(PKPD)评估、工艺优化、临床前研究[主要包括晶型预测、剂型预测、吸收、分布、代谢、排泄、毒性和释放(ADMET)预测]、临床阶段(临床试验设计、患者招募、分组)等一系列必要环节亦应用广泛,从而提高研发效率和成功率,降低研发成本。

2024年6月13日,深圳晶泰科技有限公司在中国香港交易所正式挂牌上市,成为国内AI制药第一上市公司。在中国的AI制药企业中,不乏像英矽智能科技(上海)有限公司、冰洲石生物科技(上海)有限公司、深圳埃格林医药有限公司这类手持多款AI创新药的企业。公开数据显示,截至2023年,全球共有102款获批临床的AI药物,其中56款药物处于临床试验Ⅰ期,41款处于临床试验Ⅱ期,5款药物进入临床试验Ⅲ期,❶尚无药物成功上市。

对企业而言,需要考虑AI药物的专利发明人问题。根据《专利审查指南(2023)》的规定:发明人应当是个人,请求书中不得填写单位或者集体,以及AI名称,例如不得写成"××课题组"或者"人工智能××"等。在《专利复审无效典型案件决定要点汇编(2023)》中,关于AI能否登记作为专利发明人,第1F406942号决定要点指出,该申请指明的发明人是一种"人工智能系统",不能作为民事主体行使权利和履行义务,因此无法在专利行政程序中被确定为发明人。根据当前法律实践,南非和澳大

---

❶ 药智头条. AI制药第一股诞生!晶泰科技成功上市[EB/OL]. (2024-06-13)[2024-08-13]. https://news.yaozh.com/archive/43370.html.

利亚是接受 AI 作为发明人的国家；但中国、美国和英国的相关法律均规定，专利发明人必须是自然人，这也是当前的主流观点。因此，AI 创造的发明可能在多数国家/地区无法获得专利保护；未来各国/地区是否调整和完善法律制度以适应 AI 的发展，医药领域企业需保持关注。

医药企业在产品研发中，形成的包括临床前和临床研究的各类数据保密性极强，公开可能性较小。数据作为 AI 发展的基础元素之一，在医药领域存在以下风险：①外部数据合法性。应当规范来源于外部的数据合法使用，不侵害他人依法享有的知识产权，保护个人信息，避免衍生数据和产品权益受到影响；②医药企业专有数据的保密性。在与 AI 公司合作中，因搭建 AI 平台需要或使用 AI 系统过程中，医药企业需要向 AI 公司提供专有数据，应在协议中明确专有数据的使用范围及目的，以及合作终止后，AI 公司应删除或销毁医药企业提供的数据。另外，与 AI 公司合作中应当明确规范知识产权权属。

（3）研发阶段各节点的风险管理。

下面以 1 类化学新药研发阶段各节点的风险管理来具体展示全流程风险管理。

第一，选项、立项的风险管理和防范。

药品在市场是否能够取得商业成功，不仅涉及药品治疗领域、具体适应证的流行病学、药品的作用机理、药品相关的现有技术情况，还与同类竞品、已有竞争对手、潜在竞争对手相关。在立项之初，项目团队应当对此类相关信息进行详细调研，把握研发方向，以降低研发方向错误的风险。项目立项由研发部主导，知识产权部、市场部提供市场相关信息，研发部根据市场信息锁定立项领域，由知识产权部对具体领域进行详细调研，如现有专利技术信息、已有竞品信息、潜在竞品信息、已有竞争对手信息、潜在竞争对手信息等；最终研发部将这些信息整合，从中选择最适合的项目。关于选项、立项阶段的风险管理如图 7-4-3 所示，选项、立项阶段的风险清单如表 7-4-1 所示。

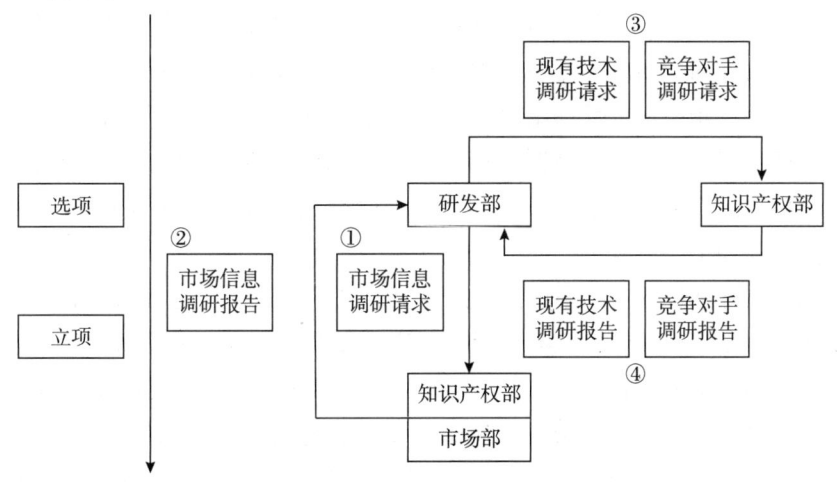

图 7-4-3　选项、立项阶段的风险管理

表7-4-1 选项、立项阶段的风险清单

风险类型	发生后果	风险级别	风险防范措施	风险预案
研发方向错误风险	很难找到具有上市前景的药物或上市药物销售收益小	高	对相关领域的信息分门别类地全面收集	调整研发方向、研发策略或调整研发资源分配
商业秘密风险	易使企业处于被动地位	低	对各类文档进行合理保管，加强员工保密意识	处于立项阶段，可以不予处理

第二，从设计构思到筛选目标的风险管理和防范。

确定项目方向后，研发部开始设计构思，并将设计构思形成查新请求，由知识产权部负责对设计构思进行查新检索分析，完成查新检索报告，反馈给研发部；检索报告内容应对重复研发、侵权研发的风险进行分析评估，给出结论供研发部参考。研发部根据查新检索报告分析及结论确定风险低的设计构思，进入下一流程环节——制备产品，即将构思产品化；对于该类风险高的设计构思，由研发部选择通过规避设计来规避风险，或者由知识产权部对引起风险的专利进行无效宣告评估，能够通过无效宣告请求避免风险发生的设计构思，由研发部根据需要选择进入构思产品化环节；对于很难通过无效宣告来避免风险发生的设计构思，一般应当放弃。此阶段因还处于设计构思中，如存在重复研发、侵权研发的高风险，一般不宜冒险构思产品化，因药品的投资非常大、周期长，如果在早期没有通过最小的成本规避该类风险，这将埋下非常高的风险隐患。若产品开发进入后期，企业投入越大，其承受风险的能力越低，最终可能导致无法投入生产或者生产无法销售，或者引发侵权诉讼风险，或者药品相关专利无法授权，最终导致药品没有专利保护，失去市场竞争力，具体如图7-4-4所示。

对于小试制备的产品，首先需要进行初步药理学研究来筛选产品，一般为药效学研究，筛选效果好的产品，还需由知识产权部对它们进行专利"三性"检索、自由实施检索分析，并将相关报告反馈给研发部。对于具备专利"三性"的产品，可以考虑进行专利申请，当然在专利申请时，需要结合考虑后续研发方向，以及现在研发程度来统筹专利申请的权利要求撰写和专利布局，以避免出现申请不当风险、申请文件撰写不当风险、布局不当风险。

研发部将在筛选出的产品中根据检索情况，进一步筛选后进行深入的药理学研究，如药代、药动、毒理等试验，该类药理学研究需要投入更大的研发成本，通常企业并不会将全部的产品都完成相关实验，而是通过层层筛选，最终锁定目标药物。

对于目标药物，如活性成分，研发部门将对其进行进一步的研究，比如盐、晶型等，根据药物的不同，这类研究也可能在目标筛选时已完成了。对于活性成分的盐、晶型，也由知识产权部完成专利"三性"研究和自由实施检索分析，最终确定目标进入下一环节，比如制剂研究。

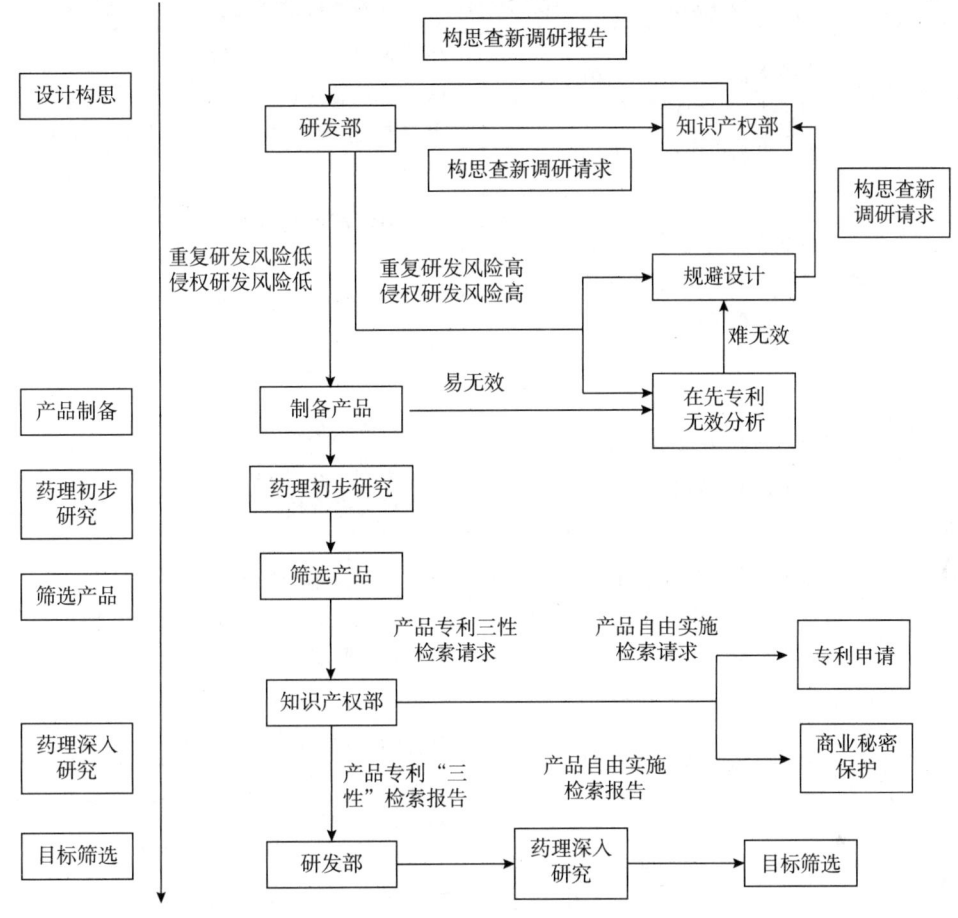

图7-4-4 从设计构思到筛选目标的风险管理

从设计构思到最终确定目标药物是一个非常漫长艰难的过程，往往会反复进行设计、筛选过程，因此，知识产权部应当主导制定跟踪检索方案，根据在研项目的研发难度、计划开发周期等，合理确定跟踪检索周期，每隔一个周期开展一次跟踪检索，检索国内外专利文献和相关专业非专利文献，一旦发现他人已有与在研项目相同的成果产生，就应当终止项目研发或调整项目研发思路和方向，以防止重复研发、侵权研发，规避在先专利。从设计构思到筛选目标的风险清单如表7-4-2所示。

表7-4-2 从设计构思到筛选目标的风险清单

风险类型	发生后果	风险级别	风险防范措施	风险预案
重复研发风险 侵权研发风险	产品无法进行生产、销售，或产品无专利保护，失去市场竞争力	高	在设计构思完成后，设置全面查新评估节点	规避、无效、放弃

续表

风险类型	发生后果	风险级别	风险防范措施	风险预案
重复研发风险 侵权研发风险	产品无法进行生产、销售,或产品无专利保护,失去市场竞争力	高	在完成相应药理学研究后,针对潜在目标、确定目标进行全面查新评价	①规避、无效、放弃 ②转让、许可、合作
对外公开风险	预申请专利信息在申请之前公开,使得申请专利信息丧失新颖性	高	①加强内部保密规范和管理 ②设置对外信息公开审批流程	—
内部披露不足风险	企业实际成果可能外流;专利申请获权难;真正技术未得到保护	中	建立有效的激励制度;加强研发人员对专利规则的培训;充分利用知识产权部进行技术挖掘	—
技术交底书撰写不当风险	影响专利申请文件的撰写质量,影响专利授权后的质量	高/中	加强内部技术交底书撰写的培训,完善内部的数据披露制度	完善技术交底书
申请文件撰写不当风险	影响专利申请是否得到授权;授权后文件质量	高/中	加强知识产权管理人员专业水平,设置文件撰写质量监管程序	在首次申请的12个月内,再以首次申请为优先权提交完善文本
申请不当风险	不该申请专利的技术申请了专利;技术流失、成本失控、商务关系破裂	高/中	设置可专利性评审、潜在价值评审、成本评审、进攻性评审、防御性评审、可探测性评审、可替代性评审、可延续性评审、稳定性评审、商务关系评审等制度	—
答辩不当风险	专利授权或专利授权范围受到影响	高/中	加强内部培训、加强内部专利质量控制、加强研发人员与答辩专利代理师的沟通和监督	—
布局不当风险	易形成技术得到保护的假象,给企业整体运营带来风险	高	选择合适时间、地域、技术空间,根据企业发展,进行适当数量的布局	—

续表

风险类型	发生后果	风险级别	风险防范措施	风险预案
商业秘密风险	泄露企业内部技术信息,使企业进展被动,甚至失去竞争力,成本浪费,商务关系破裂;如计划申请专利信息泄露并公开,则专利申请丧失新颖性	高	对各类文档进行合理保管,加强员工保密意识	对已泄密的进行亡羊补牢,防止继续受损失;对未泄密的,加强管理

第三,制剂研究的风险管理和防范。

制剂研究是为了寻找适合目标活性分子的剂型,及确定制剂中各辅料的用量,这一筛选过程同筛选产品一样,同样设置对研究成果进行专利"三性"检索分析和自由实施检索分析的节点,对于能够申请专利保护的技术,可以考虑申请专利,对于需要商业秘密保护的技术须做好保密措施,申请专利要考虑对外公开风险、内部披露不足风险、技术交底书撰写不当风险、申请不当风险、答辩不当风险以及布局不当风险。制剂研究的风险管理如图7-4-5所示。

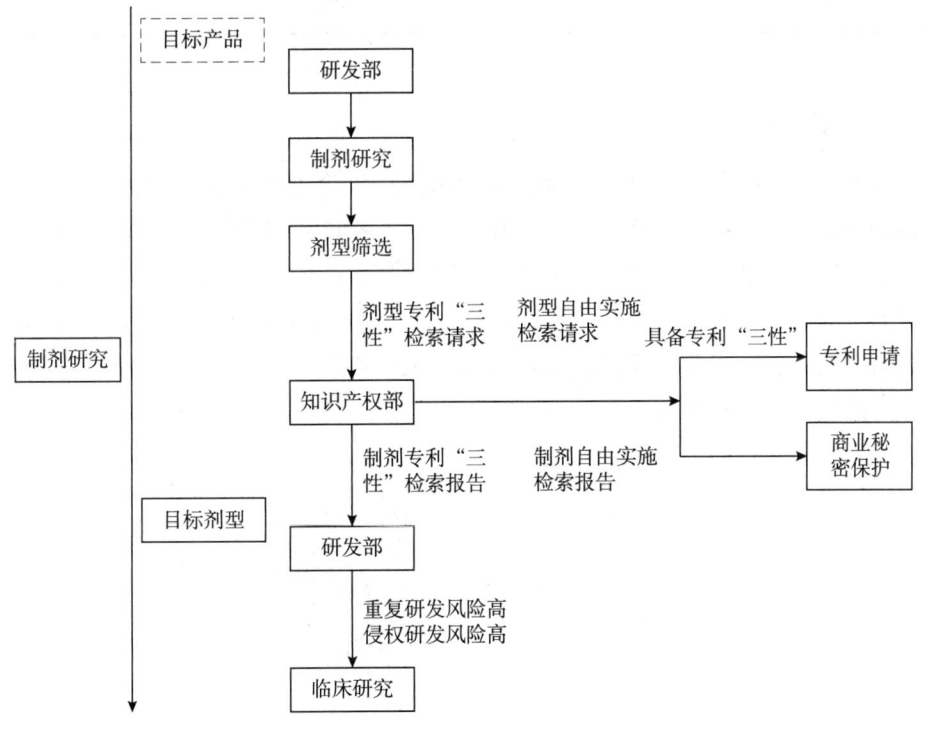

图7-4-5 制剂研究的风险管理

第四，临床研究中的风险管理和防范。

当药品研究进入或即将进入临床研究，那么与其相关的商业活动将会逐渐增加，越到临床试验后期，商业活动发生的可能性越大，频繁程度也增加，因此，企业在该阶段需要注意专利运营风险，包括不限于转让、许可、投资入股、证券化、质押融资、专利联盟、并购重组等。临床研究中的风险清单如表7-4-3所示。

表7-4-3 临床研究中的风险清单

风险类型	发生后果	风险级别	风险防范措施	风险预案
转让/许可风险	转让/许可对象不当，增加运营成本、面临诉讼风险，也可能转让/许可失败	高	排除有利益冲突的潜在对象、对专利相关业务全面调查、制定转让/许可策略、对转让/许可对象做尽职调查	—
专利并购风险	导致企业巨大决策风险	高	对并购专利的有效期、专利管理、专利地域布局、专利权利要求布局、是否存在侵权诉讼、实际价值、专利技术相关骨干等做全面的尽职调查	—

7.4.3.2 生产

进入生产流程的药物相对研发阶段的知识产权风险类型有较大的转变，对于相同的知识产权风险的应对策略可能完全不相同。企业在该阶段的知识产权风险防范侧重从药物本身慢慢外延，如生产工艺风险、采购风险、商标标识风险等；此阶段根据项目发展的不同需求，如果涉及知识产权运营的，企业也应关注知识产权运营风险防范，如专利运营风险、商标运营风险；在该阶段的风险规避将涉及法务、采购人员参与管理。生产流程的风险管理如图7-4-6所示。

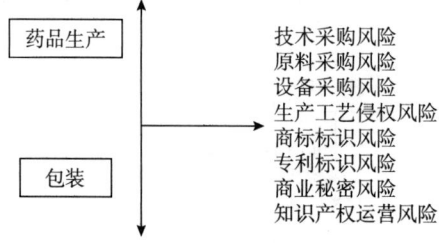

图7-4-6 生产流程的风险管理

生产阶段的采购可能涉及原辅材料的采购、生产设备采购、技术采购等，要规避采购中的风险，企业应当加强对外事务中的知识产权管理工作，在采购合同中，约定双方的知识产权权利和义务，要求供货方承担企业使用其采购标的的被控侵权的赔偿责任，约定对采购标的改进成果的权利归属，约定对方对合同内容的保密要求。

生产工艺侵权风险涉及企业内部生产和外包生产过程中产生的风险。企业内部生产主要是工艺流程、起始物料、中间体等涉及的专利侵权风险；有一些企业可能涉及委托加工或合作生产开发，在委托加工或合作生产合同中，应当约定双方不得对外泄露技术，约定加工产品改进技术的权利归属和成果分析，约定加工产品侵犯他人专利权应当承担的赔偿责任等来规避相关风险。

生产阶段的商标风险主要是商标标识风险，该风险在此阶段是潜在的风险，如果在商标注册、管理阶段没有规避相关风险，那么这些相关风险则会随着生产阶段的包装标识而暴露。

7.4.3.3 营销

（1）知识产权诉讼与运营风险。

绝大多数研发、生产中提到的风险在销售阶段才会完全暴露出来，销售阶段涉及的风险多数是知识产权诉讼风险、知识产权运营风险等。

知识产权诉讼风险有维权风险和被诉侵权风险。在维权活动开始前期，应做好诉讼策略，制定诉讼目标，同时要注意不超过法律规定的诉讼时效；对维权专利进行稳定性评估，以免专利权不稳定导致诉讼失败；对证据进行全面调查，必要时采取行政措施取证或者申请法院调查取证，并做证据保全；根据实际情况增加共同被告选择管辖法院；聘请专业律师，可视情况组织两个律师团队，并加强内部法务监督；为了不影响正常的经营，诉讼对象应当选择无合作关系的企业，并做好及时沟通；对于舆论方面，企业应当积极与媒体沟通，并进行适当的媒体公关活动。如果被诉侵权，同样在接到侵权律师函时，企业制定周密的应诉策略，减少决策风险。在作出应诉策略前，企业应当对诉讼风险进行评估，包括评估和解前景、商业风险、诉讼风险、时间压力、诉讼成本、赔偿金等。

知识产权运营风险除了前面所述运营风险，企业产品对外宣传是产品促销的重要途径，也存在知识产权宣传的风险。对于将专利作为宣传手段的，如对专利管控不当，将会构成假冒专利行为，有受到行政处罚或刑罚的风险。为此，企业对外宣传应当遵守国家《专利法》《广告法》的规定，不得实施《专利法》规定的假冒专利行为；同时，企业应加强各类对外宣传资料的管理，凡是宣传资料中涉及专利的，应当确保在该资料对外使用时所标注的专利是有效专利，并按照国家知识产权局发布的《专利标记和专利号标注方式的规定》要求进行标注，如标注不符合规定，可能构成假冒专利行为。

（2）药品集中采购领域的知识产权风险。

药品集中采购现已成为常态化工作，能够激励企业降低药价以获得更多市场份额，满足申报条件的原研药企业和仿制药企业都能参加，知识产权风险也是药品集中采购领域的重点关注问题。

2022年12月，国家知识产权局和国家医疗保障局联合印发《关于加强医药集中采购领域知识产权保护的意见》，从建立协调机制、加强业务协作和加强工作保障三方面提出意见，并进一步明确：建立企业自主承诺制度、做好纠纷化解引导工作、加强协作制止侵权以及分析研判重点产品。

企业在参与集中采购前一定要做好自由实施检索等相关工作，以避免因侵权纠纷可能导致的多种不利后果，例如：知识产权管理部门认定侵权的行政裁决或人民法院的生效判决，产品将面临不予挂网、撤网、取消中选资格或合同无法履行等结果；结合药品专利纠纷早期解决机制，药品申报上市时企业作出的专利声明也有可能用于评价其是否存在恶意侵权行为，从而触发惩罚性赔偿；药品销售额相对更容易确定。

按照药品通用名采购是目前药品集中采购的主要报量方式，根据化学药集中采购实行的"一省一厂牌"的市场分配机制，即一旦仿制药和原研药同时获得中选资格，具有用途专利的多适应证药品，将分别供应不同省份。若仿制药说明书中已写入涉及侵权的适应证，则存在采购使用侵权产品的法律风险；若仿制药通过缩减药品标签规避用途专利，由于中选仿制药适应证覆盖不完整，使用时将陷入两难境地，或存在超说明书用药风险，从而影响患者用药公平性。[1]

7.4.4 其他风险

7.4.4.1 商标风险管理

商标是企业重要的知识产权之一，其本质是随产品而生，但又独立于项目发展流程之外。企业的商标风险是指企业在商标注册申请、使用、管理和运营等活动中，由于对其管控不当而给企业带来的不利影响。

商标注册申请风险有以下几种情形：①企业设计的商标属于《商标法》规定禁止授予注册商标专用权的范畴，无法取得注册商标专利用权；②企业商标注册申请没有按照国家规定的要求办理，导致商标注册申请被驳回，无法取得注册商标专用权；③企业在申请注册商标前已有他人在同类或类似商品上申请了与之相同或类似的注册商标，无法取得注册商标专用权；④企业在商标注册申请过程中，他人对该申请提出异议，导致商标注册申请被驳回。

对商标注册申请疏于管理，导致注册申请失败；对已有商标疏于管理，导致注册商标专用权权利丧失；对注册商标使用行为不当，违反国家法律法规或规范性要求；对商标使用缺乏有效的市场监管，导致注册商标被他人侵权或放任他人侵权行为的发

---

[1] 贺佳琪，常玉兰，陈烨，等. 新用途专利对多适应证药品采购准入模式的影响分析 [J]. 中国医药工业杂志，2024，55（3）：423-427.

生；缺乏有效的商标侵权防御机制，导致侵犯他人注册商标的专用权。

企业商标知名度的高低是衡量企业市场竞争力的重要指标之一。因此做好商标管理工作，有效防范商标在注册、使用、管理、运营等活动中的风险，对企业发展具有重要意义。

7.4.4.2 知识产权管理风险

知识产权管理的核心是资产的管理，资产管理的目的是提高收益率、减少成本支出、化解规避风险；知识产权管理的内容包括档案管理、日常维护、质量管理等。

如果日常对知识产权的档案管理不到位，可能影响商业秘密的保护，导致技术流失，影响维权和专利运用、价值评估等，对于该类档案管理，企业可以设置专门机构，聘请专业员工进行日常维护和档案管理，如有必要，利用专业的知识产权管理软件平台进行管理。

知识产权质量会因没有适当的管理机制，导致太多低质量专利积累，最终使知识产权成本过高，而优秀技术得不到保护。因此，在企业内部应当设置质量管理制度，加强内部监督，聘请专业人员进行监督，或将相关事务委托知识产权服务机构进行管理。

7.4.4.3 反垄断合规风险

随着"两票制"、集中采购和药品价格改革等医改政策的相继落地，医药企业既有的商业模式进行了大幅的调整。调整后的商业模式与反垄断合规之间的关系就显得尤为重要。

近年来，国家针对医药行业的反垄断执法活动不断。从原料药生产商到医疗器械生产商再到药品生产商和经销商都成为我国反垄断执法机构重点关注的对象。围绕多样化的反垄断问题，除《中华人民共和国反垄断法》（以下简称《反垄断法》），《关于知识产权领域的反垄断指南》、《国务院反垄断委员会关于原料药领域的反垄断指南》和《禁止滥用知识产权排除、限制竞争行为规定》等一系列配套法律规定也相继出台。2024年5月29日，国家市场监管总局发布《市场监管部门优化营商环境重点举措（2024年版）》，并向社会公开征求意见，其中明确将研究制定《药品领域反垄断指南》。

一般来说，药品领域的垄断包含四个方面：一为原料药垄断，这种垄断行为通过向下游企业提供高价少量的原料来获取暴利；二为药品生产垄断，也就是在有药品生产批文的企业间私下达成协议，控制药品的生产；三为价格垄断，即通过市场的垄断地位来限定交易价格，进行搭售商品、在交易过程中附加额外条件或只针对固定对象进行限定交易；四为平台垄断，即通过药品的市场支配地位滥用补贴，开展不正当的价格竞争。❶

---

❶ 《药品领域反垄断指南》将出台，进一步减轻消费者用药负担［EB/OL］.（2024-06-03）［2024-07-02］. https：//new.qq.com/rain/a/20240603A09ICE00.

2021年12月17日,最高人民法院知识产权法庭审结了一起侵害发明专利权纠纷案。❶ 在该案中,法院首次在非垄断案由案件中对于"药品专利反向支付协议"作出反垄断初步审查。该案涉及一种治疗2型糖尿病的药物"沙格列汀片"(中文商品名为"安立泽"),案件双方当事人为阿斯利康公司与江苏奥赛康药业有限公司。通过该案裁判,法院强调了在非垄断案由案件审理中对当事人据以提出主张的协议适时适度进行反垄断审查的必要性。具体阐明了对所谓的"药品专利反向支付协议"予以反垄断审查的必要性,并明确了对该类协议进行反垄断审查的限度和基本路径。因此,医药企业需要加强反垄断审查,有效识别反垄断风险,并提升企业的反垄断合规意识,做好反垄断合规工作。

7.4.5 风险预警

7.4.5.1 专利申请布局风险防范

对于研发阶段中的专利申请,选择合适的时机才能避免申请不当风险和布局不当风险,如表7-4-4所示。

表7-4-4 专利申请布局风险防范

专利类型	申请时机
化合物	临床前研究阶段,一般需筛到备选化合物,但亦可根据该领域竞争情况适当调整
盐	若活性成分为盐,可在临床前或临床研究阶段初期择机申请其专利,视其研究程度而定
晶型	临床研究阶段,依晶型重要程度及竞争情况分阶段申请
中间体	工艺开发阶段,化合物专利中未提及,或可与合成工艺专利合并申请,视具体情况而定
合成工艺	重要的合成工艺专利一般在上市前后申请
制剂	视制剂研究程度而论,一般在临床研究阶段后期申请
制剂工艺	一般在上市前后申请
药物组合物	视开发计划而定,如是否会进行药物组合物开发
用途	若发现新的并有开发前景的新用途(化合物专利中未提及),需在临床前申请
其他	其他如分析方法、生物学方法、给药方式等,均可在适当时机申请专利

---

❶ 参见最高人民法院(2021)最高法知民终第388号民事判决书。

7.4.5.2 不同医药企业专利申请不当风险防范

（1）中药企业。

大部分中药企业对专利获取并不太重视，一方面，由于中药自身特点，如配方、制备方法（炮制、提取）涉及的参数多，不但侵权难以被发现，维权也困难重重，竞争对手容易基于该专利技术研发出类似效果的新配方、新方法，此时，专利信息的公开不但不能有效保护中药生产企业的优势技术，反而降低中药企业的竞争力，为他人提供了剽窃中药资源的途径。因此，对于中药企业而言，对外信息公开风险、商业秘密风险是其主要风险。另一方面，在现有科技水平下，中药领域技术反向工程非常困难，一般不适宜采用专利保护。如果在对中药技术作出了充分且较为完善的研究时，能以保护构思的方式将中药技术保护起来，在符合专利"三性"的情况下，可以考虑选择合适时机，进行专利保护。

（2）生物制品企业。

尽管生物制品比较复杂，生物制品相关的制造工艺难度大，反向工程难度大于小分子化学药，但随着科学技术的快速发展，这种难度有下降的趋势，反向工程获取制造工艺的可能性在加大。因此，在具备专利"三性"的情况下，生物制品涉及的技术应适当地选择专利和商业秘密结合的方式保护。在申请专利时，多方面考虑专利布局，实现保护、迷惑、阻碍等目的，以延续技术优势；在专利撰写上，则应尽量加大其他企业规避设计的困难度。

（3）化学药企业。

对于小分子化学药，如化合物、化合物制备方法、纯化方法、治疗方法，以及晶型制备方法等，都存在反向工程获得技术的极大风险，因此，企业尽量选择专利保护这类技术。

第8章

医药企业诉讼管理

对于医药企业而言,无论是研发创新药还是仿制药,知识产权诉讼都是其发展过程中无法回避的重要问题。医药行业高风险、高投入、高回报的"三高"特点决定了知识产权对商业利益保护的重要价值。对于原研药企业而言,通过核心知识产权的布局为药品市场利益的独占构筑起防御壁垒,当有仿制药企业企图仿制相应药品时,通过诉讼方式来阻止仿制药企业,延缓"专利悬崖"的不利影响是较为常见的方法和手段。而对于仿制药企业而言,如何能够在尊重原研药知识产权的前提下,尽量避免知识产权诉讼,降低自身诉讼风险,确保仿制药能够快速甚至成为首仿产品投放市场,当原研药企业发起侵权指控时,能够从容不迫地有效应对,这是仿制药企业知识产权从业人员应当具备的素质与能力。本章旨在结合医药行业知识产权诉讼的特点,简要介绍医药企业知识产权诉讼的管理与应对策略。

8.1 医药领域知识产权诉讼的特点

医药行业本身具有的特点决定了医药领域的知识产权诉讼具有诸多特性,总体来说,主要有以下四个方面的特点。

第一,专业性强。医药技术领域与生物学、化学、药物制剂、药理学、药物分析、制药工程等学科紧密关联,而相应的技术学科需要比较深入的专业知识学习、积累和实践,普通从业人员难以通过简单或短时间的学习即可理解相应的技术或发明。因此,在医药领域,选聘企业专利工程师、专利代理师或诉讼代理律师时往往要求其具备医药背景,这样才能保障处理相应事项的人员能够清楚、完整地理解技术方案,确保相应工作的质量。此外,在医药知识产权诉讼过程中,由于医药技术性强的特点,往往需要将相应的技术问题移送技术鉴定机构鉴定，或者聘请技术专家参与或辅助诉讼活动，法院在审理相关案件时，往往还会聘请技术调查官或专家辅助参加庭审。

第二，关系社会公共利益。药品是一种特殊的商品，药品上市需要经过监管部门审批，药品销售则需要经历招投标等市场准入环节，而且，药品影响患者的身体健康，与社会公众利益息息相关。相应诉讼的结果往往直接影响患者用药的可及性。电影《我不是药神》中的药品原型格列卫形象地展现了患者用药负担与药品可及性的尖锐社会问题。

第三，涉及经济利益大。由于药品市场利益往往较大，因此在诉讼过程中涉及的标的额也较高。在国际医药市场上，近年来知识产权诉讼的赔偿金额不断被刷新，例如百时美施贵宝公司、小野制药和默沙东公司围绕单抗PD-1药物诉讼，通过双方的和解协议，默沙东公司首先要向百时美施贵宝公司、小野制药支付6.25亿美元的专利许可费首付款，另外，在2017年1月1日~2023年12月31日，默沙东公司需按6.5%的比例向百时美施贵宝公司支付销售分成，在2024年1月1日~2026年12月31日，需按2.5%的比例支付销售分成。其他成功上市PD-1生物药的罗氏公司、阿斯利康公司等跨国公司也先后向百时美施贵宝公司支付了数亿美元专利许可使用费。在吉利德公司与默沙东公司就抗丙肝药物索磷布韦侵权案中，法院曾判决吉利德公司需要向默沙东公司支付创纪录的25.4亿美元专利侵权赔偿。而国内医药企业之间的专利侵权纠纷涉及的诉讼金额也呈现快速提升的趋势，同时，随着中国对知识产权保护力度的加强，中国法院对相应诉讼的判赔金额不再一味地以法定赔偿为上限，而是在新的案例中，不断刷新侵权赔偿额度。2020年修正的《专利法》引入惩罚性赔偿规定，也为医药领域的知识产权保护增强了信心。

第四，诉讼周期长。医药领域的知识产权纠纷或诉讼往往因为涉及复杂的技术和法律问题，导致整个诉讼周期较为漫长。此外，由于医药领域的创新是高度竞争的领域，企业为了保护自己的市场地位和技术优势，会采取各种法律手段来维护自己的权益。这导致在医药知识产权诉讼中，除了直接侵权诉讼，双方还可能涉及一系列的抗辩、反诉、专利无效宣告请求等复杂的法律程序，从而增加了诉讼的复杂性和时间成本。

8.2 常见诉讼种类

8.2.1 侵犯知识产权之诉

本章所述民事侵权诉讼是指以侵犯知识产权为诉由的一类诉讼，权利人或相关利害关系人以知识产权受到侵犯为由，向人民法院提起的诉讼。在医药领域，此类诉讼较为常见，多为原研药企业基于其核心知识产权，尤其是专利权人向仿制药企业发起侵权指控。

另外,随着全球医药创新研发的快速发展和白热化竞争,创新企业针对同靶点或相同作用机制的药物研发也会出现自研创新产品落入竞争对手专利保护范围的情况,甚至在先研发的公司对靶点或作用机制申请并获得了专利保护,导致创新企业之间的知识产权纠纷逐渐增多。

8.2.2　不服具体行政行为之诉

行政诉讼是知识产权从业人员在医药企业需要经常面对的,以作出行政行为的行政机关为被告的一类诉讼。在专利领域,作出行政行为的行政机关主要有各级专利行政管理部门、国家知识产权局以及海关知识产权执法机构等。具体而言,专利行政诉讼主要包括:①以各级专利行政管理部门为被告的专利行政诉讼,例如以国家知识产权局或省级、市级知识产权局为被告,对国家知识产权局作出的有关强制许可的具体行政行为不服,对国家知识产权局作出的有关奖惩行为不服,对国家知识产权局作出的有关专利申请、专利权的具体行政行为不服,对各级专利管理部门作出的侵权行为成立与否、假冒专利处理决定等行为不服;②以国家知识产权局为被告的专利行政诉讼,当对其作出的专利复审、无效决定不服时,可以向北京知识产权法院提起行政诉讼;③以海关知识产权执法机构为被告的专利行政诉讼,例如对海关总署不予知识产权海关备案或撤销不服,对海关认定扣留货物侵权成立与否等行政行为不服。以国家知识产权局为被告是医药企业经常遇到的诉讼,在复审案件中,专利申请人为原告,国家知识产权局为被告。在无效案件中,专利权人或请求人为原告,国家知识产权局为被告,无效宣告请求程序中的另一方当事人将被列为诉讼第三人。

8.2.3　侵犯商业秘密之诉

由于医药行业技术研发快速更新,新的医药技术、靶点层出不穷,医药企业无论是创新药还是仿制药之间的竞争都逐渐白热化,谁能得到第一手商业信息,谁就能快速抢占竞争优势,因此部分企业、个人有意或无意通过非正常途径获取他人商业秘密的情况逐渐增多。另外,当前国内医药企业从海外或国内研发中心引进医药高端人才更为频繁,科研人员流动性增大,导致技术秘密和商业秘密的保护与维权成为医药行业重点关注的内容,由此引发的诉讼近两年呈现增长趋势。例如美国倍而达药业曾在美国新泽西州地区法院起诉益方生物科技(上海)股份有限公司的专利申请 CN201910491253.6 存在联邦保护商业秘密法和新泽西州商业秘密法项下的商业秘密盗窃,以及与美国倍而达药业声称的保密和专有的涉诉化合物相关的商业秘密盗用、对于违反受托义务的协助和教唆、不当得利、不正当竞争、民事共谋等情况。在 2023 年中国法院十大知识产权案件中的道地药材技术秘密保护案,帝某制药(江苏)有限公司因违反保密义务,擅自转让香菇多糖技术秘密,最终被判赔偿南京汉歧医药科技有限公司 2000 万元。

8.2.4 不正当竞争之诉

不正当竞争之诉是指经营者在经营活动中违反诚信公平等原则的竞争行为而引起的诉讼，例如因虚假宣传、商业贿赂、商业诋毁、擅自使用他人名称或包装装潢等行为，均可能成为不正当竞争的诉由。例如云南白药集团诉云南诺特金参口腔护理用品有限公司（以下简称"云南诺特金参"）擅自使用与他人有一定影响的商品名称、包装、装潢等相同或者近似的标识纠纷案中，云南白药集团生产的"云南白药牙膏"（留兰香型）采用了相对固定的包装、装潢，经长期经营使用成为云南白药集团特有的有一定影响的装潢。云南诺特金参在市场上售卖的"云南三七牙膏"（清新留兰型）的外包装装潢与"云南白药牙膏"（留兰香型）的外包装装潢一致。云南省高级人民法院依据上述事实，于 2020 年 9 月 4 日作出了（2020）云民终 875 号民事判决，认定云南诺特金参构成不正当竞争，判令其停止不正当竞争行为。

8.2.5 与发明人相关的专利权属之诉

专利权属之诉一般是指因专利申请权或专利权的权属存在纠纷而引起的一类诉讼；发明人相关的纠纷一般指发明人或设计人因专利文件中是否应当写明自己是发明人或设计人而引发的纠纷。专利权属纠纷引发的诉讼经常发生在离职人员与原雇主单位之间、离职人员现单位与原雇主单位之间，争议的客体往往是关于职务发明或技术秘密发明人与原雇主或现雇主、合作研发单位之间知识产权的权属。另外，合作研发单位之间也可能因合作研发成果或技术改进成果相关的知识产权权属而引起的诉讼。而发明人署名权的诉讼纠纷本质在于发明专利权是法律所赋予的市场独占权，其设立的目的是希望通过专利权赋予专利权人据此获得经济利益。而发明人作为专利实质贡献的完成人，则拥有在相应专利上署名和获得报酬与奖励的权利。《专利法》第 6 条和第 8 条分别规定了职务发明、合作或委托开发所产生的专利权利归属；《专利法》第 15 条和第 16 条则分别规定了发明人获利的奖励与报酬、在相应专利上署名的权利。《专利法实施细则》第 92～94 条规定了被授予专利权的单位应该给予发明人奖励、报酬。同时，单位及时鼓励发明人对于专利的持续产出具有很好的正向激励作用。因为专利权人和发明人署名权的归属与专利的经济利益分配相关联，因此，专利权属或发明人署名权纠纷也是专利领域常见的法律纠纷。例如深圳优瑞泰科技有限公司、深圳瑞之谷医疗科技有限公司专利权属纠纷，[1] 张某、重庆衡生药用胶囊有限公司等与四川天圣药业有限公司专利权属纠纷，[2] 王某印与贝达药业股份有限公司、上海倍而达药业有限公司等发明创造发明人、设计人署名权纠纷。[3]

---

[1] 参见广东省深圳市中级人民法院（2017）粤民终第 1383 号民事判决书。
[2] 参见重庆市高级人民法院（2018）渝民终第 424 号民事判决书。
[3] 参见上海知识产权法院（2016）沪 73 民初第 896 号民事判决书。

另外，基于专利法对发明人奖励和报酬的规定，随着研发人员法律意识的提升，国内专利权属和发明人署名权纠纷呈增多趋势。例如最高人民法院在（2019）最高法知民终230号民事判决书中确认企业需要对发明人参与的专利给付奖励和报酬，且需要基于专利转化实施、对外许可、维权收入等核算奖励和报酬金额，而且企业方未与发明人约定职务发明报酬的方式和数额，也未在其规章制度中规定职务发明报酬的方式和数额，导致法院需要参照法定比例进行酌定报酬数额。可见，企业对职务发明人有提供奖励和报酬的义务，但也可以通过与发明人进行约定或在规章制度中进行合理的规定，从而完成给付义务，避免纠纷的产生。

8.2.6 确认不侵权之诉

确认不侵权之诉是知识产权领域近年出现的一种新的诉讼类型，是一种确认之诉，是当事人请求法院对侵权事实是否存在给予裁决的一种诉讼，它并不依附于侵权之诉，而是一种独立之诉，可以基于一定条件单独向人民法院起诉并请求裁决。目前，对确认不侵权之诉的受理条件是参考《最高人民法院关于审理侵犯专利权纠纷案件应用法律若干问题的解释》第18条的规定："权利人向他人发出侵犯专利权的警告，被警告人或者利害关系人经书面催告权利人行使诉权，自权利人收到该书面催告之日起1个月内或者自书面催告发出之日起2个月内，权利人不撤回警告也不提起诉讼，被警告人或者利害关系人向人民法院提起请求确认其行为不侵犯专利权的诉讼的，人民法院应当受理。"由此可见，确认不侵权案件的受理需要具备三个条件：第一，权利人发出了侵权警告；第二，相对方向警告方提出了行使诉权的书面催告；第三，权利人在合理期限内未撤回警告，也未提起诉讼。例如（2014）湘高法民三终字第51号民事诉讼中，该案具体涉及湖南方盛制药股份有限公司（以下简称"方盛制药"）和怀化正好制药有限公司（以下简称"正好制药"）。虽然专利权人正好制药并未直接向方盛制药发出侵权警告函，但是通过向国家食品药品监督管理局药品审评中心提出异议，且国家食品药品监督管理局药品审评中心向方盛制药转达了正好制药的异议，应视为专利权人正好制药向方盛制药发出了侵犯专利权的警告，即为条件一。方盛制药遂向国家食品药品监督管理局药品审评中心出具了答复意见，向正好制药出具催告函，后又寄出催告邮件，且该邮件已由正好制药签收，即为条件二。正好制药对方盛制药要求其撤回警告或依法行使诉权的请求不予理睬超过2个月，即为条件三。因此该案符合确认不侵权之诉的条件，方盛制药可以提起确认不侵权之诉。

实践中，对于相应行为是否构成侵权警告，确认不侵权之诉的诉讼请求范围尚存在立法不明之处，最高人民法院审理的网聚精英（北京）信息技术有限公司与华盖创意（北京）图像技术有限公司再审纠纷案、北京数字天堂信息科技有限责任公司与南京烽火星空通信发展有限公司管辖异议再审纠纷案对类似案件的法律适用与解释提供了一些指引。

8.3 诉讼的准备与策略

8.3.1 诉讼目标的设立

当确认竞争对手相应行为构成专利侵权，并且对自己的专利权利稳定性有了合理评估之后，企业可以结合自己的需要来设立相应的诉讼目标。一般而言，诉讼的目的并非只有维权到底一条路可走，因为诉讼往往需要投入较多的人力和物力，有时候还需要面临一些舆论压力，因此，诉讼只是维权的途径之一，但希望通过诉讼达到何种目标建议在发起诉讼之前就做好预设。常见的诉讼目标有以下4种。

第一种，通过诉讼向竞争对手施加压力。诉讼是一种正式的、严肃的纠纷或争议解决途径，其性质与法务函或律师函的书面警告不同，诉讼的发起往往会因为其判决结果的公示性、审理过程的专业性、诉讼费用与诉讼应对的消耗性等，导致诉讼参与人不愿意参与或应对诉讼。因此，诉讼的发起往往是冲突升级或矛盾尖锐的体现，对不愿意或不敢于参与诉讼的相对方，会起到非常强的警告或威吓作用。此时往往会促使被告停止侵权行为，或者向原告寻求和解。例如对知识产权意识或应对水平较弱的小企业，在口头或书面警告仍无法奏效的情况下，发起诉讼往往能起到阻止侵权的效果。

此类诉讼一般针对小企业、处于特殊时期（例如IPO阶段）的企业或者知识产权策略相对比较谨慎的企业，当通过警告函无法达到警示或者吓退目的时，将警告升级为正式诉讼，竞争对手往往会基于对诉讼结果的预判、费用和资源的消耗、舆论的影响等因素停止侵权行为，这种方式往往可以花费较少的诉讼费用，达到阻止竞争对手继续侵权的目的，此时可以通过与被告签订和解协议等方式及时终结诉讼，从而减少人力与物力的消耗。

第二种，获得法院禁令判决。独占性是专利权的三大特性之一，作为诉讼的发起方，原告诉讼常见的目的是利用知识产权独占性的特点，限制竞争对手参与到市场竞争中，从而确保专利权人能够独享市场利益。此处所指的禁令并非指诉前禁令或诉中禁令，而是指法院通过正式判决，确定侵权行为成立，判决竞争对手停止侵权，从而在专利到期前不得在市场上销售专利药品。与之相比，诉前或诉中禁令具有临时性，法院一般通过裁定的方式发出，而禁令判决则是通过正式判决的方式发出的永久性禁令。

对于医药行业而言，原研药往往面临仿制药的仿制竞争，尤其随着药品集中采购的常态化，专利悬崖在中国也已成为常态，原研药曾经在国内的超国民待遇逐渐消失，仿制药的进入将对原研药的市场和销售利润造成极大的挑战。对原研药企业而言，知识产权的布局和保护将尤为重要，合理的专利布局往往可以拖延仿制药的上市时间，进而推迟专利悬崖的出现。因此，原研药企业凭借核心知识产权例如化合物、医药用途、药用盐/药用晶型或药物组合物等专利来起诉仿制药企业，从而在核心专利到期前阻止仿制药进入市场参与竞争是当前医药知识产权诉讼的常见目的。

第三种，拖延竞争对手的药品审批、上市或推广时间。美国在 Hatch – Waxman 法案中规定的专利链接制度就对 FDA 设定了诉讼期间的审批遏止期，在仿制药上市申请诉讼期间，FDA 虽然可以审评药品的技术资料，但在 30 个月内除非有明确的诉讼结论或者获得原研药的专利许可，否则不得对仿制药发放正式批准，因此，在美国，原研药企业凭借橙皮书专利对仿制药发起专利诉讼的基本目的就是将仿制药拖进 30 个月的诉讼遏止期。中国药品专利纠纷早期解决机制实施后，原研药企业通过诉讼拖延仿制药的审批和上市必将成为发起诉讼的主要目标之一。此外，除了通过诉讼将仿制药拖入审批的遏止期，原研药企业也可能将相应诉讼立案或判决、裁决的情况传送给药品审批部门、招标管理部门或者医疗机构，从而使相应部门出于诉讼纠纷的考虑，暂停或暂缓仿制药的审批、市场准入或销售，达到拖延仿制药上市的目的。由于中国药品专利纠纷早期解决机制的推行，原研药企业对仿制药企业发起侵权诉讼的时间点前移，即在仿制药申报生产时即可提起诉讼，从而可能在仿制药获批前或刚刚获批时就能获得至少一审裁判或行政裁决结果，可以有效阻止仿制药企业获得生产批件后的侵权销售行为。例如国内首个利用药品专利纠纷早期解决机制的组合物专利，2021 年 11 月 30 日，四川成都国为生物医药有限公司向国家药品监督管理局提交了达格列净仿制药的上市申请，并针对组合物专利提交了第 4.1 类专利声明。2022 年 4 月 2 日，阿斯利康公司依据《专利法》第 76 条规定，向北京知识产权法院提起诉讼，同年 11 月，一审判决达格列净仿制药落入阿斯利康公司组合物专利。2023 年 6 月 14 日，最高人民法院二审维持一审判决，这就意味着四川成都国为生物医药有限公司的达格列净仿制药需要等组合物专利到期后才能转入行政审批环节，阿斯利康公司成功阻止仿制药获得生产批件。

由于医药领域原研药专利悬崖的出现，专利权人会想尽一切办法拖延仿制药进入市场。在实践中常见的手段有：向药品审评部门提交投诉信、在招投标过程中向主管部门发声明或举报、在市场销售过程中向医护人员或患者灌输关于产品质量或专利侵权的消极说法等，其中专利权人主要通过持有的专利权向仿制药企业发起侵权诉讼，并将相应立案的情况向主管部门或社会公众进行宣传，进而达到阻止仿制药参与市场准入的目的，更有甚者，在起诉之前或诉讼过程中向法院申请行为禁令，禁止仿制药进行市场准入或者市场销售。即便最终诉讼结果证明仿制药不构成侵权，但受相应被起诉的信息或者行为禁令的影响，仿制药进入市场的时间都可能被延缓，或者仿制药的市场销售被干扰。然而，需要注意的是，在违背事实的情况下，例如明知对方不构成侵权、明知专利权不稳定，或者利用编造数据等不正当手段获得的专利权进行起诉等行为，实质上属于不正当的市场竞争行为或专利权滥用，通过上述手段干扰竞争对手有可能面临对手的反诉。例如，如果专利权人在专利侵权诉讼时向法院申请了行为保全，相应专利如果被宣告无效，则会导致相应的行为保全被认定为"申请有错误"。《中华人民共和国民事诉讼法》（2023年修正，以下简称《民事诉讼法》）第108条规定，申请有错误的，申请人应当赔偿被申请人因保全所遭受的损失。《最高人民法院关于审查知识产权纠纷行为保全案件适用法律若干问题的规定》第16条规定，下列情形属于"申请有错误"：……（二）行为保全措施因请求保护的知识产权被宣告无效等原因自始不当；……因此，虽然法院对行为保全的签发持开放态度，但专利权人应当充分评估作为诉讼请求权基础的专利权利稳定性，审慎考虑是否申请行为保全，避免"偷鸡不成蚀把米"的局面出现。

第四种，获得经济赔偿。在民事侵权诉讼领域，侵权行为一般会造成当事人的经济损失，获得经济赔偿往往是普遍的诉讼目的和诉讼请求。然而，在医药领域，诸多原因导致知识产权诉讼存在侵权赔偿额低（多以法定赔偿额判赔）的现象，这相较于医药产品动辄上亿元甚至几十亿元的市场销售来说，显然无法弥补因侵权或仿制药进入后所造成的经济利润损失，因此医药企业发起侵权诉讼的主要目的往往不是获得经济赔偿，很多时候仅仅作为市场禁入目的的附带诉讼请求。然而，随着法律的不断修订完善、惩罚性赔偿制度的纳入，以及司法判决对损害赔偿计算方法的不断突破与实践，获得经济赔偿的诉讼目的也将不断被纳入权利持有人的考虑范围。

8.3.2 诉讼的准备与应对

8.3.2.1 专利权人的诉讼准备

作为专利权人，通过诉讼来维护自己的市场利益是实现专利价值的重要方法。但是，在发起诉讼之前，需要进行必要的准备，从而能够合理评估诉讼前景，把控诉讼节奏，适时调整诉讼策略。在发起一项专利诉讼之前，一般应当做好以下事项的准备。

（1）侵权事实的发现与认定。

侵权事实的存在是赢得专利诉讼的前提，因此，在发起诉讼之前，首先需要发现侵权事实。医药企业知识产权团队需要建立一定的侵权监控机制，及时发现市场上的侵权行为。医药领域常见的侵权行为发现途径有通过官方申报公示平台（例如国家药品监督管理局药品审评中心申报公示平台、临床试验登记平台）、采购平台、展会，或者在市场准入的招投标过程、终端市场上。此外，中国的药品专利纠纷早期解决机制也要求仿制药企业在提交仿制药申报申请时针对原研药的登记专利情况，向原研药企业发送专利声明，这也是当前原研药企业侵权发现的关键途径。

企业应该建立沟通和反馈机制，确保相应侵权行为被发现时，能够及时报告给知识产权部或法务部，从而能够决定是否采取进一步措施。当侵权行为被报告给企业知识产权部或法务部时，需要调查和分析反馈信息是否构成专利侵权，即侵权事实的认定。专利侵权的分析判定是一项专业的法律工作，可以由企业内部团队根据侵权判定的基本原则作出初步判断，最好可以在此阶段外聘专业律师进一步确认，从而为后续诉讼维权奠定基础。关于专利侵权的判定方法将在后续章节详细介绍。

（2）专利稳定性分析。

当侵权事实被认定存在，或者存在可能非常大时，专利诉讼就具备了发起的前提条件。然而，在发起诉讼之前，专利权人还需要对自己的专利权稳定性进行分析。专利权是民事侵权诉讼的请求权基础，如果专利权不存在（例如被宣告无效），则意味着维权的目的无法实现。在专利侵权民事诉讼的实践中，当专利权人发起侵权诉讼时，被告往往会向国家知识产权局专利局复审和无效审理部请求宣告相应专利权无效，因此，在发起诉讼时，对自己的专利权进行稳定性分析能够合理预估胜诉前景，从而选择合适的维权途径或诉讼策略。

（3）证据的收集。

根据《民事诉讼法》的基本要求，原告向人民法院起诉或者被告提出反诉，应当附上符合起诉条件的相应的证据材料，业内往往说"打诉讼就是打证据"，由此可见证据对诉讼成败的关键影响。作为专利权人，在诉讼中一般需要提供三类主要证据，包括权利证据、侵权证据和损失证据。

权利证据通常包括：①原告的主体资格证明，例如企业营业执照、自然人的身份证或护照等，如果专利的被许可人作为原告，还需要提供相应的专利实施许可合同，排他许可或普通许可的被许可人可能还需要提供专利权人的授权或专利权人怠于行使诉权的证据；②专利证书、专利登记簿副本与年费缴纳收据等，用于证明专利的权属与法律状态；③专利授权公告文本，例如发明或实用新型专利的权利要求书、说明书、摘要及摘要附图等，外观设计专利的授权公告图片与简要说明等，用于证明专利的保护范围；④实用新型专利权评价报告，用于证明涉案专利的权利稳定性。

侵权证据通常包括提交到药品监督管理部门的药品申报资料、通过公证获得的侵权产品、技术鉴定报告、产品宣传手册、销售发票、购销合同、网站介绍页或采购平台的产品展示、挂网申请和公示等，以及通过技术鉴定或产品特征分解与专利权利要求技术特征进行侵权比对的对照表等。所述证据的目的均在于证明被控侵权方的产品或方法落入了原告的专利保护范围，被控侵权方当前或曾经发生了侵权行为。

损失证据包括例如第三方数据库提供的产品销售额报告、财务账本、己方或对方的产品报价单、销售合同、专利实施许可合同、财务审计报告、上市公司的财报、第三方数据库披露的销售数据等。以上证据的目的在于证明被控侵权方的侵权行为对原告所带来的经济损失，或者被控侵权方所获得的侵权收益，从而为法院计算侵权赔偿额时提供依据。

8.3.2.2 被诉侵权人的诉讼准备

作为被控侵权人，当收到专利权人或者其他利益相关主体发来的警告函、法院送达的起诉状等情况时,也不必慌张,同样需要做好合理有序的分析和准备工作,从而能够从容应对侵权指控。与专利权人的准备内容相对应,被控侵权人一般需要完成的诉讼准备包括以下四个方面。

(1) 权利状态与诉权的确认。

专利是侵权指控的请求权基础,当收到侵权指控后,首先需要尽快确认被控侵权的专利法律状态,判断其属于授权专利,还是申请中的专利。其次,通过查询费用缴纳情况、是否已经被无效或正处于无效或诉讼阶段等判断权利的有效性。最后,通过查询专利的权属或许可备案情况确认侵权指控方的指控权利。

(2) 侵权事实的自我确认。

作为被控侵权人,专利权人的指控只是单方面的事实认定、推测或者怀疑,甚至有的仅是一种毫无依据的指控。侵权指控方往往会因存在取证困难或者其他客观原因导致需要对某些技术特征进行推测来确定侵权可能性,而被控侵权人对自己的技术方案是最清楚的,因此,收到相应指控后,被控侵权人首先需要理性自我分析一下侵权事实是否客观存在,只有对自己是否存在侵权事实进行客观判断之后,才能制定合理的应对策略。侵权认定主要是应用专利侵权判定的基本方法,将专利权保护范围与自己的实施方案进行特征比对,确认己方的技术方案是否落入专利保护范围,或者存在等同侵权的可能。

(3) 专利稳定性分析。

在客观分析侵权事实是否存在之后,被控方可以结合侵权风险的大小,以及诉讼应对策略进一步考虑是否有必要进行专利稳定性分析。一般而言,除非有非常明显的不侵权抗辩事实,该事实或者理由足以让法官或者控诉方能够明确认定被控方不构成侵权。如果没有充分或明显的抗辩理由,一般应尽快对控诉方的专利权利稳定性或者专利申请的授权前景进行客观、认真的分析,必要时还要及时提出专利无效宣告请求,并将无效宣告请求书提供给受理侵权诉讼的法院,尽量申请中止侵权诉讼的审理,从而避免"两头不利"的局面出现。根据《最高人民法院关于审理专利纠纷案件适用法律问题的若干规定》,对发明专利提出无效宣告请求可以不中止审理,对实用新型和外观设计提出无效宣告请求的除非特殊情况,否则一般应当中止审理,专利无效宣告请求应在诉讼答辩期内提出,且必须由被告作为无效宣告请求人提出。

通过客观分析专利的权利稳定性之后,被控侵权人就可以结合侵权事实的客观情况,以及专利权利的稳定与否来制定合理的应对策略。一般专利权利不稳定,被控侵权方可以在谈判过程中相对强势,并据此推动专利权人提出有利于己方的和解条件。或者在诉讼进展过程中,能够合理考虑己方产品的技术或市场活动安排,避免因为诉讼给己方造成不必要的损失。

(4) 抗辩证据的搜集。

无论是诉讼中的不侵权抗辩,还是专利无效宣告请求中的权利应当被无效的理由主张，均需要有客观且强有力的证据来支持。与控诉方搜集侵权证据相对应，被控方需要根据控诉方的侵权指控，针对性地收集不侵权抗辩或权利无效的证据，尤其是结合侵权判定原则中，己方技术方案与专利权保护范围所限定技术特征不相同也不等同的证据。上述证据一方面可以通过具体的产品外观、结构、组成等实务物品或书面材料作为载体，另一方面可以通过委托技术鉴定等方式进行客观证明。技术鉴定报告往往是医药知识产权诉讼中控辩双方常用的证据方式，可以通过第三方的客观鉴定结果作为支持己方控诉或抗辩的主张依据。

在应对控诉方的赔偿损失主张时，被控侵权方需要结合相应产品的市场销售数据、财务账本、购销合同或发票等情况，提供利于己方的损害赔偿计算依据。另外，知识产权侵权案件中的举证难一直饱受行业诟病，随着知识产权司法改革的快速推进，法院近年来在知识产权案件中大力推行举证妨碍规则，被控方不可以通过拒不提供证据等方式来阻碍法院对侵权损害赔偿的计算。根据举证妨碍规则，有证据证明持有证据的举证方无正当理由拒不提供相应证据时，需要承担由此造成的不利诉讼后果。例如，在权利人已经提供侵权人所获利益的初步证据，而与专利侵权行为相关的账簿、资料主要由侵权人掌握的情况下，人民法院可以责令侵权人提供该账簿、资料；侵权人无正当理由拒不提供或者提供虚假的账簿、资料的，人民法院可以根据权利人的主张和提供的证据认定侵权人因侵权所获得的利益。❶

8.3.3 诉讼管辖地的选择策略

8.3.3.1 知识产权案件的管辖规定

近年来，随着司法体制改革的不断深入，知识产权诉讼的管辖也发生了诸多变化。2014年8月31日，第十二届全国人民代表大会常务委员会第十次会议表决通过了《关于在北京、上海、广州设立知识产权法院的决定》。2019年1月1日，最高人民法院知识产权法庭正式揭牌成立。目前，已基本形成了以最高人民法院知识产权审判业务部门为牵引，北京、广州、上海、海南自由贸易港4个知识产权法院为示范，29个地方法院知识产权法庭为重点，地方各级法院知识产权审判庭为支撑的专业化审判体系。❷

（1）普通知识产权民事纠纷的一审诉讼管辖。根据《民事诉讼法》第29条规定："因侵权行为提起的诉讼，由侵权行为地或者被告住所地人民法院管辖。"针对专利案件，《最高人民法院关于审理专利纠纷案件适用法律问题的若干规定》第5条规定："因侵犯专利权行为提起的诉讼，由侵权行为地或者被告住所地人民法院管辖。"

---

❶ 陈志兴. 专利侵权诉讼中的举证妨碍规则［J］. 中国知识产权，2017，121.
❷ 最高人民法院知识产权法庭. 为全球知识产权治理贡献中国司法智慧：人民法院知识产权审判服务高水平对外开放工作综述［EB/OL］. （2024 - 07 - 22）［2024 - 11 - 07］. https：//ipc. court. gov. cn/zh - cn/news/view - 3248. html.

然而，随着专门知识产权法院、各个知识产权法庭的设立，专利、植物新品种、集成电路布图设计、技术秘密、计算机软件、涉及驰名商标认定及垄断纠纷的一审案件均将由上述专门法院或法庭审理，部分专门法庭还可以在所在省级区域内跨区域管辖专利民事、行政案件，另外，部分上述专门法院和法庭还承担涉案标的超过部分额度的一审案件（不同法庭起点额度不同，例如南京和苏州涉案标的起点为300万元，杭州涉案标的起点为800万元）。除上述专门管辖之外，其他类别的普通知识产权民事、刑事、行政一审案件则依旧按照《民事诉讼法》的基本规定，由侵权行为地或者被告住所地的基层人民法院管辖。

（2）专利行政诉讼的一审管辖。对国务院部门作出的具体行政行为不服的，例如国家知识产权局有关专利、商标、集成电路布图设计等知识产权的授权确权的裁定或决定，国家知识产权局作出的有关专利、集成电路布图设计的强制许可决定以及强制许可费或者报酬的裁决等，此类案件将向北京知识产权法院提起上诉。发生在相应专门知识产权法院或法庭区域内的，对国务院部门或者县级以上地方政府所作出的有关著作权、商标、专利、不正当竞争等行政行为提起的一审行政诉讼，则由相应的专门知识产权法院或法庭管辖。

（3）专利民事和行政诉讼二审管辖。2018年10月26日，第十三届全国人民代表大会常务委员会第六次会议审议通过了《关于专利等知识产权案件诉讼程序若干问题的决定》，将专利等民事和行政案件的二审审理权限集中到最高人民法院知识产权法庭，主要审理全国范围内专利等专业技术性较强的知识产权上诉案件，该决定于2019年1月1日起施行。根据上述决定，最高人民法院知识产权法庭主要审理的民事二审案件包括发明、植物新品种、集成电路布图设计、重大、复杂的（实用新型专利、技术秘密、计算机软件）侵权纠纷；以及行政确权授权处罚二审案件，专利、植物新品种、集成电路布图设计；还有专利、植物新品种、集成电路布图设计、重大、复杂的（实用新型专利、技术秘密、计算机软件）、垄断行政处罚二审案件。

（4）再审案件的管辖。对最高人民法院知识产权法庭作出的判决、裁定、调解书，当事人申请再审的，应当向最高人民法院递交再审申请书，即最高人民法院知识产权审判庭的审判职能不因知识产权法庭的成立而变化，其仍主要审理全国范围内各类知识产权申请再审、再审案件。❶

8.3.3.2 诉讼管辖地的选择

通过以上介绍可以看出，目前知识产权案件存在专属管辖或指定管辖的情况，无论是原告还是被告参加诉讼，均需要结合法院的管辖范围，合理选择管辖法院。一般而言，由于原告掌握诉讼发起的主动权，因此在管辖法院的选择方面掌握更多的主动

---

❶ 最高法相关负责人就《关于知识产权法庭若干问题的规定》答记者问［EB/OL］．（2018 - 12 - 29）［2019 - 10 - 20］．http：//www.xinhuanet.com/legal/2018 - 12/29/c_1210027438.htm.

性。然而，被告也可以结合诉讼管辖权的相应规定，对原告选择的诉讼法院提出管辖权异议。管辖权异议的理由主要包括审级异议、管辖地区异议等。

从诉讼策略的角度考虑，无论是发起诉讼的原告还是被动参与诉讼的被告，都希望在有利于自己的法院审理相应案件。选择诉讼管辖地一般需要考虑的因素包括：①法官经验丰富，专业水平高。由于知识产权案件，尤其专利案件的专业性很强，对法官的素质要求比较高，因此选择专业水平高的法院审理相应案件，能够保障案件获得公平、公正的审理。②以往案例审判标准对己方有利。当前随着各级法院对案例指导的推行，以往案件的审判标准往往会获得当地法院的支持或参考，如果相应法院此前曾有与己方事实相类似的案件，且审判结果对己方有利，选择此类法院审理往往可以提升诉讼成功的预期。③参与诉讼的便利性。因为诉讼的审理往往会存在多个阶段，甚至需要多次参加质证、听证或庭审等诉讼活动，选择自己参加诉讼过程便利的法院审理相应案件，可以免去差旅劳顿与相关费用，同时也便于积极响应法院要求己方参与诉讼的要求。④选择自己的属地法院。选择自己的属地法院管辖，一方面可以方便参加诉讼活动，另一方面在语言、习惯和做事风格方面也更为熟悉，为诉讼参与提供便利。此外，有的当事人会考虑属地法院可能存在地方保护主义，因此也喜欢在自己的属地法院参与诉讼，但是，随着法治的推进与审判标准的统一，地方保护主义的风气已逐渐褪去。

8.3.3.3 海外诉讼管辖地的选择

海外诉讼是基于企业对该项目的定位出发，以该项目预期可达到的效果作为主要考虑依据，对项目的研发和诉讼策略、诉讼走向和费用投入的管理；考量的因素包括研发成本的投入、预计获得的市场利润，结合现阶段原研药企业和仿制药企业的整体情况对诉讼和费用进行管理。在这个管理的过程中，还包括对合作律所、律师工作、诉讼流程中的各环节进行干预和主导；站在企业和项目角度，积极影响诉讼，推动向有利于企业的方向进行，同时，控制每个环节的费用支出。

对于企业申报的不同项目，诉讼策略会有所不同。企业项目大致可分为创新药项目、首仿项目和非首仿项目：通常创新药项目可获得高额利润，企业会尽全力阻止仿制药竞争对手；首仿项目会比较重要，企业愿意花费的代价相对也较大，例如，首个挑战专利成功并首个获批上市的化学仿制药可获得 12 个月的首仿药市场独占期；对于非首仿项目，可能获得的市场利润比较小，企业不一定会花费太大代价参与实质性诉讼。

知识产权部门应结合其他部门的信息，如申报进度、生产计划、市场销售信息、所申报项目当前的诉讼情况、制定适合企业的诉讼策略。合适的诉讼策略，比如坚持诉讼、及早和解，在和解中希望达到的目的是什么和企业能接受的条件是什么；如何保持与其他企业同一水平或者领先于它们；如果坚持诉讼，涉案专利被无效也不一定对自己有利，能否找到一种平衡原研药企业和仿制药企业的和解方式，这都是需要在诉讼中考虑的问题。

8.3.4 知识产权案件的诉讼时效

诉讼时效是指权利人未在法定期间内行使权利而使权利不再受司法强制保护的法律制度。诉讼时效分为普通诉讼时效期间、特别诉讼时效期间、最长诉讼时效期间。普通诉讼时效期间是指除法律另有规定外，适用于各种民事法律关系的诉讼时效期间，"向人民法院请求保护民事权利的"诉讼时效期间即是普通诉讼时效期间；特别诉讼时效期间是指法律规定的仅适用于某些特殊民事法律关系的诉讼时效期间，"法律另有规定的"诉讼时效期间即属于特别诉讼时效期间，优于普通诉讼时效期间适用。❶

2020 年 1 月 1 日，《民法典》正式颁布实施，其第 188 条第 1 款规定的普通诉讼时效为 3 年，与之对应，《专利法》规定：侵犯专利权的诉讼时效为 3 年，自专利权人或者利害关系人知道或者应当知道侵权行为以及侵权人之日起计算。发明专利申请公布后至专利权授予前使用该发明未支付适当使用费的，专利权人要求支付使用费的诉讼时效为 3 年，自专利权人知道或者应当知道他人使用其发明之日起计算，但是，专利权人于专利权授予之日前即已知道或者应当知道的，自专利权授予之日起计算。

8.3.5 常见的诉讼请求

诉讼请求是指原告基于法律对侵权责任承担方式的规定，向法院提出的，希望能够获得法院判决支持的请求。诉讼请求是原告诉讼目的的直接体现，因此，诉讼请求的内容需要结合诉讼目的来提出。在医药领域知识产权诉讼中常见的诉讼请求主要包括停止侵权、赔偿损失、赔礼道歉三个方面。

8.3.5.1 停止侵权

停止侵权，即要求被控侵权方停止对专利的继续使用行为，包括对专利保护的产品或方法进行制造、使用、销售、许诺销售、进口等行为。该诉讼请求的目的在于禁止侵权行为的继续发生，这往往也是原告最基础、最直接的诉讼目的，也是最具效力的侵权救济途径之一。在医药领域，仿制药的上市会对原研药的市场和销售价格产生非常大的冲击，因此，作为权利持有者的原研药企业往往希望达到的诉讼目的就是禁止被控侵权方的产品进入市场参与竞争，如果该诉讼请求能够被支持，将可以阻止仿制药的进入。

8.3.5.2 赔偿损失

赔偿损失，即要求被控侵权方因侵权行为对知识产权持有方所造成的财产损失进

---

❶ 民法总则施行后，知识产权侵权案件的诉讼时效期间适用两年还是三年？[EB/OL]. (2018-12-23) [2019-10-20]. http://www.zhichanli.com/article/7671.html.

行弥补和赔偿，赔偿损失也是承担民事责任适用最广、最普遍的责任方式。一般而言，请求法院判令侵权方赔偿的损失应当是基于侵权行为所造成损失为限，即补偿权利人因侵权行为所造成的损失（如销售额降低、市场被抢占等）。❶ 在补偿损失的基础上，还可以适用惩罚性赔偿。根据 2019 年 11 月 1 日起施行的《商标法》第 63 条规定，"对恶意侵犯商标专用权情节严重的，可以在权利人因侵权受到的损失、侵权人因侵权获得的利益或者商标许可使用费的 1 倍到 5 倍的范围确定赔偿数额。"《专利法》第 71 条也规定了惩罚性赔偿，对故意侵犯专利权的行为，人民法院可以根据侵权行为的情节、规模、损害后果等因素，判处确定数额的 1 倍以上 5 倍以下的赔偿数额。惩罚性赔偿的适用将增加侵权人的侵权成本，加强对知识产权持有者的损失弥补，对侵权行为可以起到更好的震慑作用，增加恶意侵权人的司法诉讼风险，由此减少其恶意动机，实现实质性正义。

8.3.5.3 赔礼道歉

赔礼道歉，即要求被控侵权方就侵权行为所造成的名誉或商誉损失进行弥补。在知识产权侵权案件中，原告在诉状中除要求被告赔偿自己经济损失外，往往还请求法院判令被告赔礼道歉。作为民事责任形式"赔礼道歉、消除影响"的适用有其特定的要求，一般应当适用于涉及侵犯他人名誉权、商誉权的场合。对于商标侵权案件和专利侵权案件中的此类诉请，法院一般不予支持，因为《商标法》和《专利法》中均没有涉及"赔礼道歉"的责任承担形式，而且专利权是一种财产权，侵犯专利权一般不涉及名誉权或商誉权的问题；对于著作权侵权案件，法院则在认真审查的基础上有可能支持此项诉请，可依据《著作权法》第 47～48 条将"赔礼道歉"规定为侵权著作权的一种责任承担方式。❷

8.3.6 常见的诉讼策略

诉讼的目的和结果是双方当事人在发起、参与以及推进诉讼过程中所考虑的目标和终点，为了达到追求的目标，必须制定合理的诉讼策略。诉讼策略的选择和分析对于案件的胜败、当事人的权益维护以及整个诉讼过程的效率都具有决定性的影响，因此，它在法律实践中占据至关重要的地位。

8.3.6.1 预诉讼警告策略

如前文所述，在医药领域，对于权利人来说，诉讼的目的往往主要是希望禁止对手进入市场参与竞争。因为诉讼的发起需要准备证据、聘请律师、技术鉴定、准备并

---

❶ 冯晓青. 浅析专利侵权诉讼中损失赔偿额的确定［J］. 知识产权，1997，4：23，32-34.
❷ 在知识产权侵权案件中，适用赔礼道歉吗？［EB/OL］.（2015-06-12）［2019-11-03］. http：//www.iprdaily.cn/articlel_8977_20150612.html.

参加庭审，同时，随着当前司法程序的信息公开，诉讼的发起还会导致双方的冲突和矛盾公开在公众的视野下。发起诉讼需要耗费大量时间、费用以及其他成本，除了诉讼，在发起诉讼之前还可以考虑通过发送警告函的方式向竞争对手进行沟通。警告函一般由法务部或外聘律师完成并发送，警告函的内容往往包含权利人声明对权利的持有情况，对侵权行为的提醒，以及要求停止侵权的警告。作为一种禁止性的声明，警告函不需要花费过多的精力和成本，能够简单、高效地达到警告的目的，尤其是事实比较清楚的情况，当竞争对手收到警告函时，往往会对侵权行为以及权利人维权的态度有所认识，从而停止侵权行为。但是，警告函一般不会也无法主张赔偿损失等。如果希望获得对方的损害赔偿，则不适用该策略。近年来针对社会关注的热门药品，还出现了公开警告的形式，例如新冠疫情期间，流感特效药玛巴洛沙韦片的原研罗氏公司就曾针对国内仿制药获批发布了公开声明，也对后续仿制药进入市场起到了一定的警示作用。

8.3.6.2 诉讼参与人与管辖地的选择

所谓诉讼参与人是指参与诉讼中的各方当事人，例如原告、被告和第三人。选择不同的诉讼参与人，将会决定诉讼的管辖地。结合此前对诉讼管辖权的梳理，一般而言，因侵犯专利权行为提起的诉讼，由侵权行为地或者被告住所地人民法院管辖。因此，侵权行为地和被告所在地将决定诉讼的管辖地。然而，被告所在地一般只有一个，但侵权行为地可能有多个，例如被控侵权人所生产的药品销售地可能遍布中国各个省份，药品的终端销售（如药店）也可能遍布全国。根据《专利法》的规定，药品的生产、销售、许诺销售和进口都可能构成专利侵权，权利人在发起诉讼时需要结合自己对诉讼管辖地的选择，来选择由药品的生产方、销售方、许诺销售方或进口方中的一方或多方列为诉讼中的被告。实践中，一般会选择某地的药品销售商作为被告，将生产商作为共同被告，选择销售商的所在地起诉，进而避开药品生产商的所在地，避免生产商所在地法院可能基于地方保护所带来的不利风险。此外，在选择诉讼参与人时，在不影响自己诉讼目标的情况下，需要尽量避免将自己的合作方，或者诉讼应对实力较强的一方引入作为诉讼参与方。

作为被告而言，一般是被动成为诉讼参与方，诉讼法赋予了当事人管辖权异议的权利，例如认为案件的受理法院不具有法律规定的管辖权（例如对审级或地域管辖有异议），可以向法院提出管辖权异议，比较典型的管辖权异议理由：一是主张主要办事机构所在地与注册地不一致；二是主张原告虚列被告；三是对《最高人民法院关于适用〈中华人民共和国民事诉讼法〉的解释》第25条的适用有异议。近些年的司法实践中，由于提出管辖权异议可以拖延法院审理案件实体内容，管辖权异议往往成为被告拖延诉讼进程的一种手段，呈现滥用的情形。❶ 例如2024年4月，郓城县人民法院受

---

❶ 北京知识产权法院通报管辖权异议二审案件情况［EB/OL］.（2018-07-26）［2019-11-03］. http://bjgy.chinacourt.gov.cn/article/detail/2018/07/id/3404048.shtml.

理了郓城某公司诉张某某买卖合同纠纷案,郓城某公司诉请判令张某某支付货款245980元及违约金,张某某收到法院送达的起诉状副本后,提出管辖权异议,称其住所地为东明县,该案应由东明县人民法院管辖。经查郓城某公司与张某某签订的购销合同中约定:"若产生纠纷,由双方协商解决,如协商不成,由郓城某公司所在地司法部门裁决。"因此郓城县人民法院享有管辖权。根据《山东省高级人民法院关于简化民商事纠纷管辖权异议审查程序的意见(试行)》第3条之规定,原告与被告在书面协议中明确约定管辖法院,且不违反级别管辖和专属管辖规定,被告又针对约定的管辖法院提出管辖权异议的,属于滥用管辖权异议权利,人民法院依法可以不予审查。但是,相应手段除非确有必要,否则并不推荐采用,近年来法院针对滥用管辖权异议推出了一些反制和惩罚措施,同时滥用管辖权异议很可能给合议庭的法官留下不好的印象,从而可能对诉讼结果产生消极影响。

8.3.6.3 临时禁令的申请

在知识产权诉讼领域,临时禁令经常伴随诉讼的出现。临时禁令又被称为行为禁令,是指法院责令被申请人停止有关侵犯知识产权行为的措施。根据行为禁令的申请时间,一般分为诉前禁令和诉中禁令。常见的行为禁令包括禁止生产、销售、许诺销售活动,禁止披露或使用相应信息等。例如上海市第一中级人民法院就原告美国礼来公司、礼来(中国)研发有限公司诉被告黄某侵害技术秘密纠纷案作出行为保全裁定,裁定禁止黄某披露、使用或允许他人使用美国礼来公司、礼来(中国)研发有限公司主张作为商业秘密保护的21个文件内容。这也是国内首例商业秘密行为禁令。另外,在医药专利侵权纠纷中,例如奥氮平案、格列卫案,法院都曾经签发了行为禁令,禁止仿制药企业对相应药品进行生产、销售或许诺销售等活动。

行为禁令是法院的预裁决行动,即没有经过对案件事实进行深入调查所采取的临时措施,因此,在申请和适用时都有严格的限制。最高人民法院于2018年11月26日发布的《最高人民法院关于审查知识产权纠纷行为保全案件适用法律若干问题的规定》,已于2019年1月1日起施行,该规定中明确了知识产权纠纷中申请行为保全的条件、审查标准和解除条件。如果权利人希望能够快速制止侵权行为,可以通过向法院申请行为禁令的方式来阻止侵权行为的继续发生或者损失的继续扩大。然而,因为禁令的实施往往会给被申请方的生产经营造成非常大的影响,法院往往会要求申请人提供相应的财产担保,如果经法院调查查明被申请方不构成侵权,申请方需要赔偿因错误申请行为禁令而给被申请人带来的损失。此外,该规定第16条也明确规定,因请求保护的知识产权被宣告无效,应当认定属于《民事诉讼法》第108条规定的"申请有错误"。例如,在诺华公司与江苏豪森药业发明专利权纠纷中(ZL01817895.2、名称为"胃肠基质肿瘤的治疗"),诺华公司就曾针对江苏豪森药业申请了诉前行为保全并获得了法院批准。但该专利权后被宣告无效,江苏豪森药业对此向法院提出了"申请错误"的损害赔偿之诉,诺华公司败诉并因此赔付了江苏豪森药业所遭受的损失。因此,在申请行为禁令前需要对自己的知识产权权利稳定性进行充分评估,避免因为权利被无效,导致需要向被申请方赔偿损失的不利局面出现。

8.3.6.4 诉讼抗辩的策略

作为诉讼参与方的被告或者行政诉讼中的第三人,其在诉讼活动中往往处于被动局面,因此,选择恰当的诉讼抗辩策略是被告或第三人在诉讼中需要考虑的关键环节。在专利侵权民事诉讼的实践中,常见的抗辩事由包括诉讼主体资格抗辩、不侵权抗辩、不视为侵权抗辩、合法来源抗辩、先用权抗辩、现有技术/抵触申请抗辩、专利无效抗辩等,相应的抗辩事由需要对应的证据支持,因此,选择哪种抗辩事由,需要结合证据与诉讼目的进行权衡。

8.3.6.5 诉讼程序的管控

所谓诉讼程序的管控,是指双方当事人应当在进入诉讼程序之后,对是否继续推进或参与后续诉讼程序的控制和管理。作为原告,在立案之后,法院作出正式判决之前都有权利撤回起诉。作为被告,也可以在法院作出正式判决之前的任何时机与原告商谈和解,并促使原告撤回起诉。因为诉讼往往不是解决问题的唯一途径,是否将诉讼坚持到底,应当是双方当事人在诉讼过程中需要考虑和把控的。例如,原告经过证据交换或者庭审调查后发现,被告侵权的可能性较小。在诉讼的关键节点,例如证据交换阶段、庭前调解阶段、庭审事实查明阶段等可以选择与对方进行和解,既可以减少后续程序的费用,也可以获得部分诉讼费的退费,同时,被告也很可能基于原告的和解意向,选择利益退让。与之对应,被告同样可以基于对证据以及事实调查的情况,选择积极和解,从而向原告争取专利许可的机会,或者降低损害赔偿的可能。总之,是否及时终结诉讼,需要结合对诉讼前景的评估以及自己的诉讼目的进行权衡。

8.4 专利侵权判定与抗辩

8.4.1 专利侵权判定的基本原则

无论是专利权人,还是被控侵权人,都必须对专利侵权判定的基本原则能够准确了解,从而能够客观分析竞争对手的产品或方法是否落入专利权保护范围。准确的判断是决定诉讼成功的关键,能够合理预测专利诉讼的前景。

根据《专利法》第11条规定:"发明和实用新型专利权被授予后,除本法另有规定的以外,任何单位或者个人未经专利权人许可,都不得实施其专利,即不得为生产经营目的制造、使用、许诺销售、销售、进口其专利产品,或者使用其专利方法以及使用、许诺销售、销售、进口依照该专利方法直接获得的产品。外观设计专利权被授予后,任何单位或者个人未经专利权人许可,都不得实施其专利,即不得为生产经营目的制造、许诺销售、销售、进口其外观设计专利产品。"凡是以生产经营为目的,未经专利权人许可制造、使用、许诺销售、销售、进口其专利产品,或者使用其专利方法以及使用、许诺销售、销售、进口依照该专利方法直接获得的产品均属于侵权行为。简而言之,专利侵权的构成要件一般需要包含以下几点:①侵害的对象是有效的专利,如果实施已经到期、被宣告无效或被放弃的专利技术,不构成侵权行为;②必须有侵害行为,即行为人在客观上实施了侵害他人专利权的行为,例如生产、制造、销售、进口或者许诺销售专利产品或方法;③需以生产经营为目的,如果以非生产经营目的的实施,不构成侵权,例如《专利法》第75条所列举的不视为侵犯专利权的行为;④行为人实施专利的行为未经专利权人许可,又不属于专利法所规定的不视为侵权的行为。结合国内外立法与司法实践,目前专利侵权判定主要采用以下原则:全面覆盖原则、等同原则、禁止反悔原则、捐献原则。

8.4.1.1 全面覆盖原则

全面覆盖是指如果被控侵权产品包含了专利权利要求中所记载的全部技术特征,则落入专利权的保护范围,构成专利侵权。《最高人民法院关于审理专利纠纷案件适用法律问题的若干规定》《最高人民法院关于审理侵犯专利权纠纷案件应用法律若干问题的解释》分别对全面覆盖原则进行了明确,《最高人民法院关于审理专利纠纷案件适用法律问题的若干规定》指出,《专利法》第56条第一款所称的"发明或者实用新型专利权的保护范围以其权利要求的内容为准,说明书及附图可以用于解释权利要求",是指专利权的保护范围应当以权利要求书中明确记载的必要技术特征所确定的范围为准。《最高人民法院关于审理侵犯专利权纠纷案件应用法律若干问题的解释》第7条规定"人民法院判定被诉侵权技术方案是否落入专利权的保护范围,应当审查权利人主张的权利要求所记载的全部技术特征。被诉侵权技术方案包含与权利要求记载的全部技术特征相同或者等同的技术特征的,人民法院应当认定其落入专利权的保护范围"。

全面覆盖侵权判定可细分为以下三种情况。

(1) 字面侵权。

被控侵权产品或方法的文字表述与对应专利权利要求相同时,侵权成立。例如,权利要求保护一种组合物,包含五加皮和当归。被控侵权的产品包含五谷皮和当归,由于五加皮和五谷皮是同一种中药,只是学名不同,因此,该产品构成侵权。

(2) 下位概念。

被控侵权产品或方法的特征属于权利要求记载特征的下位概念时,侵权成立。例如,权利要求保护一种口崩片,其包含甜味剂。被控侵权的产品为一种口崩片,其包含蔗糖，由于蔗糖是甜味剂的下位概念，因此，该产品构成侵权。

（3）产品特征多于专利权利要求中记载的特征。

被控侵权产品或方法的特征不仅包含权利要求记载的全部特征，还包含了其他更多特征，侵权成立。例如，权利要求保护一种奥氮平口崩片，其包含蔗糖。被控侵权的产品为一种奥氮平口崩片，其除了包含蔗糖，还包含果糖。由于被控侵权产品包含了专利权利要求的全部特征，且权利要求为开放式表述，因此该产品构成侵权。

下面通过化合物专利、组合物专利为例，对全面覆盖原则的适用进一步举例说明。

化合物专利侵权判定原则主要采用上述司法解释第 7 条关于"全面覆盖原则"的内容。《专利审查指南（2023）》中第二部分第十章第 8.1.1 节提出：如果一项申请在一个权利要求中限定多个并列的可选择要素，则构成"马库什"权利要求。基于单一性的要求，这些可选择要素具有相类似的性质，在技术上相互关联，具有相同或相应的特定技术特征，而这种可选择要素被称为马库什要素。在判断一个具体化合物是否落入马库什通式权利要求的保护范围时，如果化合物和马库什通式可能包含的任何一种具体组合相同，就落入保护范围，即通常只要被控侵权的化合物的结构式完全被权利要求中的马库什化学分子式所覆盖，将被控侵权产品与马库什权利要求母核结构进行比对，倘若基本母核不同，通常不应认定为侵权。

化合物专利保护的是一类化合物，要想确定被控侵权产品落入专利保护范围，必须明确需要保护的化合物结构。山德士（中国）制药有限公司与北京汇康博源医药科技有限公司侵害发明专利权纠纷中指出，由于被控侵权产品的化学结构与涉案专利保护的化合物的化学结构完全相同，被控侵权产品落入涉案专利权利要求 1 的保护范围。❶

另外，也可以从安斯泰来制药株式会社与麦迪韦逊医疗公司、连云港润众制药有限公司、正大天晴侵害发明专利权纠纷判决中获得化合物侵权比对的借鉴思路。❷ 涉案专利号为 ZL200680025545.1、发明名称为"二芳基乙内酰脲化合物"，共有 9 项权利要求。涉案专利权利要求 1 保护具有下式的化合物：

其中 X 为三氟甲烷，W 为 O，R_1 和 R_2 一起包括 8 个或少于 8 个碳原子且选自烷基，以及与它们相连的碳一起为环烷基，R_3 为甲基氨基甲酰基，R_4 为 F。

权利要求 3 为：权利要求 1 的化合物，其具有下式：

---

❶ 参见北京知识产权法院（2017）京 73 民初第 190 号民事判决书。
❷ 参见江苏省南京市中级人民法院（2017）苏 01 民初第 529 号民事裁定书。

,即恩杂鲁胺化合物。

RD162′

庭审中，原告认为，被控侵权产品的化学结构与涉案专利权利要求3描述的化合物RD162′相同，落入涉案专利权的保护范围。而被告认为其申报注册的恩杂鲁胺药品，与权利要求3描述的化合物RD162′的化学结构式一致，是相同的化合物，但并未落入涉案专利权的保护范围。理由在于，根据权利要求1对通式中R_1和R_2基团定义："一起包括8个或少于8个碳原子且选自烷基，以及与它们相连的碳一起为环烷基"，即作为烷基的R_1和R_2不能独立存在，R_1和R_2以及与它们相连的碳原子必须连在一起形成碳原子数小于等于8的环状烷基基团，即环烷基。而RD162′在R_1和R_2对应位置处为两个独立、不共同成环的甲基，该结构式特征并不在权利要求1的保护范围之内。

法院运用说明书及附图、权利要求书中的相关权利要求、专利审查档案，结合查明的事实，认定涉案专利权利要求1中关于R_1和R_2的定义中的"烷基"和"与它们相连的碳一起为环烷基"这两个条件为选择性条件，而非被告所理解的必须同时满足的条件，判决被控侵权产品落入涉案专利权的保护范围。

具体理由包括有：①从涉案专利说明书的表述来看。涉案专利说明书记载，关于"R_1和R_2独立地为甲基，或与它们相连的碳原子一起为4~5个碳原子的环烷基"，由此可以明确得出R_1和R_2既可以独立地选择甲基（含有1个碳原子的烷基），也可以独立地选择与它们相连的碳原子一起为4~5个碳原子的环烷基的结论。②从涉案专利权利要求书中的与权利要求1相关的从属权利要求来看。涉案专利中与权利要求1相关的从属权利要求分别是权利要求2、3、4，这3个从属权利要求对R_1和R_2的选择分别是与它们相连的碳原子一起为4个碳原子的环烷基、甲基、与它们相连的碳原子一起为5个碳原子的环烷基，由此可以看出"烷基"和"与它们相连的碳一起为环烷基"这两个条件为选择性条件。③从本领域普通技术人员的理解来看。烷基中的碳原子连接方式为链状，环烷基中碳原子连接方式为环状，这两种连接方式互相排斥，不可能同时存在。因而法院并未支持被告关于被控侵权产品未落入涉案专利权的保护范围的抗辩理由。

涉及组合物专利的判定侵犯专利权的原则主要是全面覆盖原则。例如如果权利要求为"含有A、B、C的甲"的组合物发明被授予专利权，按权利要求撰写方式进行不同判断。对于开放式权利要求的组合物，被控侵权产品乙的组分只要全部覆盖了A、B、C，就构成侵权，即使被控侵权产品乙还包含组合物甲所不包含的组分D，且不论增加的组分D本身或者组分D与其他组分A、B、C相结合产生的功能或效果如何，被控侵权仍然成立。而对于封闭式权利要求的组合物，若被控侵权产品乙的组分亦恰好为A、B、C，侵权指控成立；但倘若被控侵权产品乙中除了组分A、B、C，还包含组合物甲所不包含的组分D，则不论增加的组分D本身或者组分D与其他组分A、B、C相结合产生的功能或效果如何，被控侵权均不成立。因而在实务工作中，从专利侵权规避难度的角度，专利权人更加倾向于将组合物权利要求撰写为开放式的形式。

8.4.1.2 等同原则

等同原则是指被控侵权产品或方法中的一项或多项技术特征在字面上与专利权利要求所保护的技术特征不相同，但如果两者实质相同，则应认定被控侵权产品落入专利权的保护范围。《最高人民法院关于审理专利纠纷案件适用法律问题的若干规定》确立了专利侵权判定中的等同原则，该原则的适用克服了专利权利要求在表达上的局限性，弥补了字面侵权的不足，实现了对专利权人的保护。等同侵权遵循"三基本一创造"的判定方法，即指以基本相同的手段，实现基本相同的功能，达到基本相同的效果，且所属技术领域的普通技术人员无须经过创造性劳动就能够想到。在医药化学领域，常见基本相同的手段例如分步法改成一锅法、常规的反应溶剂或反应条件（例如温度、时间）改变、药物组合物成分含量的微调等。

在格林生物科技股份有限公司与杭州友邦香料香精有限公司、杨某某侵害发明专利权纠纷案中[1]，格林生物科技股份有限公司拥有一项工艺发明专利ZL02150901.8，保护以过碳酸钠制备环氧蒎烷的方法，主要涉及"将蒎烯、过碳酸钠与溶剂混合，搅拌下逐渐加入乙酸酐，摩尔比是蒎烯：过碳酸钠＝1：(1.1~3)，过碳酸钠：乙酸酐＝1：(0.5~2)，室温至65℃，反应1~24小时"。格林生物科技股份有限公司在杭州友邦香料香精有限公司网页产品介绍中发现，其产品龙脑烯醛及檀香208使用了该授权专利。经过对比，杭州友邦香料香精有限公司生产工艺中的蒎烯与过碳酸钠摩尔比为1：1.011，处于专利保护数值范围之外。但二审法院浙江省高级人民法院认为：上述手段基本相同，虽然两者过碳酸钠与蒎烯的加入量摩尔比存在少许差异，但并没有实质性改变涉案专利的发明点；功能相同，均通过使用过量的过碳酸钠，达到了使价格较高的蒎烯反应完全的功能；效果相同，两者均采用过碳酸钠作为蒎烯的环氧化试剂，克服原有的过氧乙酸或其他无机过氧化合物的缺陷，实现了反应平衡、操作安全、产率好、产品纯度高和成本低廉的技术效果；本领域普通技术人员无须通过创造性劳动能够联想到在采用"有效氧"含量的过碳酸钠的情况下，可以减少其加入量，从而改变其与蒎烯的加入量摩尔比。因此，杭州友邦香料香精有限公司的生产工艺构成等同侵权。

《最高人民法院关于审理侵犯专利权纠纷案件应用法律若干问题的若干解释（二）》第12条规定，权利要求采用"至少""不超过"等用语对数值特征进行界定，如果本领域普通技术人员阅读权利要求书、说明书及附图后认为专利技术方案特别强

---

[1] 参见浙江省高级人民法院（2014）浙知终字第17号民事判决书。

调该用语对技术特征的限定作用,权利人主张与其不相同的数值特征属于等同特征的,人民法院不予支持。在最高人民法院知识产权法庭发布的文章《数值限定技术特征的等同认定》中提到对于发明或者实用新型专利中以数值或者连续变化的数值范围限定的技术特征,不宜绝对排除等同原则的适用,但应予严格限制。当具有差异的数值或者数值范围系以基本相同的技术手段,实现实质相同的功能,达到实质相同的效果,且本领域技术人员无需经过创造性劳动就能够联想到;同时,综合考虑技术领域、发明类型、权利要求修改内容等相关因素,认定有关技术特征等同既不违背社会公众对权利要求保护范围的合理期待,又可以公平保护专利权的,可以认定构成等同技术特征。数值限定侵权的司法解释强调了在保护专利权的同时,也要考虑社会公众对权利要求保护范围的合理期待,以及技术领域的实际情况。

此外,对于医药领域经常涉及的包含步骤顺序的方法专利的侵权判定问题,可以参考OBE公司与康华公司专利侵权案,❶最高人民法院认为,在方法专利侵权案件中适用等同原则判定侵权时,可以结合专利说明书和附图、审查档案、权利要求记载的整体技术方案以及各个步骤之间的逻辑关系,确定各步骤是否应当按照特定的顺序实施;步骤本身和步骤之间的实施顺序均应对方法专利权的保护范围起到限定作用。

8.4.1.3 禁止反悔原则

禁止反悔原则又称禁反言,《最高人民法院关于审理侵犯专利权纠纷案件应用法律若干问题的解释》第6条对禁止反悔原则作出了规定,是指专利申请人、专利权人在专利授权或者无效宣告程序中,通过对权利要求、说明书的修改或者意见陈述而放弃的技术方案,在侵犯专利权纠纷案件中主张将其纳入专利权保护范围的,人民法院应不予支持。禁止反悔原则实质上是对等同原则的限制。

在澳诺(中国)制药有限公司与湖北午时药业关于葡萄糖酸钙锌口服液专利侵权案中,❷ 涉案专利ZL95117811.3的独立权利要求中拟保护可溶性钙剂,从属权利要求则限定了可溶性钙剂包括葡萄糖酸钙、氯化钙、乳酸钙、碳酸钙或活性钙。第一次审查意见通知书中指出,"可溶性钙剂"包括多种可溶性含钙物质,保护范围较宽,说明书仅对"葡萄糖酸钙"和"活性钙"提供了配制药物的实施例,本领域技术人员难以预见其他的可溶性钙剂按该发明进行配方是否也能在人体中发挥相同的作用,因此权利要求得不到说明书的支持。申请人根据审查意见对权利要求书进行了缩限式修改,将"可溶性钙剂"修改为"活性钙"。最高人民法院认为,专利申请人在专利授权过程中通过对权利要求、说明书的修改或者意见陈述而放弃的技术方案,在专利侵权纠纷中不能将其纳入专利权的保护范围。因此,涉案专利权的保护范围不应包括"葡萄糖酸钙"技术特征的技术方案,而被诉侵权产品的相应技术特征为葡萄糖酸钙,属于

---

❶ 参见最高人民法院(2008)民申字第980号民事判决书。
❷ 参见最高人民法院(2009)民提字第20号民事判决书。

专利权人在专利授权程序中放弃的技术方案，不应当认为其与权利要求 1 中记载的"活性钙"技术特征等同而将其纳入专利权的保护范围，专利权人认为涉案专利中的活性钙包含葡萄糖酸钙的主张违反了禁止反悔原则，不能成立。

在全国首例药品专利纠纷早期解决机制的专利诉讼案中，涉及主体包括中外制药株式会社和温州海鹤药业有限公司，中外制药株式会社在专利无效宣告程序中，对涉案专利权利要求进行了修改，将原权利要求 2 中的部分附加技术特征加入权利要求 1，从而将权利要求 1 的抗氧化剂限定为 dl-α-生育酚，并删除原权利要求 2，相应修改了其他权利要求的序号和引用关系。该修改方式实质上是放弃了原权利要求 1 的技术方案，保留原权利要求 2 并列技术方案中的一个技术方案，使得独立权利要求的技术方案从可以使用任意一种抗氧化剂，变为仅保护使用 dl-α-生育酚。此外，涉案专利说明书列举了"本发明中所用的抗氧化剂优选从生育酚醋酸酯，二丁基羟基甲苯，天然维生素 E，dl-α-生育酚，d-α-生育酚，混合浓缩生育酚，抗坏血酸棕榈酸酯，L-抗坏血酸硬脂酸酯，丁基羟基茴香醚和没食子酸丙酯中选择一种"等多种抗氧化剂。本领域技术人员结合涉案专利说明书记载的内容及涉案专利权利要求的修改过程可知，中外制药株式会社通过修改权利要求的方式对其要求保护的特定技术方案作出了明确的选择，且其是从原从属权利要求 2 所记载的并列的 4 种抗氧化剂中选择了唯一一种抗氧化剂，进一步说明其通过修改放弃其他抗氧化剂的技术方案的意思具体明确。中外制药株式会社既没有对其修改时未纳入的抗氧化剂的技术方案作出合理说明，又未主张该修改与维持专利权有效无关，事实上其也陈述该修改是为了克服权利要求得不到说明书支持的缺陷。因此，中外制药株式会社并无合理理由或者证据证明其并未通过修改权利要求放弃使用其他抗氧化剂的技术方案，故该案应当适用禁止反悔规则，不宜再将其他抗氧化剂的技术方案纳入涉案专利权的等同保护范围内。

8.4.1.4 捐献原则

捐献原则最早是由美国联邦巡回上诉法院在 2002 年审理的 Johnson & Johnson Associates 公司与 R. E. Service 公司案中确立的，并在后来被许多国家引入和借鉴。我国对相关原则的确立主要是根据《最高人民法院关于审理侵犯专利权纠纷案件应用法律若干问题的解释》第 5 条，其规定"对于仅在说明书或者附图中描述而在权利要求中未记载的技术方案，权利人在侵犯专利权纠纷案件中将其纳入专利权保护范围的，人民法院不予支持"。与禁止反悔原则一致，捐献原则同样是对等同原则的限制。

例如，专利权利要求保护一种口服片剂，其限定了填充剂为乳糖、微晶纤维素或甘露醇中的一种。而专利权人在说明书中记载了填充剂可以是乳糖、微晶纤维素、甘露醇、淀粉等。对此，即便淀粉与乳糖、微晶纤维素或甘露醇均属于常规的填充剂，且其效果相当，专利权人后续也不得将其纳入专利权保护的范围，因为以淀粉为填充剂的技术方案并未在权利要求中记载，该技术方案也就相当于捐献给了公众。

在陈某弟与浙江乐雪儿家居用品有限公司（以下简称"乐雪儿公司"）、何某华、温某丹侵害发明专利权纠纷案中，专利权人陈某弟拥有专利号为ZL200610049700.5，发明名称为"布塑热水袋的加工方法"的专利权，陈某弟控诉乐雪儿公司侵犯其专利权，乐雪儿公司认为其加工方法虽与涉案专利权利要求相应步骤的内容相同，但步骤顺序不同，因而未落入保护范围。一审和二审法院均认为乐雪儿公司的工艺与陈某弟涉案专利保护的方法并无实质区别，构成等同侵权。最高人民法院推翻了一审和二审判决并认为，涉案专利说明书明确记载了相应步骤可以相互调换，而这一调换后的步骤并未体现在权利要求中，因此调换后的步骤不能纳入涉案专利权的保护范围，乐雪儿公司关于步骤调换后方案应适用捐献原则的主张得到支持。❶

8.4.2 侵权抗辩的常用理由

侵权抗辩是指被控侵权人为应对专利侵权纠纷的抗辩理由，依据北京市高级人民法院发布的《专利侵权判定指南（2017）》和司法实践的经验总结，常见的侵权抗辩理由主要有7种，被控侵权人需要结合案件的客观事实，灵活使用不同的抗辩理由或其组合，从而达到证明己方未构成专利侵权的目的。具体而言，主要包括以下几个方面。

8.4.2.1 现有技术抗辩

现有技术抗辩是指在专利侵权纠纷中被诉侵权人以其实施的技术属于现有技术为由，对抗专利侵权指控的抗辩事由。

根据《专利法》第67条规定：在专利侵权纠纷中，被诉侵权人有证据证明其实施的技术或者设计属于现有技术或者现有设计的，不构成侵犯专利权。此外，《最高人民法院关于审理侵犯专利权纠纷案件应用法律若干问题的解释》第14条指出，被诉落入专利权保护范围的全部技术特征，与一项现有技术方案中的相应技术特征相同或者无实质性差异的，人民法院应当认定被诉侵权人实施的技术属于《专利法》第67条规定的现有技术。即被诉侵权人落入专利保护的技术特征与现有技术相同或等同，则现有技术抗辩成立。一旦成立，法院可以径行认定不侵权，节约了诉讼程序（无须经过专利无效程序），缩短了诉讼期限，节约了司法成本。

值得注意的是，现有技术的比对规则与无效抗辩不同，不是将涉案专利与现有技术方案进行直接对比，也不是被诉侵权技术方案与现有技术直接对比，而是被诉落入专利权保护范围的技术特征与现有技术的直接对比。在盐城泽田机械有限公司与盐城市格瑞特机械有限公司侵犯实用新型专利权纠纷再审案中，❷ 关于盐城格瑞特机械有限公司的现有技术抗辩主张能否成立，双方当事人的争议主要在于：①被诉侵权产品中电磁阀与有杆活塞的连接方式是否被现有技术公开；②被诉侵权产品中电磁阀的具体

---

❶ 参见最高人民法院（2013）民提字第225号民事判决书。
❷ 参见最高人民法院（2012）民申字第18号民事裁定书。

结构是否被现有技术公开。根据涉案专利权利要求1，其中限定了电磁阀的连接方式，即"电磁阀的出口直接与有杆活塞的外端相连接"，但并未限定电磁阀的具体结构。电磁阀的具体结构与涉案专利权的保护范围无关，亦与现有技术抗辩能否成立无关。由于被诉侵权产品中的电磁阀与有杆活塞亦采取同样的连接方式，因此认定现有技术抗辩是否成立的关键，在于确定现有技术中是否公开了与上述连接方式相同或者等同的技术特征，而无需考虑被诉侵权产品中电磁阀的具体结构是否被现有技术公开。最高人民法院认为，尽管现有技术中公开的电磁阀包括三个部分，其具体结构与被诉侵权产品的电磁阀有明显差异，但是现有技术中已公开将电磁阀的出口与有杆活塞的外端直接相连接，因此，现有技术抗辩成立。

8.4.2.2 抵触申请抗辩

抵触申请抗辩在法理上来源于现有技术抗辩，根据北京市高级人民法院发布的《专利侵权判定指南（2017）》第142条的规定："抵触申请不属于现有技术，不能作为现有技术抗辩的理由。但是，被诉侵权人主张其实施的是属于抵触申请的专利的，可以参照本指南第137条或第139条关于现有技术抗辩的规定予以处理。"

依据该理论基础，抵触申请抗辩的对比可以参照现有技术抗辩进行处理，但抵触申请抗辩相比现有技术抗辩又有其独特之处。现有技术抗辩的理论基础在于，涉案专利的技术方案相对于现有技术不具有可专利性，可以用新颖性和创造性进行评价，与之对应的现有技术抗辩的认定标准为"相同或者无实质性差异"。抵触申请不属于现有技术，其理论基础仅在于抵触申请可以破坏涉案专利技术方案的新颖性，应采用与"新颖性评价"相对应的认定标准，即"同样的发明/实用新型/外观设计"。故在对比时应采用单独对比原则，将专利申请的各项权利要求分别与抵触申请单独进行比较，不得将其与抵触申请的组合，或者与一份抵触申请文件中的多项技术方案的组合进行对比。只有在被诉侵权技术方案的各项技术特征均已被抵触申请单独、完整地公开，相对于抵触申请不具备新颖性时，才可以认定抵触申请抗辩成立。可见，抵触申请抗辩比现有技术抗辩更为严格。❶

最高人民法院在乐雪儿公司与陈某弟、何某华、温某丹侵犯发明专利权纠纷中认可了被诉侵权人主张抵触申请抗辩的权利，❷ 乐雪儿公司用于主张现有技术抗辩的实用新型专利ZL200520015446.8的申请日虽早于涉案专利申请日，但授权公告日晚于涉案专利申请日，故不构成现有技术，但依法构成抵触申请。由于抵触申请能够破坏对比专利技术方案的新颖性，故在被诉侵权人以实施抵触申请中的技术方案主张其不构成专利侵权时，应该被允许，并可以参照现有技术抗辩的审查判断标准予以评判。抵触

---

❶ 专利侵权抗辩之"抵触申请"[EB/OL].（2019-03-24）[2019-11-22]. http://www.iprdaily.cn/article_21264.html.

❷ 参见最高人民法院（2013）民提字第225号民事判决书。

申请抗辩的司法实践可参照现有技术抗辩的审查判断标准进行，只要证明被控侵权技术属于抵触申请中的技术方案，抵触申请抗辩即可成立。

8.4.2.3　不侵权抗辩

不侵权抗辩是指以被诉侵权方案未落入专利保护范围为由，对抗专利权人的侵权指控。

《最高人民法院关于审理侵犯专利权纠纷案件应用法律若干问题的解释》第7条规定："人民法院判定被诉侵权技术方案是否落入专利权的保护范围，应当审查权利人主张的权利要求所记载的全部技术特征。被诉侵权技术方案包含与权利要求记载的全部技术特征相同或者等同的技术特征的，人民法院应当认定其落入专利权的保护范围；被诉侵权技术方案的技术特征与权利要求记载的全部技术特征相比，缺少权利要求记载的一个以上的技术特征，或者有一个以上技术特征不相同也不等同的，人民法院应当认定其没有落入专利权的保护范围。"

在张某田与石药欧意、石家庄制药集团华盛制药有限公司、石药集团中奇制药技术（石家庄）有限公司、吉林省玉顺堂药业有限公司侵犯发明专利权纠纷案中❶，该案的争议焦点之一在于石药欧意制造左旋氨氯地平的方法是否落入涉案专利权的保护范围。石药欧意提供了现场试验结果与欧意药业有限公司提交的备案工艺流程记录、生产记录，证明石药欧意使用2-丁酮和L-(+)-酒石酸为原料，能够实现对氨氯地平的拆分，制得左旋氨氯地平。与之相比较，涉案专利权利要求1系使用六氘代二甲基亚砜（DMSO-d6）以及D-酒石酸为原料，二者使用的原料既不相同也不等同，石药欧意制造左旋氨氯地平的方法未落入涉案专利权的保护范围。

不侵权抗辩一般是被控侵权人常用的抗辩理由，该理由需要被控侵权人认真拆解并分析涉案专利所保护的范围，以及自己抗辩不侵权时所能提供的证据。具体可参考专利侵权判定原则的相关内容。

8.4.2.4　合法来源抗辩

合法来源抗辩的法律依据来自《专利法》第77条的规定，为生产经营目的使用、许诺销售或者销售不知道是未经专利权人许可而制造并售出的专利侵权产品，能证明该产品合法来源的，不承担赔偿责任。

《最高人民法院关于审理侵犯专利权纠纷案件应用法律若干问题的解释（二）》第25条第1款的进一步规定："为生产经营目的使用、许诺销售或者销售不知道是未经专利权人许可而制造并售出的专利侵权产品，且举证证明该产品合法来源的，对于权利人请求停止上述使用、许诺销售、销售行为的主张，人民法院应予支持，但被诉侵权

---

❶　参见最高人民法院（2009）民提字第84号民事判决书。

产品的使用者举证证明其已支付该产品的合理对价的除外。"依照上述规定，合法来源抗辩的适用主体是侵权产品的使用者、许诺销售或者销售者，不适用专利侵权中的制造行为。

合法来源抗辩的使用需满足两个条件：主观上不知道侵权行为存在，客观上具有合法来源。上述两个条件相互独立，必须同时满足，如果被告明知是侵权产品，即使证明合法来源，也不构成合法来源抗辩。

《最高人民法院关于审理侵犯专利权纠纷案件应用法律若干问题的解释（二）》第25条第1款所称"不知道"，是指实际不知道且不应当知道。"不知道"是一种消极的主张，应由原告举证证明被告知道或应当知道其销售或使用的产品系侵权产品，否则应推定被告不知道且不应当知道其使用的产品属于侵权产品。所称合法来源，是指通过合法的销售渠道、通常的买卖合同等正常商业方式取得产品。❶ 对于合法来源，使用者、许诺销售者或者销售者应当提供符合交易习惯的相关证据。

合法来源抗辩的关键在于被诉侵权方证明侵权产品的获得来源合法，在广东雅洁五金有限公司与杨某忠、卢某仙侵害外观设计专利权纠纷案中❷，最高人民法院认为：首先，合法来源抗辩是法律赋予善意的侵权产品使用者、销售者的一种权利，根据"谁主张、谁举证"的一般举证责任分配原则，侵权产品的使用者、销售者在行使合法来源抗辩权时，应承担举证责任，其应该举出合法获取侵权产品的证据，如购货发票或收据，以及付款凭证等。其次，对于这种特殊情况下侵权产品使用者、销售者的举证责任，也应该与存在多个中间销售环节时侵权产品使用者、销售者的举证责任相一致。最后，这样分配举证责任，既可以规范流通环节的市场秩序，也可以防止侵权产品使用者、销售者与他人串通，以提供虚假合法来源证据的方式逃避赔偿责任。因此，侵权产品使用者、销售者与制造者就各自的行为应分别承担责任，不能因查明或认定侵权产品的制造者就当然认为被诉的使用者、销售者合法来源抗辩成立，免除其赔偿责任；也不能因为制造者承担了侵权责任，就免除不符合合法来源抗辩要件的使用者、销售者的赔偿责任。对于合法来源的证据应严格审查，需特别注重对证据的真实性、证明力，与侵权产品的关联性、同一性的审查。

在医药领域的知识产权诉讼中，专利权人往往会从销售商（药店）的角度着手选择利于己方的诉讼管辖地，一般会将侵权产品的销售商、使用者和生产商、制造商列为共同被告。而销售商和使用者只要能够证明其侵权产品来源合法，则仅承担侵权责任，即停止销售或使用侵权产品，而不需要承担赔偿责任。

---

❶ 专利侵权之合法来源有效抗辩［EB/OL］．（2019-06-11）［2019-11-22］．http：//www.iprdaily.cn/article_21921.html.
❷ 参见最高人民法院（2013）民提字第187号民事判决书。

8.4.2.5 权利用尽抗辩

权利用尽抗辩是指被诉侵权人主张被控侵权产品系由专利权人或者其被许可人售出的抗辩。

《专利法》第75条第（1）项规定：专利产品或者依照专利方法直接获得的产品，由专利权人或者经其许可的单位、个人售出后，使用、许诺销售、销售、进口该产品的，不视为侵犯专利权。

权利用尽抗辩适用的对象是已经被专利权人或其被许可人售出的专利产品，只要该专利产品已经被专利权人或其许可人售出，买受人对该售出的专利产品进行的再次销售、使用、进口行为不再被视为侵权行为。❶

专利权用尽原则是对专利权效力的必要限制，目的在于平衡专利权人和社会公众之间的利益关系。根据是否认可专利权人可以自由设置售后条件，可将权利用尽划分为相对用尽和绝对用尽。按照《专利法》第75条之规定，并未见"专利权人与买受人另有规定除外"等但书条款，因此，应该认为我国现行的专利权用尽制度一直为绝对用尽制度，专利权人并不能以销售合同或其他途径的公开声明对抗买受人的再次处分行为。至于专利权人与买受人之间的合同约定，应该按照合同及反垄断等法律法规进行具体判断。❷

8.4.2.6 专利权无效抗辩

专利权无效抗辩是指被诉侵权人提出的原告的专利权无效、其请求权没有法律效力、不应得到支持的抗辩。专利无效宣告程序属于"常规武器"，一旦无效成功，其法律后果是"专利权自始无效"，专利权被宣告无效后，专利权人的侵权诉讼就丧失了请求权基础，从而达到了釜底抽薪的效果。❸

我国实行侵权诉讼和专利无效的二元分立体制，受理侵权诉讼的法院只能就侵权成立与否进行审查，不能对专利权是否符合法定的授权条件（即专利权的效力）进行审查。专利权的效力由专利局复审和无效审理部负责审查。如果被诉侵权人在专利侵权诉讼程序中质疑专利权的效力，只能向专利局复审和无效审理部请求宣告专利权无效。

根据《专利法》第45条的规定："自国务院专利行政部门公告授予专利权之日起，任何单位或者个人认为该专利权的授予不符合本法有关规定的，可以请求专利复审委员会宣告该专利权无效。"根据《专利法实施细则》第69条第2款的规定："前款所称无效宣告请求的理由，是指被授予专利的发明创造不符合专利法第2条、第19条第1

---

❶ 于海东. 专利侵权诉讼中权利用尽抗辩及其司法适用 [J]. 中国发明与专利，2017，9：112-115.
❷ 专利权利用尽再认识：美国最高法院 Lexmark 墨盒案引发的思考 [EB/OL]. (2017-06-06) [2019-11-30]. http://www.iprdaily.cn/article_16464.html.
❸ 杨铁军. 企业专利工作实务手册 [M]. 北京：知识产权出版社，2013.

款、第 22 条、第 23 条、第 26 条第 3 款、第 26 条第 4 款、第 27 条第 2 款、第 33 条或者本细则第 11 条、第 23 条第 2 款、第 49 条第 1 款的规定，或者属于专利法第 5 条、第 25 条规定的情形，或者依照专利法第 9 条规定不能取得专利权。"在上述无效理由中，常用的理由为《专利法》第 22 条第 2 款（权利要求缺乏新颖性）、第 22 条第 2 款（权利要求缺乏创造性）、第 26 条第 3 款（说明书公开不充分）、第 26 条第 4 款（权利要求得不到说明书的不支持）以及第 33 条（修改超范围）。

在美国礼来公司诉江苏豪森药业吉西他滨专利侵权案❶、上海宣创生物科技有限公司诉恒瑞医药阿帕替尼专利侵权案中，均可以看到专利无效宣告策略对侵权诉讼的强有力支持作用。

同时，《最高人民法院关于审理侵犯专利权纠纷案件应用法律若干问题的解释（二）》设计了"先行裁驳、另行起诉"的制度，其第 2 条规定"权利人在专利侵权诉讼中主张的权利要求被专利复审委员会宣告无效的，审理侵犯专利权纠纷案件的人民法院可以裁定驳回权利人基于该无效权利要求的起诉。有证据证明宣告上述权利要求无效的决定被生效的行政判决撤销的，权利人可以另行起诉。专利权人另行起诉的，诉讼时效期间从本条第二款所称行政判决书送达之日起计算。"也就是说，专利局复审和无效审理部作出无效宣告决定后，审理专利侵权纠纷案件的法院可以裁定"驳回起诉"，无须等待行政诉讼的最终结果，并通过"另行起诉"给权利人以司法救济途径。该规定只是从程序上裁定驳回起诉，而非实体上判决驳回诉讼请求，如果无效决定被行政裁判终审推翻，权利人仍可另行起诉。

8.4.2.7 不视为侵权

《专利法》第 75 条规定了不视为侵权的 5 种情形，其中涉及医药领域的情形主要是第（5）项：为提供行政审批所需要的信息，制造、使用、进口专利药品或者专利医疗器械的，以及专门为其制造、进口专利药品或者专利医疗器械的行为不视为专利侵权，即我国的"Bolar 例外条款"。

Bolar 例外又称 Bolar 豁免，是指在专利法中对药品专利到期前他人未经专利权人的同意而进口、制造、使用专利药品进行试验，以获取药品管理部门所要求的数据等信息的行为视为不侵犯专利权的例外规定。Bolar 例外源于美国联邦巡回上诉法院在 1984 年对 *Roche vs Bolar* 案的判决，Bolar 作为仿制药公司，在专利到期前从国外进口了少量专利药品，进行了稳定性等试验研究，于是罗氏公司发起了侵权诉讼。虽然该案最终被判定侵权，但是推动美国专利法 Bolar 例外条款的确立。

日本三共株式会社（以下简称"日本三共公司"）诉北京万生药业有限公司（以下简称"北京万生公司"）案被称为中国 Bolar 例外第一案。日本三共公司拥有奥美沙

---

❶ 参见最高人民法院（2009）民三终字第 6 号民事判决书。

坦酯片的专利权（ZL97126347.7），在其专利权到期前，日本三共公司发现包括北京万生公司在内的十多家企业都向国家药品监督管理部门申请了新药的临床试验申请。于是，日本三共公司向北京市第二中级人民法院起诉北京万生公司侵犯其专利权。北京市第二中级人民法院审理后认为，虽然北京万生公司为了进行临床试验和申请生产许可的目的，使用了涉案专利方法制造了涉案药品，但被告北京万生公司的制造行为是为了满足国家相关部门对药品注册行政审批的需要，并不是直接以销售为目的，不属于专利法规定的为生产经营的目的而实施专利的行为。虽然法院最终判定被告不构成侵权，但其判决理由也引起一定的争议，即仿制药向药品行政部门进行申报与审批的目的是否如法院所认定的"不是直接以销售为目的"，但是在中国彼时尚未引入 Bolar 例外制度时，该判决也体现了司法审判公平、合理的价值取向，合理平衡了仿制药与创新药之间的利益，为了明确相应政策与司法适用依据，我国在《专利法》（2008 年）中正式引入了 Bolar 例外条款。关于该条款的进一步解读，可参考本章第 8.8.4 节。

8.4.3　关于内部证据与外部证据

专利诉讼是一种比较专业且有特色的诉讼类别，由于专利权的依据是专利授权的文本和对应的权利要求，而发明专利在授权之前还需要经过实质审查，一般申请人需要对原始申请文件进行修改，并陈述专利应当被授权的理由之后，才会获得授权。因此，专利不同阶段的文本、审查意见的陈述都属于法律文件。《专利法》第 64 条第 1 款规定，发明或者实用新型专利权的保护范围以其权利要求的内容为准，说明书及附图可以用于解释权利要求。由此可见，专利文本对专利保护范围的确定具有重要作用。

《最高人民法院关于审理侵犯专利权纠纷案件应用法律若干问题的解释》第 3 条规定："人民法院对于权利要求，可以运用说明书及附图、权利要求书中的相关权利要求、专利审查档案进行解释。说明书对权利要求用语有特别界定的，从其特别界定。以上述方法仍不能明确权利要求含义的，可以结合工具书、教科书等公知文献以及本领域普通技术人员的通常理解进行解释。"上述规定其实是对通过内部证据和外部证据来解释权利要求保护范围进行了明确。所谓内部证据，是指专利文献本身，包括专利说明书及附图、权利要求书、专利审查档案。这些证据是在专利申请过程中形成的，代表发明人最原始和最真实的意思表示，应当优先被用于界定专利权的保护范围。由于专利技术往往是前沿的技术领域，在专利申请时如果没有合适的术语来表达其技术方案，或者有必要用一个现有的词来赋予新的特别含义。根据"发明人是其术语的词典编纂者"的原则，说明书对术语的特别界定，可以获得不同于其普通含义的特别含义，这既是消除各方争议的一个手段，也是对专利保护范围的一个有力限制。只有当内部证据不足以解释权利要求时，才可以把眼光投向外部，寻求外部证据的支持。❶ 所谓外部证据，是指工具书、教科书等公知文献以及本领域普通技术人员的通常理解。相对于内部证据，这些证据离专利技术更远，更为间接，只是一种对内部证据的补充，是对内部证据不足以解释权利要求时的补充，如果内部证据足够清晰界定权利要求的含义，就不允许使用外部证据。

在邱某有与山东鲁班建设集团总公司侵犯专利权纠纷案中❷，最高人民法院认为，母案申请构成分案申请的特殊的专利审查档案，在确定分案申请授权专利的权利要求保护范围时，超出母案申请公开范围的内容不能作为解释分案申请授权专利的权利要求的依据。❸

8.5 律师选聘与管理

医药行业的知识产权诉讼具有技术性强、诉讼周期长、对企业利益影响重大的特点，在发起和应对诉讼时，应当给予足够的重视，并提供充分的内部与外部资源进行支持。医药企业是诉讼的当事人，也是利益的直接相关方，因此，企业自身应当对诉讼准备和应对给予充分重视。随着近年来国内医药行业的快速发展、药品审评政策的改革，以及原研药与仿制药冲突的加剧，医药企业之间的知识产权诉讼必将成为常态，尤其是药品专利纠纷早期解决机制已落地施行。下面将具体从企业内部的角度与外聘律师的角度进一步阐释。

8.5.1 内部管理

内部管理是诉讼管理的基础，主要包括以下两个方面。

8.5.1.1 信息反馈机制

无论是诉讼的发起，还是诉讼的应对，企业内部必须有通畅的信息反馈渠道，以确保企业能够及时、有效地处理法律纠纷和投诉。例如发现侵权行为并向企业法务部或其他管理部门反馈的渠道，收到律师函、法务函或法院传票向法务部或管理层反馈的渠道等应当建立并且通畅，以保障及时发现问题。如果渠道不通畅，就可能导致市场上出现侵权行为，权利人却没有发现，或者法院的传票已经通知参与庭审和时间节点，企业管理层或法务部门却没有收到相应信息，结果出现没有人参加诉讼，或者信息传递到相应部门后已临近开庭，丧失了充分准备诉讼应对的时机。

---

❶ 刘永沛.《最高人民法院关于审理侵犯专利权纠纷案件应用法律若干问题的解释》解读 [J]. 今日财富（中国知识产权），2020，2：70-72.
❷ 参见最高人民法院（2011）民申字第1309号民事裁定书。
❸ 最高人民法院. 最高人民法院知识产权案件年度报告（2011）[N]. 人民法院报，2012-04-20（2）.

此外，为了避免法院或其他主管机关重要文件出现误签、遗失、积压等风险，尤其是针对法院的来文文件，应当建立专门的来文管理机制，确保信息反馈的及时性。

8.5.1.2 团队建设与管理

如上所述，医药知识产权诉讼具有较强的专业性，企业内部负责相应事项的人员应当充分考虑其专业水平与处理类似事务的经验，避免处理不当或策略失误导致诉讼失利。一般而言，内部处理知识产权诉讼应当是法务部与知识产权部协作完成，无论是知识产权部还是法务部来主导相应诉讼，主要负责人员或者团队成员最好具有医药与知识产权的双重背景，从而确保内部对相应工作的处理与应对具有专业性与准确性。

8.5.2 律所管理与律师选聘

值得注意的是，虽然内部团队对知识产权诉讼的管理与应对具有至关重要的作用，但具体的诉讼工作建议还是选聘专业律所和/或专业律师完成。原因在于：一方面，律师对不同客户、案件与庭审活动的见识面可能更广，可以为案件的处理带来新思路或策略上的补充；另一方面，律师往往可以有更多的自由时间来处理案件的具体工作，例如外出取证等；此外，根据《中华人民共和国律师法》的规定，律师在诉讼中的权限要大于作为企业代表的员工。

在律所的管理上，对曾经合作过的律所、正在合作的律所和他人推荐等途径接触到的律所，可以把它们的名称、地址、曾代理业务、主要律师时薪、优点、缺点和律所的专长及其他特点制作表格。根据相应诉讼的特点，对律所进行对比和筛选。同时，对涉及选用诉讼发生地的当地律所提出要求，这方面主要涉及费用的要求。

然而，在医药知识产权诉讼领域，律所和/或律师的选聘同样具有非常高的标准与要求，律师水平的高低甚至会直接决定案件的结果。一般建议代理律师应具有医药技术与知识产权法的双重背景，他们通常具备丰富的专利法律知识和实践经验，能够提供专业的专利诉讼服务。相应律师应当具备类似案件的代理经验，并且在类似诉讼中拥有较好的专业处理表现和行业口碑。此外，可以从诉讼数据库或者国家知识产权局专利局复审和无效审理部的相关网站查询重大案件的代理律师，或者统计相关行业代理律师的案件代理量以及案件结果，从而为选定自己的代理律师提供参考依据。

8.5.3 律师合作与沟通的技巧

一般而言，委托一位经验丰富、负责任的代理律师就意味着案件后续处理的专业性基本能够得到保障。

（1）合理把握"说与不说"。作为委托方的企业需要及时、准确地将自己的委托目的、已掌握的信息、客观事实等及时与代理律师进行沟通，便于其工作能够有的放矢。当然，因为企业内部与诉讼相关的项目也可能存在独特的研发策略、技术秘密、商业秘密等信息，如果相应信息对律师顺利完成诉讼没有影响，一般应避免透露给律师，避免因各种有意或无意的原因导致律师泄密。

（2）合理分工，相互协作。因为不同企业知识产权团队的专业水平不同，在专利挑战或诉讼中委托律师的目的不同，有的只是希望律师在取证或者程序方面提供协助，而以企业知识产权团队的诉讼参与为主。而大部分的企业则是希望律师能够起到更全面、更专业的支持，企业知识产权团队则是协助外部律师达成诉讼目的。对应大部分情况而言，企业知识产权团队的工作职责主要是介绍企业的客观情况、传递决策层对诉讼的目的与策略考虑，协助律师收集证据，而外部律师则主要是结合企业的客观情况以及诉讼目的，提供专业分析意见、提出诉讼策略建议、指引证据收集方向、制定诉讼规划等。

（3）审慎沟通，避免影响律师专业发挥。企业作为发出委托的甲方，一方面应当在以目标为导向的前提下，与律师保持紧密的协作与沟通，确保诉讼达到理想的结果；另一方面也应尽量尊重和考虑律师的专业意见，企业知识产权人员应尽量避免过多干扰律师的诉讼思路或工作规划，避免律师因忌惮企业知识产权的甲方地位，而不得不在专业或诉讼策略方面屈从于企业，从而影响其专业发挥。如果双方确有不同的工作思路或策略，相应的思路或策略可能会对诉讼结果有关键影响时，企业知识产权人员应结合企业内部情况与律师的专业意见，综合考虑后再决定提出赞成或反对意见，引导并协助律师顺利完成诉讼委托，并达到预定目标。

8.5.4　诉讼费用管理

诉讼费用一般包括律师费、取证相关费用、技术鉴定费用、差旅费、法院诉讼费、专利官费等。律师费的收费模式一般为包干费或风险代理费，包干费一般按照不同的诉讼阶段一次性定额付费，律师或专利代理师的收费标准可以参考律师协会或代理师协会的指导标准。风险代理费则是委托方在初始阶段仅支付基本的诉讼成本，如果诉讼达到理想的结果或预设的委托目标后，律师收取相应的代理费，而如果没有达到预设目标，则委托方一般仅支付律师基本的诉讼成本，如果达到预设目标，此类收费金额一般会高于包干费用。目前国内知识产权诉讼的律师支出与国外相比有很大差距，一般不会对企业造成过大的成本负担，虽然资深、有经验的律师收费会相对较高，但建议不要因为律师费的较小差异而牺牲专业考虑，从而很可能影响己方的诉讼目的的实现。

此外，在侵权民事诉讼中，法院的诉讼费是根据涉案的诉讼金额计算的，作为起诉方，主张的赔偿金额将决定诉讼费用的高低，需要结合案件胜诉预期、客观证据等多方面合理确定诉讼金额。同时，在诉讼进行过程中，撤诉也可以退回一半诉讼费，因此，基于双方和解或者其他原因适时终止诉讼也可以减少诉讼费和律师费的支出。

在涉及海外诉讼的费用管理问题上，首先，在上述律所管理的基础上，针对不同项目，选择性价比较高的律所和其律师、律师助理，海外诉讼律师通常是按时薪收费，因此，把时薪谈到一个可接收的价格显得非常关键。对于一些比较简单或可以预见工作量的事情（如不侵权分析、准备挑战书、代理谈判和解等），可以约定一个"打包价"或"封顶价"；即使预见性不是很高的诉讼，对于诉讼的每个阶段和整个过程也可以约定一个"封顶价"，如果超出约定价则按"封顶价"收取。

其次，海外诉讼过程的费用管理，可以诉讼流程为主，控制各环节的费用。要严格把控支出费用较大的环节（如证据开示、口证、庭审）。平时的工作中，可以要求律师把一些技术含量不高的工作由时薪较低的助理来完成，如果某项工作会产生较大费用，需要提前通知企业方，并获得同意。

再次，严格审核海外诉讼的费用账单。企业方可以要求律所按照规定的格式出账单以方便企业内部对其审核，企业提供特定的格式模板或要求账单内容包括规定信息，如项目名称、工作日期、工作内容、用时多少；要是涉及额外的第三方费用，需要提供发票等依据；还应审核该第三方支出是否必要，如取证资料的托管是否可以不再需要，律师来访或因项目出差等费用是否必需。因为律师是按工作时间收费的，也许没有办法定量一项工作是花了1小时还是50分钟；但可以审查工作时间对于工作内容是否合理，如果明显超出正常工作需要的时间，要及时提出问题和沟通。只有让律所意识到企业对于账单内容的严格审核，律所才会对账单内容更加谨慎和重视。

最后，对于一些被告比较多的案子，还可以选择加入被告联盟（Joint Defense Group），通过资源共享来节省诉讼费用。例如，多个被告分摊专利无效检索和分析的费用，在马克曼程序中，哪个被告主要负责哪些关键词的解释，以及对原研方证据在第三方平台的保存费用的分摊。

目前，欧洲、日本、韩国等国家和地区的专利诉讼相对比较少，这也是由市场因素所决定，美国专利诉讼在海外专利诉讼中具有参考意义。

作为原研方，起诉、和解以及采用什么样的诉讼策略，通常是以其自身的利益为出发点，根据市场份额、诉讼投入和收益等因素考虑。中国医药企业，更多是作为被告方出现在美国专利诉讼中，说明现阶段的中国医药企业还不够成熟，尚未具备作为原研方的条件，但随着近年来中国医药的快速发展，创新药引领中国医药企业"出海"新风潮，中国医药企业也慢慢开始作为原研方和原告。例如百济神州（北京）生物科技有限公司在美国新泽西州联邦法院对一些当地药企的泽布替尼仿制药提起专利侵权诉讼。

8.6 诉讼流程与管理

诉讼流程是指常见知识产权诉讼在前期准备、诉讼进展和获得判决结果的处理过程。无论是发起诉讼还是应对诉讼，都需要对诉讼需要经历的流程有较为全面的了解，从全局角度把控和预判诉讼过程以及结果,从而为合理管控诉讼,达到预期的诉讼结果奠定基础。下面将从原告与被告的角度简要介绍诉讼可能涉及的关键环节与流程。

8.6.1 原告的诉讼准备与主要流程

作为诉讼的发起方,原告需要准备和参与的主要流程包括以下七个方面。

(1) 发现侵权行为。侵权行为的发现是诉讼发起的基础,也是原告维护自身知识产权的基本需要。对于拥有自主知识产权的企业,应当建立一定的知识产权侵权发现机制,能够及时发现市场上的知识产权侵权行为,从而尽快启动相应的维权活动。对于医药领域而言,化合物和医药用途专利的侵权非常容易识别,对药物晶型、药物制剂专利的侵权可能需要借助反向工程和技术鉴定等手段进行识别,对于工艺专利的侵权,因为相应产品可能存在多种反应路线,而反应路线的应用情况取证又比较困难,往往难以识别侵权行为的存在。

(2) 选聘律师,启动侵权证据和受损害证据的搜集工作。当发现侵权行为后,如果企业内部有专业的知识产权工程师,可以启动初步的证据搜集和准备工作,知识产权诉讼的证据主要涉及对方侵权和主张损害赔偿额度的证据,例如侵权产品、网站宣传、产品宣传册等侵权证据,以及销售合同、购销发票等损害赔偿证据。如果没有内部专业人员,则建议尽快委聘专业律师启动相应工作,即便有内部知识产权工程师,也建议在完成初步工作后尽快委聘外部律师,因为外聘律师在时间精力、自由度及取证权限等方面皆优于内部人员,通过内外协作可以确保证据搜集工作更加高效、专业,从而精准地获得能够有效支撑己方诉由的证据。另外,需要注意的是,在侵权取证时也需要考虑时机和技巧,避免取证不当导致打草惊蛇,侵权人提前销毁证据,导致后续律师或诉讼阶段取证不利。

(3) 评估权利稳定性,确立诉讼目的与诉讼策略。当掌握充分的证据之后,原告需要结合自己的诉讼目的,选择相应的诉讼策略。例如在诉讼发起前,首先需要对拟行权的专利权进行权利稳定性评估,并进行侵权技术方案与专利权保护范围的比对,从而对诉讼成功的可能性进行合理的预估。同时,在起诉之前还需要明确对管辖法院、被告、诉由、赔偿额度、保全与临时禁令的选择,诉讼策略的恰当与否有时会直接影响诉讼结果,进而决定自己的诉讼目的能否实现。因此,诉讼目的一般是由企业结合自身的生产经营需要来制定,而诉讼策略一般是基于诉讼目的的考虑,由律师与企业协商确定。

(4) 撰写起诉状,提供侵权比对列表,提起诉讼并获受理。当前述证据搜集、策略规划等准备工作就绪后,就可以委聘律师向法院提交诉讼材料进行立案,由法院受理后,正式启动了法院阶段的诉讼程序。在专利侵权诉讼中,原告一般应当结合专利权的保护范围,将侵权产品或方法与涉案专利进行特征比对,从而证明涉案产品或方法落入专利保护范围,进而构成专利侵权。

(5) 双方证据交换。法院受理原告的起诉后,应当向被告送达应诉通知,并将原告的起诉状和证据转寄给被告,告知被告答辩时间,双方应在法庭指定的时间内完成举证和证据交换。根据《民事诉讼法》的相关规定,在案件受理后,法庭辩论结束前,原告可以增加或变更诉讼请求。同时,在证据方面,根据《民事诉讼法》第 142 条规定的"当事人在法庭上可以提出新的证据",即如果能够证明属于"新的证据",则在举证期限届满后仍可以提出。因此,原告在起诉时可以仅列明主要诉由、诉讼请求与关键证据,详细的诉由可以在庭审时进一步阐明,然而,法院也不鼓励对合议庭和被告进行证据突袭,诉由和证据的延迟提供应该把握度,如果过度,可能导致相应证据不被质证或者不被法院接纳,该策略的使用一般应结合具体情况,由律师提供专业建议。此外,随着中国药品专利纠纷早期解决机制的深入实施,在药品申报阶段双方针对登记专利是否侵权的论证诉讼中,原研药可以要求仿制药提供侵权比对的基本资料,从而作为是否侵权的判断基础,仿制药也需要对此提供必要的协助,这也是中国药品专利侵权诉讼证据来源的重要变化,无论原研药和仿制药都需要重视和用好这个阶段的证据交换。例如在(2022)最高法知民终 905 号判决中,最高人民法院认为,关于仿制药技术方案是否落入专利权利要求保护范围的判断,原则上应当以仿制药申请人的申报资料为依据比对评判;经比对,温州海鹤药业有限公司涉案仿制药技术方案未落入专利权利要求保护范围,不构成侵权。

(6) 庭审与获得判决。庭审的准备一般由委聘律师主导,企业内部知识产权团队统筹协作,必要时可以作为公司委托代理人上庭参加诉讼。需要注意的是,作为原告必须按时参加法院的庭审,《民事诉讼法》第 146 条规定:"原告经传票传唤,无正当理由拒不到庭的,或者未经法庭许可中途退庭的,可以按撤诉处理。"这一规定旨在确保庭审的严肃性和效率性,避免因原告的缺席或中途退庭而导致庭审无法顺利进行。原告应当充分重视庭审程序,按照法庭的要求准时出席庭审,并在庭审过程中保持参与。如果确实因为特殊情况无法出席或需要中途退庭,应当及时向法庭申请并获得许可,以避免违反规定而损害自身的诉讼权益。

(7) 上诉与执行。如果对法院的判决结果不服,任何一方当事人均可以向上一级人民法院提起上诉。例如对北京知识产权法院的民事侵权诉讼或行政诉讼一审判决不服的,可以向最高人民法院知识产权审判庭提出上诉。如果判决生效,则双方将面临判决的执行问题,例如停止侵权是否得以执行、损害赔偿是否已支付等。

8.6.2 被告的诉讼应对与主要流程

与原告发起诉讼的流程相对应,当被告收到法院的传票之后,可能主要经历以下流程。

(1) 收到侵权指控与原告提交到法院的证据材料。当收到上述材料之后,企业应当积极应对,不应置之不理,更不可拒绝参加诉讼。根据《民事诉讼法》第 147 条规定:"被告经传票传唤,无正当理由拒不到庭的,或者未经法庭许可中途退庭的,可以缺席判决。"这一规定确保了在特定情况下,即使被告不出庭,法院也能根据现有证据和法律规定作出判决,从而保障诉讼程序的顺利进行和法律正义的实现。因此,面临侵权指控时,逃避面对并非能够逃避侵权责任的承担。

(2) 客观分析原告的侵权指控。收到侵权指控后,被告应冷静应对,客观分析原告的诉讼理由和侵权指控是否成立,同时可以尽快启动原告专利权的权利稳定性分析,做好提起专利无效宣告的准备。被告首先应当明确原告专利的法律状态、权属状态和权利保护范围,如果涉案专利确实正常有效,且对原告的起诉权利没有异议,则应尽快将自己的产品或方法与原告的专利权保护范围进行特征比对,进而明确自己是否构成字面侵权或等同侵权。对客观是否构成侵权的判断以及原告专利权利稳定性的分析,将会对诉讼策略的选择产生重大影响,因此被告应当谨慎对待,并及时委聘专利律师参与诉讼应对。

(3) 委聘律师。如上所述,在客观分析侵权行为是否成立,以及专利权利是否稳定时往往需要专业的评估,因此,在相应工作启动前委聘律师参与诉讼往往能够更为从容、专业地处理后续程序,便于制定合理的诉讼策略。

(4) 确定抗辩理由、搜集反证或专利无效证据,提交答辩状或专利无效宣告请求。被告应当结合客观的侵权分析和专利稳定性分析结果来确定抗辩理由,常见的侵权抗辩理由可以参考本章前文的介绍,根据搜集的证据准备答辩状或专利无效宣告请求书。答辩状是被告(人)、被反诉人、被上诉人、被申请(诉)人针对起诉状、反诉状、上诉状、再审申请(诉)书的内容,在法定期限内根据事实和法律进行回答和辩驳的文书。专利权无效宣告请求书是指要求有权机关宣告专利权无效的法律文书。在我国,提交无效宣告请求书是启动无效宣告程序的前提条件,没有无效宣告请求书的,就不能启动无效宣告程序和宣告专利权无效。

如果被告准备对原告的专利权提出无效宣告请求,一般可以向法院提出中止审理民事侵权诉讼。《最高人民法院关于审理专利纠纷案件适用法律问题的若干规定》第9条规定:"人民法院受理的侵犯实用新型、外观设计专利权纠纷案件,被告在答辩期间内请求宣告该项专利权无效的,人民法院应当中止诉讼。"其第11条规定:"人民法院受理的侵犯发明专利权纠纷案件或者经专利复审委员会审查维持专利权的侵犯实用新型、外观设计专利权纠纷案件,被告在答辩期间内请求宣告该项专利权无效的,人民法院可以不中止诉讼。"因此,结合相关司法解释,要想法院中止诉讼,必须在答辩期间提出专利无效宣告请求,且应当将无效宣告请求的受理通知书提交给民事侵权诉讼的受理法院,书面申请中止审理。

(5) 庭审抗辩或专利无效工作的启动。该阶段被告一般结合此前对自己行为是否构成侵权的客观判定、专利权利稳定性的评估等准备工作去参加法庭调查,阐明不侵权事实或者对侵权危害及赔偿请求不合理的抗辩应对过程。若被告基于对方专利权不稳定，或者侵权事实的确客观存在难以辩驳的情形，在应对侵权诉讼的同时可提出专利无效挑战，直接清除对方的诉讼请求权基础，并据此申请法院中止审理民事侵权诉讼，从而集中精力全力挑战专利权的有效性，努力实现釜底抽薪，解除侵权危机的目的。

（6）获取判决、执行与上诉。该阶段由被告结合诉讼结果以及事实和证据情况，客观评估判决结果的可接受性，如果不服或者有新的证据，可以向上一级人民法院提出上诉，如果对终审判决不服，还可以向最高人民法院申请再审。

8.6.3　关于诉讼的和解

在诉讼发起后，双方当事人都可能结合一定的事实与证据情况，根据自己的诉讼目的与诉讼策略，决定是否与对方当事人进行和解，从而终结诉讼。在美国医药领域的专利诉讼中，虽然基于 Hatch – Waxman 法案会产生诸多的专利诉讼，但是有70%以上的诉讼是以和解结案，20%通过程序性决议解决，其余10%以原告或被告胜诉而终结。❶ 与之不同的是，我国国内医药领域的知识产权诉讼很少以和解结案，这可能与此前国内医药行业的政策和法律环境有一定关联。例如，在中国开展药品集采制度之前，对于原研药企业来说，即便核心专利过期或者被宣告无效，已有多家仿制药上市的情况下，原研药的"专利悬崖"在中国却迟迟不会出现。在没有专利护航的情况下，进口药往往还可以继续享受超国民待遇，没有产品招投标的压力，在不大幅降价的情况下依然可以常年保持较高的市场占有率。在这种情况下，原研药与仿制药企业就专利侵权诉讼或者专利无效纠纷进行和解的动力往往不强。另外，国内知识产权诉讼所需要耗费的律师费用往往还不及美国的1/10，原研药企业在中国没有诉讼费用的负担，而且可以借诉讼对仿制药起到一定的干扰、威吓和拖延的作用。国内企业有时候在进行专利诉讼时，可能没有客观制定诉讼目标和策略，仅仅为了维护公司的声誉，为了争一口气而坚持将专利诉讼进行到底。

实际上，和解往往是一种能够让双方获益的平衡结果。随着国家药品集中采购制度的快速推进，原研药企业的超国民待遇荡然无存，无论原研药企业还是仿制药企业均面临空前激烈的竞争与发展压力。如果在专利诉讼中能够基于双方的合理利益进行沟通，在不违背《反垄断法》的前提下，寻找双方的利益平衡点，以最小的代价实现诉讼结果的双赢，也许是未来医药领域知识产权诉讼可以考虑的一个解决途径。当前，在国内专利挑战异常激烈的情形下，已经出现了一些具有代表意义的和解案例，例如诺华公司的抗心衰重磅药物 Entresto（LCZ696）在国内的专利被众多医药企业挑战，同时有多家与其达成了和解。

---

❶ Lex Machina 2018 美国专利诉讼报告［EB/OL］．（2019 – 03 – 20）［2019 – 11 – 30］．https：//worldip. en/index. php?m = content&c = index&a = show&catid = 66&id = 257.

8.6.4 行为保全

由于药品是一种特殊的商品,其研发往往需要投入较多的费用,即便研发申报一种仿制药也可能需要上千万元的资金投入,上市之后又往往会牵扯较大的经济利益,也会因为事关患者身体健康和用药可及性,从而影响广泛的社会利益。因此,对于医药领域知识产权诉讼纠纷过程中行为保全的应用,往往影响的利益会比较重大。此外,近年来在医药领域有关商业秘密的纠纷也不断增加,行为保全也在相应诉讼中起到了比较快捷和直接的作用,例如2014年1月8日,诺华公司向上海市第一中级人民法院递交诉请行为保全申请,诉称前员工贺某离职后仍大量访问并复制公司众多保密信息和文档。经审查,上海市第一中级人民法院作出裁定,要求贺某"在本院作出进一步裁判前,不得披露、使用或允许他人使用'商业秘密文件列表'所列的879个文件(包括文件名本身)"。

保全通常指财产保全、证据保全和行为保全,关于财产保全与证据保全与普通民事诉讼具有较大的相似性,此处不再赘述。医药领域的证据保全案例可以参考山德士(中国)制药有限公司与北京汇康博源医药科技有限公司申请诉前证据保全案的诉讼过程。❶ 行为保全与财产保全、证据保全有本质区别,其实质上是对生效裁判的提前强制执行,是申请人权利的提前救济。知识产权纠纷中的行为保全,更多的是"责令禁止被申请人作出一定行为",即所谓的"禁令"。❷ 由于知识产权纠纷案件大多比较疑难、复杂,审理周期较一般民事案件更长。即使权利人能通过诉讼或仲裁挽回一定的经济损失,但市场竞争力和商誉也无法在短时间内得到恢复。因此,在生效法律文书作出前即对争议对方作出禁令,是很多知识产权纠纷中原告在诉讼开始希望实现的目标之一。据不完全统计,2013~2017年,全国法院分别受理知识产权诉前停止侵权157件和诉中停止侵权案件75件,裁定支持率分别为98.5%和64.8%。❸

由于医药领域的行为保全往往会牵扯较大的经济利益和社会利益,同时也是诉讼中较为常见的一种情况,其适用条件和司法应用的趋势也一直得到行业普遍关注。近年来也有多个医药领域的知识产权纠纷签发了行为保全的裁定,例如北京市第二中级人民法院就诺华公司与正大天晴就"胃肠基质肿瘤的治疗"医药用途专利侵权纠纷案作出了诉中禁令的行为保全裁定。

由于行为保全涉及的利益关系重大,为了明确标准,最高人民法院于2018年11月26日通过了《最高人民法院关于审查知识产权纠纷行为保全案件适用法律若干问题的

---

❶ 参见北京知识产权法院(2017)京73证保第2号民事判决书。
❷ 最高人民法院. 完善行为保全制度有效保护知识产权最高人民法院知产庭负责人就审查知识产权纠纷行为保全案件适用法律相关问题答记者问[EB/OL]. (2018-12-13) [2019-11-30]. http://www.court.gov.cn/zixun-xiangqing-135621.html.
❸ 最高法:拟出台规定明确知识产权诉前行为保全效力期限[EB/OL]. (2018-11-27) [2019-11-30]. https://news.sina.com.cn/c/2018-11-27-doc-ihpevhem0306525.shtml.

规定》，其中对申请行为保全的主体、条件要求、担保要求以及司法机关的处理程序等都作了具体的规定，该司法解释对行为保全的适用具有非常强的指导意义。

另外，需要注意的是，虽然行为保全能够起到快速制止竞争对手侵权行为的目的，但行为保全是一把双刃剑，使用这个武器的时候自己也同样会面临相应的法律风险。如果最终保全申请人的诉讼请求没有获得支持，则意味着该保全申请有错误，根据《民事诉讼法》第108条规定，则申请人应当赔偿被申请人因保全所遭受的损失。同时，根据现有案例表明，如果专利权被宣告无效，由此申请的行为保全对被申请人造成了损失，则行为保全的申请人需要承担赔偿责任。例如许某有与江苏拜特进出口贸易有限公司、江苏省淮安市康拜特地毯有限公司与知识产权有关的损害赔偿纠纷案中❶，法院查明：许某有以拜特进出口贸易有限公司等侵犯其"地毯（竹）"外观设计专利权为由申请行为保全，南京市中级人民法院裁定拜特公司等立即停止生产、销售与许某有专利相同或相近似的产品后，国家知识产权局宣告该专利全部无效，并经北京市高级人民法院终审维持后，江苏省高级人民法院终审判决许某有败诉，拜特进出口贸易有限公司等提起保全错误损害赔偿之诉。许某有辩称：在提起诉讼时，其专利权曾两次被提起无效宣告申请，最终均被维持有效，其不可能预见败诉。江苏省高级人民法院认为："专利的稳定性具有一定的相对性，一项有效的专利权随时都存在被宣告无效的可能。作为专利权人，许某有对此应当是明知的。法律规定申请人在申请行为保全时应当提供担保，申请人对其申请保全的风险也应当是明知的。许某有关于其申请没有过错因而不应承担相应赔偿责任的主张没有法律依据。"在该案中，江苏省高级人民法院明确认定申请人提出的无过错抗辩没有法律依据，事实上还是无过错责任。该案件被载入最高人民法院公报，具有一定的典型性。❷

因此，行为保全是知识产权诉讼中能够快速起效的一种策略方法，但是也需要考虑其双刃剑的特点，充分评估自己的专利权利稳定性以及诉讼策略之后，再考虑是否向法院申请保全。

8.6.5 赔偿损失的计算

一般来说，知识产权案件损害赔偿的计算方法主要有以下4种：①按照权利人因侵权行为所遭受的实际损失计算，例如因侵权产品的销售导致专利权人专利产品销售量下降的数量为 $X1$，每件专利产品的利润为 Y，则损失金额 $M = X1 \times Y$；②如果权利人的实际损失难以确定，可以按照侵权人因侵权所获的利益来确定，$M = X2$（侵权产品销量）$\times Y$（侵权产品所获利润）；③当权利人实际遭受的损失和侵权人所获利润均难以确定时，还可以商标或专利许可使用费的倍数作为确定侵权损赔偿的依据；④如果

---

❶ 参见江苏省高级人民法院（2008）苏民三终字第71号民事判决书。
❷ 蒋强谈禁令（十）：保全错误损害赔偿之诉（终篇）[EB/OL]．（2017 - 03 - 21）[2019 - 11 - 30]．http：//news.zhichanli.cn/article/3643.html．

以上方法均无法确定的，人民法院可以根据侵权行为情节，在法定赔偿额以内酌定作出裁判。以上赔偿计算方法采取顺位方式适用，只有第①种方法无法计算时，才适用第②种，以此类推。此外，根据《最高人民法院关于审理侵犯专利权纠纷案件应用法律若干问题的解释（二）》第 28 条规定："权利人、侵权人依法约定专利侵权的赔偿数额或者赔偿计算方法，并在专利侵权诉讼中主张依据该约定确定赔偿数额的，人民法院应予支持。"

对于知识产权侵权民事诉讼来说，损害赔偿的计算一直是行业讨论与争议的焦点，如何举证、如何计算都事关赔偿数额的大小。此外，国内早期司法实践中，由于法律依据、当事人举证等诸多因素限制，损害赔偿多以法定赔偿为依据进行判赔。然而，法定赔偿的额度相对较低，同时，由于惩罚性赔偿制度的缺失，从而导致国内外普遍诟病中国知识产权侵权成本较低。但是，随着近几年立法与司法环境的变化，这些可能都将发生变化，中国正在通过多种途径和手段来提升损害赔偿额度，提升侵权成本。结合近年来多个不同技术领域的侵权赔偿司法判例来看，立法层面和司法层面均在快速增强知识产权保护力度，大幅提高侵权成本，同时也在积极探索知识产权侵权惩罚性赔偿的适用。在赔偿额度方面，根据最高人民法院知识产权法庭公布的数据，以北京知识产权法院为例，2015 年案件平均判赔额是 35 万元，2016 年是 76 万元，2017 年是 135 万元，体现为逐步上升。❶

在立法层面，我国现行的知识产权法律制度中，《商标法》率先规定了惩罚性赔偿，2019 年修正的《商标法》第 63 条第 1 款规定，"对恶意侵犯商标专用权，情节严重的，可以在按照上述方法确定数额的 1 倍以上 5 倍以下确定赔偿数额"，将法定赔偿上限从 100 万元提高到 500 万元。2020 年修正的《专利法》新增了惩罚性赔偿规定，对故意侵犯专利权，情节严重的，可以按一般方法确定 1 倍到 5 倍的惩罚性赔偿，此外，还将法定赔偿额从现行的"1 万元以上 100 万元以下"提高到"3 万元以上 500 万元以下"。

虽然法律与司法环境正在发生着重大变化，但是，对于当事人而言，要想获得理想的损害赔偿，还是需要提供充分的证据以及合理的计算方法，而此前所提到的法院大多适用法定赔偿的原因往往是权利人举证困难或者侵权人不配合举证等原因导致难以适用其他计算方法。目前，司法机关也在积极探索和尝试解决上述难题，例如对于侵权产品的销售账本等原告客观无法获取的证据，法院尝试利用证据规则的适用（例如举证责任分配、举证妨碍等）来解决。北京知识产权法院在被告美巢集团股份有限公司与原告北京秀洁新兴建材有限公司就"墙锢"商标侵权案中❷，适用了证据妨碍的规则，在被告拒绝提供相应证据时，一审法院判决中体现了其由此需承担的不利后果。二审法院虽然对损害赔偿的数额进行了纠正，但积极肯定了一审法院对被告举证妨碍

---

❶ 最高法院知识产权法庭：按照法律规定进一步提高赔偿力度 [EB/OL].（2017 - 03 - 21）[2019 - 11 - 30]. https：//baijiahao. baidu. com/s?id = 1621195894289519127&wfr = spider&for = pc.

❷ 参见北京知识产权法院（2015）京知民初字第 12 号民事判决书。

所给予的不利裁判。在损失赔偿计算时，法院为确定赔偿数额，在权利人已经尽力举证，而与侵权行为相关的账簿、资料主要由侵权人掌握的情况下，可以责令侵权人提供与侵权行为相关的账簿，如果拒不提供，将承担不利后果，而且不能在二审或者再审过程中再行提交来挽回此前的不当行为所导致的裁判后果。

对于医药领域的案件来说，损害赔偿的计算方法与其他领域没有差异，主要在于举证类别的特殊性，作为权利人，如何举证自己因侵权所遭受的损失，例如产品销量或销售额上的减少，作为被诉侵权人，如何避免未来立法确定的惩罚性赔偿，或者承担过多的不利赔偿，这也是需要在证据搜集过程中特别考虑的方面。例如，山德士（中国）制药有限公司与北京汇康博源医药科技有限公司侵害发明专利权纠纷案❶，北京知识产权法院作出了一审判决，其中，原告通过公证取得的侵权人海关出口销售额、最早销售时间、出口销量、利润率计算标准和诉讼合理支出等诸多证据都获得了法院采信支持，被控侵权人也存在妨碍举证或延迟举证的情节，导致相应证据未被法院采信。虽然该案未经二审终审确认，但对于损害赔偿的举证方向以及计算方法可以为今后类似案件提供一些参考。

8.6.6　海外诉讼流程管理

以美国诉讼为例，其诉讼流程的主要节点如下：诉前尽职调查（pre-litigation diligence）→诉讼文书（pleadings）→事实证据（fact discovery）→马克曼程序（markman proceeding）→专家证言（expert discovery）→决定性的议案（dispositive motions）→开庭前程序（pretrial）→庭审（trial）→上诉（appeal）。

企业内部知识产权部门在产品出海前要协助商务和生产等部门进行海外风险的尽职调查与风险评估。在决定发起或应对海外诉讼之前，需开展诉前尽职调查，对企业各部门的文件进行管理，对将来可能涉及的人员进行培训，防止将来诉讼的取证中出现不利的资料文件。特别需要注意的是，知识产权部需与注册部门相互沟通配合，防止注册申请资料中出现涉及专利方面不当的描述和信息。另外，还需要对即将申报的产品制定专利策略，如申请在美国上市时，对橙皮书登记的专利采取第Ⅳ段声明，即专利无效/不侵权，争取提早上市，还是经过分析后对某专利提出第Ⅲ段声明，等待专利届满。与此同时，还需要准备专利挑战通知信（notice letter）等资料文件。这就需要知识产权部门联合注册部门、技术部门、律所等在诉讼前期进行各项工作的管理和策略布局。

在诉讼文书的环节中，主要是对起诉书的答复和反诉（如不侵权或专利无效的抗辩意见），答复文件的完成主要由律师完成，企业知识产权部门或研发/生产部门可以协助提供技术层面的建议或支持。

事实证据即证据开示阶段，该阶段前期取证工作可以由第三方公司和律师一起完成，也可以合理安排后，请律师和第三方取证公司协助，主要工作可由企业人员来完

---

❶　参见北京知识产权法院（2017）京73民初第190号民事判决书。

成。这一环节需要国内企业尤为关注，海外诉讼在证据开示方面与国内存在较大差异，取证的对象、人员和资料的范围都远远大于国内诉讼，而且法庭对诉讼参与方的举证配合要求较高。因为取证范围宽泛，企业需要注意相应数据/证据文件在中国境内和境外传输的问题，我国于2017年6月1日施行《中华人民共和国网络安全法》，确认在证据交换过程中是否违背上述法律规定。因此，不同的取证方式在程序和费用上都有较大区别。该阶段还包括对公司员工的口证（deposition），口证目前中国内地企业涉及较少，主要在中国香港特别行政区、中国澳门特别行政区，以及其他海外国家或地区开展。企业在提供涉及项目人员名单时，应当做好思想准备，由谁出席口证比较好，从而提前做相关准备，如了解项目、诉讼背景、抄送诉讼邮件、相关培训等。在完成员工的口证之后，还需要进一步搜寻诉讼各参与方的专家证人，并开展数轮专家证人的意见交换和答辩等工作。因此，证据开示阶段中因为资料收集、整理、交换、证人和专家的证言等诸多过程，导致该阶段的费用花费可能又快又多，企业需要提前与委托律师做好沟通并评估预算，制定合适的诉讼策略。在美国专利诉讼中，通常都会有马克曼程序和专家证言这两个程序。马克曼程序又称"权利要求解释听证会"，是指法院的庭审前听证会，原告指控专利侵权时，法官需要通过考究各方的证据，判断专利权利要求书中相关关键词的合适含义。

专家报告是由专家证人提供的，他们在法律案件中就争议点发表意见，通常由一方和/或另一方在诉讼中提出，以支持该方的主张。报告陈述事实，讨论细节，解释推理，并论证专家的结论和观点，以便解决案件所面临的争端。

在马克曼程序和专家证言的环节中，知识产权部门需要与技术部门一起，对专利的范围和术语有一定的理解，在技术上给律师提供相关的技术资料、信息和建议，协助更好地完成马克曼程序。对于诉讼中选用的专家证人，企业可以要求律师提供备选人员和其背景资料等信息，综合考虑后选择合适的专家证人。

在决定性的议案、开庭前程序和庭审阶段，知识产权部门需要起到统筹和规划的作用，对于一些有利的证据要及早发现，如果太晚发现，有可能不被引入庭审中；另外，还需要与律师沟通抗辩策略，特别是主张不侵权抗辩的情况，知识产权部门应综合技术部门的信息对涉案产品的特征有清晰的认识，从而完善自身的抗辩策略。

另外，在美国药品申报注册过程中如果决定发起第Ⅳ段声明专利挑战，企业需考虑抢占首仿地位，争取获得180天市场独占期，还是跟随前面提出挑战的仿制药公司一起挑战并申请合并审理。这需要企业结合市场规划和商业目标来考虑，前者对企业的诉讼策略要求和诉讼费用的投入要求都较高，而后者往往可以争取与在先挑战的仿制药公司合并审理，从而降低费用，并争取与在先挑战的仿制药公司达成和解条件。

8.7　诉讼风险管控

对于医药企业来说，无论是创新还是仿制，均应以管控和预防诉讼风险为首要工作，避免陷入诉讼的被动局面。下面简要介绍医药企业诉讼风险管控的主要方法。

8.7.1 审慎决策合理的专利策略

结合研发项目的专利布局情况，需要认真分析并审慎考虑专利应对策略，不可无视专利布局的存在，如果落入别人的专利防御圈，即便产品项目研发进度很快，抢先开发了1类创新药或首仿药，但是没有合理规避或管控专利侵权风险，也可能因专利侵权而无法销售，从而被其他竞争对手超越。因此，在面对项目研发中的众多知识产权风险时，需要制定合理的策略，保障项目研发高效、快速和安全地推进。常见的专利应对策略包括以下几种。

8.7.1.1 规避开发

如果项目研发中遇到授权的有效专利障碍，或者评估后认为授权可能性很大时，应当通过充分讨论和制定项目开发的规避策略。例如针对晶型专利，可通过开发新晶型的方式规避原研的专利壁垒；针对制备方法专利，可以通过改变合成路线或反应条件；针对制剂专利，可以通过改变剂型、给药途径、辅料种类或比例等方式进行有效规避。下面主要针对小分子创新药专利风险规避以及生物类似药专利风险规避作进一步阐述。

（1）小分子创新药专利风险规避。

由于创新药研发需要耗费漫长的周期，投入巨额的研发费用，因此创新研发过程中的专利风险管控尤为重要，往往需要在不同节点多次进行风险评估，并结合动态预警来监控风险。

新药研发主要有两种策略：一是针对新靶点研发原型药物（prototype drug），即首创类（first – in – class）药物；二是在首创类药物基础上进行结构优化，研发在药效学、药代动力学或毒理学方面有改进的模仿型（me – too 和 me – better）药物。❶制药企业可以在规避专利的前提下，根据所追踪的全球新上市药物的靶标作用模式及构效关系，综合利用生物电子等排、骨架跃迁、结构简化、基团添加、构象限制、分子杂交、软药、前药、重药（氘代）等方法，结合药物化学经验和计算机辅助药物设计技术，寻找更佳的模仿型药物。因此，原研创新药物的研发策略强调设计得到新颖的分子骨架，这样既可有效规避专利保护，又可形成具有自主知识产权的新化学实体，适用于研发创新能力强的企业；而模仿型药物的研发策略更倾向于在保留活性必需的基本结构的基础上，通过规避先导化合物专利，形成新化学结构的创新能力强的企业。

而模仿型药物的研发策略更倾向于在保留活性必需的基本结构的在先能够授权的马库什结构的化合物专利一般都是该领域的基础专利，即构建一个基本的母核结构而开启一个新的热点研发领域。目前，化学药物领域的实际研发中对现有药物结构改造

---

❶ 盛春泉，李剑. 药物结构优化：设计策略和经验规则［M］. 北京：化学工业出版社，2017.

较为普遍,模仿者可以通过例如替换基团的结构修饰方法增强先导化合物与靶分子的相互作用,提高先导化合物对靶分子的亲和力和选择性;或者通过从现有宽泛的保护范围内筛选出未被公开且更具成药前景的化合物进行研发,即通过选择性发明的途径进行开发,当然该途径因为开发的化合物落入在先专利的马库什结构保护范围内,存在专利侵权风险。但因为开发的化合物是马库什结构并未公开具体的化合物,如果该选择的化合物取得了专利法意义上的预料不到的技术效果,则该化合物可以申请专利并获得授权。有时候,虽然开发的产品落入他人有效的专利保护范围,但也可以结合产品的研发周期来评价是否需要考虑相应的专利风险。因为药品开发的周期较长,产品上市往往需要 8~10 年,当通过选择性发明开发的化合物成功获批上市时,在先的风险专利可能已经到期或即将到期,不会对产品的上市产生实质性的影响。

随着中国企业创新药物的能力不断发展,企业更加倾向于对原马库什权利要求的化合物专利进行规避设计,避免落入基础专利的保护范围。虽然 Bolar 例外条款提出为注册报批而研发专利药品的行为不被认定为侵权,例如在安斯泰来制药株式会社与麦迪韦逊医疗公司、连云港润众制药有限公司、正大天晴侵害发明专利权纠纷案中❶,法院判决两被告在申请注册恩杂鲁胺药品的过程中实施的被控侵权行为并不构成专利侵权,但是产品研发的最终期望是药品进入市场并产生回报收益,所以有效的风险规避将为后续产品上市提供有力保障,避免出现产品获批上市却因专利侵权而无法销售。这需要在研发立项阶段做好专利信息收集、分析与决策,通过对拟开发项目的化合物结构进行全面风险排查并构建预警机制,及时关注和预警项目开发的专利风险。

此外,在专利风险的检索分析中,可能会遇到一些尚未确权的疑似侵权专利(例如尚处于公开或实质审查阶段),专利人员应当密切跟踪后续进展,关注专利申请状态的变化和处理结果,必要时提请公众意见或提起无效宣告请求等有效应对措施。当确定研发目标后,需要关注新设计的分子结构是否会落入新公开专利的权利要求范围。

(2)生物类似药专利风险规避。

一般原研药企业会利用先发优势对其药品进行专利保护以阻止后续生物类似药企业从事此产品的研发、生产、销售。由于越来越多的制药企业进入生物药研发领域,作为从事生物类似药研发的企业,专利风险规避成了其项目开发面临的关键问题。

对于已授权的产品序列专利,往往不容易规避,需对其审查过程文件进行详细分析,最后由技术人员和专利人员一起探讨可行的规避方案。

对于已授权的制剂专利,如果授权专利的保护范围限定到具体处方组分,甚至限定了具体的组分含量,往往可以从改进制剂配方组成等角度进行规避,同时需注意其授权的制剂专利是否有分案申请,分案专利的授权保护范围是否扩大了保护范围等,避免因为忽视了"潜水艇专利"的潜在风险而陷入专利侵权的被动局面。

---

❶ 参见江苏省南京市中级人民法院(2017)苏01民初第529号民事裁定书。

对于其他已授权的工艺专利或非产品专利，应从授权专利的保护范围出发，由技术人员和专利人员一起探讨规避的可行性，此类专利的保护范围往往较窄，通过对专利保护方案进行替换或改进开发不会对药品的质量产生较大影响，因此一般通过规避的方式应对此类专利侵权风险。

8.7.1.2 提交无效宣告请求或公众意见

对于难以进行规避设计，且经评估后认为专利权不稳定或授权前景较小的专利，可以通过提交无效宣告请求对相应专利发起权利有效性的挑战，或者向审查员提交第三方公众意见来阻止风险专利获得授权。

8.7.1.3 等待专利到期

经评估后，认为专利权较稳定，被宣告无效的可能性很小且无法规避的专利，例如化合物专利，一般建议等待专利到期。

8.7.1.4 寻求许可或转让

对于难以规避的专利障碍，侵权方也可以通过向专利权人寻求专利许可或转让的方式消除专利侵权风险。

8.7.2 建立风险跟踪预警机制

专利风险被识别之后，企业还需要建立后续的跟踪预警机制，只有把最新的专利风险信息及时反馈给决策层和研发部门，及时调整研发方向，才能发挥预警的效果，有效管控项目研发过程的动态专利风险。例如，一般需要在不同研发阶段对项目开发方向进行风险评估和补充检索，以准确、全面地掌握项目研发的专利风险，提前制定应对策略。

8.8 医药领域特色诉讼与应对

医药领域知识产权诉讼的特殊性一方面是其技术领域的特殊性，另一方面是基于技术的特殊性所带来的法律规定的特殊性，尤其是专利法，专门就医药知识产权问题确立了 Bolar 例外等诸多特殊条款，《专利审查指南（2023）》还专门就医药化学领域的审查设定了特别的章节。此处，笔者主要从诉讼角度说明医药领域所涉及的几种特殊诉讼以及应对方案。

8.8.1 专利无效宣告请求程序中对权利要求的修改

8.8.1.1 权利要求的功能体现

一方面，专利权是一种私权，是专利权人对其发明创造在一定期限内依法享有的独占实施权。一般情况下，他人只有经专利权人同意才能予以实施，专利权人可以利用这种独占权获得垄断利益。专利私权的大小以专利权利要求所划定的范围为准。另一方面，权利要求具有对社会公众的公示意义，为了保护社会公众的利益，必须让公众能够对专利保护范围有一个准确的了解。专利权利要求就是通过文字描述的形式向社会公众公开，以便社会公众能够清晰地了解专利权保护范围，从而确保社会公众利益。

8.8.1.2 允许对权利要求修改的必要性

由于申请人对现有技术掌握的局限性，以及专利审查员与本领域技术人员必然存在的偏差，授权的专利难免存在缺陷。专利权作为一种私权，如果有缺陷的发明创造获得授权从而使专利权人享有不正当的垄断权，是对公众利益的损害。而如果将授权后的马库什权利要求不允许任何修改，那么专利权人获得的专利权很多情况下势必难以抵挡他人提出的无效宣告请求。因此，为了平衡专利权人和公众利益，我国专利制度除了在专利确权阶段给予专利申请人修改的机会，在专利权无效宣告中同样赋予了专利权人一定的修改权。由于专利权无效宣告中修改的对象是一项已经授权的专利权，其修改涉及平衡专利权人与社会公众之间利益的问题，因而对无效宣告请求程序中的修改又有特殊的要求。

8.8.1.3 权利要求修改的一般原则

《专利法》第33条规定，申请人可以对其专利申请文件进行修改，但是，对发明和实用新型专利申请文件的修改不得超出原说明书和权利要求书记载的范围，对外观设计专利申请文件的修改不得超出原图片或者照片表示的范围。这是专利法对专利申请文件修改的总原则。

《专利法实施细则》第73条第1款规定，在无效宣告请求的审查过程中，发明或者实用新型专利的专利权人可以修改其权利要求书，但是不得扩大原专利的保护范围。

《专利审查指南（2023）》第四部分第三章第4.6.2节修改方式中规定，在满足上述修改原则的前提下修改权利要求的具体方式一般限于权利要求的删除、技术方案的删除、权利要求的进一步限定和明显错误的修正。

【案例8-1】奥美沙坦专利无效案

无效宣告请求程序中马库什权利要求修改具有特殊性。马库什权利要求是指在一个权利要求中限定了多个并列的可选择要素的权利要求，是化学领域常见的权利要求撰写方式。由于对马库什权利要求属性认识的不同，对马库什权利要求的性质主要存在两种观点。一种观点是整体技术方案论，即认为马库什权利要求是一个整体，不可分割。另一种观点认为，马库什权利要求是众多并列技术方案的集合。

针对马库什权利要求的修改，马库什权利要求应作为整体技术方案论的一方认为，由于马库什权利要求作为一个整体技术方案看待，删除式修改产生了权利要求中原本并不存在的技术方案,超出了公众对原授权保护范围的合理预期,不属于专利审查指南规定的修改方式,不能被接受。马库什权利要求属于并列技术方案论的一方认为,由于马库什权利要求是多个并列技术方案的集合,删除马库什要素,相当于删除了马库什权利要求中的一个或多个并列技术方案,也没有扩大原专利的保护范围,因此这种删除式修改符合专利法实施细则的规定,应当被允许。

上述两种不同的观点,直接导致在无效宣告请求程序中进行马库什要素的删除式修改出现截然不同的结果,而能否进行修改在很多情况下是专利能否被维持有效的关键。国家知识产权局、北京知识产权法院、北京市高级人民法院对马库什权利要求属性理解的不同,导致案件审理结果不同。例如北京万生公司与第一三共公司涉及的ZL97126347.7发明名称为"用于治疗或预防高血压症的药物组合物的制备方法"的发明专利无效行政纠纷再审案中❶,第一三共公司涉案专利的专利权保护如下所示的式(1)化合物或其可用作药用的盐或酯。其中,R^4代表氢原子;或具有1至6个碳原子的烷基;R^5代表羧基、式$COOR^{5a}$基团或式 - $CONR^8R^9$基团。

(L)

北京万生公司针对该专利提起无效宣告请求。专利权人针对北京万生公司提起的无效宣告请求对权利要求进行了主动修改,删除了权利要求中R^4中"具有1至6个碳原子的烷基",R^5定义下除羧基和式$COOR^{5a}$外的特征。

在无效宣告请求宣告和一审程序中,国家知识产权局和一审法院认为,第一三共公司对该马库什权利要求中马库什要素的删除并不直接等同于并列技术方案的删除,这种删除式修改不属于可被接受的修改。而上诉后的北京市高级人民法院持有相反观点。最后针对再审请求,最高人民法院就该案争议的两个焦点进行了阐述:①关于以马库什方式撰写的化合物权利要求属于概括的技术方案还是众多化合物的集合的问题。马库什权利要求具有极强的概括能力,一旦获得授权,专利权保护范围将涵盖所有具有相同结构、性能或作用的化合物,专利权人权益将得到最大化。从本质而言,专利权是对某项权利的垄断,专利权人所享有的权利范围越大,社会公众所受的限制也就越多,因此,从公平角度出发,对马库什权利要求的解释应当从严。马库什权利要求无论包含多少变量和组合,都应该视为一种概括性的组合方案。选择一个变量应该生

---

❶ 参见最高人民法院(2016)最高法行再第41号行政判决书。

成一种具有相同效果药物,即选择不同的分子式生成不同的药物,但是这些药物的药效不应该有太大差异,相互应当可以替代,而且可以预期所要达到的效果是相同的,这才符合当初创设马库什权利要求的目的。因此,马库什权利要求应当被视为马库什要素的集合,而不是众多化合物的集合,马库什要素只有在特定情况下才会表现为单个化合物,但通常而言,马库什要素应当被理解为具有共同性能和作用的一类化合物。②关于在无效宣告请求阶段,权利人可以采取什么方式修改马库什权利要求的问题。鉴于化学发明创造的特殊性,同时考虑到在马库什权利要求撰写之初,专利申请人为了获得最大的权利保护范围就有机会将所有结构方式尽可能写入一项权利要求,因此在无效宣告请求阶段对马库什权利要求进行修改必须给予严格限制,允许对马库什权利要求进行修改的原则应当是不能因为修改而产生新性能和作用的一类或单个化合物,但是同时要充分考量个案因素。如果允许专利申请人或专利权人删除任一变量的任一选项,即使该删除使得权利要求保护范围缩小,不会损害社会公众的权益,但是由于新的权利保护范围存在不确定性,无法给予社会公众稳定的预期,也不利于维护专利确权制度稳定,因此二审法院相关认定明显不妥。最高人民法院最终对无效宣告请求阶段如何对马库什权利要求进行修改给出了重要指导。

8.8.2 专利无效宣告请求程序中涉及优先权的情形

优先权的概念起源于《保护工业产权巴黎公约》第 4 条,该公约允许申请人在规定的时间内(通常是 12 个月)向其他缔约国提交同样的发明专利申请,并享有第一次提交的申请日作为优先权日期。这样做可以防止他人在这段时间内抢先提交相同或类似的专利申请,从而更好地保护发明人的利益。该公约设立优先权的本意主要是对申请人在不同国家提出申请时给予程序上的时间优惠,而非给予完成发明实质内容的宽限期。申请人可以在优先权期限内完善、补充发明,同时应承担不享有优先权的风险。而《专利合作条约》(PCT)第 8 条则详细说明了通过国际申请主张优先权的规定。《专利法》第 29 条和第 30 条规定了中国国内申请优先权和外国申请优先权的条款。《专利法实施细则》规定了提交优先权文件的时间和要求,并且在第 35 条明确指出,申请人在一件专利申请中,可以要求一项或者多项优先权,要求多项的,该申请优先权期限从最早的优先权日起计算,并且提出了三种不得作为本国优先权的情况。《专利审查指南(2023)》第二部分第八章第 4.6.2 节规定了核实优先权时应当核实的内容:①作为要求优先权的基础的在先申请是否涉及与要求优先权的在后申请相同的主题;②该在先申请是否为记载了同一主题的首次申请;③在后申请的申请日是否在在先申请的申请日起 12 个月内。一般情况下,为了充分继承优先权,申请人会将优先权全部实质内容放进后申请中。所谓的实质内容就是表述方式可以改变,但是表达的实际内容是一致的。实际药物研发中可能出现的更多情形是,在优先权基础上增加新内容。因此在药物竞争中会针对专利优先权是否成立形成争议焦点。

【案例 8-2】乌帕替尼专利无效案中的优先权运用

乌帕替尼（upadacitinib）由艾伯维公司研发，是一款选择性口服 JAK1 抑制，乌帕替尼缓释片最早于 2019 年 8 月获得美国 FDA 批准上市（商品名为 Rinvoq），用于治疗类风湿关节炎。欧盟 EMA 批准乌帕替尼缓释片用于治疗特应性皮炎，美国也批准其用于治疗特应性皮炎适应证。2022 年 2 月，乌帕替尼缓释片获得我国国家药品监督管理局批准上市（商品名为瑞福），用于适合系统性治疗的成人和 12 岁及 12 岁以上青少年中重度特应性皮炎患者。2023 年 1 月 18 日，乌帕替尼缓释片被国家医保局列入医保目录，而且乌帕替尼缓释片已获批包括特应性皮炎、类风湿性关节炎、银屑病关节炎、克罗恩病、溃疡性结肠炎、强直性脊柱炎等多项适应证，获批上市的规格为 15mg、30mg 和 45mg。❶ 乌帕替尼 2023 年全球销售额为 39.69 亿美元，相比 2022 年销售额增长 57.4%。

乌帕替尼缓释片品种登记在中国上市药品专利信息登记平台上的核心专利有 2 件：专利 1（ZL201080062920.6）是乌帕替尼的化合物专利，专利 2（ZL201810902092.0）是专利 1 的分案申请，保护了含有乌帕替尼的组合物，有效期届满日均为 2030 年 12 月 1 日。2023 年医药领域重点专利无效案件中包括了乌帕替尼专利无效案。

专利 1 授权公告的权利要求共 30 项，涉及通式化合物、具体化合物、药物组合物、用途。专利 2 授权公告的权利要求共 24 项，权利要求 1 涉及药物组合物或其包括通式化合物或其药用可接受的盐和生理学可接受的载体。四川国为制药有限公司（以下简称"国为制药"）针对这 2 件专利于 2022 年的同一天提交无效宣告请求，且提交了相同的证据 1（US61/265563，美国临时申请，申请日为 2009 年 12 月 1 日，亦是优先权文件之一）和证据 2（WO2009152133A1，雅培制药有限公司最初申请，后变更为艾伯维公司）。专利权人在无效宣告请求程序中主动修改了权利要求书，针对专利 1，把通式全部删除，仅保留了原权利要求 14 中的具体化合物或其药学上可接受的盐，即乌帕替尼的具体化合物；针对专利 2，将权利要求 3 中的取代基"-C(O)N(R^a)R^e"修改为"-R^cC(O)N(R^a)R^e"。

专利 1 的权利要求 1 的技术方案在优先权文件（证据 1）中没有记载，因此不应享有该优先权，证据 2 可以作为现有技术评价其创造性，在口头审理中，专利权人自认该事实。该专利于 2023 年 8 月 10 日被全部无效。❷

专利 2 的焦点问题之一在于马库什权利要求 1~3 是否享有最早的优先权日，双方从是否相同主题、通式和取代基定义、乌帕替尼未被证据 1 记载等多维度进行比对分析和争辩。最终合议组认为：一方面，结合专利 2，尽管证据 2 声称的发明目的与其相

---

❶ 葛凡，夏庆丰，李振，等. 用于治疗特应性皮炎的小分子 JAK 抑制剂及其专利研究［J］. 中国新药杂志，2024，33（5）：417-425.

❷ 参见国家知识产权局第 561725 号无效宣告审查决定。

同,也在于寻找具有 JAK 激酶活性并存在潜在的疾病治疗活性的药物化合物,但是,由于证据 2 没有提供任何实验结果,其说明书中涉及的化合物是否具备其声称的活性,哪些化合物具备活性,针对哪种具体的 JAK 激酶具备"抑制、调解和/或调整"中的哪种活性,以及所述活性的程度如何等具体信息是本领域技术人员无从获知的。而专利 2 则是在上述多个可能的研究方向中最终聚焦于 JAK3 的抑制活性。因此,在证据 2 对多种可能的技术效果只作了概括性表述,而该专利进一步明确并证实了某一具体效果的情况下,不能将二者视为相同主题的发明。另一方面,权利要求 1~3 的较小通式是本领域技术人员根据该专利说明书记载的内容,包括说明书中对于概括性基团的具体定义和实施例,可以直接且毫无疑义地确定的技术方案,而请求人提交的证据 1 部分译文也无法证明优先权文件与该专利说明书的上述内容存在差别,也就是说,没有证据能够表明权利要求 1~3 中出现的有关 D、R^e、R^b 和 $-N(R^a)(R^b)$ 的上述部分基团定义本身在优先权文件中没有记载。虽如请求人主张的那样,"本专利权利要求 1~3 实际上是在实质审查程序中,在原有的马库什权利要求的基础上删除或限缩部分取代基定义而形成的'更小范围'的马库什权利要求",但这样的删除或限缩并没有产生具有特定含义的特定组合,或者突出了原始申请中未特别提及的单独化合物或化合物群,那么,这样的修改就是允许的;同时,由于这样的变化是在整个马库什范围内进行的,并且也没有创设出新的发明核心或者发明实体没有变化,因此也可以看作与删除前具有相同主题的发明,继而认可其仍享有在先申请的优先权。最后,专利 2 被部分无效。❶

至此,产生了一个有趣的现象,乌帕替尼具体化合物被宣告无效,但马库什通式仍维持了有效。国内仿制药企业对于能否立马进行仿制颇有争议,不考虑其他专利障碍的情况下,有些观点认为该化合物专利已被宣告无效,是可以安全仿制的,而有些观点认为即便是仿制,仍可能落入原研专利保护范围,是有风险的。目前已经可以检索到天地恒一制药股份有限公司和国为制药先后在 2024 年 1 月 5 日和 2024 年 1 月 18 日提交并被国家药品监督管理局药品审评中心受理的乌帕替尼缓释片注册申请。根据 Clinical trial 平台信息,截至 2024 年 6 月 17 日,山东齐都药业有限公司和河南君善生物技术有限公司正在进行生物等效性试验。由此可见,这 2 件专利的决定结果不仅影响原研药企业,而且对于其他同类在研的跟仿品种的冲击也不小。倘若原研艾伯维公司针对无效结果无法通过诉讼救济成功,将很快面临仿制药的价格冲击。根据专利审查信息查询结果,专利 ZL201810902092.0 仍在继续被人提起无效宣告请求。

回顾一下专利 2 的最早优先权文件 US61/265563,其重点研究了马库什结构式覆盖的系列化合物针对 JAK3 的抑制作用,主要描述了该系列化合物抑制 JAK3 的实验数据,对于 JAK1 的抑制作用并没有明确提及,仅泛泛声称其对 JAK 家族中其他成员可能也有抑制作用。据称,艾伯维公司针对该最早优先权文本中披露的马库什结构式覆盖的分

---

❶ 参见国家知识产权局第 562232 号无效宣告审查决定。

子进行了持续的研发，进而发现乌帕替尼结构分子对JAK1的抑制作用且效果优异，体现出重大临床开发价值。在该些研究成果的基础上，艾伯维公司于2010年12月1日递交了专利申请文件，同时要求证据1作为其最早优先权文件，该专利进入中国国家阶段的申请号为CN201080062920.6（即专利1），该专利在PCT国际检索阶段以及中国国家知识产权专利局实审检索阶段，均未检索出PX/PY类文献，按照专利审查指南的相关规定，在未检索到P类文件的情况下，审查员在审查过程中可以不核实相关专利申请的优先权，在此情形下，以最早优先权文本申请日作为现有技术的分界日，专利1经过实质审查并在中国获得了授权，如此可以理解专利能够获得授权的原因。

乌帕替尼专利无效案的核心要点之一，在于确认马库什通式的修改方式。同时也启示，对于药品专利而言，优先权文件中需要充分披露与要求保护的化合物相关的实验数据。否则可能无法享有优先权。在专利实质审查或分案过程中，通过删除或进一步限定马库什结构式中可变基团的可选择要素来修改马库什权利要求，不会妨害在无效宣告程序中享有优先权。

在2023年创新主体大会上，针对优先权是否成立的判断，国家知识产权局专利局复审和无效审理部分享的观点十分鲜明，即未充分公开的方案不能作为优先权的基础，且在专利无效宣告请求程序中，应遵循优先权推定有效原则，由主张优先权不成立的一方当事人承担优先权文件的举证责任。在中国越来越重视药物创新的背景下，灵活运用本国及外国优先权，契合研发阶段性成果布局专利，抢占优先权，规避竞争对手潜在专利风险显得至关重要。除了程序要件和实体要件要满足《专利法》及其实施细则的要求，例如优先权转让证明，更关键的是，企业需要把握优先权的立法宗旨：优先权制度是在先申请原则下的一项程序性制度，其设置是为了解决申请人向不同国家提交申请的便利，弥补申请文件撰写的瑕疵或者满足申请人因费用或专利布局等原因存在的合并或拆分不同申请的需求，并非为申请人提供改进和完善发明的机会。因此，研发主体应理性运用这一制度。特别是对于在先申请未充分公开的方案，是不能作为在后申请要求其优先权的基础的，因为二者不属于相同主题。而在无效宣告请求程序中，目前是由主张优先权不成立的一方承担文件举证责任，无效宣告请求人需要结合证据具体说明优先权成立与否的理由。在乌帕替尼专利无效案中采用的特征对比表和对优先权核实的内容逻辑值得借鉴。

8.8.3 分案申请

分案申请制度允许申请人在原申请的基础上，针对不同的发明创造提出新的专利申请，从而更灵活地保护其创新成果。分案申请在不同国家和地区的实施情况各异，但其核心目的都是更好地保护发明人的合法权益。申请人通过母案申请在待审期间，提交多个分案申请，优化专利布局策略，更精准地保护其核心技术，避免因单一申请带来的风险，而且可以有效迷惑竞争对手，使其难以判断企业的核心技术方案。同时，申请人还可以通过分案申请增加专利数量，从而增强市场竞争力和谈判筹码。

美国联邦法规中提出，美国专利的持续申请包括3种类型：继续申请（continuation application，CA）、分案申请（divisional application，DA）和部分继续申请（continuation‐in‐part application，CIP）。美国专利持续申请意在扩大专利保护范围，因为申请人可以引入一套全新的权利要求，从而抓住在先专利申请中已经披露但未提交相关权利要求的发明内容。这样做的目的在于，既获得了更多与审查员沟通的机会，又通过精确权利要求的保护范围，可以产生"无限链接"的专利保护。只要继续申请链接中有一件申请处于未决状态，均可以用该申请作为原始申请要求新的申请。继续申请是当母案申请有可批准的权利要求，申请人想接受，但同时继续寻求更宽的保护范围时，通常递交的继续申请。通常继续申请相比于母案申请的公开内容，不包含新的内容。但是建议申请人在继续申请中加入新的权利要求，从而避免审查员将之前的第一次审查意见作为最终审查意见。在继续申请追求的更宽覆盖范围获得授权时，能进一步增加目标产品的专利组合的价值。继续申请可以与"潜水艇专利"相关联，该释义与我们一般所知悉的抵触申请的"潜水"作用的形式并不相同。例如专利申请人有一项或多项专利，并且提交了与其具有相同公开内容的继续申请并保持继续申请的未决状态，当竞争者产品推向市场时，其正好落入该继续申请的公开内容，专利申请人修改该继续申请的权利要求并以能够囊括竞争者产品的保护范围争取得到授权，从而阻止竞争者商业化或迫使其请求专利许可。有时，专利申请人还会在该继续申请获得授权前，提交另一份继续申请来延续该专利链来保持其持续的攻击力。当然，也有申请人为了更正发明人署名，或者为了争取更多审查意见答复时间而提交继续申请。

分案申请是当审查员针对母案申请发出限制性要求时，才可以提交的申请。并且根据美国专利法第121条，禁止基于母案申请的权利要求而对分案的权利要求发出重复授权驳回。部分继续申请与继续申请、分案申请明显不同，部分继续申请相较于母案申请的原始公开内容，是可以并且应当包含新内容的。受旧的公开内容支持的部分继续申请有权享有母案申请的申请日，而得不到母案支持的只能享有部分继续申请的申请日。❶

《专利法》涉及分案申请的多个方面，包括对分案申请的审查标准、申请人的权利保护等进行了加强和明确。但中国专利分案制度相关法律法规当中并未像美国那样有具体的分类。根据实务操作，中国专利分案通常分为主动分案和被动分案。前者是指申请人根据自己专利保护的需要主动提出分案申请。而后者是指申请人答复审查员提出的"本申请不具备单一性，不符合中国《专利法》第31条第1款的规定"时，为了符合专利法要求，将一件申请分成两件或多件申请而提出的分案申请，例如申请人在答复时为了保护从原申请中（即母案）删除的技术方案。两种分案的时机都要求在先专利申请未结案前提出，并且两种分案申请的内容不得超出母案申请记载的范围，这

---

❶ 黄璐，刘哲，葛凡，等. 美国专利持续申请制度在药物研发及专利布局中的应用 [J]. 中国新药杂志，2024，33（17）：1745-1751.

也是与美国持续申请制度最大的不同。在中国专利实践中，被动分案较为常见，通常申请人会选择在实质审查过程中或授权登记前将母案进行分案，一方面，借助第一次审查意见通知书了解专利申请的前景，预期其授权成功后再分案是可行的；另一方面，希望依托原母案授权范围，再衍生出其他相关权利要求进行保护。❶

【案例8-3】盐酸羟考酮防滥用剂型

盐酸羟考酮是一种阿片受体激动剂，对 μ 受体具有相对的选择性，在更高剂量时也能与其他阿片受体结合，临床上用于镇痛。盐酸羟考酮缓释片（第一代）最早于1996年在美国批准上市，于2004年在中国批准上市，商品名称为奥施康定（Oxycontin），国内批准进口规格包括5mg、10mg、20mg、40mg、80mg和120mg，适应证为用于缓解持续的中度到重度疼痛。由于美国FDA大力提倡防止该类药物滥用，因此美国普渡制药公司推出了羟考酮缓释片防滥用剂型（第二代），该剂型于2010年4月在美国批准上市，于2021年6月在中国批准上市，进口申报规格为10mg、20mg和40mg。❷其核心技术为：制剂处方中添加了两种特殊的辅料：聚环氧乙烷和羟丙甲纤维素，使片剂在溶剂中成为胶状，以防止原料药被溶剂提取后用于静脉注射；同时在生产工艺中增加固化过程，提升压片温度至软化聚合物辅料（处方中还加入聚乙二醇400），随后冷却，聚合物固化并赋予片剂很高的硬度，以防止片剂被轻易压碎后滥用。

美国普渡制药公司针对其核心产品奥施康定于2007年8月布局该制剂专利WO2008023261A1及其中国同族CN200780031610.6，其中中国专利审查意见中涉及新颖性、单一性等条款，经后续修改，获得专利授权，授权公告号为CN101583360B（授权公告日2012年3月14日），其权利要求1~84均为制备方法。其中独立权利要求1保护一种固体口服延长释放药物剂型制备方法。由权利要求1可知，其主体名称为"制备方法"，其中还限定了制备步骤，保护范围相对较小，仿制药企业相对容易规避，该专利后续没有被提起无效宣告请求。

美国普渡制药公司出于获取更多的专利保护自己的第二代产品，随后以专利CN200780031610.6为母案，在2012年、2014年、2015年、2017年累计提交了8件分案申请（其中2012年4件、2014年1件、2015年2件、2017年1件）。除2012年5月提交的专利CN102688213A经审查驳回失效，其他7件专利均获得授权。从保护范围看，除2014年1月提交的分案专利CN103841111B授权的主题名称为制备方法，其他专利均涉及制剂产品，保护范围相对于母案均获得了不同程度的扩大，参见表8-8-1。

---

❶ 黄璐，刘哲，葛凡，等. 美国专利持续申请制度在药物研发及专利布局中的应用[J]. 中国新药杂志，2024，33（17）：1745-1751.

❷ 阳光诺和. CDE发布「防滥用剂型」奥施康定上市技术审评报告的背后故事[EB/OL]. （2021-12-27）[2024-11-01]. https://mp.weixin.qq.com/s?__biz = MzIyOTQzNzkzMg = = &mid = 2247824855&idx = 1&sn = b49327918e472a0b59a03b50511bf24d&chksm = e8409974df3710626e837b3f7665b859c287868ee9a9061480204eb00185585cae646d21f0a7&scene = 27.

表8-8-1 羟考酮缓释片防滥用剂型（第二代）专利母案和分案专利信息

序号	申请号	申请日	公开（公告）号	分案提交时间	授权公告日/公开日	主题类型	法律状态	独立权利要求
1	CN200780031610.6	2007-08-24	CN101583360B	母案	2014-02-26	制备方法	授权有效	1. 一种固体口服延长释放药物剂型的制备方法……
2	CN201210135209.X	2007-08-24	CN102657630B	2012-04-18	2014-10-01	产品	授权有无效审查	1. 一种延长释放基质制剂的固体口服延长释放药物剂型……
3	CN201210196551.0	2007-08-24	CN102688241B	2012-05-18	2017-04-12	产品	授权有效	1. 一种包含延长释放基质制剂的固体口服延长释放药物剂型……
4	CN201210196572.2	2007-08-24	CN102688213A	2012-05-18	2012-09-26	产品	驳回失效	1. 一种包含延长释放基质制剂的固体口服延长释放药物剂型……
5	CN201210196662.1	2007-08-24	CN102743355B	2012-05-18	2014-12-24	产品	授权有效	1. 一种固体口服延长释放药物剂型……
6	CN201410024630.2	2007-08-24	CN103861111B	2014-01-14	2017-04-12	制备方法	授权有效	1. 一种包含延长释放基质制剂的固体口服延长释放药物剂型的制备方法……
7	CN201510599477.0	2007-08-24	CN105267170B	2015-09-18	2019-01-01	产品	授权有无效审查	1. 一种固体口服延长释放药物剂型……
8	CN201510599504.4	2007-08-24	CN105213345B	2015-09-18	2019-04-19	产品	授权有效	1. 一种固体口服延长释放药物剂型……
9	CN201710126802.0	2007-08-24	CN107412179B	2017-03-03	2020-09-04	产品	授权有效	1. 一种熟化成型药物片剂……

值得注意的是，在《药品专利纠纷早期解决机制实施办法（试行）》出台后，美国普渡制药公司在中国上市药品专利信息登记平台中关于盐酸羟考酮缓释制剂登记了3件专利。[1] 其中1件专利为独家许可的欧洲凯尔特公司拥有的杂质专利 CN101812065B，另2件专利为 CN102657630B、CN105267170B，即分别对应上述表8-8-1中的序号2和序号7专利。笔者进一步比较了母案 CN101583360B 与这两件分案专利 CN102657630B、CN105267170B 的授权权利要求1保护范围，如表8-8-2所示。

表8-8-2　母案与分案申请 CN102657630B、CN105267170B 的授权权利要求1比较

母案	分案 CN102657630B	分案 CN105267170B
制备方法	产品	产品
一种固体口服延长释放药物剂型的制备方法，包括步骤：（a）合并下述成分以形成组合物：①基于流变学测量的近似分子量为至少1000000的至少一种聚环氧乙烷；②至少一种活性剂；（b）使所述组合物成型以形成延长释放基质制剂；以及（c）熟化所述延长释基质制剂，其至少包括以下的熟化步骤：使所述延长释放基质制剂处于至少是所述聚环氧乙烷软化温度的温度下至少1分钟的一段时间，其中所述熟化在大气压下进行	一种包含延长释放基质制剂的固体口服延长释放药物剂型，包含至少含有以下成分的组合物：（1）基于流变学测量的近似分子量为至少1000000的至少一种聚环氧乙烷；以及（2）选自阿片类镇痛剂的至少一种活性剂，其中所述阿片类镇痛剂为盐酸羟考酮，并且所述剂型包含5mg至20mg的盐酸羟考酮，和其中所述组合物包含至少80wt%的基于流变学测量的近似分子量为至少1000000的聚环氧乙烷	一种包含延长释放基质制剂的固体口服延长释放药物剂型，包含至少含有以下成分的组合物：（1）基于流变学测量的分子量为至少800000的至少一种聚环氧乙烷；以及（2）选自阿片类镇痛剂的至少一种活性剂，并且其中所述组合物包含至少80wt%的基于流变学测量的分子量为至少800000的聚环氧乙烷

由表8-8-2可知，这两件分案专利中权利要求1均限定组合物含至少80%的一定分子量的聚环氧乙烷，其中专利 CN105267170B 对于活性物质仅限定为阿片类针镇痛剂，未具体限定化学成分，而专利 CN102657630B 具体限定活性成分为盐酸羟考酮，此外两者聚环氧乙烷的分子量稍有差异，因此从保护范围看，2015年9月提交的分案专利 CN105267170B ＞ 专利 CN102657630B ＞ 母案（方法专利），这两件分案专利后续对于仿制药企业构成了较大的专利障碍，后续的无效审查请求也印证了这一点。

由此可见，在盐酸羟考酮专利布局中，原研公司利用分案申请，在母案审查未结案前布局多件分案申请专利，一方面，可以重新构建权利要求，增加母案授权文本中没有的内容，从而可以将原说明书或原始权利要求被否决的部分重新撰写后加入分案的权利要求中，争取更大范围的授权保护。另一方面，增加公平审查机会，当分案申请

---

[1] 中国上市药品专利信息登记平台［EB/OL］.（2021-08-03）［2024-11-06］. https://zldj.cde.org.cn/list?listType=PublicInfoList.

遇到不同审查员审查时，有机会抵消部分专利审查员的偏见。

【案例8-4】乌帕替尼专利无效案中的分案布局

检索艾伯维公司在中国布局的乌帕替尼相关专利，主要涉及两组分案申请。

第一，以化合物专利为母案。

基于优先权申请US61/265563（申请日为2009年12月1日）和US61/364116（申请日为2010年7月14日），艾伯维公司在2010年12月提交了PCT申请PCT/US2010/058572，并于2012年8月进入中国国家阶段，申请号为CN201080062920.6（母案），其在2014年12月被授权公告，保护范围为包含乌帕替尼母核的通式化合物，乌帕替尼和一系列具体化合物及其与JAK激酶活性异常或障碍有关的用途（具体包括类风湿性关节炎、克罗恩病、强直性脊柱炎和结肠炎等）。在母案CN201080062920.6即将授权的2014年10月，艾伯维公司提交了分案CN201410571754.2，该申请于2018年9月11日被授权公告，但是该专利保护范围不包括乌帕替尼化合物，而是与乌帕替尼母核结构不同的另一系列的通式化合物，但是该专利却是分案CN201810448360.6和CN201810902092.0的基础。艾伯维公司在2018年5月11日提交分案CN201810448360.6，该分案为分案CN201410571754.2和母案CN201080062920.6二者的分案申请，在母案通式基础上，该分案主要限缩了咪唑环上的取代基R^3的范围，要求保护母案通式下位的通式化合物（该通式仍然包括乌帕替尼）以及乌帕替尼和一系列具体化合物，但其被审查员因不符合《专利法》第9条第1款同样的发明创造只能授予一项专利权的理由被驳回。2018年8月9日艾伯维公司提交分案CN201810902092.0，该分案也是分案CN201410571754.2和母案CN201080062920.6二者的分案申请，其在2021年6月被授权公告，保护范围为包含与分案CN201810448360.6相同的通式化合物的组合物以及包含乌帕替尼和一系列具体化合物的组合物。由于分案CN201810902092.0的权利要求保护的组合物只包含上述化合物或其药用可接受的盐和生理学可接受的载体，因此其并不是传统意义上的制剂组合物专利，而是因其化合物有创造性而产生的"披着组合物外衣"的化合物专利，因此仿制药企业无法通过制剂方案的改进而规避该专利保护的技术方案，具体分案布局如图8-8-1所示。

第二，以制备方法专利为母案。

基于优先权申请US62/242797（申请日为2015年10月16日）、US62/267672（申请日为2015年12月15日）、US62/301537（申请日为2016年2月29日）、US62/352380（申请日为2016年6月20日），艾伯维公司在2016年10月提交了PCT申请PCT/US2016/057372，并于2018年5月进入中国国家阶段，申请号为CN201680070259.0，其在2023年1月被授权公告，保护范围为乌帕替尼的制备/合成方法。2022年12月23日艾伯维公司提交分案CN202211671776.7和CN202211671778.6，分别要求保护乌帕替尼缓释制剂组合物和制备方法，缓释制剂组合物的用途（包括用于治疗类风湿性关节炎、幼年型特发性关节炎、克罗恩病、溃疡性结肠炎、银屑病、斑块状银屑病、指甲银屑病、银屑病关节炎、强直性脊柱炎、斑秃、化脓性汗腺炎、特应性皮炎和系统性红斑狼疮的用途），目前两案均处于等待实审状态。同日，艾伯维公司还提交了分案CN202211671688.7，要求保护乌帕替尼晶型（包含水合物、无定型和无水合物）及包含上述晶型的组合物用于治疗风湿性关节炎的给药剂量，该申请也处于等待实审状态，具体分案布局如图8-8-2所示。

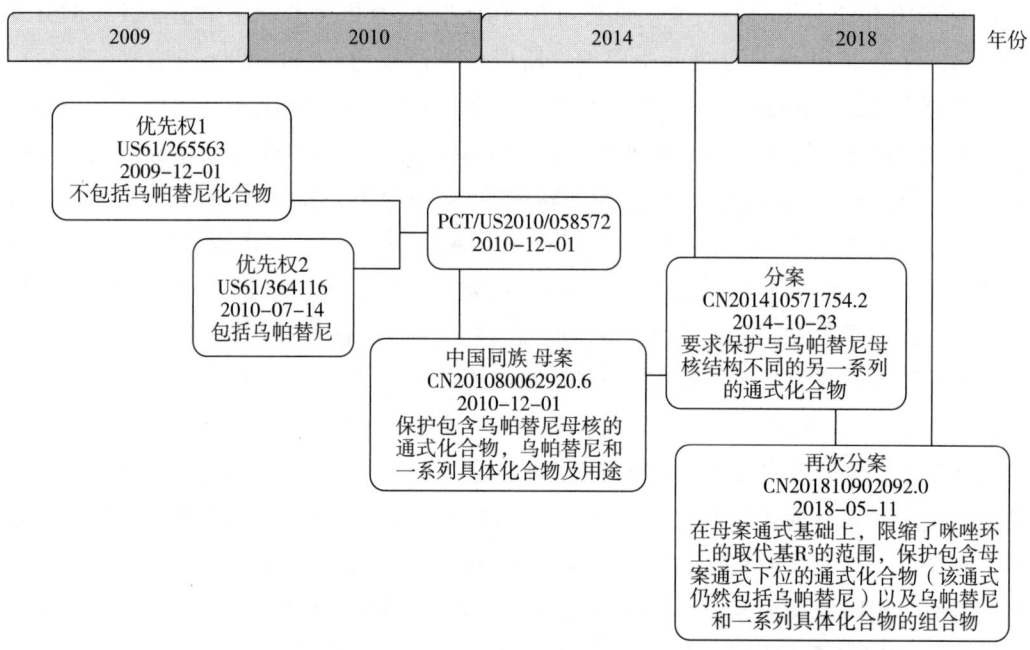

图8-8-1 以乌帕替尼化合物专利为母案进行分案申请的专利路线

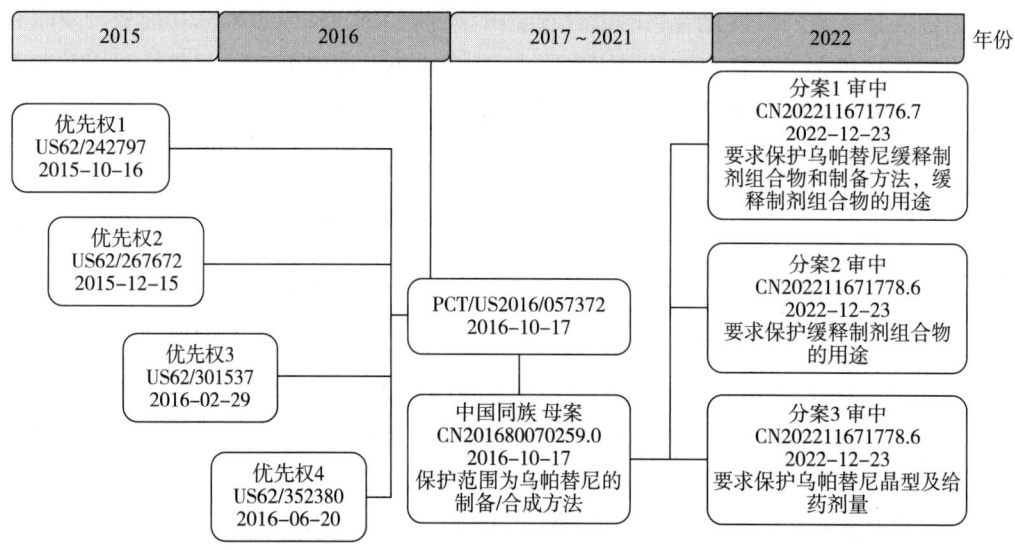

图8-8-2 以乌帕替尼制备方法专利为母案进行分案申请的专利路线

关于化合物专利母案 CN201080062920.6 及其分案 CN201810902092.0，国为制药在 2022 年 12 月对两者均提起无效宣告且均已结案，其中，母案专利 CN201080062920.6 被全部宣告无效，分案 CN201810902092.0 中不含乌帕替尼具体化合物的权利要求被维持，其余均被宣告无效。在母案 CN201080062920.6 无效宣告请求过程中，艾伯维公司主动将其通式权利要求全部删除，只留下乌帕替尼具体化合物和用途，但是因此带来的问题是优先权文件 US61/265563 并没有公开乌帕替尼化合物，因此最早优先权日从 2009 年 12 月 1 日变为 2010 年 7 月 14 日。艾伯维公司申请的另一件专利 PCT/US2009/046714（证据 2，公开日为 2009 年 12 月 17 日）成为能够评价母案 CN201080062920.6 创造性的现有技术，证据 2 公开了一系列与乌帕替尼类似的具体化合物，争论的焦点就成为对二者技术效果的考察和比较，虽然专利权人提交了一系列反证，欲证明乌帕替尼化合物相对于证据 2 具有优异的技术效果，但是由于反证补充的技术效果在原始文件中没有体现，所以不予接受，因此乌帕替尼化合物不具有创造性，母案 CN201080062920.6 被全部宣告无效。虽然母案被全部宣告无效，但是其分案 CN201810902092.0 由于较小保护范围的通式是最早优先权申请 US61/265563 的大范围通式的合理限缩，而仍享有其 2009 年 12 月 1 日的最早优先权日，因此证据 2 不能用于评价分案 CN201810902092.0 通式权利要求的创造性，但可以评价涉及乌帕替尼具体化合物的权利要求的创造性，因此专利局复审和无效审理部维持了分案 CN201810902092.0 权利要求 1~3 的通式权利要求，而涉及乌帕替尼具体化合物的权利要求均被宣告无效。由此可见，乌帕替尼化合物专利母案的分案申请通过对母案马库什通式的合理限缩得到的新通式成为乌帕替尼的专利保护的"救命稻草"，但是这个"救命稻草"的出现离不开艾伯维公司对乌帕替尼的专利布局。在母案 CN201080062920.6 于 2014 年 12 月授权公告后，即便母案已经保护了含有乌帕替尼通式结构以及具体的乌帕替尼化合物，艾伯维没有止步于此，通过专利 CN201410571754.2 作为桥梁，在 2018 年提交分案 CN201810902092.0，并合理限缩取代基 R^3 得到新的通式使得分案 CN201810902092.0 能享有母案的最早优先权日，使乌帕替尼的核心专利得到保全。

通过上述案例分析可知，对于马库什结构应通过分案申请形成有层次的保护，不能仅仅满足于有一个大的通式的保护和具体结构的保护，以便在无效宣告请求过程中对通式的修改有更大的余地，毕竟无效宣告请求中对马库什通式的限缩是比较严格的。当然这种撰写方式对于母案的撰写要求比较高，要对研发数据、母核和取代基的选择有较高的总结、提炼的能力，这是分案的基础。这也提示国内企业在对核心产品进行专利布局的时候，也可以考虑这种策略，面对专利权具有不稳定的可能性的时候，可以通过分案再分案的方式，一方面可以延续优先权，另一方面可以拖延专利审查和授权时间，从而继续给竞争对手造成一定的专利障碍。

8.8.4　Bolar 例外

Bolar 例外是一项专门适用于药品和医疗器械相关领域的专利侵权豁免原则，该原则最早在美国1984年颁布的Hatch-Waxman法案中确立，因源于美国*Roche vs Bolar*药品专利侵权案而得名。Bolar公司为了赶在罗氏公司药物盐酸氟西泮专利到期之时推出其仿制产品，在该产品专利到期之前，通过对专利药品进行研发和试验来收集审批所需要的数据。随后，罗氏公司对Bolar公司的研发行为提起了侵权指控，美国纽约东区地方法院认为，专利保护期届满前禁止对该专利药品进行试验相当于延长了专利保护期，因此判定Bolar公司的试验行为不构成专利侵权。罗氏公司提起上诉，美国联邦巡回上诉法院认为，专利保护期限届满前禁止仿制药的试验研究确实变相延长了专利保护期，但是，现行法律并没有此行为不构成专利侵权的规定，而对药品进行生物等效性试验是有商业目的的，不属于专利法中的不视为侵权的试验性使用，因此判定Bolar公司侵权。该案判决结果在医药行业引起巨大反响，在仿制药企业的游说下，1984年9月24日，美国国会通过了药品价格竞争与专利期补偿法案，即Hatch-Waxman法案，其规定："……如果单纯是为了完成和递交联邦法律所要求的制造、使用和销售药品、兽用药与生物制品所需的合理相关信息而进行的相关行为，不构成侵权"。该法案的实施有力促进了美国仿制药产业的发展，同时通过专利期延长制度较好地平衡了原研药与仿制药之间的利益。随后，类似制度也被日本、加拿大等国家引入。

在2008年《专利法》第三次修改之前，中国并没有引入Bolar例外制度。2006年第一三共公司诉北京万生公司的奥美沙坦酯片案被称为"中国Bolar例外第一案"，北京市第二中级人民法院最终以被告北京万生公司的试验和申报行为是"不以销售为目的"判定不构成侵权。虽然该案判决理由值得商榷，但体现了在缺乏立法依据的情况下，司法审判的价值取向。❶ 由此，在第三次修改《专利法》时正式引入了Bolar例外原则，在第69条（5）项规定"有下列情形之一的，不视为侵犯专利权：……（五）为提供行政审批所需要的信息，制造、使用、进口专利药品或者专利医疗器械的，以及专门为其制造、进口专利药品或者专利医疗器械的。"

在安斯泰来制药株式会社、麦迪韦逊医疗公司等与四川科伦药物研究院有限公司侵害发明专利权纠纷案中，❷ 四川省成都市中级人民法院作为一审法院适用了《专利法》（2008年）第69条的规定，认为根据现有证据，四川科伦药物研究院有限公司制造、使用涉案专利产品的行为，源于为获得临床批件的需要向国家药品行政管理机关提供药品行政审批信息，故不构成专利侵权。

8.8.5 方法专利

方法专利是医药领域常见的一种专利类型，也是比较经典的外围专利。由于方法专利存在侵权可视性差、取证困难等缺点，导致维权价值相对较低。但是，作为新产品的方法专利，则存在比较大的不同。根据《专利法》第66条规定："专利侵权纠纷

---

❶ 参见北京市第二中级人民法院（2006）二中民初字第4134号民事判决书。
❷ 参见四川省成都市中级人民法院（2016）川01民初第1240号民事判决书。

涉及新产品制造方法的发明专利的，制造同样产品的单位或者个人应当提供其产品制造方法不同于专利方法的证明。"从举证责任分配的角度来说，上述规定与普通诉讼中"谁主张，谁举证"的举证原则不同，该条属于典型的举证责任倒置。即如果工艺专利制得的是一种新产品，则被控侵权人不太可能在较短的时间就开发出获得相同产品的另一种方法。因此，举证责任倒置体现了一种推定：如果专利方法制得的是一种新产品，而被控侵权人的产品与专利方法所获得的产品相同，就推定被控侵权人使用了专利方法，除非被控侵权人提出相反的证据予以证明其方法与专利不同。

关于"新产品"的判断标准可以参见《最高人民法院关于审理侵犯专利权纠纷案件应用法律若干问题的解释》第17条规定，"产品或者制造产品的技术方案在专利申请日以前为国内外公众所知的，人民法院应当认定该产品不属于专利法第六十六条第一款规定的新产品"。

作为新产品方法专利的权利人，如果作为原告，需要向法院证明按专利方法生产的产品属于"新产品"，被告侵权产品与原告"新产品"属于相同产品。在完成上述举证义务之后，此时举证责任即可转移到被控侵权人，由其证明其获得新产品的方法与专利不同。在阿文－蒂斯药物股份有限公司（以下简称"阿文－蒂斯公司"）诉恒瑞医药多西他赛专利侵权案中，❶ 阿文－蒂斯公司主张根据其两项发明专利制造的"多西紫杉醇（泰索帝）注射剂"药品为新产品，一审法院认为阿文－蒂斯公司获得的两项专利是新产品制造方法专利，制造同类产品的恒瑞医药未能举证证明其制造"艾素（注射用多西他赛）"产品的方法不同于阿文－蒂斯公司的两项专利的方法，恒瑞医药应当承担侵犯阿文－蒂斯公司两项专利权的民事责任。恒瑞医药上诉到二审法院后，法院审理认为阿文－蒂斯公司的侵权指控不能成立，因为恒瑞医药已经通过提交技术鉴定报告的方式证明其制造多西他赛产品方法的技术方案没有落入相应专利保护范围。而对于保护制备多西他赛三水合物的方法专利，阿文－蒂斯公司并未举证证明恒瑞医药制造了多西他赛三水合物，即其未能证明恒瑞医药的产品与专利工艺所获得的产品属于相同产品，故应承担不利的诉讼后果。另外，在石药集团与张某田专利侵权再审案中，❷ 最高人民法院通过案例明确，涉及新产品制造方法专利的侵权纠纷案件中，方法专利权的保护范围只能延及依照该专利方法直接获得的产品，而不包括对原始产品作进一步处理后获得的后续产品。

8.8.6 等同侵权

等同侵权原则在司法实践适用中争议较大，而医药领域相关专利经常面临类似的问题。例如药物制剂专利的组成及含量配比，方法专利的反应原料、试剂条件等参数限定，在医药研发过程中，经常需要面对类似专利，当不构成字面侵权的情况下，是

---

❶ 参见上海市高级人民法院（2006）沪高民三（知）终字第112号民事判决书。
❷ 参见最高人民法院（2009）民提字第84号民事判决书。

否会被认定等同侵权。

等同侵权的理论判定标准可以概括为"三基本+一创造",即与权利要求所保护的技术特征相比,以基本相同的手段、实现基本相同的功能、达到基本相同的效果,并且所属领域的普通技术人员无需经过创造性劳动就能够想到。上述四个判断条件,只要有一个不符合就不构成等同侵权。所谓等同,是指被控侵权产品的技术特征与权利要求对应技术特征之间的等同,而不是整体技术方案的等同。在医药领域,制剂辅料、反应原料或者反应试剂等常用技术要素的简单替换、方法步骤顺序的简单变化都有被认定为等同侵权的风险。

对于保护数值范围限定的权利要求,根据北京市高级人民法院发布的《专利侵权判定指南》,对于包含数值范围的专利技术方案,如果被诉侵权技术方案所使用的数值与权利要求所记载的相应数值不同的,不应被认定构成等同。但是专利权人能够证明被诉侵权技术方案所使用的数值,在技术效果上与权利要求记载的数值无实质性差异的,应对认定构成等同。

在成都优他制药有限责任公司诉江苏万高药业有限公司、四川科伦医药贸易有限公司侵犯专利权纠纷案中,成都优他制药有限责任公司是发明名称为"藏药独一味软胶囊制剂及其制备方法"、专利号为ZL200410031071.4的专利权人。成都优他制药有限责任公司认为江苏万高药业有限公司使用其专利方法制造、销售凯高牌"独一味软胶囊",四川科伦医药贸易有限公司销售了该产品,应当承担侵权责任和赔偿责任。涉案专利权利要求1限定的技术方案中包含的提取方法表征内容的保护范围可归纳为:"A. 一种独一味的软胶囊制剂,原料组成为:独一味提取物20～30重量份,植物油25～36重量份,助悬剂1～5重量份;B. 其中的独一味提取物是由下述方法提取得到的:B1. 取独一味药材,粉碎成最粗粉;B2. 加水煎煮二次,第一次加10～30倍量的水,煎煮1～2小时,第二次加10～20倍量水,煎煮0.5～1.5小时;B3. 合并药液,滤过,滤液浓缩成稠膏;B4. 减压干燥,粉碎成细粉,过200目筛,备用。"一审和二审法院均认定江苏万高药业有限公司的生产工艺与专利技术构成等同,判决侵权成立。而最高人民法院则认为:从药监局调取的申报资料,以及江苏万高药业有限公司自行提供的生产工艺中均只有"研成细粉备用"的技术特征,没有"过200目筛"的技术特征,虽然成都优他制药有限责任公司认为江苏万高药业有限公司实际使用的方法是过200目筛,但并没有提供相应的证据予以证明,应认为被诉侵权产品缺少涉案专利权利要求1记载的"过200目筛"的技术特征,根据全面覆盖原则,侵权不成立。❶ 在现有证据中没有证明江苏万高药业有限公司工艺步骤中包含了"过200目筛",《最高人民法院关于民事诉讼证据规则的若干规定》第75条规定,简单推定"研成细粉"与"粉碎成细粉,过200目筛"等同,显然不妥。同时,结合专利权人在专利说明书中强

---

❶ 参见最高人民法院(2010)民提字第158号民事判决书。

调了"最佳提取条件的确定",例如煎煮 2 次与煎煮 3 次相比,可以降低生产成本,所以选择煎煮 2 次;在"实验例 5 浸膏粉细度的确定"时则强调,将独一味提取物粉碎成过 200 目筛的细粉,制成的软胶囊内容物混悬体系最稳定。进而认定"煎煮 2 次"与"煎煮 3 次"、"粉碎成细粉,过 200 目筛"与"研成细粉"均不构成等同特征。

8.8.7 前药或中间体

前药的研发也是国内外医药领域的关注重点,例如已经上市的替诺福韦前药 TAF、索磷布韦前药。但由于前药设计以及发挥作用的机制都是基于母体药物,前药在体外虽然没有落入专利保护范围,但在人体内转化为活性物质后就会落入他人授权专利保护范围内,而且该类专利还是物质类的化合物专利,因此,前药开发是否构成专利侵权一直也是行业比较关注的话题。❶

例如索磷布韦是一种核苷酸前药,经细胞内代谢会形成具有药理学活性的尿苷类似物三磷酸盐(GS-461203)。在国外,吉利德公司与默沙东公司围绕索磷布韦经历了跌宕起伏的诉讼过程,默沙东公司联合 IONIS 制药公司以及其收购的 Idenix 公司利用索磷布韦单磷酸代谢物和三磷酸代谢物专利 US7105499 和 US8481712 要求吉利德公司以销售额 10% 支付其许可费,最终美国联邦最高法院判决吉利德不侵权。2023 年,我国国内出现首个前药案例,即凯因科技与吉利德(上海)医药科技有限公司(以下简称"吉利德上海公司")专利侵权案。❷ 吉利德上海公司诉称:凯因科技及其控股子公司北京凯因格领生物技术有限公司制造、许诺销售和销售索磷布韦片的行为构成对其中国发明专利 ZL200480019148.4 的侵权行为。该案中吉利德上海公司认为凯因科技生产、使用和销售的索磷布韦必然导致在患者体内代谢产生落入涉案专利权利要求的 GS-461203,构成直接侵权和间接侵权。而北京知识产权法院一审判决认为,无论是基于权利要求的记载,还是基于禁止反悔原则的规定,涉案专利权利要求的保护范围均不包括 GS-461203 前药的技术方案。基于此,作为 GS-461203 的前药(索磷布韦)并未落入涉案专利权利要求 2~4 的保护范围,不构成直接侵权和间接侵权。2024 年 9 月 24 日,凯因科技发布关于诉讼进展暨收到最高人民法院出具的关于吉利德公司撤诉裁定的公告。❸ 凯因科技和吉利德上海公司之间关于丙肝药索磷布韦的专利诉讼告一段落。此类案件判决将对后续前药的侵权判断具有指导意义。❹❺

---

❶ 涉及前药、代谢物、中间体的"药物侵权"问题 [EB/OL]. (2018-03-30) [2019-12-01]. https://med.sina.com/article_detail_103_2_43575.html.

❷ 参见北京知识产权法院(2021)京 73 民初 664 号民事判决书。

❸ 参见最高人民法院(2023)最高法知民终 2907 号民事裁定书。

❹ 凯因科技. 北京凯因科技股份有限公司关于诉讼进展暨收到撤诉裁定的公告 [EB/OL]. (2024-09-25) [2024-11-07]. https://www.sse.com.cn/disclosure/listedinfo/announcement/c/new/2024-09-25/688687_20240925_TU8P.pdf.

❺ 新浪财经. 丙肝治愈药没搞头了,吉利德选择撤诉凯因科技 [EB/OL]. (2024-09-25) [2024-11-07]. https://finance.sina.com.cn/jjxw/2024-09-25/doc-incqksve8158941.shtml.

《专利法》第 11 条规定："发明和实用新型专利权被授予后，除本法另有规定的以外，任何单位或者个人未经专利权人许可，都不得实施其专利，即不得为生产经营目的制造、使用、许诺销售、销售、进口其专利产品，或者使用其专利方法以及使用、许诺销售、销售、进口依照该专利方法直接获得的产品。"因此，以生产经营为目的是行为构成侵犯专利权的必要条件。换言之，不以生产经营为目的实施专利的行为，不构成侵犯专利权。如上所述，前药在体外实际并未落入母体药物的专利保护范围，但在患者体内才转化成专利保护的母体药物。而患者的目的并非以生产经营为目的，在国内不能被认定构成侵权，但是提供前药的医药企业是否构成帮助侵权或间接侵权，《专利法》没有对间接侵权作出明确规定。根据《民法典》第 1169 条第 1 款规定："教唆、帮助他人实施侵权行为的，应当与行为人承担连带责任。"《最高人民法院关于审理侵犯专利权纠纷案件应用法律若干问题的解释（二）》第 21 条规定："明知有关产品系专门用于实施专利的材料、设备、零部件、中间物等，未经专利权人许可，为生产经营目的将该产品提供给他人实施了侵犯专利权的行为，权利人主张提供者的行为属于民法典第 1169 条规定的帮助他人实施侵权行为的，人民法院应予支持。明知有关产品、方法被授予专利权，未经专利权人许可，为生产经营目的积极诱导他人实施了侵犯专利权的行为，权利人主张该诱导者的行为属于民法典第 1169 条规定的教唆他人实施侵权行为的，人民法院应予支持。"上述法条与司法解释为间接侵权或帮助侵权提供了法律依据。但是，从法理和早期司法实践的角度来看，间接侵权或帮助侵权往往应以直接侵权的存在为前提，但是前药在患者体内转化为侵权的化合物因不属于以生产经营为目的，故不能被认定为侵权。如果直接侵权并不存在，是否提供前药的医药企业就必然不构成侵权？结合最新的司法实践，这个问题似乎有了答案。在西电捷通诉索尼案的判决中❶，北京知识产权法院认为："一般而言，间接侵权行为应以直接侵权行为的存在为前提。但是，这并不意味着专利权人应该证明有另一主体实际实施了直接侵权行为，而仅需证明被控侵权产品的用户按照产品的预设方式使用产品将全面覆盖专利权的技术特征即可，至于该用户是否要承担侵权责任，与间接侵权行为的成立无关。"基于该案的实践，间接侵权可以不依赖直接侵权而单独认定，因此，如果前药在人体内转化成侵权的母体药物，前药的开发企业很可能面临构成侵权的风险。

同样，基于上述司法解释，关于医药中间体的侵权认定标准也已明确，如果某一中间体被证明是专门用于制造专利保护的产品时，则中间体的提供商将构成专利侵权。与此相关的案例可以参考诺华公司重庆新原兴药业有限公司（以下简称"新原兴公司"）伊马替尼专利侵权案，一审法院基于新原兴公司未能举证证明其生产的中间体除了用于制备伊马替尼和甲磺酸伊马替尼，还具有其他用途，进而认定相应中间体是生产专利保护产品的"专用品"，同时因为新原兴公司在其网站上也明确说明相应中间体

---

❶ 参见北京知识产权法院（2015）京知民初字第 1194 号民事判决书。

是制备伊马替尼和甲磺酸伊马替尼的中间体，进而认定新原兴公司构成间接侵权。然而，二审法院的观点与一审不同，鉴于新原兴公司提交了新证据证明相应中间体还有其他用途，从而否定了"专用品"的范畴，但是二审法院认为新原兴公司在网站上介绍了相应中间体可以用作制备伊马替尼和甲磺酸伊马替尼，而且在二审时才提供了相应中间体并非制备专利产品的"专用品"，进而认为在此之前新原兴公司并未意识到相应中间体的其他用途，而是完全将其用于制备伊马替尼，因此二审法院认为新原兴公司提供相应中间体的行为是为了诱导直接侵权行为的发生，从而构成间接侵权。❶❷

8.8.8 封闭式权利要求

除了上述几类较为特殊的诉讼，医药领域常常面临封闭式权利要求的侵权风险判断。

关于封闭式权利要求特征的侵权风险判断，主要可以依据《最高人民法院关于审理侵犯专利权纠纷案件应用法律若干问题的司法解释（二）》第7条"被诉侵权技术方案在包含封闭式组合物权利要求全部技术特征的基础上增加其他技术特征的，人民法院应当认定被诉侵权技术方案未落入专利权的保护范围，但该增加的技术特征属于不可避免的常规数量杂质的除外。前款所称封闭式组合物权利要求，一般不包括中药组合物权利要求。"因此，当专利权利要求采取封闭式撰写方式，例如采取"由……组成"方式限定的药物组合物权利要求，如果在包含权利要求全部技术特征的基础上，又增加了新的辅料组分，则不被认定为专利侵权。对于中药组合物权利要求的解释方法，原则上不适用上述规定，而应当审查被诉侵权产品增加的技术特征对于技术问题的解决是否产生实质性影响。该类诉讼可以参考山西振东泰盛制药有限公司与胡某某侵犯发明专利权纠纷案❸，该案涉案专利ZL200410024515.1（"注射用三磷酸腺苷二钠氯化镁冻干粉针剂及其生产方法"）权利要求2记载了"一种注射用三磷酸腺苷二钠氯化镁冻干粉针剂，其特征是：由三磷酸腺苷二钠与氯化镁组成，二者的重量比为100毫克比32毫克"，最高人民法院认为上述权利要求属于封闭式权利要求，为了维护社会公众对专利权利要求保护范围的信赖，在专利侵权诉讼程序中确定专利权的保护范围时，对于封闭式权利要求，一般应当解释为不含有该权利要求所述以外的结构组成部分或者方法步骤。

8.8.9 许诺销售

许诺销售，也称提供销售或为销售而提供。简言之，就是明确表示愿意出售某种产品的行为，例如以做广告、在商店橱窗中陈列或者在展销会上展出等方式作出销售

---

❶ 参见重庆市第一中级人民法院（2008）渝一中民初字第133号民事判决书。
❷ 重庆市高级人民法院（2008）渝高法民终字第230号民事判决书。
❸ 参见最高人民法院（2012）民提字第10号民事判决书。

商品的意思表示。

随着我国对药品审评制度的改革，创新药与仿制药在中国的审评速度得到快速提升，加快了创新药与仿制药的批准进程，进而出现了部分仿制药在原研化合物或其他登记在中国药品专利信息登记平台上的专利到期之前就获批上市的局面［按照《药品专利纠纷早期解决机制实施办法（试行）》，如果提交3类专利声明，在核心专利到期前可以获得有条件批准］。伴随上述问题的是，仿制药在原研药专利到期之前有可能获得上市生产批件。如果在各类药品招标信息网上进行了仿制药挂网，在承诺专利到期前不销售的情况下，是否构成专利法意义上的许诺销售？这一问题也成为原研药企业与仿制药企业争议的焦点。对于原研药企业来说，挂网即是做好销售准备，随时存在侵权可能，希望仿制药企业在专利到期之时才能提交挂网申请。对于仿制药企业来说，一方面，挂网需要经过资料提交、资质审核、公示等环节，如果在专利到期之日启动挂网，必然导致专利到期之时仍无法第一时间销售仿制药。另一方面，挂网只是对外展示仿制药公司的相应产品已经符合准入要求，在条件具备时（例如风险专利到期之时）才会进行销售。但是，在山德士（中国）制药有限公司与江苏豪森药业侵害发明专利权纠纷案中，最高人民法院首次明确仿制药企业在被仿制药专利权保护期内通过地方药品集中采购平台向相关地方药品集中采购部门提交企业及药品资质证明材料的申报行为，构成专利法意义上的许诺销售行为，依法应当承担侵权责任。江苏豪森药业在该案中还提出即使涉案申报挂网的行为构成许诺销售行为也应适用《专利法》（2008年修正）关于药品和医疗器械审批例外规定豁免责任的主张。最高人民法院认为，该条款所调整的行为是为提供行政审批所需要的信息，为自己申请行政审批而实施的"制造、使用、进口"行为，以及专门为前一主体申请行政审批而实施的"制造、进口"行为。最高人民法院认为，在《专利法》（2008年修正）引入药品和医疗器械行政审批例外条款之前，许诺销售行为早已为《专利法》（2000年修正）时所引入并与制造、销售等行为并列规定为一种独立的侵权行为方式，立法者显然并无将许诺销售行为纳入该例外适用范围之考虑，或者说立法者已有意将许诺销售行为排除出该例外条款的适用范围，这一问题不再属于司法机关可以自由裁量的范畴。综上可知，立法历程和司法实践均明晰了医药产品集中采购领域中仿制药企业的行为边界。

但是，对于企业申请药品名称进入医保目录的行为是否构成专利法意义的许诺销售，这一问题在❶默沙东公司与东阳光药的西格列汀复方专利侵权案中有了答案。东阳光药对西格列汀的单方和复方进行了研发，并于2020年获得了磷酸西格列汀片单方和西格列汀二甲双胍片（Ⅲ）（复方）的生产批件，随后，东阳光药申报将西格列汀二甲双胍片（Ⅲ）纳入2020年医保目录，此时西格列汀的化合物专利尚未到期。2020年9月18日，国家医疗保障局公示了《2020年国家医保药品目录调整通过形式审查的申

---

❶ 参见最高人民法院（2022）最高法知民终第1062号、第1194号民事判决书。

报药品名单》，其中包括了东阳光药的西格列汀二甲双胍片（Ⅲ）。默沙东公司认为东阳光药申报西格列汀二甲双胍片（Ⅲ）纳入医保目录的行为构成专利法意义上的许诺销售行为。最高人民法院经审理后认为医保目录的制定和调整自始至终不涉及药品购买行为，国家医疗保障局并非药品交易的市场主体。由于受到制定和调整医保目录的制度目的和行为性质的限制，申报药品通用名纳入医保目录的企业难以向国家医疗保障局作出销售商品的具体意思表示。由于医保目录采用通用名管理，企业申报行为不构成直接销售商品的具体意思表示，亦不属于为使产品投入流通、实现产品商业化进行准备而作出的意思表示。医保局的公示所显示的也仅是药品通用名而非申报企业名称，公众仅依据公示内容无法直接获知具有该通用名的药品来源，申报企业难以通过该公示行为获得宣传推广其产品的效果。因此，申报企业无法通过其申报行为达到许诺销售的效果。综上，申报药品纳入医保目录的行为并非以向国家医疗保障局销售商品为直接目的，申报者难以向国家医疗保障局作出直接销售商品的具体意思表示，无法达到许诺销售的效果，故不属于许诺销售行为。据此，最高人民法院认为，默沙东公司的主张缺乏充分的事实和法律依据，东阳光药的行为不构成侵权，最终驳回上诉、维持原判。

8.8.10 药品专利纠纷早期解决机制下的专利诉讼

在美国，药品专利链接制度是指，仿制药注册审批过程与原研药专利的"链接"。一是原研药与其相关专利的链接；二是药品审批部门作出仿制药是否上市的审批决定与仿制药和原研药专利法律关系的链接。药品专利链接制度实际上是一种药品专利纠纷的早期解决机制，即将仿制药上市后可能引发的专利纠纷提前到审批阶段予以解决。

随着我国 2020 年修正《专利法》的实施，以及《药品专利纠纷早期解决机制实施办法（试行）》、《最高人民法院关于审理申请注册的药品相关的专利权纠纷民事案件适用法律若干问题的规定》和《药品专利纠纷早期解决机制行政裁决办法》的实施地，药品专利纠纷早期解决机制下的专利诉讼成为原研药企业和仿制药企业新的博弈点。

2022 年 8 月 5 日，最高人民法院审结了我国首例涉及的药品专利纠纷早期解决机制的"艾地骨化醇软胶囊"诉讼案。❶ 最高人民法院在该案中所体现的裁判要点值得关注。

第一，涉案专利权被宣告无效后，对药品专利纠纷早期解决机制的诉讼实体审理的影响。最高人民法院认为，为兼顾效率和公平，若经对比，申请上市药品的相关技术方案和涉案专利属于不同的技术方案，即使涉案专利权被宣告全部无效或登记的权利要求被宣告无效，法院也不需要中止诉讼或者先行裁驳，可以径行作出确认不落入专利权保护范围的判决。若经对比，申请上市药品的相关技术方案和涉案专利属于相

---

❶ 参见最高人民法院（2022）最高法知民终第 905 号民事判决书。

同的技术方案，由于涉案专利权被宣告全部无效或登记的权利要求被宣告无效的决定被生效的行政判决撤销后，专利权人还可通过发起普通专利侵权之诉对自身权利进行救济。因此，法院可以中止诉讼或者先行裁驳。

第二，仿制药申请人专利声明的要求及其法律责任。最高人民法院认为，如果被仿制药品对应着专利独立权利要求，仿制药申请人应当针对独立权利要求作出声明；当被仿制药品所对应的保护范围最大的权利要求存在两个或者两个以上时，仿制药申请人针对该两个或者两个以上独立权利要求作出声明，才能保证声明的真实性和准确性。针对未履行通知义务的行为，其明显不当。但专利声明的不当之处，并未对专利权人的实体和诉讼权利造成不利影响。

第三，仿制药技术方案的确定。最高人民法院认为，在判断仿制药的技术方案是否落入专利权保护范围时，原则上应以仿制药申请人的申报资料为依据进行比对评判。如果仿制药申请人实际实施的技术方案与申报技术方案不一致，其需要依照药品监督管理相关法律法规承担法律责任；如果专利权人或利害关系人认为仿制药申请人实际实施的技术方案构成侵权，亦可另行提起侵害专利权纠纷之诉。

第四，"捐献规则"和"禁止反悔规则"的竞合。最高人民法院认为，由于仿制药申请人以专利权人修改权利要求的行为主张适用禁止反悔规则，以作为修改结果的专利文本主张适用捐献规则，故首先基于专利权人对权利要求的修改对本案是否应当适用禁止反悔规则作出评判。可见，最高人民法院认可了仿制药申请人同时主张"捐献规则"和"禁止反悔规则"进行抗辩。

药品专利纠纷早期解决机制下的专利诉讼是专利权人和仿制药申请人就药品专利纠纷的解决办法之一。其除了和普通侵害专利权纠纷之诉在侵权判定上存在相同之处，还与化学仿制药注册申请行为密切相关。除此之外，药品专利纠纷早期解决机制下的专利诉讼相较普通侵害专利权纠纷之诉在举证责任的分配上也独具特点。由于仿制药自身的特殊性，即其是与原研药具有相同的活性成分、剂型、给药途径和治疗作用的药品，因此在药品专利纠纷早期解决机制下的专利诉讼中，在专利权人完成了专利登记以及证明登记专利与获批上市原研药具有对应关系的举证责任后，仿制药申请人即负有证明申请注册的药品相关技术方案不落入涉案专利保护范围的举证责任。虽然该诉讼和普通侵害专利权纠纷之诉在比对对象和举证责任上存在些许差别，但无论是二者和专利无效宣告请求程序之间的关系，还是比对的基本原则，抑或是抗辩策略等方面均具有相似性。

药品专利纠纷早期解决机制下的专利诉讼和普通侵害专利权纠纷之诉均是药品专利纠纷解决体系的有机部分之一。该诉讼只是对普通侵害药品专利权纠纷之诉的补充，其无法达到完全替代的作用。其给原研药企业和仿制药企业均带来了新的机遇和挑战。对于原研药企业而言，药品专利纠纷早期解决机制下的诉讼进一步丰富了其维权手段和信息收集方式，可以使其更明确地知晓仿制药的申报节点和技术方案，便于后续可能的维权证据收集。但同时也对原研药专利布局和专利质量提出了更高的要求。对于仿制药企业而言，药品专利纠纷早期解决机制赋予了其 12 个月的市场独占期，丰富了其信息收集方式，有助于了解原研药和其他仿制药的技术方案。并且由于药品专利纠纷早期解决机制下的专利诉讼生效判决存在既判力，因此有助于减少仿制药上市后的诉累，但也对仿制药技术创新和技术规避提出了更高的要求，使仿制药获得上市的难度进一步提高，上市策略变得更复杂。

8.9 诉讼信息检索与案例分析工具

对于行业从业人员来说，关注并了解行业曾经的经典指导案例，以及最新的审查、审判标准是保持专业知识先进性的需要。因此，医药企业知识产权部人员往往需要利用众多途径来检索和跟踪相应的案例。下面主要介绍一些常用的、较为权威的行业信息检索来源。

（1）中国裁判文书网。

中国裁判文书网（网址为 http：//www.wenshu.court.gov.cn）是由最高人民法院依照《最高人民法院关于人民法院在互联网公布裁判文书的规定》，在互联网上建立的集权威、规范、便捷于一体的全国法院规范、统一的裁判文书专业网站，也是全国四级法院裁判文书统一发布的技术平台。自 2014 年 1 月 1 日起，除法律规定的特殊情形外，各法院发生法律效力的判决书、裁定书、决定书一般均应在互联网公布。2020 年 9 月 1 日，中国裁判文书网对访问方式进行了升级，访问用户需通过手机号码验证的方式进行注册，注册登录后，可以照常进行文书查询、下载等操作。因此，对于 2014 年后已判决的案件，可通过中国裁判文书网免费查询到。目前，绝大部分最新判决的知识产权类案件都可以通过该网站检索获得。

（2）人民法院案例库。

2024 年 2 月 27 日，最高人民法院宣布人民法院案例库（网址为 http：//rmfyalk.court.gov.cn）正式上线并向社会开放，也可以从最高人民法院官网首页的"人民法院案例库"图标直接点击进入。据统计，目前人民法院案例库入库案例达到 3711 件。其中，刑事案例共 1453 件，占比 39.15%；民事案例共 1643 件，占比 44.27%；行政案例共 405 件，占比 10.91%；国家赔偿案例共 23 件，占比 0.62%；执行案例共 187 件，占比 5.04%。人民法院案例库收录的是经最高人民法院审核认为对类案具有参考示范价值的权威案例，包括指导性案例和参考案例。建设人民法院案例库，经过最高人民法院统一审核把关，编发对类案办理具有参考示范价值的权威案例，逐步覆盖各类案由和罪名、各种疑难复杂法律适用问题，能够给法官办案提供更加权威、更加规范、更加全面的指引。对于行业从业人员来说，中国裁判文书网与人民法院案例库互为补充。

(3) 北大法宝。

北大法宝（网址为 http：//www.pkulaw.cn）是由北京大学法制信息中心与北大英华科技有限公司联合推出的智能型法律信息一站式检索平台，是律师和法学院较为常用的一个商业网站。北大法宝包括"司法案例""法律法规""律所实务""法学期刊""专题参考""英文译本""刑事法宝"和"法宝视频"八大检索系统，全面涵盖法律信息的各种类型。北大法宝独创了法规条文和相关案例等信息之间的"法宝联想"功能，能直接印证法规案例中引用的法律法规和司法解释及其条款，还可链接与本法规或某一法条相关的所有法律、法规、司法解释、条文释义、法学期刊、案例和裁判文书。

(4) 美国联邦巡回上诉法院。

美国联邦巡回上诉法院（网址为 http：//www.cafc.uscourts.gov/opinions-orders）于1982年成立，属于美国联邦法院系统，是13个巡回上诉法院之一。该法院最为人熟悉的职能是作为对侵权诉讼、专利确权的专属上诉法院。它受理来自 USPTO 的关于专利审查案件、美国联邦地区法院专利侵权案件和来自美国国际贸易委员会的"337调查"案件的上诉，每年大约有1/3的案件涉及专利，其中该法院关于专利案件的许多重要判决在美国专利制度的发展中起到了极其重要的作用，该网站也会将其最新的、具有重大影响的案例在网站上免费公开。

(5) 欧洲专利局上诉委员会案例。

欧洲专利局上诉委员会（Boards of Appeal，BOA，网址为 http：//www.epo.org/law-practice/case-law-appeals/recent.html），是欧洲专利局程序中的第一个也是最后一个司法程序，其决定是独立的并且仅受欧洲专利公约（EPC）约束。欧洲专利局上诉委员会主要审理不服欧洲专利局针对欧洲专利申请和欧洲专利所作决定而提出的上诉。欧洲专利局上诉委员会将其最新作出的专利判例在网上免费公开，甚至会定期汇编判例集（Case Law of the Boards of Appeal）供公众学习了解，目前已经发行到第11版。

(6) 其他。

其他的数据库有 Lex Machina（网址为 https：//law.lexmachina.com/）、Darts-IP（网址为 https：//app.darts-ip.com/darts-web/login.jsf）、威科先行（网址为 https：//law.wkinfo.com.cn/）等。

第 9 章

医药企业IPO上市过程中的知识产权

上市公司是指其股票在证券交易所上市交易的股份有限公司。❶ 能够发行股票的企业是发行人的一种，因此上市公司又被称为"发行人"。股票发行是指符合条件的发行人按照法定程序向投资人出售股份、募集资金的过程。❷ 我国的股票发行主要采取公开发行并上市的方式。根据发行主体的不同，股票发行分为首次公开发行和上市公司增资发行。

首次公开募股简称"首发"（initital public offerings，IPO）是拟上市公司首次在证券市场公开发行股票募集资金并上市的行为。通过首次公开发行，发行人不仅募集到所需资金，而且完成了股份有限公司的设立或转制，成为上市公司。❸ 我国最初设立沪、深证券交易所时，只有为大中型企业服务的主板市场，2003 年提出设立多层次资本市场，2004 年增设中小板，2009 年增设创业板，2012 年成立全国中小企业股份转让系统（以下简称"新三板"）。2018 年 11 月，习近平主席在首届中国国际进口博览会开幕式上宣布设立科创板。

9.1 医药企业 IPO 可选板块

除了上述几个境内板块，医药企业 IPO 也可选择境外上市。需要特别说明的是，

---

❶ 国家市场监督管理总局. 中华人民共和国公司法（2018 修正）[EB/OL]. (2019-07-19) [2020-04-21]. http://gkml.samr.gov.cn/nsjg/xyjgs/201907/20190719_304991.html.

❷ 股票发行市场的概念是什么？特点是什么 [EB/OL]. (2019-07-26) [2019-08-07]. http://www.southmoney.com/gupiao/cpbd/201907/3481598.html.

❸ 邱丽，殷磊刚. 公司上市操作实务与图解 [M]. 北京：法律出版社，2017.

2018年4月底,香港联合交易所(以下简称"联交所")发布新修订的《主板上市规则》(新增第18A章),首次允许处于研发阶段、尚未产生收益或盈利的生物医药企业在香港主板上市。该制度创新性地为未达到传统财务指标要求的生物医药企业开辟了专属上市通道,此类企业股票代码后加挂字母B特殊标识以区分风险特征。此后,一批国内未盈利的生物医药类企业相继赴港上市。截至2025年6月,已在联交所主板上市的未盈利生物医药企业有32家,分别是歌礼制药－B、百济神州－B、华领医药－B、信达生物－B、君实生物－B、基石药业－B、康希诺生物－B、迈博药业－B、复宏汉霖－B、亚盛医药－B、东曜药业－B、中国抗体－B、诺诚健华－B、和铂医药－B、加科思－B、腾盛博药－B、科济药业－B、创胜集团－B、三叶草生物－B、乐普生物－B、瑞科生物－B、药明巨诺－B、和誉－B、鹰瞳科技－B、堃博医疗－B、心玮医疗－B、微创脑科学－B、微创机器人－B以及2025年新增的药捷安康－B、瑞吉生物－B、科伦博泰－B和宜明昂科－B。这些企业的共同特点是:①多数企业注册在粤港澳大湾区,平均设立年限不足10年;②未有产品上市销售或已上市药品的销售收入不能覆盖经营成本等支出,处于净亏损状态;③公司的价值体现在研发产品管线,投资者对未来产品的市场潜力给予较高预期;④核心产品均具有较高的知识产权和技术壁垒,产品未来上市具备一定期限的市场独占期。另外,上述公司上市后满足《主板上市规则》第8.05条规定的任意一项测试要求,即可申请移除"－B"后缀。截至2025年6月,已成功移除"－B"后缀的公司有信达生物、百济神州、君实生物、复宏汉霖、诺诚健华和康希诺生物。

生物医药企业在沪深主板、中小板、创业板、新三板、科创板或香港主板上市,知识产权均作为重要的上市条件。本章以主板上市要求为主,探讨医药企业IPO上市过程中的知识产权实务,对中小板、创业板、新三板具有借鉴意义,尤其对于与生物医药领域密切相关的于2020年3月20日,由中国证券监督管理委员会(以下简称"证监会")发布并试行的《科创属性评价指引(试行)》中与知识产权有关的要求,本章将进行具体分析。

根据《首次公开发行股票并上市管理办法》的规定,凡拟在境内首次公开发行股票的股份有限公司在IPO申请前,应当按照中国证监会的规定聘请辅导机构,按照规定的辅导程序进行辅导。同时,保荐人及其保荐代表人应当遵循勤勉尽责、诚实守信的原则,认真履行审慎核查和辅导义务,并对其所出具的发行保荐书的真实性、准确性、完整性负责。

辅导机构也称中介机构,包括保荐机构、律师事务所、会计师事务所和资产评估机构(如有需要)。企业IPO上市过程依次包括聘请中介机构、开始尽职调查、改制与设立、辅导及备案、申请文件制作与准备、保荐机构内核、企业申报、证监会受理、预先披露、问询及审核(反馈会、见面会、初审会、发审会、会后事项)、路演询价及定价、股票发行与上市。

9.2 公司上市的重要条件

在企业 IPO 上市过程中，需要获得两个重要的批文：一是需要向证监会提出首次公开发行申请，获得证监会的批文；二是发行完毕后向交易所提出股票上市的申请，获得交易所的批文。其中，在申请第一个批文时，应当符合 2018 年 6 月 6 日中国证监会发布施行的《首次公开发行股票并上市管理办法》的规定，其中涉及知识产权的主要条款有：

第 10 条，……发行人的主要资产不存在重大权属纠纷。

第 28 条，发行人不存在重大偿债风险，不存在影响持续经营的担保、诉讼以及仲裁等重大或有事项。

第 30 条，发行人不得有下列影响持续盈利能力的情形：……（五）发行人在用的商标、专利、专有技术以及特许经营权等重要资产或技术的取得或者使用存在重大不利变化的风险。

第 42 条，发行人应当在招股说明书中披露已达到发行监管对公司独立性的基本要求。

关于独立性，2016 年 1 月 1 日实施的《公开发行证券的公司信息披露内容与格式准则第 1 号：招股说明书（2015 年修订）》第 51 条规定，发行人应披露已达到发行监管对"资产、人员、财务、机构、业务"五个方面的独立性要求，俗称发行人"五独立"。

可见，知识产权作为重要资产和可能发生纠纷的主要领域，在 IPO 上市过程中对于判断"公司独立性"和"持续盈利能力"方面具有重要作用。

9.2.1 公司独立性

独立性是指发行人应当在上述五个方面独立于控股股东、实际控制人及其控制的其他企业。从规范的难度来看，"五独立"中相对容易规范的是"人员、财务和机构"，经过中介机构的一般性辅导基本都能达到要求，而资产独立和业务独立则具有一定的专业性和复杂性。

《公开发行证券的公司信息披露内容与格式准则第 1 号：招股说明书（2015 年修订）》第 51 条对独立性的基本要求进行了详尽具体的阐述。其中，资产完整（即资产独立性）是指：生产型企业具备与生产经营有关的主要生产系统、辅助生产系统和配套设施，合法拥有与生产经营有关的主要土地、厂房、机器设备以及商标、专利、非专利技术的所有权或者使用权，具有独立的原料采购和产品销售系统；非生产型企业具备与经营有关的业务体系及主要相关资产。

上市公司通常包括上市主体公司及其成员公司，通常表现为一个集团公司附带多个下属公司,也称"上市体系"。如果控股股东或者实际控制人未将与企业主营业务相关的知识产权投入上市体系内,则不可避免地会产生关联交易,证监会要求资产完整,实际上是从根本上杜绝关联交易的发生。

9.2.2 持续盈利能力

对于持续盈利能力,证监会及保荐机构通常从"资产完整性"和"核心竞争力"两个方面进行审查。核心竞争力是指能够使企业的一项或多项业务达到所属领域内一流水平的技能和知识的集合。核心竞争力是具有持续盈利能力的重要条件,是企业具有高成长性的体现,同时也是投资人判断企业是否具有投资价值的重要因素。对企业核心竞争力的审查包括企业所处行业的发展前景、企业的行业地位以及企业的技术竞争力,而保障技术竞争力的要件是"企业的技术创新能力"和"完善的知识产权保护制度",二者缺一不可。

9.2.3 科创板的知识产权要求

2018年11月,习近平主席提出设立科创板。2019年3月1日,中国证监会正式发布了"设立科创板并试点注册制"的主要制度规则,随后上海证券交易所(以下简称"上海证交所")连续发布了实施"设立科创板并试点注册制"相关业务规则和配套指引,2019年6月13日正式开板时申报企业已达到123家,从这些企业的分布来看,主要集中在新一代信息技术、生物医药和高端装备产业。

2020年3月20日,证监会公布并实施了《科创属性评价指引(试行)》(以下简称《科创评价指引》),明确了科创属性评价指标体系采用"常规指标+例外条款"的结构,包括3项常规指标和5项例外条款。此后分别于2021年4月16日、2022年12月30日、2023年8月10日和2024年4月30日进行了四次修正。经过四次修正的《科创评价指引》提高了对科创板拟上市企业的研发投入、发明专利数量及营业收入复合增长率要求。其中,将最近三年研发投入金额由"累计在6000万元以上"调整为"累计在8000万元以上";将"应用于公司主营业务的发明专利5项"调整为"应用于公司主营业务并能够产业化的发明专利7项以上";将最近三年营业收入复合增长率由"达到20%"调整为"达到25%"。在知识产权方面,除了发明专利数量增加2项外,还强调了"能够产业化"的要求。

第四次修正后的《科创评价指引》包括4项常规指标和5项例外条款(即"4+5"结构)。申报科创板上市的企业如果同时符合4项常规指标,即可认为具有科创属性;如果未达到前述4项常规指标,但满足5项例外条款中的任意一项,也可认为具有科创属性。

《科创评价指引》规定的4项常规指标分别为:

(1) 最近三年研发投入占营业收入比例5%以上,或最近三年研发投入金额累计在

8000万元以上；

（2）研发人员占当年员工总数的比例不低于10%；

（3）应用于公司主营业务并能够产业化收入的发明专利7项以上；

（4）最近三年营业收入复合增长率达到25%，或最近一年营业收入金额达到3亿元。

《科创评价指引》规定的5项例外条款分别为：

（1）发行人拥有的核心技术经国家主管部门认定具有国际领先、引领作用或者对于国家战略具有重大意义；

（2）发行人作为主要参与单位或者发行人的核心技术人员作为主要参与人员，获得国家科技进步奖、国家自然科学奖、国家技术发明奖，并将相关技术运用于公司主营业务；

（3）发行人独立或者牵头承担与主营业务和核心技术相关的"国家重大科技专项"项目；

（4）发行人依靠核心技术形成的主要产品（服务），属于国家鼓励、支持和推动的关键设备、关键产品、关键零部件、关键材料等，并实现了进口替代；

（5）形成核心技术和应用于主营业务，并能够产业化的发明专利（含国防专利）合计50项以上。

可见，根据《科创评价指引》规定发明专利数量作为4项常规指标之一，说明发明专利对于科创属性的判断具有决定性作用。另外，通过5项例外条款来看，即使企业不能够同时符合4项常规指标的要求，也可以只通过《科创评价指引》规定的5项例外条款中的第（5）项"形成核心技术和应用于主营业务，并能够产业化收入的发明专利（含国防专利）合计50项以上"来体现科创属性。

值得注意的是，第一，上述指标规定的发明专利数量为授权发明专利，发明专利处于申请阶段、实用新型和外观设计专利均不符合要求。第二，除了发明专利应当授权，还规定了发明专利与主营业务的对应性，即发明专利能够应用于主营业务。第三，发明专利能够产业化，《2023年中国专利调查报告》提到了专利产业化的定义，专利产业化是指将专利用于生产出专利产品并投放市场的行为。对于第一点，《科创评价指引》并没有规定必须是中国授权专利，企业拥有的外国授权专利是否符合指标要求，以及分案申请或者基于同一优先权基础的不同国家的同族专利应按一件专利计算还是按多件专利计算，有待进一步解释。对于第二点和第三点，如何判断形成核心技术或主营业务收入与发明专利相对应，以及如何评价发明专利产业化的可能性，还有待实践中进一步明确。例如：专利保护的化合物结构与形成核心技术或主营业务收入的化合物结构不一致是否符合《科创评价指引》的要求；中药保护的处方或工艺与形成主营业务收入药品的国家药品标准不一致是否符合《科创评价指引》的要求。但可以确定的是，发明专利不仅是企业实现科创板上市的必要条件，而且为意欲在科创板上市的企业提供了一条捷径,这凸显出发明专利对科创板上市的决定性作用。

9.2.4 未盈利生物医药企业 IPO

处于创新研发阶段的生物医药企业,资金需求大,但又无产品上市,多处于非营利状态。盈利门槛是 IPO 无法越过的问题,随着香港联交所、科创板新政的实施,未盈利的生物医药企业有了上市可能。

香港联交所于 2018 年 4 月修订主板上市规则,新增第 18A 章《生物科技公司》,允许未有收入、未有利润的生物科技公司提交上市申请;上交所于 2019 年 3 月出台《上海证券交易所科创板股票上市规则》,也直接向未盈利生物医药企业开放。从主体、市值、经营期限、产品要求、业务运营稳定性、外部投资、营运资金等方面,可以比较上交所及香港联交所规则中对尚未实现盈利生物医药企业所需具备的上市条件,具体如表 9-2-1 所示。

表 9-2-1 上交所和香港联交所上市条件对比

对比事项	科创板	香港联交所主板
主体	科创企业	生物科技公司
市值	预计市值不低于人民币 40 亿元	上市时的市值至少达 15 亿港元
经营期限	持续经营 3 年以上	上市前至少 12 个月内一直从事核心产品的研发
产品要求	至少有 1 项核心产品获准开展 II 期临床试验	至少有一项核心产品已通过概念阶段
稳定性	两年内主营业务和董事、高级管理人员及核心技术人员均未发生重大不利变化;近两年实际控制人没有发生变更	在上市前已由大致相同的管理层经营现有的业务至少 2 个会计年度
外部投资	要求保荐机构相关子公司进行跟投,参与发行人首次公开发行战略配售	在建议上市日期的至少 6 个月前已获至少 1 名资深投资者提供相当数额的第三方投资(不只是象征式投资),且至进行首次公开招股时仍未撤回投资
营运资金等	未作明确规定	申请人应有充足的营运资金,足可应付首次公开发行后 12 个月内所需资本要求的至少 125%

科创板的上市规则在适用的行业范围上更加广泛,但是对生物医药企业的市值、核心产品要求或经营期限等方面均要高于香港联交所的主板上市规则。香港联交所、上海科创板均为生物医药企业的融资提供了新的渠道,生物医药企业可以根据自身发

展特点,在香港联交所和上海科创板之间进行选择,争取更好的资本市场发展机遇。

【案例 9-1】 江苏康宁杰瑞生物制药有限公司

概况:2019 年 7 月 15 日中国领先临床阶段生物制药公司——江苏康宁杰瑞生物制药有限公司(以下简称"康宁杰瑞")向香港联交所提交港股上市申请,是第 17 家向香港联交所递交 IPO 申请书的生物科技企业。康宁杰瑞在双特异性及蛋白质工程方面拥有全面整合的专有生物制剂平台,申请 IPO 时拥有 20 余个有关肿瘤学及免疫学的生物制剂项目,申请专利 100 余件。研发进度最快的药品 PD-L1 抑制剂 KN035 处于Ⅲ期临床阶段。

据报道,康宁杰瑞 2017 财政年度、2018 财政年度及 2019 年第一财政季度的收入分别为 142.8 万元、-905 万元及 -474.3 万元,净利润分别为 -6482.6 万元、-2.03 亿元及 -3312.1 万元,在产品上市之前,康宁杰瑞无法实现盈利。此次 IPO 募资的主要用途之一是核心产品 KN046、KN026、KN019 的研发及商业化,包括多种适应证临床试验以及后续招聘商业化人员及搭建销售渠道。

【案例 9-2】 信达生物

概况:信达生物是一家专注于研发单克隆抗体新药的生物制药公司,2018 年 10 月 31 日在香港联交所主板挂牌上市。上市时信达生物已建立起一条包括 17 个新药品种的产品链,覆盖肿瘤、眼底病、自身免疫性疾病、心血管病等四大疾病领域。其四大核心产品新型 PD-1 抗体信迪利单抗 IBI-308 与 3 个生物类似药(IBI-301、IBI-303、IBI-305)已进入中国临床研发后期阶段。

据报道,信达生物在 2016 年、2017 年分别亏损 5.44 亿元、7.16 亿元;2018 年上半年,再度亏损 5760 万元。信达生物在此次 IPO 中募集约 33 亿港元,其中 65% 拟用于公司四大核心产品,25% 拟用于拨资正在进行及计划中的候选药物的临床试验、注册备案准备事宜及潜在的商业化推出(销售及市场推广),10% 拟用作营运资金及一般公司用途。

启示:企业有产品处于研发过程中且拥有知识产权,即使没有产品上市,没有盈利,也可以申请 IPO 上市。

9.2.5 企业 IPO 被否原因统计

2018 年全年共有 185 家企业上会(主板),其中 111 家企业成功过会,比 2017 年下降约 20%;59 家企业被否,被否率超过 31%;被否的 59 家企业中,上交所主板有 27 家,深圳证券交易所中小板 6 家,深圳证券交易所创业板 26 家。❶

---

❶ 2018 年 59 家 IPO 企业被否原因汇总 [EB/OL]. (2018-12-28) [2019-08-07]. http://www.sohu.com/a/285163028_99940846.

从2018年全年IPO被否企业的反馈意见来看，证监会股票发行审查委员会（以下简称"发审委"）主要关注的前十大问题分别为毛利率（63问）、关联关系（36问）、关联交易（29问）、技术及核心竞争力（22问）、应收账款（20问）、股权转让问题（19问）、内控制度（19问）、客户关系（19问）、合法合规（19问）、存货库存（18问）。其中，"技术及核心竞争力"被问询22次，其重点关注：①发行人是否具有核心技术，核心技术是否具有知识产权；②发行人是否存在侵犯他人知识产权的情况；③核心技术是否具有完整性和独立性；④技术研发人员配置、薪酬情况等与核心技术研发需求的匹配程度；⑤主要竞争对手是否拥有相同的技术，核心技术是否存在被其他技术替代、淘汰的风险。❶

2023年度IPO首发上会企业共计299家（二次上会企业按最终结果统计），其中，279家通过（同比下降47%），12家被否，4家暂缓，4家暂缓后撤回。2023年IPO整体通过率为93%，如表9-2-2所示。

表9-2-2 2023年度通过各上市板首发上会企业数量统计　　　　　单位：家

上市板	通过	未通过	暂缓	暂缓后撤回	企业总数	通过率
沪主板	52	1	1	0	54	96%
深主板	33	1	0	0	34	97%
创业板	100	6	1	1	108	93%
科创板	30	2	1	1	34	88%
北交所	64	2	1	2	69	93%
总计	279	12	4	4	299	93%

2023年科创板IPO上会企业共计34家，其中，30家通过，2家被否，1家暂缓审议，1家暂缓后撤回。从科创板上会的33家企业的问询问题梳理发现：科创板IPO企业的板块定位和科创属性相关问题被重点关注。其中，有19家企业被问询涉及创新性、核心技术先进性以及竞争优势等问题，占比58%，问询频次最高，其重点关注：①主要产品或核心技术的先进性、主要技术壁垒和市场竞争优势如何体现；②保持核心技术先进性、提升竞争力和业绩持续增长的具体措施；③如何确保科技创新能力、独立持续研发能力和持续经营能力；④核心技术的研发是否与客户存在质量纠纷或合同纠纷；⑤研发费用投入是否与同行业公司存在显著差异。

值得关注的是，2023年创业板IPO上会企业家数共计108家，其中，100家通过，6家被否，1家暂缓审议，1家暂缓后撤回。从创业板上会的108家企业的问询问题梳理发现：企业的经营业绩、研发、板块定位相关问题被重点关注，其中有3家企业被

---

❶ 2018年IPO申报企业被否案例全集及反馈意见分析［EB/OL］．（2019-01-26）［2019-08-07］．http：//www.360doc.com/content/19/0126/11/48421311_811379605.shtml.

明确指出未决知识产权诉讼、诉讼风险、技术未申请专利的原因等问题。

综上,知识产权作为企业资产的重要组成部分,知识产权管理作为企业核心竞争力的重要审查事项,二者结合能够反映企业的核心竞争力。所以,二者在证监会、保荐机构审核要求中处于非常重要的地位,在投资者选择判断是否投资时也起着非常重要的作用。

9.3 上市筹备与尽职调查

9.3.1 上市筹备工作组的构成

IPO 是一项系统工程,需要企业选择合适的中介机构与企业内部员工通力合作完成上市全部过程。总体来说,保荐机构负责全局工作,律师事务所负责法律方面工作,会计师事务所负责财务审计工作,资产评估机构负责上市过程中的资产评估工作。因为 IPO 工作在具体实施过程中涉及的公司业务比较全面,需要各个部门协调配合,所以企业内部通常会成立 IPO 工作组,由工作组负责与上述中介机构沟通,并协调企业内部落实执行。由于证监会对发行人有"资产、人员、财务、机构、业务"五个方面的独立性要求,IPO 工作组成员至少应当包括这五个方面的负责人。

知识产权是企业资产的重要组成部分,且对"财务独立"和"业务独立"能够产生影响,知识产权工作虽然与技术和法律相关,不同企业知识产权管理部门的隶属管理关系也不尽相同,但不可否认的是,知识产权具有较强的专业性,所以 IPO 工作组通常需要知识产权管理人员参与构成。

另外,为了降低因企业员工高调宣传招惹竞争对手或专利流氓在 IPO 申报审核过程中发起知识产权诉讼的可能性,企业领导层通常希望 IPO 工作组都是"靠谱"的员工,而知识产权管理部门掌握着企业的技术信息和法律信息,是认为的"靠谱"部门,这也是知识产权管理人员作为 IPO 工作组成员的原因之一。

9.3.2 尽职调查中的知识产权工作

9.3.2.1 尽职调查概述

尽职调查发生在投资、收购、IPO 等众多商业活动中。IPO 尽职调查,是指中介机构对首次公开发行证券的企业(发行人)法律情况、财务情况、经营情况等进行全面调查,在充分了解和厘清发行人(含其成员企业)的详细情况之后,判断公司经营状况、面临的风险以及存在的问题,进而根据证监会对上市公司的审核要求帮助企业进行改正,努力使企业符合股票发行监管的要求,顺利上市。因此,IPO 尽职调查是中介机构为发行人符合《中华人民共和国证券法》(以下简称《证券法》)等法律法规及中国证监会规定的发行条件核验和查找充分理由的过程,也是确保发行人的申请文件和公开发行募集文件真实、准确、完整的过程。尽职调查工作贯穿IPO上市过程的始终,但主要工作集中在初步尽职调查之后且改制重组之前,并且,中介机构在审查企业提供的文件资料后,从中选取审查对象还需到企业内部进行现场审查。

开展IPO尽职调查的中介机构根据相关行业的规定和主管机关的要求独立进行尽职调查。各中介机构中,保荐机构是尽职调查工作的主要责任人,除需独立尽职调查外,还需复核其他中介机构专业意见的具体内容。❶ 企业的IPO上市筹备工作组则需要与多方中介机构对接,根据不同中介机构的要求提供不同的资料。需要注意的是,为了使中介机构全面清楚地了解企业情况,企业应当对中介机构所列尽职调查清单的所有问题予以答复,有附件文件的积极提供,没有相应文件的应当具体说明理由,以便于中介机构准备符合证监会真实性、准确性、完整性要求的申请材料。

需要说明的是,不同商业目的的商业活动,其尽职调查内容也有所不同,对知识产权的调查要求也大不相同。IPO尽职调查是满足企业IPO要求的调查,跟主要以知识产权或专有技术作为标的物的投资、收购、出资等活动的尽职调查相比,IPO尽职调查对知识产权的要求相对较低。

9.3.2.2 初步尽职调查涉及的知识产权工作

企业与中介机构洽谈具有初步合作意向后,通常会委托中介机构对其进行初步的尽职调查。初步尽职调查是在尽量短的时间内,对企业的整体的财务状况和经营规范性进行摸底,判断是否存在重大障碍和重大风险,帮助企业判断上市可行性,进而初步确定报告期、上市主体、上市板块等方向性战略事项。

初步尽职调查不同于中介机构正式进场后冗长详尽的正式尽职调查。初步尽调时中介机构抓大放小,尽职调查清单所列的均为对上市可行性判断产生重大影响的事项。通常包括公司基本情况、业务及经营情况、资产及负债情况、财务情况、人员情况、缴税情况、诉讼仲裁及行政处罚情况。其中,资产包括商标、专利、专有技术(商业秘密)等知识产权类无形资产。

初步尽职调查过程中,所需的知识产权资料并不多,通常只需提供公司正在使用的且法律状态为有效的知识产权(商标、专利、著作权、域名)列表及法律状态证明文件,知识产权列表中除申请号、申请日、权利人等必要信息外,还需备注权利到期日期。告知中介机构上市体系内各成员企业的知识产权整体概况。

9.3.2.3 详细尽职调查涉及的知识产权工作

(1)详细尽职调查的主要内容。

中介机构在短时间内通过初步尽职调查为企业作出可以上市的初步方案之后,为

---

❶ 邱丽,殷磊刚.公司上市操作实务与图解[M].北京:法律出版社,2017.

后续改制、辅导、准备申请文件等需要，还需对拟上市体系内各成员企业进行详细的尽职调查。详细尽职调查与初步尽职调查的间隔时间通常较短，也可能初步尽职调查之后马上开始详细尽职调查。

详细尽职调查内容涉及影响发行条件或对投资者作出是否投资决策的所有信息，包括上市体系内各成员企业的历史沿革、业务和市场发展状况、技术研发情况、同业竞争与关联交易、董事监事高级管理人员基本信息、组织结构与内部控制、财务会计及管理情况、业务发展战略及募集资金使用情况、存在风险等重要事项。《保荐人尽职调查工作准则》对尽职调查内容作了一般性规定，保荐机构将根据企业所处行业、业务类型的不同，有针对性地调整、补充、完善尽职调查内容。❶

（2）应当提供的知识产权资料。

由于资产完整性、重大诉讼和持续盈利能力方面的要求，详细尽职调查涉及的知识产权资料比较全面，主要包括知识产权信息汇总材料、证书、法律状态变更证明材料、存续有效证明材料、许可使用证明材料、诉讼及进展证明材料、质押融资证明材料及其他影响独立性、持续盈利能力及未来持续经营的或有事项的证明材料。需要企业提供的知识产权资料及中介机构常用的核查方式如表9-3-1所示。

表9-3-1　详细尽职调查涉及需要企业提供的知识产权资料及中介机构核查方式

序号	尽调事项	需要提供的知识产权资料	中介机构核查方式
1	资产完整性	公司拥有的全部专利（发明、实用新型和外观设计）汇总表；当前法律状态证明文件（专利申请受理通知书、初步审查通知书、实质审查通知书或授予专利权通知书；驳回通知书；专利复审申请受理通知书；无效宣告申请受理通知书；口头审理通知书等）；已授权专利证书；著录事项变更手续合格通知书；有效专利的缴费凭证；专利登记簿副本	核验文件并在国家知识产权局网站查询核验
2	资产完整性	公司持有的全部商标汇总表；商标注册证书；当前法律状态证明文件（变更核准证明；续展证明；商标转让申请受理通知书；转让证明；商标无效宣告答辩通知书；提交使用证据通知书等）；商标使用证据材料	核验文件并在国家知识产权局网站查询核验
3		公司拥有或使用的域名汇总表；注册途径说明文件，域名有效期；域名使用情况说明文件；与域名注册服务机构签订的、正在履行的协议及最近一期运行费用的支付凭证	核验文件并在有关域名注册服务机构网站查询核验，并到企业现场进行核查

---

❶ 关于发布《保荐人尽职调查工作准则》的通知（证监发行字[2006]15号）[EB/OL]．(2006-05-30) [2020-04-21]. http://www.esrc.gov.cn/pub/newsite/fxigb/baxyjg/bjflfg/200703/t20070326_69532.html.

续表

序号	尽调事项	需要提供的知识产权资料	中介机构核查方式
4	资产完整性	公司拥有或使用的著作权汇总表；著作权登记证书	核验文件并在中国版权保护中心网站查询核验
5	资产完整性	专有技术不为公众所知且采取适当保密举措的证明材料	核验文件并到企业现场进行核查
6	资产完整性	公司与第三方订立的有关专利（包括专利申请权）、商标、专有技术、域名的转让协议（公司作为转让方）、许可协议（公司作为许可方）及有关的备案证明文件，并提供转让费用或许可费用收入凭据	核验文件并向律师、会计师、评估师、公司员工了解判断是否为关联方；查阅账本，核查交易方是否为关联方，是否存在异常交易
7	资产完整性	公司作为受让方或被许可人使用的知识产权，除上述资料外，还需提供转让协议或许可协议，并提供转让费用或许可使用费支付凭据以及关于定价公允的说明性文件	
8	资产完整性	如发起人通过知识产权作价出资，需提供作价评估报告并关于价格公允的说明性文件	
9	其他影响未来持续经营及或有事项	公司拥有或使用的专利、商标、域名、著作权等知识产权如有质押、担保或其他权利负担，应提供相关担保协议、主债权合同以及相关登记备案文件	核验文件并通过国家知识产权局网站等互联网途径查询核验
10	其他影响未来持续经营及或有事项	以往已解决的、现存的或潜在的（例如对方律师函等）知识产权纠纷	核验文件并通过中国裁判文书网等互联网途径查询核验
11	其他影响未来持续经营及或有事项	公司发布的知识产权相关制度（尤其是关于职务发明认定、奖励报酬、权利归属的约定）；知识产权如果是在委托开发过程中产生的，应提供委托开发合同	核验文件并对照国家法律法规进行核查
12	其他影响未来持续经营及或有事项	近三年签署的或尚在有效期内的技术转让合同、技术许可合同、技术合作开发、委托开发合同；如涉外则提供技术进出口合同以及注册、许可批准及登记证明文件	核验文件并通过互联网途径查询核验

上述资料虽然都与知识产权工作有关，但是有的企业专利、商标、著作权与域名

由不同部门负责管理。例如,专利由知识产权部门管理,商标由行政部门管理,著作权由品牌部门管理,域名由信息部门管理,知识产权的分散管理导致所需资料跨属不同的部门留存,致使IPO工作组跨部门沟通收集这些资料往往需要较长时间,这也是企业知识产权管理人员通常作为IPO工作组成员的原因之一。从收集资料角度考虑,对于拟上市企业,建议知识产权管理部门在日常工作中尽可能留存相关资料,并在获知肯定的初步尽职调查结果后尽早开始组织准备提供这些资料。对于采取知识产权集中管理的拟上市的集团企业,建议知识产权管理部门加大知识产权文件管理范畴,提前将尽职调查所需资料收集留存在本部门。

(3)审方关注的知识产权及类别。

知识产权作为企业资产的重要组成部分,在尽职调查时不可或缺。中介机构及证监会(以下统称"审方")关注的知识产权主要分为两类,一类是保护企业及产品本身的知识产权,例如,企业字号以及产品商品名的注册商标专用权,保护医药产品、其制备方法或用途(适应证)的专利权,这类知识产权与企业经营和产品销售直接相关,因此在资产独立性、持续经营和持续盈利能力的评判上具有决定性作用;另一类是知识产权保护的技术方案,与某一药品品种的关联性不大,或为普适性技术,例如,提高中药材提取率的设备和方法等,这类知识产权有利于审方作出具有持续盈利能力的正向结论。这也是企业在知识产权布局时通常需要考虑的两个方面。

【案例9-3】吉林省西点药业科技发展股份有限公司

概况:2016年5月,中国证监会发审委公布吉林省西点药业科技发展股份有限公司IPO申请被否,发审委员提出了质疑,其中第一条内容如下:

请发行人代表针对发行人主要产品利培酮口腔崩解片(商品名为"可同")的专利技术使用事宜进一步说明:(1)"一种利培酮口腔崩解片及其制备方法"专利技术及其相关的商标、商品名由"万全系"企业独家、无偿授权使用的原因及合理性;(2)"万全系"企业无偿授权发行人独家使用相关专利,但均一直未与发行人签订合法有效的专利许可使用协议的原因,专利权人是否有权单方面撤销专利授权使用书,发行人在用的关于"可同"产品的专利的使用是否存在重大不利变化的风险;(3)发行人主要产品口腔崩解片的持续合法生产、销售及其专利技术的权属是否存在争议或潜在的纠纷,其持续经营是否存在重大不确定性;(4)2006年3月取得"可同"的新药证书和生产批准文号开始形成销售后直至2012年10月之前,公司对万德玛的销售价格低于其他经销商,是否事实上构成授权许可使用他方商标以及专有技术(专利)支付的对价(使用费)。若事实上构成商标以及专有技术(专利)使用费,相关会计处理是否符合企业会计准则的规定;(5)发行人根据技术转让合同书与"万全系"企业取得"利培酮口腔崩解片"新药证书并由发行人单方取得生产批准文号是否真实、有效,前述新药证书及生产批准文号及其技术的所有权和生产权归属，是否符合相关法律法规和规范性文件的规定；（6）发行人拥有的利培酮口腔崩解片（可同）药品批准文号的企业情况，利培酮口腔崩解片专有技术（专利）是否为发行人独家使用；（7）前述相关事项的信息和风险是否充分、准确披露。

启示：申请 IPO 的企业如果不拥有占其收入比重较大的产品的专利权和商品名称的商标权，可能为公司的持续经营带来很大风险，如果发生纠纷，可能存在重大不利变化，这些直接影响持续经营和盈利能力的风险足以支撑证监会作出不予通过的决定，建议拟 IPO 企业务必重视这类知识产权。

9.3.3 重要产品的 FTO 检索评估

本书在第 8 章提到，在项目研发、技术引进与合作以及产品上市和出口均需进行 FTO 检索评估，需要说明的是，企业在 IPO 上市前进行 FTO 检索评估也尤为必要，尤其是对核心产品/技术依赖性较高的企业，对这类在企业营收中占比较大的产品进行 FTO 检索评估则显得更为重要。通常考虑结果的客观性，这类 FTO 检索评估报告建议由与企业不存在利益关系的主体（如知识产权专业机构或第三方律师事务所）出具。

9.3.3.1 上市前 FTO 的一般步骤

开展 FTO 一般分为"确定技术方案、确定调查地域、制定检索策略、筛选相关专利、技术特征比对、是否侵权的判定及侵权风险应对"七个步骤。其中，确定技术方案是决定 FTO 进展速度及结果可用性的重要步骤。

对于生物大分子药物，因为这类药物通常通过氨基酸或者核酸序列进行保护，所以只要涉及序列的药物，都有潜在的专利侵权风险。需要提醒注意的是：第一，与判断专利侵权的规则类似，企业拥有大分子序列的专利，不代表这个序列相关的药物产品不会侵犯别人的专利权利；第二，大分子药物专利的权利要求通常写为特定的序列或具有一定的序列同源性，撰写方式不同也会导致 FTO 关注的重点不同；第三，在判断生物大分子药物侵权风险分析时，不应仅考虑权利要求字面的保护范围，无论是具体的序列，还是在具体序列上的扩展，都建议依据等同原则的相关规定。同时，考虑到密码子简并，核苷酸序列检索最好能和蛋白质序列检索一起进行。

对于已经上市的小分子化合物药物，建议重点关注其衍生物专利，如化合物盐型专利、晶型专利、共晶专利等，并首先明确上市药品活性成分的具体组成，这样才能更好地判断哪些物质专利构成了仿制药的障碍，哪些专利在药品仿制过程中不必太过关注，进而明确专利保护期。

对于药品+医疗器械类结合（以下简称"药械结合"）的产品，建议从产品本身出发，必要时可直接解构需要评估的药械结合产品，梳理其中药品部分的专利情况，以及其中机械类部分涉及的零部件和技术，分析相关部件的来源。企业知识产权人员应当协助 FTO 检索评估人员排除本领域的通用部件，这样在进行检索分析之前就能确定为低风险，无须再耗费时间和精力单独检索。对于结构类特征，可以提供相关的零件构造图，简单描述产品的工作原理；对于软件类零部件，可以从功能模块的角度描述实现的逻辑和流程。同时为提高 FTO 准确性，建议企业知识产权人员告知 FTO 检索分析人员哪些特征是企业自主研发的，哪些特征是模仿竞争对手的，这样可以大大提高 FTO 检索分析人员的工作效率，同时提高 FTO 报告的可用性。

9.3.3.2 上市前 FTO 的相关要点

（1）产品选择。

IPO 上市前，建议企业对核心产品/技术进行 FTO 检索评估，对于产品的选择，建议从企业当前营收占比较高的产品和关乎企业未来成长性的产品中选择，以利于审方对企业独立性及成长性的正向判断。

（2）内外配合。

企业经营大多是收益与风险并存，很少会完全无风险，因此 FTO 检索评估报告的作用依然是为企业经营决策提供权衡的重要文件之一，应当客观地反映出目标产品的自由实施风险，而决定 FTO 报告可用性的重要因素之一是对产品本身的解构是否合理准确，在整个过程中，企业内部知识产权人员与外部 FTO 检索分析人员的高效配合则尤为重要。

（3）关键要点。

为获得一份高质量的 FTO 检索分析报告，建议做到以下几点。

第一，目标产品或技术方案的提取要精准合理。在目标技术方案提取的环节中，应以企业研发技术人员为主，在沟通中重点获取"本领域公知技术、常规技术、企业的关键技术、模仿技术、创新技术"等，如果技术方案比较复杂，建议企业研发技术人员对技术方案的实现原理、达到的功能、实现的效果（尤其是有益效果对应的技术特征）等阐述清楚，以便于 FTO 检索分析人员精准理解技术方案，进而更有针对性地确定检索策略。

第二，专利检索既要全面又要准确。理论上讲，检索全面是 FTO 工作的根本意义所在，如果未能检索全面则 FTO 的结论可能是"片面的自由"；检索准确则是为了客观地判断侵权风险，进而为企业经营决策提供"有效的依据"，检索全面也是检索准确的前提条件。

第三，侵权比对分析要专业细致。侵权比对是 FTO 工作的又一核心和难点，要求 FTO 检索分析人员在熟练掌握侵权判定标准的同时，还要准确理解技术方案和相关领域的研究背景。在实务中，比较容易出现看似侵权但实质并不侵权的情况，这对于 FTO 检索分析人员的专业性要求较高，需要反复研读目标专利文件的说明书及附图，准确理解发明构思，准确理解权利要求中每个技术特征的实质含义，查看目标专利的审查过程文件以判断是否适用捐献原则也比较重要，这样才能准确理解目标专利权利要求的保护范围。

第四，FTO 报告结论应结合企业专利情况综合分析而作出。在得出侵权比对结果后，更重要的是为企业提供有效的应对措施，这时 FTO 检索分析人员应当结合企业自身的知识产权情况综合考虑。无论是高风险专利，还是企业自身与目标产品或技术方案有关的专利，都应当进一步了解专利与产品的相关性、专利的来源，以及是否存在许可、质押、共有、被保全等情形；

第五，建议将商标风险评估纳入 FTO 报告中。自由实施的限制因素，除来自专利侵权风险外，还涉及商标相关风险，因此建议在 FTO 报告纳入商标风险的分析及结论，包括企业商标的来源、权利稳定性、使用范围及知名度等情形；

第六，企业 IPO 阶段进行 FTO 检索分析的目的是向审核机构展示企业侵权风险低，盈利性好，进而加速推进上市进程。但是，如果企业核心产品的 FTO 报告结论是负面的，那么建议企业将风险应对列入日程，并配备相应资源，具体可参照第 9.4.3.2 节主要诉讼风险及应对措施。

第七，由于 FTO 对企业 IPO 上市非常重要，应当属于秘密等级较高的文件，因此建议在以下两方面尽量做到保密，一是对于外部 FTO 检索分析团队，建议技术方案仅向负有保密义务的知识产权律师提供，披露范围仅限于完成 FTO 报告；二是对于中介机构，如需企业提供 FTO 报告用于存档，建议企业知识产权人员对技术方案适当遮密后提供。

9.4 建议关注的知识产权重要事项

9.4.1 权属明晰是公司独立性的必要条件

根据《首次公开发行股票并上市管理办法》及《公开发行证券的公司信息披露内容与格式准则第 1 号：招股说明书（2015 年修订）》的要求，尽职调查主要涉及企业经营发展的三方面内容：关键法律问题的调查、关键经营与财务问题的调查和环保问题的调查。其中关键法律问题的调查包括主体资格、主要资产、知识产权、诉讼与仲裁、劳动关系调查等内容。其中主要资产中的无形资产调查以及知识产权调查的基本要求就是知识产权的真实性和独立性，要求权利真实有效，权属明确清晰。

对于企业独立自主研发产生的职务发明创造或者职务作品（原始取得），其知识产权归属通常比较明确属于企业，但对于委托开发产生的知识产权，中介机构通常会对照委托开发合同中关于知识产权权属约定条款以审核当前权利方与合同约定是否一致，进而判断是否存在潜在诉讼风险。

如果企业使用的知识产权为许可获得，那么审方将首先关注许可使用的持续性，如果许可期限届满后许可方不再许可使用，根据知识产权与产品的关联程度及产品销售额占比进一步判断对企业独立性、持续经营及盈利能力产生的影响；其次，审方将审查许可方式，如为普通许可，则意味着许可方同时有权许可他人使用，可能导致市场上出现相同品牌或竞争产品，进而作为判断影响企业经营及持续盈利能力的考虑因素；最后，审方还将重点核查许可方与拟上市公司是否具有关联关系，进而作为判断是否存在关联交易、许可使用价格是否公允等合法合规的考虑因素。

中介机构及证监会对知识产权独立性的要求主要集中在知识产权权利人是否在上市体系之内，或者股东是否将知识产权投入上市体系之内。要求知识产权权利人只要在上市体系内即可，即知识产权权利人应当是上市体系内的任何一个公司。例如，X集团公司作为上市主体，下设 A 子公司和 B 子公司均纳入上市体系之内。A 公司拥有注册商标专用权，B 公司在其生产的产品上使用 A 公司的该注册商标。审方不强行要求 B 公司同时拥有商标专用权和商标使用权，也就是说 B 公司可以通过许可的方式从体系内 A 公司获得商标使用权。但是，如果 A 公司是上市体系之外并且是 X 的关联公司，则需要考虑关联交易的价格公允问题。

关联公司是指具有关联关系的公司，关联关系是指某公司控股股东、实际控制人、董事、监事、高级管理人员与其直接或者间接控制的企业之间的关系，以及可能导致公司利益转移的其他关系。

企业在 IPO 上市前融资时，投资者也同样会考虑上述情况，此内容将在本书其他章节予以介绍。

【案例 9-4】山东信得科技股份有限公司

概况：2009 年 7 月，山东信得科技股份有限公司（以下简称"山东信得"）与其实际控制人潍坊市信得生物科技有限公司（以下简称"潍坊信得"）签署了商标许可使用协议，约定山东信得许可潍坊信得在中国境内制造、销售、分销产品时无偿使用山东信得拥有的第 4294377 号商标，许可期限为 1 年，自协议签署之日起计算。使用期限届满后，若潍坊信得继续使用山东信得商标，需要向山东信得支付相应的许可使用费，具体事宜届时另行协商确定。山东信得将自己拥有的商标许可给实际控制人所控制的潍坊信得无偿使用，关联交易定价不公允，损害了申请人的合法权益。发审委认为，上述情形与《首次公开发行股票并上市管理办法》第 19 条的规定不符。

启示：上市体系内的企业与其关联企业进行交易时应当价格公允并依法纳税，无偿使用通常会被认为定价不公允。

9.4.2 规范管理是核心竞争力的必要表现

《公开发行证券的公司信息披露内容与格式准则第 1 号：招股说明书（2015 年修

订)》第 5 条将发行人（拟 IPO 企业）分为生产型企业和非生产型企业，医药企业同样适用于这种分类。在判断拟 IPO 企业是否具有持续盈利能力和核心竞争力时，既有技术又有生产的综合型企业毫无疑问比单纯的生产型企业更容易符合审方的要求，更容易给广大投资人较好的投资预期。对于拟在科创板上市的技术型企业，知识产权更是核心竞争力和持续盈利能力的重要体现，这类企业的知识产权独立性和真实性更是审方重点关注的事项。因此，越是技术型的企业，知识产权的重要性越高，对企业知识产权及其知识产权管理的审查权重越大。而且，无论是在审查企业是否具有持续盈利能力和核心竞争力时，还是在判断潜在法律纠纷时，完善的知识产权管理均有利于审方作出正面的评判结果。

因此，企业在日常经营中密切关注知识产权法律状态及使用情况的同时，应当建立合适合理的知识产权保护制度（或制度体系），以进一步确保公司持续享有合法合规的知识产权所有权或使用权。

企业在 IPO 上市前融资时，投资者也同样会考虑上述情况，此内容将在本书其他章节予以介绍。

【案例 9-5】上海晶丰明源半导体股份有限公司

概况：2017 年，上海晶丰明源半导体股份有限公司（以下简称"晶丰明源"）申请主板上市，2018 年 7 月上会被否。据媒体报道，被否原因与公司利润率不达标和销售收入问题有关。2019 年 4 月 2 日上交所受理了晶丰明源的科创板上市申请，经三轮问询回复，本应于 2019 年 7 月 23 日接受上市委员会审议。但是在当日，科创板上市委员会发布了 2019 年第 16 次审议会议公告的补充公告，因晶丰明源在审议会议公告发布后出现诉讼事项，取消审议晶丰明源发行上市申请。具体诉讼事项为：2019 年 7 月 19 日浙江省杭州市中级人民法院立案受理了矽力杰半导体技术（杭州）有限公司（以下简称"矽力杰"）起诉晶丰明源发明专利侵权的诉讼请求。

虽然早在 2019 年 1 月 2 日矽力杰起诉之前晶丰明源就对涉案专利提起无效宣告请求，并且涉案专利在 2019 年 7 月 24 日被宣告无效，但是晶丰明源还是没有避免因涉诉而被取消上市的不利后果。

启示：专利侵权诉讼对科技类公司影响较大，若专利侵权成立，晶丰明源存在影响持续经营及盈利能力的重大风险。

9.4.3 诉讼披露及处理

9.4.3.1 预先披露要求及内容

（1）披露地点。

根据《证券法》的公开原则，发行人应当按照证监会规定的程序、内容和格式编制信息披露文件,进行企业相关信息的披露。根据《首次公开发行股票并上市管理办法》第46条的规定"申请文件受理后、发行审核委员会审核前,发行人应当将招股说明书(申报稿)在中国证监会网站(www.csrc.gov.cn)预先披露。发行人可以将招股说明书(申报稿)刊登于其企业网站,但披露内容应当完全一致,且不得早于在中国证监会网站的披露时间"。因此,披露地点共有两处,一是证监会网站,二是企业网站。

(2) 披露内容。

IPO信息披露内容包括:①招股说明书及其附录和备查文件;②招股说明书摘要;③发行公告;④上市公告书。在这些文件中所披露的信息应当及时、真实、准确、完整。《公开发行证券的公司信息披露内容与格式准则第1号:招股说明书(2015年修订)》对招股说明书和招股说明书摘要的内容进行了规定,其中第9条、第27~28条、第97条、第126~128条和第142~143条分别规定了"风险因素"和"重大事项提示"的披露要求,要求发行人的重大诉讼及董事、监事、高级管理人员和核心技术人员的刑事诉讼应当予以披露。《保荐人尽职调查工作准则》第58条、第70条和第72条也要求披露发行人及其控股股东或实际控制人、控股子公司、发行人高管人员和核心技术人员是否存在涉及重大诉讼仲裁事项,以及发行人高管人员和核心技术人员是否存在涉及刑事诉讼的情况,并要求评价其对发行人经营是否产生重大影响。

【案例9-6】深圳市凯立德科技股份有限公司

概况:2012年6月,深圳市凯立德科技股份有限公司(以下简称"凯立德")在中国证监会网站披露招股书(申报稿),拟在创业板发行3057万股,募资4亿元。2012年8月,证监会依然未宣布凯立德的上会信息,原因是凯立德遭遇巨额索赔,并涉嫌财务数据存在问题,致使证监会中止审查。

在凯立德的招股说明书中,诉讼清单长达8页,近5年参与的法律诉讼案件达12起,大多数诉讼起因于同行业公司的电子地图著作权问题。在2009~2011年报告期内,有6起已决诉讼或撤诉案件、1起未决诉讼,2007~2008年另有5起已决诉讼或撤诉案件,在这些诉讼案中,凯立德输多赢少。

启示:保障企业持续经营的核心知识产权的权属或效力一旦遭到不确定性的质疑将导致企业上市进程受阻。

(3) 未决诉讼的财务披露。

未决诉讼是指企业涉及尚未判决的诉讼案件、原告提出有赔偿要求的待决事项。如果企业胜诉,将不负有任何责任,一旦企业败诉,则负有支付原告提出的赔偿要求的责任。《中华人民共和国会计法》第19条规定"单位提供的担保、未决诉讼等或有事项,应当按照国家统一的会计制度的规定,在财务会计报告中予以说明"。未决诉讼可能体现为"或有负债"也可能体现为"预计负债"。

对于败诉概率较小的或有负债，企业无须做会计处理，应当在附注中披露或有负债预计产生的财务影响，以及获得补偿的可能性；无法预计的，应当说明原因。对于败诉概率较大，债务发生可能性概率较大的或有负债，应确认为预计负债。

9.4.3.2 主要诉讼风险及应对措施

（1）法律状态变化风险。

在中国沪深主板或创业板上市需要改制成为股份有限公司之后连续2个或3个会计年度符合证监会关于企业经营成长性的要求❶，此期间被称为考察企业的"业绩期"。因此，企业从IPO尽职调查开始到向证监会提交申请材料，至少要历经2~3年业绩期。在尽职调查开始时提供的知识产权法律状态，在提交申请材料时可能会有变化。除专利权到期外，应当避免因工作疏忽导致专利被视为撤回或因未及时缴费而失效，进而避免披露信息与实际不符而违反真实性规定。同样，注册商标专用权期限截止日期在业绩期之内的，应当注意按照商标法的要求及时进行续展。涉及核心专利到期的，应当充分解释该专利到期可能对企业产生的影响，并且披露企业对于专利保护到期所采取的应对措施。

【案例9-7】江苏恒久光电科技股份有限公司

概况：2010年1月，江苏恒久光电科技股份有限公司（以下简称"江苏恒久"）首发由创业板发审委2010年第一次会议过会，同年3月成功发行。因媒体质疑专利失效，当年6月，发审委召开会议对事后事项进行了审核，否决了江苏恒久上会申请，理由是：公司招股说明书和申报文件中披露的5项专利及2项正在申请的专利的法律状态与事实不符；目前全部产品均使用被终止的4项外观设计专利，50%的产品使用被终止的1项实用新型专利，总体上看，5项专利被终止对公司存在不利影响。

启示：对企业生产经营有较大影响的商标、专利等重要资产的法律状态与事实不符会被证监会及竞争对手重点关注，企业知识产权管理部门应当及时关注更新知识产权的法律状态，中介机构应当到国家知识产权主管机关对重要知识产权的法律状态及权属情况进行核查。

（2）诉讼风险。

依据《首次公开发行股票并上市管理办法》第28条的规定"发行人不存在重大偿债风险，不存在影响持续经营的担保、诉讼以及仲裁等重大或有事项"以及第30条的规定"发行人不得有下列影响持续盈利能力的情形：……（五）发行人在用的商标、专利、专有技术以及特许经营权等重要资产或技术的取得或者使用存在重大不利变化

---

❶ 中国证券监督管理委员会. 关于修改《首次公开发行股票并上市管理办法》的决定［EB/OL］.（2018-06-06）［2020-04-21］. http：//www.csrc.gov.cn/pub/zjhpublic/zjh/201806/t20180607_339320.htm.

的风险",企业IPO过程中如果发生可能影响持续经营或者持续盈利能力的知识产权诉讼,将使企业IPO受阻。

需要注意的是,企业IPO时期的诉讼与通常发生的诉讼有所不同,正常的诉讼按照常规知识产权规则应对即可,例如,在专利侵权诉讼中,向原告专利权提起无效宣告或对原告其他产品提起诉讼,对于商标侵权诉讼,则可以选择常用的抗辩方式进行抗辩或在其他方面提起反诉来尝试与原告抗衡,但是IPO是企业的特殊时期,对方此时发起诉讼的目的就是"添堵"或者"要钱",而IPO企业在审核期间忙于向证监会陈述反馈,或向公众发出声明予以解释,即使利用知识产权规则或采取刑事诉讼予以应对,在短时间内对原告几乎起不到抗衡作用。因此IPO企业在申请审核期间一旦被诉就比较被动,容易导致上市延迟。

涉及知识产权的诉讼主要分为权属纠纷、侵权纠纷、合同纠纷和行政纠纷四类。归属权纠纷涉及知识产权权利人的确权,导致知识产权权属的不确定性;侵权纠纷是因侵犯知识产权而发生的争议,如果IPO企业是原告,可能涉及涉案知识产权被提出无效宣告,导致权利处于不稳定状态,如果IPO企业是被告,则可能面临知识产权使用权的丧失和侵权赔偿;合同纠纷是指知识产权在转让、许可使用等合同履行过程中发生的争议,可能涉及权利归属或权利使用的不确定性;行政纠纷是指当事人对知识产权行政管理机关作出的决定不服而引起的争议,其涉及权属及使用权问题的概率较小,且此类诉讼是否发生往往依赖于企业是否发起诉讼。

无论发生哪种诉讼,都会给企业IPO过程带来不利影响,当涉案知识产权是企业的核心知识产权时,可能直接导致IPO被否。此处所称的核心知识产权是指企业长期经营所依赖的知识产权,例如,企业字号的注册商标、企业长期使用且具有一定影响力的产品注册商标、前文所述的保护产品本身并且产品销售额占比较大的专利权或商标权或著作权等。核心知识产权一旦发生诉讼纠纷并且在IPO申请及过会期间未结案,一定会被证监会认为属于影响企业持续经营或持续盈利能力。

(3)诉讼风险识别及应对。

第一,提前解决纠纷。对于已经发生的知识产权纠纷,企业应当做好纠纷解决计划,倒排时间表,尽可能在向证监会提交申报材料之前解决,没能及时解决的应当如实披露,并充分说明纠纷对企业经营产生的影响以及后续妥善处理纠纷的积极态度,但建议不必披露胜诉或败诉等案情分析,更不要出现败诉可能性较小等妄断推测,以免影响过会评审或导致启动事后事项审核程序使IPO受阻。

第二,排查风险,做好预案。积极应对提前解决已经发生的知识产权纠纷,但是潜在的知识产权风险往往无法预料,建议企业知识产权管理部门提前排查潜在的知识产权风险,并做好预案。建议重点从权属纠纷、侵权纠纷和合同纠纷三个方面进行排查,参见表9-4-1。

表 9-4-1　知识产权纠纷排查及应对措施

纠纷类型/来源		可能的知识产权风险点	应对措施
权属纠纷	在职员工	专利发明人以非职务发明为由，提出专利权属纠纷诉讼	建立职务发明管理制度并公示培训；加强人力资源管理，提高核心技术人员的稳定性
	招聘过程	招聘过程中透露企业 IPO 计划，并展示企业形象相关内容的标识或作品，被抢注后提出侵权诉讼	向无关人员谨慎透露企业 IPO 计划及企业标识、作品及具体的技术/产品规划
侵权纠纷	离职员工	带走原企业技术或未注册商标，建立新公司或在新雇企业申请专利或注册商标后，提出侵权诉讼	加强离职环节的知识产权管理；分层次签署竞业限制协议，规定相关知识产权归属和纠纷责任
	竞争对手	生产销售具有竞品的产品，是否存在潜在侵犯专利权或商标权的风险	针对重点产品开展知识产权检索分析，排查侵权风险，对诉讼风险较高的专利、商标适时提起无效宣告；对屡次收到律师函的潜在纠纷及时谈判和解或提前获得许可（许可期限覆盖上市时间点）
	企业宣传	Windows 系统、Office 软件、Adobe 软件、网站、微信图片、产品宣传册使用的字体等，是否存在侵权风险	
合同纠纷	合作伙伴	上下游企业或有竞争关系的企业，是否存在潜在合同及经营纠纷风险	重点关注合作不愉快的上下游企业或有多个竞争产品的企业所签订的合同；提前谈判和解

在经过风险排查确定风险之后，建议企业知识产权管理部门会同法务部门根据应对风险发生对公司经营产生影响的大小对风险进行分级。对于可能给公司带来重大负面影响、影响持续经营及持续盈利能力的不利诉讼建议提前谈判和解，对于在公司可控范围内，难以对持续经营及持续盈利能力产生影响的诉讼，建议建立快速应对机制，以便届时遇到诉讼后在最短的时间内做出应对。具体诉讼管理及应对策略详见本书诉讼管理部分。

【案例 9-8】成都康弘药业集团股份有限公司

概况：2014 年 12 月 23 日，媒体收到来自常州欧法玛制药技术有限公司（以下简称"欧法玛公司"）的实名举报材料，称拟上市公司成都康弘药业集团股份有限公司（以下简称"康弘药业"）专利技术系通过欺骗手段获得，并涉嫌专利侵权，具体举报内容为：2012 年初，康弘药业以采购"全自动多功能高速渗透泵激光打孔机"为由，要求欧法玛公司提供具体技术方案、服务内容、执行团队、设备详细参数等产品细节，并邀请欧法玛公司技术人员向康弘药业详解了技术内容；但此后，康弘药业所谓的采购杳无音信。欧法玛公司称，康弘药业在了解了欧法玛公司的产品技术后，擅自应用在其"盐酸文拉法辛缓释片"产品中并获利，同时康弘药业仿造该专利申请了另一项实用新型专利"一种渗透泵药片激光打孔机"，但康弘药业的招股说明书却未提及该专利。

启示：康弘药业虽已于 2015 年 6 月 26 日上市，但此次举报行为致使 IPO 延迟了半年之久。建议企业提前排查侵权风险，并对可能发生的诉讼制定预案，以便在风险发生之后及时应对解决。

第三，恶意诉讼的应对。2019 年 6 月，上海市高级人民法院发布了《上海市高级人民法院关于服务保障设立科创板并试点注册制的若干意见》，其中第 12 条规定"……审慎处理涉发行上市审核阶段的科创企业的知识产权纠纷，加强与上海证券交易所的沟通协调，有效防范恶意知识产权诉讼干扰科创板顺利运行"。

拟 IPO 企业如果遭到恶意诉讼，对方捏造侵权事实，甚至以威胁或要挟手段强行索要财物的，企业可以通过刑事诉讼进行应对。例如，《刑法》第 221 条规定的"损害商业信誉罪"、第 307 条规定的"虚假诉讼罪"、第 274 条还规定的"敲诈勒索罪"，以捏造的事实提起民事诉讼，严重侵害他人合法权益的，捏造并散布虚伪事实，损害他人的商业信誉、商品声誉，给他人造成重大损失的，处 2 年或 3 年以下有期徒刑或拘役。

9.4.4 融资及改制中的知识产权价值

9.4.4.1 帮助企业获得上市前私募融资

为了达到上市所要求的财务相关标准以及企业并购重组需要资金注入，拟 IPO 企业在上市之前通常需要进行私募股权融资。广义上的私募股权投资涵盖了 IPO 之前所有的股权融资行为，既包括企业种子期的风险投资、萌发时期的杠杆收购、上市前融资（Pre-IPO），也包括上市公司进行的非公开定向发行。❶ 本节仅讨论 Pre-IPO，即企业在融资后一段时间内筹划上市。

私募股权基金的关注重点是管理团队和项目计划，即人和事，与证监会对上市公司的要求类似，具有竞争力的企业（项目）必然包含"有竞争优势的技术"和"知识产权保护"。因此，拥有专利技术和有影响力的商标品牌，将帮助企业更容易引入私募股权，助力 IPO 上市。

9.4.4.2 作为非货币财产出资

引入私募股权投资的模式主要有增资扩股、股权转让以及二者的结合 3 种形式。

---

❶ 谷志威. 公司 IPO 上市操作指引［M］. 北京：法律出版社，2015.

同时，根据《首次公开发行股票并上市管理办法》第 8 条的规定"发行人应当是依法设立且合法存续的股份有限公司"，企业 IPO 上市之前应当完成股份制改造。根据《中华人民共和国公司法》（以下简称《公司法》）的规定，股东可以用货币出资，也可以用法律法规没有排除在外的实物、知识产权、土地使用权等可以用货币估价并依法转让的非货币财产作价出资。因此，无论是引入投资，还是公司改制，均可以知识产权作为非货币财产作价出资。

《公司法》也规定，如果用非货币财产作为出资，应当评估作价，核实财产，不得高估或者低估作价。实践中，可以聘请具有证券期货业务的资产评估机构进行评估。由于知识产权的无形性特点，可以采用比较公认的收益法进行评估，即通过企业往年收益情况，根据企业提供的未来年度的预测盈利对预期收益进行测算评估，选取适当的收益额、折现率和收益期等主要参数，计算得到具体评估数值。

另外，公司增资或出资还应符合公司章程关于股东会、董事会的决议要求，在依法评估并办理知识产权转移手续之后，还应依法履行工商变更手续。

【案例 9-9】宁波戴维医疗企业股份有限公司

概况：2010 年 7 月，宁波戴维医疗企业股份有限公司（以下简称"宁波戴维"）召开临时股东会议，决定公司变更为股份有限公司。某会计师事务所对宁波戴维截至 2010 年 6 月 30 日的资产状况进行了审计，审计报告显示公司总资产为 20421.35 万元，负债合计为 11585.83 万元，母公司净资产为 8835.52 万元。某资产评估公司对宁波戴维截至 2010 年 6 月 30 日的资产进行了评估，评估报告显示公司资产总计为 27370.79 万元，负债总额为 11585.83 万元，净资产为 15784.96 万元。

公司资产增值的主要原因为"无形资产——其他无形资产"评估价值较大，其中商标评估值为 3500 万元，专利技术评估值为 1800 万元。

评估认为，该公司在行业中存在一定的先进性，高于同行业平均盈利能力，由于该公司的技术较为先进，且该公司品牌在行业的认可度较高，因此采用目前普遍使用的收益法对商标和专利技术对预期收益的贡献进行测算，得到上述评估值。

启示：知识产权可以作为非货币财产作价出资或投资，但应依法履行评估程序。评估过程要充分说明估值的合理性，可以采用普遍适用的收益法对知识产权对预期收益的贡献进行测算。

9.4.5 与中介及投资方的沟通建议

9.4.5.1 坦诚沟通

由于我国实行保荐机构（即券商）及其保荐代表人负责发行人证券发行上市的推荐和辅导的上市保荐制度，因此企业 IPO 上市聘请中介机构的目的是帮助企业完成 IPO

过程并上市，中介机构的作用是帮助企业达到证监会对上市公司的有关要求。虽然保荐机构及保荐代表人对申报材料的真实性、准确性和完整性负连带责任，但是如果上市申报材料存在虚假或重大遗漏而导致上市失败或者延迟，最终受损的是企业。另外，如果企业内部对不符合要求的行为遮遮掩掩，不及时解决，则可能埋下隐患，一旦在评审上会时被知情人士举报，可能导致企业IPO受阻。因此，建议拟上市企业与中介机构坦诚沟通，尽早发现问题，以利于尽快解决问题。

9.4.5.2 注意保密

企业在确定聘请中介机构之后，将分别与证券公司（保荐机构）、律师事务所、会计师事务所、资产评估机构（如有需要）适时签订包括保密条款的合同。由于中介机构在辅导过程中还受到行业法规及规则的约束，企业如能上市，中介机构才能拿到合同尾款，有的企业还会给予中介机构一定额度的奖金，因此，中介机构与企业属于利益共同体，发生纠纷的可能性较小，合同中的保密条款通常能够满足保密约束的要求。当然，也可以要求中介机构参与尽职调查的全部人员单独签订一份保密承诺书，突出约定违反保密义务的违约责任。

但企业上市前的Pre-IPO过程中与私募股权投资方的洽谈则不同，私募股权投资方为独立的第三方，如果尽职调查后决定投资，则属于利益共同体，而如果尽职调查后决定不投资，则投资方在获得企业尽职调查资料后结束合作，所以Pre-IPO过程中，企业所提供的商业秘密文件的保密性显得尤为重要，建议企业与投资方签订合同后，与参与尽职调查工作的全部人员另行签订约定保密协议，尤其应当对违反保密义务的违约责任予以约定，并约定纠纷解决措施。实践中，仅向投资方提供带有水印的纸质文件也是避免企业商业秘密信息传播的有益措施。

关于保密，除了关注外部人员泄密或举报外，建议企业严格选择上市筹备工作组的人选，并限制尽职调查资料的管理和阅读传播范围，以免上市时遭在职员工举报。同时，由于IPO上市过程通常会持续2~3年甚至更长时间，其间若被离职员工获知商业秘密，则更容易发生举报的情况，尽管举报未必能够阻止上市，但也会给企业带来处置成本，甚至可能导致IPO审核中止。

【案例9-10】神州优车股份有限公司

概况：2016年4月12日，神州专车运营主体神州优车股份有限公司（以下简称"神州优车"）宣布申请挂牌新三板，并公开披露公开转让说明书及北京汉坤律师事务所出具的法律意见书等文件。2016年5月17日，北京君本律师事务所宣布实名举报神州优车商业模式违法，不具备出租运营资质，持续经营能力存在严重法律障碍。实名举报内容还指出神州优车不具备增值电信业务经营许可证且涉嫌违反外商投资相关法律法规等问题。

神州优车迅速给出官方回应，举报内容存在大量事实错误，将坚决维护自身合法权益。2016年5月19日，神州优车向公司运营所在地天津市滨海新区公安局保税分局报案，称举报人涉嫌损害商业信誉，案件已受理。经一番波折后，2016年7月11日神州优车与全国中小企业股份转让系统挂牌。

启示：此案虽然只是虚惊一场，但也延误了神州优车的挂牌进程。建议拟IPO企业在确定选择该中介机构提供服务之后再允许该机构进场开始尽职调查，以免该机构获得企业商业秘密资料后，企业没有选择该机构承做而产生矛盾，进而恶意阻碍上市进程。

9.5 研发费用资本化及实践探讨

知识产权可以作为研发费用资本化的办法，研发投入是作为费用支出从利润中扣除，还是计入无形资产进行递延，将影响企业的利润额。也可以说，研发费用是否资本化能够起到调节企业利润的作用。所以，研发费用资本化对财务审计来说比较敏感，证监会也对研发费用资本化的部分会重点关注和审核。

为了规范无形资产的确认、计量和信息披露，《企业会计准则第6号——无形资产》第7~9条规定了企业内部研究开发项目的支出，应当区分研究阶段支出与开发阶段支出，研究阶段的支出应当计入当期损益，开发阶段的支出满足一定条件的，才能确认为无形资产。同时规定了研究和开发的定义范畴。研究是指为获取并理解新的科学或技术知识而进行的独创性的有计划调查。开发是指在进行商业性生产或使用前，将研究成果或其他知识应用于某项计划或设计，以生产出新的或具有实质性改进的材料、装置、产品等。

9.5.1 会计准则对研发支出资本化的要求

《企业会计准则第6号——无形资产》第9条规定了企业内部研究开发项目开发阶段的支出，同时满足下列条件的，才能确认为无形资产。

（1）完成该无形资产以使其能够使用或出售在技术上具有可行性。

无形资产的定义是企业拥有或者控制的没有实物形态的可辨认的非货币性资产。完成该无形资产以使其能够使用或出售，应当理解为无形资产的完成情况能够达到使用或出售的程度，有价值的专有技术、商业秘密、专利申请权、专利权均能够使用或出售，因此不要求获得相应的知识产权证书，但是专利如果授权则可在一定程度上佐证该无形资产具有技术上的可行性。

（2）具有完成该无形资产并使用或出售的意图。

企业应当明确表示这些能够使用或出售的无形资产能够完成被开发成产品，并表明拥有这些无形资产的目的，具有使用或出售的可能性。

(3) 无形资产产生经济利益的方式。

研发支出资本化作为无形资产确认，其基本要求是让审核人员相信该无形资产未来能够产生经济利益。无形资产出售或转让、将该无形资产开发成产品，都是无形资产产生经济利益的方式，企业需要证明的是市场上对该无形资产或无形资产开发成的产品有需求。然而，是否存在市场需求往往难以证明，而说明在企业内部使用比较容易，因此，无形资产在企业内部使用的，应当证明其有用性，可以通过说明该无形资产开发成产品之后对企业带来的价值。

(4) 有足够的技术、财务资源和其他资源支持，以完成该无形资产的开发，并有能力使用或出售该无形资产。

企业需要证明可以取得无形资产开发所需的技术、财务和人力资源，以及获得这些资源的计划。如果自有资金不足，应当证明外部存在资金支持的可能性（如银行贷款）。

(5) 归属于该无形资产开发阶段的支出能够可靠地计量。

企业对研究开发的支出应当单独核算，如果同时从事多项研究开发活动，所发生的支出应当按照合理的标准在各项研究开发活动之间进行分配；无法合理分配的，建议计入当期损益，不计入开发活动成本。

【案例9-11】上海同济同捷科技股份有限公司

概况：2009年9月22日，证监会公布上海同济同捷科技有限公司（以下简称"同济同捷"）IPO审定结果为未通过。理由为：①持续盈利能力不稳定；②成长性不足；③收益性支出资本化会计处理不当；④募投方向的经营模式发生变化；⑤报告期内实际控制人及管理层发生重大变化。其中，收益性支出资本化会计处理不当具体为：

招股说明书显示2008年度将项目与研究费用约110725万元予以资本化，使该年利润水平呈现增长性。但实际公司尚不具有实施该项目的充分条件，且其所提供的作为该项目研究费用资本化理由的合作合同尚未生效，所述协议履行具有重大不确定性，应予以费用化处理。发审委认为，如果将该研究费用作费用化处理，将使2008年度净利润同比上年下滑46%，无法满足创业板发行条件的财务指标要求，故审定未通过。

启示：如果申请IPO的企业将研发费用资本化处理，将会受到证监会的重点关注和审核，建议谨慎处理。

9.5.2 近期知识产权信息披露政策要求及影响

企业研发支出的费用，按照会计准则的规定，符合资本化条件的可以资本化计入资产类科目（无形资产）；符合费用化条件的，应当计入研发费用。在实践中，是否符合资本化条件主要依靠企业自行确定，外部审计机构对是否符合资本化条件、是否形成资产的认定存在较大难度。由此可能产生两个方面的问题：一是企业通过研发费用是否资本化的调节，来实现调节公司业绩的效果；二是企业实际研发支出形成了无形资产，却因未资本化计入无形资产，使相关的知识产权等成为账外资产。

近期各主管部门发文及其主要内容如下。

（1）2018年5月11日，深圳证券交易所发布的《深圳证券交易所行业信息披露指引第12号——上市公司从事软件与信息技术服务业务》，要求上市公司存在研发投入资本化情形的，应披露研发资本化的金额、相关项目的基本情况、实施进度；研发投入资本化的依据及相关内控制度的内容和执行情况。

（2）2018年11月5日，财政部、国家知识产权局联合发布的《知识产权相关会计信息披露规定》，要求补充披露失效及未作为无形资产确认的知识产权的相关会计信息披露。

（3）2019年4月30日，财政部印发《财政部关于修订印发2019年度一般企业财务报表格式的通知》，要求在利润表中单独列报研发费用。

（4）2023年2月17日，中国证监会发行《监管规则适用指引——发行类第5号》，"5-4研发支出资本化"中对会计处理要求、核查要求和信息披露作了明确规定，例如在招股说明书中披露与资本化相关研发项目的研究内容、进度、成果、完成时间（或预计完成时间）、经济利益产生方式（或预计产生方式）、当期和累计资本化金额、主要支出构成以及资本化的起始时点和确定依据等。

（5）2023年11月24日，中国证监会发行《监管规则适用指引——发行类第9号：研发人员及研发投入》，对研发人员认定和研发投入认定作了详细规定。

从政府各主管部门频繁发文可以看出，各部门对研发费用管理趋于严格，尤其对上市公司提高研发支出尤其是知识产权相关费用披露的透明度提出了更多要求。[1] 这些新规定对于真实投入搞研发的企业来讲是好事，对提高公司形象大有好处；而对于弄虚作假，通过会计手段搞研发做利润的假科技型企业来讲，尽管企业研发费用很高但没有实际产出的现象将很快暴露。

9.5.3 实践建议

由于研发支出资本化过程存在研究和开发阶段难以划分、无形资产及其开发成品的市场需求难以证明、实际研发支出费用难以划分等困难因素，建议拟IPO企业谨慎处理研发支出资本化，在没有明确证据的情况下，建议将研发支出进行费用化处理。

据有关分析，截至2022年12月31日，科创板上会审核的638家企业中，报告期

---

[1] 知识产权、研发费用信息披露透明度提升 [EB/OL]. (2018-11-13) [2019-08-07]. https://bbs.esnai.com/thread-5363372-1-1.html.

内存在研发资本化情形的合计 43 家，整体资本化比例为 7%。[1]

研发支出资本化常见的审核问题包括：①是否符合《企业会计准则》的规定，是否达到研发支出资本化条件；②研究阶段和开发阶段的划分、资本化时点认定的合理性；③研发支出资本化与同行业可比公司的比较情况；④研发支出资本化对经营业绩的影响；⑤无形资产摊销及减值问题。

生物医药企业资本化的比例为 19%，在科创板所有行业中资本化比例最高。如果尝试将研发支出资本化处理，建议采取以下措施：①建立完善和有效的内部控制制度，对项目精细管理，满足研发支出资本化对于内部控制的要求，这是资本化的前提；②在财务报告中详细披露报告期内各研发项目/产品的研发支出明细。③控制研发支出资本化占当期研发支出的比重（最好不超过 20%，科创板可放宽到不超过 50%）。④考虑行业特征和行业惯例，例如新药研发进入 Ⅲ 期临床试验阶段通常可以作为资本化时点（科创板可以放宽到 Ⅰ 期临床试验阶段）。⑤对照会计准则逐条说明研发支出资本化是符合要求的。⑥就研发支出资本化问题作为风险因素予以披露。

仅通过财务调整来拼凑利润增长率的做法很难得到认可。当前证监会对研发支出资本化基本采取"锦上添花"式审核，即将资本化部分还原再看是否还符合成长性指标要求。

【案例 9-12】深圳微芯生物科技股份有限公司

概况：深圳微芯生物科技股份有限公司（以下简称"微芯生物"）成立于 2001 年 3 月，主要研发和生产小分子创新药。微芯生物是科创板第 28 家上市公司，也是首批过会、首批提交注册的企业，2019 年 3 月 27 日上市申请文件便获得受理，但直到 2019 年 7 月 17 日才获得证监会的同意。曲折之由，主要系微芯生物大量研发投入资本化的会计处理受到了重点关注，受到三轮问询。

据微芯生物招股书显示，2016~2018 年微芯生物研发费用分别为 5166 万元、6853 万元和 8248 万元，占营收的比例均超 50%。其中，资本化处理的金额分别为 2264 万元、3331 万元、4038 万元，资本化比例逐年上升，在 2018 年达到 48.96%。

启示：此次中国证监会同意微芯生物 IPO 上市，首次同意研发费用资本化比例如此高的企业上市，为未来其他相同情况企业登陆科创板提供了有价值的参考。

【案例 9-13】厦门三五互联科技股份有限公司

概况：厦门三五互联科技股份有限公司招股说明书第三节关于"风险因素"的披露内容中，第 11 项风险披露了"开发费用资本化导致的风险"，具体内容为：

"本公司为一家通过 SaaS 模式，依靠自主研发的应用软件系统，向中国中小企业

---

[1] 胡建军，侯钦青. 科创板 IPO 企业研发资本化分析报告 [EB/OL]. (2023-04-10) [2024-05-14]. http://www.360doc.com/content/23/0413/09/1076293074_1076293074.shtml.

客户提供一揽子软件应用及服务的专业提供商。本公司已推出的产品在市场上拥有良好的口碑，试销中的产品也已获得客户良好的反馈。从 2007 年 1 月 1 日本公司开始实行新企业会计准则，内部研究开发项目开发阶段的支出，在满足一定条件的情况下予以资本化，确认为无形资产。如将来该开发费用资本化产生的无形资产预期不能为企业带来经济利益，该无形资产将报废并予以转销，其账面价值转作账面损益，届时将会相应减少公司未来的净利润。因此本公司存在由于开发费用资本化而导致的财务风险。"

启示：对于资本化部分还原后仍然符合要求的企业，在招股说明书中将研发支出资本化问题作为财务风险提示内容予以坦诚披露比被动提问更有利于审核通过。

【案例 9-14】恒瑞医药

概况：恒瑞医药创立于 1970 年，是国内最具创新能力的制药龙头企业之一。根据年度报告，其 2021 年、2022 年、2023 年研发投入合计分别约为 62.03 亿元、63.46 亿元、61.50 亿元，其中资本化研发投入分别约为 2.60 亿元、14.59 亿元、11.96 亿元，研发投入资本化的比重分别为 4.19%、22.99%、19.45%。

启示：恒瑞医药长期以来采用研发支出费用化的方式，研发支出资本化主要从 2022 年开始。随着创新成果显现，恒瑞医药对研发支出资本化时点的估计进行变更，使公司研发费计量更加符合公司实际情况。

第 10 章

医药企业综合管理

10.1 人力资源管理

10.1.1 主管部门及基本职能

10.1.1.1 建立有效的规章制度

根据有关劳动法规、政策及企业章程的规定，人力资源部负责企业人力资源管理工作。人力资源部门负责企业编制、岗位职责、人员需求计划、招聘、入职、录用/转岗/晋升、离职/转岗、培训管理、福利待遇、考勤与休假、奖励与惩罚、人事档案等基本人事管理，并负责员工入职、录用/晋升、离职/转岗的知识产权管理，并对企业知识产权培训拟定规划、对知识产权实施情况进行监督。

知识产权业务部门应该根据法律、法规以及企业规章制度，配合人力资源部门开展并执行知识产权相关人力资源管理事项。知识产权相关人力资源管理事项，主要涉及知识产权部门编制、知识产权岗位职能说明、商业秘密管理（保密和竞业限制）、知识产权有关奖励与惩罚等。例如针对发明人设立奖励制度，针对每一项发明，专利申请的不同阶段设置相应的奖励；针对发明人，按照专利申请量、授权情况及实施情况设定奖励。

10.1.1.2 建立完善的培训体系

针对全体员工的不同岗位实施分类培训。对于企业全体员工，应注重加强本企业知识产权管理规范的培训，让全体员工了解掌握本企业的知识产权方针、政策和各项知识产权管理规范的培训，明确自己岗位的知识产权职责；对于企业的知识产权管理人员,应当注重知识产权法律法规和实务技能的培训,不断提高其对知识产权事务的处理能力和综合管理能力;对于企业的技术人员,应当注重专利知识、技术秘密保护知识和专利文献检索、分析、运用技能的培训,以通过持续的员工知识产权教育培训,确保企业知识产权管理规范得到有效执行,保障企业的知识产权风险防范体系有效运行。

除前面提到的激励制度和教育培训体系外,企业在引进技术人才时,还应当加强对引进技术人才的调查,避免侵犯他人商业秘密。

10.1.2 员工管理

知识产权部应配合人力资源部完成入职人员及离职人员的知识产权审查工作。

10.1.2.1 员工招聘及入职管理

对于招聘岗位,直线经理及知识产权部应提前告知人力资源部所涉岗位相应的知识产权风险程度及内容。人力资源部门在招聘结束后,形成《应聘人员登记表》《信息真实性承诺书》《面试评分表》《应聘人员背景调查表》。

入职员工要求填写《入职信息登记表》、《个人履历》、《入职知识产权背景调查表》(包括前雇主已披露的项目/产品信息、前雇主专利/论文清单),并签署《信息真实性承诺书》《劳动合同》,或还包括《岗位说明书》《保密协议》《竞业限制协议》《知识产权归属协议》,然后一并提交人力资源部。其中,《劳动合同》可以为纸质合同或电子合同,分为固定期限合同或无固定期限合同,且《劳动合同》中可列出保密条款、竞业限制条款、知识产权成果归属条款,亦可以单独签署相应协议。

对于入职人员的知识产权相关背景调查,由人力资源部门和知识产权相关部门共同深入开展,其操作注意以下四个方面。

(1)人力资源部门是开展背景调查的组织者和领导者,开展背景调查需要经被调查人本人书面签字同意,其中,关于知识产权部分的背景调查由知识产权部门主导。

(2)背景调查的员工层级,通常是对可能涉及企业核心商业秘密的岗位等进行背景调查,比如高层管理、财税、IT、销售、核心骨干、情报分析、高级助理或秘书;对于一些特殊的员工,例如法务人员、财税人员、核心骨干,无论职位高低,都需要进行全面严谨的调查;并且,需要对被调查人员的相关信息进行保密处理。

(3)背景调查的内容,主要包括员工受教育阶段及从业阶段的职能,所涉及的商业利益、商业秘密、专利技术信息、竞业限制协议,同时也要充分尊重其前雇主的商业秘密;被调查的员工需要填写《入职知识产权背景调查表》并签署《入职声明书》,人力资源部门填写《入职谈话记录单》并由被谈话人员签字确认。

(4)对于海外引进的入职员工,需要对其原所在国有关法律风险的评估(如美国《经济间谍法案》《商业秘密盗窃澄清法》及《外国经济间谍惩罚加重法》等),以及所受合同约束的审查和评估（如雇佣合同、保密及竞业限制等），并要求其披露所签订的雇佣合同、保密及竞业限制协议或其他重要协议的主要内容、效力及风险纠纷，并告知其重大遗漏或虚假陈述将承担法律责任。

10.1.2.2 员工离职及离职管理

离职员工要求填写《离职知识产权背景调查表》（重点包括参与项目/产品的清单、商业秘密清单、专利/论文清单）、《离职信息登记表》（重点包括新雇主及岗位信息）并签字，然后签署《竞业限制协议》和《解除劳动协议》，其中关于竞业限制的主要条款内容可参见商业秘密管理一节。人力资源部门及直线经理、人力资源、IT、法务/知识产权等部门监督并审批离职交接，同时人力资源部执行离职谈话（包含遵守保密及竞业限制义务的承诺）并要求离职人员签字。

对于离职人员知识产权相关的背景调查，由人力资源部门和知识产权部门共同深入开展，其操作注意以下三个方面。

（1）工作调查的内容，包括因职务需要所持有或保管的商业秘密、专利信息、客户名单、图表报告等，以及相应的载体；其中，工作调查的原则，确保商业秘密和其他权益不受个人离职影响。

（2）审核《离职知识产权背景调查表》（包括参与项目/产品的清单、商业秘密清单、专利/论文清单），并要求离职人员签字确认。

（3）离职员工信息登记及跟踪，包括离职后专利申请等技术信息披露情况及发明人奖酬发放情况，如对离职人员应至少观察其离职1年内的专利申请情况，避免存在职务发明被其他第三方申请了专利。

10.1.2.3 员工在职管理

在职员工是指服务于企业的全职员工、兼职员工、外派员工，以雇佣关系成立作为界定基础。首先，知识产权部门应配合人力资源部门和其他职能部门，对全员进行知识产权的相关培训与教育，提高全员的知识产权意识、强化企业知识产权保护力度，进而推动知识产权工作的顺利开展。对在职员工的管理，需要注意以下六个方面。

（1）针对技术成果和知识产权成果激励，人力资源部门和法务/知识产权部相互配合执行知识产权激励制度，并对奖酬执行情况进行核实、记录和留证，并形成《知识产权奖励登记表》。

（2）针对技术成果和知识产权成果，对技术秘密、发明权、设计权以及具有突出实质性贡献的人员的界定需要严格参照相关法律法规。

（3）针对技术成果和知识产权成果，法务/知识产权部需要及时登载发明成果、发明人/设计人、在职/离职信息，形成《技术成果登记表》《发明人信息登记表》等。

（4）针对职务类技术成果和知识产权成果转移，法务/知识产权部需要及时推动诸如专利、著作权相关知识产权成果的交付,并签署《知识产权转移协议》。

(5)针对保密岗位及其职能,人力资源部及法务/知识产权部根据员工接触保密信息的可能性确定是否属于保密岗位,尽可能控制接触保密信息人员的数量,并细化其职能。

(6)针对调岗或转岗员工,人力资源部及法务/知识产权部需要对其先前岗位职能、知识产权情况进行记录;如果涉及关联主体间调岗的,需要重新签署知识产权相关协议。

10.2 财务综合管理

知识产权是企业最重要的无形资产之一,对于医药企业而言,知识产权的资产属性尤为重要和突出。现阶段大部分国内医药企业的知识产权应用还处于以技术属性和法律属性为主,财务综合管理主要从知识产权的资产属性出发,阐述医药企业知识产权的财务综合管理。

10.2.1 知识产权评估

无形资产要发挥其资产属性,需要对其进行资产评估。有形资产或金融资产的评估有通用的方法和模式,也容易被财务人员接受,而知识产权的评估由于其涉及技术的专业性,通常需要和财务人员进行深入的沟通,方能得到各方面都认可的评估报告。

知识产权的评估主要有成本法、收益法和市场法。

10.2.1.1 成本法

成本法指的是知识产权的评估价根据投资的实际成本计价。成本法的会计处理较简单,但由于知识产权的成本投入一般都远低于其市场公允价值,因此不能反映知识产权的实际价值。

10.2.1.2 收益法

收益法指的是通过预测未来知识产权的收益,根据资产回报率,反推目前的净现值计算其评估价。收益法的会计处理较为复杂,其中涉及多个不确定的参数和人为主观因素,一般在证券市场使用较多。

10.2.1.3 市场法

市场法指的是同比市场同类型交易,根据同类型交易的定价,确定评估价。市场法的难点在于寻找合适的同比交易标的,同时确定合适的折价率,其中涉及多个不确定参数和人的主观因素。

以上三种方法均有不同的适用场景，一般而言，如果希望评估价低，可以采用成本法；如果希望评估价高，同时有可比的交易，可以采用市场法，否则应采用收益法。

评估还需要选用合适的、有资质的评估机构，而医药知识产权由于其行业的专业性，还可以选用被业内公认的行业咨询机构，辅助进行评估。

在完成评估之后，知识产权便可适用于各类无形资产应用。

10.2.2 公司出资

《公司法》第 27 条规定，公司股东可以用货币出资，也可以用实物、知识产权、土地使用权等可以用货币估价并可以依法转让的非货币财产作价出资；但是，法律法规规定不得作为出资的财产除外。对作为出资的非货币财产应当评估作价，核实财产，不得高估或者低估作价。法律法规对评估作价有规定的，从其规定。

在实际运营中，两类公司经常以知识产权出资。

一是初创型新药企业，往往是技术带头人拥有特定的技术，但是缺乏资金，先利用专业技术或专利等知识产权出资，再对外融资，吸引财务投资。

二是合资（joint venture，JV）公司，合资公司的双方一方以现金出资，另一方以知识产权出资，共同运营合资公司。

以上两者的区别在于前者的财务投资人往往不参与运营，企业的实际控制人仍然是创始人团队；而后者则实际参与合资公司的运营，实际控制人往往是现金出资方。

知识产权出资实现了知识产权的资本化，让企业可以更为合理高效地运用知识产权的资产属性。

10.2.3 质押

以往一般是以土地、厂房等资产质押贷款，近年来，知识产权质押，特别是专利质押在国内逐渐兴起，成为高新技术企业融资的新手段。专利质押一般是企业利用授权专利质押给银行等金融机构，换取贷款资金用于企业发展。这既要企业拥有高价值的专利，也需要银行从业人员能够慧眼识珠，与企业达成共赢。

以东莞市为例，2019 年东莞市获批成为国家知识产权运营服务体系建设重点城市。2021 年、2022 年和 2023 年，东莞市专利质押融资金额分别为 54.45 亿元、97.35 亿元和 200.88 亿元，东阳光药曾以 18 件发明专利获得了 32.23 亿元的专利质押融资金额，创下了广东省单笔专利权质押融资额的新高。作为医药创新的代表企业，东阳光药的专利质押融资为其他创新型企业起到了良好的示范作用。

专利质押需要注意两个要点。

第一，项目的高价值。专利本身的价值源于专利所承载的项目，因此只有项目拥有良好的市场前景，专利本身才具有较大的价值。在选取质押专利时，要特别注意项目本身的因素。

第二，与银行良好的沟通。银行不可能对制药业有深刻的了解和认识，向银行出具和解释项目和专利评估报告时，不应使用专业词汇，而应采用通俗易懂的语言予以说明。良好的沟通可以减少不必要的麻烦，增加质押成功的概率。

10.2.4 优化财报

知识产权作为无形资产，在财务报表中的优化一般指的是将其费用化还是资本化。费用化则损益表中的费用项升高，企业利润将会下降；反之，资本化则损益表中的费用项不变，有利于做多企业利润。实际情况中，应根据企业的需求和会计准则的要求，进行费用化或资本化的选择。

以2019年8月12日在科创板上市的深圳微芯生物为例，其招股说明书中的财务数据显示，2016~2018年，微芯生物实现年营业收入分别为8536.44万元、11050.34万元及14768.9万元，对应实现的归属母公司所有者的净利润约524.43万元、2407.39万元以及3116.48万元，业绩年年攀升。同期，微芯生物的研发费用分别为5166万元、6853万元和8248万元，占营收的比例均超50%。其中，作资本化处理的金额分别为2264万元、3331万元、4038万元，资本化比例逐年上升，在2018年达到48.96%。也就是说，假如微芯生物的研发费用未作资本化处理，其每年的净利润将全部为负，不能满足科创板上市的条件，将无法实现IPO。

因利润较多、合理避税或其他原因，企业将其研发支出和知识产权费用化处理，也是常见的财务处理手段。A股上市的恒瑞医药，其2019年第三季度的财报显示，其所有的研发支出均作为费用化处理。

知识产权在财务报表优化的另一类应用，则是通过购买第三方专利等知识产权，将货币资产转化为无形资产，一方面源于企业有降低现金流的需求，另一方面提升无形资产占比，可通过费用化或资本化灵活调整企业财报。同时，购买的专利还有进一步升值的空间，更有利于企业未来的发展运营。

10.2.5 知识产权证券化

知识产权证券化属于资产支持证券（asset-backed security，ABS）的形式之一，是金融机构利用企业特定资产设计成可流通证券的一种创新融资工具。❶知识产权证券化通常是指发起机构将其拥有的知识产权或其衍生债权作为基础资产，发行的证券化产品。简单来说，就是投资者可以在不直接拥有知识产权的情况下，通过购买证券而获得知识产权所产生的未来收益，而知识产权的拥有者在融资的过程中，依然可以保

---

❶ 《广东知识产权证券化蓝皮书》相关成果对外发布 [EB/OL]. (2020-04-20) [2020-05-02]. http://www.cqn.com.cn/zj/content/2020-04/20/content_8537829.htm.

留对知识产权的自主性。❶ 知识产权证券化是一种表外融资，不计入发起人（原始权益人）的资产负债表。

知识产权证券化作为资产证券化技术的纵深发展，为促进高新技术转化，推动科技进步提供了有力的金融支持手段，已成为国外发展高新技术企业的重要融资方式。❷ 知识产权证券化是盘活中小企业无形资产，解决高科技中小企业融资难题的重要金融创新。❸ 知识产权证券化规避了传统的直接、间接融资模式限制，发挥科技型企业专利优势，盘活企业账面无形资产，有效拓展专精特新科技型企业融资渠道。❹ 同时，通过特殊目的机构（SPV），可以有效地进行风险隔离，降低投资者风险，进而降低融资成本。与质押融资等融资方式相比，证券化的融资规模更大，更有利于专利权人获得充足的资金。❺ 通过证券化融资，企业核心知识产权的价值获得证券交易机构官方认可，可以作为专精特新企业和科创板企业上市的核心专利价值的佐证。

目前，国内已出现不同的知识产权证券化模式，但尚未形成统一标准。❻ 从国内市场知识产权 ABS 发行情况来看，知识产权 ABS 产品主要在交易所、银行等市场发行，涉及资产类型包括贷款债权、应收账款、专利许可费支付请求权等三种主要模式。

各地都在积极推行知识产权证券化的工作。广东省既是知识产权强省，也是国家政策的先行者。2019 年 2 月，中共中央、国务院发布《粤港澳大湾区发展规划纲要》，明确提出大湾区要"开展知识产权证券化试点"。2019 年 8 月 18 日，中共中央、国务院发布《关于支持深圳建设中国特色社会主义先行示范区的意见》，该意见明确指出深圳要"探索知识产权证券化，规范有序建设知识产权和科技成果产权交易中心"。2019 年 9 月 11 日，我国的知识产权证券化探索再获突破，广州市黄埔区、广州开发区知识产权证券化产品"兴业圆融——广州开发区专利许可资产支持计划"发行。与我国此前的知识产权证券化实践不同的是，该产品完全以民营中小科技企业专利权许可费作为基础资产。

知识产权证券化涉及多个参与主体，包括原始权益人、投资者、资产评估机构、信用评级机构、信用增强机构等。交易所为知识产权证券化的挂牌交易提供了金融基础设施和服务。以深圳证券交易所为例，截至 2024 年 1 月底，已累计发行知识产权证券化产品 119 单，规模合计 260.82 亿元，有效盘活知识产权超过 5500 项，帮助近

---

❶ 国家知识产权局. 推进知识产权证券化，激发知识产权融资新活力 [EB/OL]. (2024 - 03 - 19) [2024 - 08 - 15]. https://www.cnipa.gov.cn/art/2024/3/19/art_3357_191073.html.

❷ 杨亚西. 知识产权证券化：知识产权融资的有效途径 [J]. 上海金融, 2006, 10: 32 - 34.

❸ 沈忱忱, 段文譞. 中小企业如何盘活知识产权?：基于知识产权证券化市场的分析 [J]. 特区经济, 2023 (10): 70 - 73.

❹ 臧宁宁. 知识产权证券化拓宽科技型企业融资渠道 [J]. 清华金融评论, 2024 (2): 77 - 78.

❺ 《广东知识产权证券化蓝皮书》相关成果对外发布 [EB/OL]. (2020 - 04 - 20) [2020 - 05 - 02]. http://www.cqn.com.cn/zj/content/2020-04/20/content_8537829.htm.

❻ 焦洪涛, 陈琪, 王乐. 基于"可转债"的知识产权证券化模式设计：武汉知识产权交易所的实践探索与困惑 [J]. 中国科学院院刊, 2018, 3: 249 - 255.

1700家中小企业拓宽融资渠道。❶

以广东省东莞市推进的知识产权证券化实操为例,主要参与机构为总承办方、原始权益人、担保机构、承销商、知识产权评估机构、企业;发行场所为深圳证券交易所挂牌发行;基础资产采用二次许可模式,第一次许可企业通过收取原始权益人许可费的形式实现融资目的;第二次许可是原始权益人对企业进行二次独占许可,企业能够继续使用专利并需对原始权益人付费。

企业参与环节主要为:①企业填写信息采集需求;②担保机构初评融资额度、入场尽调确认额度、为企业提供担保;③企业与原始权益人签署知识产权许可等协议并办理相关手续;④企业获得原始权益人支付的许可费;⑤企业按季度支付利息,到期还本;⑥企业申请当地融资补贴。

笔者认为,国内知识产权证券化需要关注以下问题。

第一,市场监管。国内证券市场还处于逐步规范中,几乎每年都发生内幕交易、财务做假等事件。知识产权和证券两者的结合更易产生监管的真空地带,使投资者利益受损。

第二,不稳定性。知识产权本身固有的不稳定性,以专利而言,专利权被宣告无效的可能性不能排除。商业秘密等知识产权评估的公允性更是无法确保,其不稳定性相比其他资产的证券化带来更多的风险。

第三,价值锚定。知识产权证券化中的可预期现金收入流量,以及资产现金流的价值评估都非常难确定,任何一种方法、模型、方案都难以被广泛认可。

专利权证券化的案例集中于生物医药专利,原因也较为近似,专利药品的潜在需求量与人口数、发病率息息相关,因此可以合理估计其未来收益,从而予以证券化。虽然知识产权证券化前路漫漫,但是笔者相信,综合知识产权、证券和生物医药三个行业的特性来看,未来知识产权证券化在医药领域必将大放异彩。

---

❶ 国家知识产权局. 推进知识产权证券化,激发知识产权融资新活力 [EB/OL]. (2024-03-19) [2024-08-15]. https://www.cnipa.gov.cn/art/2024/3/19/art_3357_191073.html.